エジプト 死者の街と聖墓参詣

ムスリムと非ムスリムのエジプト社会史

大稔哲也
Ohtoshi Tetsuya

山川出版社

エジプト死者の街と聖墓参詣——ムスリムと非ムスリムのエジプト社会史　目次

凡例

◎年次の「-」はヒジュラ暦を西暦に換算する際、西暦標記で二年にまたがる年次を示す。

◎( )内で、二つの年次を示す際は「/」の前がヒジュラ暦、後が西暦をあらわす。

◎( )内における生没年・没年などの年次で、Ⓗはヒジュラ年をあらわす。

◎人名の構成要素のうち、第1語ではアラビア語の定冠詞を省略し、第2語以降では省略しない。なお、カリフ、スルターン、イマームの名前については、アラビア語定冠詞al-を省くこととする。

◎アラビア語定冠詞の表記については、それが結びついた名詞の冒頭文字が太陽文字であれば「アッ＝」と記し、ヌーンで始まるときは「アン＝」、それ以外は「アル＝」と記す。

◎人名において、「アブド」にイダーファとして連なる語は、「・」で区切って、別語として記す。

◎これら以外のアラビア語の転写法については、原則として『岩波 イスラーム辞典』に従う。

エジプト死者の街と聖墓参詣——ムスリムと非ムスリムのエジプト社会史

はじめに

エジプトの首都カイロ東北部には、聖山ムカッタムが屹立している。その標高からすると、むしろ丘と呼ぶにふさわしいが、高層建築が視界をさえぎる以前、カイロの住人は東にムカッタム山の急峻な斜面を仰ぎ、西にピラミッド群を遠望し、あるいは町中に壮麗なモスクの尖塔を眺めていたに違いない。あらゆる草木を拒絶したと伝えられるムカッタムの荒涼とした佇まいは、スーフィーや修道士に思索の深耕を促してきた。黄茶色の無機質な岩塊は地層の横縞を露わにし、みごとな曲線を描いている。また、陽光の傾きによって、山は刻々と相貌を変えてゆく。炎天下、射光に抗いつつ白く灼かれた岩肌にも、夕刻には茜がさす。夜には月光に白く映え、荒れた表層に影が宿る。

しかし、歴史をひもとくと、この場所は全く別の様相を呈していた。このムカッタム山の裾野は「死者の街」とも称される広漠たる墓地区であり、エジプト人はここに聖墓や一般墓を累々と築いてきた。同時にここは、カイロからメッカへ向かう巡礼者に勝るとも劣らない数の参詣者を集めてきた場所であった。とりわけ、メッカ巡礼を行なうのに肉親同伴の制限が課せられる女性達や、身体的・経済的な制約のもとにあった人々[1]にとって、より身近な聖墓参詣の果たしてきた役割は極めて大きかった。人々は大挙して同地へ向かい、聖墓のもとで神への執り成しを希求し、祈願を欠かさなかったという。その結果、風光明媚な水辺にも接する「死者の街」は、週末や月夜の晩を中心[2]に女性・子供も含めた人々が憩う「エジプトの人々が最もよく集まり、最も有名な行楽地」(マクリーズィー、一四四二没)と化していたのである。集団参詣の様式の洗練化は、エジプトにおける聖墓参詣の特徴であり、参詣のリーダーたる「参詣のシャイフ」に率いられた講(ターイファ)は、各々独自の順路で、同行解説に伴われつつ、墓地区を巡っていた。

そこには、預言者ムハンマドの後裔、教友、聖者、カリフ、君主、著名学識者らが、一般の人々の墓地と混在したり隣接する形で埋葬されており、荘厳な宗教建築物が覇を競っていた。時の経過とともに市場や給水設備、宿泊施設などのインフラも整い、門前町の風情すら醸し出されるようになっていった。エジプトの域外の遠隔地から、メッカ巡礼の中途や商用で立ち寄った旅人達も、必ず参詣していた。現在、前近代のような集団参詣の隆盛は失われた一方で、この墓地区には一五〇万とも伝えられる人々が居住し、住環境の劣悪さと墓地破壊などが社会問題と化している。

本書は、十二~十五世紀を中心に九~十七世紀くらいまでを対象としながら、この死者の街と同地へのズィヤーラ(参詣・墓参)について総合的に考察することを中心課題に据えるものである。そして、聖者崇敬と聖墓参詣についての検討をその導きの糸とする。この設定の意義については、以下のような説明が可能であろう。

現在、「中東」[3]と括られる地域は、西暦十~十二世紀に大きな社会変容を迎えようとしていた。その特徴をなす契機として、イクター制を骨格とする王朝支配体制の確立、トルコ系に代表される異民族支配者の席巻と在地・非在地のウラマー(学識者)層との協働、遊牧社会の系譜を引くと推定される「緩い連合体」による王朝支配システム、シーア派およびスンナ派を鮮明に標榜する王朝の成立と相互の確執などをあげうる。それらの中で、最も広範囲にわたって中東を越えて諸ムスリム社会に影響をおよぼしたと想定される事柄の一つが、いわゆる「聖者」をめぐる社会関係、「聖者崇敬」の現象としての顕在化であろう。それは単にアンダルス(スペイン)から北インド、中央アジア、さらにはアフリカ諸地域、東南アジア、中国その他までという時間差を伴った空間的拡大にとどまらず、聖墓参詣や聖者生誕祭(マウリド)の活発化と儀礼化、スーフィズムの浸透とタリーカ(スーフィーの道統・教団)の組織化といった諸相へ展開し、さらに預言者一族への崇敬や宗教複合施設の建設などとも密接に絡み合いつつ、庶民レベルから支配者層におよぶ影響力を示していた。それはすでにムスリム(イスラーム教徒)が優位を占めていた地域にとっても、社会の在り方、人々の結びつき全般に再編や自覚化を促す、根源的な働きかけとして機能した。

また、「イスラーム化」という観点からすれば、中東に源を発するイスラームが拡大してゆく過程において、聖者崇敬は二重の意味で重要な役割を担っていたとされる。第一にムスリムの「聖者」が民衆にわかりやすい形でイスラームを体現し、異教徒をイスラーム改宗へといざなったとされる側面であり、第二にすでにムスリムが大勢を占めたり、ヘゲモニーを握っていた地域においては、聖者崇敬的な要素と密接に結びついた方向へ改鋳されたイスラームを社会の深部にまで浸透させた側面である。結果としては、その地において先行していた諸宗教における聖者崇敬的要素を往々にしてイスラームへもたらすこととなった。このような意味では、イスラームとそれに先行する諸宗教の慣行との関係、文化変容やシンクレティズム、ポピュラーな（あるいは民衆の、非規範的な）文化と支配的な（あるいは公式の、規範的な）文化との二項関係など、広大な問題群に連結されうるといえよう。ただし、イスラーム化における聖者の役割については、いまだ十分に実証されたとはいいがたい。

加えて、この聖者崇敬・聖墓参詣をめぐる慣行は、「中世」におけるイブン・タイミーヤのような学識者たち、さらに後代のいわゆるワッハーブ運動を経て現在の「イスラーム主義」に至るまで、議論の焦点や様態を微妙に変えつつも、常に批判の対象として浮上してきたものである。同時に、それを受けてもやむことのなかった慣行といえる。聖者崇敬についてクルアーン（コーラン）には直接の言及が認められず、聖者の存在を信仰体系の内にどのように位置づけるかは、一神教としてのイスラームの存立に関わる大問題であった。その点では、イスラームの理念と現実の様態や実践の根幹に関わる論点を内包しているとも考えられる。

かかる前提のもとに、筆者は中東においても最も史料に恵まれた地域の一つであるエジプトを舞台として、聖墓参詣・聖者崇敬について考究を進めてきた。しかし、その深化につれて、死者の街参詣をめぐる問題群が、聖者崇敬だけにとどまらない遥かに広大な射程を有するものであると気づくに至った。それはまず、被葬者であり参詣対象とされたの周辺を指す）の都市圏に果たしてきた行楽や居住など社会的機能の考察へと展開していった。この問題は、「公共性」聖者自体とその奇蹟譚・逸話の研究や、墓地区がカイロ＝フスタート（以下、カイロとフスタートという隣接する二都市とそについて問い直すことにも連なった。さらに、聖者崇敬と聖墓参詣の成立の背景を再考すると、王朝政府による墓地の統御と整備が大きな要素として浮かび上がってきたのであり、ワクフ（寄進）による経済的基盤の存在も不可欠であったことが明らかになってきた。そして、スーフィズムの展開との関連や、同時代に併存していたキリスト教徒の聖人崇敬との共時的考察も、不可避の検討課題として立ち現れてきた。加えて、ムスリムの他界観研究、まだ世界的に未着手であったオスマン朝期の死者の街研究や、現代のフィールドワーク、他のムスリム社会との比較、参詣書写本の文献学的精査など、研究の射程はますます拡大していった。

これら全てを反映させた結果、本書は死者の街とその参詣という比較的限定された形のプリズムを通して、その周囲の全方向を照射するという方法をとることとなった。そこにおいて、聖者崇敬は重要な研究対象であるべきであり、死者の街への参詣を促進し、同地への指向をもたらした源泉の一つに相違ない。しかし、参詣書以外の史料も総合的に勘案して歴史的に社会をみるならば、単に聖者崇敬について研究するだけでは一面的といわざるをえない。すなわち、ワクフによる経済的基盤や王朝政府・有力者層による庇護と統御、都市政策も不可欠な検討要素と考えられる。そして現段階では、エジプト死者の街とその参詣について考察する場合、とりわけ民衆の活躍が目立つ領域であった聖者崇敬、（こちらも民衆の大規模かつ恒常的な参画を前提とする）王朝政府・支配者層による関与、ワクフによる経済基盤という三者を重視して、それらの連動を基軸として全体の構図を思い描くに至っている。また、全ての人にとって「死」は不可避であり、カイロ周辺の全ての社会階層の人々がこの死者の街のいずこかへ埋葬されていた。死者の街は全ての人々がそれぞれのやり方で関わった場であり、精神的には参詣者と聖者や神、社会的には支配者層と民衆などの貴重な接点を提供していたと考えられる。

ではここで、改めて本書の企図を敷衍しつつ整理し直すならば、第一に、死と墓地をめぐる慣行と儀礼の考察があげられる。そのためにまず、参詣書を含むあらゆる史料からの情報の総合によって、(簡便なものながら)歴史的民族誌の再構成を行なう。そのうえで、墓参・参詣の慣行、葬礼や埋葬の習慣、供物や願掛け、クルアーン読誦とそれに対する神からの報奨の他者に対する贈与など、参詣実践の諸相を検討する。そしてその分析によって、聖者の「執り成し」を通じた神による祈願成就の構造や、当時の人々の他界観など精神世界の解明が意図される。また、参詣はカイロ＝フスタート社会の全階層が参画した慣行であり、民衆のみの慣行では決してなかったが、参詣史料には墓碑の書き換え行為などをはじめとして民衆が熱心に従事した領域も記録されていた。それゆえ、従来の史料からは汲み取りにくかった市井の人々の日常生活や宗教実践、精神世界を垣間見ることが可能となろう。加えて、参詣においては女性の信仰生活をめぐる貴重な証言が多く含まれていた。さらに、あるべきイスラームの実践をめぐる学識者の言説と、当時一般的であった慣行とのせめぎ合いも、ここで検討に加えられねばならない(第1章)。

第二に、当該期のエジプトにおける聖者や聖者崇敬の実態と、その歴史的意義・役割を示すことがあげられる。エジプト・ムスリム社会における「聖者」とはそもそも何者であったのか、彼らの聖性はいかにして創出され、何に基づくものなのか。あるいは、生ける聖者と死せる聖者に対する崇敬の在り方の違いに関する検討も欠かせない。ここでは、人々の集合行動や心性の在り方を動態的に把握することを究極的な目標として、その基礎作業を行なう(第2章)。また、聖者をめぐる逸話やカラーマ(美質・奇蹟)譚をふんだんに紹介することを通じて、人々が聖者に仮託していた願望や、彼らの社会的役割についても考察する(第5章)。

第三に、都市に対して墓地区が担った役割と機能を総合的に検討することがあげられる。ここでは、エジプトのカイロ＝フスタート都市圏に対して、死者の街という空間が果たした役割を問い直すことになる。これはムスリム社会の都市史研究においても、盲点の一つとなってきた領域といえよう。この検討は、死者の街における歴史的な墓地居住問題やその背景をなす死者観・他界観について探究する作業とも連動してゆく。また、行楽地やアジール、境界領域としての死者の街も再検討される(第3章)。さらにこれは、墓地区の「公共性」の問い直しともつながるものである。死者の街は、カイロ＝フスタートの全ての人々が彼らなりのやり方で関わる場所であった。同時に、墓地の管理・統制に主眼をおく支配者層と、自分たちの願望を仮託して墓地の形成・変容に積極的に参画した民衆をはじめ、さまざまな社会階層の担い手の思惑や活動が交錯するアリーナでもあった(第4章)。

第四に、王朝支配者層による墓地区の統御と整備について検討を行なう。王朝の当局は、死者の街の管理に腐心し、専任の監督職を設けてムフタスィブ(市場・風紀監督官)などとともに、女性の参詣や当時の倫理規範から逸脱する行為を制御しようと努めていた。そればかりか、聖者や聖墓の創出や維持にも大きく関与していた。一方で、聖者崇敬や聖墓参詣の維持や活性化には、王朝によるインフラ整備も不可欠な要素であった。とりわけ水路の整備と貯水・給水機能の維持には、最大限の配慮が傾注されていた。同時に、死者の街は彼らと民衆との間の貴重な接点としても機能していた。支配者層は墓地区でパレードやさまざまな儀礼、騎士の演習などを行なっており、死者の街はそれらの観覧を楽しみに集まった民衆との結節点を提供していたのである(第2章・第4章)。

第五に、第四の点とも深く関連するが、ワクフによる経済的基盤の確立も聖者崇敬・聖墓参詣にとっての要諦であった。そもそもワクフ設定者には支配者層に属する者が多かったため、王朝による関与とも密接に関連していた。これは社会福祉や慈善の側面も有しており、カイロ＝フスタートの民衆は経済的恩恵や食物を得るために蝟集していた。本書ではエジプト国立文書館におけるワクフ文書調査をもとに、墓地の運営と居住者たちの生活について詳述する(第3章)。

第六に、本書の方法的特徴の一つは、エジプト社会の歴史を描く際にムスリムだけではなく、ムスリムの統治下に暮らしてきたコプト・キリスト教徒など非ムスリムの存在も常に念頭に置くところにある。本書が扱う社会は諸ムスリム王朝の支配下にあり、ムスリムがヘゲモニーを握っていたものの、依然として住民のかなりの部分は非ムスリムのままであった。とりわけ、エジプトにおいては都市と農村、上エジプトと下エジプトなどによってイスラーム化の度合いに差違が残存していたが、そのなかで、本書が扱うのは都市部の事例となる。そして、死者の街のあり方について考察する際にも、キリスト教徒、ユダヤ教徒など、エジプト社会で共生していた非ムスリム達の存在を包含しながら、エジプト社会の歴史をトータルに構想したい。そのために両者の併存の実態や、ムスリムの聖者崇敬への影響についても言及する。さらに、そのような併存を可能とした「エジプト」とは何かについても、考察を試みたい(第6章)。

以上に加えて、付論1では、さまざまなムスリム社会における参詣の歴史をその初源から概観する。その中で、とくにイブン・カウラワイフの描いたシーア派の参詣慣行や、イブン・アッ＝サーイー(十三世紀)の詳述したバグダードの参詣に焦点をあてて紹介したい。付論2では、エジプト死者の街参詣書の範型を作り出したイブン・ウスマーンの参詣書写本を比較検討し、その奇妙な成り立ちと後代の書き加えについて考察したい。

また付論3では、聖者崇敬・聖墓参詣とスーフィズムやタリーカとの関係を解明する作業を行なう。両者は自明のごとく一体化して扱われがちであるが、その関係はそれほど単純ではない。参詣案内記であった「参詣の書」はスーフィズムの論考と一線を画していたが、スーフィズムの隆盛と浸透を反映してもいた。また、死者の街はスーフィズムの展開に場所を提供することで、空間的根拠を与えていたと考えられる。さらに付論4では、オスマン朝期以降のエジプトにおける参詣書と参詣慣行について、シュアイビーの参詣書を例にとって検討する。そして、現代へ至る参詣書と慣行の見通しを述べたい。

以上の作業を通じて、最終的にはエジプトにおける人々の心性の歴史的諸相を日常性の裡《うち》に見出そうとする試みを行ないたい。エジプトにおける死をめぐる民俗・信仰や民衆の日常生活・慣行の歴史研究に少しでも寄与したいと念じている。なお、本書の中核部分となる筆者の博士論文や各種論文公表後にそれらを踏まえてだされた他の研究者の論考への言及は最小限に抑えたが、本書との関係を明確にする必要がある場合には、発表年代などの情報を注記する。

序章

1　中東の歴史人類学のために

本書は、社会史研究のモノグラフを意図している。しかし、「社会史」の意味する範囲があまりに拡散してしまった現在では、「歴史人類学」を標榜して、視座をさらに特定すべきなのかもしれない。ただし、歴史人類学といった時、歴史学者のいうそれと人類学者のそれとの間には、説明を要する懸隔があると思われる。歴史人類学の含意について人類学者の田辺明生は、史料分析と臨地調査を組み合わせて過去と現在を往復する試みと定義し、それによって生活の「日常性」に留意しつつ、生活世界を形づくる意味と関係性のパターンの形成と変化を、日常性と歴史性の相互から描くという。[1] 一方、歴史学者にとって、歴史人類学という表現は日本において、何よりいわゆるアナール学派らの成果を通じて明確に意識されたものであろう。それは「社会史」という表現で主に紹介され、とりわけ歴史研究における日常性の次元の重視、集合心性の解明、社会的結合関係の問題を、研究上の焦点として浮かび上がらせた。[2] また、その特徴として、例えば、長期的に持続する中間層への着目、社会や時代の全体性把握への指向、そして諸要素の共時的連関性の捕捉などがあげられてきた。[3] その中で、例えば喜安朗は方法としての歴史人類学を強調したのである。[4]

史料を用いた歴史的分析とフィールドワークの成果の融合、あるいは文字資料を人類学的視座から比較分析する、といった点においては、中東を舞台とする大塚和夫、堀内正樹、鷹木恵子らの研究もおそらく同じ趣意に含めることが可能であろう[5]。筆者の場合は、歴史学者のいう歴史人類学から出発し、それを深耕するために人類学・社会学・宗教学など隣接諸学の方法と成果を学び、さらにこの方向性を徹底させるため、長期滞在による現地の人類学的参与観察にも従事してきた[6]。そして、その上で究極的には文献研究との統合を企図している。その点では、先に紹介した人類学者・歴史学者双方による「歴史人類学」の捉え方に対応すべく努めてきたことになる。そして、本書は主として文献史料に基づくものの、筆者の研究上の軌跡は、問題の選択と着想、課題設定の仕方や分析の手法、テクストの読み方などへ確実に影響をおよぼしている。しかし、本書ではフィールドワークの成果を直接収めていないゆえ、結果としては歴史学者のいう歴史人類学の流れにそうことになる。

もう一つ付言しておかねばならないのは、本書の扱うような聖墓参詣や聖者崇敬を民衆文化の発露と捉える見方についてである。中東研究においても、民衆文化をレッドフィールドによる大伝統・小伝統の区分のもとに小伝統側に加え、聖者崇敬や聖墓参詣はその代表例とされることがある。しかし、この設定をめぐる諸研究には、往々にして問題点と誤解が含まれていると考える。まず第一に、エジプト死者の街において、聖者崇敬も聖墓参詣も民衆のみによる慣行であったことは決してない。確かに、他のできごとや慣行に比して、この領域は民衆の活躍が記録に残ることが多い。そのために「民衆イスラーム」の代表例とされがちである。しかしながら、支配者層も率先して聖墓地区の整備を行なったり、参詣グループに加わるなどしていた。あるいは、民衆や学識者、スーフィー、官僚、非ムスリムの全てが加わる形で墓地区の集団祈願が行なわれていた。すなわち、全ての階層が関わる行為であったといえよう。

加えて、この民衆イスラームに関する設定そのものに対する誤解もある。そもそも、民衆文化を歴史研究の俎上に載せたP・バーク自身も、エリートと民衆の文化を単純に二項対立させていたわけではない。むしろ、エリートは民衆文化（小伝統）へ参加したが、民衆は大伝統へ参加しないという非対称性を論じていたとも考えられる。[7] それでは、死者の街参詣はエリート側からの民衆文化への参画として考えるべきなのであろうか。しかし、死者の街で支配エリートが主宰した大規模な集団祈願やさまざまな儀礼には、必ず民衆が参加していた。あるいは、支配者層が主催する騎士の演習やパレードには、参集してそれを楽しむ多くの民衆の姿が記録されている。このように死者の街で行なわれる集団の活動は、エリート主導で民衆も参画したものから、民衆による頻繁な墓誌の書き換え行為まで多岐にわたっていた。事態は拙速な結論を拒んでおり、本書ではひとまずバークの設定から離れて考察を進めてみることとする。

以下、最初に各種の設定と前提事項についての説明から始めるが、中東専門でない方々には、直接第1章から読み始めていただくのも一考である。

2　参詣の空間の設定――「死者の街」と聖山ムカッタム

「死者の街」

カイロ空港に降り立ち、市内へ入ろうとする者は、最初、空港付近の地区の国威を賭けた近代的装いに惑わされる。しかし、しばらく車を走らせ、ムカッタム山が近づくにつれ、眼前に迫る異様な光景にしばし眼を疑うことになる。そこでは、館と見紛うばかりに区画された夥しい墓廟群や、クッバと呼ばれる円蓋付墓廟の遺構、無数の朽ちかけた墓標に混在する形で、膨大な数の人々が生活を営んでいるのである。ここが「死者の街」とも称される一大墓地区の北東部をなしており、その存在は現在、住環境の劣悪さや、墓地破壊など倫理的な観点からも社会問題化されている。

この「死者の街」という表現であるが、おそらくエジプトを訪れたヨーロッパ人などによるnecropolisやCity of the Deadなどといった呼称に由来するものであり、そこから逆にMadīna al-Mawtāなどとアラビア語へ訳出されている。

より具体的にみると、「死者の街」には歴史的な呼称である大カラーファ地区 al-Qarāfa al-Kubrā、小カラーファ地区 al-Qarāfa al-Ṣughrā とサフラー地区 al-Ṣaḥrā' などが含まれている。さらに時期によっては、ナスル門外地区、ワズィール門地区、ムジャーウィリーン地区、サイイダ・ナフィーサ墓地、ザイン・アル＝アービディーン墓地など、さらに細かな下位区分名が史料に現れることもある。ここで注意を喚起したいのは、「死者の街」という表現がもともとアラビア語現地史料に現れることのない、ヨーロッパなど他所からの「オリエンタリズム」の眼差しを時に含む表現であることである。しかも、アラビア語へ逆輸入されていることからも明白なように、現在はそこへさらに現地の眼差しが加わって複合的に構築されている。一方現地では、歴史的に上述の具体的地名で各々を表現してきたほか、オスマン朝統治期になると「カラーファ」という呼び名で、以上の全地区を網羅したり、「カラーファ」自体が墓地そのものを意味するように変質して現在に至っている。本書では、これらの諸地区をどのような表現で括るべきであろうか。仮に「カイロ周辺の諸墓地区」と表現した場合、大カラーファ地区は都市カイロの建設以前から存在していたため、厳密にいえば問題を残すことになる。あえて正確に表現しようとするならば、「カイロ＝フスタート周辺の諸墓地区」が最も妥当であろうか[8]。このような経緯ゆえ、「死者の街」という用語は学術的厳密さを欠き、「眼差し」の問題も残すものの、鮮やかなイメージ喚起力と簡潔な表現力を有するゆえ、本書ではあくまで便宜的に使用することとしたい。もちろん、歴史的な個別の場面では、大小カラーファ地区、サフラー地区など、歴史的な術語を用いるほか、「カイロ＝フスタート郊外の墓地区」などとも言い換えることにする。

カラーファとはカイロの城塞（カルア）西南方に伸長した墓地区に限定された歴史的呼称であり[9]、その中でフスタート東方から南の旧ハバシュ湖 Birka al-Ḥabash[10] や東のムカッタム山に至る、より広域な大カラーファと[11]、イマーム・シャーフィイー廟周辺からムカッタム山裾野を中心とする小カラーファと[12]に区分されていた。歴史的にはアラブ征服直後から形成された大カラーファもアイユーブ朝期のイマーム・シャーフィイー廟周辺のインフラ整

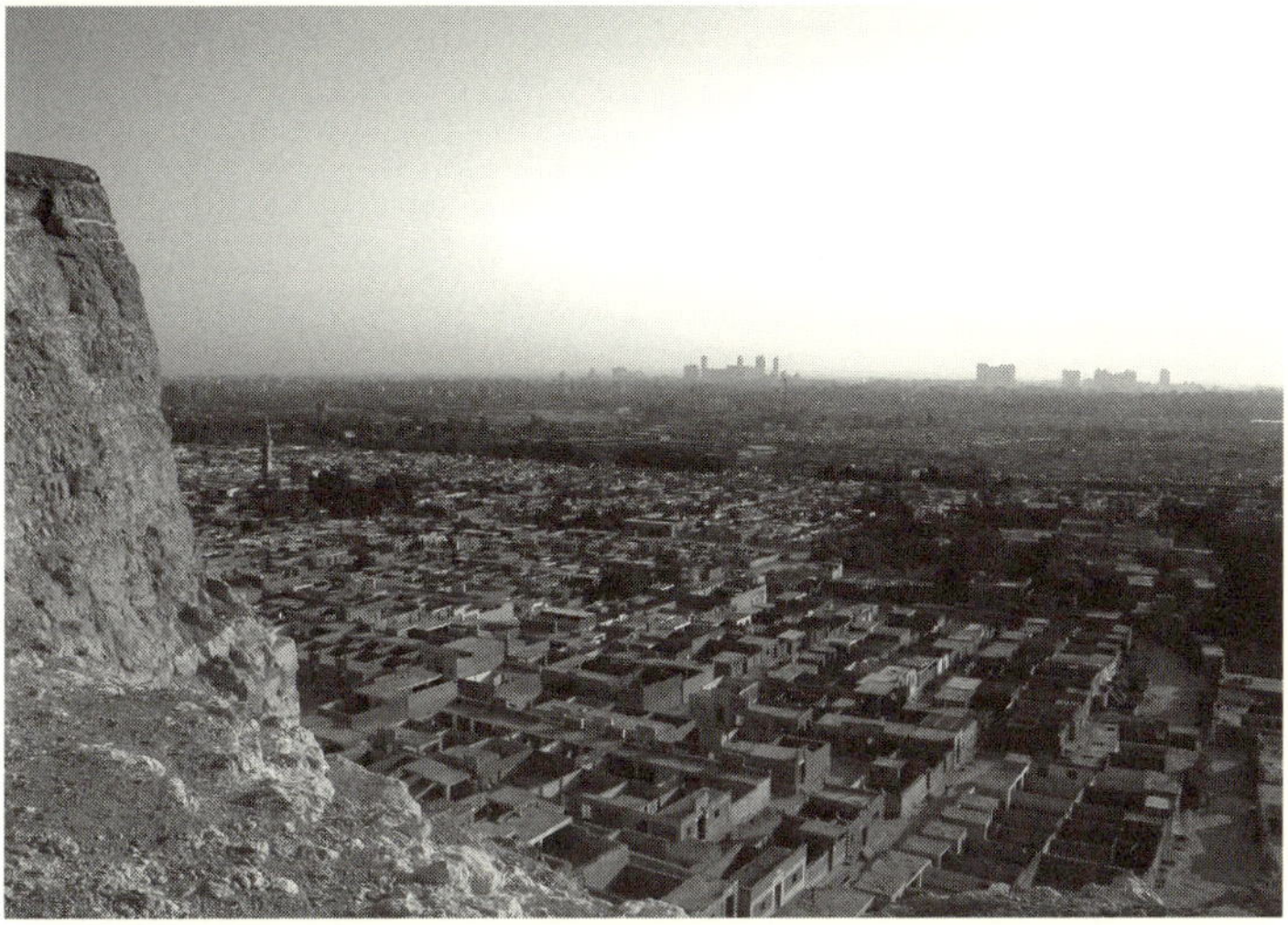

ムカッタム山から眺めた「死者の街」の南景

備によって発展した。さらに、マムルーク朝期にはこの両カラーファともかなり窮屈になりつつあったが、ファーティマ朝期に設けられたナスル門外の墓地と連なる形で、城塞北側のサフラー地区にも王朝支配者層を中心とする墓地区が形成されていった。現在はこれらを含めたカイロ郊外の墓地群全体や墓地一般を、カラーファと総称する傾向もみられる。[13] 現在の行政地区名としては、大小カラーファがハリーファ、アバーギーヤ Abājīya、トゥンスィー墓地 Jabbāna al-Tunsī、バサーティーン、アイン・アッ＝スィーラ、オールド・カイロ Miṣr al-Qadīma などにあたる一方、サフラー地区はダッラーサにあたる。史料の記す歴史的な大小カラーファはハバシュ湖畔からカラーファ門までの南北と、フスタートの外壁からムカッタムまでの東西の区間を指し、同地区に現存する墓地区に比して遥かに広大な地域であった。[14]

なお、このカラーファという名の由来については、各種の参詣手引書の中で議論されていたが、アラブ支配初期にこの地区(khiṭṭa)を割り当てられて住みついたイエメン系のカラーファ部族(Banū Qarāfa)に因むものということで、おおむね決着をみている。[15]

ここで死者の街の概観を得るため、各種旅行記や地誌の描写の

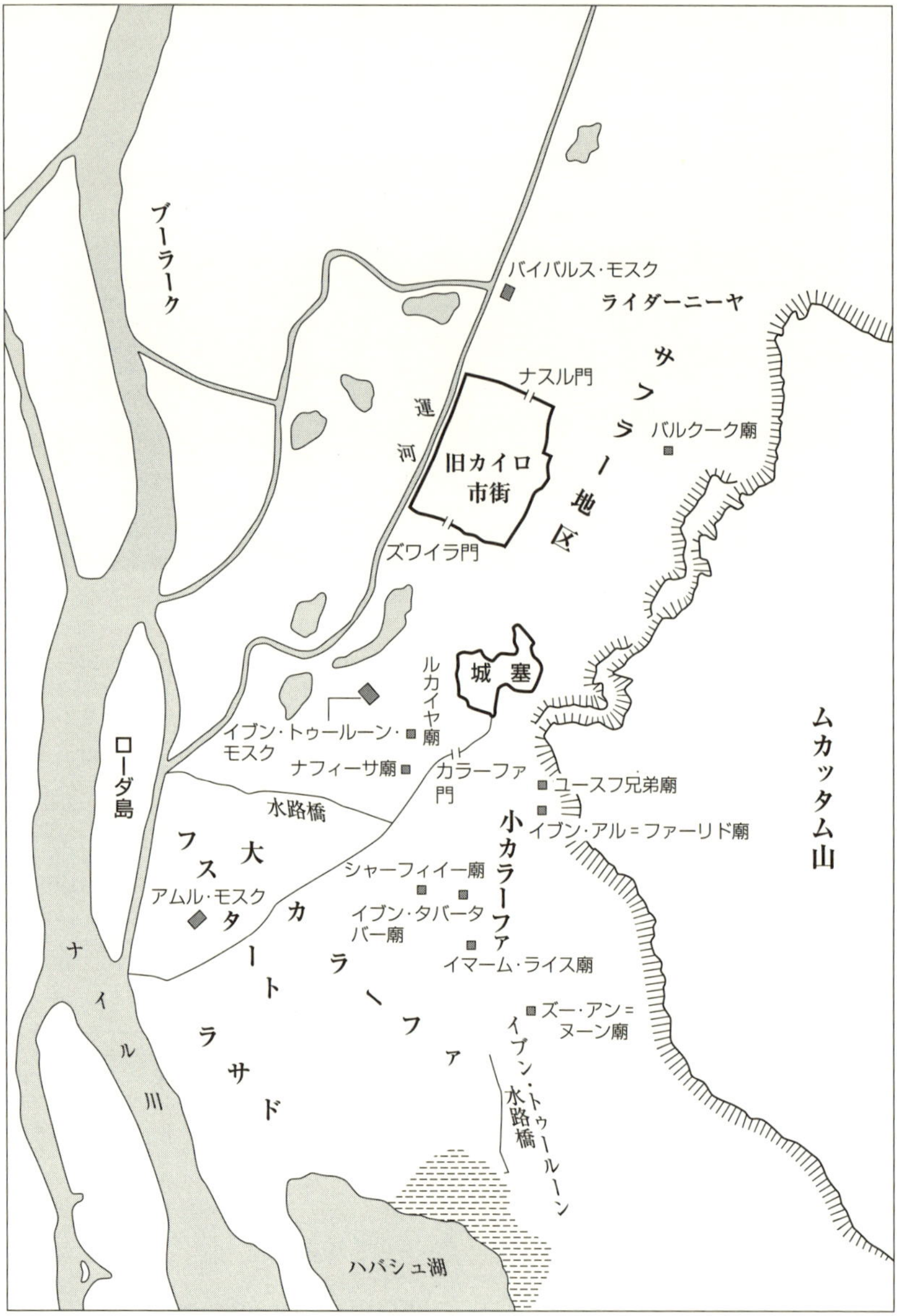

「死者の街」とその周辺(12〜15世紀，概念図)

一端を紹介したい。アラブの地理書によると、カラーファはカイロやフスタートの人々の行楽地であり、祝祭日には遊興の地となった。先述のように、荘厳な建築物を連ね、市場(スーク)、公衆浴場、粉挽き所、隊商施設、食堂(オスマン朝期)などを備えた、いわば門前町の風情を現出させていた。そこには、預言者の一族・教友・聖者・カリフ・君主・著名学識者から一般民衆の死者までを含む、カイロ周辺の死者が全て埋葬されていた。[16]

各地から到来した参詣者のうち、アンダルス・スペインやマグリブ(北西アフリカ地域)からメッカ巡礼の途中に立ち寄ったムスリム達は、カラーファを「この世の驚くべきことの一つ」(イブン・ジュバイル、一一八三年)、「このようなもの(シャーフィイー廟一帯)はこの世に存在しないと思っていた」(トゥジービー、一二九七年)、「神の祝福を受けられる大層な場である」(イブン・バットゥータ、一三二七年)、「それ自体で独立した大きなまち」(バラウィー、一三三七年)などと評していた。[17]ヨーロッパからの到来者も「私は全キリスト教世界において、荘厳さでこれに比肩し得るものをみたことがない」(J・デ・ヴェローナ、一三三五年)[18]、「ヴェネツィアと同じくらい大規模」(E・ピロティ、一四二〇年)[19]、「我々のもとでいえば、一つの巨大都市を形成している」(F・ファブリ、一四八三年)などと驚嘆の念を禁じ得なかった。[20]一五二六年頃にカイロを訪れたレオ・アフリカヌスは、カラーファだけで二〇〇〇家族が住むと報告したが、これはペストの猖獗などにより、以前に比べて荒廃した結果であるとも付け加えている。[21]今、仮に一家族五〜六人と見積るM・ドルズの計算法に従うならば、ペストによる激減後のカラーファの人口は一万〜一万二〇〇〇となる。[22]ザーヒリー(一四六八没)によると、大カラーファの建物の量は全アレキサンドリアに匹敵し、小カラーファでもシリアのヒムス Hims に相当したというほどであった。[23]オスマン朝期のマシュリク(東アラブ地域)やマグリブからの旅行者達も、必ず死者の街を参詣していた(付論4)。

その後もエジプト外からの死者の街参詣者は、衰微こそみたものの、現在までほぼ途絶えたことがない。ちなみに、明治期以降、日本からも盛んにカイロ＝フスタート周辺の諸墓地区へと旅行者が向かった。彼らは船舶によってヨーロッパへ渡航する途中、エジプトで一時下船してこの墓地区へ立ち寄っていたのである。その中には、伊東忠太（一九〇五年）、宮崎市定（一九三七年）、野上豊一郎（一九三八年）、野上弥生子（同）らも含まれる。[24] 特筆すべきは、大正時代（一九二二年）に訪問した天沼俊一である。建築調査のためエジプトに滞在した彼は、大小カラーファ（シャーフィイー廟を含む）やサフラー地区を訪れ、後者のバルクーク廟の図面を引くなど、稀有な記録を残していた。[25]

このようにカイロ周辺の墓地区への居住現象は、近現代の大カイロ地域における人口流入過多や人口爆発に端を発するものではなく、歴史的なルーツを有するのである。[26] ファーティマ朝期のクダーイー al-Quḍāʿī（一〇六二没）を引用した参詣書『カワーキブ』や、マクリーズィーの『地誌 *Khiṭaṭ*』によると、クダーイーの時代までにカラーファには一万二〇〇〇のモスクが建設されたという。[27] これは誇張ともとれるが、単にミフラーブ（メッカの方角を示す壁龕）を備えた程度の場所まで含めたものと考えれば、あながちあり得ない数字とばかりもいえまい。以上のような当時の証言を約言するならば、「衆目が一致しているのは、この世にカラーファより素晴らしい墓地はない」[28] ということになろう。

聖山ムカッタムの歴史

史料はカラーファについて、背後に壁の如く聳えるムカッタム山に見下ろされていると評することもあるが、圧倒的に「ムカッタム山のふもと（ṣaḥf, liḥf）」として言及することが多い。[29]「ムカッタム山麓」と互換性をもって使用されてきたことからもわかるように、この墓地区は常にムカッタム山の一部として、もしくはそれと象徴的に重ね合わせて認識されてきた。現存する最古のカラーファ参詣の書である『ムルシド』の別名が、『ムカッタム山参詣における整然たる真珠達』であったことも、このことを端的に示している。それゆえ、人々のムカッタムに対する崇敬の念がカラーファの聖域としてのあり方の背景をなしていたことは容易に理解されよう。[30] しかし、この点についてはこれまでほぼ等閑視されてきたため、ここで検討しておきたい。

そもそも、ムカッタム山は古代からエジプト人に敬慕される場であったと推察される。残念ながら、依然として我々は古代王朝期のムカッタムに関して十分な考古学的裏付けを欠くが、少なくともムスリム期以降の史料は、古代に遡及して聖域と捉えていた。それによると、古代王朝期、その山頂にはファラオ（王）の烽火塔が設けられ、出征の時を告げるとともに、疫病流行時には防疫のためにそこで乳香などが焚かれ、人々を護ったとされる。[31] また、同じく古代王朝期、ノアの子孫でコプトの父ミスルらは、メンフィス建設以前にムカッタム山麓に家を穿ち、居住していたという。[32] さらに、南フスタートのバトゥン・アル＝バカラ Baṭn al-Baqara 地区（現在の俗称）からは、（現在ナイル川東岸側にあたるものの）古代初期王朝や末期王朝の墓が発掘報告されている。同地区はムカッタム山塊末端の一部と認識されていた可能性があるうえ、同地区は大カラーファの西南限地域にも含まれるため、のちにカラーファとされる地域が古代王朝期から、エジプト人の墓所であったことを裏づける実例として大変興味深い。[33] マムルーク朝期までイシス像が遺っていたというのもこの辺りであろうか。[34] 加えて、イスラーム期史料における多分に民衆の想像力を反映した語りによると、ムカッタム山頂に二つ、山の他の場所に七〇のピラミッドが財宝を抱えて存在していたとすらいう。[35] モーセがいたとされる涸沢（ワジ）も存在し、彼がムカッタム南域のトゥラー生まれであるとの説も記録されている。[36] また、イエスとその母マリアがこの山に登り、イエスは「母よ、ここに我が同胞の称えられるべき者たちが埋葬されているのです」と言ったとする伝承は、ムスリム側史料に繰り返し述べられている。[37]

ローマ支配期（ビザンツ期を含む）、ローマ生まれの聖アルセニオスは、テオドシウス帝の子息の教育に携わり、四世紀末にアルカディウス帝の宮廷を離れて各地を転々としたのち、ムカッタム山南域のトゥラーへ到来したとされている。[38] そして、一二年間修行生活を送ったのち、四四九年にそこで没した。同地に建てられたキリスト教修道院の一つ、クサイル修道院 Dayr al-Quṣayr は以後イスラーム期にわたって栄え、一〇の教会や多数の墓地、強固な壁を伴うまでになった。そして、総計六〇〇〇人もの修道士を抱えていたと、おそらく誇張も含めて史料は記述していた。ちなみに、トゥールーン朝君主フマーラワイフ（在位八八四〜八九六）も同所の壁画に魅了されていた一人であった。一〇一〇年にここを略奪・破壊したのが、ファーティマ朝カリフのハーキムであった。修道院はその後十三世紀に復興をみたが、十六世紀には再び荒廃している。[39] また、トゥラーの山域で修道後に総主教となったベンヤミン Banjāmīn や、マムルーク朝期に同山地で修道した聖バルサウマー（バルスーマー）の逸話も有名である。[40] このように、ローマ期以降にムカッタムの岩窟では夥しい数のキリスト教修道士や住人がみられ、山は敬慕され続けていたと推測される。

七世紀にアラブ・ムスリム勢力がエジプト支配を決定的にした際、彼らはエジプトの旧支配者との間で取引を行なったが、それこそがムスリム墓地がのちの大カラーファの場所に定められたゆえんであった。すなわち、ビザンツによるエジプト統治者にして宗教指導者であったムカウキス（Muqawqis あるいは Muqawqas、キュロス）は、ムカッタム山の裾野購入を、アラブ軍の長アムル・ブン・アル＝アース ʿAmr b. al-ʿĀs に打診した。その際、七万ディーナール（別説では二万ディナール）という法外な金額による購入の申し出に困惑したアムルは、カリフ・ウマルに相談したが、エジプト側（ムカウキス）の購入理由が「そこに天国の芽（ghirās al-janna）が埋まっており、そこへ埋葬された者は最後の審判を免れられる」というものであると知り、ウマルはここをムスリムの墓地として接収することを命じた。これに激昂し、抗議したキリスト教徒側には、その南方に接するハバシュ湖沿いの一帯が墓地として分与されたといわれる。[41] この逸話はほとんどのエジプト史書、地誌、参詣書、さらには一部の法学書にまで頻出するものであった。それゆえ、エジプト人にとってキリスト教徒であった大方の自分達が、いかにしてムスリムへと移行していったのか、イスラーム以前のエジプト史とアラブ征服以降の歴史がいかにして接合可能なのか、さらにエジプトがどのようにイスラーム化していったのかなど、イスラームの受容過程やアイデンティティのありかを確認するためにも、極めて重要な意味をもっていたに相違ない。[42] そして、「天国の芽」という遺体を意味したであろうメタファーや他史料の記述内容が強く示唆しているのは、ここがエジプト人＝キリスト教徒達にとって墓地を含めた聖域であったということではなかろうか。そのことは、ムスリム側の史料の記述、「そのもと(ムカッタム山の麓)に埋葬された人々はアッラーが最後の審判の日に再生させ、最後の審判なしで天国に入ることができるのです」とみごとに呼応している。[43] また、キリスト教徒側の通称『教会・修道院史』は、アラブが到来する以前、カラーファにはキリスト教徒の教会や庵が多数あったと記していた。[44]

　さらに、先のムカッタム山麓接収の話を機能的に補完するような逸話もある。例えば、ムカウキスの親族がムスリムへ改宗したというものや、ファラオの妻の髪を梳る係の女性が一神教徒で、それをファラオの妻に吹き込んで妻ともども殉教したという逸話がそれであり、両者は共にムスリムの参詣対象となっていた。[45]

ムカッタム山上のジュユーシー廟

　その後、トゥールーン朝以降の歴代ムスリム王朝も、ここにモスクを建てるなど、ムカッタム山と積極的に関わってきたことが知られている。とくに関わりが深かった君主には、トゥールーン朝期のイブン・トゥールーン、フマーラワイフ、ファーティマ朝期のハーキムらがいる。[46] 十二～十六世紀になると、スーフィーや男女のムスリム聖者がこの峻険な岩山を彷徨して、修行に励む姿がみられた。その洞穴や涸沢は格好の場を提供し、彼らにカラーマ(karāma 美質・貴行・奇蹟)がしばしば生じたのも、このような場所である。[47] また、カラーファの聖墓の一部では、参詣者がそこでムカッタム山に向かって挨拶するという儀礼が課されていた。[48] マムルーク朝期、この山の小石を砕いて目を隈取りし、眼病を癒すという慣行が流行をみたこともあった。[49]

　一四三〇年のペスト大流行の折、大小カラーファに在住の西アフリカ人(Sūdān al-Takārira)三〇〇〇人が集団罹病し、逃れていった先はやはりムカッタムの山頂であった(第3

章）。さらに、オスマン朝支配下の一五五三－四年、シャアラーニー al-Sha'rānī らウラマー（学識者達）は疫病（ワバー）と災禍のやむよう、ムカッタム山頂で集団祈願を行なうことを求められている。[50] 同趣意の事例は枚挙に暇がなく、まさに「聖山ムカッタム」と呼ぶにふさわしいものであった。「ムカッタム山はムカッダス（聖なるもの）である」[51] とは、ムスリム側もコプト・キリスト教徒側も共に史書に記した表現であり、言い得て妙というほかはない。また、ムカッタム山が一貫してエジプト人達の敬愛を受け、宗教の差違を超えてエジプトを象徴する自然環境物かつシンボルであり続けたことは、英国占領下のエジプトで発刊された新聞の名前が、『ムカッタム』（一八八九～一九五二年）であったことにも如実に示されている。[52] さらに、十七世紀のシュアイビーの参詣書は、ムカッタム山をアラファート山、カアバ神殿、エルサレムに比肩される聖所と位置づけていた。[53]

ムカッタム山伝承の特徴

ここで、超歴史的な形で残されてきたムカッタム山伝承の特徴を大別してまとめたい。第一には、ムカッタム山が、クルアーン（コーラン）にもしばしば登場し、やはり聖域として中東全域から敬われていたシナイ半島の山々から伸長した、広大な山塊の一部と認識されていたことである。さらに、東は中国 al-Ṣīn から中央アジア、ペルシア、アレッポなど歴史的シリアと紅海を経て峰を連ねる壮大な山塊、あるいはシナイ半島やエルサレムからスーダンまで連なる岩塊の一部とも捉えられていた。[54] ムスリム、キリスト教徒、ユダヤ教徒の三者にとっても、シナイ山の一部ということであれば、それはモーセが十戒を授かり、かつクルアーンにも銘記された山（第九五章二節など）であり、エルサレムも含めてコスモロジー上の広闊《こうかつ》な聖域と認識するのに何ら躊躇はなかったはずである。また、ムカッタム山自体も、トゥラー地区などかなり南側の山塊も含むと考えられていたことが確実であり、さらに現在イブン・トゥールーン・モスクの建つヤシュクル山、カブシュ丘や、現在イスタブル・アンタル、あるいはザフラー山などと通称されるフスタート南方の岩塊を含めて山域を構想されていた形跡がある。[55]

第二に、諸伝承は、ムカッタム山を擬人化して描写する点で際立っている。しかも、敬虔な一神教徒に擬せられるのが常であった。代表的な伝承としては、ムカッタムがかつて緑に覆われし麗しき山であったが、神のもとへ馳せ参じた際にそれら全てを捧げてしまったため、禿山になってしまったというものがある。[56] しかし、報奨として、そこを天国にすると確約されてもいた。この他、いずれの例も神との契約・取引・(贈与)交換を行なう点が特徴の一つをなしており、伝承を形成・伝達する担い手の側の心性を反映しているようで興味深い。また、メッカ巡礼する人々を、山が隆起して往還させたという逸話もある。[57]

さらにコプト・キリスト教徒達の伝承の中には、ユダヤ教徒の宰相にそそのかされたファーティマ朝カリフ・ムイッズが、「もしムカッタム山が(聖書にあるように)動かなければ、コプトを皆粛清する。さもなくば改宗せよ」と迫ったところ、神はコプトの願いのみを聞き容れ、山を動かしたというものがある。[58] 背景の詳述は控えるが、このコプトの伝承も、ムスリム民衆へ感化を与えたり、当時生じていたコプトからムスリムへの大量改宗を通じてムスリム社会へもたらされたりした可能性があろう。このように、人々の働きかけに応えてくれる有機的な存在として、擬人化において少なくとも親近感は示されているように思われる。また、語りのスタイルとしては、預言者や優れた聖者に対するそれと酷似している。

第三に、通時代性とあらゆる著名人との関連性である。エジプトの全時代の、知られうる全ての著名人がここに関わっていたとされていた。前出のモーセ、イエス、マリア、アムル、カリフ・ウマルなど、数え上げればきりがない。そうした伝承はムスリムの教義に適うものであると同時に、結果として他宗教の信徒もこの山への敬意を保つことのできるような論理構成をとっていた。この点は、カイロ周辺の諸墓地区にもほぼ同様にあてはまろう。

以上に列記した以外にも、祈願が一般によく成就される場所としてメッカ、エルサレムとともにムカッタム山のみがその名を並記されたり、エジプトのファダーイル(美点・郷土自慢)の書に必ずムカッタムに関する一章が割かれていたこともあわせて考えるならば、ムカッタムをめぐるさまざまな伝承は、互いに結びつき、人々に深い崇敬の念を喚起すべく機能していたように推察される。

ハバシュ湖とナイル川

ムカッタム山の存在が大小カラーファの聖性を支えていたとするならば、他方でエジプト全域を灌漑し「神の恩寵を受けた(ムバーラク)」ナイル川と西側で接していたことは、大小カラーファのエジプト最大の行楽地としての側面を補完していたに違いない。とくに満面の水をたたえる時季のハバシュ湖畔は、大小カラーファの南限に位置した風光明媚な行楽地として知られており[59]、ナイル川を見下ろすラサド(別名シャラフ、ジャラフ)の高みからの眺望、大カラーファ南側にあって湖に接するバサーティーン(果樹園)地区、イブン・トゥールーンの水路橋、さらにナイル川やハバシュ湖を遠望するクサイル修道院、同じく水場に面する傾斜地に位置したマアシューク al-Maʻshūq 地区と同所に建立されたティーン修道院 Dayr al-Ṭīn や、後者の脇に建てられたアーサール・アン゠ナビー(預言者の聖遺物)モスクなど、名所満載であった。夏は灼熱のエジプトにあって、これらはカラーファ一帯へ彩りと憩いを与えていたことであろう。民衆は春の風を楽しみに繰り出していたし、ファーティマ朝期の詩人達はそこで夜を明かすことを好み、詩歌を詠み合うことに没頭していた[60]。

君主達についても、例えばファーティマ朝カリフはこれらの場所を訪れることを好み、あるいは歌手や余興を行なう者を集めて酒宴を催していた。マムルーク朝スルターンは、ハバシュ湖からも近く、当時はナイル川に臨んでいたアーサール・アン゠ナビー廟(モスク)やティーン修道院へ足繁く通っていた。同所には、バグダードからもたらされた預言者ムハンマドの遺物をもとにモスクが建てられ、スルターン主宰で雨乞いの集団祈願が催されたこともあった。また、

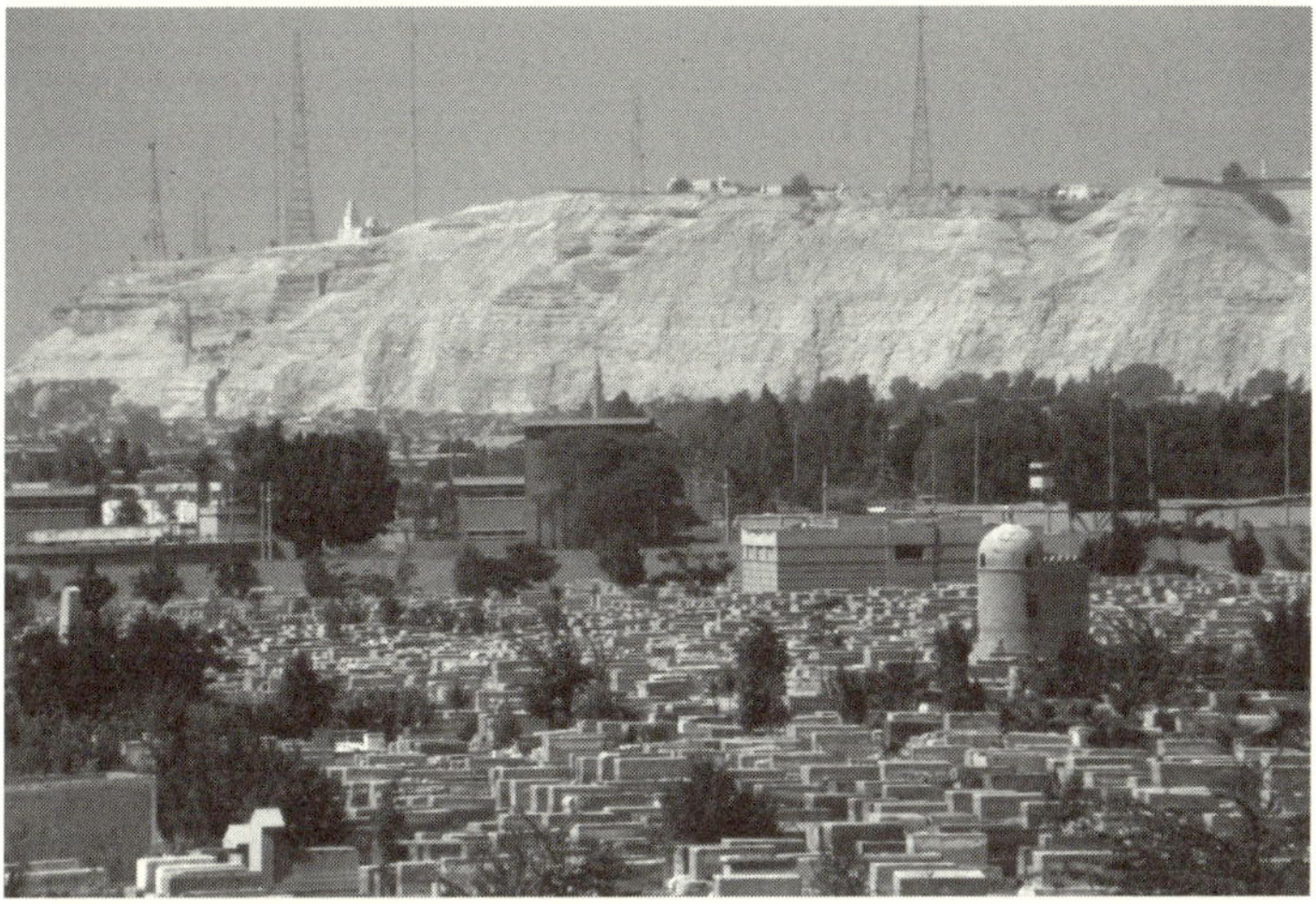

ユダヤ教徒の墓地（大カラーファ）

一部のスルターンのカラーファ行幸コースには、この河畔の聖廟・モスクも含まれていた[61]。

コプト・キリスト教徒とユダヤ教徒の墓地

キリスト教徒やユダヤ教徒の墓地とその参詣については、概略のみを示しておきたい（第6章）。

一般にコプトの総主教、一部の主教（ウスクフ）などコプト社会上層の人々は、その多くが教会や修道院に埋葬されていた。そこからワーディー・ナトルーンのアブー・マカール修道院へ移葬されたケースもみられる。それに対して、コプトの民衆や司祭は教会外に埋葬されており、カラーファの南限、ハバシュ湖沿いに墓地があった。前述のように、ここはアラブ＝ムスリム勢力がエジプトを征服した折に、のちに大小カラーファと呼ばれる地域を接収してムスリムの墓地とし、それに伴って代替に分与されたものである。しかし例えば、第六四代総主教ザハーリヤース Zakhāriyās（在位一〇〇四～三二）は、エジプトの人々の間に埋葬されたいとの希望を遺言したため、ハバシュ湖畔に埋葬されていたという。その後、人々は彼の墓を参詣してバラカ（神の恩寵）を得ようとしたとされる。ファーティマ朝カリフ・ハーキムの時代には、おそらくハバシュ湖畔にあったズィンミー達の墓地の東側部分であろうか、(ラサドにあったとされる)ユダヤ教徒とキリスト教徒の墓地の一部が破壊されて、モスクに使用されていた。[62]

コプト以外のズィンミーの墓地について付言すると、ユダヤ教徒やサマリア人の墓地も大カラーファ南限のハバシュ湖の上手にコプト墓地と接して存在していた。これは元々、第五六代コプト総主教ハーイール三世(在位八八〇~九〇七)がユダヤ教徒に売却したものである。この措置は、八七〇年にイブン・トゥールーンがユダヤ教徒とキリスト教徒の墓を潰して、新首都カターイーのミーダーンを建設したのに伴ってとられたものと筆者は推測する。このユダヤ教徒の墓地の扱いをめぐっては、ムスリム側の学者達との間に争議があったが、結局、現在に至るまで墓地は存続している。[63] 一方、カイロ付近のメルキト派墓地はハバシュ湖畔になく、カイロ゠フスタートの教会内や、ムカッタム山中のクサイル修道院の墓地に埋葬していた。同じくアルメニア教徒とネストリウス派も自派の教会内に埋葬していた。

ここで重視すべき点は、非ムスリムの墓地もムスリムの墓地と隣接しており、ムスリムも非ムスリムも参詣に赴く際、互いの墓地区の脇を通過したり、それを意識したりせざるを得なかったと思われる点である。これはムスリムの学識者の考える、あるべき墓地の位置関係とは異なっていたが、継続した現実の姿であった。[64]

3 「参詣」と「聖者崇敬」――用語と概念の設定

「巡礼」と「参詣」

ここでは、本書に頻出し、一定の輪郭や定義を与えておく必要のあるいくつかの用語や概念について、アウトラインを示しておきたい。

イスラームにおける聖域への巡礼・参詣、あるいは宗教的な動機に根差した長距離移動について語る際、かつてはハッジ（メッカ巡礼）のみが対象とされる傾向が強かったのではなかろうか。確かにハッジは信徒への総体としての義務であり、今昔を問わず、ムスリム・ムスリマ（イスラーム教徒の男性・女性）であれば、死ぬまでに果たしたい宿願である。その象徴的中心性は圧倒的なものであり、イスラームにおける六信五行（五柱）の一行（柱）に数えられることに示されているように、教義における確固たる位置付けにも異論はなかろう。しかし、かつてメッカへの遠路の移動は単に危険であっただけでなく、経済的・身体的に多くの艱難を伴う生命を賭した行為であった。とくに女性の場合、近親男性の同伴が義務づけられていたため、より困難は増したであろう。

それに対して、歴史的な実態をみると、交通手段の未発達な前近代にあっては、ハッジに勝るとも劣らない数の人々がより身近な地元の聖所へ、ズィヤーラ（参詣）に向かっていたものと推察される。ムスリムの居住する多くの地域には、現実に数多の聖廟が建てられ、メッカ以外の聖域が形成されてきたのである。ズィヤーラとは、アラビア語で「訪ねること」を意味し、ある場所や人を訪問することを広く指す用語である。必ずしも聖地の訪問に限らず用いられるものであり、一般の墓参や知人宅を訪問することもこの語で示される。ただし、参詣の意にズィヤーラが用いられる場合、単に聖墓を訪問するだけでなく、墓前で死者へクルアーンを詠み贈って祈願をするなど、一連の儀礼行為の総体を含意していた。本書では、メッカ巡礼や、それとズィヤーラとの関係にも目配りをしつつ、このズィヤーラの方を中心に据えて論じることとなる。

では、ここでハッジとズィヤーラとの関係をめぐる問題群について、整理しておきたい。イスラームの文脈では、メッカ周辺に赴き、カアバ神殿を周回するなど、所定の儀礼を実践することのみがハッジと称され、特別な語彙となっている。そして、その他の参詣行為は全てズィヤーラと呼んで区別してきた。ハッジの位置付けが信仰体系のうちに明白であったのに対し、ズィヤーラの方は実のところ、イスラームを律するクルアーンにも明示されず、ハディース（預言者の聖伝承）には賛否両論の論拠がみられたが、ウラマー（学識者達）の間では付帯条項が課されると解釈されたり、否定的に受けとめられるなどされてきた。そして、多数のウラマーはズィヤーラの実態をイスラームから逸脱する行為とみなして警鐘を鳴らし、それに関連する慣行の諸相を逐一、激しく批判してきた。この傾向の極点は、いわゆるワッハーブ運動である。[65] しかし、多くのムスリム社会でズィヤーラは、在来の慣行や人々の素朴な感情の表出に沿いつつ、存続し得たのである。とくに、女性にとっては、日常的に堂々と遠出できる数少ない好機であり、例えばティーファーシー（一二五三没）はその著作の中で、エジプトのカラーファを「女性のたまり場」として場面設定していたほどである。[66]

また、ここまで使用してきた「巡礼」と「参詣」という日本語の用語も、依然として問題を孕んでいる。中国唐代には、複数の聖地・聖所を巡り、拝する行動を指す「巡礼」の用法がすでに熟しており、五台山の寺院を巡った円仁（八六四没）の『入唐求法巡礼行記』にもその用法がみえるという。また、平安中期の用法も、多くの聖地を巡歴する行為を指していたという。[67] このように日本語では、巡礼を「いくつもの聖地を順次辿り経巡ってゆく旅」と規定し、熊野や伊勢に参る旅は「巡礼」とは決して呼ばずに「参詣」と言い習わしてきた。この慣用に留意して識別するならば、一カ所との間の往還運動とならずに、複数の聖廟を巡参する死者の街のズィヤーラや、各地の聖廟を巡歴する形でズィヤーラの旅をつないでいた前近代の慣行も、「巡礼」とすべきことになろう。[68]

一方、メッカへのハッジについてみると、実際にはメッカ周辺の聖所を巡ることやメディナの預言者廟参詣も往々にしてセットになっているため、上記の意味で「巡礼」に該当するという説明も可能であろう。また、前近代においては、メッカに至る途上にも、各地の聖廟を詣でながら旅をつないでゆくのが常態であったゆえ、その意味でも「メッカ巡礼」と訳せなくはない。しかし、もしメッカ巡礼をメッカ周辺の聖域一極との間の直線的往還と捉えるならば、ハッジはむしろ先述の「参詣」に近くなる。それならば、「メッカ巡礼」とムスリムの「カラーファ参詣」あるいは「聖者廟参詣」といった現行の表現を入れ替え、逆に「メッカ参詣（参拝）」と「カラーファ巡礼」などとする必要性がでてくるのである。

しかし、ここで確認しておかねばならないのは、日本語におけるハッジ＝メッカ巡礼とズィヤーラ＝参詣という訳し分け成立の経緯である。田中智彦や小嶋博巳も指摘するように、「メッカ巡礼」や「サンティアゴ・デ・コンポステーラ巡礼」という時の巡礼は、必ずしも巡歴する旅という意味に力点を置いていない。むしろ「聖地を訪れる宗教的な旅」として、とりわけ著名で規模が大きく、移動距離の長い日本国外の事例に適用されているように思われる。このような広義の「巡礼」の用法もまた日本語に定着しており、メッカ巡礼はむしろその代表とされてすらいる。[69]「メッカ巡礼（順礼）」という表現自体はすでに明治期には現れており、[70]現在ではすっかり定着した観がある。

筆者がズィヤーラ研究を始めた一九八〇年代の時点では、いまだズィヤーラの日本語定訳を欠き、「参詣」や「巡礼」、あるいは「巡礼・参詣」などが使用されていた。そのような状況下でも、筆者がズィヤーラに「参詣」という訳語を付し続けてきたのは、「メッカ巡礼」という表現がすでに日本語の内に定着していて入替は相当な難事であること、「巡礼」の語自体が意味を拡大したこと、その上でハッジをズィヤーラなどそれ以外と峻別するイスラームの教義やムスリムの心性を少しでも反映させる必要があると考えたためである。経緯からいえば、「メッカ巡礼」を先に設定した結果、それとの差異化を図るためにズィヤーラを「参詣」としてきたことになる。本書においても、ハッジを「メッカ巡礼」と訳し、ズィヤーラを「参詣（もしくは墓参・参詣、訪問など）」と訳し分ける。なお、この点をおそらく大川周明は意識していたのであろうか。彼は『回教概論』の中で、ハッジを一貫して「参詣」と訳出していたが、その用法が一般に定着することはなかった。[71]

また、そもそもアラビア語のハッジとズィヤーラを日本語で区別すべきかどうかも論点の一つである。筆者はむしろこのハッジへの特別な意味付けにイスラームの特徴が現れていると考え、訳し分けてきた。ただし、ハッジとズィヤーラに含められる慣行を、一定の研究方法論に則って機能上分類しようとする場合には、両者を区別しないという手法もありえよう。

同様の問題は、ズィヤーラを例えば英訳する際にも生じる。かつては、非中東圏の学者を中心に、メッカへのハッジと同様、ズィヤーラにもpilgrimageという訳語を付与しがちであったが、現在は分析の方法上、意図的である場合以外は、ハッジのみをpilgrimageとし、ズィヤーラと訳し分ける傾向が徐々に強まっているように認められる。

民衆にとっての「ハッジ」と「ズィヤーラ」

それでは、民衆(アーンマ ʿāmma)にとって、ハッジと各地のズィヤーラはどのように識別されていたのだろうか。あるいは、メッカ巡礼者が他所の聖廟参詣者とは異なって獲得したものとは、何であったのだろうか。実のところ、イスラームにおけるハッジとズィヤーラに類する区分は、キリスト教をはじめ、ほとんどの宗教にみられない。むしろ、この弁別がイスラームの特徴の一つとすらいえるのではないかと筆者は考えている。また、実際に必ずしも多くの庶民がメッカ巡礼を実現できたわけではなく、その代替(あるいは「写し」霊場)として、メッカ巡礼を祖型にしつつ、ローカルな聖地のズィヤーラへ向かってきた側面がある。これらのこともあって、結局これは社会のエリート層だけに共有された書物上の識別にすぎず、民衆はハッジとズィヤーラを混同していたと思われがちである。

確かに、エリートの学識者達が両者の区別につながるハッジ礼賛の言説を絶え間なく再生産することを通じて、民衆を教化してきた側面は指摘できよう。しかし、ハッジはムスリムなら誰もが知る基本中の基本事項であったと推定され、前述のように教義実践の中核をなしてきたものである。また、ハッジがどんなに意義深く、素晴らしいものであるかは、体験者の語りを通じても増幅されて伝わり、巡礼したことのない者、あるいはこれから巡礼する(かもしれない)者の生活感覚の中に刻印されていたに相違ない。それは単に書物に述べられるだけでなく、モスクでの説教、ワーイズ(宗教諫言師)による諫話、語り物文学の弾き語り、宗教歌手の歌謡、影絵芝居、祝祭で利用される宗教的イディオムなど、あらゆる側面から民衆の五感へ深く浸透していったものと想定される。

メッカ巡礼者の家の壁画

　彼らにとって、メッカ巡礼を行なえば神のもとで天国に入りやすくなるのであり（あるいは、天国入りが確約されたも同然であり）、それは生涯における究極の望みに直結していた[72]。また、ハッジした者は「ハーッジ」という特別な敬称を与えられており、エジプトでは家の外壁に巡礼したことを示す絵や文言を描く慣行もみられる。メッカ巡礼の経歴は地域共同体内での名望と地位向上とにつながったであろうし、それを行なった者はその功徳を吹聴したことであろう。アイユーブ朝期以前のエジプト社会における庶民の参詣慣行の中に、ハッジを渇望するあまりカラーファの聖者廟のズィヤーラを行ない、聖者の墓の上を下着一枚で転げ回るというものがあり、学識者の糾弾の的となっていたことも想起されるべきであろう[73]。いずれにせよ、カイロ＝フスタート地域においても、（読み書きできない）民衆であるからハッジとズィヤーラを混同していたと主張するには現時点で史料的根拠を欠く。ただしいえるのは、人々がメッカ巡礼を祖型とし、部分的にはそれを模倣しつつ、ズィヤーラを行なっていたことである。彼らはメッカ巡礼を模して反時計回りに墓を七周回したり、カアバ神殿に擬した墓廟すら建てていた。また、預言者ムハンマドの墓廟への参詣慣行もモデルとされた可能性が大きい[74]。

　あるいは、次のような説明も可能であろう。ハッジとズィヤーラという二つの語の関係は、横並びに分節される一対ではない。ズィヤーラは人や場所を訪問する行為を広く含意して日常的に使用される、あくまで一般的な語彙である。その対象は、知人や縁者、生ける聖者など生身の人間であっても、一般の死者や聖者廟であっても構わない。

他方、ムスリム社会におけるハッジは歴史的経過の中でメッカの聖域を詣でることをもっぱら示すようになった特別な語彙であり、その意味する範囲は極めて限定的である。すなわち、アラビア語の意味分節の中で、メッカに参ることのみにハッジという特殊な語彙が形成されるようになり、他の墓参・参詣、訪問行為と峻別されて特権的な位置を占めていったといえるのではなかろうか。

このイスラームにおけるハッジの特権化とそのズィヤーラとの区別は、神（アッラー）と人間とを峻別し、預言者もまた人間の側に属するという、（イスラームにおける）神と人間との大きな懸隔を反映しているようにも筆者には受けとれる。それは、神の家とも称されるカアバ神殿や、ハッジの諸行程を包含するメッカの絶対性と、各地に存在するその他諸々の聖廟との間の、垂直軸における落差を明示しているかの如くである。ちなみに、中東のコプト・キリスト教徒も歴史的にハッジやズィヤーラの語を併用してきたが、両者の使用にイスラームにみられるような教義に基づく明確な線引きは見出しにくい[75]。したがって、聖地の巡礼・参詣に関しても、ムスリム側はキリスト教徒との論理的差異化を果たしていたことになろう。

なお、墓地に関連して、ズィヤーラは聖廟への参詣と一般の墓参の双方を含意し、本書はその双方を対象とするが、より多くの頁を割いて扱うのは前者である。

「聖者」と「聖者崇敬」

中東における「聖者崇敬」や聖墓参詣研究は、歴史研究者にとってはイスラーム全般にわたる知識が要求され、宗教・民俗など従来の枠組みを超える研究対象であり、宗教・イスラーム研究者にとっては体系化を拒む形而下の事象を多く抱えるため、一九九〇年代に入る頃まで、取り扱われにくかった。また、他地域の類似の事象については比較的熱心に取り組んできた人類学・社会学研究者であるが、中東においては膨大に書き残された現地語テクストの批判的理解と歴史やイスラームの知識不足が妨げになってきた。このような障壁は当然越境されるべきである一方、これら諸学の壁を取り払った研究を志す者にとって、この研究テーマは格好の素材であるといえよう。[76] そして、このようなフィールドワークと文献研究の総合作業は、共同研究において相互に補完し合う必要のある部分を多く含む一方、実際にフィールドや史料に接する個々の局面では、その双方に対応する能力を鍛錬したうえで、直接の判断を下さざるを得ない部分がどうしても残る。それゆえ、やはり研究者個人はこの双方に対応すべく、努力を怠ってはならないと筆者は考える。

一方、現地、中東の東アラブ地域において、聖者あるいは聖者崇敬というパラダイムによる研究は近年に至るまでほとんどなされてこなかった。これには聖者、聖者崇敬という論点や術語成立の経緯そのものが絡んでくる。すなわちこのテーマは、ヨーロッパ・キリスト教社会との比較宗教研究、およびその理論適用を念頭に置く欧米人研究者によって推進されてきた傾向が否めないのである。他方、中東現地、とくに東アラブの研究者は、個別のタリーカ(スーフィーの道統・教団)やスーフィズム研究、ハーンカー(修道施設)などの宗教施設を研究対象として設定するものの、聖者や聖者崇敬といった分析視角からの研究はごく近年まで稀であった。そこにはおそらく、社会・政治状況と密接に結びついたさまざまな理由が想定されよう。

例えば、単純な近代化論者にとっては、聖者崇敬や聖墓参詣など放棄されるべき過去の陋習であり、あるいは伝統的な慣行を重んじる人々にとってはタブーに触れると感じられ、人目(とくに外国人の)につかぬよう隠匿されるべき事柄であった。一方、イスラーム主義に傾く人々にとっては、近代化論者と通底する要素を見出せるにせよ、これは唾棄すべきイスラームからの逸脱(ビドア)であった。[77] また、大多数の人々にとっては、改めて取り上げるまでもない日常の一部であり、あるいは死を不可避的に想起させるため、できれば想起したくない部類の事象である。このように、イスラームに対していかなるスタンスをとる人々にとっても、この問題を積極的に取り上げる理由はあまり見当たらないという事情もあろう。

こうした欧米における研究と現地研究は、なかなか交錯点を見出せずにきたが、その架橋作業という点で本書はささやかな貢献となれるよう願っている。しかし、近年はエジプトにおいても人類学やスーフィズム研究の視点から、聖者崇敬現象に取り組む研究が増えてきた。[78] 歴史学研究の立場からいえば、そもそもこのようなテーマが研究対象たり得てきたのは、社会史研究の深化という研究上の潮流に沿ったものといえよう。そのなかで、エジプトに関していえば、ムスリムの聖者崇敬とその他のキリスト教、ユダヤ教などの聖人崇敬を分けて考察する場合と、両者を包摂して考察する研究の双方が、欧米や現地エジプトにおいて遂行されてきた。本書は全体としてみると(包摂する)後者の方式に傾くが、これは決して奇異でも稀少でもない。[79]

中東、あるいはムスリム社会における聖者崇敬研究へのアプローチは、種々の形であり得よう。その中で、歴史学や人類学、社会学、宗教学研究などにとっては、崇敬が実践され、目にみえる形で現象に発露された諸慣行の動態的研究は、とりわけ有効であると考えられる。それらはとりわけ参詣、聖者生誕祭(マウリド mawlid、マウスィム mawsim、イード ʿīd)などを焦点としている。とくに参詣研究は扱う文字テクストが多分野に跨がり、隣接諸学の方法論援用が必須であることなど、従来の歴史学研究のパラダイムを越境していたため、一九八〇年代後半に入るまで中東の歴史学研究の射程には含まれにくかった。しかし、庶民の日常生活、コスモロジーや心性、民間信仰、他界観、死をめぐる慣行、民衆運動など、聖者崇敬にとどまらぬ、より多くの課題の交錯点であると考えられる。また、墓地区という枠組みに着目するならば、中東、とくに東アラブの諸都市における墓地の歴史と、それが都市に対して担った多様な機能の諸相は、いまだ都市研究の中に充分に位置づけられていないようにみえる。[80]

さらに、中東を対象とする聖者崇敬研究にも、対象地域間で研究蓄積の濃淡がある。フランスの旧植民地でその学的影響の濃いマグリブや、預言者一族への崇敬が大きな神学上のテーマをなし、関連の書物が書店に溢れている現代のシーア派イランには、この研究分野を牽引してきた経緯があり、逆に東アラブ地域は豊富な資料を抱えるものの、後塵を拝してきた。しかし、近年はこの差は急速に縮小しつつあると思われる。

本書における聖者と聖者崇敬

すでにここまで用いてきた、ムスリム社会の聖者や聖者崇敬という表現について、本書における用法を確認しておきたい。あえていえば、聖者という語も史料中にみえる複数の用語や事象をもとに練り上げられた分析概念であって、一対一の対応語を現地語に有するわけではない。各地のムスリム社会においてそれに相当する原語は、ワリー(walī 複数形はアウリヤー awliyā')、サーリフ(ṣāliḥ)、ピール(pīr)、イーシャーン(īshān)など多岐にわたる。しかも、その用法は同じ地域でも時代の変遷に伴い、微妙に変化を被ってきた。また、そもそも聖者、および聖者崇敬という用語自体が、問題を孕んでいる。日本語における学術用語としての聖者が受容された経緯を顧みるならば、そこには現地語から saint(あるいは他の欧米語による saint に相当する語彙)、saint から聖者へという二重の問題過程が包摂されている。これに聖者、聖人といった漢語の選択という問題も加わろう。[81]

ムスリム社会において多様な語彙で表現される人々に対して、ヨーロッパ・キリスト教社会の概念である saint という訳語を安易に付与すべきかどうかについては、B・S・ターナー、E・ゲルナーらに代表されるように疑義が呈されてきた。[82] これに対して、G・M・スミスらは、主として列聖の問題を除けばイスラームの聖者と機能的類似点を多く指摘できるとし、[83] さらにP・ブラウンによるキリスト教側の(古代末期)聖者研究の深化と中東を含めたパースペクティヴの使用によって結果的に生じた「歩み寄り」もあいまって、[84] 現在、saint という呼称使用への躊躇は減少傾向にあるようにみえる。しかし、J・バルディックも警鐘を鳴らしたように、この問題は依然、議論の余地を残したままである。[85]

本書の対象とする史料に限定していえば、神へ近接する者としてのワリーが日本語の聖者に最も近似の意味内容を示しているが、[86] それ以外にもサーリフ、ザーヒド、ムウタカド(mu'taqad)などの形容があてられる場合や、このようなタームこそ与えられぬものの、実際に尊崇を集めていた場合などを含めて考えることが可能である。[87] そして、改めていうまでもなく、本書で研究対象とするエジプトで尊崇を集めていた人々とは、いわゆるスーフィーに限定されることは決してなく、預言者ムハンマドの血筋を引く者たち、イマーム・シャーフィイーのような大学者、「沙漠の花嫁 'Arūsa al-Sahrā'」や「貧者のための乞食 Shahhādh al-Fuqarā'」のように人々の根強い支持を得ていた伝説的存在などといった、広い領域の人々を包摂するものであった。[88]

そこで、本書では、歴史的にエジプトのムスリム社会において人々から崇敬を受けていた者を、広く「聖者」と総称しておきたい。これは決して、ヨーロッパ・キリスト教世界などの聖者と同一視するものではないが、当該の社会や日常生活における信仰の在り方を広く考察する上で、あるいはいくつもある原語の細かいニュアンスばかりに囚われることなく社会的な機能をも考察する手段として、聖者という括りの使用が依然として一定の有効性をもつという判断に基づくものである。[89] むしろ本書においては、具体相を描出することから、当該のムスリム社会における聖者の在り方を浮き彫りにするという議論の構築の仕方を試みたい。さらには、聖者を措定することによって他地域との比較研究の可能性を広げたり、コプトなどエジプトのキリスト教徒達の聖人や聖人崇敬との比較も射程に収めたい。

なお、キリスト教研究や西洋史研究の文脈では、「聖人」という表現が先行して定着しており、それを変更することは困難であるばかりか、変更する積極的理由も不足している。そこで、ヨーロッパのキリスト教社会とエジプトなど東方諸教会を同一に扱うわけではないが、コプトをも含むキリスト教の文脈では、本書においても聖人という表現を採用しておきたい。そこには、列聖のシステムをもたず、数においても遥かに多いムスリムの「聖者」発生メカニズムと差異化したいというニュアンスも込められている。

次いで、聖者崇敬という表現についても確認しておきたい。まず、「聖者崇拝」という表現については、かつて小杉泰から(1)崇拝に相当するアラビア語イバーダ('ibāda)は本来アッラーに関連してのみ用いられる語で、アッラー以外の崇拝はイスラーム世界で論点になり続けている、(2)崇拝がイバーダに相当しないならば、対象となる現象を表現するのにふさわしい呼称か疑問である、との二点が問題提起された。[90]　(1)に関しては、日本語の「崇拝」は個人崇拝というように、神のみでなく個人を対象としても広く用いられる語であり、イバーダと必ずしも意味上、一対一で対応しない点も考慮すべきであろう。この場合、どちらの言語、分析枠組み、宗教の文脈を優先させるかという問題もでてくる。また、現在は翻訳を通じて、聖者へのイバーダというアラビア語への「逆輸入」がすでに始まっている。(2)については、「尊崇」や「崇敬」の代用も考えられるが、崇拝よりも自己没入の度合いを下げた、しかも聖者をめぐる広い社会関係まで含めた用語を見出すべく、さらなる議論が望まれる。この点、堀内正樹らの提出した「聖者複合(saint complex)」の語も参考になろう。[91]

以下、本書における使用は、「聖者崇敬」という表現に統一しておきたい。「崇拝」を用いない理由は、イスラームの特色をむしろここから垣間見たいという狙いや、ムスリムの心性、アラビア語の文脈を無視しないなどの顧慮の結果であり、またすでに西洋史・キリスト教史研究において、「崇拝」の対象は神であるという理由から「聖人崇拝」の表現が避けられてきており、「聖人崇敬」という表現が日本語による諸学問領域で定着していることにも対応している。一方、人類学では「聖者信仰」という用語を使用して分析する傾向が強いが、ここではむしろ現地史料から窺える歴史的・宗教的・地理空間的文脈を優先して、採用しないこととする。全般として、原語による区別や意味分節を本書が無視しない理由は、イスラームやそれに基づこうとする社会の歴史的特徴がそこに反映されうると考えるためである。[92]

4　史料と先行研究

参詣書、その他の使用史料

本書が主として依拠するのは、「参詣の書」(kutub al-ziyāra)と呼ばれる一群の書である。時にこれらは歴史書(kutub al-taʾrīkh)扱いされることもあるが、おおむね一つのジャンルを形成してきたといえる。[93] Y・ラーギブによると、現在知られているムスリムによる最古の参詣の書はシーア派の著者クーフィー al-Ḥasan al-Kūfī(八三八－九没)の *Kitāb al-Ziyārāt* であるという。[94] 一方、現存する最古の参詣の書は、やはりシーア派のイブン・カウラワイフ Ibn Qawlawayh(九七八－九没)によるものであり、[95] カラーファ参詣書の最古のものはマーリーニー al-Mārīnī、あるいはマーリディーニー al-Māridīnī の *Maḥajja al-Nūr fī Ziyāra al-Qubūr*(散佚。十二世紀半ば頃のもの)であるという。[96]

カラーファ参詣に関しては、Y・ラーギブがあげた二一点のうち、一九点が十二～十五世紀を対象としており、さらにそのうち、わずかに次の四点が遺されている。[97] 順に列挙すると、イブン・ウスマーン Muwaffaq al-Dīn Ibn ʿUthmān(一二一八没)の『ムルシド』*Murshid al-Zuwwār ilā Qubūr al-Abrār*、イブン・アン＝ナースィフの『ミスバーフ』*Miṣbāḥ al-Dayājī wa Ghawth al-Rājī wa Kahf al-Lājī*、イブン・アッ＝ザイヤート(一四一二没)の『カワーキブ』*al-Kawākib al-Sayyāra fī Tartīb al-Ziyāra fī al-Qarāfatayn al-Kubrā wa al-Ṣughrā*、サハーウィーの『トゥフファ』*Tuḥfa al-Aḥbāb wa Bughya al-Ṭullāb fī al-Khiṭaṭ wa al-Mazārāt wa al-Tarājim wa al-Biqāʿ al-Mubārakāt* である(一四八四年筆了)。さらに、今回はオスマン朝支配初期のシュアイビー al-Shuʿaybī(一六一二年脱稿)の写本『シュアイビー』も含めて考察したい。[98] 同書は多少時期が遅いオスマン朝期のものであり、ハディース伝授に関わるかどうかで記述対象を選別するという特殊な構成をとっているが、オスマン朝支配初期にあっても参詣や墓地区の在り方に大きな隔絶がみられないことや、これまで参詣研究に利用されたことがないこと、比較対象としても興味深いことなどから、考察対象に加えることとする。

以上のカラーファ参詣書五点の概略について、順を追って紹介してみたい。

〈***Murshid al-Zuwwār ilā Qubūr al-Abrār***〉(『敬虔な人々の墓への参詣者の導き』)、別名 *Durr al-Munaẓẓam fī Ziyāra al-Jabal al-Muqaṭṭam*(『ムカッタム山参詣における整然たる真珠達』、『ムルシド』と略記)、イブン・ウスマーン Muwaffaq al-Dīn Ibn ʻUthmān 著[99]

長年にわたって、このイブン・ウスマーンの没年すら不確かであったが、Y・ラーギブはアズハル図書館目録による所蔵『ムルシド』写本のヒジュラ暦八三八年自筆説、『トゥフファ』を校訂したH・カースィムとM・ラビーウのヒジュラ暦七〇三年筆了説、C・ブロッケルマンやL・マスィニョンらの説を退け、一二一八年没の人物ムワッファク・アッ＝ディーン・イブン・ウスマーンに特定した[100]。この説は最も蓋然性の高いものの、同書の内容を子細に検討するならば、同時に大きな問題点も残している。すなわち、イブン・ウスマーンの没年とされた一二一八年以降に没した人物に関連する記述や、それ以降に書かれた著作からの引用が散見されるのである。この詳細については付論2に譲るが、筆者は『ムルシド』の現存する一四点の写本を検討した結果、現時点で大まかに次のように考えている。すなわち、一二一八年没の原著者の没後に何者か(複数の可能性も否定はできない)が十四世紀後半を下限として書き加えを行ない、追加された写本、追加のない写本の双方とも、後代に幾度となく筆写されていったものと推察される。この書き加えを行なった可能性が強い人物を、あえて三人あげておく。まずムヒー・アッ＝ディーン Muḥīy al-Dīn ʻAbd al-Qādir b. Muḥammad Ibn ʻUthmān(一四一二没)は参詣のシャイフ(参詣のリーダー・権威。参詣書の著者でもある)であり、先のイブン・ウスマーンの子孫であった可能性がある。また、ムワッファク・アッ＝ディーン Muwaffaq al-Dīn b. ʻUthmān Aḥmad b. Muḥammad. b. ʻUthmān(前出の同名者とは別人)はおそらく先のイブン・ウスマーンの弟ジャマール・アッ＝ディーン・ウスマーンの曾孫にあたり、イブン・アッ＝ザイヤートが言及していた。さらに、アヤソフィア写本の筆記者であるアフマド Aḥmad b. Muḥammad Ibn ʿUthmān らにも可能性がある。[101]

イブン・ウスマーンは、ハディース学、シャーフィイー派法学、タフスィール（クルアーン注釈）を学び、ワアズ（waʿẓ 宗教的講話）にいそしんだとされる。『ムルシド』に引用される他著作の範囲などからしても、当時の伝記集類に多くを割かれる第一級の知識人でこそなかったものの、かなりの学識者であったと推定できる。なお、イブン・ウスマーンの一族は、参詣のシャイフの中では珍しくその一族の多くが著名で、学識者を輩出してきた。著者の祖父ウスマーンはシャーフィイー派法学者として知られ、父マッキーはカイロでハディースを講じていた。また兄弟のうち、サーリフはハディースを講じ、ウスマーン（一二六一没）もクルアーン解釈学やワアズで知られていた。

同書は、これ以降のカラーファ参詣書や地誌に必ず引用されており、記述のスタイル・方法など、カラーファ参詣書のスタンダードとなるものである。著名なマクリーズィーの『地誌』もその例外ではない。その意味では、四参詣書の中で最も重要度は高いといえよう。

記述全体のスタイルについて確認しておくと、まず最初にムカッタム山やカラーファ、そして、そこに眠る教友達を称えたのち、参詣にまつわるハディースと参詣の慣行・心得などを紹介する。次いで、主としてハディースをもとに、死、および死者をめぐる知識を深める。そして、カラーファに埋葬されている教友、預言者一族（とくにサイイダ・ナフィーサ）に言及。その後、イブン・トゥールーンの大モスクを示し、サファー門 Bāb al-Ṣafāʾ から聖墓参詣コースの叙述が始まる。以後、各々の墓の形態やそこでの慣行、故人のエピソードなどを延々と展開してゆく。

他の参詣書と比較して気づく特徴は、まず、関連する詩の引用分量が多いことである。これは個人的資質にもよろうが、あるいは後代になるにつれて紹介する墓の情報量が圧倒的に増え、より実用本位になっていったのかもしれない。また、イマーム・シャーフィイー（八二〇没）やその関係者に関する記述が長く、さらに、アイユーブ朝君主サラーフ・

アッ＝ディーン（サラディン）に仕えたカーディー・アル＝ファーディル Qāḍī al-Fāḍil（一二〇〇没）など、著者の生存期に近い時代の人物に他参詣書より多くの記述が割かれているのは、ある意味で当然かも知れない。

〈*Miṣbāḥ al-Dayājī wa Ghawth al-Rājī wa Kahf al-Lājī*〉（『暗闇を照らす灯明、希望する者の幇助、避難者の洞穴』『ミスバーフ』と略記）、イブン・アン＝ナースィフ Majd al-Dīn b. 'Ayn al-Fuḍalā' Ibn al-Nāsikh 著[102]

　Y・ラーギブやC・テイラーは、このイブン・アン＝ナースィフの没年を、『ミスバーフ』の内容から六九六／一二九六―七年以降もしくは一二九七年頃としているが、私は、六九九／一二九九―一三〇〇年の記述がみえるため、六九九年以降と推定したい[103]。著者イブン・アン＝ナースィフは、執筆の動機として、参詣を欲していたワズィール（宰相）イブン・ヒンナー Tāj al-Dīn Ibn Ḥinnā（一三〇七―八没）のためにこの本を編んだと記している[104]。また、奥付でも盛んにイブン・ヒンナーを称えており、イブン・ヒンナーの没年（一三〇七年）より以前に草された可能性が高い。このパトロン関係については、ここで特記しておかねばならない。諸氏は触れていないが、*'Iqd* や *Muqaffā* によると、このイブン・ヒンナーこそ、大カラーファ南部のハバシュ湖畔に住み、小カラーファのシャーフィイー廟近くの墓廟に埋葬された人物である。その墓廟内の学習場（maktab）では、ワクフ規定によって孤児らがクルアーンを学び、クルアーンを書きつけた石版を洗い流した後の水を墓へかけるよう定められていたという、史料に「美談」と表現される逸話の持ち主でもある。また、その父はカラーファに大規模なリバート（修道場）を建設し、ワクフをつけていたという。

　そして、とくに本人に関して有名なのは、預言者ムハンマドの聖遺物を購入し、ナイル川に沿い、大カラーファの外縁部であるマアシューク、あるいはティーン修道院地区にリバート、もしくはモスクを建立して奉納したことであろう。そこには図書館（khizāna kutub）も併設されていたというので、イブン・ヒンナーに献呈された『ミスバーフ』写本がここに納められていた可能性もある[105]。さらに彼は同地と大カラーファに公衆浴場も建設していた。したがって、彼や一族のカラーファとの結びつきはきわめて強かったといえる。[106] また、著者は別の箇所で「もし、ある人がこれを手にとり、彼らを一つずつ参詣して行けば」とも述べている。[107] このことは、参詣の書が、実際に参詣のガイド・ブック的役割をも果たしていたことを示唆するもので、とくに、読み書きできない庶民によってではなく、後述の「参詣のシャイフ」によって携行されたものと推定される。

『ミスバーフ』は『ムルシド』の名をあげて引用した二七カ所以外にも、かなりの部分をイブン・ウスマーンに依存しているが、著者自身は、『ムルシド』に五〇〇〇人以上の敬虔なる者(ṣāliḥūn)を付け加え、かつ誤りを正したと壮語している。[108] しかし、被葬者の逸話など、『ムルシド』を省略した箇所も多く、収録された人数が増えたのとは逆に、全体の分量は減少すらしている。

『ミスバーフ』の特徴は、カラーファに範囲を限定せず、カイロ市内やギザ、オールド・カイロなどの参詣場所も詳しく記載しているところにある。また、真偽のほどが怪しく、イブン・タイミーヤらに犬かキリスト教徒の頭骨を祀っていると激烈な批判を受けたフサイン廟を、疑いもせず重視しているのも本書の特徴で、後にイブン・アッ＝ザイヤートやサハーウィーの指弾を受けている。

〈al-Kawākib al-Sayyāra fī Tartīb al-Ziyāra fī al-Qarāfatayn al-Kubrā wa al-Ṣughrā〉(『大小カラーファ参詣の手引きにおけるめぐる惑星達』『カワーキブ』と略記)、イブン・アッ＝ザイヤート Shams al-Dīn Ibn al-Zayyāt 著

ヌール・アッ＝ディーン・サハーウィーによると、イブン・アッ＝ザイヤートはスィルヤークース・ハーンカー(修道施設)khānqāh Siryāqūs のスーフィーであったが、一四一二年にそこで没して埋葬されたとある。その祖父、ナースィル・アッ＝ディーンも参詣を多くしており、父シャムス・アッ＝ディーン(一四〇二没)は著名スーフィーとの交友でも知られていた。[109] マクリーズィーもその ***Sulūk*** の中で、カラーファ参詣書の四著者のなかで唯一、イブン・アッ＝ザイ

ヤートに言及している。マムルーク朝期のスィルヤークース・ハーンカーの重要性については、贅言を要すまい。例えば、スルターン・ナースィルの時代にこのハーンカーは栄え、一〇〇人のスーフィーが抱えられて、各々にパン、肉、食事、甘菓子など必要なもの全てが給与されていたという。その後も歴代スルターンや王朝関係者との結びつきが強く、参籠の場ともなった。[110]

同じくサハーウィーによると、イブン・アッ＝ザイヤートは、本書を一四〇二年に筆了したという。執筆の動機は、同胞の一人の依頼としている。[111] 前述の『ムルシド』や『ミスバーフ』に依存してはいるものの、それらの誤りを正し、『ミスバーフ』を増補し、自らの豊かなフィールドワークの成果を加えて、総合的に検討している。その中には、墓主の確定、墓碑の転載なども含まれていた。

『カワーキブ』の特徴は、何より大小カラーファを区画(shiqqa)に分割して、俯瞰図としても役立つよう体系的に叙述しているところにある。それゆえ、R・ゲスト、L・マスィニョンらのトポグラフィー研究に大きく寄与したのである。[112] このことは、後述するカイロ周辺の墓地区の行楽地化と無縁ではないと思われる。

〈***Tuḥfa al-Aḥbāb wa Bughya al-Ṭullāb fī al-Khiṭaṭ wa al-Mazārāt wa al-Tarājim wa al-Biqāʿ al-Mubārakāt***〉(『諸地区、参詣所、伝記と聖所に関する愛でられし者の贈り物と求者の望み』『トゥフファ』と略記)、サハーウィー Nūr al-Dīn al-Sakhāwī 著

『トゥフファ』の著者は、*Ḍawʾ*などの著者として知られるシャムス・アッ＝ディーン・アッ＝サハーウィーとは別人のヌール・アッ＝ディーン・アッ＝サハーウィーである。著者の経歴は不明であり、Y・ラーギブやC・テイラーはその没年を八八七／一四八二－三年以降と示唆している。私は八八八／一四八三－四年没の人物の記述が存在するため、それ以降であると考えてきた。しかし、本書の複数の写本を改めて精査した結果、ある写本の奥付の記載から判断して、

本書が一四八四年二月に執筆されたと考えている。[113]

本書の稀少性は、とりわけその前半部、マムルーク朝後期に城塞北側に発展したサフラー地区の参詣に関して記した部分にある。これは、同時期に発展拡大した地区ゆえ、これ以前の参詣の書では取り上げることが不可能な部分である。また、スーフィーを支える社会的基盤の整備・拡大が反映されており、スーフィーの知的系譜にも他の三書に比べて詳しいのが特徴である。後半部（ほぼ一九六頁以降）は、著者が「この方面では最も完璧な本」（三頁）と絶賛するイブン・アッ＝ザイヤートの『カワーキブ』の要約にすぎない。サハーウィーは「この拙本を『カワーキブ』の本の順序に従って」記述し、『ムルシド』『ミスバーフ』『カワーキブ』など参詣書の意見が分かれている場合は、『カワーキブ』の説を採っている。[114] サハーウィー自らが「師」とだけ記した人物について、H・カースィムとM・ラビーウはイブン・アン＝ナースィフ、イブン・アッ＝ザイヤートのどちらか留保しているが、イブン・アッ＝ザイヤートの事蹟に非常な敬意を払っているゆえ、彼のことと推定される。

〈*Kitāb yashtamilu ʻalā Dhikr man dufina bi-Miṣr wa al-Qāhira min al-Muḥaddithīn wa al-Awliyāʼ min al-Rijāl wa al-Nisāʼ*〉（『カイロに埋葬されたムハッディスと男女の聖者についての記述を網羅した書』『シュアイビー』と略記）、シュアイビー Shams al-Dīn Muḥammad b. Shuʻayb b. ʻAlī al-Shuʻaybī 著

私は以前、いまだ世界的に研究対象とされたことのないこの孤写本をとりあげ、検討を加えた（付論４）。それによると、著者シュアイビーはエジプト・デルタのマハッラ Maḥalla 出身、カイロ育ちであり、シャーフィイー法学派、アフマディーヤ（タリーカ）に属していた。本書以外に、別の参詣書 *al-Nashr al-ʻĀṭir*（現在は散佚）でヒジュラ暦九～十世紀の二〇八九人以上について記したとされるほか、一〇点近くの著作が知られている。このうちタサウウフ（ほぼスーフィズム）に関わりの深い二点 *al-Maʻānī al-Daqīqa* と *al-Jawhar al-Farīd* の写本を筆者はエジプト国立図書館で実見したが、とく

に *al-Ma'ānī al-Daqīqa* にはタサウウフの実践に関する詳細な記述が含まれていた[115]。

本参詣書は奥付によると一〇三〇／一六二一年に筆了され、一〇三三／一六二三年に書写されていた。本書の特徴は、ハディースを保持しているかどうかという観点から参詣書の記述対象を選択してゆくという戦略にあり、死者の街の地誌や参詣慣行、被葬者などに関する情報については先行する四参詣書に比して大いに見劣りする。ただし、それらは同著者の別の参詣書 *al-Nashr al-'Āṭir*（散佚）中に実現されていた可能性が高い。

五書の比較考察

以上の参詣書は、シュアイビーを除いて、参詣の先達の著作に後代の者が範を求め、次々と書き足してゆくという型式をとっていた。このいわば累積的な著述方法は、法学書などをはじめとして、他分野のアラビア語著作においても決して珍しいものではなく、むしろ教養に富む態度とすらいえよう。そして、細部において、著者の嗜好や墓地区の発展プロセスへの時代的対応などの差異が認められるものの、そこに示された内容・構造など、互いに非常に類似している[116]。また、史料としてみれば、そこには四書が執筆される以前からの慣行や日常生活の端々が集積されており、批判の形をとるにせよ、庶民の慣行・世界観が提示されているのである。参詣書に取り込まれた伝承や人々の記憶は、正確な日付や伝承者・経路を欠きがちであるが、一見未整理の伝承混在状態のなかにこそ、庶民の心性を探る手掛かりが集積されていると思われる。また、写本の分析によって、ある程度、年代を明らかにすることも、不可能ではない（付論2）。さらに、このような成立ちゆえか、時に相反する宗教的見解——例えば、スンナ派とシーア派、エジプトにおけるマーリク派とシャーフィイー派など——が、そのまま掲載されている例もみられる。またこのことは、例えばスンナ派やシーア派、特定の法学派などの教説や立場をプロパガンダする意図から参詣書が草されたのではないことを示している。さらにこれら「参詣の書」の著者は、実際に参詣の講を率いた「参詣のシャイフ（師・先達）」でもあったが、彼らについては第1章で詳述することとする。

なお、本書において「参詣の書」のことを、文章表現上、参詣書、参詣案内記、案内記と表記した場合もあるが、基本的には「参詣の書」「参詣書」と表記し、史料用語として厳密性を要求される場合は、「参詣の書」もしくは「参詣書」としている。

他の主要史料

本書で用いた上述以外の史料について付言すると、まずオスマン朝期以降の「死者の街」参詣書、もしくはアフル・アル＝バイト(Ahl al-Bayt、預言者ムハンマドの一族)の聖墓参詣書があげられる。[117] とりわけ、アフル・アル＝バイトやその子孫の美徳、およびその墓への参詣については、独立した書が編まれるようになってくる。それらは、ウジュフーリー al-Ujhūrī(一七八四没)、カルアーウィー al-Qalʿāwī(一八一五没)、シャブランジー al-Shablanjī(一八八三没)、ジャムズーリー al-Jamzūrī(ジュムズーリー al-Jumzūrī)、ムシュキー al-Mushkī(一九一九年刊)、アフマド・ブン・ムカイバル Aḥmad b. Muqaybal などへと連なる系譜である。さらに預言者一族についての記述へ傾いたものとして、サッバーン al-Ṣabbān(一七九二没)やシュブラーウィー al-Shubrāwī(一七五七没)、マンシャリーリー al-Manshalīlī もある。[118] また、これらは他の『聖者伝・聖者列伝』『聖者のカラーマ(奇蹟・美質・徳行)集』ともジャンル上、近接しており、部分的には情報の交換を行なっていた。この端的な例はナブハーニー al-Nabhānī が聖者のカラーマを中心に集録した *Jāmiʿ Karāmāt al-Awliyāʾ* である。ムスリムの聖者(列)伝はかなり以前からスーフィズム研究などに用いられてきたが、近年は歴史研究においても使用がスタンダードとなりつつある。

また、参詣研究にこれまで使用されてこなかった史料群の活用も、本書の特徴に加えられる。参詣研究に『ヒスバ(市場・風紀監督)の書』やトゥルクマーニーらによるビドアの書、イブン・カイイム・アル＝ジャウズィーヤの *Ighātha*、スブキーのカラーマ分類、スユーティー、マクリーズィーの理論書、イブン・アル＝アラビーの著作の一部、イブン・スィーナーなどを持ち込んだのは筆者を嚆矢とするが、今回はそれに加えてマムルーク朝期からオスマン朝期にかけてのワクフ文書を本格的に死者の街の参詣研究へ導入した。ワクフ文書は聖墓参詣や墓地経営の実態と経済的な背景を明らかにしてくれる点で、他には全くみられない情報を含んでいる。[119] これ以外に、これまで未研究の参詣書など各種写本、参詣の慣行や死者を巡る法学論争の論考、ファトワー(法学裁定)集、地理書や地誌、説法集、法学書、旅行記、年代記、伝記集、聖者(列)伝、布告、キリスト教徒側の史料であるキリスト教の史書・聖人伝、教会・修道院史、法典、規範集なども用いる。

先行研究と時代設定

カイロ＝フスタート周辺の諸墓地区やその参詣に関するこれまでの研究を顧みるならば、そもそも「参詣の書」自体が、参詣と墓地に関する当時の研究書であり、二十世紀に至るまでそれらは書き継がれてきたといえる。一九三六年に著名な聖墓をリスト化したH・カースィムや、碩学A・タイムールによるスユーティーの墓廟研究もこの系譜に連なろう。[120] 一方、欧米の学界ではすでに十九世紀中頃からL・メーレンがカイロの墓地区の研究に着手しており、R・ゲストやL・マスィニョンらによる主としてトポグラフィー的研究が続いた。[121] また、建築史研究の方面からは、J・ブルームやC・ウィリアムスの研究がみられただけでなく、文書研究や実際の修復作業を伴ったS・L・モスタファやM・マイネッケらドイツ語による諸研究は新生面を開拓したといえる。[122] また、トポグラフィーや都市工学の成果という観点からすると、G・エル＝カーディーとA・ボナミーによる近年の研究は現代の「死者の街」に関する研究の集大成といえよう。[123] 参詣書を死にまつわる慣行や他界観と絡めて社会史研究に用いたという点では、頁数こそ僅かであったが、S・アーシュールのマムルーク朝期研究(一九六三年)は先駆的であり、筆者もそれに触発された。[124] さらに大きな進展をみせたのは、Y・ラーギブによる参詣書のリスト化に基づく研究やカラーファの墓廟研究であった。[125] その後、一九八〇年代後半からはC・テイラーや筆者が参詣と死者の街の社会史研究を進め、聖者崇敬研究への指向性も示した。[126]

現在、研究はさらに細分化する一方であるが、[127] 筆者は聖者崇敬に限定することなく、より総合的にこの問題と取り組んでいる。以下、さらに詳細な先行研究文献は、行論の中で注記してゆくこととしたい。同時に、この分野においても欧米語の研究とアラビア語による現地の研究との間に懸隔が感じられるが、本書ではこれまで欧米や日本において十分に咀嚼されてこなかった現地の研究成果を、明確な形で取り入れることも意識したい。

次に本書の対象とする時代であるが、とりわけ拠って立つ史料となる「参詣の書」の残存具合や、同時期に集団参詣の隆盛がピークを迎えたことを考慮すると、十二〜十五世紀が中核部分となる。しかし、本書は全般として日常生活領域を多く扱い、時代による変化を意識しつつも継続的側面により光をあてるため、実際には九〜十七世紀くらいまで参照の範囲を広げることになる。これは本書に散見される支配王朝名でいえば、アイユーブ朝期からマムルーク朝期を中心として、トゥールーン朝期からオスマン朝期までに相当する。例えば、マムルーク朝期からオスマン朝期への交代期について、少なくとも十六世紀をみる限り、全体にインフラ整備に充当される資金や集団参詣慣行が細ってゆく傾向にあったにせよ、ワクフの継続を背景として、参詣慣行や死者の街の在り方に大きな断絶や急激な変化はみられない。そして、王朝の交代による参詣の慣行やイデオロギーの変化については適所に詳述する（ムスリム諸社会におけるズィヤーラの歴史の俯瞰については、付論1を参照）。

第1章 参詣の慣行と実践——歴史民族誌の試み

本章では、ムスリム社会におけるズィヤーラ(参詣・墓参)の慣行について、具体的な検討を行ない、そのうえで当時の参詣者の意識を探究してゆきたい。その際、前半部では参詣書にとどまらず、伝記集・地誌・法学書、あるいはその慣行に対する学識者からの批判論考やワクフ文書など多種の史料から情報を蒐集し、それらをもとに「歴史民族誌」を再構成することを試みる。[1]もちろんエスノグラフィーとしてはあまりに「薄い」ものにすぎないが、人類学をはじめとする歴史研究の隣接諸学の手法・成果をもとに再構成すべき要素を選択し、分析してゆくこととしたい。これが一般的な人類学のフィールドワークの結果と異なるのは、人類学において民族誌のテクストを書き、生み出すのは人類学者本人で、所与の原テクストは存在しないのに対し、[2]この歴史民族誌の場合、再構成の原要素たる史料は既存のものであり、人々に開かれている(少なくとも、そうあるべきである)という点である。それゆえ、テクストを博捜し、情報を収集・選択することはできても、情報入手のためにフィールドで誘導尋問したり、元テクストに改変を加えることはできない。したがって、歴史研究の場合、複数の史料から一つのテクスト(民族誌)を合成し、編み出してゆく技術が求められるはずである。なお、ここでの議論は、前近代を対象とするオーラル・ヒストリーの手法による聞き取りが直接にはおよばない場合を想定している。聞き取り調査が可能な場合は、またこれとは異なる歴史人類学が求められるであろう。

この歴史民族誌も、人類学が直面してきた、いかに民族誌を記述するかという問題と無縁ではいられまい。あるいは、歴史記述のフィクション性や物語的次元との関連をめぐる批判とも関わろう。それについて、筆者も充分な回答を用意も回避もできないが、ここでは人類学等でとくに焦点となる事項と史料が重視して記述した点を集約すべく努め、問題提起や後の分析のための基本的データの要約提示に徹したい。ただし、その折に各々の語りの実践される情況、語り手の立場・背景についてさまざまな角度からできる限り顧慮し、その眼差しの位置には注意したい。

1　参詣の諸相

(1)　参詣の形式

集団参詣と「参詣のシャイフ」

ズィヤーラと表現されるものの中には、聖者の墓・廟に参詣するものから、血縁者・知己の墓参まで広く含まれていた。その中で、聖墓参詣の方へ眼を向けると、この参詣は個人でも集団でも実践されたが、他地域に比してエジプトにおける参詣慣行を特徴づけるのは、集団参詣（群参）の隆盛であろう。リーダーである前述の「参詣のシャイフ」は、ターイファ（ṭā'ifa/ṭawā'if 字義通りには「集団」の意）を形成し、グループごとに異なるコースを群参していた。日本の事例に置き換えると、このグループは「講」のような存在であったが、地縁・血縁にはよっておらず、所定の出発地点・出発時間に集合した者たちが、そのまま講を結ぶ形になった一時的なものと推測される。[3] また参詣のシャイフは「先達」に近い存在であった。彼らの居場所としては、ハーンカー（修道施設）などが知られ、死後はカイロ＝フスタート周辺墓地に埋葬されて、多くは自らも参詣対象となっていた。「彼らは神の称名をしつつ参詣する」のであり、「男も女も集まり、その数たるや数え切れない」のであった。[4]

マクリーズィーは最初に集団参詣した参詣のシャイフをガムリー ʻAlī al-Ghamrī であったとし、この様式の参詣開始が十三世紀初頭であることを婉曲に示唆している。[5] 一方、サハーウィーによると、一四四二年の時点で一一のグループが同時に、各々多数の参詣者を抱えていたという。しかし、カラーファが参詣過多によって荒れたのを視察したスルターン・ジャクマクは同四二年、ラジャブ月の巡礼輿の市内巡回(dawrān al-maḥmil 第4章)のとき以外、フーリー門 Bāb al-Khūlī を閉ざすよう命じている。これによって参詣者や参詣講は減少し、閑散としだしたとある。[6] 残念ながら、いまだに世界各地のムスリム社会における参詣慣行の比較研究は進展していないが、おそらくこのような集団参詣様式を洗練させた形の大量の参詣は、エジプトのみで発達した可能性があると筆者は推測している。

また、参詣講を率いた参詣のシャイフについていえば、彼らは史料中に単数形 shaykh al-ziyāra、複数形 shuyūkh al-ziyāra/mashāʼikh al-ziyāra/ʻumarāʼ al-ziyāra などの形でみえる者たちである。ここで参詣書や各種史料にでてくる参詣のシャイフを註において一覧にしてみた。[7] 情報量は多くないが、時代を示す情報が希少であり、ほとんどが他の伝記集にも現れない程度の人物であったことは明白である。しかも、おそらく全ての参詣シャイフが参詣案内記を著していたとは考えにくい。しかし、その中で参詣書まで残した者についていえば、彼らはクルアーンやハディースはもとより、他の多くのジャンルの書物に対する一応の知識は有しており、アラビア語文法においても一定レベルに達していた。また、ここから推定するに、「参詣のシャイフ」や「参詣の書」の存在が、カイロ周辺の墓地区において定着したのは、おそらく十二世紀(とくにその後半)頃であり、エジプトにおける聖者崇敬の隆盛と同調する形で推移していったものと想定される。さらに、後述する参詣コースの確立や参詣書の記述内容は、その参詣シャイフの名声につながるものであり、大勢の参詣シャイフ達が水面下で繰り広げる結果となった顧客争奪戦につながるものであったろう(付論2)。

なお、参詣時の歩行と騎行について、マクリーズィーは、当初、歩行によって行なわれていたものを、足の悪いシャイフ・アル゠アジャミー Muḥammad al-ʻAjamī が一三九七－八年頃、騎行し始めたという。[8] また、一五九九年にオスマン朝アナトリアからカラーファへ参詣に到来したムスタファー・アーリーは、歩行と騎行の混在を伝えている。[9]

参詣順路と七聖墓参詣コース

墓地区の肥大化と参詣慣行の規模拡大に伴って、参詣の順路も確立していった。とくに、イブン・アッ＝ザイヤートは、地区(jiha)を区画(shiqqa)に分割し、さらにその中でどの墓地から回るべきかなど、系統だったコースを詳細に解説していた点で際立っている。[10] また、参詣のシャイフによって各々順路は異なっており、そのことはフサイン廟を重視し、城塞沿いのスール門から出発するイブン・アン＝ナースィフと、フサイン廟の信憑性を疑い、埋葬事実の確かなサイイダ・ナフィーサ廟から始めるイブン・アッ＝ザイヤートとの違いに顕著である。[11]

これらの事柄はおそらく、死者の街参詣のいわば行楽コース化を反映しており、行楽地としての発展という側面からみれば、行楽グループのガイド役としての参詣のシャイフ、ガイド・ブック(案内記)としての参詣書、行楽コースとしての参詣順路というものを想定してよいかも知れない。墓の外観には装飾を施したものが多く、参詣書がその記述に多くを割いていたことも、これと無関係ではあるまい。また、日本の巡礼研究において田中智彦は巡礼の主な三要素として、巡礼対象となる聖地、巡礼行を行なう巡礼者、そして巡礼路(巡礼道)をあげていた。[12] これをカイロ＝フスタート圏周辺墓地区の参詣と比較検討を深化させることも、今後の課題であろう。

参詣路とも関連するが、カラーファの墓廟のうち、祈願成就(ijāba al-duʻā')がとくに確実視された七聖墓がしばしば言及されていた。十二世紀のクダーイー al-Quḍāʻī の探求によると、それらは

i　アブド・アッ＝サマド・アル＝バグダーディー　ʻAbd al-Ṣamad al-Baghdādī(九四六－七没)

ii　アブー・アル＝ハサン・アッ＝ディヌーリー　Abū al-Ḥasan al-Dinūrī(九四三没)

iii　イスマーイール・アル＝ムザニー　Ismāʻīl al-Muzanī(八七七－八没)

iv　ズー・アン＝ヌーン・アル＝ミスリー　Dhū al-Nūn al-Miṣrī（八五九－六〇没）
v　アブー・バクル・アル＝クムニー　Abū Bakr al-Qumnī（一〇四一没）
vi　ムファッダル・イブン・フダーラ　al-Mufaḍḍal ibn Fuḍāla（八六六－七没）
vii　カーディー・バッカール　Qāḍī Bakkār（八八三－四没）

であった。イブン・ウスマーンはこれをそのまま引用したが、イブン・アッ＝ザイヤート、サハーウィーは時代の変遷を被り、その順位を入れ替えている。[13] 他方、イブン・アビー・ハジャラ（一三七四－五没）やイブン・ザヒーラは土曜日に参詣すると祈願の叶う七聖墓を例記したが、そのうちの少なくとも三墓はクダーイーと重なる。[14] また、マクリーズィーは他に二パターンの七聖墓をあげ、サハーウィーはエジプトで祈願成就しやすい四所を示していた。[15] これらの聖墓は、大半がトゥールーン朝（八六八～九〇五年）やイフシード朝（九三五～九六九年）期に活躍した人物を祀るものであり、このことはカイロ＝フスタート圏における参詣興隆の起点を考える上での示唆を与えてくれる。また、七聖墓は互いに距離的にも近く、大小カラーファの広域を巡る必要がないのも特徴である。一般に巡礼に関しては、時間・空間的に簡略化した、縮小化が生じるといわれるが、これも一種の「参詣の縮小化」といえるであろう。[16]

参詣者

前述のように、参詣者には男女、子供が混在していた。カイロ＝フスタート圏やその周辺地域からの参詣に加えて、エジプト旅行者・通過者も必ずカラーファ参詣に立ち寄っていた。ここでカイロ＝フスタート周辺の墓地区へ、どのくらいの範囲（集水地域）から人々が参詣へ向かっていたのかを再整理してみたい。ここではエジプト内のより狭域な参詣行と、それ以外の地域から参詣に到来した広域移動との二カテゴリーに大別して措定する。まず、狭域からの参詣行の最も基本的な担い手として、第一にカイロ＝フスタート圏の住民をあげることができよう。この中には漫遊・勉学・商業活動・行政官や司法官など、何らかの理由で各地のムスリム社会を移動し、カイロに居着いた者も含まれる。彼らは徒歩、ロバ・馬などの駄獣によって、おそらく数時間も要さずに死者の街へ到達できたことであろう。加えて狭域参詣圏に想定されるのは、カイロ近郊地域、とくにデルタの南部と上エジプト北部の入口付近である。これらに関しては史料中ごくわずかに暗示されているにとどまるが、そもそも参詣書などの文字史料が農民に関する記述を残さない傾向で徹底して示しているため、実際の参詣は充分に予測される。

より広域な集水地域を設定する場合、北アフリカ、アンダルス地方(現スペイン)などからメッカ巡礼と組み合わせて移動した人々が想定される。さらにいえばこの場合、預言者ムハンマドの墓参詣とも組み合わされている。このことは、これらの地域からの旅行記・巡礼記・参詣記中に示されている。前出のイブン・ジュバイル、イブン・バットゥータ、バラウィーらのほかに、アブダリー、トゥジービー、カルサーディー、イブン・ルシャイドらの記録がカラーファ参詣を記録していた。[17] オスマン朝支配期にも、ワルスィーラーニーらの旅行者は続いていた。それ以外の地域からの旅行者として、東アラブ諸地域から、ヒヤーリー、カブリート、ハマウィーらが記録を残している。広義には、エルサレム、シナイ半島を含めた形での、ヨーロッパやロシアからのキリスト教徒による中東巡礼や、商用や行楽のために大小カラーファやサフラー地区を訪れたヨーロッパ人、あるいはオスマン朝統治期のアナトリアからの参詣者ムスタファー・アーリーやエウリヤー・チェレビーなどもこれに付け加えることができるかもしれない。[18]

以上のことはまた、当時の人々の一般的な移動範囲、商業ルートや人的ネットワークを如実に反映していたに違いない。この点、参詣者の地理的広がりとほぼ表裏一体をなすと推測されるのが、参詣対象とされた聖者達の出身地である。彼らは主として学問や宗教職、商業機会を求めてカイロ圏へ移動し、何らかの形で一生を終えてカイロ＝フスタート周辺の墓地に埋葬されていた。その出身地を示すニスバ(由来名)からすると、その範囲はアンダルス(現スペイン)、シシリー島、北アフリカ(現モロッコ、チュニジアなど)、エチオピア、アラビア半島(現サウジアラビア、イエメンなど)、シリア〜

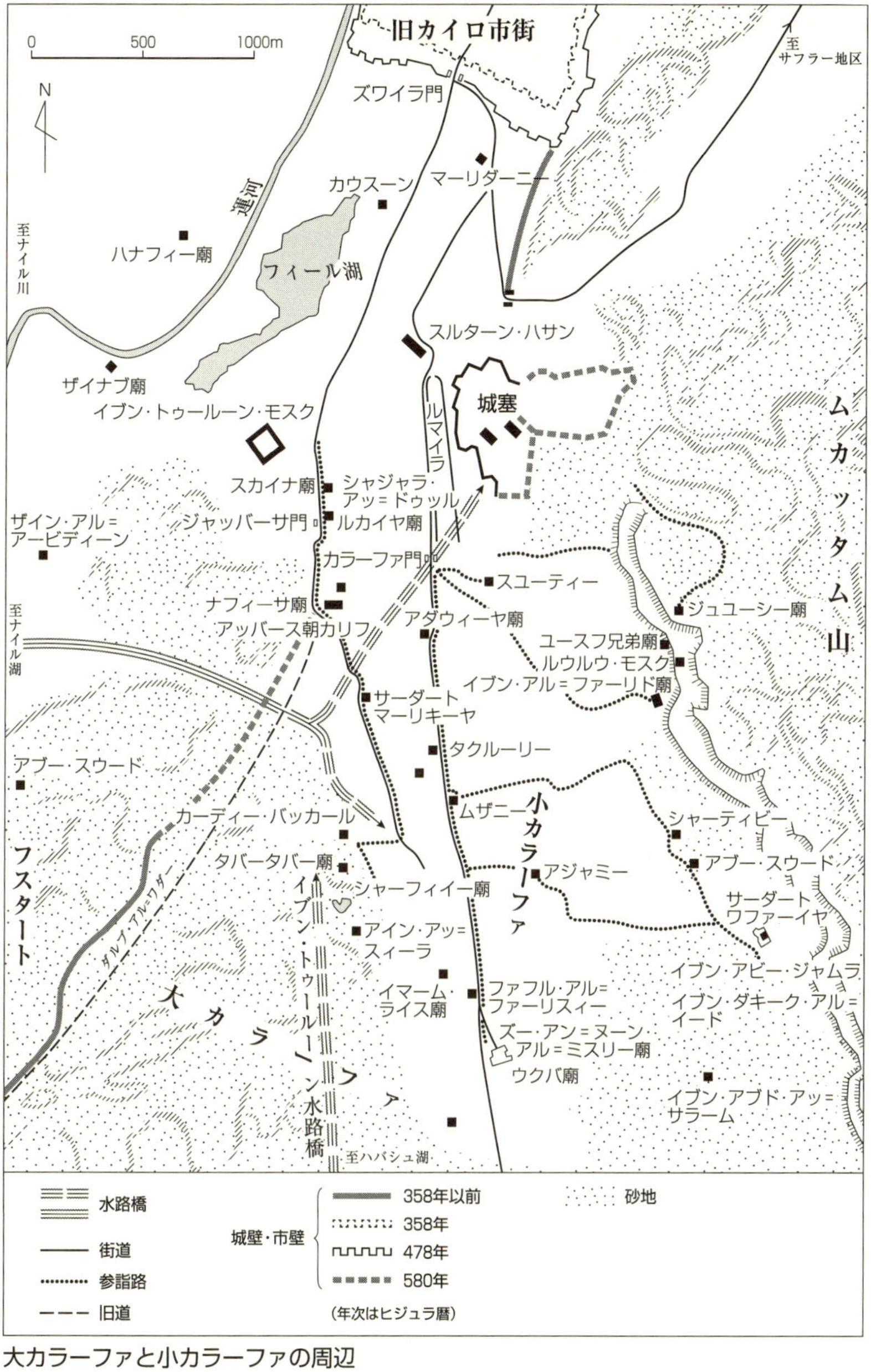

大カラーファと小カラーファの周辺

出典：L.Massignon, "La cité de morts au Caire (Qurāfa Darb al-Aḥmar)", *B.I.F.A.O.* Vol.57. 挿入図をもとに作成。

パレスチナ、現トルコ、クルディスターン、現イラク、ペルシア地域、インドなど当時のムスリムの活動範囲とおおよそ合致する(第5章)。今後、さらに精緻な分析を待たねばならないが、この聖者の移動半径と参詣者の集水地域はある程度重なり合うものと推察される。

参詣者の社会階層についてみても、庶民レベルからスルターンまでを数えることができる。アイユーブ朝スルターン・カーミル(在位一二一八〜三八)のように、一般の集団参詣に加わっていたとされる例もあり、トゥールーン朝以後、ほとんどの有名君主がカラーファおよびサフラー地区の参詣を行なっていたとされるのである(第4章第1節)。これを庶民の慣行が社会の上層まで共有されるようになったと考えるべきなのか、あるいは階層と関連しない慣行とだけみるのか、さらには何らかの上からの働きかけを認めるのか。一つの推測としては、民衆の間から聖墓参詣の社会的なうねりが生じて拡大・浸透していったものか、あるいはトルコ系など他地域の出身である有力者・学識者らを通じてエジプトの外部から影響がもたらされたのか、さらにあるいはこの双方が同時進行するなどして、それがひとたびエジプト社会の全階層に共有されるようになった後には、支配者もよきリーダーを演じたり、王朝行事の遂行などのために、これを率先するようになっていった可能性がある。しかし、残念ながらこの流れの前半部を十分に裏づける史料はまだ提示できない。

参詣者に関してもう一つ指摘しておきたいのは、ヴィクター・ターナーの儀礼研究に関わる点である。参詣のグループに加わった者は、性差・年齢差・社会階層を越境して混合し、社会的地位や束縛から逃れた状態に入ることができたという点で、まさにファン・ヘネップを援用した彼のいう「コミュニタス」状態に近いといえよう。[19] しかし私見では、メッカ巡礼などに比べ大半の参詣者の場合は同じ市内からであるなど移動距離がごく短く、共食や参籠の機会などはあるにせよ、日常と異なる次元に入るにはあまりに労少なく、異次元にいる期間も短いように思われる。したがって、大半の参詣者にとってはその居住地区に近い異域への移動による、より度合いの低いコミュニタス状態——それを再定義する必要もあろうが——を経験することになると考えられよう。

手当金とワクフ

カイロ＝フスタート周辺の墓地区には、ワクフで運営される宗教施設からさまざまな給付がなされ、墓地を参詣したりそこに逗留したりする人々を経済的に支援していた。墓地のクルアーン読誦者や墓地へ供えられる花や香物にも、一定金額の給付がなされるようワクフ規定されていた墓廟は、枚挙に暇がない(第3章)。その中で、参詣者と直接関わるものとして、ワクフ設定に基づき給付される金銭の一部が、参詣者のグループにまで充当されていたことは、特筆に値しよう。アミール・スードゥーン Sūdūn min Zāda のワクフ文書によると、

このワクフからの収入のうち、毎月二〇ディルハムが土曜日と水曜日にカラーファの聖者達を参詣する、いわゆるイブン・ウスマーンのグループに、そしてその後、彼らの跡を継ぐ者たちに支払われる。それは、彼らが前述のカラーファに、前述の曜日に聖者を参詣するに際して、クルアーンを詠むようにさせるためであり……、そして、彼らがクルアーン読誦の後、先述のワクフ設定者とその子孫、全てのムスリムのために慈愛と寛恕をもって祈願するようにさせるためである。[20]

とある。この背景としては、マムルーク朝期における宗教施設整備の進展を指摘できる。王朝有力者層の建設したハーンカー、マドラサ(学院)、トゥルバ(墓廟)、マシュハド(聖廟)などの施設は、ワクフ収入によって運営がなされており、クルアーン読誦の章名や諸経費に至るまで、細かく規定されていた。本文書も、この運用の延長として捉えることができる。[21] ただし、筆者はエジプト国立文書館にマイクロフィルムで所蔵されているワクフ文書の大半や、Dār al-Maḥfūẓāt 所蔵のワクフ文書の一部に目を通したが、他のワクフ文書と比較検討する限り、参詣者へのこのワクフ収入充当が明文規定されていたのは、稀なケースである。とはいえ、同じくワクフ文書によると、墓廟に逗留する者たちへの出費とと

もに、到来者（おそらく親族など）のあることを想定して、しばしば支出額が規定されていたことは確かである。[22]

(2) 参詣の日時

〈参詣の時刻〉

参詣は昼夜ともに行なわれていた。夜間の参詣もかなり一般的であり、夜の集団参詣を引率していたことで知られる参詣のシャイフもいた。その嚆矢はウマリー ʻAlī al-ʻUmarī であったとも、イブン・アル＝ジャッバース ʻAlī Ibn al-Jabbās であったともいわれる。[23] 一方、アブー・バクル Abū Bakr やナースィル Nāṣir などは、昼夜とも参詣講を引率したことで知られる参詣のシャイフであり、[24] 日昇後や、朝の礼拝後の参詣を記した例もみられる。[25]

〈参詣の曜日〉

「カラーファ参詣は当初、水曜日であったが、その後、金曜日の晩となった。一方、土曜日の参詣は古い慣行であるとも、最近のことであるともいわれる」とマクリーズィーは述べている。[26] しかし、この発言の「当初」や「古い」が、いつの時点を指しているのかは不明であり、これから述べる参詣書の記述とも矛盾点が認められる。各々の曜日の参詣について、さらに詳しくみてみることにしたい。

《水曜日》　最初に参詣講を率いて水曜日の白昼参詣した参詣のシャイフは、アブド・アッラー・アービド ʻAbd Allāh ʻĀbid（一二四一没）であったといわれる。[27]『ムルシド』の著者であるイブン・ウスマーンは、多くの人々がこの日を選ぶのは、墓地がすいているためであるという。しかも、水曜日の参詣の正当性はハディースなどからも確認できるという。イブン・アッ＝ザイヤートもこの意見に従い、水曜日の参詣を望ましいものとしている。[28] また、毎月最終水曜日の日昇前に参詣すると、メッカ巡礼に行く願いが叶うという墓も存在していた。[29]

《金曜日》　一方、毎週金曜日の参詣は、旅行記にも広く記録されるところである。[30] イブン・アル＝ジャッバースがその集団参詣を最初に行ない、先述のようにアイユーブ朝スルターン・カーミルもその群参に加わったとされる。[31]ハーミー ʿAbd Allāh al-Khāmī もまた、金曜日の集団参詣で知られた参詣のシャイフであった。[32]

《土曜日》　一部の参詣シャイフは、土曜日に参詣することを習慣にしていた。[33]また、イブン・アビー・ハジャラやイブン・ザヒーラは、とりわけ土曜日に参詣すると願い事の叶う七聖墓を記していた。

これら週の特定の曜日に参詣する慣行から発展して、週に二回、参詣に訪れるグループも生まれている。すでにみたように、イブン・ウスマーン（一四一二没）の率いる講は、土曜日と水曜日の二回、カラーファ参詣を行なっていた。[34]これがさらにエスカレートして、週に何日も参詣にでかける事例も生じていた。イブン・アル゠ハーッジ Ibn al-Ḥājj（一三三六没）は参詣慣行全般を批判していた学識者であるが、女性の参詣批判の文脈で、おそらく誇張を込めてこのことを指摘している。

彼女らは、全ての聖墓に対して曜日を決めており、週のうちの大抵の日にでかけるありさまである。……そして、彼女らは、月曜日にフサイン様、火曜日・土曜日にナフィーサ様、木曜日・金曜日にはカラーファへ、シャーフィイー様らや、自分達の（身内の）死者達の参詣へ、といった具合なのである。[35]

〈参詣の時期〉

連日、毎週に行なわれていた参詣に加え、とくに人々が大挙して参詣に向かった時期が認められる。それは、祝日や聖者の生誕日（命日）、シャアバーン月中日の夜などであった。[36]なお、ワクフ文書をみる限り、これらの日にはとくに多くの食事の給付や、牛肉の配布が行なわれていた。これも経済的基盤を記す文書と参詣書の記す慣行とが対応している事例である。[37]

(3) 理由と目的

さまざまな社会階層の人々が異なる背景からカイロ＝フスタート周辺の墓地のズィヤーラへと赴いていたが、参詣書の文言を額面通りに受け取るならば、人々は試練や案件、悩みを抱え、その解決のために神への救いを求めて墓地区へ向かったというのが、典型的な参詣理由となろう。[38] その試練の内容は、経済的なものであったり、病いの平癒、願い事の成就や庇護の希求など多岐にわたるが、それは墓地で行なわれる祈願（ドゥアー duʻāʼ）の内容に直結してゆく。参詣の書に頻見され、聖墓へ赴く人々にとって最も重要かつ切実な目的とは、あえて約言すれば、そこで行なう祈願が叶うこと、祈願成就につきよう。それゆえ、祈願が最もよく、最も迅速に叶う霊験あらたかな墓が求められ、参詣書もそれにこたえるべく、祈願成就例の情報を惜しみなく提供する。

また参詣書は、行楽や物見遊山の聖墓参詣であるとは建前上も記してはいないが、記録に残された実際の人々の行動を整理してみると、明らかに気晴らしや行楽を求めていた傾向がうかがえる。月夜の晩に砂糖菓子・飲食物を携えてでかけて語らい合い、時には歌や踊りを見物し、そこへ参加する。女性や子供も夜間まで、かなり公然と自由に外出できる場であった（第3章第1節）。

ムスリムの総体としての義務であるメッカ巡礼も、経済的・肉体的その他の理由から、実行できたのは限られた者にすぎなかったであろうが、よりたやすく回れるカイロ＝フスタート周辺の参詣にその代替を求める側面も看取することができる。[39] そして、ウラマーの間にこそ論争が存在したものの、カラーファ参詣は一般に善行とみなされていたのである。

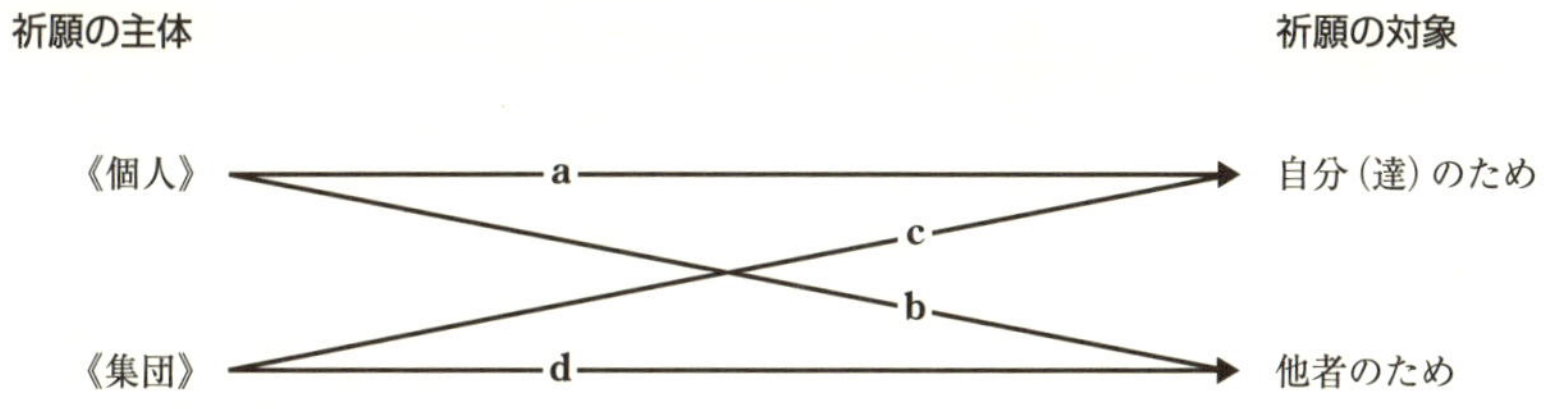

図１　祈願の主体と対象

(4)　祈願の規定と実際

祈願(ドゥアー)とはクルアーンにもその用法がみえる語で、ある物事を乞い求めること、祈り求めることである。ただし、礼拝(サラート salāt)とは別物であり、もしくは、礼拝に組み合わせることもできる。[40] 例えば、墓地で礼拝は行なうべきでないが、参詣書によると、祈願は可能であった。[41] 祈願は個人でも集団でもなされ、自分のための祈願(du'ā' li-nafsi-hi)と、他者のための祈願とに区別される。自分のための祈願について、参詣書の各著者はこれを容認していたが、そこには法学上の議論が存在していた。例えば、マクリーズィーは、参詣者の被葬者と祈願に対する関係を三区分し、自らのための祈願を墓の死者のもとで行なうことをシルク(多神崇拝)につながると警告している。[42] ではここで、祈願の分類・類型化のため、祈願の主体が個人であるか、あるいは集団であるか、また祈願の向けられる対象が自分(達)であるのか、他者であるのか、という四つの可変要素を組み合わせ、四通りにまとめてみた[図1]。

各々のケースについて、参詣書から事例を拾うと、次の如くである。

a　病気平癒、護身、罪の許しを乞う(イスティグファール)、着衣を求める、戦勝、処女のままでの死、墓所に他者を埋葬しないなど[43]

b　死者への贈物として、天国に入れるように、巡礼の無事安全、病気平癒[44]

c　ペスト終熄、ナイル川の満水(雨乞い)[45]

d　墓からでた足が隠れるように(故人を神が赦されるように)[46]

これらの事例を子細に検討してみると、「祈願成就」という表現形式が採られた場合、祈願の内容が「現世利益」により集中する傾向を認めることができよう。

以上の祈願のうち、a・bの類型のみ、範例を示しておきたい。

a 「ああ、神よ、我らが預言者ムハンマドがあなた様に求めたところに従って、私は進みます。あなた様の預言者ムハンマドが、あなた様に庇護を求められたように、私はあなた様の庇護を求めます。私はあなた様に御寛恕と安寧を乞い求めます。そして、私を御赦しください。……」[47]

b 「神があなた達の淋しさを愉しませ、あなた達に御寛恕と安寧を垂れ、あなた達の善行を御受け容れなさり、誤謬を避けさしめんことを……」[48]

これらの祈願は立ち止まって、両手を広げて行なわれていた。祈願については、次節でさらに詳しく分析することにしたい。

(5) 参詣をめぐる諸慣行

参詣の作法

参詣の書は、個人や集団による墓参・参詣のあるべき姿、作法・心得(ādāb al-ziyāra)について言及していた。とくに、イブン・ウスマーンはこれを二〇則(waẓā'if)にまとめ、詳細な解説を加えており、イブン・アッ＝ザイヤートにもその要約がみられる。[49]これはイブン・ウスマーンの参詣書写本における書き加えではない部分にあたり、それゆえ十二世紀後半~十三世紀初頭にかけての、大小カラーファにおける参詣慣行を反映しているものと考えられる。すなわち、アイユーブ朝期にはすでに参詣の作法が提示される程度まで、参詣慣行がまとまった相貌を現していたことになろう。

ここには、参詣のシャイフや当時のエジプトで参詣に関わる人々の構想していたあるべき参詣の慣行や心構えが明確に示されていようし、また批判の形式で示される場合も、参詣慣行の実態を窺い知ることができると考え、ここで最初にまとめて列記する。最低限の要約だけ示しておき、詳しい内容はこの後に慣行の民族誌に含めることにしたい。なお、ここでは聖墓参詣と親族の墓参の区別を越えた原則が示されている。

〈参詣作法二〇則〉

ズィヤーラ(参詣・墓参)の意を決した者は、その作法に則り、被葬者を想う心を整える必要がある。

第一則　意図の純正なること。[50]

第二則　ズィヤーラは金曜日になされる。……かつて多くの人々が聖者達のズィヤーラに水曜日を好んでいたが、それは墓地がすいていたからである。[51]

第三則　墓の間を歩き回ったり、墓へ腰掛けることは避ける。[52]

第四則　預言者達、教友達、近親者(の墓)を目指すこと。[53]

第五則　死者に対面する形で進み出ること(立ち止まってメッカの方角〈キブラ〉を背にして死者と対面する)。そうすれば、汝はズィヤーラにおいて、故人が生きていて対話するような形になる。[54]

第六則　死者に挨拶せよ、生者達に挨拶するように。[55]

第七則　墓に触れたり、接吻したり、その表面を拭いたりして、神の恩寵を得んとするのは慎むべきである。それはキリスト教徒の慣習によるものであり、ムスリムの学識者は一人として、そのようにせよとは伝達していないのである。[56]

第八則　詠誦についていえば、墓へクルアーンを詠んでやることは構わない。[57]

第九則　被参詣者・被墓参者への祈願。なぜなら、祈願は参詣・墓参者から死者への贈物であるからだ。[58]

第一〇則　墓地の間で預言者ムハンマドを称えること。[59]

第一一則　自身のための祈願。参詣者は預言者達や聖者達の墓で、自らのために祈願するがよい。[60]
第一二則　墓では、その死者の佳き話が追想される。[61]
第一三則　近親者（の墓）へのズィヤーラを多くすること。[62]
第一四則　近親者の墓にまみえるときに辛抱すること。[63]
第一五則　哭き叫んだり、（自分の）頬を打ったり、（自分の）衣服を引き裂いたりするのをやめよ。[64]
第一六則　兄弟、友人の墓の傍に座し、クルアーンを読誦してそれを故人へ贈り、到来と退出の際に挨拶すること。[65]
第一七則　自分の敵達の墓をみても、悪意ある喜びを慎め。
第一八則　墓地では笑い声を避けよ。というのは、この場では（さめざめと）泣くことの方がよりふさわしいからである。[66]
第一九則　墓地で礼拝せぬこと。[67]
第二〇則　墓は平坦にし、小石をおいてやるがよい。[68]

参詣慣行の小民族誌

次に、この参詣作法とそれに付された解説を基調として、他のあらゆる史料を加味して、エジプトの参詣慣行の小民族誌を再構成してみたい。とりわけウラマー側から参詣の実態に対して提示された批判もあわせて紹介することで、ウラマーの考えたさまざまな形のあるべきイスラームの慣行と、現実のエジプトで行なわれていた慣行との懸隔の諸段階を確認してゆく作業ともなろう。

まず第一に、参詣者が墓上を歩いたり、墓に腰掛けたりする行為について。この行為を慎むべきという考えは、参詣の作法第三則にあるばかりでなく、そもそもハディースなどにも「墓への腰掛け禁止」などとしてみえるものである。[69]

しかし、実際のところ、参詣者が墓に腰掛ける行為は、参詣書中に頻見される。中には、男女が墓に腰掛け、口吻して墓中の故人に注意されるといった話すら存在する。[70] このような墓への腰掛け、寄りかかり、その上の歩行に対しては、ムフタスィブ(muḥtasib 市場・風紀監督官)が取り締まるべきとされていた。[71] また、参詣の過多によるカラーファ荒廃が問題となったことは、すでに記した通りである。靴のままで墓の間を歩き回ることを禁ずるハディースも、本則に関連してこよう。[72]

アル＝イッズ・イブン・アブド・アッ＝サラームの墓廟

さらにエスカレートして、故人を慕うあまり、墓の脇に住居を建てて一～三カ月住み着く例や、故聖者の徳にあやかろうと、墓のそばに居を定める者も現れ、ウラマーの批判を浴びていた。***Madkhal*** は次のように記す。

> ……すると、彼らの身内に死者がでたとき、彼らはその家族や子供達と共に墓へでかけ、そのそばにある家(ダール)に住むのである。そして、その家には必ずやトイレがあり、水を使うであろう。もし、彼らがそこに住めば、これらの排泄物は地下へ降り、すぐさま大地に吸収され、死者に達するのである。そして死者を穢すのだ。その墓中の死者は、スンナにみえるのとは反対に、自らの分泌物と降下してくる汚物で、溶解することになるのである。……恥じよ！　このビドア(宗教的逸脱)と慣行を。[73]

この問題はさらに、墓地にモスクを建ててよいかという問題、墓の建造物自体を建ててよいかという問題へとつながってゆく。参詣書などがその論拠とするのは、「この地は全てモスクである。墓場と浴場を除いて」、あるいは

「墓場、ゴミ捨場、屠畜場、浴場など七つの場所では礼拝は認められぬ」とするハディースなどである。[74] これほど明記されているにもかかわらず、実際にカラーファはカラーファ衆会モスクをはじめとして、モスクの林立する場所として知られていた。

以上の問題はまた、墓地での礼拝、墓地にモスクを建てる問題、そして墓をモスクとする問題とも連動してこよう。これも、ハディースの明記を根拠に、スユーティー、イブン・ハジャル・アル＝ハイタミー、トゥルクマーニー、マクリーズィー、イブン・タイミーヤ、イブン・カイイム・アル＝ジャウズィーヤ、イブン・アブド・アル＝ハーディーをはじめ、ハンバル派法学者だけでなくあらゆる立場の学識者によって、マムルーク朝からオスマン朝にかけても厳しく批判され続けていたが、決してやむことはなかったのである。[75]

一部の学識者はイスラームからの逸脱という観点から、墓の破壊を強く主張していた。とくに、著名なところではイブン・アル＝ジュムマイズィー Bahā' al-Dīn Ibn al-Jummayzī、ファーキヒー al-Fāqihī、アル＝イッズ・イブン・アブド・アッ＝サラーム al-ʿIzz Ibn ʿAbd al-Salām、イブン・アル＝ハーッジらの学識者がカラーファの墓建築物一掃を叫んでおり、進言を受けたマムルーク朝スルターン・バイバルス（在位一二六〇～七七）など一部の君主は同意しかけたとさえいわれる。例えば、ティズマンティー Ẓāhir al-Dīn al-Tizmantī は小カラーファのモスクに入り、挨拶の祈句（taḥīya al-masjid）も唱えずに座し、モスクの主にそれを咎められると、こういった。「なぜなら、これはモスクではないからだ。モスクとはこの地のことであり、この地はムスリム達の埋葬地として捧げられているのだ」。

この背景には、死者の街におけるモスクなどの建造物が二重の意味において、彼らの考えた在るべきイスラームの慣行から逸脱していることを指摘できる。すなわち、ハディースなどに述べられる墓地での礼拝禁止および墓をモスクとすることの禁止に対する背律、またイブン・タイミーヤの指摘にあるように、神ではなく墓自体や墓の主を尊崇対象化してしまうという逸脱行為である。しかし、現実にはこれらの批判は顧みられておらず、少なくとも、エジプトの墓廟一掃や破壊は実行されたためしがない[76]。

同様に、参詣作法第二〇則は墓廟建設禁止の問題、墓を華美にする問題、生前に墓を建設する問題等を提起することになろう。イブン・ハジャルやオスマン朝期に活躍したシャアラーニー al-Shaʻrānī（一五六五没）は、生前に墓を建て、死後の聖者としての名声を確立せんとする慣行を論断しているが、これは本書の当該期、ごく頻繁にみられる行為であった[77]。卑見によれば、これは自らの死期を予知するという聖者の奇蹟とも結びついていたと考えられる。またこの慣行は聖者崇敬を越えた広がりを有しており、ワクフ制度を通じて、ワクフの設定者が生前に自らの墓を含む一族の墓所を用意しておくことは、決して珍しいことではなかった[78]。

なお、参詣作法にみえる「墓地の間で預言者ムハンマドに対しサラートすべきこと」（第一〇則）は、一見、墓地における礼拝を禁ずる第一九則と矛盾するようであるが、一般のサラート（礼拝。立礼・跪拝・信仰告白等を含む）と、ムハンマドへのサラート（ṣalāt ʻalā al-nabī 讃美）は、同じくサラートという語彙ながら、ここでは別個に考える必要がある。そして、一般に墓地でのムハンマドへのサラート（讃美）は望ましく、一般のサラート（礼拝）は忌避されるべきであった。なお、ムハンマドへのサラートとは、動作を伴わずに口頭で「ああ神よ、我らがムハンマドに称えあれ！ Allāhumma ṣallī ʻalā Sayyid-nā Muḥammad」「彼（ムハンマド）に称えと平安あれ！ Ṣallā Allāh ʻalay-hi wa sallam」あるいは「ああ神よ、我らがムハンマドに称えと平安あれ！ Allāhumma ṣallī wa sallam ʻalā sayyid-nā Muḥammad」などと唱えるものである。

生者のごとく死者に接する

参詣書などには、死者に対して生者と同様の敬意を払うべきであるとする考えが強く表明されており、それゆえに死者への挨拶は欠かせなかった。参詣書に引用される挨拶例をあげると「神の使徒に平安あれ、アブー・バクルに平安あれ、我が父に平安あれ」といった具合である。カイロのフサイン廟参詣を日課としていたタンマール ʻAlī al-Tammār は、廟内に入るたびに「あなた様に平安あれ、神の使徒の孫よ」と挨拶し、必ず返事を聞いていたといわれる。[79]

この点に関連して、作法第五則はキブラ（メッカの方角）を背にして、死者と対面するようにズィヤーラすべきとしており、そうすれば故人が生きていて、対話するような形になることを述べている。このような形で方角が問題になるのは、死者の顔が皆、メッカの方角へ向けて埋葬されているためであった。また、この部分を含めて参詣書には、被葬者が参詣者の墓地での行動・働きかけを十分に感知できる、という観念が反映されている。[80] この観念が当時共有されていたことについては、当時の法学者達の出したファトワー（法学裁定）や論考にも対応箇所を見出せる。イブン・ハジャル・アル＝アスカラーニーや、イブン・ハジャル・アル＝ハイタミー、イブン・カイイム・アル＝ジャウズィーヤのファトワーによると、墓地の死者は霊魂が遺体から離れているにもかかわらず、生者の参詣や挨拶、言葉を知覚し、生者の情況を知ることができるとされていた。[81] それどころか、墓中で寂しがっているとすら認識されていたことが、参詣書を含めたさまざまな分野の史料から窺える。[82] それゆえ、挨拶にとどまらず、参詣者が被葬者と対話したり、被葬者の側から話しかけたり、あるいは、死者同士が会話するといった描写すら、史料には珍しくはなかった。[83]

このように、カラーファの墓参に赴く人間は、死者を生者のごとく扱うよう命じられており、そのことが参詣作法のなかで規則化される傾向すら示されていた。そこにおいて死者は生者のごとく、参詣者の到来を知覚し、それを喜ぶとされていた。また、墓中から話しかけてきたり、被葬者同士で会話を交わすこともあると考えられていた。他方、参詣者である生者の側も笑いを慎み、さめざめと泣き、死者の状態に近づこうとする。このように両者が互いに類似化と関係の「直接化」を志向する状況が生じていたといえるのかもしれない。[84] なお、第五・第六則を併せて考えると、参詣者は墓中の死者と対面する形で挨拶すべきであるが、実際には墓に背を向けて、ムカッタム山に対峙して預言者ムハンマドに挨拶すれば、その返事を得られるという参詣慣行をもつ墓も存在していた。[85]

墓への接吻・擦りつけ、砂土と御聖水

墓に触れたり、接吻したり、その表面を拭いて自身の体に擦りつけたり、墓土を使用する慣行も、カイロ＝フスタート周辺の墓地区で頻見された。『カワーキブ』はこのように述べている。「墓の砂土によって神の恩寵を受けることは望ましくないし、接吻するのもよくない。というのは、これはキリスト教徒の慣習によるものであり、……墓に身を投げ出すのもよくない[86]」。

また、参詣書が本則の論拠としている中には、ガザーリー al-Ghazālī（一一一一没）がいた。参詣書『ミスバーフ』の示唆する引用箇所を原典に探ると、「墓参はキブラを背にして、死者と対面するように立ち止まり、挨拶をし、墓を拭かず、墓に触れず、接吻したりせぬのが望ましい。なぜなら、それはキリスト教徒の慣習であるからである」とある[87]。同趣旨の批判は、イブン・アル＝アッタール（一二五六没）、トゥルクマーニーやイブン・タイミーヤ、マクリーズィー、イブン・アブド・アル＝ハーディーらによってもなされていた[88]。

しかし、これほど広範に批判が行なわれていたということは、逆に、この慣行の強靱な持続性を明示していよう。実際にこれは、参詣の諸書に広くみられる慣行であった。旅行記においても、例えば、イブン・ジュバイルは、墓へのすがりつき、墓の覆布をさすする行為を実見・報告していた[89]。墓へ体を擦りつけるケースについてみると、単に聖墓を手で拭いて身に擦りつけること（tamassuḥ）だけでは飽き足らず、転げ回って体に擦りつけ（tamrīgh）、病の快癒などを求める事例が見受けられる[90]。『ムルシド』には巡礼に行けるよう、局部の下着以外を脱衣して、墓に体を擦りつける慣行が記されていた[91]。また、ライオンや鳥までも、病治しに聖墓への擦りつけを行なっていたかのように史料は述べている[92]。

聖墓の砂土によって神の恩寵を受け、病を治す行為も頻見される。カッハール al-Kaḥḥāl（眼の隈取り人、眼医）として知られた聖者の墓へは、眼病患者がやってきて、クルアーンの一節を詠み「慈悲深く、慈愛あまねき神の御名において」といい、その意図を純正にし、墓の砂土で眼を拭くと効くことが確認されていた[93]。他の砂土は、背中など痛む患部

に貼りつけておいても効果があり、吃音や聾唖の治療にも効力を発揮、飲み下せば腹痛に効くとされていた。[94]

一方、御聖水についての例をあげると、ある聖者を埋葬前に湯灌した水は、「エジプトの人々が一滴残らず取って地面に落ちず、人々はそれを分配して、各々のアイライン用小壺（ムクフラ）に詰めた」とあり、「眼病の者はそれで隈取りをして、治癒した」とされていた。[95] 加えて、サイイダ・ナフィーサがウドゥー（礼拝前の浄め）に使用した水は、歩行不能の娘を治したと伝えられている。[96]

クルアーン読誦

墓でのクルアーン読誦についていえば、これも極めて一般的な慣行であった。この背景には、クルアーン読誦が死者への贈物となるという観念が存在し、これを行なうことは、聖者の美徳ともされていた。[97] 形式としては、参詣者・墓参者の各自が読誦する場合や、クルアーン詠み（、ムクリウ muqriʾ／カーリウ qāriʾ、複数形はクッラー qurrāʾ）を呼んで、集団で読誦に参列する場合などがあった。例えば、マムルーク朝スルターン・バルスバーイの埋葬時（一四三八年）には、クルアーン詠みが交替で一晩中詠み明かし、その後も、七日間、墓の脇でクルアーンが詠まれている。[98]

一方、読誦されるクルアーンに関しても、特定の章への偏向が認められる。なかでもヤー・スィーン Yā Sīn 章（第三六章）は墓地の死者に対して、非常に多く詠まれた章である。[99] クルアーンの諸章中、その章を詠んだ者が、その章の執り成しによって祈願を叶えることができるとされるのも、ヤー・スィーン章のみであった。イブン・ウスマーンはハディースに淵源をもち、アイユーブ朝からマムルーク朝にかけてもしばしば言及された以下の言説を引用している。

全ての物事にはその中心があり、クルアーンの中心はヤー・スィーン章である。ヤー・スィーンを詠む者は、神によってその御寛恕が下されんことを、そして一二回クルアーンを詠了した分の報奨（ajr）が与えられんことを望んでいる。そして、死に際してヤー・スィーンを詠んでもらった全てのムスリムには、（その章の）一文字につき一〇の天使が降りてきて、彼らはその人の前に行列をなし、その人のために祈り、神の御寛恕を乞い、湯灌に同伴し、葬送に同行し、埋葬に参列するのである。他方、ヤー・スィーンを詠んだムスリムには、最期のときに死の天使(al-malak al-mawt)が、天国の護衛リドワーン(khāzin al-janna、天使リドワーン)が天国の飲物を携えてきて、その人の床で飲ませてくれるまでその脇に留まり、そして死の天使が魂を取って渡すのだが、死者の喉は潤っている。そして、審判の日に復活した時にもやはり死者の喉は潤っており、天国に入った後もやはり潤っている。[100]

また、純正章(al-Ikhlās、第一一二章)の詠誦も重視された。同章を一一回詠んだ者は、神がその願いを叶えるといわれ、同章の詠誦で知られた聖者も存在した。メッカ巡礼を実現するためには、同章を一〇〇回詠む必要があるとされていた。[101]クルアーン開扉章の重要性はいうまでもなく、この他に参詣時に詠誦されていた章としては、フード章(第一一章)、洞窟の章(al-Kahf、第一八章)、部族連合章(Aḥzāb、第三三章)などがある。[102]

さらに、これらの諸章を組み合わせた形式も見受けられる。例えば、

メッカへ巡礼に行きたい者は、毎月、最終水曜日に身を浄め、黎明の礼拝後、清潔な衣服をまとい、もしも持っておれば芳香をつけ、アブー・アル゠ハサンの墓へくる。そして、そこで四ラクア(礼拝中の一連の動作)礼拝し、その一回目には、開扉章と玉座の章 Āya al-Kursī(雌牛章―第二章第二五五節)を詠み、二回目には開扉章と「本当にわれは、みいつの夜にこのクルアーンを下した」(定めの章―第九七章第一節)を、三回目には開扉章と「あなたがたは現《うつつ》を抜かす」(蓄積章―第一〇二章第一節)を、四回目には開扉章と純正章を詠んでいたのだった。[103]

これらの細かい指定は、墓地における儀礼の創造とその定着の一面を示しているであろう。

一方、ワクフ文書を精査すると、墓廟でのクルアーン読誦を義務づけたり、そのための吏員を墓廟に住まわせたりしていた事例が多くみられる。それを担当したのはクルアーン詠みやスーフィー達であり、そのリーダー(シャイフ)が任命されていたこともあった。墓廟でのクルアーン読誦はむしろ標準的とすらいえるが、そのなかでとくに詠まれる章の

規定があったことが明らかな事例がある。
小カラーファのバハードゥル al-Sayfī Bahādur al-Jamālī の墓廟（トゥルバ）では、毎日アスルの礼拝後、一人のリーダーに率いられたクルアーン詠み達が、ムアウウィザターン（最終の二章）、開扉章、雌牛章の最初と最後の部分を詠み、預言者ムハンマドを称え、祈願（ドゥアー）を行ない、その報奨をワクフ設定者（ワーキフ）やバハードゥルなどへ贈るよう定められていた。また、昼からアスルのアザーンまでには純正章を三回と、ムアウウィザターンと開扉章を詠み、預言者を称え、祈願をワクフ設定者へ贈るように指示があった。[104] また、サフラー地区のバルクーク廟近くのバルドバク al-Ashraf al-Sayfī Bardbak の墓廟では、埋葬時に純正章、ムアウウィザターン、開扉章、雌牛章の末尾部分を詠み、その報奨を預言者やその教友、ワクフ設定者などへ贈るよう定められていた。[105] 小カラーファのイブン・ムサーフィル al-Nāṣirī Muḥammad b. Musāfir 廟では、金曜礼拝の後、洞窟章を家畜章（第六章）と併せて詠んでいた。[106] あるいは、小カラーファのライス廟近くのダーウード・バーシャー Dāwūd Bāshā 廟では、朝章（第九三章）を詠み、報奨をダーウードとその子供達や子孫、ムスリムの死者達へ贈るように定められていた。[107] このほか、最も平均的だったのは純正章、ムアウウィザターン、開扉章の組み合わせであり、それに何章かが加減されることとなった。
このようなワクフ文書からみた事例と、先に参詣書によって示された例とを比較すると、読まれた章句に共通する部分がある反面、前者には簡略化が認められる部分もある。ここで付言しておかねばならないのは、クルアーンを読誦したことによる（神からの）「報奨を贈る」という表現が、参詣書ばかりでなく、むしろワクフ文書に非常によくみられる表現であったことである。贈る対象は、預言者ムハンマドとその家族、子孫、教友、ワクフ設定者、その一族、全てのムスリムといった順で記述されるのが一般的であった。さらに、ブハーリーなどによって伝えられたハディースの読誦が義務づけられたり、ラマダーン月という限定付きであったり、あるいはこれに祈願が加えられることもある。[108]
いずれにせよ、参詣書の記す当時の慣行とワクフ文書の規定がある程度対応していたことは、非常に興味深い。当時支配的であった、もしくは流行を示していた慣行を、文書が取り込んで条文化していったものとも推察される。そして、ひとたびワクフ文書に義務として条文化されるようになると、それらの慣行はさらに長期にわたって固定化される傾向を強めたことであろう。

墓地での哀悼と楽しみ

墓地における哭き叫び、頬叩き、衣服の引き裂き、これらは哀悼の直截的な表現法として、しばしば墓地区で観察されたが、これも大きな問題とされた。参詣書はこの種の慣行を、ジャーヒリーヤ期(イスラーム以前の時代)のものとしてしりぞけている。この慣行は法学書などでも常に糾弾されてきた課題である。[109] 参詣書にも引用されるムンズィリーが詳しく掲げるその根拠は、やはりハディースに至るものであった。[110] ヒスバの書によれば、「ムフタスィブ(市場・風紀監督官)は葬送や墓地を視察し、もしも号泣や哭き叫びを聞いたならば、それをやめさせ、叱責すべきである。というのも、号泣(nawḥ)はハラーム(宗教的禁行)であるから」とある。[111] 同様に悲しみからの服裂きや頬叩きも、取り締まりの対象であった。

これは歴史的にも頻繁に浮上してきた問題であり、エジプトに関してその一端に触れてみると、まず、八五一年にカーディー(裁判官)のハーリス al-Ḥārith b. Miskīn が、葬送で哭き叫ぶことを禁じ、八五六-七年からエジプト総督(ワーリー)に任じられたヤズィード Yazīd al-Turkī も、それを踏襲した。[112] また、八六七年には警察長官アズジュール Azjūr が哭き女達(nawā'iḥ)を投獄、女性による死者への哭き叫び、服裂き、顔を黒く塗ること、断髪の禁止令を布告した。[113] さらに、九〇六年にはアミール・イーサー ʿĪsā al-Nūsharī によって、葬送での哭き叫びや号泣が禁じられている。[114] ファーティマ朝のカリフ・ハーキム(一〇二一没)も、葬送に太鼓(タブル)や笛(ザムル)と共に哭き女がでてくることを禁じていたとされる。[115]

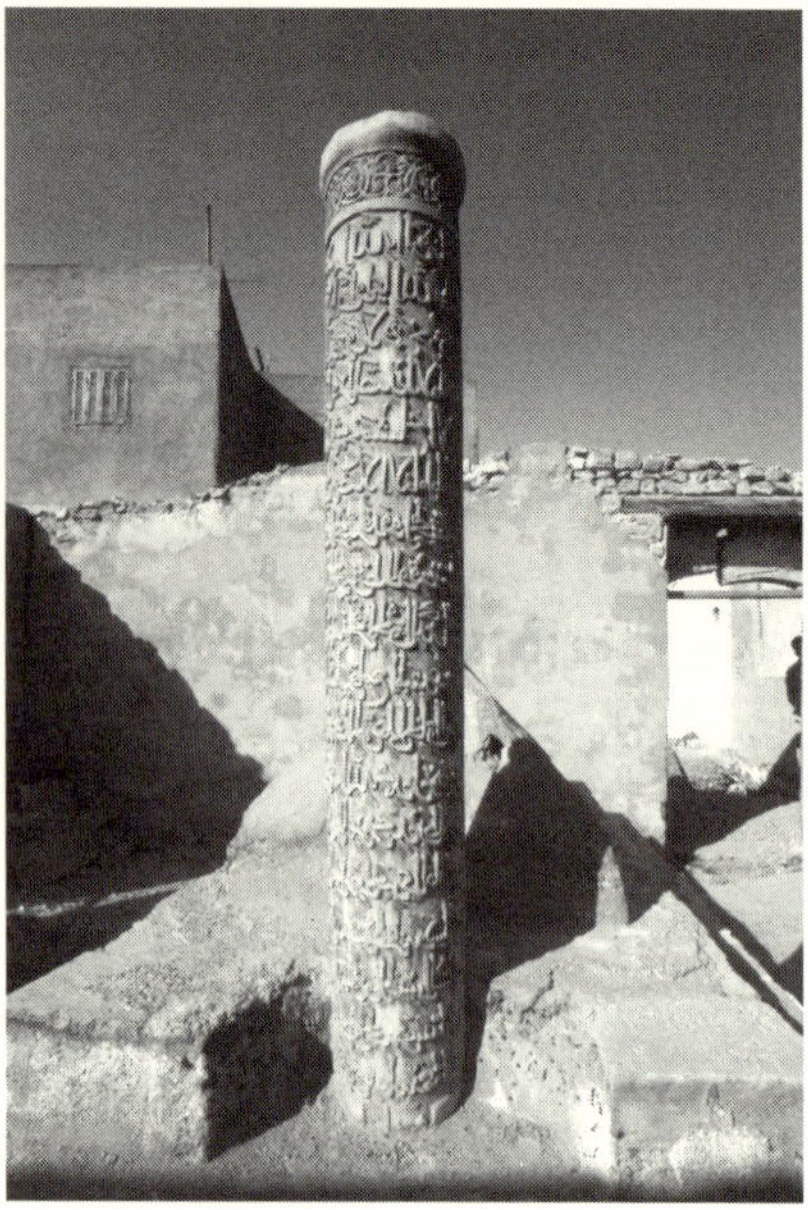

ファフル・アッ＝ディーン・アル＝ファーリスィーの墓標

マムルーク朝期に入ってもこの慣行は一向にやむ気配はなく、ムフタスィブもやはり哭き叫びを禁じていたし、葬儀や参詣の際に歌謡がなされ、手太鼓(ダッフ)が用いられていた[116]。なかには、一二九三年、スルターンの后が亡きスルターンのために「一〇〇人の女奴隷、三〇人の使用人、そして、幼年のマムルークが、……蠟燭と六〇個のランタンをもち、皆豪華な衣装をまとい、髪の毛を剃って、……その中には、各々異なった声で哭く哭き女の一団も集められていた」ことすらあった[117]。その一方で、スルターン・カーンスーフ・アル＝ガウリーは一五〇四年、手太鼓による葬儀、哭き女を禁じ、捕らえた哭き女をロバの上に晒し、首に手太鼓をつけ顔を黒く塗り汚して、みせしめとした[118]。

他方、墓地での笑いや享楽も、批判対象とされていた。イブン・アル＝ハーッジやトゥルクマーニーも批判したように、人々は笑いを避けるどころか、歌い踊り、大いに笑っていた[119]。参詣書より一例を引くと、

私はある日、彼(ファフル・アッ＝ディーン Fakhr al-Dīn 一二二五没)と共にいた。すると、人々が彼のところへやってきて、彼らと共にガラービリー(ガラービーリー)修道場 Zāwiya Masʿūd al-Gharābīlī(Gharābīlī)へ行こうと誘った。というのも、カラーファ在住の聖者の一人が亡くなったためである。そこで、彼の友人達が集まって約束を決め、(葬儀に)ファスィーフ al-Faṣīḥ という名の宗教歌手(カッワール、qawwāl)が呼ばれた。彼は美少年で、当代随一の歌手であった。彼らも人々も集まったが、皆、心の裡ではファスィーフを聴きにきていたのである。

シャイフ・ファフル・アッ＝ディーンも出席したが、彼は大変な尊敬を集めており、その友人達が脇を固め仕えていた。人々はシャイフを取り巻き、彼がファスィーフにどう対応するかを見守っていた。すると、シャイフはファスィーフに中止を勧告した。集会の様相は彼に反発していた。ファスィーフはシャイフを恐れて遁走してしまった。人々はそのため、わざわざ集まったかいをなくし、ほとんど暴れださんばかりであった。その後、シャイフの仲間のスーフィー *'Alī b. Zarzūr* が二行詩を誦い、座は静まった。[120]　［要約］

カラーファ南限のハバシュ湖畔は行楽の地であったが、ファーティマ朝カリフは天幕を張り、軍人達を侍らせ、男女から成る歌手と余興の人々を呼んで、飲酒や戯れに興じていたとされる。[121] 他にも、カラーファ門には物語師（カーッスqāṣṣ）がおり、『アンタル伝』*Sīra 'Antar* や『ザート・アル＝ヒンマ伝』*Sīra Dhāt al-Himma* を語り聴かせていたほか、タリーカ（スーフィーの道統・教団）の人々がカラーファで踊っていたとされる。[122]

供物、献灯、焚香

さらに、墓地の慣行で忘れてはならないのが供物、献灯、焚香である。墓にはしばしば、諸種の薫香、香草（riḥān）、ジャスミン花、蠟燭、油、金銀の燭台、金銭、金銀、動物（牛・ラクダ・ヤギその他）などが供されていた。[123] イブン・ザヒーラは、「毎週金曜日の早朝、二つのカラーファとサフラー地区に香草やヤシの葉、ギンバイカや草が供えられるが、その量は地域の地税額をも上回るくらいである。その後、いくつかのゴミ捨場に集めて捨てられ、燃やされる」と記述している。[124]

この記述だけみると誇張に聞こえるかも知れないが、実際にマムルーク朝期からオスマン朝期のワクフ文書にあたってみると、ワクフ収入から香草やヤシの葉、ギンバイカなどを購入して、毎週金曜日にワクフ設定者の墓へ供えるよう規定していた事例は枚挙にいとまがない。[125] イブン・ザヒーラの記述は、決して誇張とは思われないのである。なお、ワクフ文書にはこの業務を担当する墓廟内の吏員として、トゥラビー(墓守)が明記されているケースもみられる。また、一三四二年にスルターン・イスマーイールの母后は、スルターンの快気祝いとして、ナフィーサ廟に金燭台や多量の油を奉納していた。これも母后が息子のため、サイイダ・ナフィーサに祈願・誓約していた結果(願解き)とみてよかろう。[126]この人物は数年後、ルーク門地区で起きた聖墓発見騒ぎにおいても、その場所の参詣を行なっており、参詣に極めて熱心であった事がわかる(第2章)。

供物は史料中にナズル(nadhr)と表現され、しばしば伴われた願掛けの行為と同じ用語が用いられていた。このナズルのプロセスと仕組みに関して、参詣の書はある聖墓の箇所でこのように説明していた。

何かを叶えるために、彼の墓の砂土(turāb)を採ることはよく試されており、多くのエジプト人がそのようにしている。……ある人が事柄の成就、あるいは病の快癒を望むなら、このズー・アン゠ヌーンの墓土を一ディルハム分だけかそれ以上とり、神に用件を頼み、もし願い事が叶ったり、病が癒えたりしたなら、その砂土の代わりに麝香か樟脳、サフラン、もしくは香物で御返しし、その砂土を元の場所に戻すと神に誓約すべきである。[127]［要約］

先述の供物が皆、このような誓約(ナズル)の回路を経てなされたのかどうかは判断しがたい。いずれにせよ、供物の慣行もスーフィーらによって強く非難されてきたものであった。[128]また、供物が動物の場合、それらはその場で屠畜され、周辺のスーフィー達や「貧者」に配分されていた。この点では供犠に近く、この善行が墓中の聖者達のもとで神に供されたものと考えられる。例えば一四一九年には、一五〇頭の大雄羊や、牛、ラクダが屠畜・分配されたという。[129]これは後述の、墓における饗応・サダカ(施し)とも直接に関連してこよう。この慣行はワクフ文書からも裏付けられるものである。とくに犠牲祭(イード・アル゠アドハー、別名イード・アン゠ナフル)や祝日、さらには金曜日には、墓廟やその門前などで牛が屠られ、その肉は墓廟の関係者や周辺の貧者(fuqarā᾽とmasākīn、実際にはスーフィーを含む)に配られるよう規定されていた。ワクフ文書の場合、屠獣としては圧倒的に「牛」が記録されており、またその供給にあてられた金額も、他の給費品目に比して一般に高額であった[130]。

なお、カラーファのマフムード衆会モスクにはイフリージャ Ihlīja（訶子《かし》・ミロバランか）という樹があり、結婚を願う女性がその七葉を採り、それに誓約していた。また、墓に草木や香草を植えつける例もあったという[131]。

供物中にも含まれていた蠟燭やランプを墓へ献灯する慣行も広くみられた[132]。この慣行に対しても、さまざまの立場から厳しい批判を見出せる[133]。墓地の奇譚の一つに、その墓所に光がみえるというものがあるが、それはこの慣行に起因するのではなかろうか[134]。闇の中、灯火された蠟燭やランプをみてその墓へゆくと、それらは既に去っていたという叙述は珍しくなく、ナイル川対岸のギザから、カラーファ墓地の光がみえたとの報告もある[135]。カイロ＝フスタート郊外の墓地における燭台（キンディール）やランプ（ミスバーフ）とそのための油も、ワクフから大量に供給されていた[136]。これもむしろワクフの基本的要件といえるもので、門番がこれを担当すると文書に明記されていたり、灯火油はオリーブ・オイルか胡麻油と指定されていた墓廟もあった。

香に関しては、その場で焚かれるのはもちろん、参詣者が身に焚きしめてゆくケースもみられた。焚香の場面の描写をみると、

> その墓廟はカアバ神殿型に建てられ、大層立派なものであった。祭日には主だった人々がその周囲に集まり、シャアバーン月半ばの夜もそうであった。龍涎香（アンバル）による文字が外側につけられた蠟燭に点火し、乳香（ルバーン）、安息香（ジャーウィー）、沈香（ウード）などさまざまな芳香が焚かれた。そこへクルアーン詠みがやってきて、人々もつどった。そして、その一日とその夜、マーダラーイー al-Mādarāʾī 家の者が土産（jawāʾiz）を持参し、それを彼らに配るのである。また、多量の財物も分け与えた[137]。

とある。

饗応・参籠・墓巡回、その他の儀礼

墓地ではまた、饗応(ワリーマ walīma)も行なわれていた。ムスリム Muslim b. 'Antar の没時(一二七四年)、カラーファでの饗応は貧者達へ差し延べられ続け、大群衆が列座したといわれる。スルターンなど為政者の行なう饗応は、さらに大規模なものであった。[138] なお、イブン・ハジャル・アル゠ハイタミーは、遺族が埋葬時・三日後・七日後・一カ月後に墓所で屠獣や食事を配給する慣行をビドア(宗教的逸脱)としている。[139] 先述の供物ともやはり一部重複するが、参詣がしばしば喜捨を伴っていたことは、いうまでもない。[140]

墓地で夜を明かす参籠の慣行も頻繁にみられた。カイロやフスタートの有力者・庶民はもとより、旅行者や近郊農村在住者もやってきて、参籠していた。金曜日の晩はとくに多く、とりわけ重視されるのは、参籠者が往々にして死者を夢・幻視にみて、対話することになった点である。[141] また、ファーティマ朝期までカラーファでは、粋人が詩を詠み合ったり、ラマダーン月に月見を行なったりする風雅な慣行もみられた(序章・第3章)。加えて、夢・幻視、頭骨による聖墓の建立も盛んであった(第2章)。

一方、一部の聖墓の参詣は、一定形式の儀礼を伴っていた。とくに挨拶の仕方、詠誦するクルアーンの章、祈願の文句に指定があった場合が多い。[142] 参詣者が墓前で握手し合う、といったものもある。[143] また、これに巡礼成就などの用件が加わると、儀礼もいっそう複雑化してくる。一例を要約すると、巡礼に行きたい者は、毎月最終水曜日に身を浄め、ファジュル(黎明)の礼拝後、清潔な服をまとって芳香をつけ、ある墓にくる。そこで四ルクア礼拝し(各回にクルアーン章の指示あり)、挨拶してこう言う(指定の祈願文あり)。そして、日昇前に墓を指し示してこう言う。「ああ神よ、この礼拝の報奨(thawāb)をこの墓の主へ」と。その後脱衣し、局部に下着をつけたまま墓に身を擦りつけるが、そのとき両足は墓の外側にでているようにする。[144]

この他の巡礼関連の儀礼についてみると、一部の者はカラーファのある墓の周囲を七周回して、その年の巡礼に行きやすくしていたといわれる。このカアバ神殿以外の周回（タワーフ）も、イブン・タイミーヤ、イブン・カイイム・アル＝ジャウズィーヤ、イブン・アブド・アル＝ハーディー、イブン・アル＝ハーッジら学識者の叱責の標的であった。[145]

女性の参詣

十二〜十六世紀、女性の参詣は学識者らによる厳しい批判にさらされていた。ムフタスィブの取り締まり対象にもあげられている。[146] アイユーブ朝末期に活躍したムンズィリー（一二五八没）は、男性の墓参を奨励し、女性の墓参や葬儀列席を戒めるハディースを集めている。[147] マムルーク朝期のイブン・アル＝ハーッジは、女性の参詣に関する意見を三つにまとめているが、それは⑴（全面）禁止する、⑵髪覆い（ヒジャーブ）をし、心を護る事を知っている限りにおいて許容する、⑶年配女性は許可し、若い女性は禁止する、というものであった。ただし、これは慎み深かった昔日の議論であり、今日（マムルーク朝期）では断固禁止すべきと主張している。[148] 同時期にシリアで活躍したイブン・アル＝アッタールは、最もまとまった墓参の慣行についての論考を草した。そこでは、女性の墓参は禁止されてはいないものの、問題点を指摘する意見が紹介されている。例えば、シャーフィイー法学派の大半はこれを忌避するとか、年配女性には祈願して死を想念する目的なら望ましいが、取り乱すようでは不可であるとし、若い女性は死者の弔いが目的なら忌避すべきなどとしていた。[149] イブン・アル＝ハーッジの指摘にマンビジー al-Manbiji（一三八三－四没）の指摘も総合して再構成すると、以下のようになる。

女性達は不良の若者達と入り交じり、往還の馬車・ロバ車の運転手は乗降時や墓巡りの間、不必要に女性の下肢部に触れ、彼女らもその肩に手を掛ける。「これらの多大な腐敗行為の中には、女性が夜間に男性達と墓参に出歩くことがある。人気のない場所、たやすく手出しされそうな建物も多い。彼女らは顔などの部分を、夫と自宅で私的に居るかのごとくさらすのである。加えて、彼女らは見知らぬ男性達と話し、冗談をいい、戯れるのだ。この恭順で沈思し、慎ましくあるべき場所で歌い、大いに笑うのである」。また、連日参詣にでかける女性達への非難については、前述した通りである。[150]

他方、参詣書にはこの種の批判は見当たらない。逸話を通じた間接的批判は見受けられるものの、むしろサハーウィーなどは、「彼(預言者ムハンマド)は墓参を女性に禁じたというが、これは正しくない。ただ、彼女らに見知らぬ者と冗談を言い合ったり会話したりすること、顔を露わにすることなどの禁止行為を許さなかったにすぎない」と擁護の論陣を張っている。[151]

歴史的にも、各時代を通じて度々、禁止令がだされてきたのが女性のズィヤーラである。マムルーク朝期の史料に限っても、一二八〇、一三〇九、一三九一、一四〇〇年過ぎ、一四二二、一四三二、一四三九年と、ラマダーン月明けの祝祭日を睨んで、女性のズィヤーラ禁止が繰り返し布告されていた。[152] しかしながら、これほどまでに禁止令や批判が続出したという事実は、むしろカイロ＝フスタート郊外墓地区における女性のズィヤーラ慣行の根強さや、女性がズィヤーラ慣行の原動力のかなりの部分を担っていたことを雄弁に物語っているにほかならない。十三世紀のティーファーシーが逸話集において「エジプトの墓地カラーファといえば、女性達の溜り場」と場面設定したのも、現実の一面をいいあてていたように思われる。[153] また後述するように、聖者とされ、その墓・墓廟が参詣対象とされていた人々の中にかなりの数の女性が含まれていたことも、女性の参詣行動と表裏一体の関係をなしていた可能性があろう。

参詣慣行への学識者からの批判

本節では民族誌を再構成する過程に付随して、参詣の諸慣行とそれに対する批判についても概観してきた。その際、論旨の煩雑化を恐れ、批判した側のウラマーの法学派については遂一言及しなかったが、ここにまとめて提示すると、スユーティー、イブン・ハジャル・アル＝アスカラーニー、イブン・ハジャル・アル＝ハイタミー、イブン・アル＝ウフッワらがシャーフィイー派であり、トゥルクマーニーがハナフィー派、マクリーズィーがシャーフィイー派もしくはハナフィー派、イブン・アル＝ハーッジがマーリク派、マンビジー、イブン・タイミーヤ、イブン・カイイム・アル＝ジャウズィーヤ、イブン・アブド・アル＝ハーディーがハンバル派であった。

マムルーク朝期の膨大な文献から、統計的結論を述べることは現段階ではできないが、少なくとも、全法学派に属するウラマーから批判が提出されていたことは間違いない[154]。その中で、マーリク派のイブン・アル＝ハーッジ、ハンバル派のイブン・タイミーヤの糾弾の熾烈さに比べ、論点によってはスユーティーの批判が不徹底であることも認められた。ただし、法学派内でも、あるいは当の学識者個人のうちにも、参詣をめぐる諸慣行の個々の問題点において、それぞれ対応が異なったことも見逃せない。そして、イブン・アル＝ハーッジ、イブン・タイミーヤ共に、エジプトの外部（マグリブ、シリア）の出身者であり、その出身地間の慣行の違いが違和感につながっていた可能性も看過できない。いずれにせよ、ハディースの中にここで示された慣行と明らかに対峙するものが存在するゆえ、ハディースの知識をもつ学識者にとって、エジプトで実践されていたこれらの慣行を全面的に是認することは困難であったと思われる。

また、以上の慣行は総体として、先行もしくは並行するキリスト教徒や、古代王朝からの慣行の影響を被っていたと、つとに指摘されるものであり、その影響は当時から明確に批判の対象とされていた。

2　参詣者の意識

(1)　祈願成就とその場所・人

参詣者にとっては祈願の成就が最も切実な問題であった。そのためには祈願が確実に、しかも迅速に叶う場を探知せねばならない。それゆえ、祈願成就されやすい場所の紹介は参詣手引書の最重要テーマの一つとなり、各々洩らさず記載されている（各一〇〇カ所近く）。

それらの場所とは、生前から奇蹟を起こし崇敬されていた聖者の墓、預言者ムハンマドの後裔の墓や、誰かが祈願成就を得たことが流布した場所、逸話・史実に関連する場所などであった。物理的には、墓とその周囲、墓廟内、墓と墓との間、特定のモスクやザーウィヤ（修道場）、クッバ（円蓋付墓廟）の下、門と門との間、教友が多く戦死した場所、聖石・聖樹のもとなどである。[155] B墓地を左にH墓地を右にして、T廟を正面にQを背後にして神へ案件を願う、あるいは背を壁につけるなど、より儀礼化の進行した場所も見受けられる。[156] さらにカラーファの墓々のうち、祈願成就のとくに確実視される七聖墓がしばしば言及されていたことは、すでに紹介した通りである。

祈願の超空間性も非常に重要と思われるので付言しておくと、祈願は地域を越えて通じるとされていた。たとえ聖者がシリアに埋葬されていようとも、かつてエジプトに居たため、エジプトでの祈願が叶うとされた。また、心がけの良い祈願であれば、たとえその墓に誰が眠っていようとも、成就すると参詣書には記されている。[157]

一方、一部の聖者達は生前から祈願を叶えさせていたし、人々を神へと執り成していた。彼らは預言者の血を引くサイイダ・ナフィーサなどとくに著名な聖者達であり、各参詣書はこのような例を三十人程度、書き留めている。人々は彼らのもとを訪ねて祈願を依頼し、彼らが祈願するとそれが成就するとされたのである。また、このような生ける聖者を訪問することも「ズィヤーラ」と呼ばれていた。生ける聖者については第2章で詳しく検討するが、全般に生ける聖者と死せる生者の機能には共通点が多い。ここにおいても、生者と死者の関係の類似化（直接化）が生じているといえるかもしれない。

一つ注記しておきたいのは、ドゥアーとダアワの用法についてである。「彼には生前、その祈願を叶える力があり（mujāb al-daʻwa）、彼の墓でのドゥアーは叶う」[158] といったようにドゥアーとダアワを使い分け、ドゥアーが聖者のもとで実践されても神に対する行為であったのに対して、ダアワの呼びかけ対象は被葬者を含む人間であることが多かった。また、ダアワをそれを有する聖者の生存時に対して用いる傾向も浮かび上がる。そして、ダアワの場合、聖者本人を嘲った相手を成敗するなど、理念としては神の恩寵を経ているにせよ、呪力・念力に近いケースも生じている。[159]

(2) 祈願成就の仕組み

執り成しの概念

ここで祈願成就に関してさらに掘り下げ、その仕組みについて参詣者の意識の側から探ってゆきたい。祈願成就を切望する参詣者の意識について、その祈願対象や成就させる主体は何であったのかと突き詰めてゆくと、すでに触れてきた「執り成し(shafā'a、wasīla)」の概念に行き着くことになる。執り成しはクルアーンにも婦人章(第4章)などに用例がみえるもので、人と人との間、庶民と君主との間など人間関係にも用いられる。[160]しかし、ここで問題にしたいのは、聖者による参詣者・墓参者と神の間の執り成しである。すなわち、人々は聖墓へ赴き、故人のもとで祈願したり、生ける聖者を訪ねて祈願の依頼をするなどしたが、彼らの祈りを最終的に叶えるのは神のみであり、墓中の被葬者はあくまで祈願を神へ執り成すにすぎないとされていたのである。神は聖者の徳ゆえに、その執り成しを受容なさるのである。もちろん、現代エジプトのフィールドワークにおいてインフォーマントが神を欠く図式を口走ってしまうように、一部の庶民が執り成し概念をないがしろにし、神ではなく墓中の聖者が叶えると考えていた可能性も否定し得ない。[161]しかし、参詣書にはこの神を欠く図式が描かれることは皆無であり、文字史料全般にみる限り、聖者を唯一神のごとく崇拝し、祈願し、聖者が叶えるといった神を欠く回路の痕跡を見出すことは、ほとんど困難である。[162]また、もしこの執り成し概念、およびその論拠をなすハディースを欠くならば、一神教としてのイスラームの存立そのものが危うくなり、聖墓参詣慣行の根幹が崩壊する可能性を認めることができる。スユーティー、イブン・タイミーヤ、イブン・アル＝ハーッジ、イブン・カイイム・アル＝ジャウズィーヤ、トゥルクマーニー、マンビジーらの学識者も、当時の聖墓参詣慣行の実態をビドア（宗教的逸脱）として強く攻撃していた。[163] 参詣擁護の伝承にしても、その信頼性が薄弱であると断じていた。

これに対してスブキーらは、過去の学識者の判断やハディースの真正性などをもとに論駁したが、[164] これはこの執り成し概念ゆえに成立する反駁であり、執り成しによって神につながることなくしては、議論の拠り所を最初から失うものと考えられる。また、それゆえにこそ、書物は徹底してこの回路を繰り返し述べていたともいえよう。いみじくも、参詣作法第九則に「神よ、あなた様の下僕である聖者達に私（と神と）の執り成しを御させ下さい[165]」とあるように、各参詣書は、この執り成し概念を無自覚的にせよ、前提として著されているのである。

執り成しの構造

ここで、参詣書にみえる執り成しの類型化を試みたい［図2］。

i 〈参詣者→聖者→神〉型

最も頻見される基本形式である。例えば、「もし、汝にとって状況が困難になったなら……、我が墓を参詣せよ、そして欲するところを頼むのだ。そうすれば、私は神の御許で汝を執り成してやろう[166]」［故聖者の発言］、あるいは「息子よ、……アブー・アッ＝サアダートは、私を執り成して下さったし、お前の母をも執り成して下さったよ[167]」「（神は）その御寛恕の下に、聖者達を神の御許での仲介者とされた[168]」とある。重ねて強調するが、執り成す聖者は埋葬後の故聖者ばかりではなく、サイイダ・ナフィーサのように生者（ここは女性）の場合もあり得た。また十二〜十五世紀の場合、執り成すのは故人である場合の方が多かったゆえ、当然の帰結として夢・幻視の中で執り成しが告知される形が多いことも注目に値しよう。さらにいうと、「執り成し」の語が使用され、しかも、執り成しの内容が明示されたケースでは、最後の審判の際に天国へ入れるよう執り成す場合が最も多い[169]。

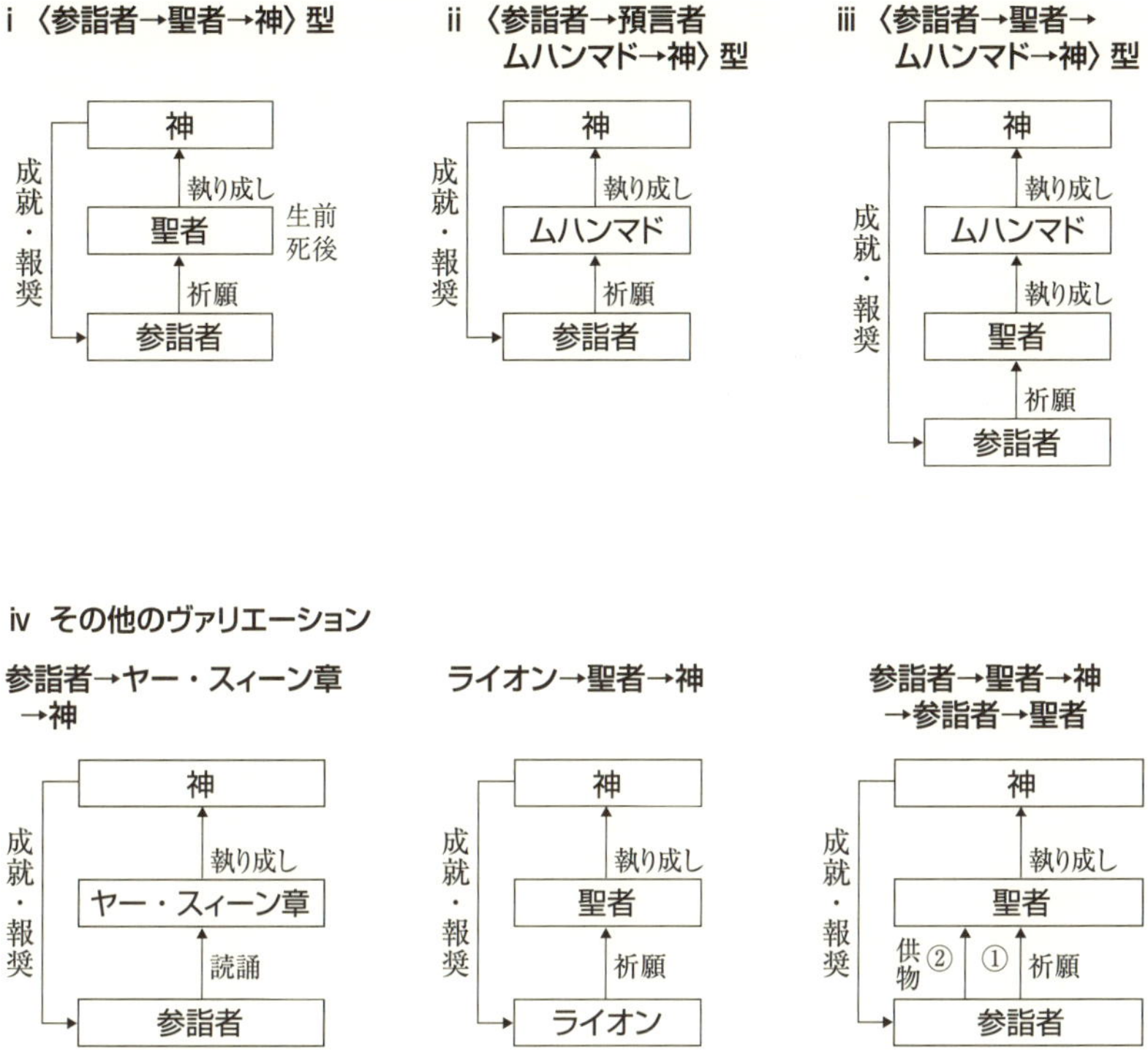

図2　「執り成し」の構造と類型

ii 〈参詣者→預言者ムハンマド→神〉型

ⅰ型の祖型の一つとなっているのは、最大の聖性を有する人間・預言者ムハンマドがこの世のムスリム達の神への仲介者であるという考えであろう。「ムハンマドはウンマ(ムスリム共同体)〔と神との間〕の仲介者(shāfiʻ)」「敬虔な者たち(=聖者達)の仲介者」であり、「罪深き者の仲介者」でもあったとされていたのである。[170]

iii 〈参詣者→聖者→ムハンマド→神〉型

ⅰ型とⅱ型を合わせればこの型を想定しうるが、参詣各書には、人々から執り成しを依頼された聖者が再びムハンマドに執り成してもらう、というケースは見当たらない。ただし、ムハンマド、聖者の双方とも執り成しを行なうことが可能であるが、ムハンマドの執り成しの優位は明記されている。

聖者達の奇蹟(カラーマート)の中で最大のものは、審判の日、ムハンマドの執り成しの後に、彼らが執り成しを行なうことで……預言者の奇蹟(ムウジザ muʻjiza)のあるときには、聖者の奇蹟も可能となる。[171]

iv その他のヴァリエーション

クルアーン各章のうちでも、ヤー・スィーン章はそれを詠んだ者を、神のもとで執り成すことで知られていた。また、ライオンが参詣し、聖者に執り成しを乞うていたという記述もある。祈願成就後に供物をする場合は、循環の輪がさらに伸びることになろう。[172]

それでは、聖者による執り成しという構図が定着したのはいつ頃であったのだろうか。そもそもイスラームにおいて「執り成し」(シャファーア)という語彙自体はクルアーンにもみえるものであり、ハディースなどに基づき、預言者ムハンマドが執り成しを行なうように考えられるようになっていた。しかし、それがおそらくムスリムの聖者に適用されるようになるまでには、だいぶ時間差があったことであろう。むしろ、エジプトの場合でいえば、コプトその他のキリスト教徒の方が早くから「聖人による執り成し」の概念を使用し、記してきた。[173] 本書で扱う時代にも、キリスト教徒・ユダヤ教徒からムスリムへの大きな改宗の流れが生じていたが（第6章）、そのようにしてムスリムとなった改宗者達からの影響も無視できないであろう。

(3)「贈与」としての祈願、クルアーン読誦

カイロ＝フスタート郊外の墓地区は、ワクフ（寄進）制度が充実して恒常的に貧者が施しを受け、市場などの商業空間を包摂した極めて経済的な交換の場であったが、これについては第3章に譲ることとし、ここでは精神的な贈与交換について考察してみたい。

これまでにも、神と人間との関係を贈与交換の枠組みで検討しようと、社会学・人類学の研究が試みてきた[174]。その際、神への贈与として供犠・供物の例が主に論じられてきたが、イスラームにおける唯一神アッラーと信徒との関係を分析しようとした社会人類学者・大塚和夫は、「贈与」概念をより広くとり、善行・信仰心といった精神的価値をも含めて論じている[175]。なぜなら、イスラームにおいては、現世における篤信に基づく行為の多寡が、最後の審判や神からの報奨を左右すると考えられるからである。贈与物としては、礼拝・断食・巡礼・殉教・喜捨・祈願・寄進等のイスラームにおいて善行とされる行為の数々があげられ、報奨には来世での至福や現世利益が相当するという。

ところで、イスラームに関連して、宗教的な意味合いの濃い文脈においても商慣行の語彙や表現が頻見されるということは、つとに指摘されるところである。この参詣の文脈にあっても、この点はことさら明瞭に示されており、故人への祈願やクルアーン読誦が直截的に贈与物として表現され、精神的な交換と結びついていた。この背景には、祈願が人に対する贈与となるという観念の存在や、神との間の互酬関係が前提とされていたことが指摘できよう。ただし、参詣の場合、被葬者・聖者を介しての贈与交換が中心となり、したがって直接の贈与対象は神ではなく被葬者・聖者となる。まず第一に、（他者への）祈願についてみてみると、

死者は墓中にあって救いを求め、溺れている者以外の何者でもない。その子供・兄弟・友人達からの祈願(daʿwa)を待っている。……聖者の死者への贈物(hadāyā)は祈願であり、神の御寛恕である。[176]

と参詣の第九則にある。他者への祈願による、被葬者を介した神との間の贈与交換観が、参詣・墓参者の間に共有されていたことをより鮮明に示す史料を引いてみよう。

疫病大流行の時代のこと、ある男は墓地へ足繁く通い、葬送に参加し祈っていた。夜ともなると墓々の傍らに留まり、こういうのだった。「神があなた達の淋しさを愉しませ、あなた達の郷愁に御慈悲を垂れられますように」(以下祈願文句略)。ある晩、男は墓へ行きすごし、いつもの祈願をしなかった。そして眠っていたところ、(夢の中に)大勢の人々がやってきて、男に挨拶した。そこで男が、「あなた方は誰ですか」と問うと、彼らは言った。「お前がいつも帰宅する際に我々にくれる贈物(hadīya)に我々は慣れてしまったのだ」。「(贈物とは)それは何ですか」と問うと、彼らは言った。「お前が家族のもとへ戻る際に行なっていた祈願(複数形のdaʿwāt)だ」。そこで、彼は終生、参詣を続けたという。[177]

先述のように、被葬者は参詣・墓参者の行為を知覚できると考えられており、被葬者は墓中で寂しがっているという観念が広く共有されていたことが前提となろう。

祈願(他者への)以外では、クルアーン読誦が死者に対して贈与されていた。[178]「墓地へ行ったなら、クルアーン開扉章と最終二章(muʿawwidhatān)と純正章(最後から三番目の章)を詠み、死者へ贈れ」という一節が参詣作法の第八則にもあった。

これらの贈与に対する神よりの報奨はアジュル(ajr)、サワーブ(thawāb)、イワド(ʿiwaḍ)などと表現され、「現世」「来世」、そしてとくに最後の審判の際にもたらされる。前述のヤー・スィーン章をめぐる報奨にしても、それを詠んだ者には一二回クルアーンを詠了した分の報奨が与えられ、最期の時、魂を引き抜かれる時、審判の日に復活した時、天国に入る時、いずれも天国の飲物で喉が潤っていたのである。現世での貧者への善行や、参詣そのものも、来世において報奨として還ってきたことが、参詣書には記録されている。[179]

また、これらの贈与に対する報奨を再度被葬者へ贈る、すなわち「報奨を贈る」という概念もしばしば史料にみられる。これを加味して分析すると、互酬交換関係はさらに錯綜してくる。一例を参詣書から拾うと、「メッカ巡礼を希望する者はこのシャイフの墓へきて、クルアーン純正章を一〇〇回詠み、その報奨(サワーブ)を故人への贈物とするのだ。すると神は、巡礼を年内に容易にする」[180]［大意］とある。これを原理的に敷衍すれば［図3］、⑴聖墓で一〇〇回純正章を詠むという善行をし、⑵それに対して神の報奨が与えられ、⑶それを再び聖者に贈与すると、⑷その聖者の執り成しによって、⑸神からその者へ報奨として巡礼が返与される、ということになろう。この場合、先の聖者を媒介とした神と参詣者との祈願の関係が二回転(各回の意味は異なろうが)作動したとも考えられようし、参詣者と神との間で、四度、贈与交換が行なわれたとも考えられる。もちろん、これらの背景にも、神からの報奨を望む参詣者と神との間の互酬関係が一般的に措定されていたといえよう。実際に祈願成就を経験した参詣者は、ますます聖者への崇敬や神への信仰を深めたであろうし、その繰り返しの過程で境地が変容してゆくこともあったであろうと推測される。

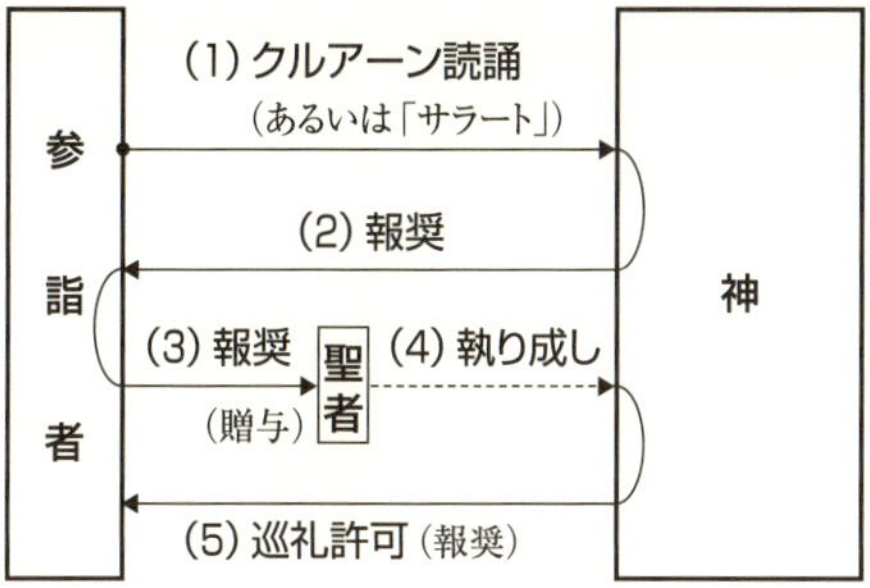

図3　クルアーン読誦をめぐる互酬交換関係

さらに、クルアーン読誦や祈願は贈与物としての性質を一歩進め、食物(パン)などの代替物に込められて、現世の民衆間で贈与交換すらされていた。[181] キシュクや肉などの食物が、祈願のメタファーにされた例も記録されている。[182] これは、聖者のカラーマ、聖力の物への宿りとも関連するものである(第5章)。

以上、本章では関連するあらゆる史料を批判的に総合して、エジプトの参詣・

墓参慣行の諸相を民族誌の抄約の形にまとめた。とくに死者への挨拶、墓への腰掛け、身体の擦りつけ、砂土による病治し、哭き叫び、クルアーン読誦、供物、女性参詣、墓地での礼拝などの慣行について、具体的に検討を加えた。その上で、参詣者の意識の領域に踏み込み、「祈願成就」の仕組みを分析した。彼らにとって枢要であったのはこの祈願成就であり、それは聖者の神への「執り成し」によって初めて可能になっていたのである。祈願成就の構造における、この執り成し概念の役割についても、類型化を含めて考察した。加えて、精神的な贈与交換の枠組みから、祈願や被葬者との関係等を捉え直す試みも行なっている。

本章において、エジプトの参詣慣行・参詣者の意識をめぐる検討を通じて浮かび上がってくることの一つは、エジプトで実際に行なわれていた慣行(以下、エジプトの慣行と略す)と、学識者達の考えたあるべきイスラームの慣行との間の相克である。その端的な例は、常に糾弾され続けながらも強靭に持続した女性の参詣、墓地での哭き叫び、擦りつけ、聖遺物、墓をモスクとすることなどに示されている。

もっとも、エジプトの慣行や、学識者の考えたあるべきイスラームの慣行像とて一様ではなく、論者および行為者によってその立場が各々、微妙に異なる。しかも、学識者個人の内でも、論点によって、立場がばらつきをみせていたのである。この点に関しては、いわゆるスーフィーやタリーカ研究を含め、今後のデータ、および研究の蓄積と深化をまって、結論づけるべき課題としたい。前出の諸慣行にしても、この種の慣行をエジプトやムスリム社会に限定できるかどうかは別種の検討を要する。この点では、他のイスラーム地域や環地中海世界などにおける聖者・聖人をめぐる諸現象の研究進展と、比較研究がさらに求められよう。ただし、参詣に関わる慣行の逸脱の指弾がこれほど厳しく繰り返された背景の一つには、中東においてイスラームに先行した諸宗教、とくにかつて支配的であり、当時も中東世界に併存していたキリスト教徒達の慣行との峻別の必要、という側面を指摘し得よう。

第2章　聖墓と聖者の創出

中東として現在くくられる地域における聖者崇敬や聖所参詣・巡礼をめぐる研究は、近年ますます活況を呈しており、以前に比して質量とも高水準を示すものが出揃ってきた観がある。[1] それでもなお、新たに数多の個別な研究素材を見出し得るばかりでなく、依然としてその核心部分にも未解明の領域が残されているように思われる。例えば、ムスリム社会における聖者や聖所の創出の過程やメカニズムについて、あるいは創出された聖者や聖所がいかにして当該の諸社会において存在し続け、統御されてきたのかについては、依然として検討の余地が多く残されていよう。そして、これらが本章の扱う課題である。本章はマムルーク朝期を中心としつつも、ファーティマ朝からマムルーク朝にかけてのエジプトを事例として、聖者や聖所の創出プロセスを多面的かつ動態的に捉え直すことを意図するものであり、そのために聖者や聖所の創出／捏造の成功事例と失敗事例とを比較するという手法を用いる。さらに試論として「死せる聖者」(聖者の死後の局面)と「生ける聖者」(聖者の生前の局面、生前に聖者として崇敬を集めていた事例)との比較も試みる。これらの作業を通じて、この時代のエジプトにおいて聖者や聖所の聖性を支え、保証していた権威やシステムについて具体的な検討を行ない、ムスリム社会において何が聖者や聖所をそれたらしめているのかを考察するための一助としたい。筆者は聖性の創出／捏造について研究を重ねるにつれ、支配権力と深く関わるこの側面の重要性をより強く認識するに至っている。

以下に、まず聖者の創出をめぐるエジプトの概況を俯瞰したのち、聖墓創出の失敗事例について詳しく検討する。そのうえで、それを聖墓創出の成功例と比較し、さらに生前に聖者とされていた者（生ける聖者）の事例と生前に聖者となり得ずに終わった事例との比較も参照枠に加える。そして最終的には、これら四カテゴリー（聖墓創出の失敗事例と成功事例、〈生ける〉聖者創出の失敗事例と成功事例）の相互比較にも言及を試みたい。生ける聖者と死せる聖者との比較検討を行なうのは、ムスリム社会における聖者崇敬の対象やあり方について考察するうえで、不可欠な作業であると考えられるためである。

1　「中世」エジプト・ムスリム社会における聖墓の創出

多様な参詣対象

前近代のエジプト・ムスリム社会において広く人々の崇敬を集め、祀る墓廟が多くの参詣者を獲得していた人々として、預言者ムハンマドの血筋を引くアシュラーフ(ashrāf)や、いわゆる「聖者」、著名学者、スーフィーなど（これらは重複しうる）をあげることが可能であろう。しかし彼らが廟に祀られるまでの経緯は、生前に崇敬を集めていた聖者が衆知の場所に埋葬され、そこへ廟が建てられ参詣対象と化した、というように単純なものばかりではなかった。

実際のところ、多くの参詣者を獲得し、人々の崇敬を集めていた墓廟の中には、素性や存在自体が確かではない伝説的な人物を祀るものがしばしばみられた。例えば、処女のままでの死を望んで叶えられたとされる「沙漠の花嫁」や、富者から乞い求めた財物を貧者に配っていたとされる「貧者の（ための）乞食」などは、よく知られた参詣対象であった。[2]また、民衆の間でしばしば「ファラオの妻」とみなされ、古代ファラオ期にすでに一神教を実践していたと称えられたアースィヤ Āsiya のように、同時代の年代記史料や現在の歴史研究書の描く「歴史」よりもむしろ、当時エジプトに居住した人々(とくに庶民層)が構想したところの「歴史」上でより重視されたと推測される人物に因む聖墓も人気を博していた。[3] あるいは、ビザンツ帝国からエジプトへ統治者兼宗教指導者として派遣されていたムカウキス(ムカウカス、キュロス)の弟(あるいは甥)は、イスラームへの改宗者と認識され、その墓は衆知の存在であった。[4] さらに当時から学識者達は、エジプトにあった預言者関連の墓を中心に、かなりの数の墓についてその場所への埋葬事実を疑っており、そのことはそれらの墓の多くがある時期に創造され、参詣者を惹きつけるようになった可能性を示唆していよう。『参詣書』もそのような疑念と捏造批判に満ちていた。すなわち、民衆から支配者まであらゆる階層からの、活発かつ多彩な働きかけによって創出/捏造された聖墓も、多くの崇敬を集めていたのが実態である。

かかる状況に関連して、まず最初に想起されるべきは、「頭骨による聖廟(mashāhid al-ru'ūs)」(以下、頭聖廟と略記)や「夢・幻視による聖廟(mashāhid al-ru'yā)」(以下、夢聖廟と略記)と史料に言及される存在であろう。参詣のシャイフ・イブン・ウスマーンによると、「カラーファ、フスタート、カイロには夢聖廟と頭聖廟として知られる聖所が多数ある」というのである。

頭聖廟

頭聖廟は主として預言者の子孫や著名聖者の頭骨をもとに建立されたことになっていたが、実際のところその頭骨は没後かなりしてから再掘された結果、「発見」されたものであった。その背景として、エジプトにおける聖墓再掘の慣行を指摘しておきたい。史料に曰く、「エジプトの墓地に埋葬される敬虔な者(サーリフーン)の多くが(埋葬から)数年後に掘り返されている。そして、損傷もない様態であり、ある墓からは芳しきムスクの香がしてきた。また、ある者たちの白装束(akfān)は新品同様であった」。[5] それらの再掘は建設工事や新規の埋葬時に偶然生じたものから、特定の聖者の頭骨を探索して意図的に生じたものまでを含んでいたことであろう。

では、ここで頭聖廟生成の成功例をあげてみよう。

　この聖廟（マシュハド）はイブン・トゥールーン衆会モスクとフスタートの間にある。人々はザイン・アル＝アービディーン（預言者ムハンマドの曾孫、シーア派十二イマーム派にとっては第四代イマーム）と呼ぶがそれは誤りであり、これはその息子ザイド（七四〇没）の聖廟である。そこには、頭しかない。この頭は一二二／七四〇年にエジプトに招来され、モスクが建設された。この聖廟はそれゆえ本物である。

　アフダル（ファーティマ朝ワズィール〈宰相〉、一一二一没）はこの話を聞きつけ、この被葬主を好んでいたゆえ、小山に埋もれていたモスクを調べるよう命じた。すると、ミフラーブ（メッカの方角を示す壁龕）しか遺されていなかったが、そこで聖なる器官、すなわち頭がみつかったのである。そのため頭を取り出し拭いて、香水をつけ、聖廟が建立されるまで彼の家に安置しておいた。預かっている間、頭骨の周りからクルアーンを詠む声が聞こえ、夜には光が投げかけられていたという。廟の完成はヒジュラ暦五二五年ラビーウ・アル＝アウワル月二十九日（一一三一年）のことである。[6]　［要約］

　移送されてきた頭骨に基づく聖廟といえば、四代目カリフ・アリーの次子フサインの頭骨のカイロ到来がその最たるものであろう。この頭骨はフサインが現イラクのカルバラーで非業の死をとげた後、永らく行方不明であったが、突如一〇九一年にファーティマ朝ワズィールのバドゥル・アル＝ジャマーリーによって、アスカラーン（現パレスティナ）で発見されたものである。ジャマーリーとその息子アル＝アフダルによってその場所にモスクが建立されたが、タラーイウ・イブン・ルッズィーク（ワズィール）によって一一五三年、カイロへ移葬された。当初、タラーイウがズワイラ門付近に衆会モスクを建て、そこへ移置せんとするも失敗する。そしてカリフ・ザーフィルがファッカーヒーン衆会モスクへ置こうとしたのち、結局、ザムラド宮殿に保管されることとなった。これが現フサイン・モスクである。

　八五〇年以上を経た現在、フサインのモスクはすっかりエジプトの人々の間に定着し、その生誕祭はカイロ随一の規模を誇っている。しかし、その頭骨の到来の後しばらく、学識者の反応は必ずしも好意的ではなかった。死者の街参詣書の著者として代表的な四人の参詣シャイフも、イブン・アン＝ナースィフ以外は皆、このフサインの頭骨とそのモスク参詣に対して批判的・懐疑的であった。[7] さらに、マムルーク朝期のハンバル派学者イブン・タイミーヤに至っては、この頭骨をキリスト教徒（聖人）か犬の骨である偽物として激烈に糾弾していた。[8] そして、オスマン朝期頃までには、ようやく大方が許容するに至ったものと推察される。

頭聖廟に連なるものとして、再掘された遺骸による聖廟・モスクもあげられる。一例をあげると、

> この月（七二二年サファル月／一三二二年）、スルターン・バイバルスの建てたダール・アル＝アドル（正義の館）が取り壊され、タブルハーナ（軍楽隊館）が（七カ月後の）ラマダーン月に建設された。……取り壊してみると、その基層部分から四基の墓がみつかった。掘り起こしてみると、偉丈夫たちの遺体であり、そのうちの一体は彩色のあるダビーク風ブロケードのシーツにくるまれていた。触れると一部が飛び散った。遺体のもとには武具があり、遺体には傷跡があった。ひとりの顔には、眉間に刀傷があり、綿が詰まっていた。綿を取り出すと下から血が流れてきた。傷口はまだ新しいかのようであった。そこで、バイナ・アル＝アルーサタインへ移され、彼らのためにモスクが建立された。[9]

とマクリーズィーは年代記に記していた。

あるいは、参詣書に曰く、

> エジプトのある墓掘り人がいうには、「私はファキーフ（法学者）の死後七〇年目に掘り返してみました。すると、その体は清白で損傷もありませんでした」。あるいは、それはシャーフィイー様であったともいわれる。また、ある敬虔な者（サーリフーン）のひとりがこういった。「もし、私を一〇〇年後に掘り起こすならば、少しも傷んでいない姿をみるであろう」。一〇〇年後、彼の孫の没時に再掘されると、全く傷んでいなかった。[10]

このような、エジプト社会における頭骨への執着と無関係ではない事件も生じた。六七六／一二七六－七年、マムルーク朝スルターン・バイバルスはアレキサンドリアのコプト総主教座が置かれていた教会を破壊したが、そこにはキリスト教徒とムスリムの双方にとっての預言者ヤフヤー（ジョン）・イブン・ザカリヤーの頭骨があると目されていた。結局、教会はモスクへと転用され、アル＝ハドラー学院と称されたという。[11]

夢聖廟

一方、夢聖廟とは、夢や幻視に預言者や聖者が立ち現れたとされることに起因するものである。彼ら自身が出現したとされる場所や、夢の中で登場者によってある人物の聖地として指示された場所が、聖地とみなされていた。みられた夢はただちに周囲に告げられ、モスク・聖廟建設へと連動していったのである。代表的な事例として、預言者ユースフ（ヨセフ）兄弟廟があげられよう。その縁起は次のように史料に記されている。

> そして、……聖廟（マシュハド）があり、そこにはイブラーヒーム・ブン・アル＝ヤサア・ブン・イスハーク・ブン・（預言者の）イブラーヒーム Ibrāhīm b. al-Yasaʻ b. Isḥāq b. Ibrāhīm の墓、そして聖廟の円蓋（クッバ）の外にはヤアクーブ（預言者ヤコブ）の息子のひとりの墓がある。この聖廟は夢聖廟の一つである。（すなわち）昔、ある男がこの場所にある墓のもとで夜を明かしたといわれる。そして、（クルアーンの）「ユースフの章」を詠み、預言者（ムハンマド）を称え、眠った。すると、ある者がこういうのを（夢に）みた。「これは、神に誓って我々の話（キッサ）である。誰がそれをお前に教えたのか？」そこで男は言った。「この話は神の預言者（ムハンマド）に神が啓示された御本（クルアーン）に述べられている。あなたは誰なのか？」ある者は曰く、「私はルービール・ブン・ヤアクーブ Rūbīl b. Yaʻqūb Isrāʼīl Allāh、ユースフの兄弟のひとりである」。

朝になって、男は人々にこの夢のことを知らせた。そして、彼らは（夢を）みた男の真摯さを知って、このモスクを建てたということである。[12]

他には、ザイン・アル＝アービディーンの子ムハンマド・アル＝アスガルのように、架空の人物の夢聖廟も建てられていた。[13] エジプトの場合も、この領域における預言者ムハンマドの存在は絶大であった。例えば、夢の中での彼の命令によって建設されたファフル・アッ＝ディーン・アル＝ファーリスィー Fakhr al-Dīn al-Fārisī のモスク、イブン・ハウシャブ Ibn Ḥawshab（もしくは Ibn Jawshan）のザーウィヤ（修道場）があり、さらにはムハンマドをみた場所に建てられたモスクも多い。ムハンマドは他にも、聖者の墓を示すなどしていた。また、彼以外の夢・幻視中の指示者としては、ジャアファル・アッ＝サーディク（シーア派イマーム）などがいた。[14]

夢に基づく建立とされるユースフ兄弟廟

これら夢に基づく盛んな活動の背景には、当時のエジプト社会に占める「夢」の位置の現代のそれとの違いを指摘できよう。彼らは夢を事実に準じて扱っており、夢に起因した行動も目立っていた。人々は夢における奇蹟的なできごとを期待しながら墓廟に参籠したり、そこで早めに就寝していた。みられた夢は他の人々に伝えられ、夢判断やデフォルメの作用を経て巷間に広まり、社会へも影響をおよぼす。いわば、夢は人々の間で共有され、社会化されるのである。それゆえ、みた人物、日付まで明記された夢を参詣書中に見出すことも可能である。[15] 夢判断（taʻbīr al-ruʼyā）が学問として重視されたことは、ハディースにおける明記や、イブン・ハルドゥーンの『歴史序説』の記述を持ち出すまでもあるまい。[16]

聖遺物廟など

さらに、厳密には頭聖廟とはいえず、しかも史料にこのようなジャンルは設けられていないが、聖者の聖遺物（ここでは遺体の一部だけでなく、聖者にまつわる遺品も含む）をもとに建立された聖廟（以下、「聖遺物廟」と称す）も多くみられることに言及しておく必要があろう。[17] その端的な例が、預言者ムハンマドのマント（ブルダ）の持ち主の聖墓や、「預言者の御物」（アーサール・アン＝ナビー）に基づく聖廟である。

預言者のマントについてみると、「……それをある者たちはマントの主、すなわち預言者（ムハンマド）のマントの主の墓であるという。かつて、人々はそれを疑い、その墓を発掘してみた。すると、埋葬された時のまま、マントにくるまれた遺体がみつかったのである。マントに砂土による損傷も全くなく、遺体に何の変化もなかった。それゆえ、預言者のマントと確証された」[18]。

なお、ムスリム諸社会、なかんずくエジプトにおける聖遺物全般と預言者の聖遺物をめぐる事柄については、後に詳述する。

以上に加えて、実際には、「夢聖廟」と「頭聖廟」や「聖遺物廟」が合体した例も数多くみられる。その典型例として「宝物（kanz）として知られるモスク」がある。史料に曰く、

その下には財宝がある。このモスクは大変小さなものであったが、（イブン・）アル＝カルクービーAbū al-Ḥasan al-Qarqūbīという男がそれを取り壊し、再建した。……彼は言った。私はこのモスクを取り壊し、その再建を命じた時、ある人がここから数腕尺のところに財宝があるという夢をみた。そこで目覚め、私は言った。「これは悪魔の仕業だ」。しかし、その夢を何度もみた。そこで朝起きてそのモスクへ行ってみた。そして、言われた場所を幾人かの働き手に命じて掘らせた。彼らが掘ってゆくと、大きなラウフ（墓標）のある墓があり、その下には大変な巨躯の遺体が墓棺の中に横たわっていた。そして、その巻布（白装束）は傷んでおらず新しかった。頭部以外、まった

く損傷がなかった。そして、その頭髪が巻布からはみでているのをみた時、私は言った。「これこそが疑いなく宝物である」と。そこで、墓標を墓へ戻し、壁の基礎部分まで墓を取り出し、人々に露わにした。[19]

これは、夢によって指示されている上に、遺体も発見されている事例である。

これらの頭骨・遺骸、夢・幻視や聖遺物、あるいは虚報に基づいて創出された聖廟についての事例をまとめると、次のことを指摘できよう。第一に、創出の時代と主体に着目すると、ファーティマ朝期がその隆盛の頂点を形成していた。その際に、創出の主体は同王朝のカリフと後期の軍人ワズィールなど支配エリート層であり、創出対象は預言者ムハンマドの娘婿アリーの後裔に集中しがちであった。これに並行する現象として、シーア派を奉じたファーティマ朝がアリー家の子孫達の生誕祭を興し、その系譜や美徳を称える書物を盛んに編ませていたことがあげられよう。[20] それゆえ、ここにファーティマ朝の頭・夢・遺骸・聖遺物廟の創出行為におけるイデオロギー性をみてとるのは容易である。しかし、次節で取り上げるように、ファーティマ朝以外の時代にも、聖墓の創出が生じていたことを見逃してはならない。

第二に、第一の点とも関連するが、創出対象としては、預言者ムハンマドとその子孫(創出主体がシーア派の場合、とくに諸イマームとその子孫に収斂)、そしてモーセやユースフ(ヨセフ)、ザカリヤー、ダニエルらの預言者とそれに準ずる者があげられる。これ自体は、各地のムスリム社会においても言い得ることであろうが、エジプトはとくに、モーセと、それに関連してユースフ(ヨセフ)にまつわる遺構・逸話に恵まれている。イブン・ドゥクマークによると、エジプトにおいてはモーセに関連してムンフ、トゥラー、ムカッタム山麓、アレキサンドリアの四カ所にモスクがあった。大カラーファにはモーセの足(跡)があるとされるアクダーム・モスクがあり、サイード・アッ＝スアダーのモスクにもモーセの石があるとされた。また、六六〇／一二六二年、バイナ・アル＝カスラインに「これぞモーセのモスクなり」と記された石柱が発見されている。その結果、モーセの石の聖廟が建立された。モーセが祈ったとされているモスクや、モーセが杓をみつけたワジ(涸沢)にも事欠かない。[21]

モーセとも関連して語られるユースフ（ヨセフ）に関してみると、五七五／一一七九年、ナイルの減水に伴い、ローダ島南端のナイロ・メーター先の河床から、ユースフの墓と棺が出現して騒動に発展したことが年代記に記録されている。モーセがそこからユースフの遺体を移して以来、そのままになっていたというのである。[22] ここには、ナイル川の聖性も表現されていることが窺える。モーセ関連の遺跡については、次節で再度取り上げたい。

墓碑の書き換え

もう一つ忘れてはならない当時隆盛の慣行に、民衆（ʿāmma 複数形は ʿawwām）による墓碑の書き換え／改竄の行為があり、これは本章の議論の核心部分に関わる。彼らは意のままに墓へ命名したり、墓碑の改刻を行なうなどの行為を頻繁に繰り返していたが、参詣のシャイフによるとそのほとんどが誤伝であった。例えば、人々がカリフ・ムスタンスィル al-Mustanṣir の墓と彫りつけたのは、ムスタティル al-Baṭṭāl al-Mustatir（あるいはムスタフティル al-Mustahtir）の墓であった。[23] 参詣書には憤慨を込めて「民衆は……と書きつけているが、これは正しくない」という表現が、いかに多いことであろうか（参詣書ごとに数十カ所におよぶ）。[24]

そこには、単なる誤伝という程度の不慮のものもあろうが、意図的操作が明白な事例も数多い。そして、その背景には、人々が墓碑を勝手に改刻する慣行を認めざるを得ない。ウマイヤ朝カリフ・ヤズィード一世もしくはカリフ・ムアーウィヤの聖墓に対して、参詣のシャイフ・サハーウィーは「これは最も醜悪な捏造であり、……正しくない。そして、無益なのだが、人々は参詣してバラカ（神の恩寵）を得ているのだ」と告発する（なお、この墓はシーア派のファーティマ朝に対抗する意味合いで創造された可能性がある）。参詣のシャイフや歴史家達も、互いに、「どうして彼にこのような誤りが起こったのか理解できない」「私が（歴史家）クダーイーの史書の中でみたうちで最も驚くべきは、この墓を……に帰していることである」と指弾し合っていた。[25] しかし、この慣行も、現実には決してやまなかった。

では、かかる墓の命名、書き換え活動のパターンを抽出して検証してみたい。まず、墓の命名には、名前の類似性によるものか、あるいは全く無関係な付会によるものがあった。前者としては、(a)名前の一部が同じ場合——ファーティマ、ザイナブなどが著名である。イスハークの娘ファーティマの墓を、アリー家フサインの娘ファーティマと書き換えるなどである。(b)名前の音や字形が似ている場合——前述のカリフ・ムスタンスィルはこれに該当する。後者の無関係なこじつけ例としては、マーハーン・アル＝マアーフィーリー Māhān b. al-Maʻāfirī の墓をアフマド・ブン・ザイン・アル＝アービディーン Aḥmad b. Zayn al-ʻĀbidīn の墓とした例がある。[26]

次に、命名の情報供給源であるが、第一に実在の歴史的著名人に因む例、第二に実在しない人物の名を騙る例がある。前者はさらに、(a)圧倒的に多い「預言者ムハンマドの一族」、教友を含めたムハンマド関係者、(b)モーセなど預言者一般、(c)聖者、(d)歴史上の著名人（とその関係者）に大別できる。

(a)の例としては、預言者ムハンマドのムアッズィン（礼拝呼び掛け人）であったビラールの聖廟がある。ビラールがエジプトの外で没し埋葬されていることは学識者間の常識であったが、人々は参詣に余念がなかった。他に、預言者のミンバル（モスクの説経壇）の大工アンタル、預言者の宝石商、旗持ち、乳兄弟など関連の偽聖墓は枚挙に暇がない。さらに、偽教友墓としては、著名なアブー・フライラ一族、ムアーズ・ブン・ジャバルなどがある。[27]

(b)預言者一般の例としては、アレキサンドリアではあるが、「預言者ダニエルのモスク」があげられる。本来、ダニエルのモスクはイランのスース、もしくは北イラクのモスルにあるはずだが、ヒジュラ暦八世紀末にシャイフ・ムハンマド・ダーニヤールが建立したモスクが、ザーヒリー（一四六二没）の著作に初出して以降、「預言者ダーニヤール（ダニエル）のモスク」と公称されるに至っている。[28]

(d)の例としては、アッバース朝カリフ・ハールーン・アッ＝ラシードの息子、前述のウマイヤ朝カリフ・ムアーウィヤ、ヤズィード、ウマイヤ朝カリフ・ウマル二世の姪、アラブ・イスラム征服軍と対峙したエジプト・キリスト教徒の指導者ムカウキスの親族などの聖墓があった。[29]

後者、すなわち架空の人物の名を騙る例としては、ザイン・アル＝アービディーンの息子ムハンマドのように、著名人の存在しない子孫を創り上げるのが常套手段であった。「人々はそこにアブド・アッラーフの子アル＝ムフスィンと書きつけたが、アブド・アッラーフに子孫はない」ともある。また、架空の人物として、四代目カリフ・アリーの軍指揮官アンバサの聖墓も存在した。[30]

以上のような累々たる聖墓創出行為（あるいは誤伝）によって、墓碑銘も人々の噂も誤りとされ、さらに各参詣書の著者も墓主についての意見を異にするような状況まで生じていた。例えば、一般にファラオの妻アースィヤと称されていた墓の被葬主については、イブン・ウスマーン、イブン・アン＝ナースィフ、イブン・アッ＝ザイヤートとアダウィー、サハーウィーといった参詣シャイフの意見がことごとく違っていた。一方、聖女「沙漠の花嫁」や、イマーム・シャーフィイーなど崇敬を多く集めた人物の場合、数カ所にその聖墓が出現する事態を招いている。

これについて付言するならば、参詣書に明示されているように、参詣者の心がけが真正であるならば、その場所に参詣目的とされた人物が永眠していなくとも、その祈願（ドゥアー）は意図された人物のところへ届くという観念が当時存在し、当該の場所に埋葬されたか否かについては、それほど厳密にはこだわらない趨勢があったことを指摘できよう。[31]しかし、ひとたび預言者ムハンマドに関すること、教友に関連する知識──したがって、当然クルアーン、ハディースにまつわる事柄──については、能う限り厳格であろうとした態度が窺える。それこそ、参詣書の筆者やウラマーにとって「事実／真実」たることが要求された領域なのであろう。また、聖墓を創造／捏造、書き換え／改竄した張本人やその周囲の人々の意図の真摯さも、後の章で検討するように、聖墓の成立に大きな意味をもった。

さらに、とくに預言者の一族など、埋葬地はエジプトの外であることが明白である場合にも、カイロ＝フスタート近辺に同一人物の聖廟が建立される場合が多々あった。これについては、ムスリム諸社会の参詣場所を旅したハラウィーのように、外から俯瞰すれば、ある程度その問題点が理解されたはずである[32]。しかし、ここではむしろ逆に、人々がエジプト（より厳密にはカイロ＝フスタート周辺）内に完結した信仰世界を具現しようとしていた姿勢が看取される。加えて、創造された聖墓の数々を、エジプトの、主として民衆の願望のあらわれ、世界観や歴史観の表象と捉えるならば、むしろ被創造対象のリストから、付託された彼らの願望や、彼らの構想していた「エジプト史」について推測することも可能ではなかろうか。

カイロ周辺の広大な墓地区は、全ての社会階層の人々が性差や年齢差、出身地などの差異（時には宗教差も）を超えて、ヨーロッパや西アフリカ、インドにわたる広域から、彼らなりのやり方で参画できるという意味での公共性を備えた空間であった。墓地区へ到来した人々のため、ワクフ制度を背景に慈善や社会福祉的な機能を担った設備も多く建設されていた。そのような中にあって、墓碑の書き換えといった行為は、民衆が中心的な役割を担う主体として史料中に繰返し明記される、彼らの活動が他を凌駕する領域であったといえよう。

2　聖遺物

ムスリム社会の聖遺物

ムスリム社会における聖遺物研究は、碩学A・タイムールの論考以来、学問的な探求が立ち遅れており、現代の研究者にとっては、依然として盲点めいた位置付けから脱しきれていないと思われる。ここでは、本書のテーマ設定上、エジプトを中心に素描してみたい[33]。

ムスリム社会において聖遺物（アル＝アーサール）とは、頭骨、遺体の一部などの遺骸だけでなく、マント、クルアーン本（マスハフ）などの物品も含めて考えるのが一般的であろう。その聖遺物を聖遺物たらしめている系譜の遡及先、その

南オールド・カイロに遺る預言者ムハンマドの聖足蹟（窪みの部分）

聖性の源泉へと辿ると、預言者ムハンマド、その教友、モーセら他の預言者、ジュナイドら著名聖者に行き着く。なかでも、預言者ムハンマドの遺物は、アーサール・アン＝ナビー（al-āthār al-nabawīya あるいは āthār al-nabī）と呼ばれ、別格の扱いであった。そのマント、杖・錫杖（qadīb）は、アッバース朝など王朝の君主のシンボルとして重用されていたうえ、説経壇、寝台、印章付き指輪、ターバン、剣、毛髪、旗、履物なども著名である。

「杖・錫杖」と「マント」、とくに後者は、アッバース朝カリフが大祭などで輿に乗る際に使用されていたことが史料から窺える。その後、真偽は別にして史料を総合すると、アッバース朝に保持されていた預言者のマントのうち一着はモンゴル軍フラグのバグダード征服に伴って杖とともに焼き捨てられ、別のマントがオスマン朝へと渡って行ったという。その後、オスマン朝では、マントなどの聖遺物をスルターン以下王朝の有力者が、ラマダーン月半ばに参詣する慣行が伝えられている。[34] 現在も、それらの残余とされるイスタンブル・トプカプ宮殿の聖遺物コレクションは有名である。

また、「預言者ムハンマドの聖足蹟（カダム）」も重要な聖遺物である。これは、石塊の上に足跡らしき窪みのあるもので、エジプトにおいては、後述のアーサール・アン＝ナビー・モスク（大カラーファ南西、現オールド・カイロに位置する）、マムルーク朝スルターン・カーイトバーイの墓廟（サフラー地区）、デルタの都市タンターのアフマド・バダウィー廟、ギザ県イトフィーフのバランバル村にあるスィーディー・ウワイス廟、ブーラークのシャムス・アッ＝ディーン廟などに存在したとされる。[35] さらに、エルサレム、イスタンブル、ターイフ（アラビア半島）、メッカ、メディナなどにも存在が報告されていた。

ムハンマド以外の預言者の足蹟についてみてみると、アダムがセイロン島(スリランカ)に、アブラハムがメッカ、モーセがダマスクス郊外、イエスとイドリースがエルサレム、そして、アイユーブがシリアのダイル・アイユーブに足蹟石を遺すといった具合である。ハラウィーの参詣旅行記をみても、シリアのマハッジャにあるムハンマドの座した石など、類似の聖足蹟物に溢れていた。[36]

次に、ムハンマドの「毛髪」については、メッカ、チュニジア、カイロ、ダマスクスなどでの保有が史料に記されていた。現存する(とされる)ものでも、カイロのフサイン・モスク、同ナクシュバンディーヤの修道場、トプカプ宮殿、その他、ダマスクス、エルサレム、アッカ、ハイファー、サファド、ティベリヤ、リビアのトリポリ、インドのバフーバールなどが知られている。[37] 同様の遺物遍在は、履物、輿、旗にもあてはまる。

他方、聖廟に祀られた頭骨や遺骨も、聖遺物といえよう。前述のように、ファーティマ朝期を中心に、いくつもの頭骨が移置され、人々の聖遺物への熱狂に核を与えたのである。これらの聖遺物は、その真偽の通時的探究よりも、むしろ、それらへの崇敬現象の諸相、遺物とそれを取り巻く人々との関係性の検討に、有効性が見出せると筆者は考えている。

エジプトにおける「預言者ムハンマドの聖遺物」

エジプトの「預言者ムハンマドの聖遺物」とは、元来、ヤンブウ(アラビア半島)のイブラーヒーム族に受け継がれてきた品々を、マムルーク朝ワズィールのイブン・ヒンナー(一二〇七–八没)が六万ディナールで買い取り、エジプトへと招来したものである。彼は、カラーファの南限、ハバシュ湖に面するナイル川沿いの地点、キリスト教のティーン修道院脇にモスクとリバートを建立し、そこへ遺物を納めた。その内容は木片と鉄片とする説、クフル壺と櫛などとするもの、銅製の大針(mil)、鉄製のピンセット(ミルカト)、ヤス(アナザ)、鉢(カスア)などとする説に分かれる。一三二六年にここに宿泊したイブン・バットゥータは、聖品が「水盤の破片、クフルを塗る筆、突き錐、クルアーン写本」(家島訳)であったという[38]。

さらに、ここに対してワクフが増やされ、人々が毎週木曜に大挙して参詣する名所となった。各スルターンも頻繁に参詣し、一三七三年、ナイル川減水時には、裁判官や人々がこれらの聖品をナイルで洗浄し、増水祈願する儀礼が執り行なわれたこともあった。しかし、マムルーク朝スルターン・ガウリーは、ワクフの規定に反するファトワー(法学裁定)をださせ、一五〇四年、聖遺物を彼のクッバ(円蓋付墓廟)のある墓所へ移置してしまう。この移置の日は祭典と化し、四法学派の有力者、有力アミールも参列し、スーフィー達も旗をもって集い、ズィクル(踊りを伴う称名)にいそしんでいた。

その後、一八五八―九年にザイナビー・モスクへ移され、さらに、城塞から、ワクフ庁(一八八六―七年)、アーブディーン宮殿(一八八七―八年)と渡り歩いたのち、八八年、三万人の人出の中、フサイン・モスクへ移されて現在に至っている。現存するのは、クフル壺、クフル塗針棒、衣類片、杖片、毛髪四本とされ、先述の品々に増減がある[39]。

聖者と聖遺物

聖遺物を保有していた聖者も多く、それによって自身の聖性についての評判を高める結果を得ていたと推察される。遺物としてここでは、上着/粗衣や、クルアーン本、頭骨などの物質に限定せず、代々継承されたクルアーン読誦法やスーフィー道などの知的・精神的リネージや、ムハンマドの血筋なども含めて広義に考えておきたい。

まず、物質からみてゆくと、上着、クルアーン本が知られたが、とくに預言者ムハンマドのマントは最重要であり、次いで、聖者の継ぎ接ぎだらけの上着(ヒルカ)などが重視された[40]。預言者の「マントの主」と称された人物の墓の真偽を疑った群衆が、墓を掘り返してみると、上着にくるまれ砂に傷められていない美しい遺体が発見され、事実が確証されたという記録についても、先に触れたところである。預言者から持ち主が一〇代目で、かつ系路が明白な「マント」を着た聖者も、別に存在していた。聖者の慎ましい上着の場合、肉親からや師弟関係によって受け継がれるのが常であった。その遡及先は、著名スーフィー・学者であったジュナイド、アブド・アル＝カーディル・アル＝ジーラーニー、ガザーリーらである。しかし、九一一／一五〇五年、同時代最大の学者の一人、スユーティーが没した際、その服（カミース）はバラカを求めた人々に五ディーナールで、帽子（qubbaʿa）は三ディーナールで、死体洗い人から売られたという。[41] クルアーン本についても、預言者直伝のものや、アムル・モスク所蔵のものの保有者がいた。[42]

　次いで、物質以外の精神的な継承も広義に含めてみると、その墓数の夥しさや、集めた崇敬の深さからしても、預言者ムハンマドの「血筋」そのものが如何に重視されたかは多言を要さないであろう。中には、サウド族出身であるのに、夢の中でムハンマドに彼の血筋の者であると説教され、人々に認められたという敬虔者すら存在した。[43] 多少異なる範疇ではあるが、身体的祖型としてのムハンマドが威光を放った例として、両肩の間にムハンマドの特徴と同じ黒子があったため、浴場へ入ると人々が預言者への賛美を口々にしていたケースもある。[44]

　精神的リネージへ眼を転ずると、預言者より受け継がれてきたクルアーン詠誦法の系譜の保有者が存在していたし、預言者伝来のハディースの保持者もいた。一方、タサウウフに関わる者にとって、その師、とくに免状（イジャーザ）を授与してくれた師と、その学的系譜がどのような人々へと遡れるのかは、重要な問題であった。また、スーフィー道（ṭarīqa al-taṣawwuf）の系譜も、各ザーウィヤの修道形態、運営方針と密接に関連して重視され、継承されていったのである。

　こうした知的リネージに関する記述は、参詣のシャイフでいえば、イブン・ウスマーン、イブン・アン＝ナースィフにはほとんどみあたらず、イブン・アッ＝ザイヤートにわずかばかり登場し、サハーウィーになって飛躍的に増大する。

これは、サハーウィーの資質による部分もあるかもしれないが、マムルーク朝後期の時代背景、とくに、宗教関連施設の整備進展やタリーカ(スーフィーの道統・教団)の組織化を反映している点でも見逃せない。

本節の最後に付言しておくと、学識者らも無論、手をこまねいてこの聖遺物崇敬を見守っていたわけではない。著名なイブン・タイミーヤばかりでなく、法学派の差異を越えて批判の共闘がみられた。その一方で、これを看過する学者のいたことも事実である。しかし、これは何より、民衆の揺るぎない崇敬活動を背景としてこその話であった。そして、聖遺物、知的リネージの継承は、聖者崇敬における権威の創出、制度化、組織化などと対応しつつ、民衆の信仰や聖者崇敬への熱意に、五感で感知しやすい現実の対象を与え、現世利益の追及を後援していた。その点では、聖墓参詣や聖者生誕祭、スーフィズムの展開と軌を一にしながら、相互に共鳴しつつ振幅を大きくしていったといえる。

また、マムルーク朝期には大量のキリスト教徒やユダヤ教徒が改宗してムスリムとなったとされるが、とくにキリスト教徒における聖遺物崇敬の心性や慣行が影響を与えたという要素も、無視はできないと思われる。エジプトにおける聖者崇敬や聖墓参詣の次元では、キリスト教徒のそれからムスリムへの影響、および相互作用を等閑視しては、全体像に不鮮明な部分がでてこよう。その相互関係の在り方とは、(1)イスラーム到来後のエジプト社会が、それ以前の自身がキリスト教社会であったところから継承したもの――そこには往々にして古代エジプトから続く要素が指摘される――、(2)同時代に共存し、エジプト社会を共に運営していたコプト社会との交渉によって生じた要素、(3)(以上の二つとも一部重複するが)コプトからムスリムへの大量の改宗者流入によって影響された部分が考えられる。この点については、第6章で詳述したい。

3　聖墓と聖者の創出の成功と失敗

聖墓と聖者の創出・生成研究

ムスリム諸社会における聖墓創出の成功例を史料から抽出することは、さほど困難ではない。例えば、アイケルマンD. Eickelman はその著 *Morrocan Islam* の中でモロッコのクサイラ Qsayra で生じた事件を *the great shrine incident* として分析した。同地区出身でパリにて客死したある芸術家の廟の建設を巡って、現地では議論紛糾したのであるが、アイケルマンは居住空間の近接を通じてある種の同盟関係が形成され、地区における「近しさ」(closeness)として社会的現実化したと解釈した。[45]

一方、マクチェスニー R. McChesney はガルナーティー(一一六九没)による著作 *Tuḥfa al-Albāb* に基づき、十二世紀半ば頃にバルフ(現アフガニスタン)近郊で生じたできごとを紹介した。ガルナーティーによると、四〇〇人以上の敬虔なる住民が、預言者ムハンマドがその女婿アリーの被葬地を示すという夢を繰り返しみたと主張し、同地の支配者クマージュ Qumāj に訴えた。そこで彼はウラマー(学識者達)と相談したが、その中の否定的であった法学者(ファキーフ)は、その態度ゆえ夢の中で罰せられたと陳述した。詳細を聞いたクマージュが夢で示された場所へ赴き、アリーの墓を発見した結果、聖廟の建設へと話は展開していった。結局、同廟はホラーサーンやサマルカンドからも広域にわたる参詣者を集めるようになったという。[46] また、濱田正美は東トルキスタンの貴重な事例を詳しく検討して紹介しているし、十五世紀前半のモロッコ、フェスにおけるイドリース二世の遺骸発見と聖廟建設はよく知られた事例である。[47]

筆者としてはこれ以上に類例を積み重ねて屋上屋を架すよりも、従来とは異なるアプローチによって聖者創出を可能にしたプロセスとメカニズムを考察すべきであると考える。それゆえ、ここでは最初に、聖墓創出の失敗譚を子細に検討することからこの問題の考察を始めたい[48]。その上で分析をさらに精緻化し、聖墓生成の成功例と失敗例を照合して比較し、聖墓創造に関連する要件と、成功を可能にする要因について検討する。さらに、聖者が生前すでに聖性を確立していた事例とその失敗例とを比較して、聖墓・聖者の創出の原理と過程をめぐる課題をより広範な背景から炙りだしたい。そのため、ここでは、聖墓創出の成功例、聖墓創出の失敗例、(生ける)聖者創出の成功例、(生ける)聖者創出の失敗例、という四範疇を指標として措定し、相互に対照しながらこの問題の核心に一石を投じたいと念願する。

(1) 聖墓創出の失敗例

ゴミの丘の聖墓騒動

聖墓創出について、その失敗例から考察を行なった筆者の試みは、管見の限りいまだに類例をみない。その最大の理由は、おそらくそのような事例を史料中に見出すことが稀であることにも起因しよう。しかし、ここでは筆者の見出した事例として、マクリーズィーの年代記が七四三/一三四三年頃に記すできごとを引用する。

カイロの郊外で、以下に詳しく説明される事件が起こった。すなわち、ルーク(門)地域に塵芥の丘 Kawm al-Zibl として知られる丘があり、そこに烏合の衆の放逸な者たちが隠れ家をみつけた。その中のある者は、そこに住居を建てる場所をみつけ、土を退け始めた。彼が掘っていると、焼物の壺がでてきて、中にはこの場所に存在した家の書類があった。それは、そこにモスクがあったことも示していた。そして彼は、建物の跡を視た(という)。すると、民衆のうちの魔性の者――シュアイブという名だった――は、夢の中で、この建物がサハーバ(教友)の一人の墓を覆っていたのをみた、と人々に言い触らした。そして、その人のカラーマ(奇蹟・貴行・美質)によって、座ったきりの人を立たせ、盲者の視力を戻したとも言い触らした。彼(シュアイブ)は叫び声をあげるようになり、「アッラー以外に神はなし」と呟き、理性を失った様子だった。群衆(ghawghā')も彼のもとに集まり、さかんに叫び声をあげた。

彼らは人二人分程の深さに達するまで掘り進んだ。すると、ミフラーブ（メッカの方角を示す聖龕）付きのモスクがでてきたのである。彼らはがぜん意気上がり、大いに狂喜し、神への称名と讃美に夜を明かした。

翌朝彼らが目を覚ますと、群衆はおよそ一〇〇〇人にも膨れあがっていた。彼らはその丘を取り除き、女達も手伝って、婦人が髪覆いで土砂を運ぶまでになった。各地から人々が彼らのもとへ集い、自らの上着やターバンで土をすくい上げた。それを山積みにして捨てたが、それゆえ、一月あっても運びきれない量が、一日で処理されたのである。

シュアイブは巨大な穴を掘り、そこが一人のサハーバの場所であると言い張った。そこへ、カイロやフスタートの人々も集団で繰り出してきて、アミールと有力者（アーヤーン）関連の女性達も乗りつけてきた。そして、シュアイブは彼女らを連れ、参詣（ズィヤーラ）のためにその穴へ降ろしてやった。彼女らは皆、数ディーナール、数ディルハムの金を支払った。

彼（シュアイブ）は、立てぬ者を立たせ、病人を癒し、盲人の視力を戻したと言い触らし、彼はこれらの病いを示す人々を伴って、穴へ降りるようになった。彼らを〔穴から〕外へ出してやると、口々に「神は偉大なり、神は偉大なり」と称えていた。そして彼らも、自分達にあったもの〔障害〕が失せたと言い張った。人々は〔ますます〕この穴に蝟集するようになった。スルターンの母后も参詣にきたし、もはや著名な婦人できていない者はなかった。そこへ大群衆が集まり、毎晩、約二〇〇のランプが灯されていた。パレード用の蠟燭も大層な数にのぼった。

そこで、裁判官（カーディー）達はその件についてアミール・アルグーン Arghūn al-'Alāī やナーイブ（nāïb 副スルターン／エジプト総督）のアミール・アール・マリク Āl Malik と協議した。彼らはこの行為を批判し、行く末に警告を発した。そして、カイロ総監（ワーリー）がその穴へ赴き、この件を検分するよう命じられるに至った。もしも、そこに被葬者があれば、ムスリムの墓地へ運んで密かに葬り、その後に穴の場所を一掃する手はずであった。

総監がそこへ赴くと、民衆（アーンマ）は騒乱状態となり、投石せんとし、彼に向かって罵詈雑言を浴びせたため、〔総監側が〕矢を射かけるまでになった。すると、群衆は散開した。シュアイブとその仲間のアジュウィーも遁走した。掘り手の人々はさらにその場で働き続けたが、結局、公衆浴場の下水溝に突きあたっただけで、墓も被葬者もなかった。そのため、彼らは土砂で埋め戻し、立ち去って行った。〔あれほど〕熱狂し、道を大きく踏み外した後で、この件をめぐる人々の意欲も失せた。シュアイブとその仲間は、多大な財物と大量の衣類を集めたのだった。[49]

このできごとについて、我々は他の歴史家の記録も有している。例えば、シュジャーイー al-Shujāʿī の記事は簡略ではあるが、細部にマクリーズィーにない情報も含んでおり、何より事件の発生後間もなく記録されていた点（彼の年代記は七四五／一三四四－五年をもって終わる）で重要である。

この年（七四四年）、ラビーゥ・アル＝アー《ママ》ハル月最初の一〇日間に、カイロのルーク門近くにある塵芥の丘で、教友のシャイフの墓をハラーフィーシュ（harāfīsh）が掘り出した。そして、それが座ったままの者や慢性の病人を立たせ、神がその恩寵で盲目の者に光を射しかけ、ただちに目がみえるようになる、と彼らは言った。また、多くの病人の集団が、その墓で快癒したと言った。そして、この墓の近くに住む男の保有する枯木が、葉をつけ緑化したとも言った。墓への混雑は大幅に増大し、被造物（人々）はその虜となった。人の多さで誰も墓へ到達できないありさまであった。

スルターンはこの事態について裁判官達〔法学者〕に法的見解を求めた。彼らはこれがまやかしであると述べた。そのためスルターンはカイロ総監に命じて、そこへ赴いてこの死者を掘り返してこの場所から移し、参詣を禁止させようとした。そして、総監は現場に赴いて墓を掘ったが、誰（の遺体）もでてこなかった。この話に正しいところはなかった。そこで、この場を潰し、参詣していた人々を打ち、その場所へやってくることを禁じた。[50]

この事件の顛末は、次のように要約されよう。⑴遺構の発見／創造、⑵夢を通じての教友（究極的には、彼を通じて預言者ムハンマド）との関係性樹立、⑶集団による発掘と、群衆と騒擾の拡大、⑷（⑶と並行して）カラーマの続発、ディスクールの形成と参詣の発生、大きな社会現象化、⑸参詣所の整備（献灯、賽銭、通路・梯子の整備など）、⑹支配権力による状況把握、⑺総監らによる検分・攻撃と試掘、⑻聖遺物を発見できずに解散、⑼ウラマーによる文字記録化、である［表1］。

註釈

ここには、民衆の聖墓参詣の熱狂ぶりがヴィヴィッドに描出されており、それが社会全体へと拡大せんとする時点で、支配当局・宗教的権威からの弾圧を受け、ついには軍出動によって殲滅させられたとされる。そして、このテクストからは、ナズル（供物と願掛け）、奇蹟（病治し・枯木緑化）、祈願、称名、有力者参詣、支配権力と墓地管理、移葬等々、ムスリム社会の聖者崇敬に関する、さまざまなレベルの要素を摘出できる。

ここで、いくつかの観点から順に検証していきたい。まず、事件発生の「時代」についてである。一三四三－四年という年代（マクリーズィーによると一三四三年、シュジャーイーによると一三四四年）は、長期にわたって君臨したスルターン・ナースィル・ムハンマドが亡くなった（一三四一年）後の時代に相当し、力の劣るスルターン達による目まぐるしい短期交代が続いて、エジプト社会にとって相対的には不安定な時代の幕開けとみなせよう。また、中東がペストの大流行による惨禍に巻き込まれる直前ではあるが、全般的にイスラーム以外を信奉する者に対して風当たりの強かった時代といえる。例えば、一三二一年の騒動だけで、エジプトに一二〇あったキリスト教会のうち六〇が破壊されたという記録も、数の正確さは別として存在する。また、五四年には「エジプトの宗教史上の転換点となる」（D・リトル）とまで評されたキリスト教徒など非ムスリムの大弾圧が起こっている（第6章）。両者の中間にあたる四三年は、このような不寛容さと宗教的煽情へと人々が流れうる時代の雰囲気にあったと想像される。その中で、テクストにも名前のみえる副ス

(　　)内は他史料による。下線部は筆者(大稔)による強調

病人・盲人	有力者婦人	ウラマー (カーディー・フカハー)	スルターン	当　局 (有力アミール・カイロ総監)
・墓の被葬者のカラーマによって治癒？ ・集団参詣し治癒を得る。讃神を繰り返す	・女性も参詣し出費 ・スルターンの母后参詣 ・有力者関連の女性たちは全て参詣			
		・カーディーらが懸念して有力アミールと相談 ・醜事とみなし，結果を恐れる(まやかしと断定)	(カーディーもしくはフカハーに法的見解を求める) (カイロ総監派遣。再掘と移葬，参詣禁止を命令)	・有力アミールがカーディーから相談を受ける ・カイロ総監派遣，移葬と一掃を決定(参詣も禁止) ・総監軍，実検分へ ・軍は矢を射かける ・再掘するが排水溝のみ出てくる。遺骸なし ・埋め戻し，帰る(破壊し，参詣を禁ず)

◀―― 媒　介　者 ――▶◀―― 当局・宗教的権威

(アッラーとの)　(当局者との)

(出典：大稔，1999)

表１　聖墓創出の失敗事例（1343〜44年）

時間	シュアイブ	ならず者仲間（ハラーフィーシュ）	群　衆
↓	・ルーク門，塵芥の丘に土地入手。家を建てようとする ・容器発見。中に家とモスクを示す書類 ・建物の跡をみる		
↓	・夢でサハーバの墓をみたといいふらす ・故人のカラーマによって病人・盲人治療といいはる ・叫び出し，半狂乱に ・おおいに穴を掘りサハーバの場所と主張 ・穴へ人を降ろし，金を受け取る ・病快癒・視力回復をいいふらす	（擦りつけると快癒し枯木緑化と主張）	・叫び出す ・ミフラーブ付きモスクらしきものを発掘 ・狂喜し称名と賛美に徹夜 ・約1,000人に達する ・丘を撤去，女は髪覆いで，男はターバンで土を運ぶ。１日で１カ月の土量 ・カイロやフスタートの人々も集団で繰り出す ・ますます蝟集 ・すさまじい数が殺到。毎晩200のランプと大量の蠟燭を献灯（混雑で誰も墓へ辿りつけない）
↓		騒乱し，投石な	ど激しく抵抗
	・遁　　走	す　　る	・散り散りになる
	・金品をもう	けた結果に	・一部は再掘に協力。何もなく流行もすたれ，去っていく
	運　動　主　体	：	民　衆 →
	←		民　衆

ルターンのアール・マリクらは、とりわけ徹底した風紀粛正の施策をとっていた。

第二に、「場所」の設定である。事件の場所とされたルーク門地区はカイロ・フスタート両都市の周縁部に位置し、元来は果樹園と空地(raḥba)で知られていた。しかし、スルターン・バイバルス(在位一二六〇〜七七)はそこにモンゴル系のワーフィディーヤ(帰順してきた移住者)のための住居を建設し、宴を催しポロに興じていた。[51] また、当時、悪所としても知られ、民衆の中のズール(悪党・無法者)がたむろし、七七〇／一三六八‐九年の事件に示されるように殺人など多種の騒擾の横行する場であった。その空地では、蛇使いなどの見世物や大道芸が行なわれ、それを目当てに人々が蝟集し、腐敗や享楽の行為がみられたという。[52] ただし、マクリーズィー自身によると、実際に一三四三‐四年の事件からしばらく後に、地区の丘(カウム)でヌサイラ al-Sitt Nuṣayra の墓が発見され、ヌサイラ・モスク(あるいは衆会モスク)の建設へとつながっていた。さらに、十六世紀前半にはアフマド・アル＝マジュズーブ Aḥmad al-Majdhūb がここに埋葬されている。[53] この二つの墓の存在にもかかわらず、同地区は、そして中でもその塵芥の丘は聖墓には似つかわしくなく、サハーバ(教友)墓の存在はあり得ない場所であった。カイロ総監は当初から、「墓があれば移す手はず」で手勢を率いたが、これはすなわち、聖墓があってはならない場所であったことを意味していよう。

第三に、史料中に名のみえた「当局者の履歴と職掌」について探ってみると、この事件の場合、アール・マリクやアルグーン、カイロ総監がそれであり、彼らは綱紀粛正に熱意を示し、シュアイブらに敵対的であった。アール・マリク(一三四六没)は一三四三年、事件の直前にナーイブ・アッ＝サルタナ(nāʾib al-salṭana 副スルターン／エジプト総督)の要職に任じられるとともに新機軸を打ち出し、厳格な施策を次々と実行に移していった。例えば、カイロ総監に命じてコプト・キリスト教徒やアルメニア人の酒場を破壊し、市場の商人達に店頭での礼拝を強制した。さらに哭き女を一掃し、ナイル河畔の遊興の場を禁じるなどしていた。[54] 一方、アルグーン(一三四九没)はイスマーイール(在位一三四二〜四五)とシャアバーン(在位一三四五〜四六)の両スルターンの義父となり、当時ラアス・ナウバ(raʾs nawba、輪番長)の高位にあって実権を握っていた。彼はナーイブ・アッ＝サルタナとはならずにラアス・ナウバの職に留まって権勢を振るい、この職位が以後重要化する契機をつくったとされる。[55]

第四に、「史料著者の事件に対するスタンス」の検討も不可欠である。マクリーズィーは徹頭徹尾、このできごとに対し批判的な筆致を崩していない。彼は婦人が土砂を運ぶのに髪覆いを使用するなど宗教的シンボルの冒瀆や、信仰心にかこつけた金儲け行為、理性を失った騒擾などに厳しい眼差しを向けていた。同様に、彼は事件の場所を常に「穴」(hufra)と呼び、決してシュジャーイーの用いた「墓」という語は使用していない。この視点のバイアスはこの史料を取り上げるうえで、忘れてはならない点であろう。

第五に、事件における「媒介項」についても、検討が肝要と考える。この事例の場合、精神的な次元についていえば、論理的には被葬者や被葬者とされたサハーバが参詣者や群衆と神との間の媒介者であり、神の名のもとに祈願の成就やカラーマ（奇蹟・貴行・美質）の発現を仲介したことになろう。しかし、サハーバの名も知れず、一人の聖者やスーフィーの参画もみられなかったゆえ、この穴自体や種々の患者がその役割を担ったとすらいえるのかもしれない。

そして、さらに重要と思われるのが、現実社会における「媒介者」の方である。カイロ＝フスタート都市社会において、できごとの主体となった「ならず者」や群衆と、当局者を含む支配者層や宗教権威者との間に介在して、両者の媒介項たる役割を果たしたと推定されるのは、有力者の縁者（家族構成員）であった女性達である。彼女らによっても有力者である夫や家族のもとに、この参詣所の情報――参詣の御利益やその賑わいなど――がもたらされたことであろう。実際に、十四世紀の事例で穴を参詣したスルターンの母后とは、もともとスルターン・ナースィルの妻で、イスマーイールとシャアバーンの両スルターンの母であり、この時点ではこの事件の当局側担当者であったアルグーンの妻となっていた女性のことであった。そして彼女こそ、この事件の数年前にスルターンの快気祝いにナズル（ここでは願解き）として、死者の街にあるサイイダ・ナフィーサ廟へ金燭台を奉納した人物と同定できる。[56] よって、彼女は以前から熱心な聖廟参詣者であり、参詣慣行の牽引力として不可欠であった女性の役割を具現する一人であったといえよう。

これ以外の要素についても簡単に註釈を加えると、まず、「放逸な者たち」がカイロ周縁部に隠れ家をみつけるという表現からは、シュアイブらの象徴的よそ者性が窺える。ただし、これ自体は両義的であり、いかがわしさと同時に調停者や聖なる存在へ転化する契機も孕んでいる。事件の発端となったメッセージの媒介形式が「焼物の壺」であったという点は、事件のいかがわしさと捉えるべきか、あるいは伝統的なスタイルの踏襲と捉えるべきか、結論に至っていない。

そして、事件全体が、聖者崇敬・聖墓参詣の典型的なスタイルの模倣・パロディーになっていることも指摘できよう。「夢」による示唆、病治しや枯木緑化のカラーマ、奇蹟を求めての擦りつけ、祈願、神の称名、参詣者群、ランプ・蠟燭の献灯、ナズル(供物と願掛け)、賽銭、有力者参詣など。むしろ、古代王朝期、グレコ・ローマン期以来の伝統文化を再構成し、先行事例のほぼすべての要素を寄せ集めて新たなコラージュを形成しているとすら思われる。その点では、ルーティーン的な求心性はみられたものの、独自のメッセージは放出されなかった。病治しや枯木緑化などの奇蹟内容も、当時の最も典型的なものである。もっとも、この典型的な記述法には、記述者マクリーズィーら自身の観方の問題も加味されるべきかもしれない。

「周囲の者」についてみると、「烏合の衆」やそのもとに集まった「群衆」の参画も重視される。彼らはおそらくカイロ＝フスタートの都市社会やその周辺における下層に位置し、シュジャーイーによればハラーフィーシュを含んでいたとされる。ハラーフィーシュとはアイユーブ朝からマムルーク朝のシリア・エジプトで跳梁した集団であり、アミールやモスクの庇護のもとで武装も可能であったという。事件の約二〇年前にカイロを訪れたイブン・バットゥータは、大規模に組織され、強情かつ気位が高く放逸な彼らが城塞へ押しかけ、スルターンを口汚く罵倒して仲間を出獄させたと述懐していた。[57] さらに、烏合の衆ばかりでなく、続出した参詣者の存在もこの事件の存立に不可欠であった。

また、集団の場での奇蹟発現が、参加者の連帯感を大いに発揚したであろうことは想像に難くない。当初は、シュアイブらの側からの一方的な発信にすぎなかったものが、次第に群衆との自発的協働作業へと変貌している。その中で、穴／墓の意味も新たに獲得し直され続けたに違いない。

支配当局は、もし本当に遺構があれば、一括管理のできるカラーファへ移葬しようとしていた。この時代には、参詣慣行に影響される領域も肥大化しており、支配層側からは、社会不安、事件を引き起こしかねない不穏な場所として警戒されていた。同時に、イスラームの(事実上の)宗教的権威にとっても、この聖なる空間の支配が肝要であったことはいうまでもない。それゆえ、カラーファ総監もカイロ総監と別個に任命されていたのである。結局、群衆は散り散りとなり、束の間の解放区、V・ターナー流にいうコミュニタスもあっけなく終焉を迎えてしまう。

失敗の要因とは

失敗要因として、まず何よりもあげられるのは、事件／運動の主体が不適当であったことであろう。彼らは塵芥の丘に隠れ家を求めた「放逸な者」「民衆のうちの魔性の者」とされ、周囲で参画していた者たちも史料上で批判的な眼差しを浴びていた。発見主体がいかがわしい「ならず者」や「烏合の衆」ではなく、篤信の聖者であれば、評価は全く異なっていた可能性がある。換言すると、この事件には一人の聖者、篤信者、スーフィー、ウラマーすら、いかなる段階においても参画が記録されていない。すなわち、神と参加者との間を仲介すべき存在を欠いていたのである。

加えて、墓主の匿名性もマイナスに作用したように思われる。サハーバの一人としただけで、最後まで匿名のままであった。夢でみたのだから誰でもよかったともいえようが、特定することによって具体的イメージを喚起し、さらなる物語を展開することができなかった。単にサハーバのモスクというだけなら、そのような場所にあるはずがないということで一蹴されよう。換言すれば、ここでは神と人間との媒介者であるべき死者＝被葬者の欠落と、現実に人々と神・

被葬者・人々を媒介しうる生者＝聖者の欠落といったかたちで、二重に精神的次元の媒介者が欠落していたといえる。このことはまた、このできごとを潜在的な民俗的・宗教的価値へ接続できなかったことを意味しようし、この接続を媒介する存在も生まれなかった。

第三に、場所も不相応であったことである。事件の舞台が教友に似つかわしくないルーク門、塵芥の丘ではなく例えば歴史的な聖域である大カラーファであれば、評価は異なっていた可能性がある（この点については、次節で言及したい）。

第四に、以上のことからも当然導き出されるように、展開の過程に、当時の標準的なムスリムの慣行からみて、不謹慎と判断しうる要素が多すぎた。女性が見ず知らずの男性多数と入り混じり、敬虔さのシンボルである髪覆いが土砂運びに使用される。また、人々はしばしば理性を失って騒ぎだし、宝探しさながらに発掘していた。シュアイブらが金品を集めていたのもマイナス要因であろう。すなわち、ここでは神への信仰よりも、即物的現世利益、奇蹟への欲求が圧倒的に優勢であった。

第五に、当局の対応者がとくにアール・マリクらという風紀粛正に熱意を注ぐ者であったことも、事件の重要なファクターであろう。第六に、付け加えるならば、遺構発見と夢による指示との順序が逆であれば、インパクトはさらに大きかったことであろう。

最後に、本件は反響が急激かつ大きすぎ、社会不安を惹起して、結果的には支配権力によって淘汰された。ここで重視しておきたいのは、宗教職にある者の一部が支配権力と協調しながら一種の宗教的権威を形づくり、それが聖墓創造をコントロールする結果となった点である。これは支配当局による墓地区の管理と、ムスリム王朝支配のもとでの宗教的権威の問題へも敷衍《ふえん》できるであろう。当時のエジプト社会、より厳密にはカイロ＝フスタート都市社会において、マムルーク朝の支配当局（ここではとくにナーイブ・アッ＝サルタナとカイロ総監）やそれと協働して補佐するウラマーの形づくる権威が、公共域たる墓地区の秩序安寧の保全に従事するとともに、聖者・聖墓の真偽判断と、（カイロ総監指揮下の軍事力行使を伴った）事後処理までを結果としては担ったのであった。この点については、第4章で論じ直したい。

(2) 聖墓創出の成功例

パン捏ねムバーラクの聖墓創出

ここでは、同じくマムルーク朝期エジプトにおける聖墓創出成功の事例を検討し、その上で先の失敗例との比較分析を行なってみたい。取り上げるのはムバーラク Abū ʻAlī Mubārak al-Takrūrī（一四六七没）の事例である。

この地区（サフィー・アッ＝ディーン廟近く。カラーファ内）にアブー・アリー・アッ＝タクルーリー Abū ʻAlī al-Takrūrī として知られるムバーラク al-Shaykh Mubārak という黒人奴隷（ʻabd aswad）の墓があった。彼の職業はいくつかのフルン（パン焼窯）におけるパン捏ね職人であり、その大半の居場所は（粉挽きの）マハッリー親方 Muḥammad al-Maḥallī al-Ṭaḥḥān〔の名〕で知られるルーク門のフルンであった。[58] 彼は齢を重ね老いると、カラーファに住んだ。そして、衆会モスクの南側に大きな丘と広大な空地をみつけると、その丘（の土）を少しずつ除去するのに奮闘し、墓々を建て始めた。彼はその場所の周辺をくまなく歩くようになり、大理石の墓碑をみつけるたびに、それを彼が建てた墓の一つに置いていったのであった。ウドゥフウィー Abū Bakr al-Udfuwī の墓廟の北側には屹立するクッバ（円蓋付墓廟）があり、そこには大ファーティマ al-Sayyida al-Sharīfa Fāṭima al-Kubrā と小ファーティマ al-Sayyida Fāṭima al-Ṣughrā、さらに多くのアシュラーフの墓があった。不埒な者どもがそこを荒らした折、ムバーラクはこの二つの墓のもとに置かれていた大理石の墓碑をとり、彼が建てた墓の一つに載せ、小ファーティマの墓と称した。その後、彼は石に彼が創造した名前を（次々と）彫りつけてゆき、それをこれらの墓へ置いていった。彼が最初に創造した名前はシュクル Shukr であり、そこへ覆い（sitr）を用意した。その覆いができあがると、カイロのマンスーリー al-Manṣūrī 病院門から大カラーファへ運ばれたが、それはバルスバーイ Ashraf Barsbāy 支配期（在位一四二二〜

三八）の特筆すべき一日であった。[59] そして、彼はそれを「シュクル（の墓）」と命名したのである。その後、この場所の整備と建物の建設、そこへ善行を加えることがアミール・アーフールもしくはアーフウル（amīr ākhūr もしくは ākhwur 厩舎長）であったジャクマク al-Hājj ʿĪsā Salākhūrī (Salākhwurī) al-Amīr Jaqmaq al-ʿAlāʾī に委ねられたが、彼はスルターン位を務めるようになり（在位一四三八〜五三）、彼とその妻はムバーラクがそれを遂行するのを助け、彼を支援したのである。

その後、粉挽きのハリール Khalīl al-Ṭaḥḥān[60] というカラーファ門の者が『アンタル伝』*Sīra ʿAntar* や『ザート・アル・ヒンマ伝』*Sīra Dalhamā wa al-Baṭṭāl*[61] を詠んでいたのだが、彼らのために帳面にいくつも名前を創り出してやり、その帳面をバドゥル・アッ＝ディーン・ブン・シャルブダール al-Shaykh Badr al-Dīn b. al-Sharbdār に渡した。彼らは対価を支払って（Badr al-Dīn に）それを読んでもらい、彼はそこから少しばかり読んだ。彼がその全てを読むことは叶わなかったが、彼らがこの帳面に記していた中には、アムル・ブン・アル＝アース ʿAmr b. al-ʿĀṣ や他のサハーバ（教友）もいた。実際は歴史家や参詣の専門家でそのような（カラーファへの埋葬）事実を記した者は一人もいなかったし、知られていない。もしこれが正しいのであれば、衆知のこととなっていたであろう。……

人々は前述のムバーラク（の制作した聖墓）への参詣に殺到し続け、それは彼の死（八七一／一四六七年）まで続いた。……彼は長生きした後、この墓地に埋葬された。[62]

比較と分析

ここで、この一件の主要な論点と特徴を整理するとともに〔表2〕、その各要素を先の聖墓創出失敗の事例と対置しつつ検討してみたい。まず事件発生の時期についてであるが、両者の間には約一〇〇年の開きがある。最初の事件後（一三四三－四年）、目まぐるしいスルターンの交代期に入り、相対的には不安定な時代を迎えたことは先述した。さらにペストの猖獗や非ムスリムに対するムスリム民衆の大暴動もこの傾向に拍車をかけた。そのため、この時期には、社会全般において他者に対する許容度が下がり始めていたとも想像されよう。同時に、ムスリム社会における聖者崇敬やスーフィズムの広範な浸透や、それに反対する学識者らの動きも認められた。すなわち、イスラームを自覚的に再受容せんとする動きもみられたのである。しかし、後述するように地域社会の「厳格な」当局者の登場は、より直接的な契機になったと思われる。

第二に、場所の設定についてみると、両件ともルーク門地区と深い関わりを有する。同地区の歴史や周縁性については先述の通りであり、とりわけ塵芥の丘は教友の聖墓には全く似つかわしくない場所であった。シュアイブらの事件（一三四三－四年）の舞台がこのルーク門付近の塵芥の丘に終始した一方、ムバーラクの方はルーク門近くで職人として勤め上げたのち、カラーファ墓地区という聖域に移動し、以後すべての活動をカラーファ域内で終えていた。これも後者に対する世間の好感の伏線となっているものと推察される。

第三に両事件の主体についても考察を深める必要がある。両者は好対照をなす形で史料に描かれていた。一三四三－四年の事件でその運動の主体は、塵芥の丘に隠れ家を求めた「放逸な者たち」「民衆のうちの魔性の者」とされ、周囲で参画していた者たちも史料上で批判的な眼差しを浴びていた。彼らはカイロ＝フスタートの都市社会における下層に含まれ、ハラーフィーシュであったともいわれる。このように、一三四三－四年の事件では、神と参集者との間を仲介すべき一人の聖者も、参加した様子が窺えない。

他方、ムバーラク（十五世紀の事例の主人公）はパン捏ねの仕事一筋で勤めあげた職人であり、ハーッジやシャイフの敬称も冠されていた。没年や埋葬地も明らかで、Abū ʻAlī（アリーの父）という通り名（クンヤ）から推測すると、家庭をもっていたと思われる。そのニスバ（タクルーリー）や他の形容から、彼はタクルール地方（現在のマリなど西アフリカから西スーダンまでを含む地域）を故地とする、（少なくとも元々は）黒人奴隷であったと推測されよう。[63] ムバーラクは異人的なルーツをもちつつも、いわば敬虔な庶民ムスリム像の体現者であった。シュアイブとムバーラクの双方とも文盲であったことが示唆されるが、シュアイブの周囲に烏合の衆が集っていたのに対し、ムバーラクは当時の著名なワーイズ(宗教諫言師)、カーッス(物語師)であったバドゥル・アッ＝ディーン(一三九五〜一四六七)の知遇も得ていた。バドゥル・アッ＝ディーンは何人かの著名学者のもとで学んだのち、「衆会モスクなどで人々に諫言し、それによって知られるようになり、庶民の間に名声を博した」という。[64] また、『アンタル伝』や『ザート・アル＝ヒンマ』の語り手であったというハリール Khalīl al-Ṭaḥḥān との交流は、粉挽き(ṭaḥḥān)とパン捏ね(ムバーラク)という職業上のネットワークを連想させるが、同時に語り物文化のフォークロア的な水脈とのつながりも見出せよう。

第四に、この両者に対応した当局者についても、履歴や職掌を含めて顧慮が必要であろう。[65] 先述のように、一三四三－四年の場合、事件を管轄したアール・マリク、アルグーン・アル＝アラーイー、カイロ総監らは綱紀粛正に熱心であり、酒場の破壊やスークの商人達に店舗前での礼拝を強要するなどで知られていた。他方、十五世紀の事例の場合、バルスバーイ、ジャクマクの両スルターンの名がみえており、少なくとも、後者はムバーラクの支援者であった。また、両スルターンともカラーファなどの参詣を行なった記録が存在する[表2](第4章)。

第五に、事件における媒介者の検討はここでもやはり重要である。先述した精神的な次元における神と参加者の間の媒介者に関する議論はさておき、現実の社会において、支配者層や宗教的権威と聖墓創造に熱心に参画する人々の間をつなぐ媒介項として、支配者層の女性達の存在を十四世紀の事例ではクローズアップした。彼女らが参詣した新聖墓の模様をその家族である当局者の耳に入れることのできる立場にあったことは重要である。十五世紀の事例の場合も、ムバーラクを夫であるスルターン・ジャクマクと共に支援したという妻が、その役割に連なった可能性がある。おそらくこの妻はジャクマクの最初の妻ムグル Mughl bt. Nāṣir al-Dīn al-Bārizī(一四〇一〜七二、八五二／一四四八－九年に離縁)である。彼女は信仰が篤かったとされ、幾度もメッカ巡礼してメッカ・メディナへサダカを行ない、エルサレム参詣もし

表2　聖墓の創出の比較

	マクリーズィーらの記す1343〜44年の事件	サハーウィーの記す15世紀の事例
時　期	1343〜44年	1430〜67年頃
場　所	ルーク門，塵芥の丘	大カラーファ(サフィー・アッ゠ディーン廟近く)，カラーファ居住(ただし，かつてはルーク門に居住・勤務)
主　体	シュアイブ	ムバーラク(871/1467没)
主体の付随情報	烏合の衆，放逸な者の一人。結局霧散。ならず者たちとともに塵芥の丘に隠れ家を求める	パン捏ね職人。仕事一筋で勤めあげた下層の職人。ハーッジ，シャイフの敬称。没年・埋葬地まで明らか。家庭をなしたことも示す。タクルール出身
主体が無学	——	最初に創造した聖墓にシュクルと命名。命名のための帳簿を読んでもらう
「周囲の者」	烏合の衆，ならず者，ハラーフィーッシュ，群衆	不明。のちに物語師ハリールとワーイズのバドゥル・アッ゠ディーンが関与
当局者	アルグーン・アル゠アラーイー(高官)，アール・マリク(副スルターン)，カイロ総監(全て敵対)	スルターン・バルスバーイ(在位1422〜38。1438年に死者の街参詣)，スルターン・ジャクマク(在位1438〜53。1442年に死者の街参詣)(少なくとも，後者は支援)
媒介者	有力者の婦人，スルターンの母后	スルターンの妻か
史料著者のスタンス	終始，インチキ扱い。「墓」の用語は用いず，「穴」とだけ記す	捏造を告発するも「墓」「参詣」の用語は使用
墓主の特定	サハーバの一人とだけする。ついに固有名詞化できず。匿名のまま	インチキでも常に名づけ続ける。大小ファーティマ，アムル将軍など。歴史上の著名人やアシュラーフ全て
「不謹慎」	女性は髪覆いで，男性はターバンで土運び。男女混合。狂喜叫び出し。金儲け	——
慣　行	燭台と蠟燭の献灯，ナズル，アッラーの称名	——
奇　蹟	病治し(立てぬ者が立ち，盲者の視力が回復)，枯木緑化	——
展開と結末	社会問題化され，当局によって実地検分の後，移葬すべき墓がなかったため，埋め戻される。群衆は霧散	そのまま，死者の街に聖墓として残る

ていた。またその埋葬地は小カラーファのシャーフィイー廟付近であった。[66] 彼女達のような媒介行為がなければ、民衆と支配者層である当局者との接点はより遠のいたであろうし、彼女達の参画がこの穴／墓の盛衰に少なからぬ影響を与えたと推察される。このように、二つの事件に共通して、有力者の女性達が仲介者の重要な役割を担ったと考えられよう。

第六に、この二件を記した史料著者のスタンスについてである。マクリーズィーが一貫して一三四三－四年の事件に対して批判的な眼差しを向けていたことは先述したが、十五世紀の出来事を記したサハーウィーの方は、自分自身が参詣のシャイフであり、ムバーラクによる聖墓捏造を告発はするものの、墓や参詣という用語で事象を捉えてはいた。両者の記述にみられるこの視点の違いは、常に念頭に置く必要があろう。

第七に、聖墓の被葬者に関して、この二つの事例はある意味で対照的であった。十四世紀の場合、匿名のままに事件は終始したが、十五世紀の場合は、多少なりとも知識があれば偽りは明白であったものの、預言者ムハンマドの子孫や歴史上の著名人などが名づけられ続けられていた。しかし、結果としては、むしろ後者の方が参画者の間に物語の展開を促し、より明確なイメージを庶民へ発信したように考えられる。流言や噂を含めて、「尾ひれがつく」ことを可能にしたのである。そして、先述のようにこれを許した背景として、参詣者の心掛けがよければ、たとえその場所に意図された人物が埋葬されていなくとも、祈願は人物のもとへ達して成就するという観念が広く共有されていたのではないかと、筆者は推定している。加えて、十四世紀のできごとが当時の聖者崇敬・聖墓参詣の典型的なスタイルをいくつもの部分で踏襲していることにも、後段での行論上、注意を喚起しておきたい。夢による示顕、病人の治癒や枯木緑化などのカラーマ、神への称名、参詣者群、ランプや蠟燭の献灯、賽銭、ナズル、有力者一族の女性による参詣などがその要素である。

先に聖墓生成の失敗の事例を分析した際、支配当局による墓地区の管理の問題を提起した。十五世紀の事例において、権力の発動や行使は可視化されていないが、それでも時のスルターンとその皇后がムバーラクの聖墓創造を支援したということが、聖墓の創造成功に大きく寄与したであろう事は疑いを容れない。これはおそらく聖墓創出行為の公認化と経済的支援の双方にいえることであろう。結局、二つの事件は対照的な結末を迎え、十四世紀の場合は一種の社会問題となって、当局による検分の後、移葬すべき墓もみつからずに埋め戻されていたが、十五世紀の事例ではそのままカラーファに聖墓として残存することとなった。

(3)　生ける聖者の生成例

修道者ダルヴィーシュ

次に、当該の聖者の聖性が聖者の生前に創出され確立された事例について検討する。以下の(3)・(4)節では、伝記集などに含まれる豊富な事例から、聖墓創出の成功例・失敗例との比較のために、マムルーク朝期の代表例を選択すべく努めた。第一の事例は、ダルヴィーシュ al-Shaykh Darwīsh ʻAbd Allāh Abū Muḥammad（一三七一没）のものである。[67] 各種の伝記集・年代記にみえる彼に関する情報を総合すると、概要は以下のようになる。

シャイフ・ダルヴィーシュはユースフ・アル＝アジャミー al-Shaykh Yūsuf al-ʻAjamī の手によって、カラーファにあった彼のザーウィヤ（修道場）で道を求めた。[68] 同所の孤房（khalwa）に何日か留まったのち、彼はマジュズーブ（majdhūb 神へ惹きつけられた者、頓悟者）となったのち、そこをでた。そして、カラーファ門付近に逗留したが、彼のズィクル（神への称名）は名声を博し、人々があらゆる所から彼への訪問（ズィヤーラ）にやってきた。彼らは彼の指示と祈願によって（神の）恩寵を得たという。そして、彼らは彼による超自然のカラーマの話を広めた。人々が彼にカシュフ（kashf 神の真理の顕現・開示）を認めた時、彼は聖者の域（walāya）に達しており、彼についてサナーフィーリー al-Shaykh Yaḥyā al-Sanāfīrī が「わが軍にこのダルヴィーシュのような者はいない」と言うまでになった。ダルヴィーシュはその死まで、ジャズブ(jadhb、神へ惹きつけられること、頓悟)の状態にあり続けた。カラーファ門の外に埋葬され、その地の彼の墓は(人々によって)参詣されている。

理解や比較を助けるために、ここでこの件のプロセスとストーリーの要点を示し、他の事例も勘案しつつ、聖者崇敬について考察するうえで重要な要素を〔 〕内に示してみたい[表3]。

彼は著名シャイフのもとで修道〔①知的系譜、②修道〕、カラーファ門に逗留し〔③周縁性かつ聖所〕、聖者のザーウィヤや孤房で修道〔②、⑤スーフィズム、⑦孤絶〕、マジュズーブとなる〔⑤、⑧聖なる狂気、⑨異人性〕。カラーファ門に再逗留し〔③〕、ズィクルによって著名となり〔②、⑤、⑩世評の形成〕、各地から人々が彼を訪問〔⑪ズィヤーラ、⑫人々の崇敬と支持、⑮群衆〕した。彼らは彼の指示と祈願から神の恩寵を獲得〔⑰祈願、⑱バラカ、⑲神への執り成し〕、カラーマの発現とカシュフの認定〔⑳カラーマ、⑥聖者性〕が行なわれ、聖者の域に到達した〔⑥〕。著名シャイフによる賞賛〔①〕を受けるも、ジャズブに留まり続けた〔⑤、⑥、⑨〕。カラーファ門外に埋葬され、人々の参詣対象になった〔③、⑪、⑫〕。

表3　生ける聖者崇敬の重要要素例

① 知的系譜，② 修道，③ 周縁性かつ聖所，④ 周縁性かつ非聖所，
⑤ スーフィズム，⑥ 聖者性，⑦ 孤絶，⑧ 聖なる狂気，⑨ 異人性，
⑩ 世評の形成，⑪ ズィヤーラ，⑫ 人々の崇敬と支持，
⑬ 有力者層の崇敬と支持，⑭ 全階層の支持，⑮ 群衆，⑯ 移動，
⑰ 祈願，⑱ バラカ，⑲ 神への執り成し，⑳ カラーマ，㉑ 視覚障害，
㉒ 忠誠心，㉓ 清廉さ，㉔ 民衆の味方，㉕ 不正への対抗，㉖ 反権力，
㉗ 女性，㉘ 経済活動，㉙ 逸楽と腐敗，㉚ 支配権力による弾圧，
㉛ 懲罰

※　これらの要素はあくまでも行論の理解をたすけ，列記による煩雑さを避けるために鍵となる主要な指標を抽出したものであり，決して「分類」ではない。各指標は事項の性質の理解にもっとも有用と思われる言葉で表現されており，意味上は他指標と重なり合う部分を有しうる。

彷徨するスーフィーサナーフィーリー

第二の事例として、サナーフィーリー Yaḥyā b. ʻAlī al-Shaykh Abū Zakariyā al-Sanāfīrī（一三七〇没）のケースをあげたい。[69]繰り返しと煩雑さを避けるため、こちらは経緯とストーリーを要約しつつ、聖者崇敬について考察する上で必要な指標を同時に挿入する形で示したい。

彼は盲目のスーフィーで、マジュズーブであった〔⑨、それにつながる㉑視覚障がい、⑤、⑧、⑥〕。祖父はマグリブ（北アフリカ）から到来して、カイロ郊外のハルク門の関近くに位置するアブー・アル＝アッバース Abū al-ʻAbbās al-Baṣīr のザーウィヤに死ぬまで逗留〔③、⑤、①〕。この祖父はスーフィーにしてウラマーのひとりで、タジュリード（tajrīd 放念）を実践し、彼には驚嘆すべきことが生じた〔⑨、①、⑤〕。父アリー ʻAlī は諸カラーマを示していた〔①、⑳、⑥〕。サナーフィーリー本人はカラーファにあるアブー・アル＝アッバースの墓（前出のザーウィヤとは別）に逗留し、それに円蓋庵（qubba）を建立し〔③、①、⑤〕、外からみえる戸と地下へ降りる戸の二つを配し、人気を感じたら後者から脱出していた〔⑦、⑤〕。その後、人々があらゆるところから殺到し、常に彼を目指してきた〔⑫、⑩、⑪、⑮〕。そのため彼は人々から逃れ、デルタのカルユービーヤ al-Qalyūbīya にあるサナーフィール Sanāfīr 村へ移り〔⑯移動、⑦〕、寒い冬に毎朝池に浸かり、酷暑には裸で頭を太陽に曝していた〔②、⑤、⑳〕。また、パン焼窯の屋根に留まり数年間降りず〔②、⑤、⑳〕、家から出ない〔⑦〕などした。その結果、アミール達が彼に円蓋庵を建ててくれたがそれを一顧だにしなかった〔⑬有力者層の崇敬と支持、㉓清廉さ〕。ウラマー、裁判官、アミール、他の要職の者が殺到したが〔⑬、⑭全階層の支持、⑮〕、彼は地位に関係なく人々と接する〔㉔民衆の味方、⑭〕。カラーマも多くみられた〔⑳、⑥〕、カラーファに住み、余生を送る〔③、②〕。カラーファにある彼のザーウィヤで没し〔③〕、ハウラーン祈禱所 Muṣallā Khawlān で葬礼がなされたが、五万人かそれ以上が参列した〔⑫、⑮〕。カラーファにある彼の墓は、参詣対象となる〔⑪、⑫、③〕。

生ける聖者生成例のまとめ

これ以外にも、生ける聖者の事例を集積することは比較的容易であり、例えば伝記集にその事例が頻出するようになる九世紀前半／十五世紀前半に没した者についてのみても、アフマド・アル＝アジャミー Aḥmad b. Aḥmad al-Zuhūrī al-'Ajamī（Ⓗ八〇一没）、ハリール・アル＝ムシャッバブ Khalīl b. 'Uthmān al-Muqri' al-Mushabbab（Ⓗ八〇一没）、アリー・イブン・ワファー 'Alī b. Muḥammad Ibn Wafā al-Iskandarī al-Shādhirī（Ⓗ八〇七没）、アリー・アッ＝トゥルキー 'Alī b. 'Abd Allāh al-Turkī（Ⓗ八〇四没）、イブン・ズッカーア Ibrāhīm b. Muḥammad Burhān al-Dīn b. Zuqqā'a（Ⓗ八一六没）、アフマド・イブン・アラブ Aḥmad b. Ibrāhīm Abū al-'Abbās Ibn 'Arab（Ⓗ八三〇没）などをあげることができる。[70] 類例は枚挙に暇がないため、ここでは逐一検証することは避け、それ以外の事例も含めて導きだされる共通項について記してみたい。

生前に聖性を確立した聖者、あるいは生ける聖者は、一種の異人性・象徴的な周縁性を抱え（視覚障害、出身地、聖なる狂気、異形、「黒人奴隷」出身、軍人出身など）、サダカ（施し）などイスラームの基本的な徳を実践していた。聖所たる周縁的な地域（荘厳な墓地区であるカラーファなど）に身を置くか、あるいは深い関わりを有し、そこから精神的なエネルギーを獲得したかのごとくに振舞った。彼らはまたしばしばその場を通じて聖者やスーフィー（両者はイコールではないが重複しうる）、そしてウラマーなどの知的な系譜と接触して交わりを得ていた。多くの者は実際に孤絶するなどスーフィーの修道を実践し、ジャズブに至るなどしていた。この傾向は時代を追うにつれてさらに強まる。

そして、どこかの時点で彼らは当該社会の支配権力・宗教権威と接触しつつ、象徴的な中心部と周縁部との間を往還移動する。ここまでの過程で彼らはすでに多くのカラーマを示し、独自のスーフィズムの修道法（例えば、ズィクルなど）を弟子や仲間達と実践していた。そして、社会の全階層に崇敬が広がり、とくに民衆の間に崇敬と熱狂的な訪問を喚起する。一方で支配者層の支持も不可欠であり、支配者層の支援によって宗教施設を得るなどした。彼らと人々の間の現世における仲介者としての役割も必須であり、支配者層としばしば接していた。また、生ける聖者の周辺では経済活動も生まれていた。彼らは死後、大小カラーファ、サフラー地区などの聖墓地区に埋葬され、参詣者の目的地となる。

(4)　生ける聖者の生成失敗例

反権力の解放奴隷サアドゥッラー

本節では、生ける聖者の生成に失敗したとみなせる事例のあらましを紹介したい。ここで「失敗」と称するのは、生前に弾圧を受けた結果、あるいはごく自然に、当人の生前に人々による崇敬が失せてしまった事例である。[71] 以下に要約するのは、サアドゥッラー Saʻd Allāh（別名 Saʻdūn）[72] にまつわる一四五〇年の事例である。

サアドゥッラーはカースィム・アル＝カーシフ Qāsim al-Kāshif（八五四／一四五〇没）[73] の黒人の解放奴隷であった。彼はムハッラム月（ヒジュラ暦一月）の主人の死以来、ハルク門外のハドラ・アル＝ムラード Ḥadra al-Murād にある主人の家に住み着いた。民衆（ʻawwām）は、時の権力者ザイニー・アル＝ウスターダール al-Zaynī al-Ustādār（一三九七～一四六九）[74] が彼の主人カースィムの遺産を奪うのに際して、彼が抵抗したと信じた。また、サアドゥッラーがアフマディーヤ・タリーカ（道統・教団）にこの件を公言した際には、彼がザイニーを激しく罵倒し、ザイニーによる彼の捕捉は失敗したとも信じられていた。実際のところ、ザイニーはすでに接収した財産を返還していたのだが、誤報はサアドゥッラーの正義の証として民衆の間に広がり続けた。

そして、群衆、トルコ人（al-Turk マムルーク軍人）や女性達まであらゆる地方から、彼の恩寵（バラカ）に触れようとズィヤーラにきた。その中には、多くの慢性病患者や障害のある者、病人がおり、アミール達、役人（mubāshirūn）や法学者達までもがやってきた。彼を取り囲む群衆の多さゆえ、彼のもとまで到達したり彼に触れることができたのは大変好運な者だけであった。その後、彼は人々から身を隠し、それゆえ権力者以外は彼のもとに辿り着けなくなった。人々（ナース）の彼への渇望はますます募り、金銭を払おうとする者まで現れたが、彼は受取りを断った。商売人はそこへやってきて、商品を売ろうとした。その場にはかつてない規律の緩みが横溢し、悪事が行なわれだした。

この件の噂は増幅し、ついにスルターンの知るところとなった。スルターンはその場に蝟集するゆえに生じる禁行について警告を受けた。そしてついにムハッラム月十一日、大ハージブ(ḥājib al-ḥujjāb)のタニバク Tanibak、カイロ総監、ムフタスィブ(市場・風紀監督官)のジャーニバク Jānibak、およびフシュカダム Khushqadam al-Aḥmadī が彼のもとへ赴き、彼を打ち、その後に投獄するよう命じられた。彼のもとへ捕捉に入ったが、大ハージブは彼を打つのをためらったため、他の二人が実行し、八〇回程度打った。そして、泣き叫び続ける彼を彼らは連行し、マクシャラ獄 al-Maqshara に留置した。[75] 群衆は膨れ上がり、投獄後には大変な喧噪となった。翌日、総監は牢のもとにいた群衆を襲い、集団を捕らえた。彼らから所持品を没収した後、鉄輪を掛け、何人かの者を打ち、他の者は投獄した。

十三日、スルターンはサアドゥッラーを磔にし、ラクダに乗せて公衆の面前を引き回すよう命じた。彼の仲間達はそれをみて苦痛を感じたが、その大半は民衆であった。翌日になると、サアドゥッラーは処刑のために連行された。そして、彼らが新アシュラフィーヤ al-Ashrafiya へ到着するかその少し前に急使が到着し、彼は元の獄へ戻されるよう命じられた。その結果、翌月七日まで拘置された後、彼は解放され、仲間達も喜んだ。しかしながら、彼はカイロ以外ならどこへ行ってもよいが、カイロに留まることは許されなかった。スルターンは大ハージブのタニバクがサアドゥッラーを打てなかったと知ると、彼をダミエッタへ流刑とした。

このできごとも先の事例と同様、特徴となる要素を指標として示すことによって、まとめ直したい。すなわち、サアドゥッラーは黒人の解放奴隷であり〔⑨〕、亡くなった主君に忠誠心を示し〔㉒忠誠心〕、ハルク門外〔④周縁性かつ非聖所〕に居住していた。そして、支配者層の不正に対して公然と反旗を翻したため、民衆の支持を得た〔⑫、㉕不正への対抗、

㉖反権力〕。彼はアフマディーヤ・タリーカに話をした〔⑤〕。彼についての噂が人口に膾炙し〔⑩〕、群衆、トルコ人、女性による詣でが盛んになった〔⑪、㉗女性、⑭、⑱〕。病人や障害を持つ者たちも多く治癒を求めて到来し〔(病い治しの形をとる)⑳〕、アミール、役人、法学者達まで来訪した〔⑪、⑬〕。群衆が膨張し、彼に接見するのは困難となったが、彼も身を隠そうとした〔⑮、⑦、⑫〕。彼自身は金品を受け取らなかったが〔⑫、㉓〕、その周囲には商業活動が生じ〔㉘経済活動〕、腐敗や禁行の横行がみられた〔㉙逸楽と腐敗〕。支配者層(ここではスルターン、大ハージブ、カイロ総監、ムフタスィブら)が対応に乗り出し、サアドゥッラーに鞭打ちと投獄を科した〔㉚支配権力による弾圧、㉛懲罰、⑬、⑳(大ハージブはサアドゥッラーを打てず)〕。民衆は騒乱状態となるが、やはりカイロ総監によって弾圧された〔⑫、㉚〕。サアドゥッラーは市内を引き回され、民衆の苦渋は増した〔⑫、㉛〕。結局、サアドゥッラーは処刑を免れたものの、カイロからは追放された〔㉛、⑳〕。サアドゥッラーを打てなかった大ハージブも流刑に処されたが、最終的には許された〔⑬、㉛〕。

生ける聖者の生成と生成失敗

生前の(生ける)聖者生成の失敗例を積み重ねて、先に行なった聖墓創出の失敗例のように詳細に論じつくすことも可能であろうが、ここでは他の類例を加味して生ける聖者形成の失敗例に通底する傾向をまとめてみたい。すなわち、彼らはその運動の初期において、カラーマ(例えば、病いの治癒など)を現出させたり、反権力の姿勢から民衆の共感を得ていた。そして、民衆からの崇敬が高まるにつれ、より高位の社会階層の人々も、この動きに参画してゆく。その過程で、当該社会において支配的であった様態のイスラーム的価値観に反する行為が群衆の中に生じていった(女性の不特定男性との混在、非行、信仰を凌駕する商行為の発生、群衆のパニック、その他の混乱状況など)。そして、政府当局による事態の把握と弾圧が生じ(先に示した事例では、カイロ総監などがその実動の役割を担う)、この種の聖者は罰せられ淘汰される結末に至っていた。

またここで、生ける聖者生成に成功した事例と失敗した事例を比較検討するならば、知的系譜やそれに連なる血縁は聖性の存続に大きな役割を果たしていたといえよう。加えて、スーフィズムとの連なりは、有利に働いていた。次いで、熱狂的な崇敬は当初庶民の間から生じていたが、それが何らかの形で支配者層へも浸透してゆく。支配者層は、この潜在的聖者を支持することもあり得ようが、聖性生成に失敗した事例では、結局のところ弾圧へと至っていた。そして、何より、聖性生成の失敗例では、潜在的聖者がしばしば反権力的な姿勢をみせており、またそれはしばしば見知らぬ男女の混在や非行、聖者と直接結びついた商活動などを伴っており、政府当局による弾圧によって淘汰される結末を迎えていた。この生ける聖者に関しては、本章はあくまで比較検討の参照枠を提示したにすぎず、膨大な事例の集積をもとにさらなる精査を他の機会に行ないたいと思う。

(5) 聖墓と聖者の創出・生成と失敗

本章で紹介した史料に描かれた聖者崇敬や聖墓参詣の創出事例をもう一度、降り返ってみよう。マムルーク朝期のエジプトの人々の間には、「ズィヤーラ」(ここでは聖墓参詣・生ける聖者への訪問)や「聖者」という概念について認識がある程度共有されていたように思われる。そして、その概念を構成する一要素、一部分でも現出すると(ナズル〈供物・誓約〉や奇蹟的病治しなど)、他の要素も連動し、共振する形で、人々は概念の全体像の想定につながる語りを形成してゆく。また、この語りを創造する側や、そこへの参加者側も、聖性について彼らが予め構想した概念に基づく願望や筋書きにそう形で、行動してゆく。その過程で、「主催者」側と参加者との間の相互作用により、崇敬現象の振幅が広がってゆく。さらに、史料作者もこの見立てにそって、事象の記述を連ねると推察されるのである。それでは、このような認識の連鎖、聖墓参詣・聖者崇敬をめぐる諸要素からなる集合的心像成立のための条件がある程度固定化(祖型化)し、共有されるようになったのはいつ頃からなのであろうか。少なくともマムルーク朝期にはすでにある程度の確立をみていたと推察されるが、アイユーブ朝期にはすでに代表的な聖墓参詣書がエジプトで著されていた事実などに鑑み、今後さらなる見極めが必要であろう。

次に、生前の聖者への崇敬と死後の聖者（聖墓）へのそれとを比較すると、聖性確立の成否にかかわらず、崇敬のスタイルや用いられる術語とイディオムなどに、類似の様相が強く窺えた。[76] 例えば、病の治癒やバラカ（神の恩寵）は生前、死後の聖者共に帰される能力であり、女性の訪問・参詣は生ける聖者・聖墓に対して共に可能であった。生前に人々から崇敬を集めていた人物が、死して聖者崇敬の対象と化すことはある意味で一般的な道筋と考えられる。ただし、死後に祀り上げられた聖者について、史料が後代になってから遡及して生前の聖者ぶりを示す逸話を新たに創作したケースもみられるため、注意を要しよう。また、これらの類似は多くの問いへとつながっている。生ける聖者と死せる聖者への崇敬は、いずれの方が優勢となって始まったのか、あるいは両者の関係についてなどである。

一方、生前の聖者と死後の聖者への崇敬現象の相違点についてもあえて見通しを示すならば、生ける聖者の方が社会的反響が大きく、現実社会への影響が直接的であり、それが支配勢力をしてそれぞれの崇敬現象を支援したり、弾圧するなどの行動へと向かわせたと思われる。なかでも、反権力的な姿勢とその弾圧は、生ける聖者の事例により明確に現れていた。

本章における検討の結果、女性が庶民と支配者層の間にあって、現実社会における仲介者の重要な役割を果たしていたことも推論した。より具体的には、庶民の間に生じていた聖者崇敬に積極的に介入し、家族である支配者層にその情報を伝える役割を想定できよう。すなわち女性達は、参詣や聖者崇敬の領域において、社会的に周縁にある者たちと中央権力をつなぐ役割を担っていたと推察される。[77] また、当然予測されるように、媒介者性は聖者の基本的な機能であり、埋葬後の聖者と生ける聖者の双方が参詣者・訪問者と神や支配者層との間を執り成していたものの、死後の聖者は参詣者と神との間の執り成しをもっぱらとしていた。

聖者の在り方について、他の事例も加味して生前・死後の聖者の比較結果からさらに付け加えると、反権力の姿勢はとりわけ生ける聖者が聖者性の確立に失敗した事例において顕著であり、彼らは民衆の現実変革への欲求の高まりを背景に、多くの支持を得ていた。しかしながら、これらのケースは往々にして、その意図はともかく、モラルに反すると思われた行為に結びついており、地域社会の当局によって処罰されるに至っていた（ただし、この点はある程度、史料著者の描き方の問題とも関連しよう）。

マムルーク朝エジプトにおいて、知的、あるいは血縁による系譜によってウラマー社会と関わりを持つことの重要性も指摘しておかねばならない。ウラマーの支援も聖性の獲得に有効であったといえる。また、それと部分的に重複しうるが、知的系譜との関連でもう一つ重要な要素が、スーフィズムであった。スーフィズムとのいかなる連関も聖者崇敬の成立にプラスに働いていた。実際のところ、エジプト社会におけるスーフィズム受容が進むにつれ、その系譜に連なることは、特定の聖者に対する崇敬が、永続性を志向する人間集団たるタリーカの支援を受けることにつながっていた。

これら以外に特記すべき点として、カイロの墓地区（大小カラーファ、サフラー地区など）の存在が、聖性の獲得に必須の環境を提供していたことがあげられる（付論3）。また、聖者の周囲には、生前も死後もプリミティヴな経済活動がみられたが、聖墓や聖者に関わる限り、それについて史料は否定的に描出するのが常であった。

本章における検討を経て浮き彫りになってきたのは、当時の聖者や聖墓の創出と維持に関する支配当局、あるいは当該の地域社会における権力の役割である。王朝の指導者達やカイロ総監は、宗教的権威と協力しつつ、聖墓の管理や聖墓崇敬の統御に当たっていた。また、権力者の支持や、ワクフのシステムを通じた彼らによるインフラストラクチャー整備などがあってこそ、スーフィー達は修道の場を与えられ、民衆の参詣も促進されていた。エジプトを代表するスーフィーで詩人のイブン・アル＝ファーリドの墓廟は、そのことを如実に物語る事例である（第3章）。この支配者層の聖墓・聖者に対する役割については、第4章でさらに詳しく論じることとしたい。

第3章 死者の街の消長と経済的基盤——墓地居住、行楽、ワクフ

ここまでエジプトにおいて隆盛を誇った聖墓参詣の慣行や参詣者の意識、聖墓と聖者の創出をめぐる民衆の働きかけと王朝政府による統御について検討を重ねてきた。本章ではむしろ、その舞台となったカイロ＝フスタート周辺の墓地区という空間の側から、聖墓地区の歴史的消長や、都市において墓地区が果たした多様な社会的機能、さらにワクフ（寄進）による死者の街の経済的基盤の確立などについて、通時的視点からの考察を増やしつつ論及する。その際に、先に頻用してきた参詣書写本に加えて、年代記やワクフ文書、伝記集など多様な史料を多く援用してゆくこととしたい。

以下、最初に墓地区の発展の様子を歴史的に辿りつつ、墓地居住の慣行と墓地における行楽的側面に焦点を絞って、都市における墓地の社会的機能の問題を通時的に考究する。その上で、後半部では死者の街を成り立たせていた経済的基盤として、ワクフの在り方を具体的に考察する。マシュリク、ことにエジプトにおける聖者崇敬研究は、これまで筆者のものを含めて、精神的・宗教的もしくは儀礼・慣行の側面を探求する傾向が強く、経済的背景の研究はほとんどなされてこなかった。この点、他地域の歴史研究と比べて状況は逆であるかもしれない。これまでに、サブラ A. Sabra が慈善の観点から墓地区の宗教施設にも言及した例はみられるが、ワクフ文書が本格的に聖者崇敬研究や死者の街の研究に導入されたことはなかった。[1] ここでは、ワクフ文書の精査を通じて、これまで参詣書からはみえなかった墓地運営のディテールを紹介するとともに、文書にみえる規定と死者の街で実践されていた慣行との間の対応関係にも論及したい。

1　死者の街と都市社会

(1)　居住の場として

生者の街

　現在、カイロ郊外に茫々と広がる墓地区は、「死者の街」であると同時に生者の街でもある。それというのも、この墓地区には一五〇万人を超すともいわれる人々が棲みついているためであり、この点でカイロは他に類例をみないといわれることが多い[2]。墓地の住人はその被葬者とは元来無縁であり、遺族は貧者に軒を貸すという徳行を施すことで、最後の審判の際、自分自身の天国入りに向けて神からプラス評価を得るべく、住まわせているのである。そして、ラマダーン月明けのイード（大祭）などに遺族が墓参する折には、住人に少々席を外してもらうことになる。墓区はレンガ造りの高塀でしっかり区画されており、各区画を一族が所有して、その内側に個人墓かもしくは数人の墓が連結されたものが点在するのが理想形である（現実には必ずしも実現されていない）。

　墓区内に併設される建物部分には往々にして参詣者用の台所やトイレなども備えられ、そこへ住めば雨露をしのぐことができる。水道や電気の普及した地区も増えたが、たとえそれらを欠いていても、電気は勝手に分線して頂戴し、水は付近のモスクなどから得たり、ロバ車の水売りから購入すればよい（一九八八～九一年頃にはポリタンク一個分が一エジプト・ポンド）。このような墓地居住の権利すら、斡旋されているのが実態である。もちろん、政府統計の把握できない墓地住人以外にも、墓の管理人や墓掘り人、石工など関連従事者や宗教施設・聖廟の管理者などがここに住んできた。墓の遺体を掘り返して転売する行為は、今昔を問わぬエジプトの社会問題であり（前近代にはヨーロッパ人への売却用、近年は主として大学病院などの実験用)、現在、それを防止するためにも墓の管理者はかなりの高収入で雇用されている。彼らは通常、複数の墓を担当しており、仕事上、墓地内に居住するが、他地区にも家をもつ者も多い。また、墓地が荒廃して生じたオープン・スペースには、絨毯工房や新たに移設された屠畜場などもみられる。さらに、シャーフィイー廟付近などには数階建てのアパートも林立しており、一般的な庶民街の佇まいが混在する状態といえる。

この墓地居住は現代エジプトにおいて、その住環境の劣悪さと墓破壊などから社会問題化している。[3] しかも、これがあたかも近年の住宅難から生じた現象であるかのごとく報道されがちである。しかしながら、死者の街への居住行為は古くから頻見されていたものである。歴史的に回顧すると、カイロ゠フスタート周辺の諸墓地区は元々、カイロ・フスタート圏のムスリム全階層の墓地区であり、キリスト教徒・ユダヤ教徒ら啓典の民の墓地区も隣接していた。しかし、荘厳かつ由緒ある墓廟、あるいはモスク、ハーンカー(修道施設)など宗教的施設の整備に伴い、またカイロ゠フスタートや城塞にも近接する位置取りから、現場でこれらの管理・運営にあたる人々の住地ともなってゆく。それに従って、市場(スーク)・製粉場(ターフーン)・パン焼窯(フルン)・公衆浴場(ハンマーム)・フンドゥク(隊商施設)などの設備も整ってくる。加えて、参詣や墓参、とりわけ集団参詣や参籠の活発化、行楽・遊興の場としての発展から、給水施設などのインフラストラクチャーや市場など商空間もさらなる展開をとげる。また、カイロ゠フスタートの都市圏の郊外に位置し、大気汚染から離れ、風通しがよいため有力者の居住地とも化していった。さらに、エジプト来訪の旅行者も必ず参詣に立ち寄る聖地・行楽地となってゆく。以下、これらの過程を墓地への居住行為を軸に、通時的に追ってみよう。

ムスリムの墓地の設定

アラブ゠イスラーム勢力は、エジプト征服後、カラーファをその墓地と定めていた。その際に生じたとされる、アラブ側のアムル将軍とエジプト側のムカウキスとのやりとりについては、序章で詳述した。キリスト教徒側からすると、

「そこ（カラーファ）では多数の修道庵（ṣawāmiʿ）、修道院（diyārāt）、教会堂（biyaʿ）に修道士達がいたが、アムル・ブン・アル＝アースとともに到来したアラブ・ムスリムがそれらを破壊した」という表現になる。[4] そして、伝承によると、少なくともトゥールーン朝・イフシード朝期にはすでに聖墓参詣が行なわれていたとされる。トゥールーン朝からイフシード朝期にかけて活躍した人びとの墓が、カラーファの七聖墓として祀られて参詣の中心的対象となったことや、タバータバー廟のように当時の聖廟が残存していることも、この時代に参詣慣行の（少なくとも）萌芽があったことを示唆していよう。[5]

居住地としてのカラーファは、イブン・トゥールーン（八八四没）がハバシュ湖より水路橋（qanāṭir, maṣnaʿ）を敷設したことに端緒を得て、飛躍的に発展したものと想定される。また、大カラーファに包摂されるマアーフィル al-Maʿāfir 地区には、すでに多くの信仰篤き男女が居住し、イブン・トゥールーンの喜捨が振舞われていたという。[6] 一方、イブン・ドゥクマークによると、カラーファの南に位置し、ナイル川の年サイクルの増減水によって伸縮するハバシュ湖と、その耕地、果樹園などはトゥールーン朝期のワズィール Abū Bakr Muḥammad b. ʿAlī al-Mādarāʾī（八七二〜九五七）によって所有されていたという。また、彼は水路橋や井戸、揚水施設などの整備にも心を砕いたというから、前述のイブン・トゥールーンによる整備と、同じ事業を指している可能性がある。三〇七／九二〇年には、牛や羊が屠畜され、マアーフィル地区などの貧者に喜捨として配られたという。[7] イフシード朝期（九三五〜九六九年）も、居住状況に大きな変化はなかったと思われる。[8]

このアラブ征服期からファーティマ朝期にかけての大カラーファ地区発展の様子は、通称「イスタブル・アンタル地区」の考古学発掘調査からも、確認報告されている。[9] そこからは、まずフスタート郊外の住地として、そして後には、墓地区としての発展の模様が窺える。

通称「イブン・トゥールーンの水路橋」の遺構

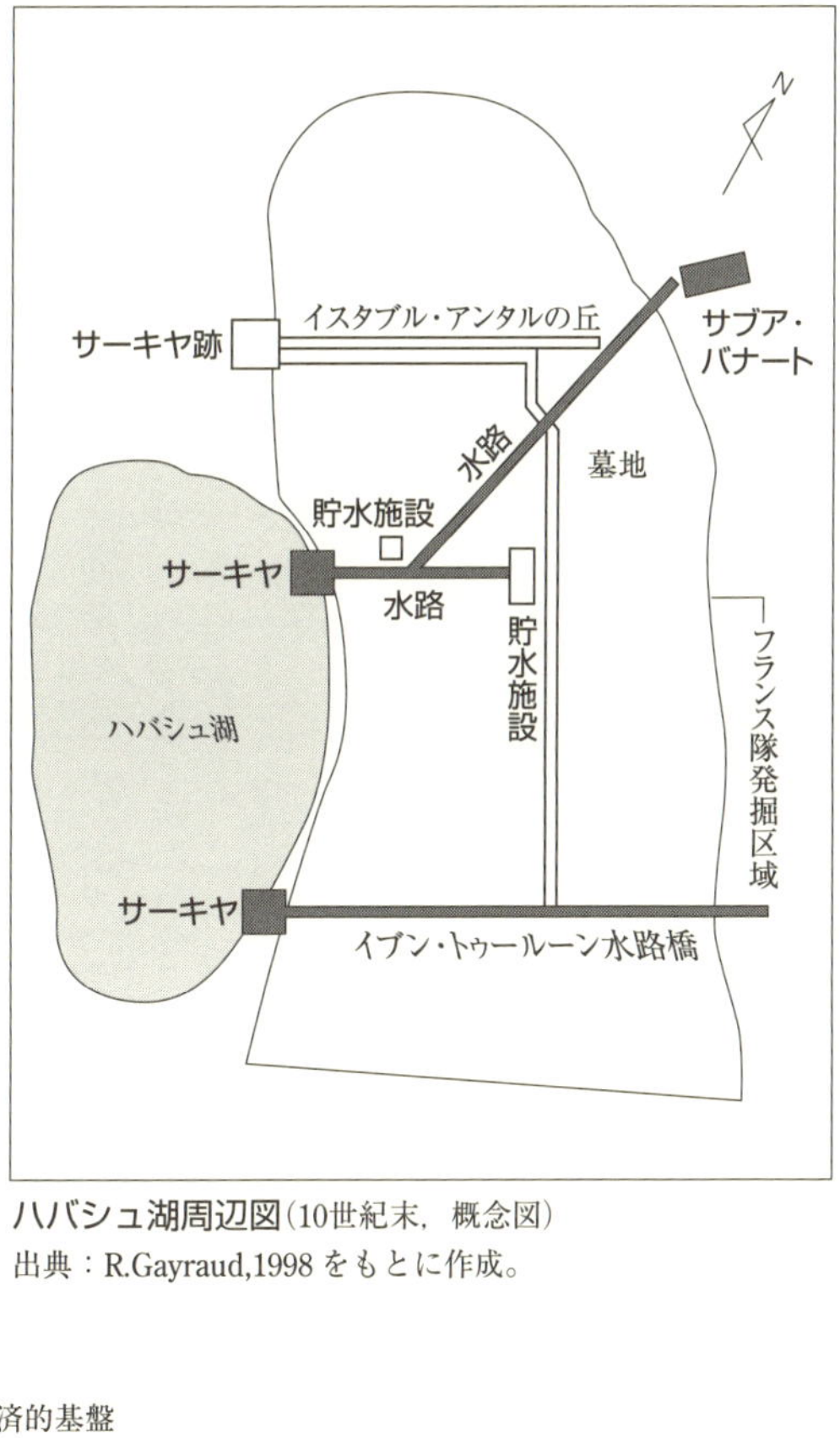

ハバシュ湖周辺図（10世紀末，概念図）
出典：R.Gayraud,1998 をもとに作成。

ファーティマ朝からアイユーブ朝期

続くファーティマ朝期を、サハーウィーは、「大カラーファを人々の住地とし、そこにモスク、墓館(quṣūr)、建造物、貯水槽(sahārīj)を建て、その大半がそこに住み、カラーファが手狭になった」ほどであったと総括している。[10] フスタートに在住して十一世紀に活躍した医師イブン・リドワーンは、エジプトの環境と疾病との関連についての論考を著し、独自のエジプト風土論を展開した。そのなかで、彼はカイロ、フスタート、ギザなどのエジプト都市部を比較し、最も健康的で空気の良い場所としてカラーファの優位を強調していた。その理由は、ムカッタム山がフスタートから流れてくる蒸気を防ぎ、北風が吹くとフスタート各所の蒸気が霧散するからであるとした。[11]

ただし、侵入者たるマグリブ人(al-Maghāriba 北西アフリカ地域出身者を示す歴史的用語)であったファーティマ朝勢力関係者によるエジプト人略奪、エジプト人達との間の確執が、そのエジプト支配初期から絶えなかったことを忘れてはならない。同時に、他所者であるマグリブ人の建設による新都カイロと、エジプト人達の拠り所たるフスタート、カラーファとの対立の構図も窺えよう。[12]

とくに、三六三/九七三年には、カラーファ方面へ侵入したマグリブ人達が、エジプト人をその住居から強制追放し、占拠・居住し始めていた。旧住民らがカリフ・ムイッズに訴えると、ハンダク al-Khandaq など別地区をあてがわれている。[13] 三カ月後には、再びマグリブ人が墓地区を襲い、略奪していた。[14] また、九七三年、および四九〇/一〇九七年、四代目カリフ・アリーの次男、フサインの死を悼むアーシューラーの日には、シーア派の人々(ファーティマ朝勢力を中心とする)が敬慕するカラーファのナフィーサ廟、クルスーム Kulthūm 廟からパレードを始めたが、その際にカラーファの墓々を破壊したり、市場の水売り容器を破壊するなどしたため、エジプト人達が反発、暴動寸前にまで至っている。[15]

この当時、カラーフィーヤ al-Qarāfīya と呼ばれるカラーファ住民が知られており、四一五/一〇二四年に、キレナイカ al-Barqa のアラブ・クッラ族 Banū Qurra がファーティマ朝とは別系カリフを擁立した際に豪華な賜衣を贈るなど、ファーティマ朝政府とは一線を画す行動をとっていた。擁立された人物はシュルート Shurūṭ という名の詐欺師まがいの人物であり、おそらくキリスト教徒からムスリムへの改宗者であったようである。この一件については、コプト・キリスト教の『総主教史』が詳しい[16]。

しかし、カラーファ住民とファーティマ朝政府は常に敵対関係にあったわけではなく、ファーティマ朝の支配がエジプトに根づくにつれ、相互の協力関係も生じていた。ファーティマ朝カリフ達も、当初はカイロ市内に埋葬されていたが、次第にカラーファの一画に埋葬されるようになり、カラーファのシャイフ(長)がその湯灌を行なった例も記されている[17]。また、ファーティマ朝側もモスク等を通じて大量の肉や菓子をカラーファ住民に分配したり、カラーファ衆会モスク Jāmiʿ al-Qarāfa = Jāmiʿ al-Awliyāʾ に製粉施設を併設、そこに役獣と飼い葉をあてがい、カラーファ住民からその管理者を選んで、住民が無料で使用できるようにするなどしていた[18]。後期ファーティマ朝ワズィールのタラーイウ Ṭalāʾiʿ b. Ruzzīk が、ハバシュ湖周辺の土地をフサインの子孫であるアシュラーフ達のためのワクフとしたとする記録も存在する[19]。すなわち、後期にはファーティマ朝側の、カラーファ住民を取り込む政策も明確に打ち出されて機能し、良好な関係も記録されているのである。なお、ファーティマ朝カリフ・ムスタンスィルの時代(在位一〇三六〜九四)には物価高騰・飢饉によるカラーファ荒廃がみられたし、五六四/一一六八年のフスタート大火では、カラーファ衆会モスクも焼失したといわれる(のちに再建)[20]。そして、この時期すでにムカッタム山ではスーフィー達が籠って修行していたとも参詣書に述べられるが、信憑性は確認できない[21]。

続くアイユーブ朝期、サラーフ・アッ＝ディーン(サラディン)は本格的なエジプト統治に際して、カイロの城塞建設に着手するとともに、カラーファにシャーフィイーの墓廟を大規模かつ荘厳に再建し、マドラサも併設した(五七二/一一七六ー七年頃建設)。これはファーティマ朝のシーア派政策から大きく方向転換してスンナ派へ戻り、しかもシャーフィイー派をその中心に据えて施政に臨むという高らかな宣言とも受け取れよう。大小カラーファには、ファーティマ朝期に創建されたアフル・アル＝バイト（預言者ムハンマドの一族）の聖墓も存続して参詣者を集めていたが、それらもアイユーブ朝のこの大枠の方針のうちに位置づけ直されてゆくようになる。イブン・ジュバイル、イブン・サイードらの旅行者も、カラーファ復興の模様を活写していた。とりわけスルターン・カーミル（在位一二一八〜三八）は、一二二一年、イマーム・シャーフィイー廟を改築し、自身の母の墓廟をその脇に建設した。さらに、ハバシュ湖からシャーフィイー廟まで水路を引き、「これによって小カラーファは繁栄し、人々はカラーファの建築物を美しく改築した」といわれる。[22]

その後、シャーフィイー廟脇の衆会モスク、ファフル・アッ＝ディーン修道場 Ribāṭ Fakhr al-Dīn、イブン・アル＝アルスフィー祈禱所 Muṣallā Ibn al-Arsfī、ファフル・アル＝ファーリスィー Fakhr al-Fārisī その他の墓廟が次々と建設され、限られた史料からも繁栄の趨勢は窺うことができる。[23] また、ワクフ文書によると、すでにアイユーブ朝期には、カラーファのファフル・アッ＝ディーン・ウスマーン廟 Turba Fakhr al-Dīn ʿUthmān の地区にあるサーリヤ Sāriya 墓地

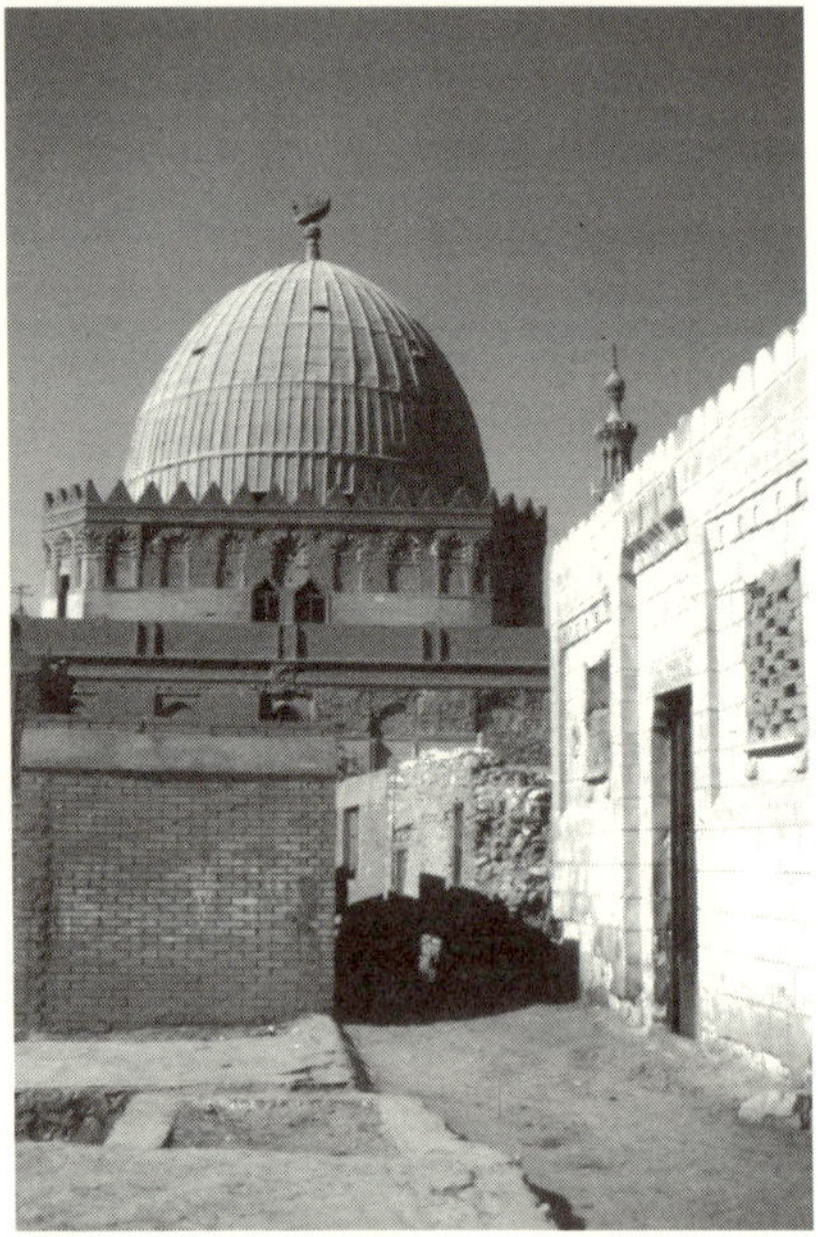

カラーファ地区の中心，イマーム・シャーフィイー廟

の貯水槽が、ワクフによって清水で満たされていたという。サラーフ・アッ＝ディーンが墓廟の管理運営に直接、援助金を支払っていたことも想起されてよかろう。さらに、地理書史料は、当時のカラーファ住民の存在を確証する。[24] 大小カラーファへの集団参詣も、アイユーブ朝期にはエジプトの慣行として確立されていた。[25] この慣行形成の経緯については、依然として不明な点が多いが、スルターン・カーミルは庶民と共に群参していたとされている（第1章）。

このように、アイユーブ朝期には中核となる宗教施設とともにインフラが整備され、またワクフによる墓廟運営システムも機能していた。加えて、この時期には参詣慣行も確立していた。その意味で、アイユーブ朝はその後長きにわたって続く、大小カラーファにおける慣行と秩序の大枠を整えたといえよう。

なお、イマーム・シャーフィイーへの崇敬について付言すると、彼は学者にして聖者崇敬の対象となった代表的な事例といえるが、そこにはいくつかの注記が必要である。第一に、彼は預言者ムハンマドと同じくクライシュ族の出自をもち、前近代のエジプトでムスリムから最も崇敬を集めた預言者後裔のサイイダ・ナフィーサとも縁が深かった。その意味では、預言者一族への崇敬とも通じる要素を有していた。そして何より、アイユーブ朝がそのエジプト統治に際して、シャーフィイー派をその中心的法学派と定め、墓廟や各種施設を建設・再建したことが大きかった。アイユーブ朝によって、シャーフィイー廟はカラーファ参詣の中心地に設定され、シャーフィイー崇敬は決定づけられたと考えられる。また、同時期に集団参詣の慣行も後代へと連なる様式を整えており、シャーフィイー崇敬と連動する形で隆盛へと向かったのである。[26]

マムルーク朝期の発展

十三世紀半ばからのマムルーク朝前半（バフリー・マムルーク朝期）は、大小カラーファの最盛期の一つと推定される。カラーファは逗留、あるいは居住の場としての姿を完全に整えており、史料によれば、モスク、各種修道施設（ハーンカー、ザーウィヤ、リバート）、学院（マドラサ）、聖廟（マシュハド）、墓廟（トゥルバ）、円蓋付墓廟（クッバ）、墓（マクバラ）などの施設がその場を提供していた。この広汎な居住・逗留活動を可能ならしめたのは、ワクフを通じた諸宗教施設の整備拡充である。この他の設備として、祈禱所（ムサッラー）、市場、公衆浴場、パン焼窯、製粉場、貯水・給水場、水路橋、井戸などの（公共）施設が記録されていた。それゆえ、墓地区の滞在者・居住者は、宗教施設の関係者、公共施設の維持にあたる者、聖者とそれに従う者たち、スーフィー、貧者と称される人々、墓掘り人を含む墓地関連業の人々などであった。しかも、女性・子供を含む家族を構成していた場合もかなりあったであろう。また、逗留者にはカイロ＝フスタート住民や近郊の農民、メッカ巡礼途上にカイロを経由した者も含まれていた。[27]この間のカラーファ繁栄の様子は、次の有名な描写に約言される。

> その後、スルターン・ナースィル（一三四一没）王朝（ダウラ）のアミール達は、この地区〔カラーファ〕に墓廟を再建し、アミール・ヤルブガー Yalbughā al-Turkmānī、アミール・トゥクタムル Ṭuqtamur al-Dimashqī、アミール・カウスーン Qawṣūn らのアミール達が建設を行なった。軍（jund）や各地の人々も彼らに追従し、墓廟やハーンカー、市場、製粉場、公衆浴場を建て、建物群がハバシュ湖からカラーファ門まで〔南北〕、そしてフスタート居住地区端からムカッタム山まで〔西東〕至るようになった。カラーファは諸道で区割りされ、大通り（shawāriʿ）も倍増した。そして、多くの人々がそこに住みたいと欲した。それはそこに建てられ墓廟と称された館（quṣūr）の荘厳さゆえであった。また、墓主のそこへの誓約〔義務遂行〕の多さ、カラーファの人々への喜捨の繰り返しや慈善行為ゆえであった。[28]

モスクの数に関していえば、十五世紀以前のカラーファに一万二〇〇〇存在したとされる。ただし、この数字を誇張とみるか、あるいは単にミフラーブを備えた場所と考えるか、あるいはすでに朽ち果ててしまったものも含まれると考えるか、意見は分かれることであろう。[29]他には、アイン・アッ＝スィーラの採石場も機能していた。

この住環境の改善著しい時代には、王朝の有力者もカラーファに住み始めた。その中には宰相(ワズィール)シャムス・アッ＝ディーン Shams al-Dīn Muḥammad Ibn al-Sal'ūs(一二九四没)や、アミール・イブン・ヒラール・アッ＝ダウラ Ibn Hilāl al-Dawla、大カーディー(qāḍī al-quḍāt)イブン・ビント・アル＝アアッズ Ibn Bint al-A'azz(一二九五―六没)、タージ・アッ＝ディーン・イブン・ヒンナー Tāj al-Dīn Ibn Ḥinnā(一三〇八没)らがいる。[30] また、カラーファ出身の著名学者も輩出し、それは碩学シハーブ・アッ＝ディーン・カラーフィー Shihāb al-Dīn Abū al-'Abbās al-Qarāfī(一二八三―四没)をもって嚆矢とする。他にアフマド・ブン・アブド・アッラー Aḥmad b. 'Abd Allāh al-Qarāfī(一四〇二没)、イブン・アル＝ハーイム Aḥmad b. Muḥammad Ibn al-Hā'im(一四一二没)、アブド・アッ＝サマド 'Abd al-Ṣamad b. Muḥammad(一四七二没)らもカラーファで生まれ育った学者であり、これ以外にもスライマーン・アル＝マーディフ Sulaymān al-Mādiḥ(一三八八没)など、カラーファ出身を示す「アル＝カラーフィー al-Qarāfī」というニスバ(由来名)の持ち主や、カラーファに居住していた著名人は枚挙に暇がない。[31] これに関連して、大変興味深い記述を紹介したい。

　この年(八四四/一四四〇―一年)、夥しい数の場所の建築物が改築された。その中には、ナフィーサ廟近くのサイイダ・ルカイヤ Sayyida Ruqayya 廟がある。〔イブン・タカー Shihāb al-Dīn Ibn Taqā を含む〕一部の人々がここを住地としており、参詣はここ数年行なわれていなかった。[32]

すなわち、預言者ムハンマドの子孫を祀るとされた著名聖廟ですら、住居とされていたのである。ここまでみてきたように、カラーファ居住の慣行は墓地の関係者や庶民レベルが先行し、居住条件の整ってきた後には、王朝有力者層がそれに加わっていったものと推定される。

　しかし、十四世紀半ば以降、ペストが猖獗《しょうけつ》を極めたことによる居住地としてのカラーファ荒廃、それと同時に進行した墓地としての拡大が著しかったことも注記せねばならない。例えば一四〇三―四年の災禍によって住民が減少し、また一四三〇年には大小カラーファを含め、カイロ＝フスタート周辺で大量のペスト死が生じた。とりわけ、大小カラーファ在住のタクルールの黒人（al-sūdān al-Takārira タクルールは西アフリカからスーダンにかけての広域を指すが、ここでは中でもマリを示すか）が集団罹病し、ムカッタム山へ逃れたものの、三〇〇〇人中一〇人程度しか生存しなかったといわれる。

この疫病で起こった奇異なできごとであるが、大カラーファと小カラーファには、約三〇〇〇人の老若男女からなる（タクルールの）黒人がいた。彼らはペストで死んでゆき、少数が残るのみとなった。彼らは（ムカッタム）山の高みへと逃れ、まんじりともせずに、夜を明かした。自分達の家族を襲った死におののき、一睡もできなかったのである。彼らは、翌日も山に留まり続けた。二日目の晩、そのうち三〇人が死亡した。朝になり、遺体を埋葬にゆくまでに、一八人が亡くなった（結局、彼らのうち、九～一〇人しか生き残らなかったという）[33]。

彼らは十三世紀に、神の祝福を求めて大カラーファに住みついたとされるが、ムスリムとしてメッカ巡礼の帰路にカイロへ立ち寄り、そのまま居着いたケースが多いと筆者は推測する。その一例として、一三二四年にタクルールの主、マンサー・ワリー（マンサ・ムーサー王）Mansā Walī, al-Malik Mūsā b. Abū Bakr が一万人の従者を伴って、メッカ巡礼の道中にエジプトへ立ち寄り、スルターンに厚遇され、小カラーファに滞在したという記録が残っている[34]。

ペスト流行などによる荒廃に対して、「ヌウマーン・アル＝ミスリー al-Sayyid al-Ashrāf al-Nuʻmān al-Miṣrī がカラーファへの水路橋（maṣnaʻ）の水利（idāra al-māʼ）、カラーファの諸ザーウィヤや複数の貯水槽（ṣahārīj）（の監理）に対して任命され、カラーファの人々に大きな安堵が訪れた」[35]という。この事業は一四四八－九年の彼の死まで続いたが、その後放棄され、一四六〇年には再度、カラーファ住民の大量ペスト死が生じている[36]。一五二六年にカラーファを訪れたレオ・アフリカヌスはペストなどによる荒廃後と注記しつつ、カラーファの居住人口を二〇〇〇家族と見積もっていた[37]。

北東部への伸長

一方、マムルーク朝期には、城塞北東側のサフラー地区にも、スルターンや王朝有力者達の墓廟や宗教施設を中心とした墓地区が形成されていった。例えば、スルターンであったバルクーク(一三九九没)、ファラジュ(一四一二没)、バルスバーイ(一四三八没)、イーナール(一四六一没)、フシュカダム(一四六七没)、カーイトバーイ(一四九六没)、カーンスーフ(一五〇〇没)などがそれに該当する。この地区は、ファーティマ朝期から存在したナスル門外の墓地と連なる形で砂漠へと伸長し[38]、クッバ・アン゠ナスル Qubba al-Naṣr、ライダーニーヤ al-Raydānīya などを北東限の指標として拡大してゆく。この地区は大小カラーファに比べ、王朝支配者層との関連が遥かに密接であり続けたため、人気の参詣場所は比較的少数ではあったが、支配者層による墓廟を含む大規模な複合宗教施設の増加にともない、その吏員や王朝関係者も増え、一般の居住者も増加した。これらの結果、マムルーク朝期から、アブーダッリー Muḥammad al-Abūdarrī(一四四〇-一没)やアブド・アッ゠サマド・アッ゠サフラーウィー 'Abd al-Ṣamad al-Ṣaḥrāwī(一四七五没)など、サフラーウィー al-Ṣaḥrāwī(サフラー出身者)というニスバをもつウラマーが登場し始める。彼らは、サフラー地区の複合宗教施設や墓廟などで育った者であろう[39]。

クッバ・アン゠ナスルはファーティマ朝期に創建され、ペルシア系の貧者達の住むザーウィヤが母体であった。これを改築したのがスルターン・ナースィルである。その後は王朝関係者、とくに軍のマムルーク達との関連が濃密となり、スルターンおよびアミールの参籠場所、あるいは北方からの来訪者の出迎えの場となった。狩猟・通信用の鳥飼育場でもあり、人々を大動員して、雨乞いやペスト終熄の祈願が行なわれた場でもある。さらに、軍、アミール達の格好の集結場となり、このことは叛乱を起こす側にとってのクーデタ計画地・拠点、鎮圧する側の軍集合地となり得たということにつながる。その結果、ここで殺傷がなされたり、戦場へと化した事例も見受けられる。他地区での交戦後にアミール達が敗走する先ともなっていた[40]。

次いでライダーニーヤであるが、ここもスルターン、有力アミールなど王朝関係者との関連が深い。時代的にはクッバ・アン＝ナスルより後、ブルジー・マムルーク朝期のスルターン・バルクーク以降に、より頻用された。同地の鳥飼育場 Maṭ'am al-Ṭayr は有名で、狩猟場でもあった。また、同地のマスタバ（〔観戦用〕長座）では、ポロ競技や競馬など軍人のたしなみとしてフルースィーヤ（武芸）の訓練が繰り返されていた。スルターンはそれを観閲していたのである。ライダーニーヤにスルターンが宿泊した例もみられ、その財庫（khizāna）があったとの報告もある。ここは、シリア・パレスチナ方面への旅程上にあり、同方面へ総督（ナーイブ）等として赴任する軍人は必ずここを経由して行った。それゆえ、北部から帰還・来訪する軍人をスルターンらが出迎える地点ともなっている。また、メッカ巡礼にヒジャーズ地方へ向かう者も、ここを中継していったのである。ここもクッバ・アン＝ナスル同様、有力アミールの待ち合わせ場所として用いられ、モンゴル軍使者の首が晒された四カ所のうちの一つでもある。なお、ライダーニーヤの名は、やはり、ファーティマ朝のアミール・ライダーン Raydān al-Saqlabī がここに園地を拓いたことに因む[41]。

このように、クッバ・アン＝ナスルとライダーニーヤの機能は類似しており、双方とも、軍やアミール達などに格好の集合場所を与え、支配者側にとっても叛乱者側にとっても、重要な戦略拠点となった。王朝政府との結び付きが強固であり、そのためか年代記には頻出しても、参詣の書にはほとんど登場しないという特徴をもつ。

この北東部伸長は、スルターン・ナースィル期に画期をなす。「彼の時代、サフラー地区も城塞とマフルーク門 Bāb al-Maḥrūq の間から、クッバ・ナスルまで繁栄した[42]」のであった。しかし、その後の墓地区拡大の背景には、ペスト大流行による死者の大量「供給」があったことをみすごしてはなるまい。マクリーズィーによると先述のように、一三四九年のペスト流行時、「ナスル門からクッバ・ナスルまでは、ずっと縦に墓地が一杯となり、横幅はムカッタム山まで達した。また、フサイニーヤ墓地からライダーニーヤまで一杯となり、……カラーファも満杯で」あった[43]。

この折、カイロ＝フスタート一帯のペストによる死者は、連日一万〜二万人にも達し、一つの墓穴に三〇〜四〇体を

カイロ北東部，サフラー地区の墓廟群

放り込むケースすら生じたという。これにはイスラーム法学上の問題があり、例えばイブン・ハジャル・アル＝ハイタミーの法学裁定（ファトワー）によると、誤った行ないであった。卑見によれば、これゆえカラーファに埋葬された聖者の逸話中、同じ墓区に他者を埋葬すると、故人が後から埋葬された遺体を地表に放り出す、という伝承が成立し得たものと考えられる。[44]

なお、死者が埋葬される前に集団で葬儀の祈りが行なわれたが、その場所として使用されていたのがムサッラー（祈禱所）であった。一般に、城塞より南の大小カラーファへ埋葬される死者の場合は、フーラーン祈禱所 Muṣallā Khūlān が使用され、ナスル門外からサフラー地区以北に埋葬される死者はナスル門祈禱所 Muṣallā Bāb al-Naṣr において葬礼が執り行なわれていた。[45]

大小カラーファとサフラー地区との間にその性格と機能の偏差も見出される。ここであえて概括して対比するならば、カラーファは聖者や庶民の埋葬地、かつ全階層の参詣地という傾向を有していた。他方、サフラー地区は、王朝支配者層の墓を多く包摂し、王朝の行事が多く催されていた場所であり、庶民にとっては動員された時以外、通常は祈願成就を求めて参詣する場所ではなかった。それゆえ参詣書には、歴代マムルーク朝君主の墓やサフラー地区の荘厳なハーンカー群や、その参詣の「御利益」が記述されることは稀であった。

この背景についての一つの推測は、支配者層がサフラー地区を他の墓地区からはある程度分離させて、彼らが縁者の埋葬を行ない、民衆の参詣を統御しつつ、常に監視の目が行き届くような墓地区とすることを意図していたというものである。さらに、大小カラーファの内で、著名学者や聖者は小カラーファに比較的集中する傾向も認められる。

このように、エジプトにおける墓地区居住は永い歴史を有しており、しばしば指摘されるような二十世紀におけるカイロの急激な都市化によって始まったわけではない。それゆえ、この問題については、エジプト社会における他界観・死生観も含めて、(おそらく古代から)長期間にわたって本源的なところから見直すことが求められていよう。この点、エジプト人研究者は早くから、古代王朝期やグレコ＝ローマン期に遡ってスケールの大きな議論をしてきた。これらも再検討を要しよう。[46]

(2) 死者の街の周縁性

移住と侵入、避難場所

大小カラーファはいくつものオープン・スペースを抱え、荒廃した墓廟や宗教施設一般など、移住を可能にする空間も多数有していた。また北東部のサフラー地区は、砂漠側へ水路を伸長する限り拡大できた。同時に、カイロ・フスタート両都市の周縁部に位置していたゆえ、外部からの侵入や襲撃を被りやすいという脆弱性を有していたのである。

移住については、すでにタクルール人集団の例を述べたが、他にナイル・デルタのカルユービーヤ出身の一団、アジャム(ペルシア系)の人々も居住していた。[47] また、カラーファは震災時に避難場所を提供しており、緊急時に逃げ込んできた民衆を一時的に護り、状況が落ち着いてきてから他地区へ戻すといったアジールもしくは揺籃の役割を果たしていたともいえよう。この点でも、地方からの流入人口を多く抱える死者の街の現況と機能的に近い。

侵入に目を転ずると、ファーティマ朝のエジプト侵攻時にカラーファに侵入してきたマグリブ人とカラーファ住民との間に深刻な対立・抗争がみられたことが想起されよう。ほぼ同時期、カルマト派のエジプト攻撃の恐怖に曝されたカラーファ住民は、怯えて墓地で祈ったり、フスタートへ逃れるなどしていた。[48]より後代では、オスマン朝軍の侵入路・戦場となったのも、サフラー地区北東部のライダーニーヤであった。オスマン朝軍はさらに南下し、カラーファのイマーム・シャーフィイー廟やイマーム・ライス廟 Mashhad Imām Layth を襲撃し、絨毯、ランプ等を略奪している。[49]この他、カラーファ南限部のハバシュ湖畔、クッバ・アン＝ナスルは共に侵入路にあたる要衝であった。

一方、カラーファは移住可能な空地を多く有したゆえ、非常時には避難場所を提供していた。

七〇二／一三〇三年、エジプト・シリアで大地震があり、家屋が倒壊した。そして、瓦礫の下敷となって、多数の人々が死亡した。地震のために津波が生じ、船舶も破壊された。この地震は四〇日間続いたが、人々はカラーファへ逃げ、そこへ自分達のためのテントを張った。〔地震は〕アレクサンドリアに最も大きな被害を与え、海〔津波〕が街(balad)の真ん中まで達した。そして、ラクダや人をさらい、船舶は沈没し、エジプトで数知れぬ家屋が倒壊した。[50]

また、六九九／一三〇〇年、マムルーク朝が大軍を編成した際には、シリア方面からの兵士が過多となり、カイロ＝フスタートから溢れて居住地がなくなり、カラーファなどに滞在している。[51]先述のタクルール君主マンサー・ワリーのエジプト逗留地も小カラーファであり、カラーファ＝フスタート総監〔ワーリー〕の任にあったアミール・アブー・アル＝ハサン Abū al-Ḥasan ʻAlī b. Amīr Ḥājib が、彼らの世話係であった。[52]同様に、七三八／一三三八年、マリーン朝君主アブー・アル＝ハサン・アリー一世の娘、フッラ al-Ḥurra は、四〇〇騎の大集団・家畜群・財物と共に北アフリカ(この場合は現モロッコ)からメッカ巡礼へと向かう途上、カラーファに逗留していた。[53]さらに時代は下るが、一〇六八／一六五八年、ムハンマド・ベク Muḥammad Bīk の用意したマムルークやアラブ(ウルバーン)を含む大軍は、居住できる家屋がなく、カラーファに居住するまでになっていた。[54] これらの事例は、カラーファの空地性とともに、そこが給水・給食可能な場所であったことも示しているといえよう。

墓泥棒と略奪・破壊

参詣案内記は墓泥棒の様子についても活写していた。それによると、死体包布(kafn)、棺(tābūt)や墓柱(ʻamūd)が盗まれていた。さらに他種史料にも拠りつつ、墓廟の略奪まで範囲を拡大してみると、墓廟の銀燭台(qindīl)、絨毯、棺の覆布(sitr)、クルアーン本、天井の木材、窓、住人の衣服などが奪われていた。その場にいた子供が連れ去られてしまった例もある。[55] また、一四二七年や一五一二年には、墓場の死体を掘り返して、ヨーロッパ人に売りつけるという事件も発覚していた。[56] つまり、カイロ周辺の墓地区は、死体の売買を通じてヨーロッパと繋がっていたことになる。

墓地区の略奪に関する事例では、一四五九年や九五年に強盗団による略奪があり、サフラー地区住民が大挙してカイロ市内へ避難する騒ぎもあった。[57] 墓地略奪・破壊は、政治抗争や怨恨の結果であるケースも多い。なかでも七四八/一三四七年には、アミール・シュジャーイ・アッ＝ディーン Shujāʻ al-Dīn の墓を民衆が暴き、その死体包布を剝ぎ取って遺骨を焼くという事件が生じていた。[58]

これに対し、カリフ(ファーティマ朝)、スルターンなど支配者側は、墓暴きや略奪者をみつけしだい、打首(一〇二四年)、鞭打ち・手切断(一三四七年)、顔皮剝ぎ・磔(一四九八年)等の厳罰で臨んでいた。[59] 統治する側は、墓地区に端を発する風紀・倫理体系の崩壊をことのほか恐れており、またそれは、彼ら自身の祖先の墓地を守ることでもあった。この支配者層による墓地区の統御は、後述のカラーファ統治の問題、サフラー地区の公的性格、さらには墓地の公共性の問題へとつながってゆく。ちなみに、ムスリム以外の墓はこうした統制外に置かれていたようであり、ムスリム民衆からの略奪・破壊を被ることがあった[60]。

墓の破壊は、単なる政治抗争や、スンナ派とシーア派の人々の抗争等によっても生じていたが[61]、先述のように、一部の学識者はイスラームからの逸脱という観点から、これを強く主張していた。とくに著名なところでは、イブン・アル＝ジュムマイズィー Baha' al-Dīn Ibn al-Jummayzī、ファーキヒー al-Fāqihī、アル＝イッズ・イブン・アブド・アッ＝サラーム al-'Izz Ibn 'Abd al-Salām、イブン・アル＝ハーッジらの学識者がカラーファの墓建築物一掃を叫んでおり、進言を受けたスルターン・バイバルスなど一部の君主は同意しかけたとさえいわれる。例えば、ティズマンティー Ẓāhir al-Dīn al-Tizmantī は小カラーファのモスクに入り、挨拶の祈り(ṣalāt taḥīya)もせずに座し、モスクの主にそれを咎められると、こう言ったとされる。「なぜなら、これはモスクではないからだ。モスクとはこの地のことであり、この地はムスリム達の埋葬地として捧げられているのだ[62]」。

この背景には、死者の街におけるモスクや他の建築物が二重の意味において、彼らの考えたあるべきイスラームの慣行から逸脱していることを指摘できる。すなわち、ハディース等に述べられる墓地での礼拝禁止、および墓をモスクとすることの禁止に対する背律、また、イブン・タイミーヤの指摘にあるように、神ではなく墓自体や墓の主を尊崇対象化してしまうという逸脱行為(ビドア)である。しかし、現実にはこれらの批判は顧みられておらず、少なくとも、死者の街の墓廟一掃は実行されたためしがない。

境界領域としてのコスモロジー的位相

カイロ、およびフスタートという都市にとって、おそらくヨーロッパの都市における森林のごとく、その外部に存在して人を脅かし、狼や悪魔の出没する異界に相当する空間は、沙漠であったのではなかろうか。沙漠の灼熱、渇水など苛烈な自然条件、ベドウィンによる襲撃、霊的存在による憑きものなどに関する記述は、各種テクストに頻出するものである。そして、カイロ＝フスタートにとって、その異界たる沙漠の入口には、象徴的にも現実にも墓地区群が位置していた。よって、カイロ＝フスタートからメッカ巡礼へ向かう者は、沙漠と対峙する前に、まず墓地区を抜けて出発し、異域へと旅立ったのである。かくして、カイロ周辺の諸墓地区は人の居住圏と、外部の沙漠との間の境界的領域を形成していたと推察される。観方を変えれば、諸墓地区自体が異界の始まりであった。それゆえ、カイロ周辺の墓地区やムカッタム山域には、ジン（精霊・妖霊）、あるいはヒドル（Khiḍr、モーセの旅の従者）がしばしば出没するとされていた。四三三／一〇四一－二年には、クトゥリブという怪物（ghūl）がムカッタム山より降りきて、墓の屍体を次々と食い荒らし、子供をさらうという事件すら記録されている。カラーファ住民は恐怖におののき、街へ脱出したという。[63]

加えて、ムカッタム山やその裾野たるカラーファは、人々からその聖性を畏敬される磁場であった。そこには聖者・スーフィー達が男女を問わず籠って修行し、獣が徘徊して、巫女や魔女も棲むとされていたのである。そこに埋葬された死者達は、最後の審判を前にした幽冥界（barzakh）にあり、依然として生者のごとく知覚し、生者の状況を識ることができるとされていた。しかも一般に、彼らは淋しがっており、生者の到来・参詣を待ちわびているとされていたのである（第1章）。このような状態にあると思われていた死者達が累々としていたのが、カイロ＝フスタート周辺の墓地区なのであった。

(3)　行楽の場として

カラーファのもう一つの重要な側面は、全ての階層の人々にとっての行楽の場であったことである。参詣書は参詣者の心構えを純正なものとすることを第一義に説き、墓地参詣慣行をイスラームの篤信的行為の枠内に位置づけようとしていたため、参詣者が行楽的要素を求めて墓地区へ向かうなどとは決して記さない。しかしながら、その他の史料から、実際の参詣者の行動を跡づけてみると、そこに行楽や憩いを求める要素を見出すことは、少しも難しいことではない。

庶民はとりわけ月夜の晩に、飲食物・甘菓子を大量に携えて、男女・子供も一緒にでかけていた。有力者達も夏の夜、カラーファのモスク中庭に座して、月見しながら歓談していたし、冬には、ミンバル（モスクの説教壇）の下で眠ることを習慣としていたのである。[64]女性や子供も夜まで公然と外出できる、おそらく例外的な場所であった。[65]一説には、最初に人々を伴ってカラーファのマフムード・モスクへラマダーン月の月見（ruʼya hilāl Ramaḍān）へ出かけたのは、裁判官（カーディ）のアフマド・ブン・イブラーヒーム Aḥmad b. Ibrāhīm（九四一没）であったともいわれる。[66]

ファーティマ朝期の粋人達は、カラーファやハバシュ湖畔に泊まり込み、夜を徹して連詩に興じていた。すなわち、アリー・ブン・ザーフィル ʻAlī b. Ẓāfir らは同一のテーマで、あるいは花と木星の比較などという特定のテーマを定めて、交互に詩句を連ねていたのである。その風光明媚な場こそが、カラーファや水辺に近いその周辺地帯であった。[67]

一方、ヨーロッパからの到来者も含め、カイロ＝フスタート外からの旅人にとって、イマーム・シャーフィイーやサイイダ・ナフィーサの荘厳な墓廟施設を含め、カラーファはまず第一に訪れるべき「行楽地」であり、エジプト側もイル＝ハン国から迎えた使節に対して行なったように、外来者をそこへ案内していた。[68]十二世紀初頭頃に、アンダルス（現スペイン）よりカイロを訪れたアブー・アッ＝サルト Abū al-Ṣalt は連れ立ってハバシュ湖畔へでかけ、大木のもとに木陰を求めて絨毯を敷き、詩を詠んでいた。[69]また、メッカ巡礼の途上にエジプトに立ち寄った人々も必ず参詣しており、一部はその記録を残していた。イブン・ジュバイル、イブン・バットゥータ、トゥジービー、バラウィー、アブダリー、カルサーディー、イブン・ルシャイド、ワルスィーラーニーらの旅行記には、彼らの体験したカラーファ参詣・参籠の模様が描かれている。[70]

そこでは、説教壇などからワーイズ（宗教諫言師）が諫言を語るマジュリス（majlis 集会）が行なわれ、カラーファ門付近などでは物語師（quṣṣās）が『アンタル伝』や『ザート・アル・ヒンマ伝』を語り聴かせていた。クルアーン詠みは勝手に節をつけて謡い、全般に憩いや陶酔の要素がマナーの遵守をしのいでいたとされる。すなわち、説教壇や席に連れてこられるワーイズや、月夜の晩などに墓地の間でかたる物語師、男女の混合がもたらされるのだ。同様に、クルアーン詠み達はクルアーンに節をつけて謡い、勝手に加えたり減らしたりする。そして荘重さとマナーを逸脱して大声を張り上げるのだ。誤った箇所を伸ばして詠み、強調すべきを弱めたり、その逆を行なう。[71]

また、歌手による歌、その他の踊りおよびズィクル（踊りを伴う称名）もみられたという。葬儀における「美少年」のカッワール（宗教歌手）の歌を聴きに群衆が詰めかけたことは、第1章に述べた通りである。時代的にみても、ファーティマ朝期にはすでに「人々はカラーファに慣例通り集まり、多く遊興に耽って」おり、女性を含め歌謡もなされていたという。また、一一三〇（もしくは二六）年、ファーティマ朝カリフ・アーミル al-Āmir bi-Aḥkām Allāh はカラーファの館（qaṣr）を改築し、スーフィー達のための長座（maṣṭaba）をその下方に設定したとされる。カリフは上方に座し、タリーカ（スーフィーの道統・教団）の人々がその目前で踊ったとされる。その際、蠟燭が灯されて香炉は薫香で満ち、あらゆる種類の料理や甘菓子が振舞われ、多額の金銭が撒かれたという。[72]

カラーファ南限のハバシュ湖畔、およびハバシュ湖とナイル川に臨む西南限部のラサドやダイル・アッ＝ティーン Dayr al-Ṭīn 付近は、行楽の地として人気を集めた場であった（序章）。ファーティマ朝カリフはハバシュ湖畔に陣取り、男女の歌手や余興の人々、軍人達を集め、飲酒と戯れに興じていた。七四〇／一三三八－九年頃、マムルーク朝スルターンの息子アミール・アーヌーク Ānūk もハバシュ湖畔に館を構え、歌謡や飲酒の乱痴気を愉しんでいたといわれる。[73]

このように、カラーファにおける歌舞には、神を強く意識しての宗教色の濃いものから、単なる娯楽までの大きな振幅を（形式上は）含んでいたと考えられる。いずれにせよ、男女の混在、とくに女性の夜間外出と他者接触、墓場での風紀の乱れに加え、歌舞の一切も学識者達から厳しく批難され続けていた。「女性や若者、ならず者達（ghawghāʾ）が集まり、恥知らずな行ないをしていた」と非難されるゆえんである。[74]

また、参詣書はほとんど記していないが、他種の史料に照らすと、カラーファでも聖者生誕祭（マウリド、マウスィム、ワクトなど)が催されていた[75]。著名なシャイフ・ムハンマド・ワファー Muḥammad Wafā(一三六四没)の場合、彼の墓は「毎年ラビーウ・アル゠アッワル月二十二日夜に、(故人を偲ぶ)機会を催すことで知られていた。大量の金銭が散じられ、群衆が集まっていた」という[76]。一方、サイイダ・ナフィーサのマウリドはその聖廟で一四八四年に始まり、近所に居住していたアッバース家カリフが統括していたため、「カリフのマウリド」と呼ばれるに至った[77](後述)。

さらに、墓地区の広大なスペースを利用し、そのミーダーンなどで軍関係者が行なっていた競馬やポロ競技など各種武芸の観戦は、民衆にとっても大きな娯楽となっており、王朝支配者層と庶民との貴重な接点を提供していた。

なお、現在のエジプト最大の観光地であるピラミッド周辺は、前近代にも畏敬の念をもって接せられ、一定の人々を集めていたが、死者の街には集客や行楽を含めすべての点で遥かにおよばなかった(第6章)。

2　死者の街の経済的基盤とワクフ制度

(1)　経済的回復の場として──財物と報奨の交換

本節では、ワクフを通じた膨大な額にのぼる寄進や参詣者からの喜捨など、大量の財物が動き、貧者や庶民を潤していたとされる墓地区の側面について再検討を試みたい。大量の参詣者と住民・逗留者を抱えるに至ったカイロ゠フスタート郊外の墓地区は、シャーフィイー市場、フルン(パン焼窯・販売窯)等の商業空間を兼ね備えていった[78]。そこでは、一般の商業活動や参詣者目当ての商行為もみられたことであろう。しかし、他地区とは異なる形態の、広い意味での交換・経済活動も見受けられた。ここではこれらを、経済的恩恵と交換の観点から捉え直すことから始めたい。

先に墓地区が居住の場を提供したことを述べたが、人々はそこで経済的恩恵にあずかったり、日常生活で生じた経済的苦境や損失からの回復を期待することができた。[79] 王朝支配者層による建造物の落成式や快気祝い、ナイル川の増水祈願やペスト終熄のための集団祈願、祝祭日や聖者生誕祭、葬儀などの機会には、ワリーマ（宴）が墓地において催され、大々的に食糧・金銭が振舞われていた。

また、ワクフによって運営される各種の宗教施設や墓廟からは、毎週金曜日や祝祭日に、多量の食糧や財物が周囲へ給付されていたが、それらは貧者・スーフィーや孤児らも対象として指定していた。夥しい数の参詣者達も、その場で莫大な額の施しや供物・供犠を実行していたことはいうまでもない。さらに泥棒にとっては、墓廟内の品々・建材・死体包布まで得ることができる場であった。

かかる状況に接し、人々は明らかにカラーファが経済的・物質的恩恵を受けられる場所と認識していた。彼らは金策に窮すると、カラーファへ赴いていたし、周囲からも窮余のときには参詣すべきだとアドバイスされていた。また、「そこでの喜捨の繰返しや慈善行為の多さゆえ、カラーファに住みたいと欲し」てすらいた。あるいは、毎週金曜日に「カイロの全ての貧者は、食べたり、彼らに与えられる金銭を受け取ったりするため、そこへ行っていた」とすらいわれる。[80] ある男は「借金がかさみ、家族からアブー・アル＝ハサン Abū al-Ḥasan の墓へ行って、神に借金帳消を懇願しなさい」といわれて実践し、実際にそこで恵みを得たとされる。[81] 別の例を引くと、

ある人が父親から遺産を受け取ったが、使い果たしてしまった。そのため、借金をしたが、それも消尽してしまった。彼は債権者に会い、借用書を書いた。その後、人々は彼に猶予を与え、三日間待ってやることにした。三日目となり、その人は心の中でいった。「どうやって、この男に支払ったらよいのか」。そこで、カラーファへ行き、大半の墓を参詣し、この墓まで辿り着いた。……そこで、その人は参詣し、神に願った。その後、彼は眠りに落ちた。夢の中で、彼はこの墓の主がキュウリをくれるのをみたかのようだった。それは、時季外れのものだった。目覚めると、墓敷石の上に、キュウリをみつけた。〔以下、キュウリを売って大金を得る逸話が続く〕[82]

これ以外にも、借金返済に苦悩してカラーファを参詣した例は極めて多い[83]。参詣書中でこれらは、墓地での祈願と墓中の聖者の徳、もしくは神への執り成しによって解決へ導かれたかのように語られるのであるが、現実には後に詳述する経済システムによる解決であったに相違ない。

また、墓地で施しをする慣行は、当時のエジプトに深く根づいていたものと考えられる。祈願成就という形で経済回復がなされる場合には、祈願の最も「現世利益」志向的側面が顕然化しているといえよう。死者の街へ向かう者たちの窮状、そしてワクフを通じて、あるいは喜捨などの形による財物を得られるとの思い込みは、時として暴力的様相をも露見させる。

ある商人が財物を持ったまま下船した。そして、彼がこのファーティマの墓に近づくと、群衆が彼の財物を奪おうとして立ちふさがった。そこで彼は、そこに誰が埋葬されているかも知らずに、その墓へと直行した。そして、被葬者を通じて神へ懇願したのである。すると、墓底からこういう声が聞こえた。「神、彼の外に神はなく、永生に自存される御方(クルアーン 雌牛章・二五五節・イムラーン家章第二節)と唱えよ」。そこで彼がそのようにすると、彼を狙い、その周囲を取り囲んでいた人々も同じようにしだした。そして、彼が立ち去るのに気づかなかった[84]。

このように、死者の街は人々にとって、「そこへ行けば何とかなる」というような、経済的欠損状態の回復、そして経済的恩恵の可能性の場として機能していたと結論づけられる。さらに、この経済回復のメカニズムを、そこへ関与する人々の意識の側面から分析するならば、また違った解釈も可能となろう。すなわち、参詣者はカラーファなどの墓地区にて施し・供物・饗応などを行なうが、これらは現世・来世における返礼・報償を期待しての行為であった。というのも、イスラームにおいては、現世での喜捨・巡礼・断食・信仰告白などの善行が、現世、最後の審判、来世に御利益として還ってくると一般に考えられていたからである[85]。そしてその際に、墓地にいる貧者・スーフィーや孤児、その一帯に居住したり逗留したりした者、それを期待して集まった者達の存在が前提とされていた。すなわち、死者の街にいわゆる貧者達が存在し、参詣者の善行を受け容れてくれなければ、参詣者側も善行を積めず、その祈願も叶いにくくなるということになるのである。そのため、このイスラームにおける交換観が共有されている限り、ものを与える側（参詣者）のものを貰う側への優位、といった主客関係は時に意味をなさなくなる。それどころか、ものを持った喜捨する側の方が目前に逼迫した事由を抱えていて、受け取る側がそれほど窮乏していない場合などを想定すれば、主客転倒する場合もあり得たのであった。

このように、貧者・スーフィーは財物などを受け取る代わりに、参詣者に善行を「積まさせて」やり、参詣者が神の祝福や現世・来世利益を得る手助けをするといった共生の構図も窺える。そのとき、参詣者の財物・善行などと、貧者を介しての御利益・報奨、神からの恩寵との交換が、「死者の街」という場で行なわれていたといえるのである。この交換の構図は、マムルーク朝期のシュアイブ・イブン・アル＝フライフィーシュ（一三九八没）によって、みごとに言い表されていた。

貧者とは富める者の医者であり、洗濯者であり、使者であり、護衛である。貧者が医者であるというのは、富者が病に陥ったとき、貧者に施し、彼らが彼のために祈願してくれれば、その病は平癒するからである。彼が洗濯者であるというのは、富者が貧者達に施し、彼らが彼のために祈願すると、富者はその罪を洗い清められ、その財を浄められるからである。貧者が富者の使者であるというのは、富者がその（亡くなった）両親や親戚の一人のために貧者に施すとき、それは死者へ届くからである。このように、貧者は富者の使者なのである。また、貧者が富者の護衛であるというのは、富者が貧者に施し、貧者が富者のために祈願してくれる時、富者の財物はその祈願ゆえに護られるからである。[86]

では、墓地区に蝟集した人々が恩恵を得ることを可能にしていたのは、どのような経済的背景であったろうか。あるいは、人々はなぜ（経済的）恩恵を受けるためにカラーファに住みたいとまで述べていたのであろうか。これらについてさらに掘り下げるために、我々はここでワクフによる墓地区の基盤整備について、詳しくみなければならない。

(2) ワクフによる墓廟運営——聖墓崇敬の基盤としてのワクフ制度

大方の墓や墓廟は、ひとたび建設されると時の経過と共に荒廃し、砂塵へと帰していた。参詣書に記される場所不明となった墓、「朽ち果ててしまい(duthira)、今や砂山と化した」と表現される墓は数知れない[87]。しかし、これを免れるため、聖墓・墓廟の維持・経営には多大な努力が傾注されていた。

これに対して、アイユーブ朝君主サラーフ・アッ＝ディーン(サラディン)のように、王朝君主が直接に聖墓経営へ介入し、管理者をそこへ住まわせ、給与(jirāyāt)を支払うケースがみられた。この場合、聖墓に逗留する聖者・貧者・旅行者達に対しても、月極めの援助金が支払われていたという[88]。

ただし、これは例外的な事例であり、むしろ墓廟の建設や維持運営、そして周囲のインフラストラクチャー整備のほとんどは、ワクフ制度によって賄われていたと考えられる。すなわち、スルターンや王朝有力者、あるいはその他の人々が、カイロ＝フスタート周辺の墓廟(トゥルバ)、ハーンカー、ザーウィヤ等のためにワクフを設定して、それらの維持・運営を図っていたのである。その際、彼らによって、各種の管理責任者が任命され、現場の運営にあたっていた[89]。ワクフを設定される墓の方も、次第に人気を集めた聖者の墓廟に限定されなくなり、むしろ王朝有力者本人の一族の墓であるケースが増え、ワクフの本来あるべき社会還元の側面を矮小化させる結果を招いていた[90]。

さらに詳しくみると、カイロ＝フスタートの墓地区に存在した墓廟・各種の修道施設などへのワクフ設定者としては、スルターンや有力アミール、裁判官、学識者(ウラマー)、大商人、聖者らが記録されており、あるいはそれらの縁者・女性も含まれていた。ワクフ財源として設定された物件についてみると、特定地区(農地を含む)からのイクター収入や、(賃貸料など)建物からの収入などを確認できる。ワクフによる受給対象としては、カラーファのシャーフィイー廟やライス廟、イブン・アル＝ファーリド廟などの著名聖廟、もしくはスルターンおよび有力者一族の墓廟などがあげられるが、実際にはそれら以外の数多の墓廟について給付内容が詳細に規定されていた。それらは吏員としての監督官（ナーズィル nāẓir）、クルアーン詠み、（孤児のための）教師、門番、墓守、清掃者、さらに墓廟で学ぶ孤児、逗留するスーフィー、墓廟の備品としての燭台・ランプとその油、マットや絨毯、水回りの備品、墓に供える香草、祝祭日などに振舞われる食事や菓子、新鮮な牛肉、ナイル川から給水された飲料水などにおよんでいた。[91] スルターン・バイバルスのように、身寄りのない者の湯灌・死体包布・埋葬にワクフを設定していた例も著名である。[92]

有力者によるワクフの管理

ではここで、王朝政府の有力者層による聖廟運営とワクフとの関わりの明らかな例をあげよう。エジプトを代表するスーフィーにして詩人であったイブン・アル＝ファーリド（一二三五没）の墓廟をめぐる経緯は、聖者崇敬現象の成立にもワクフ制度による経済的基盤の確立と王朝による管理という裏付けが深く関わっていたことを物語っている。

シャイフ（イブン・アル＝ファーリド）の墓は、長年、囲い（ḥājiz）すらないありさまになっていた。しかし、スルターン・イーナール（在位一四五三〜六一）の時代に、彼はトルコ（軍）人のタムル Tamr al-Ibrāhīmī とその息子バルクーク Barqūq al-Nāṣirī、そして彼らの仲間をその墓へ派遣した。タムルとその息子はその墓にワクフを設定し、墓の貧者達に饗応と施しをしたのである。ヒジュラ暦八六〇年代（一四五五〜六四年）には、タムルが国庫より購入した自身のイクターからワクフを行なった。そして、そこに聖廟を建てたうえ、管理人（khādim）をつけて給与（jāmakīya）を与えた。そして、バルクークを監督官とした。後に、タムルはキプロスにおけるフランクとの戦いで没し、バルクークがこの聖廟に食事やクルアーン詠みなどのための豊富なワクフを設定し、それはカーイトバーイ（在位一四六八〜九六）がスルターン位に就くまで続いた。その後、カーイトバーイはバルクークをダマスクス総督（ナーイブ）に任じ、バルクークの死まで別人に代行させた。その後ずっと、バルクークの息子がここの監督職〈ナザル naẓar〉を務め、今日〈十五世紀後半〉に至る。[93]

この整備以降、イブン・アル・ファーリド廟は名声を博し、多数の参詣者をエジプト内外から迎える、エジプトの代表的聖廟の一つとなっていった。オスマン朝期の記録によれば、多くのスーフィーやその仲間達がハドラ〈宗教的会合〉に参加し、ズィクルや祈願、故イブン・アル゠ファーリドの詩に基づく歌に興じていた。これについて最もヴィヴッドな見聞を記録したナーブルスィー ʿAbd al-Ghānī al-Nābulusī〈一六四一～一七三一〉によると、その場は異様な熱気に溢れており、参加者のお気に入りのフレーズが唱えられると、「もう一度」という声がかかり、謡い手はそのフレーズを繰返していたという。[94]

また、十七世紀までのエジプトにおける諸聖墓のうちで、人々に最も敬慕されたものの一つであるサイイダ・ナフィーサ廟の管理には、モンゴル軍によるバグダード壊滅後にカイロへ招聘されたアッバース家カリフがあたっていた。現存するアッバース家諸カリフの墓はナフィーサ廟の真裏にあり、ハーキム al-Ḥākim〈一三〇二没〉以降、歴代のカリフがここに埋葬されていた。また、少なくともムスタクフィー Mustakfī〈在位一三〇二～四〇〉以降、彼らが住地としていたのはナフィーサ廟の近くであった。ナフィーサは人々の崇敬を広く集めた女性であったし、預言者ムハンマドの血筋にあたるため、血縁や預言者との関わりからもカリフにふさわしい聖域であったと考えられる。[95]

ムウタディド Muʿtaḍid〈在位一三五二～六二〉以降、アッバース家カリフはスルターンによって、代々、廟の監督職〈naẓar〉を委任されてきた。[96] ただし、廟のワクフ会計官〈mustawfī〉には専門の役人が任用されており、そのうちのある者はキリスト教徒からの改宗者であったようである。他に廟で雇用されていたハーディム〈使用人〉や shāhid al-khizāna〈財庫監督官〉の中にも、史料に氏名が記録されているものがある。[97] 一四八四年に始まるナフィーサの生誕祭〈マウリド〉は、カリフが中心的に参加するため「カリフのマウリド」〈mawlid al-khalīfa〉と呼ばれるに至った。[98] また、歴代カリフは、廟に奉納される膨大な額の供物(ナズル)を利用できたため、これが失われた一三〇五～八七年の間、そしてオスマン朝軍の到来時には大きな痛手となった。[99] 彼らの受け取っていた供物とは、蠟燭と油や、ナフィーサの墓の遺体頭部側に置かれていた賽銭箱の金銭などであったという。[100] しかし、オスマン朝のエジプト支配とともにカリフはイスタンブルへ連行され、一五一七年以降、ナフィーサ廟・モスクにはシャイフ職が置かれていた。そして、アリー・アッ＝サラーヒー ʿAlī al-Ṣalāḥī の一族が少なくとも一八九二年まで、それを連綿と世襲していた。[101]

ワクフによる墓廟運営の例

ここまでの本節の記述からもわかるように、ワクフ収入による墓廟の維持・運営費の中には、貧者・聖者への饗応、墓廟吏員への給与、クルアーン詠み、墓への供物などに対する給費が含まれていた。カラーファ参詣者のグループにまで、ワクフ収入から手当金が支給されていたことも、アミール・スードゥーン Sūdūn min Zāda のワクフ文書から窺うことができる。[102] アミール・ミスカール Sābiq al-Dīn Mithqāl al-Ānūkī のワクフ文書によると、小カラーファのイブン・アッ＝ラッバーン Shams al-Dīn Ibn al-Labbān 廟でのクルアーン詠み二人には、それぞれ月額二〇ディルハムが支給されていた。[103] また、スルターン・バルスバーイ(在位一四二二～三八)のワクフ文書によると、サフラー地区のザーウィヤ、給水施設(sabīl サビール)、クルアーン詠みなどにワクフが設定されていたことがわかる。[104]

さらにここで、歴史家でもあった著名なイブン・タグリー・ビルディー Ibn Taghrī Birdī (一四七〇没)のワクフ文書から、ワクフによる墓廟経営の実態を詳細に探ってみたい。[105] これはいわゆる聖者廟経営の例とは異なり、有力者一族による自らの大規模な墓廟経営のケースに該当する。彼がワクフ財源として設定していた物件は、カイロ市内バルジャワーン Barjawān 街区の建物やデルタ地方のイクター取り分(ḥiṣṣa)など四つに大別できる。次に、ワクフ文書に給付対象として記された、サフラー地区にあるイブン・タグリー・ビルディーの墓廟建物(トゥルバ)の細目は、モスクとされたイーワーン、一族の埋葬堂（fasāqī）、墓地用のハウシュ（ḥawsh 中庭）、カーア（広間）とリワーク（回廊）、トイレ、厩、調理室、墓廟吏員の居室・房室（ṭibāq, khalawī）、給水場（サビール）、その下の貯水槽（ṣihrīj）、給水施設上の子供の図書学習室（マクタブ）から構成され、墓廟住人達、訪問者、とくにワクフ設定者一族の需要を満たしていた。

次に、墓廟管理の諸職とワクフ収入から彼らへの給与（ワクフ条件）に関してみると、門番に月額四〇〇ディルハム（以下、数字は同単位）、ムザンマラーティー（muzammalātī、給水施設を担当）に三〇〇、給水人に三〇〇、墓廟清掃やランプ・香の用意を行なうファッラーシュ（farrāsh、元来は敷物係）に五〇〇、孤児・貧者の子供一〇人への奨学金（書道・クルアーン・教養を師〈faqīh〉から学ぶ）は各一五〇、その師に三〇〇、朝の礼拝後、ワクフ設定者の墓へクルアーンを詠む者二人に各一五〇、給水施設の器具費（水瓶など）に一〇〇、ワクフと建物のシャーヒド（公証人）と図書室係（khāzin al-kutub）に各二〇〇、墓廟の維持・修復費に二〇〇、墓廟とそのワクフ監督官（ナーズィル）に五〇〇、毎朝、墓廟イーワーンにてクルアーンを交替で詠むシャイフに三〇〇、九人のスーフィーに各一五〇など、細かに規定がなされていたのである。

また、ワクフ設定者の定めた規則（shurūṭ）によると、墓廟の吏員はみな墓廟内の住室に住むべきであり、師（ファキーフ）は、火・金曜日以外、子供への教授を休まぬこと、スーフィー達とその師は病気やメッカ巡礼の時以外、墓廟を離れたり、職務を怠ったりしてはならないと規定されていた。これらに反すれば、解雇・交代へつながったことであろう。

この文書にみえるように、イブン・タグリー・ビルディーの墓廟は、モスク、スーフィーの修道施設、子供の学校、墓地などの諸機能を兼ね備えていた。その背景には、マムルーク朝期における墓とハーンカー、ザーウィヤ、リバート、マドラサ（学院）、モスク、クッバなどの結合形態による宗教施設複合体の発展が考慮されるべきであろう。大小カラーファやサフラー地区においても、この形態の施設拡充が目ざましく、シャイフ（師）が弟子・友人・使用人・家族らと共に生活を営んでいた。例えばカラーファ門のハーンカー・カウスーン Qawṣūn には、シャイフと五〇人のスーフィーが任用され、膨大なワクフが設定されていたのである。[106] ハーンカーには王朝有力者の建立によるものが多く、そのシャイフは王朝政府より任命を受け、スーフィー達も登用されていた。それゆえ、あるハーンカーのシャイフ職から、他のそれへと転任するケースもしばしばあり、そこには、ハーンカー間のヒエラルヒーも見え隠れする。[107] 同様に、カラーファへ任命されるウラマーの要職としては、イマーム・シャーフィイーのマドラサ教授職がある。

ワクフ文書からみたカイロ＝フスタート周辺の墓地

それでは、ここでワクフ関連文書（以下、厳密にはワクフ設定以外に、ワクフの交換や売買などの文書も含む）の子細な検討から、カイロ＝フスタート周辺の墓地区について再検討してみたい。

最初に、エジプトに残存するワクフ文書の一般的な構成について示しておくと、ワクフ設定を宣言する序文から始まり、そこにはワクフ設定者の特定も含まれる。ついで、ワクフ財源を確定したのち、受益対象を特定する。さらにワクフ条件（受益対象の運営に関わる管財人や吏員、受益者たる子孫・親族とそれら全てに対する俸給額、運営費の細目、禁止事項など）が述べられたのち、末尾では宣誓を経て全てが確定され、日付などが加えられる。このうち墓地や墓廟に関わる情報がみられるのは、主にワクフの受益対象とワクフ条件（あるいは稀にワクフ財源）に関する記述の部分である。それによって、墓廟などの墓建造物の構造が明らかになることもあるが、得られる情報の大半はワクフによる給費対象となり、墓廟の運営に関わっていた吏員の構成や、その俸給と職務のディテールに関するものであった。

大小カラーファとナスル門外・サフラー地区における事例について、さらにつぶさにみてみると、第一にワクフからの給費対象となっていた人々とは、監督官（ナーズィル）、（墓廟に逗留して学ぶ）孤児、その教師、クルアーン詠み（スーフィーがこの役割を担うこともある。複数の場合、そのシャイフ〈リーダー〉が設定されていることもある）、ワクフ設定者の家族、スーフィー、門番、掃き掃除（kans）や敷物の整備（farsh）の従事者、墓廟へ手向ける香草を用意する者、水回りの準備を担当する者（分業されていない場合は、門番がこれを行なうこともある）、調理番などであった。さらに、墓地内・墓地周辺に滞留していたいわゆる「貧者」(fuqarā' wa masākīn)とされる者たちへの直接・間接の給付についても言及されることを常とする。これら全員に対する月給額も記載されており、恒常的な給費は毎週金曜日に行なわれるよう規定されることが多かった。

第二に、給費の対象物や対象とされる用務としては、香草・ヤシの葉など墓への供物、墓廟で灯されるランプ・燭台とその油、墓廟の敷物や水回り用品、清掃用具、墓廟の修繕費、浄水(miyāh 'adhb)とその給水関連業務、墓廟関係者への平時の食事、祝祭日などに配られる菓子や食物・牛肉・香辛料、孤児などの衣服、埋葬費用や死装束などがあった。

ワクフ文書の精査を通じて明らかになる情報の中でとりわけ貴重なのは、毎週金曜に配られるパン以外の、非日常的な食物・肉・菓子類の配布の詳細に関するものである。例えば、サイフィー・ジャクマク al-Sayfī Jaqmaq の墓廟では、イード・アル＝フィトル(断食明け祭日)にパンを貧者に給付し、墓廟で犠牲祭に牛を屠って肉を分配し、毎年アーシューラーの日には卵・蜂蜜・パンを配布していた。[108] サフラー地区のジャンスー Khuwānd Jansū Arbāy(女性)の建設した墓廟では、ラジャブ月に主食と副菜(ta'ām wa idām)を貧者に配り(年額五〇〇ディルハム)、断食明け祭日にペルシア菓子(hulw 'ajamīya)、パン、フシュナーニク(khushnānik ビスケット)へ給費し(年額三〇〇〇ディルハム)、犠牲祭には牛二頭、アーシューラーの日には、豆穀類(ḥubūb)と米菓子(aruzz ḥulw)へ給費していた。[109] ウズダムル Uzdamur min 'Alībāy のワクフ文書からは、毎年シャアバーン月半ばの夜に行なわれる聖生誕祭(mawlid sharīf)に、肉と料理、パンが用意されていたことがわかる。[110]

一方、ナスル門外に設定されたスタイタことファーティマ Fāṭima al-mad'ūwa Sutayta(大商人の娘)のワクフ文書によると、毎年、シャッワール月の一～三日に、粉・胡麻油・砂糖・ピスタチオ・バラ水・アジュワ(ナツメヤシの実から作った餡)と、それによって作るクナーファ(菓子名)、カアク(菓子名)、パンの制作費が墓廟へ給費され、ナーズィルによって墓廟の貧者や孤児に配分されることになっていた(年額一二〇〇ディルハム)。犠牲祭には屠牛肉が配られ、アーシューラーの日に料理されるパン・肉・蜂蜜・米・豆穀類も給費され、貧者と墓廟関係者に供されていた。[111] 牛肉についてはここで繰り返さないが、ここではアーシューラーの日（ムハッラム月十日）における菓子類の配布慣行が詳述されていて興味深い。[112] このことは、マムルーク朝期にイブン・アル＝ハーッジの記したアーシューラーの日における人々の慣行（鳥をさばき、豆穀類を料理する）とも部分的に呼応するものである。[113] 孤児や貧者などへの衣服供与が規定される事例もみられるが、[114] これは着る服がなくて衣類を求めて墓地で祈願して叶えられた参詣書の逸話とも対応している。

第三に、墓廟関連の吏員の職務内容がわかることがあげられる。ただし、墓廟やワクフの規模によって、同じ職名でも吏員の職掌は異なっており、時代による変化の可能性も今後に検討の余地を残す。とりわけ印象的なのは、いくつもの文書において、ナーズィルが単にワクフ財政を統括したりその経営事務にあたったりするのみではなく、各種の給与支給や、食物・菓子や牛肉、貧者に対する給費も差配することが明記されていたことである。[115] これはナーズィル自らの権益にもつながったであろうし、規定された本給以外にもナーズィルがさまざまな利権に関与しえたからこそ、多くの者がその職を求めたのであろう。このことは、ナーズィル職によって私腹を肥やした者がいたことを明記した年代記・伝記集史料の記述を裏づけるものである。

また、墓守（トゥラビー）の業務や実態は、参詣書からは全く窺えないが、ワクフ文書からはそれを知ることが可能である。彼らは、墓廟でワクフからの給費によって雇用されており、ワクフ設定者の墓へ覆布を用意し、墓に香草・ヤシ葉等を供えたり（一四八二年の事例）、貯水槽の水を満たし、その用具を保全し、墓廟の門の開閉などの業務を行なっていた。[116] ワクフ文書の中には墓掘りの人名まで判明する貴重なものもある。アブー・アル＝アッバース・アフマド・ブン・ラジャブ Abū al-ʻAbbās Aḥmad b. Rajab のワクフ文書によると、Nūr al-Dīn ʻAlī b. ʻAbd al-Qādir al-Ḥusaynī、Muḥīy al-Dīn Yaḥyā b. Muḥammad al-Dimyāṭī、そしてワッラーク墓地 Turba al-Warrāq al-Mālikī のトゥラビーである Nūr al-Dīn ʻAlī b. ʻAbd Allāh、サフラー地区のトゥシュタムル墓地 Turba Ṭushtamur Ṭalbalāī（原文のママ）のトゥラビーであるアリー Nūr al-Dīn ʻAlī b. ʻAbd Allāh ら一〇人がワクフ設定者により選定されて給与額を規定されていた。この最後のアリーだけは自らの属する墓地での埋葬遂行が条件とされており、もしそれ以外の場所に埋葬するのであれば、アリーを除く九人のみに等しく毎月二〇ディルハムが支払われると規定されていた。このような規定がなされたのも、彼らが設定者の墓へクルアーンを詠みかけるという用務が付随していたためである。[117]

なお、門番(バッワーブ)がいた墓廟には、墓守が置かれていないことがかなりあることから、両職は呼称こそ異なったものの、実際の職務としては墓廟の規模や必要に応じて兼務されていた可能性もあろう。そして、門番の職務としてわかるものは、墓廟の門の開閉、掃き掃除、敷物の整備、ランプの灯火などであった。[118] これら墓廟のワクフから給費されていた以外の墓守・墓掘りがいたかどうかについては、不明である。

第四に、しばしば、ワクフはその設定者(男性の場合ワーキフ、女性の場合ワーキファ)とその家族・子孫に対して、現世と死後の双方における自己受益と経済的保障を約束する形に設定されていた。それゆえ、ワクフ設定者が生前は自ら受益者となり、死亡した後は遺族がそれによって経済的にケアされることが規定されている事例も見受けられる。そこからは、娘を気遣う母の姿も窺えた。このように、社会保障制度的な側面も有していたのである。[119]

第五に、ワクフからの恩恵を被ることができる人々として、墓廟の吏員とともに、あるいはそれ以上に一般的に「貧者」が指定されていた。彼らの存在なしには、ワクフを通じた善行は成立しなかったといっても過言ではない。換言するならば、ワクフ設定者は貧者に食物や金銭を給付するという善行と、神からの恩寵との交換を行なっていたのである。[120]

最後に、カイロ゠フスタート周辺の墓地区の繁栄という観点から重要なことは、ワクフを通じて自らの墓廟だけでなく、大小カラーファやサフラー地区にあった他の著名聖廟や一般墓廟への給付を設定するワクフが多々みられたことである。すなわち、善行を「公共」へ拡大しようとする志向性がみてとれる。とりわけ、そこでのクルアーン詠みへの給費を規定したものや、墓地区の給水に配慮する事例が多かったことに、それは顕著である。著名聖廟との関わりについていえば、前述のようにバルクーク・アン＝ナースィリーのワクフからは、小カラーファのイブン・アル＝ファーリド修道場に給費されていたし、カラーファの象徴的中心を占めていたシャーフィイー廟やライス廟、およびそこに逗留する貧者達にも給費が定められていた。あるいは、ムハンマド・ブン・ジャーニム al-Nāṣirī Muḥammad b. Jānim のワクフからは、シャーフィイー廟、ライス廟、ウクバ廟の灯火用油への給費が義務づけられていた[121]。

墓地区の給水・貯水に関してもワクフ文書中で給費が集中していた。多くの吏員や訪問者を抱え、ナイル川やハバシュ湖から幾分離れた小カラーファやサフラー地区では、飲料水をはじめとする水の確保が各墓廟で死活問題であったに相違ない。そのため、貯水槽の整備や、水路や井戸、水運び人による給水システムの確立は枢要な課題であった。ここで筆者が重視したいのは、自らの墓廟の給水だけでなく、近隣の墓地区や著名聖者廟付近の給水に対しても、ワクフ設定者が相当に意を用いていたことである。前出のムハンマド・ブン・ジャーニムのワクフからは、「カラーファの聖者達の諸ザーウィヤ(zawāyā al-ṣāliḥīn)」へナイル川から給水するための給費をしていたし、クスタティニー Zayn al-Dīn al-Qustatīnī のワクフは、小カラーファのタイブガー Taybughā 廟内の貯水槽へ水代を月額二〇〇ディルハム給付していた。また、バルスバーイ期のアブド・アル＝バースィト al-Zaynī ʻAbd al-Bāsiṭ のワクフはライス廟付近の浄めの場(mīḍaʼa)へ給費していた[122]。ダーウード・バーシャー Dāwūd Bāshā の墓廟は小カラーファのライス廟近くにあったが、そのワクフ文書ではライス廟門前に建てた給水施設へナイル川から水を運搬する費用が計上されており、ライス廟の厨房外にある貯水槽へも水が引かれていた。さらに、シャーフィイー廟の揚水施設(sāqiya)を曳く雄牛の豆餌(irdabb fūl)代にすら給費していたのである。このようなワクフによるカラーファ給水は、すでにアイユーブ朝の文書にみられる。ジャマール・アッ＝ディーンらの文書(六三七／一二四〇年)によると、ムカッタム山麓のサーリヤ墓地の貯水槽への給水が規定されていた[123]。

ここまでに垣間見られたように、ワクフ制度による給費は墓地区の生活の隅々まで浸透しており、ワクフによる経済的基盤を欠いては、この「死者の街」の荘厳な佇まいや墓地区のインフラは維持されなかったに相違ない。また、各ワクフは、そのワクフ設定者自身の墓廟だけでなく、墓地区の総体としての繁栄につながるものであり、地区への給水などの公共的側面に配慮を示していた。このように、カイロ＝フスタート郊外の墓地区に点在する数多の聖廟からは、恒常的に富や食糧が泉のように湧出し、墓廟や地区のインフラを支えるとともに、その吏員ばかりでなく都市の下層住民や旅行者を潤し、手厚い保護を与える結果を生んでいたのである。その意味で、ワクフは個人の善意や企図を公益へとつなぐ慈善の回路としても依然として機能していたといえる。そして、マムルーク朝期、一族の墓廟保全と利益のためにワクフが用いられるようになりがちであったとしばしば評されるが、そのような状況にあってもなお、公共への奉仕という側面は部分的にせよ残されていたと考えられる。なお、ワクフ関連文書全体の中で、他の一般地区のワクフと異なり、墓地区のワクフならではという特徴が最もよくでているのは、墓廟の管理や香草の供物など墓にまつわる慣行や運営に関連した支出規定の部分であろう。

カラーファ地区とサフラー地区の監督職

ところで、大小カラーファ地区とサフラー地区における監督官(ナーズィル)については、ワクフ文書以外の史料にも言及がみられた。それらを総合すると、十五世紀半ば頃から、カラーファ監督職(naẓar al-Qarāfa)というように、墓地区に関して監督職(ナザル)が記録されていた。[124]

例えば一四五二年に、シャーフィイー廟、ライス廟および全カラーファの監督者であったムサーリウ Abū Bakr al-Muṣāriʻ が没したが、この人物はもともとならず者(awbāsh)の一人であったものを、スルターン・ジャクマクがカラーファの諸墓廟の監督職へ抜擢したのであった。ムサーリウは、この職によって私腹を肥やしたとされる。次いで、建設者長(muʻallim al-bannāʼīn)であったユースフ・シャー Yūsuf Shāh(一四七一没)は、一四五二年にムサーリウからカラーファ監督職の地位を引き継いだが、翌五三年にはスルターンの義理の息子アミール・ブルドバク amīr Burdbak がその地位を奪っている。また八七年には、あるカーディー（裁判官）が大小カラーファ監督職（naẓar al-Qarāfatayn）を解任されていた。九二年の時点で、al-Baybarsīya、al-Saʿīdiya、al-Ṣāliḥ のワクフ、そして大小カラーファの監督職およびそれに類する職は、ウスターダール（執事長）のタグリー・ビルディー Taghrī Birdī の管轄下にあり、のちにダワーダール（印璽長）のタグリー・ビルミシュ Taghrī Birmish のもとへと移されていた。さらに九五年、カーディー・シャムス・アッ＝ディーン Shams al-Dīn Muḥammad（一五〇六没）は大小二つのカラーファの監督職、および諸ワクフの監督官（naẓar al-aḥbās wa al-awqāf）に任命されていた。

これらの記録をワクフ文書も含めて再整理するならば、カラーファ（もしくは大小カラーファ）の監督職は、大小カラーファに存在した諸々の墓廟やハーンカーなど、そしてそれらのもととなるワクフやその財務に対して、全般的な監督に携わっていた可能性がある。ただし、個々のワクフの財務にどれほど深く関与していたのかは今一つ判然としない。個々のワクフにおいて、ワクフ設定者の子孫などが務める監督官と共同するかもしくは単独で監督官を務めて、それを複数兼務することによって、より広域のカラーファ全域へ監督力を拡げていたのか、あるいは王朝政府によって最初からカラーファ全体へ、各ワクフの監督官と併存する形で任命されていた可能性もある。後者の場合、次章に述べるカラーファ総監（ワーリー）の職掌（もしくはその一部）に近いことになろう。この前提として、マムルーク朝期のワクフ設定においては、監督官がワクフ設定者の子孫に限定されておらず、とりわけ軍人との協業による監督が複雑な形態でみられたことを指摘できる。

一方、サフラー地区に関しては大小カラーファと異なり、サフラー全体の監督官という形の任命はみられず、特定墓廟の監督官がスルターンによって任命されていた。一四五二年、スルターン・ジャクマクはワクフ設定者によるワクフ規定によってバルクーク廟 Turba al-Ẓāhir Barqūq の監督官に任命されていたムヒッブ al-Muḥibb b. al-Ashqar を解任し、アリー・アル＝ムフタスィブ al-Shaykh ʿAlī al-Muḥtasib（一四五八没）を後任にあてていた。前者は秘書長（kātib al-sirr）を務め、バルクーク廟の監督職を解かれた後に、やはりスィルヤークース修道場 Khānqāh Siryāqūs の監督職の任にあたった人物であり、後者は本職以前にフスタートとカイロのムフタスィブ（市場・風紀監督官）を歴任していた。このように、サフラー地区における監督官は、各墓廟のワクフ監督を、（複数のワクフにおける監督官を兼務する場合も含めて）担当しており、そのうち少なくとも大規模施設の場合は、スルターンによって直接任免されていたのである。[125]

以上、ここまでワクフによる墓廟運営に焦点を絞ってみてきたが、墓地経営にワクフ収入以外があてられていたケースとして、埋葬希望者から直接代金をとって墓地運営を行なっていたハーンカーのシャイフがいたことも注目に値する。この例も含め、サフラー地区のスーフィーヤ墓地区の発展を通時的に追うことで、本節を締めくくりたい。

この墓地からムカッタム山にかけては広大な空地であり、カバク・マイダーン Maydān al-Qabaq（マイダーンは広場・競技場の意）、イード・マイダーン Maydān al-ʿĪd、アスワド・マイダーン Maydān al-Aswad として知られていた。それは、城塞とクッバ・ナスルの間で、アフマル山の麓にあたる。七二〇／一三一九―二〇年以降になると、スルターン・ナースィル・ムハンマドはムスリムの墓を踏みつけることを恐れてそこへ下向しなくなり、人々が建物を建て始めた。最初に建設した者はアミール・カラー・スンクル Shams al-Dīn Qarā Sunqur で、現在スーフィーヤ墓地 Turba al-Ṣūfiya に隣接する、彼の墓廟を計画したのだった。彼は貯水槽を建て、その上をモスクとした。次いで、ニザーム・アッ＝ディーン Niẓām al-Dīn Ādam akhū Sayf al-Dīn Salār がカラー・スンクルの墓廟の向かいに、墓地（madfan）と貯水槽、モスクを建て、アミールや軍人達、フサイニーヤ住民もそこへ墓建物を連ねてゆき、マイダーンの道を塞ぐまでに至った。その後、サラーヒーヤ・ハーンカー al-Ṣalāḥīya li-Saʿīd al-Suʿadāʾ のスーフィーらが二フェッダーン分を確保して石壁で囲い、彼らの埋葬地とした。七九〇／一三八七―八年に、彼らはカラー・スンクルの墓地からも、別の一画を追加していた。人々もこのスーフィーヤ墓地の死者達への参詣に多数到来し、そこへの埋葬を強く希望したため、ハーンカーのシャイフ・シャムス・アッ＝ディーン Shams al-Dīn Muḥammad al-Balalīがそれを統括するまでに至った。彼は埋葬希望者から財物を支払わせることによって、これを許可した。すると、多くの悪の手先(aʻwān al-ẓulma)や彼の措置に感謝せぬ者たちが、そこに埋葬を行なった。それゆえ、遊興の場・女性達の溜り場と化してしまった。この後、数十人の有力者が競って墓廟を建築し、八一四／一四一一－一二年頃には市場(スーク)、製粉場、公衆浴場、パン焼窯(フルン)、商館を兼ね備えた空間へと化していった。このサフラー地区には、このようにウラマーや、聖者達が集まっている墓地は他にない。[126]［要約］

この事例に他のケースも勘案して考えると、マーリク派やハンバル派など特定の法学派の人々が集中した墓地には、やはり著名聖者が埋葬されていて人気の高かったものがあり、ハーンカーなど特定の宗教施設に付随した墓地も、先に埋葬されていた著名人・聖者にあやかって好まれた傾向があったようである。そして、それが実費と引き換えに一般の埋葬へと門戸を拡げるようになったのは、ようやく十四世紀末から十五世紀初めにかけてのことであったと想定される。

本章では最初に、アラブ征服期からマムルーク朝に至る死者の街の消長の歴史を辿った。元々エジプト住民の墓地であった死者の街は、墓廟・モスク・ハーンカーなど諸宗教施設の整備に伴ない、その管理運営にあたる人々の住地ともなっていったのである。それに並行して、市場・公衆浴場・パン焼窯などの公共設備も整い、さらに、集団参詣の活発化、行楽や遊興の場としての展開から、居住・逗留・建設行為の場として定着してゆく。

次いで、この死者の街がエジプト社会に対して果たした多様な機能の諸相も検討してきた。同地は移住を可能にする多くの空間を有し、地震など非常時には避難場所を提供したが、カイロ・フスタート圏の周縁部に位置していたため、外部からの侵入を被りやすい性格も備えていたのである。現代の死者の街への居住問題につながる根もすでにここにみられ、墓泥棒・略奪も横行していた。これに対して、聖墓の維持・経営にも多大な労力が注がれ、主にワクフ収入によって、墓管理人の給与からクルアーン詠み等に至るまで、管理・運営されていたことを検証した。そこにはさらに、マムルーク朝期における墓とモスク・マドラサ・ハーンカー等の結合した形の新たな宗教施設複合体の発展もみられた。また、死者の街はエジプト住民・旅行者にとって、歌舞を含めた行楽・憩いの場であり、人々は月夜の晩に飲食物を携えて繰り出していた。加えて、大量の財物・食糧の分配される場でもあり、庶民側も経済的恩恵を受けられる場として意識していた。

他方、ワクフを通じた経済的基盤についてみると、それを欠いては死者の街はほとんど成立し得なかったと思われるほど、枢要な制度であった。もちろん、ワクフを設定して一族の墓廟を建設する有力者は自身やその子孫の利益を考慮したであろうが、自身の天国入りにもつながる善行として、墓地区において大変な量の財物や食糧が撒かれた。無数に存在する泉から間歇的に水が湧き出すかのように、各墓廟からワクフ規定に基づく大量の食糧と財物が人々へ惜しみなく与えられ続けていったのである。

ワクフ文書の検討からは、給付対象となっていた吏員の種類とその給与額、墓守や門番、清掃員を含む吏員の職務内容が明らかになった。また同文書は、墓へ手向ける香草・ヤシの葉などの供物、祝祭時に配布される菓子や牛肉・香辛料などの実態まで、詳らかにしてくれる貴重な史料であった。ワクフの設定には、ワクフ設定者本人やその家族、子孫のことが受益者として配慮されるとともに、必ず「貧者」への善行が伴われていた。自分達の墓廟ばかりでなく、他の聖廟も含めた墓地区の整備が念頭に置かれ、浄水の確保は常に考慮されていたのである。

このようにワクフ文書からは、他の史料からはわからなかった墓廟などの吏員の活動や実態、墓地の住民が得ていた利益の詳細が解明されてゆくと考えられる。同時に、参詣書や他の史料が記す墓地での慣行に呼応する記述がワクフ文書に残されており、供物、クルアーン読誦、食物や財物の配布、浄水の確保など、実践された慣行のほとんどの背景にそれと対応するワクフの規定とワクフによる経済的基盤があったことが明らかとなった。換言すれば、ワクフはこれらの慣行を根拠づけていたといえよう。ワクフ文書の記述の全てがその通りに実践されていたのではないかもしれないが、本書の事例のように互いを裏付ける形で符合を示しつつ、参詣書とワクフ文書は墓地における慣行と制度を記述していたのである。

では、このようなワクフによる墓地区への給費システムは、どの時期に確立したのであろうか。あるいは、荘厳な墓廟建築が増加してそこへワクフが設定され、ワクフ文書が墓地における諸慣行について規定するようになるのはいつ頃からであろうか。先述のように、アイユーブ朝期のワクフ関連文書には、すでに墓廟の各種吏員や周辺の貧者への給付や、墓地の貯水槽への浄水供給などが定められていた。また、その後のワクフ文書の記述を時系列的に追ってみると、墓へ手向ける香草やスーフィー関連の詳細についての規定などは、おそらくより後代になって出現するようになるようである。この点については、今後、さらに詳細な検討を進めたい。

第4章　王朝政府による統御と死者の街の公共性

エジプト死者の街における聖墓参詣や聖者崇敬について考察を深めてゆくと、支配権力が参詣対象となった聖墓地区をいかに統御しつつ維持したのかという問題の枢要性が浮かび上がってくる。支配者層は、行楽や遊興の側面もあわせもち、当時のエジプトで最も人が集まる場所であった同地区からの風紀の乱れや、自分達の先祖の墓地も含まれる地区の荒廃を非常に恐れていた。そのため、カラーファ統轄のための官職を設ける一方で、ワクフ(寄進)などを通じて墓地区のインフラストラクチャー改善に鋭意取り組んでいた。また、王朝政府当局は聖墓参詣の過熱した場所へカイロ総監(ワーリー)などを派遣し、ウラマーと協力して聖墓の検分と一元管理化を指向していた(第2章)。

本章では、王朝による統御の諸政策[1]、さらに王朝政府による墓地区の統括について、そのワーリー職設置などの意味も含めて考察する。また、支配者層の活動の分析を通じて、死者の街が支配者層と民衆の貴重な接点を提供していたことも明らかにしたい。その上で、庶民・ウラマー・王朝支配者層など、各社会階層の死者の街への関わり方について論じる。そして最後に、カイロ＝フスタート郊外の墓地区の「公共性」についてさまざまな角度から検証を試みたい。筆者によるものも含めて、これまでの死者の街研究には心性史研究や墓地区の宗教施設研究への傾きが認められるが、当該社会における支配権力との関係を総体的に研究することを通じて、それをより大きな枠組み内で再考するねらいも含めている。

1　死者の街と支配者層

(1)　王朝政府による死者の街の統御

アミール・キトブガーへの覚書

犯罪が多発し、外部からの侵入を被りやすく、しかも性差・年齢・階層の混合がみられた行楽の地でもあった「死者の街」は、風紀を取り締まる側からすれば、この上なく危険かつ不穏な場であったに違いない。聖者達の墓、祖先や自らの墓地の風紀と秩序を守ることは、宗教関係者の要請のみならず、彼ら自身の願いでもあったろう。しかも、墓地区は、王朝政府の中枢である城塞の真下という至近距離に位置していた。それゆえ、政府はその統御に腐心し、たびたび女性の参詣禁止などの厳しい措置を講じてきた。[2] その代表的施策を記したものとして、マムルーク朝スルターン・カラーウーンによるアミール・キトブガーへの覚書(tadhkira)があげられよう。これは、カラーウーンがシリア出征に際してエジプトへ残した副スルターン(ナーイブ・アッ＝サルタナ)キトブガーへ宛てたものとされる。六七九／一二八一年に起草されたとされる同覚書によると、「ムジャッラド(mujarrad 派遣警備兵)がカイロとフスタートの周辺に、慣例通りに配置される。カラーファ地区……も同様であり、それは一晩たりとも疎かにされず、彼らは出征や完全な黎明の後以外、持場を離れてはならない」、そして、「金曜日の夜、男女が(大小)二つのカラーファに集まらぬよう布告する。(とくに)女性にはそれが禁止される」とあった。[3]

ところで、これとおそらくほぼ同時期に、やはりエジプトに残されたカラーウーンの息子サーリフ al-Malik al-Ṣāliḥ ʻAlī と、その弟ハリール Ṣalāḥ al-Dīn Khalīl へ宛てても、三通の覚書が残されていた。そのうちの一通の起草者であったシャーフィウ・ブン・アリー Shāfi' b. 'Alī（一二五二～一三三〇）は、これら三通を自著 *al-Faḍl al-Ma'thūr* に収録していた。それによると、女性の参詣についてこそ言及はないものの、二つのカラーファや城塞のカラーファ側の警備を疎かにせぬようにと、キトブガーへの覚書とほぼ同内容が三通のうち二通に記されていた。これらの覚書は、いずれもスルターン不在の間の大小カラーファ警備がいかに重視されていたかを示すものといえよう。[4]

ムフタスィブによる取締りと処刑

ムフタスィブ（市場・風紀監督官）も墓地の現場視察と風紀取締りに従事していたものと思われる。『ヒスバの書』には、少なくともそうすべきであることが明記されていた。[5] 彼らは、埋葬場所の選択、遺体の洗浄、埋葬、墓参、墓の形式などを監察し、とくに女性による墓参・参詣、哭き女の慣習、葬送参列を取り締まることになっていた。

また、ムスリムの墓地区としての風紀粛正には、裁判官（カーディー）やウラマーらも賛同し、あるいは率先して協力していたことが推察される。彼らは属する法学派に関わりなく、墓地区における規律の強化を打ち出していた。その中に、支配当局と協働して、墓地区外に聖墓の存在が確認されたなら、墓地区へ移葬しようと尽力した者もいたことは、第2章の事例からも明らかである。彼らは時に聖墓地区の一元的管理を志向していたともいえよう。[6]

さらに、当局による処刑は通例、城塞などで執行されていたが、カラーファ、サフラー地区など墓地区が処刑場として使用されたことも知られている。この場合、王朝政府による墓地区の統御という側面から考察され直すべきであろうし、後述のように墓地区が王朝支配者と民衆との接点をなしたり、王朝政府から民衆へ向けてのプロパガンダの舞台と化していた史実に鑑みれば、墓地区での処刑は単に埋葬の簡便さを考慮しただけにとどまらず、みせしめの意味合いも込められていたことになろう。主として、墓泥棒が処刑された例が多いが、七九三／一三九一年にはサフラー地区で、投獄されていた有力アミール達も打首に処されている。[7]

これに対して、一時的な方策ではなく、恒常的かつ体系的にカラーファの風紀を監視するシステムも練り上げられていった。それがカラーファ総監(ワーリー wālī)職の設置である。

カラーファ総監職の設置

カルカシャンディー(一四一八没)によると、マムルーク朝カイロとその周辺の警察管轄区(wilāya shurṭa)はカイロ地区、フスタート地区、カラーファ地区に三分されていた。カラーファ総監にはフスタート総監の監視下、十騎長(amīr ʻashara)が任命されたが、その後フスタート管区に併合されたという。併合後、フスタート管区は格上げされ、カイロ管区と同様に四十騎長(amīr ṭablkhāna)がこの任にあたったとされる。[8]

この一節に年代記の記述を照合してみると、一三八五年に「初代」の十騎長カラーファ総監スライマーン Sulaymān al-Kurdī が、フスタート総監と別個にスルターン・バルクークによって任命されていた。[9] 次いで、九〇年には、先のスライマーンがフスタート総監に任命されており、カラーファ総監と兼任になった可能性がある。[10] 九九年にはそれを引き継いだフスタート総監サーリム・アッ＝ディーン Ṣārim al-Dīn Ibrāhīm のもとに二カラーファ管区が併合され、一四〇一年(ラジャブ月)にアミール・タバル amīr tabar であったナースィル・アッ＝ディーン・ムハンマド Nāṣir al-Dīn Muḥammad がカラーファ総監となるが、結局、同年末には、カラーファ管区がカイロ総監であったナースィル・アッ＝ディーン・ブン・アッ＝タブラーウィー Nāṣir al-Dīn b. al-Tablāwī のもとへ再統合されていた。[11] このように、結果としてカラーファ管区はカイロ、フスタート両管区と分離・併合されつつ、処遇されていたことになる。ただし、これらは管区の統廃合というより、総監職に任じられた人物の個人的な事由に合わせて生じていた可能性も残る。

一四〇一年以降、カラーファ総監に関する年代記の記述は途絶えるが、ナーズィル(監督官)の職名であれば、一四七一年などにみえる。[12] なお、史料を精査してみると、一三八五年以前においても、ファーティマ朝期(一一三〇年頃、Ibn

Shu'la al-Kutāmī)、六七二／一二七三－四年、七〇六／一三〇六－七年前(カラーファ統轄ナーイブ)、一三二四年(Abū al-Ḥasan 'Alī b. Amīr Ḥājib がカラーファとフスタートの総監)、七三七／一三三六－七年(Ibn 'Usayla)あるいは一三三九年に、カラーファ総監(wālī, mutawallī など)についての記述を見出すことが可能である。[13] これらの時期には分離独立せずに、実際には他管区の一部門として機能していたのか、管区などと表現されるような組織体系に拘泥されずに特定個人が任用されていたのか、あるいはマクリーズィーらの書き落としであったのかも知れない。

他方、サフラー地区に関しては、ワーリー任命の記事は全くみえない。ここへは王朝政府による監督がカラーファよりさらに直接およんでいたのか、あるいは他の管区による対応が可能であったのか、ナーズィルがその業務も兼ねていたのか、などが想定される。なお、カラーファ地区とサフラー地区におけるナーズィル職については先述した(第3章)。

(2)　王朝支配者層と死者の街

支配者層の参詣・喜捨・建築行為

ここからは、王朝支配者層がカラーファ統治以外の側面で、どのようにカイロ＝フスタート周辺の諸墓地区と関わっていたのかを検証してみたい。最初に彼らの参詣行為(ズィラーヤ)についてみると、九世紀のトゥールーン朝期の君主イブン・トゥールーン(八八四没)とその息子フマーラワイフ(八九六没)から、イフシード朝の君主カーフール(九六八没)、ファーティマ朝の支配者層(カリフのハーキムとアーミル、アミール・アル＝ジュユーシュのアフダル、ワズィールのマームーン、ザーフィル、アーディド)、アイユーブ朝のスルターン・カーミルなどと、多分に伝説化を伴っているとはいえ、各時代を通じて著名な君主や王朝の有力者がカラーファ参詣を実践してきたとされる。[14]

マムルーク朝期に入っても、スルターン・バイバルスがその範例を示したように、参詣慣行はますます隆盛をみせていた。[15] ここでブルジー・マムルーク朝期のスルターンに限定して判明しているものを記すだけでも、スルターン・バルクーク(一三八四、九四、九五年)、ファラジュ(一四〇九年)、ムアイヤド・シャイフ(一四一九年にサフラーで祈願)、バルスバーイ(一四三八年)、ジャクマク(一四四二年)、イーナール(一四六一年)、アフマド・ブン・イーナール(一四六一年)、フシュカダム(一四六二、六五、六六、六七年)、カーイトバーイ(一四六八、六九、七〇、七一、七二、七八、八〇、八一、八二年)、ムハンマド・ブン・カーイトバーイ(一四九六年)、カーンスーフ・アル゠ガウリー(一五〇八、一〇、一二、一四、一六、一七年)、トゥーマーンバーイと、参詣がほぼ慣例化しており、墓地においては大規模な喜捨・饗応・食糧配給などを繰り返していた。[16] そして、君主のみならず、臣下の有力者も追従、もしくは率先して同様の行動をとっていた。例えばフシュカダム期のワズィールであったユーヌス・ブン・ウマルは、毎週金曜日にカラーファ参詣を行なったことで知られていた。[17] また、参詣には直接出向かず、喜捨・配給の手配のみをした例も多くみられる。死者の街には彼ら自身の先祖・肉親の墓地も含まれており、その墓参の例を見出すこともできる。

各スルターンの参詣回数の多寡については、史料によって記述に精粗があるため、そこから信仰心の度合などについて結論づけることは難しい。しかし、君主による参詣は、民衆との接点をうみだすことにつながり、またそれは君主の民衆間での名声へとつながり得た。この点では、次節で扱うパフォーマンスの論点と重なる部分が多くある。

加えて、すでに触れたように、彼らは参詣のみならず、競って墓地に建築事業を行なっていた。[18] 自らの墓廟のほかに、学院・モスク・ハーンカー(修道施設)など、あるいはそれらが複合した形態の建造物が支配層の名のもとに、続々と建設されていたのである。この建設事業は、人々へのアピールであると同時に、建設者側の個人的な資質や宗教政策、墓地区への関心の度合いをおそらくある程度反映しており、彼らの参詣行為とも密接に関連していたと思われる。

支配者層の祈願・宴・パレードの舞台

支配者層は、墓地区へ人々を大々的に動員して、ナイル川満水の雨乞いやペスト終熄の集団祈願を行なっていた。ペストの猖獗時、エジプトではファトワー〔イスラーム法学裁定〕に反して市内を離れて遁走したり、科学的に原因を究明しようとする者もいた一方で、護符など呪術に頼る傾向もみられた。しかし、神より下されたと認識されたこの試練に対して、最終的には万物を司る神による解決に優る方策はなかった。すなわち、ナイル渇水を含む天変地異に対処するのと同様、神への祈願行為が不可欠と認識されていたのである。ただし、人々の中には、ペスト蔓延を彼らの腐敗・不道徳に対する神の怒りと捉えただけにとどまらず、腐敗根絶という名のもとに、遊興の場や酒・大麻吸引の場を破壊したり、女性の外出を禁止したり、あるいはキリスト教徒地区を襲撃するなどの方向へ先鋭化する流れもみられた。[19]

では、ここで王朝支配者主導による墓地での祈願の一例をあげる。

〔一四一九年〕ペストが蔓延し、突然の死が増加し、人々が戦慄するまでになった。そこで、スルターン・ムアイヤド・シャイフはペスト終熄のため、ムフタスィブを通じて三日間の断食を布告し、その第一日目はラビーウ・アッ＝サーニー月の十一日・日曜日であった。人々は断食し、その月の中日、木曜日にサフラー地区へでかけた。カリフ、法学者〔フカハー〕、ウラマー、スーフィーの主だった者、裁判官、庶民らと共に、宰相〔ワズィール〕とウスターダール〔執事長〕が、マリク・アッ＝ザーヒル〔スルターン・バルクーク〕の墓廟へと行進した。彼らはカリフの旗とクルアーン本〔マスハフ〕を掲げ、神への称名を声高くし、ユダヤ教徒・キリスト教徒の一団も各々、頭上にトーラー・福音〔各々の経典〕を載せて参加した。彼らは料理場を設け、食物の用意に夜を明かした。その後、朝の礼拝後、スルターンが騎行して城塞より下向した。彼はスーフィーのごとく獣皮〔の服〕を纏い、肩には獣皮による覆いもかけ、極小のターバンを被っていた。彼は恭順かつ、傷心の心持ちであり、その馬にも質素な布を着せていた。彼は人々が行進して集まっているのをみて、彼らの間に止まったが、彼らは神の名を称えて哭き叫んでいた。スルターンは馬から降り立ったが、その周囲には裁判官やカリフ、シャイフ、そして、数えきれぬほどの人々がいた。ムアイヤドは地面に顔を擦りつけた後、両手を広げ、哭きながら祈願し、人々はそれを見守った。そして、その状態で長くいた。その後、貧者に一五〇頭の羊や一〇頭の牛、二頭の水牛とラクダなどの屠獣、大量の食物が振舞われた。そして、三万枚のパンが囚人や諸宗教施設へ分配され、人々も祈願を続けた。[20]　［要約］

この種の集団祈願は一三四九、七三、一四〇三、一六、一九、二〇、三〇、五〇年など、ナイル川の増水停止やペスト猖獗のたびに繰り返され、サフラー地区、あるいはカラーファの南西端にあたるラサドやアーサール・アン＝ナビーがその会場に設定されていたのである。[21]ムスリムだけでなくキリスト教徒・ユダヤ教徒も各々の経典を掲げてムカッタム山麓へ集団行進し、そこで集団祈願を行なうというこのような慣行自体は、少なくともトゥールーン朝期の八八四年まで遡ることができる。[22]以上に他の記録もあわせて読み取れるのは、第一に、サフラー墓地区、とくにバルクーク廟付近の公的性格である。支配者主導の祈願は北東地区のこの場所で行なわれ、一方、大多数の庶民はサフラーへ駆り出された場合以外、布告によるときも南のカラーファ地区で祈願を行なっていたのである。[23]他に庶民が通常、雨乞いに自由意思で参詣していた場所としては、カラーファのウスマーン一族廟などがあった。

第二に、エジプトのキリスト教徒とユダヤ教徒も必ず、官製祈願の際には召集されていた。マムルーク朝期政府にはキリスト教徒などの官僚が多く雇用されていたため、この王朝行事に彼らが参加することは当然とも考えられようが、彼ら「啓典の民」も揃って初めてエジプト社会全体としての一体感が得られ、集団祈願も効力を得たのである。また、コプト・キリスト教徒は例年、ナイル川増水の祈願を教会で行ない、川沿いで祝祭も催してきた。これもキリスト教徒とナイル川とが結びつくという印象を深めていたかもしれない。[24]第三に、前の点とも関連して、この祈願儀式の「ワキ」としての庶民の参加も不可欠であった。祈願後に行なわれる喜捨・食糧分配という善行を神に捧げ、それによって祈願がより効力をもつといった「現世利益」や来世の利益を得るためにも、彼らの存在は欠かせないのである。また喜捨は、参加した庶民からすれば、その対価・労賃とも受け取れよう。

第四に、ナイル減水時とペスト蔓延時の祈願儀式は酷似しており、ペスト流行を天災と同一の回路で解決しようと試みていたことと、それも究極的には神の御業によって統御される事柄と捉えていたことを確認できる。第五に、スルターンがスーフィーもしくは聖者の身なりをしていたことは、これがたとえ個人的な資質による部分があるとしても、神のもとで恭順かつ純正な自己を表現する、当時の典型的なスタイルとしてアピールしたことを示している。彼は神との間の仲介者の役割を果たすべく、聖者を演じていたこととなろう。

一方、支配者層による宴・饗応（ワリーマ）も、しばしば墓地区において催されていた。君主らは墓地区への建築行為に極めて熱心であり、その学院（マドラサ）、ハーンカー等建造物の完成祝いなどには、この種の宴が欠かせなかったのである。これは、単なる娯楽というより、儀礼・宗教的意味合いが濃く、多くの有力者・宗教関係者・貧者を集め、クルアーン読誦とともに大規模な施し、食糧・屠畜物の分配を伴っていたものである[25]。

以上の事柄を、支配層による参詣・建築行為と合わせて考えてみるならば、死者の街地区は彼らにとって惜しみなく善を振舞う「善き君主」を演ずる格好の舞台となっていたといえるであろう。しかも、それはサフラー地区やカラーファという厳かな場の聖性を帯びることができる舞台であった。同時にそれは、支配者と庶民との重要な接点をも作り出していた。すなわちそれは、参詣・喜捨・饗応などの場面で民衆が彼らに間近に接する場面であり、祈願成就という文脈からも、ワキとしての民衆の存在は必須であったのである。さらに、これらの墓地区から宗教関係者の情報網や庶民間の噂によって、支配者層の善行は版図中に喧伝されたものと推測できる。これら全ては王朝政府側からみれば、個人的に心から祈願成就を願う一方、やはり庶民の人気を獲得し、世評を高める一施策ともなっていたと受け取れよう。

かかる場であったがゆえ、スルターンなどのパレード中にも、墓地区方面は通過点に加えられていた。これも、パレードを神聖化する上で、象徴的な意味合いを担っていたものと思われる。スルターン即位後に慣例の市中パレードにおいては、最初にサフラー地区のクッバ・アン＝ナスルへ向かい、その後に墓地区を通ってカイロ市内へ北のナスル門側から入り、飾りつけられた市内を行進した後、南のズワイラ門から退出して城塞へ戻る、といった反時計回りの弧を描くコースがとられていた。また、このパレードの短縮版ともいえる、城塞周辺のみを巡回するコースでも、カラーファ門からのパレードは重視されていたのである。[26] これも実用的側面に加えて、威厳や神聖さを示す上で最適のコースといえよう。

また、六五九/一二六一年、スルターン・バイバルスはその即位式を、カラーファ郊外(ハバシュ湖付近)に張った陣にて執り行なっていた。[27] これも、カラーファの荘厳な劇場性という観点を顧慮するならば、よりいっそうの意味をもつ。六七七/一二七八年にはスルターン・バルクークの一周忌がカラーファで催されており、食事がテントで振舞われ、「さまざまな階層の人々がそこへ集まった」という。[28] さらに八一四/一四一一年、サフラー地区のバルクーク廟において、スルターン・ファラジュはカリフや裁判官以下の認証式を同様に設定しており、その父バルクークの威光を借りて自らの支配の正統性を臣民に誇示していた。このことも、サフラー地区が公的セレモニーに最適な性格を有することを、みごとに示しているといえよう。[29]

騎士の訓練と遊戯

墓地区のまた別の重要な側面は、軍事訓練や武芸の競技が行なわれた場所であったことである。マムルーク朝において、槍兵の演習、ポロ、カバク(騎乗し瓢簞型の立的を射抜くゲーム)などのように軍事訓練を兼ねた遊戯は、騎士のたしなみであるフルースィーヤ(武芸)の一部として重視され、頻繁に励行されたが、その競技場(maydān)のいくつかは墓地区に設営されていた。それらはサフラー地区のマイダーン・アル゠カバク Māydan al-Qabaq、大カラーファのハバシュ湖畔ハッラール al-Ḥarrār 廟前の空地、大カラーファ周縁部のマイダーン・アン゠ナースィリー Maydān al-Nāṣirī などである。[30]

カラーファ門から小カラーファのシャーフィイー廟付近、バイダラー廟 Turba Baydarā にかけての一帯には空地が展開しており、アミールや軍人達が競馬をすることで知られていた。人々も、その観戦を楽しみとしていたという。しかし、こちらの地区もスルターン・ナースィル期以降は、墓廟やハーンカーなどによって埋めつくされていた。[31]

また、マイダーン・アル＝カバクは「(ムカッタム)山の城塞とクッバ・アン＝ナスルとの間」に位置し、スルターン・バイバルスによって六六六／一二六七－八年頃に建設された。弓術、槍術、競馬、剣術、棍棒術(dabbūs)、ポロなど軍隊の各種武芸が行なわれたが、とりわけその名の示す通りカバク競技の実演で知られていた。[32] 一二六四、七四、七六、九二年など、スルターンや支配者層の子息の割礼(khitān, ṭahūr)や、婚姻、出産を祝うに際しては、この競技場でカバクや上述のような各種の武芸の実技が行なわれたほか、下向したスルターンによって、王朝の主だった者や他の人々へ数百枚もの賜衣が下され、莫大な額の財物が配られていたとされる。大量の馬乳酒や菓子、果物、食糧も振舞われ、余興の人々や歌手も呼ばれており、「人々には喜びから、この世で最も素晴らしいことが起こっていた」のである。詩に詠んで称える者たちも現れ、六七五／一二七六年の事例ではタタール(モンゴル)人やフランク人の使節も宴席に加わっていた。また何より、ハーッサ(上層者)だけでなく、ナース(ここでは王朝の一般関係者)やアーンマ(民衆)も、皆、心から見物を楽しんでいたとされ、王朝支配者層が幅広い社会階層の人々と接する機会を創出していた点が重要と考えられる。[33] ただし、このマイダーン・アル＝カバクは墓地としてサフラー地区が発展するとともに本格的に墓地化していったようであり、どれほど墓群と併存していたかは不明である。そのため、墓地区の機能を示した実例というよりも、むしろ墓地がどのような場所で拡大していったかを知るための好例といえよう。

一方、大カラーファ内のハバシュ湖畔、ハッラール廟前では、槍兵の演習(luʻab rammāḥ)が繰り返されていた。これは元来、メッカ巡礼へ出発する前、巡礼輿(マフミル maḥmil)の市内巡回(dawarān)の際に励行されていたもので、計二回のうちの一回目、ラジャブ月の方にはカラーファにおいても実演されていたのである。赤服を纏った槍兵も馬も完全武装して模擬戦を行なうのであるが、その中の少年隊は騎上に固定した木靴で起立したまま、両手の槍を振るっていたという。有力者や人々もこの観戦を楽しみとしていた[34]。輿巡回そのものも、人々にとっては大いなる娯楽の対象となっており、街中を絹などで飾りつけ、晴着をまとい店舗や屋上に陣取って待ち構えていた。ただし、学識者からは絹の使用、昼間からランプを灯す浪費、男女混交を強く戒められていた。さらに、お化け（'ifrīt）行列と称されたカーニバル的慣行もあり、こちらは兵士らが醜悪に仮装して騎乗し、音をたてて滑稽な格好で人々の笑いを誘っていた。しかし、後には、これを行なうマムルーク達が物乞いの形で強制的に金をせびったり、槍で市民を突き落とすなど悪戯がすぎて中止された[35]。

この輿巡回中の槍兵の演習も、（少なくとも）一四一九年には毎年の慣例として定着し、カイロ＝フスタート住民へのサービスという機能を果たしていた。それゆえ、一四三三、三六、四四年など、上述の批判理由や軍事遠征の為に中止されると、人々は大いに落胆・憤慨していた[36]。逆に、演習が復活した折の喜びの方もひとしおであったが、一四五三年に一〇年ぶりに再開されたとき、すでに詳細は忘却されてしまっており、一五〇九、一四年に復活した時には、旧い慣行として奇異にすら映っていたという[37]。

また、槍兵の演習中、槍兵団の総帥（mu'allim）は四人のバーシャー（bāshāt al-arba'a）を従え、軍団を率いるのであるが、歴代の団長の中でも千騎長カーイトバーイ Qāytbāy の名手ぶりは有名で、彼は巡回以外のときも連日、大カラーファで槍兵訓練に明け暮れていたという。しかも、単なる伝統の踏襲に飽き足らず、ゲーム終了後に整列してマムルーク、四人のバーシャー、総帥の順に下馬し、スルターンの前で地面に接吻してゆく様式を編み出すなど、この演習形式の革新に努めた。彼はこの功により、スルターンから賜衣を授かっている[38]。

以上のカイロ＝フスタート郊外の墓地区における軍事訓練・遊戯の実行は、単にこの場所が多くの空地を抱え、軍人達の拠点である城塞から至近距離にあるという立地条件を示すに止まらず、民衆との接点、あるいはその人気を取り込む施策もしくは興行を実践する空間を提供したとも理解できようし、支配者層の威厳と支配正当性を常に民衆に印象づける劇場ともなっていたと結論づけられるのである。何より、王朝の支配者層の優位を印象づけつつも、彼らが民衆などあらゆる社会階層の人々と接する機会と空間を提供していた点で、極めて重要であったと考えられる。

支配者層の政争の場として

カイロ＝フスタート郊外の墓地区は本来、墓地や宗教施設を多く包摂した聖域であったにもかかわらず、政局の中核である城塞の眼下に位置して、それを取り巻く地域であったがゆえに、支配者層とりわけアミールやマムルークらの政治抗争・戦闘の場となっていた。加えて、人目につきにくい場所や空地を多く有したことも、暗殺や戦闘の舞台とされた要因である。これらゆえ、城塞の門の一つ、カラーファへ下るカラーファ門 Bāb al-Qarāfa は要衝であり、城塞防衛のためマムルークを配備したり、必要とあらば封鎖していた[39]。これらの墓地区における政争は以下のようにまとめられる。

第一に、カラーファ内のトゥルバ（墓廟）やマドラサ（学院）、あるいは管理の塔（burj mushidd al-dawāwīn）が軟禁の場へ転用されていた。例えば、六七八／一二八〇年には、罷免された宰相（ワズィール）ブルハーン・アッ＝ディーン Burhān al-Dīn al-Sinjārī がカラーファの学院に蟄居を命じられていたし、七二三／一三二三年にはハーッス庁長官（nāẓir al-khāṣṣ）のカリーム・アッ＝ディーン Karīm al-Dīn al-Kabīr が逮捕・財産没収の末に、カラーファにある彼の墓廟に蟄居させられていたのである[40]。

第二に、マムルーク間の権力闘争や他の政治的理由から、墓地区に潜伏・雌伏していた有力者も多い。墓廟やその埋葬堂（fisqīya）、ザーウィヤ（修道場）などがその場を提供していた。ファーティマ朝カリフ・アーミルの落とし子や、アミール・ラージーン Ḥusām al-Dīn Lājīn al-Manṣūrī（一二九四年にカラーファに潜伏）、アミール・ヤシュバク Yashbak（一四〇一年にカラーファの al-Sitt Samrā 廟に潜伏）、アミール・ジャルバーシュ al-Atābakī Jarbāsh（一四六一年にバルクーク廟の埋葬堂に潜伏)が代表的な例で、その場を包囲され、捕捉されたケースもあった[41]。

第三に、スルターンやアミール、マムルーク達の権力闘争は熾烈を極め、墓地区における暗殺・殺害・戦闘の例には事欠かない。そして、ここには殺害後、すぐに埋めてしまえるという利便点があり、そのことも実行に際して意識されていた。一二五一、一三四五、四八年にはアミール達がスルターンを暗殺して埋めてしまう事件がみられたし、一二九九年には、カラーファ門から逃れた有力アミールがハバシュ湖畔で殺害されていた。また、八〇四/一四〇二年には、ハバシュ湖畔に陣を張ったアミール・ヌールーズ Nūrūz 軍がカラーファの端でスルターン・ファラジュ軍に撃破され、主だった者が捕捉されるという大合戦があった[42]。

第四に、処刑は通常は城塞などにて執行されていたが、カラーファ、サフラー地区が処刑場として機能したケースも知られている。主として、墓泥棒が処刑された例が多いが、七九三/一三九一年にはサフラー地区で、投獄されていた有力アミール達も打首に処されていた[43]。

以上のように、本節でみてきた諸例からも、元来エジプト人達の聖域であった死者の街が、政権の中心地である城塞の直下に位置し、カイロ゠フスタート都市圏の郊外にあって人目に触れにくい環境にあったゆえ、マムルーク朝期には王朝有力者達がわが物顔に振舞う政争の場、いわば「マムルークの庭」という一面をもつに至った経緯をみてとれるのである。それゆえにこそ、先に述べたように王朝政府はこの地域の管理・統御に腐心し続けたのであった。

2　死者の街の公共性を問い直す

社会の「階層」とカテゴリー

本節では、民衆('āmma 複数形は 'awwām)、ウラマー(学識者)、スーフィー、王朝有力者層、大商人、女性、その他の順に、カイロ＝フスタート郊外の墓地区とそれぞれとの関わり方を検討してゆく。その意図は、社会階層の分類や分析にあるのでは決してなく、社会のさまざまな立場にある人々が墓地区といかなる関わり合いを持っていたかを多様な角度から考察するところにある。また、これらの立場は必ずしも常に固定されていたわけではなく、それなりの流動性をも備えていた。当時のカイロ＝フスタート社会における社会的カテゴリー分類については、カルカシャンディーに代表されるように「ペンの人」と「剣の人」といった支配者層の象徴的かつ大雑把な括り方もみられたが、それに比して遥かに慧眼に富む分析がマムルーク朝期の歴史家マクリーズィーにみられた。彼は当時のエジプト社会における人々に社会階層の七カテゴリー(qism)を設定しており、それらは王朝の人々(ahl al-dawla)、富裕な大商人層、中堅の商人(布商人など)、農民、給与生活者(学者、学生、ハルカ軍団の子弟など)、職人や賃金労働者、貧困者であった[44]。それぞれの飢饉・物価高への対応は異なり、各階層は時に利害をめぐって軋轢をみせる場面すらあった。ここからは、近代の階級論への萌芽すら垣間見ることができよう。社会に対する深い洞察と、当時としては画期的な社会階層に対する視点をここに見出せると筆者は考えるが、墓地区に対する関わり方は必ずしもこの範疇に対応しているわけではない。それゆえ以下の考察では、もっぱら墓地区との関わりという観点からみて、ときに利害を異にしたり拮抗したりする、これとは別の範疇に沿って記述することとしたい。

民衆による墓地区への働きかけ

諸史料の記述を総合して判断する限り、カイロ＝フスタート郊外の墓地区における参詣者のうちで、民衆が数のうえでは最大要素を占めていたと推定するのに異論はないであろう。民衆の墓地区への関わり方がよく表れた例として、まず著名人にまつわる聖墓創造や墓碑の書き換えをあげることができる。墓地区において参詣者が、自分の親族への墓参を別として、聖墓参詣の主要な対象としていたのは、預言者ムハンマドの一族(ahl al-bayt)や、人々からの崇敬を受けていた聖者などの墓・墓廟であった。しかし、実際に参詣者の崇敬を集めていた聖墓の中には、埋葬の事実と関わりなく、民衆によって創造されたり、被葬者を著名人の名へ書き換えられたりしたものが多く含まれていた。参詣の書は、このような捏造／創造を繰り返し咎めていたのである。[45]

これらの詳細については、ここでは繰り返すことは控えたい。以下に概要をまとめ直すと、エジプトにおいては多くの聖者の墓が死後しばらくして再掘されていた。人々はそれによって発見された人骨（とくに頭骨）や聖遺物をもとに、聖廟を建てていた。頭骨の場合は頭聖廟（mashāhid al-ru'ūs）と称され、夢に基づいて建立された聖廟は夢聖廟（mashāhid al-ru'yā）と呼ばれていた。ムバーラク・アッ＝タクルーリーは、カラーファに住み着き、墓地を歩き回って適当な墓標をみつけるとそれを自分の制作した墓へ移し、勝手に命名していたことで知られる（第2章）。

民衆による墓碑の書き換え自体も頻繁であり、預言者ムハンマドの一族、教友、著名カリフ、あるいはこれらの架空の子孫などに集中する形で、続々と聖墓が創出されていた。その結果、膨大な数の「偽墓」（被葬者が埋葬されていないという意味で）が誕生し、人々の噂も、参詣案内記ごとの意見も食い違うという事態がしばしば生じるに至った。また、参詣書中では、民衆が被葬者についての誤伝を拡散させていることが、しばしば論難されていた。これも、民衆の熱心な参詣活動の一つの帰結であろう。

しかしながら、これらの「偽墓」のリストは、かえって人々の願望の表象と受け取れようし、そこから我々は当時の民衆の心性や意図を垣間見ることができよう。この墓碑の書き換えと創出は、民衆による主体的営為である点でも強調されるべきものであり、民衆の活躍が最も顕著な領域といえる。彼らはエジプト外に埋葬されたことが明らかな預言者ムハンマドの一族などの墓を次々と建立し、エジプトの外へ出ずともすむような、エジプト内で閉じた精神的宇宙を形成しようとしていたことになろう。

加えて、前述のように死者の街は（民衆の一部の）墓泥棒の跋扈する空間であった。とくに遺体を掘り返し売却することが社会問題化しており、掘り出された遺体がヨーロッパへ輸出されて薬として珍重されたことは、死者の街がモノの移動の次元ではヨーロッパとも死体の交易でつながっていたことを示している。

ウラマーにとっての死者の街

マムルーク朝期、かつてない規模で宗教施設が続々と建立されていった。そのことは、ウラマー（学識者）にとっても多くの就職先や教育現場が用意されたことを意味しよう。そのなかにはカイロ＝フスタート郊外の墓地区に建立されたものも数多く、墓地区の発展がウラマーの教育・雇用の場を創出したことになる。[46]

いくつか例をあげると、シャーフィイー廟クッバ近くのナースィリーヤ（サラーヒーヤ）学院 Madrasa al-Nāṣirīya（al-Ṣalāḥīya）は中枢的な教育機関であり、そのことはカルカシャンディーが同学院を「ペンの人」の場所、高位の教授達（mudarrisūn）にふさわしい代表的な場所としてあげていたことからも明らかである。[47] 教授達やシャイフ達がそこで雇用されていたことは、史料からも明白であった。[48] また、カラーファにあったハーンカーのうち、ウラマーの雇用や存在が明らかなものとして、カウスーン Qawṣūn、トゥクズタムル Tuquztamur、バクタムル Baktamur（その他にアルグーン Arghūn al-'Alā'ī やナジュム・アッ＝ディーン Najm al-Dīn Maḥmūd）によるものや、カリーミーヤ al-Karīmīya、タイダムリーヤ al-Taydamurīya をあげることができる。とりわけ、カラーファ門近くに位置したカウスーン・ハーンカーは潤沢なワクフを背景に、一三三五年の建立時、シャイフ一人とスーフィー五〇人を擁していたといわれる。[49] 一方、サフラー地区の著名なハーンカーやトゥルバには、タイブガー・ハーンカー Khānqāh Taybughā al-Ṭawīl、フシュカダム廟 Turba Khushqadam、バルクーク廟 Turba Barqūq などがあった。[50] あるハーンカーのシャイフ職から、他のハーンカーのそれへの異動も、頻繁に行なわれていた。[51]

ハーンカー以外の墓地区における施設としては、サイイダ・ナフィーサのものに代表されるマシュハド（聖廟）、ザーウィヤ（修道場）、トゥルバ、リバート（修道場）、衆会モスク（ジャーミー）などが記録されていた。[52] それらの機関においてウラマーは、シャイフ（長）、教授・教師（ムダッリス）、ナーズィル（監督官）、ハティーブ（説教師）などとして雇用されていた。彼らのもとには、スーフィーや使用人、孤児を含む学生も大量に見受けられた。さらに、墓地区に存在したイブン・アブド・アッ＝ザーヒル衆会モスク Jāmiʿ Ibn ʿAbd al-Ẓāhir、ファフル・アッ＝ディーン修道場 Ribāṭ Fakhr al-Dīn b. Quzulʹ、アフラム衆会モスク Jāmiʿ al-Afram、イブン・アッ＝ラッバーン衆会モスク Jāmiʿ Ibn al-Labbān なども、その運営に際してウラマーに職を提供していた可能性が高い。[53]

ウラマーにとっても、カイロ＝フスタート郊外の墓地区は参詣の対象地であるとともに、自らが埋葬されるであろう場所であり、あるいは先述のように一部の居住地区となっていた。当時の著名な伝記集作者として知られるイブン・ハッリカーン Ibn Khallikān（一二八二没）も頻繁に大小カラーファの参詣に訪れており、彼自身の見聞を彼の伝記集 *Wafayāt* に遺していた。加えて、やはり良く知られた年代記の作者であるイブン・アル＝フラート Ibn al-Furāt（一四〇五没）は、カラーファ参詣をよくする友人の見聞や墓誌を繰り返し記録していた。[54]

参詣地としての死者の街は、知的ネットワーク、学問情報、知的系譜の重要な結節点をもなしていた。各地からカイロへ到来したウラマーは必ず死者の街を参詣し、そこへ知識と情報をもたらした。また、死者の街に居住していたウラマーから知的系譜を授かっていた。[55] すなわち、ハディースを聴聞したり、イジャーザ（免状）の授受を行なっていた。あるいは、同地で共に文献を講読したこともあったであろう。

スーフィズムの浸透・拡大とともに、ウラマーの中にはスーフィーとされる者も増加するようになるが、墓地区はまた、そのスーフィー達にとっても極めて重要かつ多面的な機能を有する場所となっていた。すなわち、彼らはそこに滞在、修行の場所を与えられていただけでなく、貴重な受給機会を得ることができた。なかでも、スーフィーの宗教実践が盛んであった磁場として、アブー・アッ＝スウード修道場 Zāwiya Abū al-Suʿūd やサフィー・アッ＝ディーン修道場

Zāwiya（Ribāṭ）Ṣafī al-Dīn Ibn Abī al-Manṣūr などのザーウィヤや、支配者層などによって建立されたハーンカーやトゥルバの存在を指摘し得よう。これらの事例の多くは、シャーズィリーの道統（タリーク ṭarīq もしくはタリーカ ṭarīqa）とも深く結びついていた。

また、カラーファの参詣者がスーフィーらの集会、儀礼や宗教実践に直接触れたり参画できたという点で、墓地区のザーウィヤなどはスーフィーやウラマーと参詣者との間の接点を提供していたともいえよう。加えて、ムカッタムの山麓からカラーファにかけての荒野や岩塊は、スーフィーにとって格好の修道場所となっていた[56]。

さらに、ウラマーが彼らの法的、あるいは宗教的議論と裁定を通じて、死者の街の在り方に影響をおよぼしていた側面も見逃せない。彼らは人々の参詣慣行や墓の形状について批判し、埋葬方法などについて盛んに意見を述べていた。また、シャリーア（イスラーム法）に基づき意見を表明しており、しばしばそれは人々の慣行におけるビドア（逸脱）を非難するという形をとっていた。非難対象の中には、女性が見知らぬ異性と混在することや、ナズル（供物・願掛け）を行なうこと、聖者崇敬につながるような聖墓での礼拝、華美な墓、墓地での楽器を伴う歌舞、沓のままで墓の上を歩くことなどが含まれていた[57]。

これらの非難が人々に意識されることを通じて、ウラマーの一種の「権威」は少なくとも結果として維持されていったのであり、彼らの活動圏や権益も保持されたように見受けられる。この点に関連して、「ウラマーのスルターン」と称されたイブン・アブド・アッ＝サラーム al-ʻIzz Ibn ʻAbd al-Salām（一二六二没）は、虚飾に満ちたカイロの墓地とそこでの慣行を強く批判し、墓地を一掃するようマムルーク朝スルターン・バイバルスを説き伏せた（一掃自体は実現しなかった）といわれる[58]。

支配者層と死者の街

王朝支配者層と墓地区の関わりについては本章に詳述してきたので、ここでは要約するにとどめたい。歴代王朝の君主は、史料に記述がみえるだけでもトゥールーン朝期からほぼ継続して、カイロ＝フスタート郊外の墓地区を参詣していた。参詣対象には、自らの縁者だけでなく、著名な聖者も含まれていた。彼らはまた、ムスリムだけでなく、キリスト教徒やユダヤ教徒を含むエジプト人の集団を率い、墓地区での集団祈願を率先垂範していた。その際の場所として最もよく知られていたのは、サフラー地区のバルクーク廟前である。そして、参詣時やその他の折に、君主は大量の食糧を墓地周辺の人々に配給したほか、その場で牛などの家畜を屠って配給していた。君主達がしばしば饗応の宴（ワリーマ）を催していたのも、墓地区であった。

また、君主達のパレードは墓地区を経由しており、また墓地区は即位式などの舞台ともされていた。メッカ巡礼の輿（マフミル）が市内巡回する折にも墓地区はコースに加えられており、そこで催される少年兵による騎乗模擬戦も、カイロ＝フスタート住民の愉しみであった。墓地区には軍隊の教練に用いられたポロなどの競技場も設営されており、これらのことは墓地区が支配者層と民衆との貴重な接点を現出させただけでなく、支配者層による民衆への娯楽提供の場となっていたことを如実に示していた。

次いで、支配者層の人々は競って墓地区に宗教関連施設を建設していた。とくにマムルーク朝後期に入ると、墓廟と各種スーフィー修道場、モスク、学院などの複合した大規模施設が続々と建立され、社会に対して多面的に機能するインフラを提供したり、ウラマーに就職の機会を与えたりしただけでなく、支配者層の威厳や力、篤信や経済力を誇示する絶好の機会となっていた。このことは、彼らが墓地区に大量のワクフ物件を設定していたこととも密接につながっている。支配者層の人々は、墓地に建立した複合宗教施設に夥しいワクフを設定しており、それによって、建物の建設と維持、備品の補充、管理者からクルアーン詠み、門番に至るまでの吏員の給与、孤児達の教育、スーフィー達の雇用、吏員や周辺の人々への大量の食糧・菓子の給付などがまかなわれていたのである。もちろん、これらの建築物によって、支配者層は自らとその家族・子孫の墓所を長期にわたって確保しようと努め、また管財人に自身や縁者を指定することによって、(できるだけ)財産を没収されることなく、一定額の給与をそこから得ることもできた。

さらに、墓地区は本来聖域であったが、王権の中枢である城塞に近く、かつ人目に触れにくいオープン・スペースを擁していたゆえ、支配者層の政争の場とも化していた。支配者層はそこで軟禁や処刑を行なったり、雌伏するなどしていた。また、軍人同士の大規模な戦闘が生じたこともあり、殺傷してすぐ埋葬できる場でもあった。

一方、墓地区が支配者層自身の縁者の墓を含む場であったにもかかわらず、先述のような風紀の乱れや歓楽がみられたため、支配者層は墓地区の統御に腐心していた。そのために、御触書をだして人々にカラーファでの男女混在を諫めつつ、派遣兵の手配を進めていただけでなく、墓地はムフタスィブの取り締まり対象にも加えられていた。しかし、それだけにとどまらず、さらに恒常的な行政や統御のシステムとして、カラーファ総監(ワーリー)職が設定され、同地を監督することとなった。

なお、支配者層とはいえないが、ここでカーリミー商人に代表される大商人達についても触れておく。彼らもこの墓地区に埋葬される聖者や知己を参詣・墓参し、死してはそこへ埋葬されていた。また彼ら自身が崇敬対象とされることもあり得た。さらに彼らは、墓地でお布施を行ない、あるいは第3章に紹介した貧者に取り囲まれた商人の例のように、多額の喜捨を行なうべきであると人々からみなされていた。彼らの中には、イスラーム諸学に通暁してそれを教授した者や、モスクでフトバ(説教)を行なった者もいた。また、クルアーン暗誦者、詩人や、医学・科学を講じた者すらいた。この点では、ウラマーの活躍と重なる部分もある。加えて、マドラサ、モスク、ハーンカーなどを建立した者もおり、その中には、カラーファやサフラー地区に建立した者もいた。例えば、大商人サラーフ・アッ＝ディーン・アフマド Ṣalāḥ al-Dīn Aḥmad(一三六七－八没)は、カラーファのシャーフィイー廟とライス廟の間に巨大な墓廟を建立したことで知られる。彼らの中には死者の街に店舗を構える者もあったと予測されるが、全般に墓地区は利潤をあげる場所というより、むしろ収益を社会還元する場であったことであろう。[59]ただし、中小の商人についてみれば、墓地区はスークなどの商業空間を有しており、そこで商行為に従事する者もいたに違いないが、彼らの墓地との関わりはむしろ民衆の項に含めて考察すべきであろうか。

女性の積極的関与

前近代のエジプトにおいても、女性の参詣は広くみられた慣行であった(第1章)。それゆえ、ウラマーから身知らぬ男女同士の混合や風紀の乱れを厳しく指弾され、ムフタスィブの取締り対象ともなっていたのである。[60]イブン・アル＝ハーッジ(一三三六没)によれば、「彼女達は木曜日に墓地へでかけて金曜日まで留まり、土曜日に帰宅するのである。アーシューラーの日 'Āshūrā'(ムハッラム月十日)、二つの大祭('īdān)、そしてラマダーン月半ばの夜も同様」であったという。さらに、月曜日にはフサイン廟、水曜か土曜日にはサイイダ・ナフィーサ(廟)、そして木曜と金曜日にはカラーファのイマーム・シャーフィイー(廟)と彼らの血縁者といった具合であった。[61]ティーファーシー(一二五三没)がその艶譚集において、カラーファを女性の集まるところと評していたことも想起されてよかろう。[62]マムルーク朝政府はそれゆえ、ラマダーン月明けの大祭に際して、頻繁に女性の墓地参詣禁止令を布告していたこと、そしてその効力にかなりの限界があったことは先述の通りである。[63]

さらに、あらゆる社会的立場の女性達が墓地参詣に加わり、死してのちにはそこに埋葬されてもいた。彼女らの中には、聖墓の創造行為に加わり、髪覆いで土砂を運ぶ者もいたし、支配者層の女性達にも聖墓参詣や願掛けによる供物の奉納などに執心する者がいた。実際に彼女らは、王朝有力者層と庶民の間の現実社会における媒介者として機能しており、先述した一三四三―四年の聖墓創造失敗の事件や、ムバーラク・アッ＝タクルーリーの聖墓創造を支援したことに如実に示されるように（第2章）、王朝政府の中枢を担う夫や家族に参詣の様子や効能を伝えうる立場にあったといえる。[64]

墓地の公共性研究へ

以上にみてきたように、カイロ＝フスタート郊外の諸墓地区は、全ての人々（ここでは厳密にはムスリム）にとって、彼らが自分達なりのやり方で関わることができた場所であった。そこは、社会階層、エスニックな出自や肌の色、性別、年齢、職業や地位、富の有無、話す言語、病気や身体的障害の有無などを問われにくい場でもあった。[65] 民衆が頻繁な参詣と聖墓の創造／捏造や書き換えを通じて墓地区に参画していたことは、参詣書が余すところなく伝えていた。民衆は、噂話やそれを掲載した参詣書の記述を通じて、彼らの言説空間を形成・拡大してゆくことも可能であったろう。そして、ウラマーは、その書物や説法、法的裁定などを通じて、墓地区の在り方と参詣や聖者崇敬の諸相に対して深くコミットしていた。一方、支配者層はそこで饗応し、集団祈願を率先垂範し、また良き君主を演ずる舞台とパレードのコースに設定するとともに、観客として民衆を意識した軍事訓練、あるいは政争の場ともしていた。

すなわち、全てのムスリムがこの墓地区に関わりを有しており、そこを墓参・参詣したり、そこへ埋葬される権利を有していた。また、全ての階層の人々が行楽へ繰り出していたことは、先述の通りである。この意味において、カイロ＝フスタートの墓地区は全ての階層の人々がその創出や整備に参画でき、積極的な関わりをもちうる公共空間を形成していたといえよう。[66] このカラーファ墓地区の公共性については、シャイフ・アリー・アッ＝トゥルキー（一四〇一－二没）がシャイフ・ウマルと共にカラーファを歩んでいた折にウマルからいわれたという言葉に、みごとに凝縮されている。

アリーよ。このカラーファはムスリム達のための墓地であり、誰もそれを保有したり、その一画をわがものとしてはならないのだ。これらの墓地は、権利関係の埒外に置かれているのだ。[67]

これらの墓地区における諸関係はヒエラルキーを特徴としておらず、むしろ平等性が強調される。そこへの墓参・参詣者達の人間関係は、全般に共同体的ではなく、一時的・仮構的なものを基調としていた。そして、このような諸関係の総体に対して、ワクフやシャリーアといった支える制度が浸透していたのである。それゆえ、政府当局は墓地区の統御に腐心してワーリー(総監)を任命し、ムフタスィブ(市場・風紀監督官)は同地を巡察していたのである。さらに、ワクフのシステムを通じて墓廟運営のナーズィルが配備され、ワクフによって民衆の埋葬費が手当てされることもあった。

しかしながら、カイロ＝フスタート郊外の墓地区への人々の関わり方も、その宗教的信条と篤信の度合い、属する社会階層や個人的状況、性別などによって異なっていたに違いない。とりわけ、内面化された宗教的価値観や理解はこれらの関わり方に影響したことであろう。例えば、墓地区への参詣に熱心であった人々と、聖墓参詣に否定的であった厳格な学者との立ち位置は当然異なっていたはずである。

このように、全ての階層の参画は、彼らの利害や行為が常に調和していたことを意味するわけではない。それどころか、しばしば相違したり、相反したりしていたのが実情であろう。支配者層は民衆や女性達の墓地での活動を監督・制限することに専心していたし、ウラマーもまた彼らの慣行を厳しく指弾していた。それゆえ、墓地区は権力関係が露出し、再演される空間でもあったのである。

それでは、カイロ＝フスタート郊外の墓地区から排除されたり、その参詣を認められなかったりしたエジプト社会構成員の範疇はあったのであろうか。すでに述べたように、同地区はスルターンから庶民まで、全ての人々にとってアクセスが可能であった。すなわち、排他性よりも開放性が圧倒的に優っていた。これに関連してここで再度強調しておきたいのは、女性達が盛んに著名聖廟へ参詣し、聖者(あるいは聖女)の執り成しによって彼女らの祈願成就を目指していたことである。この慣行は常に学識者達から非難され、また王朝政府からも禁令を布告されていたにもかかわらず、実際に女性が継続して墓地区から排除されるには実効性を欠き、カラーファは女性達の集まる場所として名を馳せていた。

同様に、エジプトやカイロの外からの到来者も排除されることはなく、カイロ＝フスタート郊外の墓地区はアンダルス・スペインから中央アジアにわたる広域からのムスリム到来者だけでなく、キリスト教徒やユダヤ教徒であったヨーロッパからの到来者達にとっても、ほぼ必ず訪問する行楽地となっていたのである。

ただし、宗教的な差違については、やや微妙な問題を孕んでいる。一般的にいって、現地に在住する非ムスリムによる大小カラーファやサフラー地区のムスリム墓地への訪問は、彼ら自身にとっても不要であろうし、ムスリムからもそのまま歓迎されたとは考えにくい。しかしながら、マムルーク朝期などに繰り返されたムスリムの墓地区における集団祈願には、必ずキリスト教徒やユダヤ教徒が動員されていたことも想起されねばなるまい。また、コプト・キリスト教徒やユダヤ教徒の墓地は、大カラーファ南端からハバシュ湖にかけての一帯に位置してムスリムの墓地と隣接しており、非ムスリムが広大なムスリム墓地区の脇を通行したり、横断したりしていたことも想定可能である[68]。先述のように、非ムスリムのヨーロッパからの到来者(商人など)も墓地区を訪問して記録に止めていたし、墓地区は水辺にも近く、エジプト最大の行楽地であったゆえ、マムルーク朝期の他の祝祭と同様に、宗派を超えた混雑がみられても不自然ではない。さらに、厳密にいえば、非ムスリムのままの家族にムスリムへの改宗者がでた場合、建前はともかく、そのムスリムとなった改宗者の葬儀・埋葬や墓参について、非ムスリムのままであった遺族が断絶していたかどうかは検討の余地を残す。一方、非ムスリムのままの親族に死者がでたムスリムへの改宗者は、非ムスリムの弔問や葬儀、墓参に参加することが許容されていた[69]。

しかしながら、公衆の風紀と秩序を脅かす者は、ヒスバの書などからも窺えるように、少なくとも理論上は第一に墓地区から放逐されるべき存在であったろう。また、泥棒やイスラーム的価値の侵害者、墓の(宗教的事由によらぬ)破壊者も同様である。もちろん、実際のところ墓地区は墓泥棒や風紀の乱れで名を馳せた場所であった。

以上の事柄は、ムスリム社会における宗教的権威のありかという議論につながろうし、公共空間がいかにして維持されていたのかという点からも重要であろう。

ここまで本章で述べてきたところを要約すると、この前半部に描出したように、マムルーク朝などエジプトを統治した王朝政府からみれば、死者の街は政権の中枢たる城塞の眼下に位置し、性差・年齢・社会階層の混合がみられたことから、風紀の乱れ、騒乱をおそれてその制御に腐心する場であった。のみならず、支配者層自体の参詣・喜捨・建築の場となり、善き君主を演ずる格好の舞台となっていた。同時に、庶民との重要な接点をなし、同地でのパレードや儀礼、軍事訓練を兼ねた遊戯もやはり、同地の舞台性、空地性を窺わせよう。さらに、支配者層の軟禁・潜伏・処刑・抗争・暗殺の場であり、その点では、本来エジプト住民の聖域であるはずの死者の街が、支配者層が統御し、わがもの顔に振舞おうとする「マムルークの庭」へ化すという側面をもったのである。

本章の後半部では、カイロ＝フスタート圏の全ての人々がそれなりのやり方で墓地区と関わる構図を描き出そうと努め、またその意味での公共性の問い直しも試みた。全ての人が死を免れ得ないのと同様、カイロ＝フスタートの人々は必ずやカイロ＝フスタート郊外の諸墓地区と何らかの形で関わっていた（ただし、非ムスリムについては、第6章参照）。知己や肉親の埋葬や参詣は大方この場所であり、また自身もそこへ埋葬されるはずであった。また、時代を経ると、さまざまな階層の人々がこれらの墓地区に居住するようになっていった。その中で、支配者層にとっては統御や政争、さらにワクフなどを通じた慈善や自己の来世が保証されるべき場であった一方、民衆にとっては聖墓の創出や墓碑の書き換えなどを通じて積極的に参画できる場であり、墓泥棒の跋扈する空間でもあった。ウラマーやスーフィーにとっては雇用の場であり、あるいは教育を受けたり与えたりする場でもあった。また、女性にとっても聖墓参詣を通じて公然と外出できる余地のある数少ない場所であり、不特定の人々と接触する機会ともなっていた。エジプト外からの旅行者も、その宗教を問わず、訪問していたのである。ただし、これらの範疇の人々による行動や志向性の間には確執も生まれ、とくにそれは民衆の行動に対する王朝支配者層による統御という形でとりわけ顕著になっていた。

第5章　死者の街の聖者をめぐる逸話と奇蹟譚

聖者伝／聖者列伝の歴史研究のために

「参詣の書」のかなりの部分は、カイロ＝フスタート周辺墓地区に埋葬されていた聖者達の膨大な逸話によって占められており、これをいわゆる「聖者伝」「聖者列伝」として流布していた作品と比較してみると、両者の内容にはかなりの重なりが認められる。かつて、聖者伝は荒唐無稽な内容をもつとして、中東あるいはムスリム諸社会の歴史研究における史料としてはしりぞけられてきた。しかし、そこに当時の民衆および聖者伝の著者によるフィルターを介した後の、現実社会のさまざまな在り方が反映されていると考え、当時の人々のコスモロジー、価値観、慣行、組織などを知る手掛かりとし、仮託された民衆の願望やメッセージ、逸話の設定に借用された現実の社会関係などを探ってゆくことはできないであろうか。参詣書の逸話部分についても、これを一方的にしりぞけるのではなく、むしろ民衆の願望や世界観などがプリズムを経た後に表象されたものと考え、そこに示された民衆の精神世界や社会慣行等を探るべく試みることはできないであろうか。かかる問題意識のもとに、筆者はこれまで参詣書における被葬者の逸話部分および奇蹟譚の検討を試みてきた[1]。現在、中東における聖者崇敬の歴史研究は大幅に進展しつつあり、聖者伝・聖者列伝の利用は一種のスタンダードにすらなった観がある。ただし、そのことは聖者伝研究の定着をこそ示すものの、決して研究の余地が失われたことを意味している訳ではない。

本章では、参詣書に残された被葬者の逸話部分の描く世界を、かかる問題意識のもと、カラーマ（karāma 奇蹟・貴行、美質）をめぐる議論とともに紹介したい。そしてそれを通じて、カイロ＝フスタート周辺の墓地区において参詣慣行の対象とされた聖者達とは、人々にとっていかなる存在であったのかを探究する。なお、序章で触れたように、本書では聖者の概念を広くとり、人々から一定の崇敬を集めていた人々を想定している。ただし、史料上の術語との対応について厳密にいえば、ワリー（walī 複数形アウリヤー awliyā'）と記述された人々はこの範疇に完全に含まれ、そしてサーリフ（サーリフーン）などと記述された人々もそれに包含されるケースが多い。

東アラブ地域におけるムスリム聖者列伝の展開

エジプト参詣書の内容に入る前に、ここではアラビア語で草されたムスリム聖者列伝の展開について瞥見しておきたい。[2] ただし、ここでは煩雑になることを避け、エジプトの参詣に関連が深いものを中心に紹介することとする。アラビア語史料において「アウリヤー」（聖者達）と冠した書物の草創期のものとしては、イブン・アビー・アッ＝ドゥンヤー Ibn Abī al-Dunyā（八九四没）の *al-Awliyā'* が著名であろう。しかし、そこではイエス、モーセ、イブラーヒーム・ブン・アドハム Ibrāhīm b. Adham、ハサン・アル＝バスリー Ḥasan al-Baṣrī らごく少数が例示されているにすぎない。また、ティルミズィー al-Ḥakīm al-Tirmidhī（九〜十世紀没）の *Kitāb Khatm al-Awliyā'* の存在も見過ごせないが、ここではそうした聖者をめぐる理論的側面重視の書ではなく、聖者列伝形式の展開を追うことにしたい。

ムスリム聖者列伝の系譜と展開について考える上で、画期をなした史料と考えられるのはイスファハーニー Abū Nu'aym al-Iṣfahānī（一〇三八没）の *Ḥilya al-Awliyā' wa Ṭabaqāt al-Aṣfiyā'*（以下、*Ḥilya* と略記）である。フーリー G. Khoury も指摘するように、この書は確かにそれ以前のイブン・アル＝ムバーラク Ibn al-Mubārak（七九七没）、アサド・ブン・ムーサー Asad b. Mūsā（八二九没）や、スラミー al-Sulamī（一〇二一没）の著作 *Ṭabaqāt al-Ṣūfiya*（『スーフィー列伝』）の影響下にあったに相違ない[3]。とくにスラミーのものは、『スーフィー列伝』と題するものの、列伝の人物選択、構成等、*Ḥilya* に多大な影響を与えたものといえよう。そのことは *Ḥilya* 中にみられる頻繁な引用箇所からも証明される。しかし、書名にアウリヤーと名づけ、その中に従来、類似の伝記集が記述してきたスーフィーに加え、初期四人のカリフやサハーバ（教友）、タービウーン（後継世代）等を加えて対象を拡大したという点において、*Ḥilya* はそれ以降のムスリム聖者列伝に一つの範を示したといえよう。そして、校訂本にして全一〇巻前後という分量も、それ以前のスーフィー伝記集を圧倒的に凌ぐものである。

そこで聖者列伝の具体例として、イスファハーニーの *Ḥilya* の内容をみてみよう。同書ではまず、アウリヤーの特質について述べられた後で、タサウウフ（スーフィズム）への言及がある。その後、初期四代のカリフの伝記から始まり、サハーバの著名な者たちが続く。次いで、アフル・アッ＝スッファ（ahl al-ṣuffa ベンチの人々。サハーバのうちメッカのモスク共同体に暮らしていた敬虔な者）の伝記がこれに続く。さらに、そのうちスラミーやイブン・アル＝アラビーが言及しなかった人々について付け加えられた後、女性の聖者達が続く。その後、タービウーンの第一世代、クーファの人々のうちのタービウーンに続く者たちなど、列伝の総計は六八九にも達する。

ここで注目しておきたいのは、この「聖者」（アウリヤー）とスーフィー、タサウウフとの関係である。イスファハーニーは *Ḥilya* の緒言の中で、ムタサッウィファ（mutaṣawwifa スーフィー達）について論じると明言していた。また、同書はそれ以前のスラミーの『スーフィー列伝』を明確に意識し、影響下にあることを公言してはばからなかった。*Ḥilya* の場合、スラミーが五つのタバカ（世代）に分類して述べたものを中核として、それに四代までのカリフやシャーフィイーなど法学派の祖、サハーバ等を加えて拡大してみせたのであった。

その後に書かれたものとしては、イブン・ハミース Ibn Khamīs（一一五七没）の *Manāqib al-Abrār wa Maḥāsin al-Akhyār fī Ṭabaqāt al-Ṣūfiya* などが、前出のスラミーや *Ḥilya* を踏まえた作品であった。またイブン・アル＝ジャウズィー Ibn al-

Jawzī（一二〇〇没）の *Ṣifa al-Ṣafwa* はその前書きによると、やはり *Ḥilya* を意識して編まれた列伝である。膨大な著作量で知られる著者は、ムスリム諸社会の思想全般に圧倒的影響力を誇っていた。本書の特徴は何より、*Ḥilya* の人選範囲を拡大して、世代や範疇をさらに細かく弁別する一方、預言者ムハンマドまでを対象に加え、相当なスペースを割いているところにある。なお、*Ḥilya* もこの *Ṣifa* もエジプトの参詣書に引用されていた。

次いで、ハズラジー al-Khazrajī（一二五九没）の *Siyar al-Awliyāʼ*、イブン・アビー・アル＝マンスール Ṣafī al-Dīn Ibn Abī al-Manṣūr（一二八三没）の *Risāla Ṣafī al-Dīn Abī al-Manṣūr*、ヤーフィイー al-Yāfiʻī（一三六七没）の *Rawḍ al-Rayāḥīn fī Ḥikāyāt al-Ṣāliḥīn* などが続くが、これらになってくると、伝記的側面に加えて「物語」（ヒカーヤ ḥikāya）としての側面が顕在化し、民衆を教化するプロパガンダ的色彩を強めている。そして、この時代以降の聖者列伝において、預言者ムハンマドや初期四代カリフなどはもはや含まれないことになる。またこの時代には、ペルシア語によるもの（フジュウィーリー al-Hujwīrī〈一〇七二もしくは一〇七六没〉の *Kashf al-Maḥjūb*、アンサーリー al-Anṣārī〈一〇八五没〉の *Ṭabaqāt al-Ṣūfiya*、アッタール Farīd al-Dīn ʻAṭṭār〈一二二〇もしくは一二三〇没〉の *Tadhkira al-Awliyāʼ* など）やマグリブなどにおいても、続々と聖者列伝が著述されていた。

マムルーク朝後期からオスマン朝にかけても、イブン・アル＝ムラッキン Ibn al-Mulaqqin（一四〇一没）の *Ṭabaqāt al-Awliyāʼ*、ワトリー Aḥmad al-Watrī（一五六二没）の *Rawḍa al-Nāẓirīn wa Khulāṣa Manāqib al-Ṣāliḥīn* などが著されている。中でも、イブン・アル＝ムラッキンの聖者伝記集は *Ḥilya* に比べてかなりコンパクトではあるものの、より後代のマムルーク朝期に至る聖者を多く含んでおり、また広範なジャンルの書物に引用された点でも重要である。また、スブキー al-Subkī の *Ṭabaqāt al-Shāfiʻīya* やマクリーズィーの *al-Muqaffā* など、同時代の一般の伝記集の聖者関連部分も実際のところ、聖者列伝にかなり近い記述を含んでいた。加えて、シャアラーニー al-Shaʻrānī（一五六五没）の *al-Ṭabaqāt al-Kubrā* や、ムナーウィー al-Munāwī（一六二二没）の *al-Kawākib al-Sayyāra* もスーフィー列伝と銘打ってあるが、限りなく「聖者列伝」と重なるものである。
その後もアウリヤーと名づけられた著作は、各地のムスリム社会において聖者のカラーマと結びつく形で、膨大な数がうみだされていった。またその多くは、聖者とそのカラーマの確かさについて論ずることにつながるか、あるいは逆に聖者崇敬の諸慣行を批判するものであった。

1 聖者や被葬者の出身地と職業

参詣書に記される聖者の逸話を紹介する前に、前提となる聖者や被葬者達の基本情報についてまとめておきたい。最初に、出身地に関して瞥見してみたい。参詣書中に出身地と明記されているものを中心として、それ以外はニスバを参考としてルーツを示した。

《出身地》

全エジプト地域（カイロ、ギザ、カラーファ、ムヌーフィーヤ、ダマンフール、ビルビース、ズィフタ、シャッタナウフ、ブワイト、カルユービーヤ、アレクサンドリア、サンフール、ファイユーム、バフナサー、タズマント、イフミーム、イトゥフィーフ、キマン、アスユート、キナ、イスナ、クース、アスワーン、ワーディー・ハルファ）、パレスチナ～シリア（エルサレム、カラク、ナーブルス、トリポリ、ヘブロン、サラファンダ、アルスーフ、アスカラーン、マンビジュ、ダマスクス、バルカー、ハマー、ヒムス、アレッポ、ハッラーン、アンティオキア）、アラビア半島（メッカ、メディナ、イエメン、ハドラマウト）、イラクなど（バグダード、バスラ、ワースィト、モスル）、クルディスターンなど（ハッカーリ、ジャズィーラ・イブン・ウマル、イルビル）、アルメニア（ティフリス）、ペルシア（シャルバース、イスファハーン、ハマダーン、ディーナワル、ケルマーン、カズヴィーン、ジュルジャーン、カリーヴァン、トゥスタル、タブリーズ、トゥース、アフワーズ）、ニーシャープール、（新疆ウイグル自治区を含む）中央アジア（ハブーシャーン、ブハラ、サマルカンド、バルフ、カシュガル）、インド、小アジア（ブルサ）、スーダン、エチオピア、マグリブ（アクリーティシュ、カービス、チュニス、マラケシュ、ミクナース）、アンダルシア・スペイン（セビリヤ、カスティリーヤ、コルドバ、シャーティバ、タルトゥーシュ）、西アフリカ（タクルール）、シシリー島などである。[4]

このように一覧すると、エジプトを中心に、当時イスラームが伝来していた大半の地域にわたっていることに気づく。これをそのまま事実と受け取れば、しばしば言及される、ムスリム社会内の流動性を示す好例ともなろう。とくに、学識者（ウラマー）である場合ほど、エジプト地域外からの移動例が多く見受けられる。マムルーク朝期の事例に明らかなように、マドラサ（学院）や、ハーンカー、ザーウィヤ、リバートなど、宗教的施設の整備が進み、ウラマーがその学識をもとに、エジプトにおいて職を得る機会が増えたことの反映でもあろう。また、出身地という範疇は、当時の人々の世界地理についての知識の範囲、彼らの観念の中にあるイスラームの領域（ダール・アル＝イスラーム）と、その外部世界との間の不可視の境界をも反映している。実際、参詣書の逸話に、舞台設定として異教徒の世界が描かれることは、きわめて稀であった。

さらに故郷であるアジャム（al-ʻAjam、ペルシア）の習慣を捨てず、トゥルトゥール（turtūr 帽子の一種）をかぶって授業にでて生徒の失笑を買ったが、逆に生徒を見据えてその場で礼拝し、彼らを改悛の涙へと誘った聖者や、あるいは無意識でペルシア語を発してしまった聖者などにみられるように、異人性は聖者にとってマイナスに作用していたわけではない。[5]

《職　業》

次に、職業に関して一瞥したい。預言者ムハンマドの後裔、カリフとその子孫、教友、支配者、アミールなどの場合を除いて、今、仮に商人、製造業、サービス業などのグループに分類して提示する。

〈商人グループ〉　反物商（bazzār）、油売り（zayyāt）、小麦商（qammāh）、帯屋（zunnār）、肉屋（jazzār）、バナナ商（mawwāz）、

木の実売り(jummayiz)、材木商(khashshāb)、米屋(razzāz)、生薬商(‘aṭṭār)、綿商(qaṭṭān)、亜麻商(kattānī)、干ナツメヤシ売り(tammār)、砂糖商(sukkarī)、塩商(mallāḥ)、魚屋(sammāk)、紙屋(warrāq)

〈製造業グループ〉 紬屋(khāmī)、パン焼き(farrān)、大工(najjār)、仕立屋(khayyāṭ)、繕い屋(raffa)、皮鞣《なめ》し(dabbāgh)、粉挽き(taḥḥān)、消石灰造り(jayyār)、ヤシ葉職人(khawwāṣ)、銀細工師(faḍḍī)、銅・真鍮細工師(naḥḥās)、繊維叩き(もしくは粉屋 daqqāq)、篩《ふるい》師(gharābilī)

〈サービス業〉 アイライン引き・眼医(kaḥḥāl)、弦楽師(ikmajī)、床屋(muzayyin)、料理人(ṭabbākh)、筆写業(nāsikh)

〈肉体労働〉 墓掘り人(ḥaffār)、運搬人(‘attāl)

〈第一次産業〉 漁師(ṣayyād asmāk)、ヤギ飼い(ma‘‘āz)

〈その他〉 ナイル・メーター技師(muhandis al-Nīl)、ナイル川管理人(amīn al-Nīl)、教師(mudarris)

この一覧は、さながら当時の職業百科(職業尽し)の観すらあり、『ヒスバ(市場・風紀監督)の書』にも多くみられるものである。しかも、皮鞣し、肉屋、粉挽きなど、西洋・日本など他地域で差別対象とされた職種を万遍なく含んでいるのも特徴である。聖者や被葬者本人の職業が完全に史料テキストに記述された通りであったかどうかは確認できない部分を残すが、少なくともここから窺える職業観に構造的差別を見出すのは困難である。ただし、参詣書の逸話部分に描かれているのは完全に都市民の世界であり、農業従事者や、農村を舞台とする逸話がほとんどみられないことは、注記すべき事項であろう。もっとも、この傾向は参詣書に限らず、当時のアラビア語史料全般にいえることである。

一方、通時的にみると、初期にはエジプト征服の英雄や、慎み深さの表現として路上で物売りをする例などがみられるが、マムルーク朝期に入り、宗教施設の整備が進展すると、ハーンカー、ザーウィヤのシャイフ(師)、ハーディム(使用人)、教師、ハティーブ(説教師)、ムアッズィン(礼拝呼び掛け人)、ワーイズ(宗教諫言師)などの職業および役割を得る例が増加する。[6]

なお、参詣書はタバカ（階層・世代）による聖者の分類も一部含んでいるが、各参詣書が引用した他史料の分類をそのまま持ち込む形になっているため、分類基準が一定していない。例えば、法学者（フカハー）、裁判官（カーディー）、クルアーン詠み、タービウーン、スーフィー、殉教者、イマーム、ハティーブ、アミール、篤信者（ʻubbād）、アシュラーフ（ムハンマドの血筋の者）、アルバーブ・アル＝アスバーブ（スーフィーの階梯）などのタバカが混在していた。この中には、明らかにいわゆるスーフィー文献からの用語をそのまま持ち込んだもの（アルバーブ・アル＝アスバーブなど）や、伝記集からの直接引用がみてとれる。[7]

2　聖女、障がい者、狂者

《聖　女》

人気の参詣対象となったり、聖者とされたりした中には、女性も多く含まれていた。その最たる者がサイイダ・ナフィーサであり、それ以外にも、サイイダ・ルカイヤ、ウンム・クルスーム、サイイダ・ザイナブ、サイイダ・スカイナなど、預言者の血筋の者にとりわけ多くみられた。これは先述のように、参詣者の性別とも無関係ではなかったであろうし、女性の参詣者が聖女の廟を多く訪れて祈願していた可能性が高い。ただし、比率上、男性聖者を凌ぐまでには達していないことも確かである。また、カイロ＝フスタート周辺墓地区の全体像の中で統計的に位置づけることはできないが、女性聖者の墓区が集中する傾向も、明らかに一部にはみられた。すなわち、死後の男女隔離の傾向である（付論3）。

また、参詣書にみられる逸話の中に、ムカッタム山に棲みつく聖女の例がいくつもみられ、その場合、聖女と魔女・巫女（kāhina、sāḥira）との区別が問題とされていた。そして、結局のところ、本人が熱心なムスリマ（女性イスラーム教徒）

であると宣言し、それが確認されたのちに解決をみている。[8] ここにはムカッタム山の聖性と、ジン（精霊・妖霊）やヒドル khiḍr、グール（怪物）が出没するといわれる、山の魔界的な側面が、イメージの上で結びつけられていることが窺える。また、その際に魔女か否かを判定しにゆく目利きとして設定されていた男性聖者の存在も忘れてはならない。ただし、いずれにしても、「魔女狩り」のような事態は全く記述も史実もないことは、ここに明記しておく必要があろう。

次いで、聖者の性別によって、その奇蹟の範疇に違いがみられるのかという点についてみると、基本的枠組において差異はないが、その傾向に若干の違いはみられる。例えば、出産を終えるまでに必要なこと全てを神から保証されていたという聖女のように、子授かり・出産に関わるいわば「産婆」的聖女の例がみられることなどである。[9] ただし、婦人に一筆したためることで懐妊させ、分娩時には婦人を凝視することで即座に出産させていたという男性聖者も存在したため、出産は完全に聖女の領域であったともいえない。[10] また、聖女の飼育する羊が乳と蜜をだすという奇蹟が記されているが、これは明らかに、羊が聖女の奇蹟を代行していると考えられる。[11] この話自体は、後述する筆者の聖者のカラーマ設定では、「異類譚（羊）」「本質変換（乳→蜜）」「奇蹟の代行」の複合形態といえる。

一方、聖女と広義の性の問題についても付言しておくと、まず最初に、現在もムスリム社会の内外で多くの議論を呼んでいる、露出の問題があげられる。例えば、聖女サイイダ・ナフィーサは、ナイル川の増水が止まってしまうと、人々から祈願による解決を依頼され、その顔覆い（qināʿ）を与え、人々はそれをナイルに投じて解決したとされる。[12] これは視覚的に実に鮮やかなイメージであるが、それを共有できた背景には、敬虔なナフィーサ様は（慎ましく）顔を覆っていらっしゃるはずだ、という暗黙の了解が存在したものと思われる。露出に関してさらに極端な例をあげると、聖者「手を隠せ ghaṭṭī yaday-ki」は女性をみるとその手を叩き、「手を隠せ」と繰り返し言っていたので、この名がついたという。[13] また、露出の問題は視線・邪視の問題とも当然関連してこよう。聖女「眼のファーティマ」は、「ああ、この者よ、神は汝をフール・アル＝アイン（天国の美女）の姿に創りたもうた。汝の目は誘惑じゃ」と言われたため、両目を刳りぬいて投げてよこし、「これでわが同胞を誘惑することもないでしょう」と言ったとされる。「この逸話は人口に膾炙した」とも参詣書は付言していた。[14] なお、男性側が眼差しを抑制すべきとする逸話も、参詣書には散見される（本章3節(3)）。

聖者の性に関する逸話の背後にみえる社会慣行・倫理観の例として、処女性の重視も指摘できよう。聖女「沙漠の花嫁」は婚姻の夜、恥じらうあまり、神に「私の隠した部分をあなた様の下僕の誰にもみせないで下さい」と祈願して叶い、処女のまま即死したとされる。[15] この話は、当時のエジプト社会における性にまつわる通念の一つの傾向を、極端にせよ表現していると考えられる。

《障がい者》

身体に障害を有した聖者は数多く、その中では視覚障がい者(ḍarīr)の聖者が圧倒的多数であった。[16] 彼らは大抵、クルアーンの暗唱者であり、クルアーン詠誦を生業としていた者も多い。川田順造は、文字社会においてはかえって「盲人」が口碑の保持者として特別な役割を与えられることが多いと述べたが、[17] そのような状況が生じていたものと思われる。この他には、聾者、歩行障害などが記録されている。[18]

《狂　者》

聖者とマジュヌーン(majnūn「狂者」)との区別は、カラーファ参詣書などの文献においてもしばしば問題とされており、現代の観点から判断すれば、聖者とマジュヌーンは一部重複していたものと推察される。聖者達は往々にして、マジュヌーンとの評判をたてられていた。[19] 聖者タクルーリーはナイル川の水面歩行をしたり、ぶつぶつ呟きながら袋小路の壁を開けてしまうなど、マジュヌーンであるとの風評をたてられていた。このタクルーリーについて、参詣書の著者イブン・ウスマーンはマジュヌーンの一種であるとしていたが、同じく参詣書著者であるイブン・アッ＝ザイヤートはそれを否定し、彼らを擁護する議論を展開した。

イブン・ウスマーンは彼（タクルーリー）を「賢人たる狂者」（'uqalā' majānīn）の一人であったというが、これは誤りである。何故なら、聖者達（アウリヤー）が狂気と関連することはないからである。彼はただ、神への激愛と囚われに支配されているだけなのだ。[20]

魔女・巫女の場合と同様、聖者と狂者との分別基準は、神へのつよい信仰の有無という点に置かれていたことが、ここでも示されている。

また一方、聖者のマジュヌーンへの対応をまとめてみると、第一に、狂気の原因とされたジンを追い払うことによって、治療するという役割があげられる。その際に、祈願行為を行なったり、小巻紙の護符にクルアーンの一節などを書きつけて渡すなどして治療する例がみられた。[21] 第二に、聖者はマジュヌーンを後述の異類＝動物のように、服従させることができた。第四代カリフ・アリーの葬儀では、マジュヌーンですら騒がなかったと記述されている。[22]

3　参詣書にみえる聖者の逸話とカラーマ

参詣書には被葬者ごとに、その生前の逸話がしばしば挿入されていた。その中には、単に印象的な日常生活の一コマを切り取ったような逸話から、教訓色・説教色が濃く、人を教導して信仰心を呼び起こすような教訓例話[23]や驚異譚（アジャーイブ 'ajā'ib）、カラーマ（奇蹟・貴行・美質）譚までが含まれていた。本節では、このうちまずカラーマをめぐる議論に触れた後、これらの逸話の全体像を詳しく紹介したい。この紹介を通じて、この時代の聖者とはいかなる存在であったのかを鮮明に描き出すことを心がけたのちに、考察を加える。

(1) カラーマとムウジザ、スィフル

カラーマについて検討する前に、参詣書・聖者伝にしばしば繰り返されるカラーマとムウジザ(mu'jiza、預言者の大がかりな奇蹟)、一般の魔術・巫術(siḥr、スィフル)との区別について概観しておきたい。

参詣書は聖者のカラーマについて決して定義を行なおうとはしないが、ムウジザと区別することを通じて、その意味を分節しようとしていた。すなわち、「聖者のカラーマは、預言者ムハンマドにのみ固有の事柄を除いてのことである。何故なら、ムハンマドに並ぶものは誰一人としていないからであり」[24]「預言者ムハンマドのムウジザがあるときに(限って)、聖者のカラーマも可能となる」[25]と峻別されていたのである。ムウジザとそれ以外の区別については、参詣書を離れて歴史的にもバキッラーニー al-Baqillānī(一〇一三没)、ハルクーシー al-Kharkūshī(一〇一五―六没)、クシャイリー(一〇七二没)、イブン・アル゠アラビー(一二四〇没)、ヤーフィイー(一三六六―七没)、ムナーウィー(一六二二没)をはじめ、多くの発言が繰り返されてきた。[26]具体例をあげると、参詣書の内容とも一部重なり、参詣慣行の理論的支柱であったタキー・アッ゠ディーン・アッ゠スブキーの息子、タージ・アッ゠ディーンのシャーフィイー派列伝によると、「聖者のもとで、ずっと昔に死亡し、骨の朽ち果てた後の死者を蘇生させ、ずっと生かしたという例は知らない。この種のことが起こるのは、預言者達のムウジザにおいてであり、聖者のカラーマは、この域に達していない」という。すなわち、死後あまり経っていない死者の蘇生は、聖者のカラーマでも可能であるが、死後長時間が経過してからの蘇生は預言者のムウジザでなければ不可能なのであった。[27]

また、カラーマはスィフルとも峻別される。参詣書によく引用されるヤーフィイーによると、「スィフルは不信心者や無神論者(zanādiqa)、正道を外れた者たち(fussāq)のもとに顕れる一方、カラーマはそれらのもとには生じない」[28]という。これだけ執拗なまでにカラーマとムウジザ、スィフルを峻別した背景には、ムウタズィラ派に代表されるように、

預言者のムウジザと聖者のカラーマや一般のスィフルとの混同を恐れるあまり、聖者のカラーマそのものを否定する動きがあったことも想起される。[29] これに対して、聖者のカラーマ擁護のためにも、この区別に拘泥する必要があったのであろう。加えて、この弁別への拘りは結果として、学識者による民衆への教化のための働きかけともなっていたといえよう。

さらに、この種の厳密なカラーマとムウジザの区別は、やはりこの用語を使っていた同時代のエジプトのキリスト教徒にはみられない。また、キリスト教徒の場合、聖人が死者の蘇生を行なうことも可能であった。このことはズィヤーラとハッジの区分と同様に、ムスリムとキリスト教徒の大きな相違点と筆者は考えている。

(2) カラーマの範疇をめぐって

カラーマをめぐって

参詣書の聖者伝部分や『聖者列伝』の大半の部分は、聖者の生前・死後の逸話によって構成されている。その中にはカラーマであると明言されている事例もあるが、そのように明記される方が少ない。むしろカラーマと明記された逸話をもとに、我々が他の事例をカラーマとして分別しようとしているにすぎない。すなわち、カラーマとは明言されていないものの、同様の傾向をもつ聖者の奇蹟、貴行、徳行、美質にまつわる逸話や教訓例話が、しばしば参詣書においては聖者という存在を描写していた。その延長上で述べるならば、カラーマは必ず聖者を通じて発現して聖者と不可分な関係にあるが、逆にみると参詣書がカラーマの定義について曖昧であることもあってか、(広義の)聖者にとってはカラーマが必須条件とまでは断言できない。

カラーマは通常、奇蹟と訳出されるが、現在の(日本の)観点からすると、必ずしも奇蹟とまではいえないような事象も多く含まれる。それゆえ、先に奇蹟・貴行・徳行・美質などと訳語を列記しておいたのであるが、この奇蹟と美質などとの区分もあくまで現代（日本）の視点からのものであり、近年までエジプトにおける聖者関連の史料・研究文献は、カラーマをそのように分別してはいない。[30] また、カラーマ譚を非現実の話とみなすのも、やはり主として現代の「先進国」におけることであり、当時のエジプト民衆にとってカラーマは、「現実」の一部を構成していたものと考えられる。文化人類学者クラパンザーノも指摘するように、「奇蹟」は現代の科学的説明に相当する、物事に対する彼らの「現実的」解釈・説明を含んでいたことであろう。[31]

一方、カラーマ発生へつながる民衆側からの働きかけや創造力にも、凄まじいものがあった。彼らは夢・示現をみるため続々と墓廟に参籠しており、奇蹟に直結すると思われた聖墓を多数捏造し、墓碑の書き換えを行なっていた。聖遺物や頭骨・遺体に群がり、その探索・発掘にはあらゆる労力を惜しまなかったのである。

このように、被葬者の逸話には、人々が何に最も困窮していたのか、何を希求していたのかが何らかの形で表明されていると考えられる。もちろん、その内容には程度や種類の差異がかなり包摂されており、また、書き手や書物形式というプリズムを通すことによる屈折も考慮されねばならないだろう。

欧米文献にみるカラーマ分類

ところで、カラーマを含む各種逸話の提示は、他地域・他宗教圏などとの比較媒体としても、非常に有効であると筆者は考えている。そこで、従来のカラーマ（あるいは、ここでは奇蹟）の分類・提示例を再検討してみよう。

最初に、欧米の研究文献であるが、まず、一九五七年にキッスリング V. H. Kissling は、フィラーサ（firāsa 透視・観相術）を主として、デルヴィーシュの奇蹟について述べている。先駆的研究ではあるが、カラーマの分類としては不十分なものである。[32] 次に、ギルセナン M. Gilsenan の *Saint and Sufi in Modern Egypt* は現代エジプトのスーフィー教団研究として定評あるものであり、その中でカラーマに関する語りの分析がみられる。ただし、点数が乏しく、分析に主眼がおかれているため、分類の指標とはならないものである。[33] 一方、シンメル A. Schimmel は、その著 *Mystical Dimentions of Islam* の中で、比較的詳しくカラーマについてまとめている。そこでは、読心術、遍在と空間移動、テレパシー、懐妊、食物、全ての被造の服従、イスラームの信仰に関すること、病気治療、改宗譚などに分けて説明がなされているが、なお不十分感は免れ得ない。[34] 参詣書にもしばしば引用されるイブン・アビー・アル＝マンスールの *Risāla* を校訂したグリル **D. Gril** は、この文献に現れたカラーマを分類している。それらは、⑴並外れた知覚力……他者の考えを知る、不正察知、予見、遠隔地のことを幻視、観相、⑵奇蹟……遍在、並み外れた移動、物質の透明化、物質現象、⑶神秘的能力、であるが、対象点数が少なく範囲が狭いうえに、分類の視点が理解しづらいものとなっている。[35]

これに対して、グラムリッヒ **R. Gramlich** は、スンナ派だけでなくシーア派の文献やペルシア語文献まで多量の文献を渉猟し、イスラームの奇蹟譚をまとめた。これは現在に至るまで最も網羅的な研究と評価できるが、エジプトの参詣書の記すカラーマの古典範疇が活用されていないうえ、スーフィー関連の情報が相対的に多いなど、エジプト参詣書の世界とは必ずしもしっくりこない。[36] そのような中、コーネル **V. J. Cornell** は中世マグリブ地域の聖者伝・列伝を精査し、歴史人類学者として示唆に富む分析を行なっている。その中で彼は、十二世紀の聖者（ワリー）の行なった奇蹟を分類してデータを提示しているが、それによると読心五〇・〇％、予見三〇・八％、心眼・洞察力（baṣīra）二八・五％、動物の制御一六・四％、超自然的な力一五・七五％、金銭・財宝の奇蹟一一・六％、食物の奇蹟九・六％、病気治癒八・二％、ジンへの力の行使六・八五％、降雨六・一六％などとなっていた。[37] また、聖者の役割（奇蹟、執り成し、精神的境位、慈善、モラルの監督、政治的抵抗、政治的執り成し、支配者への助言）、出身社会階層、エスニシティー（アマズィグ〈ベルベル〉など）などの比率データや、アブー・マドヤン **Abū Madyan** とシャーズィリー **Abū al-Ḥasan al-Shādhilī** などエジプトのカラーファとも関わりの深い聖者の、エジプト到来以前の事績にも詳しい。[38]

時系列的にいえば筆者の研究はこの次に位置するが、その後に刊行されたものとして論集 ***Miracle et Karāma*** がある。

時代と地域・宗教を広くとった比較研究であり、カラーマについて考えるうえでも重要論文を含む。また、テイラーC. Taylor の研究書には筆者とはスタンスが異なるものの、エジプト死者の街の聖者による奇蹟の紹介がみられる。[39]

アラビア語文献によるカラーマ分類

アラビア語の文献についてみると、古典から現代に至るまで、西欧の研究文献に比べ多大な労力をカラーマの範疇記述に傾注してきた。ところが、欧米の研究文献に十分に活用されてきたとは言い難い。そこで、それらのアラビア語文献中、とくに参詣文献に関わりの深いテクストに絞って概観してみたい。

まず、時代順にみると、参詣書に頻繁に引用されたクシャイリー（一〇七三没）の『リサーラ』（論考）があげられる。ここでは、祈願成就、必要時に食物が出現すること、喉が乾いているときに水が発生すること、短期間に（遠）距離を容易に移動すること、敵を取り除くこと、（テレパシーによって）虫の知らせを聞くことなどが言及されていた。[40] カラーファに墓廟のあるイブン・アターー・アッラー Ibn ʻAṭāʼ Allāh al-Iskandarī（一三〇九―一〇没）は、著書 *Laṭāʼif al-Minan* の中でカラーマについて一章を割いていた。そこには、地面収縮、水上歩行、空中飛行、過去や遠隔地の物事を識ること、過食・過飲、時季はずれの果実をもたらすこと、掘削せずに水が湧き出す、動物服従、時ならぬ雨の到来における祈願成就、食物への忍耐、枯木の結実が列挙されていた。[41]

一方、参詣書の引用元の一つであるヤーフィイー（一三六六―七没）の *Nashr* は、以下の一〇項目をあげている。すなわち、死者の蘇生（iḥyāʼ al-mawtā）、死者の言葉（kalām al-mawtā）、海裂け・海涸渇（infirāq al-baḥr wa jafāf-hu）、本質変換（インキラーブ・アル゠アーヤーン inqilāb al-aʻyān）、予見・透視、地面後退、水の湧出（infijār al-māʼ）、非生物・生物の言葉、病の治療、万物服従（ṭāʻa al-ashyāʼ la-hum）である。後述のスブキーよりも分類の範疇数こそ少ないものの、各々の項目に関しては、管見の限り最も詳しく具体例をあげている。同じくヤーフィイーの *Rawḍ* にも、これらの項目名のみが列挙されている。そして、さらに重要なのは、おそらくこの部分が再構成されて、参詣書にも引用されていたことである。[42]

参詣擁護側の代表的イデオローグであったタキー・アッ＝ディーン・アッ＝スブキー Taqī al-Dīn al-Subkī（一三五五没）の息子、タージ・アッ＝ディーン・アッ＝スブキー Tāj al-Dīn al-Subkī（一三七一没）は、浩翰なシャーフィイー派列伝を著したが、その序章でカラーマ分類を行なっていた。番号を付して分類するなど工夫の跡が窺え、管見の限り、欧米やアラビア語によるものを含めて、最も詳しいカラーマ分類の文献となっている。それゆえか、ムナーウィー、ナブハーニーなど後代の文献も、必ず、カラーマ分類の際にスブキーの分類を引用してきた。それらは、⑴死者の蘇生、⑵死者の言葉、⑶海裂け・海涸渇・水上歩行、⑷本質変換、⑸地面収縮、⑹非生物・生物の言葉、⑺病の治療（ibra' al-'alīl）、⑻生物・非生物の服従、⑼時間収縮（tayy al-zamān）、⑽時間伸長（nashr al-zamān）、⑾祈願成就、⑿（他者の）言葉の停止・解放、⒀座から不快な者を除く、⒁不在物（者）に関する情報と顕現、⒂長期非飲・非食、⒃降雨を自在にする＝撒水の領域（maqām al-tasrīf）、⒄過食能力、⒅ハラーム物の不食、⒆遠隔物の幻視、⒇畏怖の念を抱かせる、㉑悪行を善行へと変換、㉒変貌術（形相の変化）、㉓地下の埋蔵物を識覚する、㉔短時間で多くの書物を著す、㉕毒物消散、となっている。スブキーは二五種類をあげた後、「カラーマの種類は一〇〇を超えると思う」とも付け加えている。彼のシャーフィイー派列伝には、参詣書に述べられる人物が相当数掲載されていただけでなく、カラーファ参詣のシャイフも含まれており、史料間の情報交換について考察するうえで、非常に重要である。ただし、この分類ももちろん現代からみると、一定規準に基づくものとは言い難い。[43]

十七世紀のムナーウィー（一〇三一／一六二一没）はそのスーフィー列伝の中で、聖者のカラーマの確かさを擁護して七点にわたって反駁しており、またスブキーの二五種類中、二〇種までを引用していた。[44] 最も近年の重要文献としては、ナブハーニー（一三五〇／一九三一没）の聖者の『カラーマ集成』がある。カラーマ集成と銘打ったアラビア語の書物は、実のところ珍しく、ヨーロッパ中世の『奇蹟録』を想起させるものの、特定の霊場に起こった奇蹟を編纂したそれとは異なり、聖者列伝の再編集・増補によるものであった。ここでナブハーニーはスブキーの二五範疇を引用解説した後、さらに顕現力の素晴らしさや楽しみとして五〇以上を列記している。[45]

これらの聖者・スーフィー列伝に対し、四参詣案内記の中では、唯一、イブン・アッ＝ザイヤート（一四一二没）がカラーマの範疇に言及していた。本質変換、水上歩行、空中飛行、死者の状態の顕現、死者の言葉の聴聞、死者の蘇生、地面後退、直感による言葉、予言（al-kalām ʻalā al-mustaqbal）、過去について語ること、不在物（者）の情報、海裂け、乗雲、審判の日の執り成しなどがあげられ、前出のヤーフィイーに依拠したと明記されていた。[46]

この他に、イブン・アル＝アラビーは *al-Futūḥāt al-Makkīya* の中でムウジザとスィフルを区分し、さらに、カラーマをアル＝カラーマート・アル＝ヒッスィーヤ al-karāmāt al-ḥissīya（直訳すると感覚的カラーマ。ここではカラーマ一般、水上歩行や地面収縮など）とアル＝カラーマート・アル＝マアナウィーヤ al-karāmāt al-maʻnawīya（直訳すると精神的カラーマ。クルアーンの教えに基づくカラーマ、神に関する知識や慎ましさなど）に二分している。同じ著者による *Mawāqiʻ al-Nujūm* の中では、水上歩行、地面収縮、空中浮遊についての言及がみられた。[47] イブン・アル＝アラビーの著作は、後代のイブン・アター・アッラーをはじめ、ムナーウィー、ナブハーニーなどへ影響が大きい点でも極めて重要である。なお、エジプト参詣に関する先行研究で、イブン・アル＝アラビーの両書に直接言及したものは、管見の限りみられない。他にも、聖者のカラーマの確かさに関する独立した論文が、ハマウィー al-Ḥamawī、スジャーイー al-Sujāʻī、シュブリー al-Shūbrī らによって書かれている。[48]

本書のカラーマ範疇

カラーマ分類に関して、欧米の研究、アラビア語史料・研究文献について瞥見してきたが、確立した分類法や、筆者の意図に直接役立つ見取図を示してくれる例があるわけではない。ヨーロッパ中世史研究の分野で渡邊昌美氏らがしばしば引用してきたシガールの分類——治癒および蘇生、子授け、災難除け、執り成し、捕囚解放、聖徳讃美、懲罰、示現、予告の九項目——にしても、やはり中東の並行期にあてはめると、全く不十分といわざるを得ない。[49]

この問題に関する決定的分類法は、他の研究者もすでに述べているように、案出しにくいであろうと思われる。その理由については後述するが、そのような中で、我々の立っている地平を再度、見直してみたい。今、あえて図式化するならば、一方の極に「中世」エジプトの当時の人々が認識していた世界——これとて一枚岩ではないが——があると措定し、他方の極に今日、この対象を分析・分類しようとする我々がいるとしてみる。そこで、仮に当時のエジプトにおける分類法に完全に従うとすれば、これは現在の我々の観点からすると、かなりの不都合が生ずる。同じ要素の繰り返しが目立つのであり、人類学・心理学・宗教学等で馴染みのある概念を用いた方が、現代の我々にはよほど理解しやすいのである。例えば、少食と過食などは、ベクトルが逆方向とはいえ、過剰という点で中心からの距離は同じとして一つの枠に括った方が理解しやすい。他方、完全に現代の分析基準に従う分類法を行使しようとすると、今度は、当時の中東における認識や分類の営為をないがしろにすることにつながる。カラーマの中には、本質変換や地面収縮など、明らかに、当時の(東)アラブ・ムスリム社会の人々が分類し、名づけて理解を共有していた範疇が存在していたのである。また、スブキーらの分類の歴史的営為も葬り難い。これらを全く無視すれば、そこに宿る認識の歴史的個別具体性も見失う結果につながろう。今回、プロップの物語分類、エルシャーミー(アッ＝シャーミー) El-Shamy による民間伝承のモティーフ分類なども参照したが、聖者譚の物語設定背景をなすエジプトの風土・文化的背景を優先すべきと考え、とくに用いないことにする。[50]

厳密にいえば、現時点の我々の認識も刻々と変化しており、またそこから投影される当時のエジプトにおける認識も動いてゆく。それゆえ、決定的分類の策定は困難を伴うが、かかる情況下、我々は先の二方法(歴史的な分類基準に従うか、現代の分類基準に従うか)のいずれかを選択するか、あるいは各々の時点において、現代の認識と歴史的認識を結ぶ線上に最も有効と思われる定点を見出すべく努めることになろう。

そこで本章では、参詣書中にみえるカラーマ譚や逸話の紹介と理解に最大の力点を置きつつ、そのために最適な範疇を設定して、逸話の世界を記述し伝えるということに専心したい。そのため、当時のカラーマ認識範疇をできるだけ生かしつつ、現代において理解を助ける範疇・要素に分け、その可変的組み合わせによって、参詣書内の逸話を理解すべく努めたい。各範疇・要素の連合パターン、その組み合わせ方自体に、中東・エジプト地域や時代、そして著作の独自性が刻印されており、また、将来における認識の変化にも対応しやすいということでの試みである。ただし、本章の主題は、先述のように、カラーマ譚や逸話から当時の人々のコスモロジーや慣行、心性等を探ること、記述することにあり、分類が目的では決してないことを注記しておきたい。また、奇蹟譚は語ると面白いが、分析されるととたんに生気を失いつまらないものとなる。これを回避するためにも、できる限り史料自体に語ってもらい、その魅力を引き出すように努めたい。

(3)　聖者のカラーマ譚と逸話

それでは、聖者達を聖者であり続けさせた根拠、聖者に固有な現象・事柄・特質そして、聖者による自身をとり巻く世界への働きかけとしてのカラーマなどをここで概括してみたい。

《本質変換、あるいは変質の術》

ある物質の質を変換してしまうことを本質変換（インキラーブ・アル＝アーヤーン）と称する。これは史料中にみえる術語であるが、従来、この用語に注目した研究文献はあまり知られていない。このカラーマの典型例をあげると、

彼〔ルズビハーン Ruzbihān〕は言った。「もし、神を崇めるものがこの盆に「金になれ」といえば、金になるのだ。神のお恕しにより」。すると、盆は金に変わった。彼は盆を凝視し、盆に言った。「元通りに戻れ、それでは汝を叩

くぞ、ほら」。すると、盆はその通りに戻った。これは、インキラーブ・アル＝アーヤーンに数えられるカラーマである。[51]

変換の例としては、明礬を石へ、砂と水をサウィークと砂糖へ、アフス〈没食子、皮鞣し・インク用〉を石に、そして再びアフスへ、水を油や蜂蜜に、などがあげられる。とくに、金に変換する例が目立ち、盆や薪、焼煉瓦を金へ変え、再び戻すカラーマが記録されている。また、海水や井戸の塩水を真水に変えたり、モロヘイヤ・スープの苦味を消してしまうのも、広義にはこのカラーマに含めて考えられるかも知れない。[52]

一方、無から有を生ぜしめる、いわば、〈創出術〉も見受けられる。これはすなわち、「物の必要性から解放されている」ということでもあろう。水と火、水とランプ、ナツメヤシと菓子など基本的な物質が多いが、本質変換と同様、金にまつわる例が目立つ。果実〈ナツメヤシ〉の創出はハディースにも関わる、あまりに有名なカラーマであるため、スブキーなどは独立の項目を立てていた。[53]

《水上歩行》

水上歩行はエジプトの場合、ほとんどがナイル川に関連して語られる。聖者は地面を歩くように、水上を歩行したのである。聖者本人が歩行した場合と、他者を歩かせた場合とがあるが、前者の場合は〈護身〉、後者は〈災害救助〉とも関わってこよう。前者の例としては、フスタート〈カラーファ側〉の大火事の際、ナイル川対岸のギザへ渡る船が沈没し、溺死者も多かったが、その服に水滴一つなく「ギザ渡り」を行ない、岸に微笑して立っていたというシュクルが代表的な人物である。[54] 救助の例としては、船を止め、川面を鎮めてその上を歩いて船にゆき、さらわれた子供を取り返したタクルーリーや、ナイルに流された幼児を、川面にあぐら座りさせて救った者もいたとされる。[55]

《海裂け、海縮小・涸渇》

まさに旧約聖書に描かれるモーセのように、聖者は海を分けたり(infirāq al-bahr)、縮小・涸渇させたりした。これについては、クルアーンにおけるモーセ関連の記述を下敷きにしているのか、あるいはユダヤ教・キリスト教の伝えるモーセの奇蹟の影響がムスリム社会へおよんだと考えるべきなのか、さらにはモーセが、それ以前から「中東」において伝説的に育まれていた奇蹟を体現した一人にすぎなかったのであろうか。一例をあげると、

> 陸地が海に近づくと、彼はその手で海を指さした。すると、海は塊集し、彼の歩幅くらいに狭まった。（対岸の）陸地につくと、元通りに戻っていた。[56]

《空中浮遊》

これは〈乗雲〉とも関連するもので、聖者は自由自在に行なっていた。ジャウハリーはフスタートのアムル・モスクから、空へと上昇したと伝えられる。[57] また、メッカ、バクダード、シリアからムカッタム山の洞穴にやってきた三人の男は、明け方まで共に礼拝した後、宙に浮かび出し、消え去ってしまったとされる。[58]

《地面収縮》

一部の聖者には大地の方が収縮してきたり、回転による「地面後退」が生じて、瞬時の空間移動が可能であったとされる。これは地面収縮（タイイ・アル゠アルド tayy al-arḍ）と称された。このカラーマの保有者は、アフル・アル゠フトワ（ahl al-khuṭwa 千里一足の人）、あるいは、収縮の主（arbāb al-tayy）などと称される。[59] 当人の感覚からすると、地面が水面の泡のようであったり、ひとりでに後退しだし、風のごとく歩むことができたのである。聖者の中には、瞬間移動の最中は、首をすくめ、継ぎ接ぎだらけの襟の中に埋めるといった、独特のポーズをとる者もいた。[60]

移動の距離についていえば、カイロ周辺からメッカ・メディナ、トリポリからメディナ、ダミエッター—メッカ—ダミエッター—カイロ周辺など、メッカ巡礼に関するものが圧倒的多数である。[61] これは、人々の願望と、実際には巡礼困難であった現実とが投影された結果とも考えられる。聖者にとっても、他の場所よりもふさわしく、聖性を得られる舞台設定となっていよう。

《遍　在》

瞬間移動の移動時間が限界まで短縮されてゆくと、ほぼ同時に二カ所以上に存在するといういわば「遍在」につながる。これも、メッカ、メディナに関連して多くみられたものである。

《渇水譚》

エジプトの気候・風土を反映してか、渇水にまつわる逸話は非常に豊富かつ多様である。おそらく、他地域の聖者カラーマ譚と比較検討するならば、気候・風土の反映され方に違いがよく表れているに相違ない。ナイル川、沙漠、農耕地、井戸等がその現場に設定されており、解決法は、聖者による祈願、雨乞い(istisqā')に求められた。その結果、ナイル川は増水し、沙漠・耕地に慈雨がもたらされ、水瓶に水が絶えることなく、井戸に真水が出現したのである。聖者は自在に雲を出現させ、雨を降らし、身を浄めることができたとされる。[62]

まず、「ナイル川」渇水譚に関してみると、聖者はナイルの水を停止させることも、流すことも自在であった。聖者自らが、「岸辺でウドゥー(礼拝前の浄め)」をしたり、髪覆いやクルアーン本を投じて祈願するなどのパフォーマンスを行なうこともあったが、生前・死後共に人々の祈願を神へ執り成し、ナイル増水へと導いていた。[63]また、「沙漠」における渇水、とくに際立って事例の多いメッカ巡礼の途上でのそれは、現実そのものでもあったろうし、巡礼途上の沙漠での降雨の奇蹟は、視覚的イメージの鮮明さに加えて、聖なる場面設定としても最適な情景といえよう。[64]一方、イブン・スィナーンは祈願によって、「畑地」に降雨・給水させ、その結果、大キュウリやシトロンを収穫していたとされる。[65]「井戸」の水が、涸渇したり、塩化したりしてしまった事例に対しては、聖者による原状回復がみられた。後者の場合は、水の「本質変換」とも関わってこよう。[66]

《治癒譚》

聖者達は生前・死後ともに、病を治癒する力を有していた。このうち、比率でいえば、死せる聖者よりも生ける聖者によるとされる治癒譚の方が多かった。快癒を得られた病としては、熱病、眼病（および視覚障がい）、ハンセン病、虫歯〈折れ歯〉、膝痛、皮膚病、痔、座ったきり、腹痛、痛み、座骨神経痛など、多様な「治癒譚」が記録されている。[67] 病気治癒を願って聖墓参詣した実例を年代記から拾うと、七三五／一三三四－五年、アミールのアルトゥン・ブガー Altun Bughā は重病をおして聖墓参詣をしていた。[68] また、人間のみならず、動物達も聖者による治癒を求めて聖墓参詣し、墓に身体を擦りつけるなどして快癒を得たとされている。記録されている動物には、猿、鳥、ライオン、羊などがいた。[69]

《予　見》

未来の「予見」、および〈過去について知ること〉は主として夢・示現を通じてなされていた。不慮の事故やサラーフ・アッ＝ディーン（サラディン）に謁見するという好運を予知した例もあるが、大半は本人、もしくは他者の死に関してのものであった。カラーファ墓地での幻視によって将来を予見したケースや、極端な例では、自ら墓穴を掘ってその中へ下って行き、死亡して埋葬された聖者もいたとされる。[70]

《透　視》

ここでは、他者の心の機微や思惟の透視、直感・虫の知らせによる言葉（kalām ʿalā khāṭir）、物の透視などを含めて考えておきたい。この種の逸話は、カラーマの中でも最も多い部類の一つであることも注記しておく。〈透心術〉の例として、師のもとへゆく途上で、その弟子が女性を視てしまった後、そのまま師の所へ行くと彼から邪視（naẓra）を指摘され、悔いて、一生、路上をうつむいて歩いていたという話がある。他にも、夢の内容、殺意、願掛けの事実、人間関係、キリスト教徒であることなどが看破されていた。[71] 聖者が視覚障がい者である場合、ことさら察知の必要性は高まったことであろう。

次いで、〈物の透視〉に関してみると、肉屋の店頭にぶら下がる羊が死肉であったこと（イスラームではすでに死んでいた獣肉を食することは禁忌の対象）、不正な贈物、美食を願ったこと、衣服に夢精の跡があること等が看破されていた。[72] いずれも、イスラーム(でいうハラーム(宗教的禁忌)であるかどうかが、見破るポイントとなっているのが特徴である。相互が透視能力を備えていた場合、両者の間に〈テレパシー〉も容易に生じよう。例えば、ある者が使者を送った場合、相手はその到来から用件まで全て知りつくしていた。[73] 別の事例では、

彼(シャイフ)の甥がメッカで死んだとき、彼はエジプトにいた。そして、彼の六歳になる娘が食卓を共にしていた。娘は言った。「従兄のアブド・アッ=ラフマーンが死んだわ、そうよ、そうよ、そうよ、そうよ」。そこで、アブド・アッ=ラフマーンの母は言った。「何でそんなことというの」。娘は言った。「何も言ってないわ」。そこで、シャイフは今の時刻を書き留めよと言った。そこで、彼らは書き留めた。巡礼団がエジプトに戻ってくると、その時刻に娘の言った者が死んだ、と伝えた。[74]

《不在の探知》

遺失物と行方不明者の探知も、しばしば聖者に委託される事柄であった。遺失物の事例を要約すると、

シャイフ・サーリムのところへ会計簿(daftar hisāb)を失くした男が訪ねてきた。人々にそこへ行って祈願してもらうよういわれたのだ。するとシャイフは、祈願する間に菓子の市場へ行き、一ラトル分(約三〇〇グラム)買ってくるようにと告げた。男が菓子屋へ行き、買った菓子の包装紙をみると、(なくした)帳簿の紙であった。菓子売りはちょうど直前にその帳簿を購入していたらしく、少しも欠けずに残っており、買い戻すことができた。シャイフに顚末を聞かせると、「知っていたがゆえに、行かせた」と言った。[75]

また、行方不明者探索譚では、夫や子供を発見した逸話がみられる。[76]

《死者の世界との交流》

ここでは、〈死者の世界の顕現〉、および〈死者の言葉の聴聞〉を含めた。『ミスバーフ』*Miṣbāḥ* には、「彼は墓場へゆくと、死者の情況を感知し、彼らがそこでどのようにしているかを教えてくれ、彼らと会話しさえする。……ある時、

私が彼と墓地を参詣した時、彼は私に言った。「この墓の主は満足しておる。こちらの墓の主は苦しんでおる」と記述していた[77]。また、別の例では、このようにある。

ある日、私は父と共に、母の墓のところにきた。すると、その墓（の母）は言った。「息子よ、私はこの二つの墓の主（死者）が話しているのを聴いたよ」。しばらくして、墓を立ち去ろうとすると、また言った。「息子よ、私はこの墓から聴いたんだよ。その主が、あー、あー、あーと呻くのを」。そこで、私は言った。「どの墓のことを言っているのですか」。曰く、「息子よ、神がお前にこのことをお知らせになるかどうか、私にはわからない[78]」。

すなわち、ここで墓中の死者は、他の死者の言葉を知覚し、死者同士で会話を交わし、さらには生者に語りかけ、生者の行動を感知し、応答することが可能と思われているのである。この背景には、魂を抜かれたまま、墓中に累々と横たわる死者達が最後の審判の日に再生し、裁きを受けるのであるが、いつとも知れぬその時まで彼らは墓中でバルザフ（幽冥界）にあり、聖者の墓参や語りかけを感知し、応答できるとされていたことを指摘できる[79]。その際、生前に罪を犯したものや無信仰者は、復活の日まで墓中ですでに罰を受ける。これが、アザーブ（'adhāb）と呼ばれるもので、狭く暗い墓の中でヘビやサソリに噛まれ、二天使の悪臭と地獄の業火に苦しめられるのである[80]。

このように、死者の世界との交流に関するカラーマは、当時のエジプトにおけるムスリムの他界観について知る上でも、じつに貴重な証言に満ちているといえる[81]。

《死後の奇蹟》

物故した聖者が墓中にあって生者の願いを神へ執り成すことはもちろんであるが、それ以外の「死後の奇蹟」も顕現された。まず、死亡直後・埋葬前のカラーマとしては、湯灌される際にクルアーンを唱えたり、遺言通り遺体が群衆の呼び掛けに挙手応答したとされる。あるいは、死者ながら指を立てて、指輪をはめるよう要求したり、やはり湯灌の際に局部を手で隠し、七人がかりでようやく外すことができたなど、生者のごとき所作を示していた[82]。

埋葬後、墓中にあっては、自ら参詣者に喋りかけ、礼を欠く者や墓地で接吻する男女らに注意を与えるなどしたとされる。中には、墓に置かれた紙と筆で、スーフィーの免状(イジャーザ)を筆書したとされる被葬者や、同じ墓所に埋葬された他の遺体を全て、地表に放り出したという者も知られていた。[83] また、墓、および墓石の人間化、墓石による代行現象もみられた。一部の被葬者の墓石は、悪人に倒れかかって殺害し、あるいは墓や墓石が上昇したり、誤った埋葬場所から正しい場所へと飛翔するなどしていた。また、被葬者が巨軀であったときには、墓棺自体が伸長するなど、墓の形状も自在に変化すると考えられていた。そして、冬に参詣者が手を置くと墓が発汗したり、墓柱の色を白に変えることによって墓中で満足していると参詣者に返答したシャイフの例もある。[84]

ルダイニー al-Rudaynī は死後、鳥のごとく空中から降下してきたといわれており、ズー・アン＝ヌーン・アル＝ミスリーは、巡礼中に立ち往生していた男をメッカまで運び、巡礼させたのち、カラーファまで連れ戻ったとされていた。このレベルの大物聖者となると、後述のヒドルや天使的存在に近い行為が可能と信じられていたようである。[85]

また、一部の聖者は、〈誕生前の奇蹟〉をすでに示していたとされる。死後に比べ事例はわずかであるが、大物の聖者の場合、胎内にいる時から発光したり、記憶力を有していたとする記述がある。[86]

《夢》

すでにみてきたように、夢はとりわけ聖者の自在とする領域であり、それによって予知や不在の探知、死後の世界を知るなどしていた。彼らは死せる聖者を夢・幻視にみていたのであり、死しては聖者の夢に現れた。夢の御告げで旅立ったり、大財産を掘り当てた者もいた。[87] 典型的なパターンは、(1)Aが没し、(2)Bの夢にでる。(3)AはBの夢をみているBから、「神はあなたに何をして下さいましたか」と質問される。(4)Aは「聖者某と共に居させてくださいます」、あるいは、「執り成して、天国に入れて下さいました」、などと答えるというものである。[88]

とりわけ、夢の中で神や預言者ムハンマドに直接関われるのは、彼らの特権であった。ムハンマドを一〇回夢にみた者や[89]、預言者ムハンマドの一族が一堂に会したところに招かれるという壮大な夢も記録されている。

私は夢にみたのだが、空に覗き窓があるかのようだった。そのため、そこを登ってゆき、歩いた。すると、梯子があり、婦人が座っていた。私は、ハディージャ〔預言者ムハンマドの妻〕だと知った。挨拶すると、彼女は言った。「どなたでしたでしょう」。そこで言った。「アブド・アッラーフ……です」。すると、彼女は叫んだ。「ファーティマ〔ムハンマドとハディージャの娘〕、あなたの子供達のうちの男の子がきたわよ」と。ファーティマはハディージャの左にあるアリー〔ムハンマドの従弟、ファーティマの夫〕の家からでてきた。そこで、私は彼女と会った。彼女曰く、「ようこそ、善行の子よ」。その後、私はハサンとフサイン〔共にアリーとファーティマの息子〕の二人に会った。そして、そのうちの一人の手に接吻した。彼は、「お前の叔父だ」といって、ハサンを手で示した。その後、静謐《せいひつ》と威厳をたたえた男が出てきた。二人のうちの一人は言った。「これが汝の叔父アリー・ブン・アビー・ターリブだ」。その後、私は美と荘厳さをたたえた人物〔預言者ムハンマド〕をみて、その足元に接吻するために跪《ひざまず》いた。すると、その男性は拒んだ。曰く「そんなことせずともよい。ようこそアフマド、善行の子よ」。そして、彼らは座して語り合っていた。私は今もって、その語りの素晴らしさを忘れてはいない。預言者は私に言われた。「立て、そして、我が手を取れ」。そして、私を天の覗き穴から降ろして下さり、私と手をつないだまま、私に仰せられた。「着地したか」。私は言った。「足の親指が地に着くには至っておりません」。私の足が地面に着いたとき、眼が覚めた。私は気も狂わんばかりで、全く理性を失っていた。……〔友人に起こったことを話すと、彼は言った〕「私もあなたと共に居たかった[90]」。

さらに、一部の聖者は、夢解釈（taʻbīr ruʼyā）をよくしていた[91]。夢解釈が学問領域として重視されていたことについては、夢の社会共有化を含めて、第2章ですでに述べたところである。

《念　力》

また、聖者は念力（呪力）ともいうべき力を他者に行使し、結果として、相手に懲罰・制裁を加えている。とくに、嘲った相手などに対しては、肉屋の手を麻痺させたり、ハンセン病に罹らせる、鼻をへし折らせしめる、痙攣死に至らしめる、隣人の泥棒を呪い殺すなど、容赦がなかった[92]。例えば、

ある日、彼（ザハビー 'Umar al-Dhahabī）のもとへあるユダヤ教徒がやってきて、彼と五〇問の論争をした。……ユダヤ教徒は論争に破れ、議論が終わったのをみて言った。「お前達は、神がお前達の預言者に啓示を行なったと信ずるつもりか。「ユダヤ人は、神の御手は縛られていると言う。縛られたのは彼らの手で」（クルアーン 第五章第六四節）とあるようだが」。〔それに対して〕ザハビーは信ずると答えた。〔すると、〕そのユダヤ教徒は「この私の手は縛られておらんぞ」と手をだしてみせた。そこでザハビーはその手を避け、ユダヤ教徒を打った。……そこで、ユダヤ教徒は微笑し、去って行った。翌朝になって、そのユダヤ教徒は、腕が動かなくなっているのに気づいたのだった[93]。

これは、ハディースに淵源をもち、非常に多くの変種をもつ逸話であり、護教的・布教的性格の強く滲んだものである。後出の《改宗譚》との複合形態とも読める。

《護　身》

この念力は、聖者の「護身」とも強く関連してくる。聖者はその祈願によって、盗難や災害、暴力から、自身と他者を護ることができた。素手で火中の鉄を取り出しても、火中に投じられても火傷せず、圧政者の命を受けた刑吏は聖者を打てず、動けずといったありさまであった[94]。巡礼の途上、アラブ遊牧民に取り囲まれるも無事であった例や、大しけに遭い、事前に指示された通りにその名を叫ぶと、マスィーニー al-Maṣīnī からの応答があり、海が静まったという話もこのカラーマに加えられよう[95]。

《異類譚》

ここでは、聖者と動物との関わりをまとめる。[96] スブキーも動物との会話や、動物が従うことを聖者のカラーマにあげていたが、参詣書においても、これが重要なカラーマであったことは疑いを容れない。聖者は常人には統御しがたい、異類の世界と交流する特殊な能力を有し、それによって（象徴的には）聖なるエネルギーを獲得するのである。参詣書では、ライオン、鳥、ヘビ、猫、猿、犬、馬、魚、鹿、羊がこの対象として描かれていた。現実にこれらの動物と接する機会も、現代に比べ圧倒的に多かったことであろうし、イスラーム以前の信仰体系ともおそらく、深く関連していたことであろう。[97]

以下、動物ごとにみてゆくと、「ライオン」（sabʻ、asad、あるいは獣 wuḥūsh）は聖者に関連して最も頻出する。聖者はライオンと会話することができ、ライオンは彼らの香を嗅ぎ、鼻を鳴らして尻尾を振り、猫のごとく体を擦りつけてきたという。したがって、権力者があらかじめ、目前に迫るものを食い殺すようにしつけたライオンをけしかけても、決して傷つけようとせず、逆に匂いを嗅いで舐めたとされる。[98] 参詣書中の聖者の方も、ライオンに遭遇して決して怯まず、礼拝などを続行していた。[99] 例えば、二人の男が川で体を洗っていると、脱いで置いた服の上にライオンが乗っていて退かなかった。川からでられずに困っていると、シャイバーン Shaybān がやってきて、ライオンの首根を摑み、捻り上げた。そして、服から退くように諭すと、ライオンは頰に涙したという。[100]

それどころか、聖者のメッカ巡礼の荷物持ちとして伴者となったり、その背にシャイフを乗せて帰宅したりするなど、メッカ巡礼したライオンも描かれていた。[101] また、ライオン達は聖者の墓へやってきて体を擦りつけ、病を癒したり、神の祝福を受けていたとされる。[102] 生ける聖者に対しても同様に訪問し、神への執り成しを頼んだり、治療を求めたりしたとされる。すなわち、

あるとき、戸口を叩く音がするので、でてみると巨大なライオンであった。何の用か尋ねると手を差し出した。

そこには大きな腫れ物ができており、膿をもっていた。そこで切開して治してやると、聖者の足に体を擦りつけてくるようになった[103]。

次に、「鳥」は、大抵の場合、聖者の葬送に集まってきて、埋葬に至るまでその棺の周囲で羽ばたいていたとされる[104]［要旨］。生前、食用の鳥を買い、逃がしてやっていたアサーフィーリー al-'Asāfīrī の葬送は、ことさら多くの鳥を集めたという[105]。鳥の色に関していえば、良色とされた白色や緑色の鳥が、葬儀中、宙で共に祈り、葬送中の遺体を持ち上げて飛翔し、「神を讃えよ」、と鳴き続けたという例がある[106]。脱衣後、鳥にシラミ取りをさせていた者や、鳥の鳴き声のように神に祈願し、利益を得ていた唐辛子商、鳥の姿をかりて現れたとされる者もいた[107]。また、鳥達も、聖者の墓に体を擦りつけ、怪我を治していたとされることはいうまでもない[108]。

「ヘビ」は聖者に完全に制御されており、その手から水を飲んだり、その枕元で眠るなどしていた。咬まれる心配は皆無であり、礼拝中に足の上に乗ったヘビは、立ち上がった際に落下死したとされる[109]。

また、一部の聖者宅には「猫」が出入りしていた[110]。なかでも特異な例をあげると、

シャイフには猫がいた。彼はそれを秘かに飼っていたが、客人がシャイフのもとへくると、その数だけ鳴くようになった。そしてある日、客がきたとき、四〇回鳴いた。シャイフが数えてみると、四一人いた。そこで、猫の耳を引っ張り、「どうして嘘をついたか」といった。すると、猫は起き上がり、客の周囲を一人ずつ歩き回り、ある男のところまでやってくると、その頭上に乗った。そして、小用を足してしまったのである。シャイフはその男を視て、彼がキリスト教徒であるとわかった。シャイフは彼にいった。「お前はこのようなふりをして、この皆と友人になっていたのか」。彼はいった。「シャイフ様、私は彼らとずっと友人で、いつもこのようにしてきました。しかし、今日以外、見破られたことはございませんでした」。その後、男は、シャイフの手でムスリムへ改宗した[111]。

この逸話は、筆者の範疇では「異類譚」「透視」「改宗譚」「奇蹟の代行」の複合形式ということになるが、護教・布

教的色彩のかなり濃厚なものである。その他の動物として、「犬」はモスク前で護り、「馬」は悪人のもとで暴れたり、聖者の身体を温めに到来したとされる。ズー・アン＝ヌーンに大量の真珠を咥えてきた「魚」や、聖者に授乳した「鹿」、怪我の治療に聖墓参詣する「猿」、乳と蜜を出す「羊」などの記述もみえる。[112]

《ジンやヒドル、その他の天使・霊的存在》

ジンやヒドルなどを統御・操作したり、それらと交わることができると考えられていたのも聖者の特質である。

〈ジン（精霊・妖霊 jinn、jānn）〉は神の被造物であり、クルアーンの章名にもある。そして、参詣書や他書の記述も併せて考えれば、当時の人々にとって、それが存在すること自体は自明のことであったろうと推察される。狡猾、不服従などの特徴をもち、人間よりも知力・体力において優るとされていた。マムルーク朝期の『ジンの書』の著者であるシブリーやスユーティーによれば、ジンは動物や黒犬、疾風のごとくであり、人間や野獣、サソリ、ラクダ、牛、羊、馬、ロバ、鳥へと変身する。飲食するか否かについては意見の分かれるところであるが、その棲息地は、浴場、便所、ゴミ捨て場など不浄な場所や、墓場、海と山々との間の窪地などとされていた。[113]

ジンの中にはムスリムと不信心者がいたが、双方ともカラーファの聖者達には従順であった。ムスリムのジン達は有徳の人物に仕え、その講義に参加し、クルアーンを詠み、フィクフ（法学）を学び、ハディースを傾聴していた。それゆえ、例えばサアディー al-Sa'dī はジンと互いに成績を競ったことを特筆されるほどであった。[114] 敬虔なジンは、毎週アムル・モスクで礼拝し、イマーム・シャーフィイーの死を悼み、聖墓参詣を欠かさず、ヘビの姿で巡礼・喜捨するなどしたとされる。とくに、ヌサイビーン（現シリア・トルコ国境の都市）のジンは、遠路、カラーファ参詣にやってきたとされていた。[115]

しかし、ジンのもう一つの側面は、人への憑きものとなり、その結果、「狂者」（マジュヌーン）へと至らしめることである。

ある時、ムファッダル al-Mufaḍḍal b. Fuḍāla は路上で、発狂した男の側を通りかかった。そこで、とり憑いている女のジン（ジンニーヤ）にいった。「その人にとり憑いてはならん、放っておけ」。すると、女のジンはいった。「ご主人よ、どうしてこいつを放っておけましょうか、アブー・バクルとウマルを侮辱しているんです（積極的なシーア派であることを示す）」。ムファッダルはいった。「もっと痛みを増してやれ。そして、神に恥じさせよ」と。[116]

ただし通常は、聖者やその執り成しによる祈願によって、ジンは狂者から遁走し、狂気は取り除かれていた。[117]

これらジンの特徴を総合すると、徹底した無名性・異人性・他者性に裏打ちされており、それが不気味感を増幅させているといえよう。また、鏡像的存在のジンの例を要約すると、

私は一人で夜旅をしていた。まち（balad）からでたところで、イエメン人のような人物と出会った。彼は私に挨拶をし、話を共にするようになった。私が歩くと彼も歩き、私が座ると彼も座る。彼は、〔クルアーンの〕ノアの章を詠み、共に一晩中泣いた。そこで、私は彼に「あなたはいったいどなたですか」と問うと、「私はジンのムスリムの一人です。あなたが淋しくないように神から遣わされたのです」。まちに戻ると、彼に辞去してもらった。[118]

〈ヒドル〉はクルアーンに明記こそされていないものの、「洞窟章」（第十八章）にみえる、モーセの旅の従者と解釈される。タフスィール（クルアーン解釈書）には明記され、各地のムスリム社会において遍く知られた存在であり、アレクサンドロスや聖ジョージ（ジルジス）と同一視される場合もある。「緑の人」とされることもある。旅行者の突発事故に対して救助したり、泉の守護、緑をもたらすものなどとも想像されてきた。[119]

参詣書の中にもヒドルはしばしば登場し、預言者一般に準じた敬意が払われている。彼にまみえるのは聖者など一部の人間だけに許された特権であり、一般人の憧憬の的であった。聖者ともなれば、ヒドルがそこを訪ねて離れず、挨拶を交わし、祈願をしてくれたり、共に時を過ごしたりすることも可能であった。[120]

イブン・アル＝カブシュ Ibn al-Kabsh はしばしばヒドルと会っていたという。そこで善行者である彼の友人は彼

に「私もあやかれないものかなぁ」と言った。何のことかと問うと、「ヒドルに、自分のところへも現れるように頼んでくれないか」と言った。そこで、イブン・アル＝カブシュは、金曜日にヒドルが訪問するという約束を取りつけた。男はヒドルを迎えるため、人々に善行を施し、ウドゥー(浄め)を行ない、座して神の御名を称名しつつ待ち続けた。すると、戸が叩かれたので、召使の女に見に行かせると、古びた服を着た男がいた。召使の女から話を聞いた友人は、貧者の物乞いと思い、後でくるよう告げさせた。その後、友人はイブン・アル＝カブシュに会い、一日中待っていたのに、ヒドルに会えなかったことを告げた。すると、「それはしくじったなぁ。お前が帰らせた人こそ、ヒドルその人だ」といわれた[121]。そこで友人は召使いの女すべてに暇を出すことを神に誓い、戸を叩く音がすると、自ら出てゆくようになった。 ［要約］

この例のように、謙虚かつ清貧な姿勢もヒドルの特徴の一つで、戸口で靴を整頓していたり、粗衣をまとっていたとする例がみられる[122]。

一方、ヒドルのもう一つの側面は、危機に瀕した聖者を救出することである。ハッラールは、大量の小麦をもらったものの、重みで身動きがとれなくなった。すると、そこへヒドルが現れ、蜂蜜と胡椒草(ḥurf)の入った容器、すなわち気付け薬(ḥabb al-rashad)をとりだし、「飲め、神の聖者達に仕える者よ」、と飲ませたのである。すると、彼にとり憑いていたものは去り、回復したという[123]。これ以外にも、沙漠に出現したり、スーフィー特有の語法による会話を交わしたりするなどの例が知られている。

〈天使〉も、聖者の周囲に現れ、墓掘りなど、聖者の手助けをしていた[124]。イブン・トゥールーンの夢の中に出現した天国の守衛リドワーンは、空中の騎士(fāris)であるとともに地表を歩くこともでき、その手には矛があったという。そして、イブン・トゥールーンの腰を矛先で打ち、イブン・スフヤーンを援助するよう命じたとされる[125]。また、神より遣わされた天使ミフラーイール Mihlā'īl は、天国入りの報奨を求めて大声でタスビーフ(賛神)を続けていたが、その姿はみえないという。[126]

〈天国の美女フール・アル＝アイン〉は、クルアーン 第五六章などにみえる、天国の理想の乙女である。聖者達はそれを夢にみることが可能で、クルアーンに出てくるといういわば安全圏の中で、彼らは奔放な傾向をもみせていた。他方、禁欲的態度でそれを避ける者も多く、前出の聖女の場合、フール・アル＝アインに似ていることを苦にして、両目をえぐり出してしまったとすらされる。[127]

これらの他に、ジンに由来するとも天使とも議論の分かれるイブリース（悪魔）や、また名こそ記されていないものの、明らかにジンやヒドル、天使的な活躍をみせる存在が、聖者の危機に際して出現して聖者を救出したり、あるいは聖者から放たれて、他者に影響力を行使するなどしていた。[128] ジン、ヒドル、フール・アル＝アイン、天使、イブリースなど、このようにみてくると、参詣案内記はクルアーンに記述や示唆があるものの、必ずしも明確ではなかった存在を、民衆がどのように捉えていたのかを知ることができる貴重な資料といえる。また、見方を変えると、クルアーンのフォークロア化とでもいうべき現象が結果として生じていたともいえよう。

《壁・戸開け》

聖者とされた人々の行為の一つに、モスク、墓廟、民家、袋小路などの壁や戸を自由に出現・消失、開閉させるというものがあった。とくに、警察に追われてきた者をモスクにかくまう、というのが典型的な事例で、いかなる者も必ず守ってやっていた。この結果による改悛が逸話の主眼となることもあるが、ここからは、モスクの「アジール」性と、庶民の側に立つ（ことを期待される）聖者達の姿勢が看取されよう。[129]

《物による奇蹟の代行》

聖者は物を自在に（遠隔）操作でき、物自体に聖者の徳が乗り移り、物が異化され、奇蹟を代行したのである。例えば、ムハンマド・アル＝ムラービトの仕立てた服は、神に背いた者が着ると、自動的に首を締めつけ、改悛を誓わせていた。

また、アッ＝ズィール・モスクの水瓶（zīr）は、水があるときにハラームな（イスラーム法の禁忌に触れる形で入手された）金銭を投ずると消失し、ハラール（イスラーム法に合法なもの）ならばそのままであったという。ハムザ Ḥamza al-Khayyāṭ のランプは、彼の仕立の仕事にあわせて、自動点滅したとされる。[130]

これら以外に、聖者は〈災害救助〉、とくに水難救助に活躍し、アザーンを聞くことなしに、〈礼拝時間〉を知ることができたとされる。[131]

ではさらに引き続き、参詣書に記されていた、参詣対象とされた人々の逸話から、彼らの備えていたとされる美質・尊行などについてまとめてみたい。ここにはどちらかといえば、本人に帰せられる徳や性質、修行などの努力によって獲得される能力が多く含まれている。ただし、これまで述べてきた諸要素の延長上にあり、カラーマであったかどうかについては明確な一線が引かれているわけではない。また、その中には、現在の視点からすると奇蹟と呼ぶまでは至らないものも多く含まれる。

まず、聖者は美顔・達筆であることがプラスに働いていたが、〈寡黙〉で、〈謙虚さ〉をもち、涙もろかった（sarīʿ al-damʿa）とされる。〈（さめざめとした）泣き（bukāʾ）〉は天国入りに関わるほど重視され、それと対比される〈笑い〉は徹底的に慎まれていた。[132]

《芳香と光》

聖者は胎内にいる誕生前、誕生時、没時、没後に光を発していたとされる。とくに、誕生、没時に発光が多く観察されていた。そして、彼らはムスクや乳香などの芳香に満ちており、それは、異教徒の悪臭と二項対立をなしていた。[133]

《粗　衣》

衣服については、質素なものが理想とされたようである。中には、羊皮・獣皮を着る者もおり、それは男女を問わずのことであった。貧者に衣服やターバンなどを与えるというのも、聖者の行為として記録されている[134]。

《世間からの隔絶》

これは、インキターウ（inqiṭāʻ）、ウズラ（ʻuzla）などと表現される。聖者、とくにスーフィーであった者には現世厭離を重視する傾向があり、自宅やモスク、カラーファやムカッタム山での隠遁生活が頻見された。「この世はゴミ溜めである」との言もある。二〇〜三〇年、あるいは一生、外出しなかったとの記述も珍しくない。また、この勤行によって、聖者の段階（daraja al-walāya）へ達することができるとも述べられていた[135]。

《学　識》

多くの参詣対象者が「学識」を身につけていたが、その中心はやはり、クルアーン、ハディース、フィクフ、シャリーア（イスラーム法）などイスラームの知識であり、さらにはアラビア語文法学、占星術等にもおよんでいた。筆を削ったかすや、リーフ・アブヤド līf abyad（筆拭きに使用したヤシ樹の上部幹皮の内側柔らかい部分）が山となっていたアンバーリー Abū Bakr al-Anbārī の例も記録されている[136]。

《イスラーム的善行》

これらの学識は、「イスラーム的善行」へとつながってゆく。「クルアーン読誦」「巡礼」「断食」「礼拝」「喜捨」「殉教」「孤児援助」等が、しばしば逸話の主の形容辞となっていたのである。とりわけクルアーン読誦は、一晩中詠み続けたり、毎月三〇回詠まれるなど、いくら詠まれても良いものであった。また、四〇回巡礼した男性、一五回巡礼した女性、夜通しサラートをして死亡してしまった者、誕生直後から神を称えて断食し始めた者も存在したとされる[137]。ただし、例えば「殉教」といっても、殉教者たらんことを渇望し、夢の中で預言者に殉教者と認められたとたんに、実際には腹痛で死んだとされた例もあり、必ずしも狭義の字義通りではなく、かなり象徴的な意味合いを有していたようである。

《聖墓参詣》

カラーファの聖墓参詣も美徳に数えられた。彼らは参詣を多くすることによって、人々の尊敬も勝ち得たし、参詣案内記によると、天国に入ることもできるとされていた。例えば、ペルシア出身のアアザブ A'zab は、カイロへやってきてカラーファ門の傍らに住み着き、カラーファ参詣に懸命となり、それを通じて世評を高めていったといわれる。[138]

《改宗譚》

聖者は多くのキリスト教徒・ユダヤ教徒を改宗へ導いたとされる。この種の改宗活動譚の多さは、一つには、エジプトにおける人々の非ムスリムからムスリムへの改宗過程の記憶を痕跡として留めているためと思われる。参詣書における逸話の数々は、大量の改宗が生じていた時代の記憶と、当時、共存していたキリスト教徒・ユダヤ教徒などとの間の空気や緊張を何らかの形で反映し、伝えているものと考えられるのである。[139]

もう一つには、参詣書の布教・護教的性格を反映している点も指摘できよう。これについては後述するが、死の直前にイスラームへ入信し、天国へ入った逸話などは、このことを端的に物語っていよう。[140]

聖者の中でも、ズー・アン＝ヌーン・アル＝ミスリーやサイイダ・ナフィーサのような著名聖者は、大量のキリスト教徒・ユダヤ教徒を改宗へといざなったといわれ、ナフィーサは一つのハーラ(街路共同体)ごと七〇人以上のユダヤ教徒を一挙に改宗へ導いたとされる。[141]

「シーア派」に対しても、現存するエジプトの参詣書は全てスンナ派側の書物であるゆえ、基本的にはスンナ派側から戦う姿勢を示している。場合によっては、スンナ派擁護のために落命した者の顕彰譚もみられた。しかしながら、ファーティマ朝期史料からの逸話の無造作な引用によって、シーア派側の観方がそのまま移入されている部分もあった。いずれにせよ、シーア派をめぐる言説の多さは、とくにその弾圧や対抗意識など、複雑な民衆の記憶がここに残滓として記録されていたものと考えられる。[142]

《改悛譚》

改悛(tawba)をめぐる逸話も多く、被葬者自身が悔いる場合と、他を改悛させる場合とがあった。前者としては、ハラームな食物を食したことを二〇年間悔いた者や、苛政をしいた軍人が悔いて、俗世を捨て信仰一筋の生活へと入った事例がある。[143] 他の印象的な訓話をあげると、

(その墓地に埋葬された)ある者は、金銀細工を売買していた。ある日、彼のところへ女性が腕輪を買いにやってきた。彼は彼女を店に座らせ、腕輪のサイズを計るため、手を出すよう頼んだ。そこで、彼女は手を差し出した。彼はその手をみつめ、彼女に好意を抱いてしまった。そして、彼女の手をつかみ接吻した。彼女は手を引っ込め、立ち上がり、去ってしまった。彼の心中にこの事は重くのしかかり、神に許しを乞うた。そして、改悛を誓った。そして、自らに言った。「お前がいかに醜悪なことを行なったのか、見るがいい」。自らを厳しく責めたのである。

その後、彼は店を閉めて帰宅した。家に入って腰を落ち着けると、妻が訊いてきた。「今日、お店でどんな醜い行ないをしたの」。彼は言った。「なぜそう訊くのか」。妻曰く「今日、水運び人がやってきて、いつも通りに水を注いでくれたのだけど、お金を払おうとして戸の裏から手を差し出したら、水運び人が代金を受け取る時に私の手に接吻して、引っ張ったのです。私が手を引っ込めたら、私を放して去って行きました。私は自問したのです。「彼はいつもはこんなことをしないのに。もし、私の夫がこのような報いをもたらす行ないをしていなかったら、水運び人だってこうしなかったはずだわ」」。そこで、シャイフ(彼)は、彼女に斯々然々のことがあったと告白した。[144]

他者を改悛させた事例は、大抵の場合、泥棒、追い剝ぎ、やくざ者(アイヤール)などが聖者宅に押し入った場合に生じており、聖者に説教されたり、逆に物を与えられたりして改心し、弟子入りするなどしていた。[145] 次の話は自ら改悛したやくざ者の例である。

ある男はやくざ者(アイヤール)であり、彼の手下には一群の任俠道の者たち(ahl al-futuwwa)がいた。ある時、彼は

改心を決意した。すると、彼の妻が懐妊し、彼は大いに喜んだ。[146]

《食物譚》

スブキーは寡食と過食を聖者のカラーマに加えていたが、聖者の食物に対する態度は、一般に断食や寡食、粗食を旨とし、自ら料理したり、食物を創出せしめることも可能であった。このようにして生じた食物は、饗応や喜捨の形で貧者に分配されることになった。ラマダーン月の「断食」は嬰児期からすでにみられ、成人後の場合も朝食をとらなかったり、断食月の夜食もとらず、あるいは一日一食という聖女もいた。[147]

聖者の「粗食」とはどのようなものであったのかみてみると、塩のみ、塩とパン、雑草、草と人々の落としていったもの、路上に落ちたキャベツなど野菜の葉、大麦粉と水、雑穀パン、レモンの塩漬け(laymūn mālih)とカラーキーシュ(qarāqīsh パリパリしたクッキーの一種、この二つを合わせて、まさに粗食であると記していた)などを、各々それのみ食すというものであった。[148] これは、一般の食生活、および庶民の考える粗食の程度などを推定するうえでも興味深いものである。これらの状況による空腹状態に心を耐えさせることによって、顕視段階(maqāmāt al-kashf)が現れる、とのいわゆるスーフィー的記述もみられる。[149]

聖者は無より食物を出現せしむる奇蹟を行なうこともできたが、おそらく謙虚さの表れとしてであろうか、自ら料理していたと特筆された者もいた。しかし、逆にいえば、彼らが料理することは一般には稀有であったわけであり、多くの聖者は抱えていた召使いや弟子、家族によって料理を賄われていたものと推察される。なお、被葬者の中には、その念力等によって、食事の味を変えることが可能な者もいた。この場合、蜂蜜御飯(aruzz bi-ʻasal)や、魚に塩を加えて旨くするなど、奇蹟を起こす大聖者というより、頓知のきく庶民の身近なよろず相談役といった側面が描かれている。[150]

このようにして作られた食物や、聖者の食さなかった分は、喜捨されたり饗応にだされたりして、貧者に分与されることとなった。[151] これほどまでに食物譚の多いことは、現実の食糧不足を反映しているとの観方もあり得ようが、いずれにせよ訓話としては庶民の感覚に直接訴えかけやすく、リアリティーに富んだ極めて身近なジャンルといえるであろう。

《不　眠》

不眠も聖者の美質として語られ、三〇年間、四〇年間の不眠などという記述すら存在する。[152]

《金銭譚》

崇敬を集めた人々の生活は、質素が理想であり、財物は喜捨されるべきであった。参詣書は、サダカ（施し）の記述に事欠かない。[153]しかし、一部の者は巨額のサダカが可能なほど、莫大な財産を有していたとされ、一〇万、ないし五〇万ディーナールを貧者に与えたというアル＝ウーディー、金銀、奴隷からなる財産の半分をサダカしたアリー・ブン・ハサンなどの例がある。[154]

一方、「貧者達のための乞食」（shaḥādh al-fuqarāʾ）と称された乞食は、貧者をみかけると富裕者のもとへ物乞いに行き、それを貧者に配っていたという。[155]大小カラーファやサフラー地区のいわゆる貧者達も、参詣にきた富裕者をみつけると財物を求めて殺到し、あるいは経済的に困窮するとズィヤーラのために墓地へ必ずきており、彼らの経済回復の場ともなっていた。

参詣書中の聖者は、庶民からの礼金は決して受け取らず、まして、君主や権力者から贈られた金品は、断固拒否したとされる。この種の逸話が強調され、繰り返し述べられる背景には、後述の庶民のヒーロー像を垣間見ることができよう。[156]

聖者の中には、一般庶民と同様の経済活動に従事していた者も多いが、彼らは公正な価格、時には無料で商売していたとされる。中には、買い手の不正・落度・悪貨を見抜く能力を有するという文脈で、厳密な対価の支払いを要求したと語られる者もおり、「参詣のシャイフの間でよく語られる」という。例えば、イブン・ラスラーンは悪貨を渡されると、その仕立てた服が閉じた状態となり、良貨であれば開いたという。また、イブン・ザーフィルの素焼き鍋は、銀貨の代わりに銅貨を渡されると、火にかけた瞬間に壊れたという。[157]

金銭譚というジャンルも、まさしく庶民の願望が直截に反映されやすいものであったろうが、そこには教訓的色彩も濃く、学識者の側からの教化・プロパガンダの働きかけが窺える。

《聖者と性》

聖者は一般的に羞恥心に富み、他者に対してもそれを要求していた。それゆえ、改悛譚とも結びつきやすかった。死後も局部を隠した話や、女性の手が露出しているのをみると「手を隠せ」と言って叩いて回っていた聖者「手を隠せ」の話はよく知られていた。また、クルアーンに「(自分の係累以外の婦人に対しては)彼ら(男達)の視線を低くし、貞潔を守れ」(第三〇章第三三節)とあるゆえ、中には視線を伏せ、女性をみないようにする者もいたが、万が一、これに反してみてしまった場合は、「死ぬまで外出しなかった」り、悔いて自らの手で眼をえぐりだしたと記されている。[158] 一方で、女性達につきまとわれて苦しんだ美男のシャクラーンは、神に祈り、顔を一時的に醜くしてもらっていたとされる。[159]

行為に関しては、神に祈願して処女のまま没したことで知られる「沙漠の花嫁」や、妻との交渉を一切絶ったスィラ Ṣila b. Ashyām など、禁欲的な聖者が多かった反面、毎晩三度のクルアーン読誦と媾合を欠かさなかったカーディー・ムハンマドや、前妻の死後三日も経たずに新妻との夜を迎えんとして注意された者、二人妻の主など、逆ベクトル方向に過剰な(もしくは熱心な)者についての逸話もあった。[160] 概して、聖者として崇敬を集めていた者も、妻帯していたものと推定される。

《聖遺物》

聖遺物を保有する聖者も多く、それによって自身の聖性を深化させていた。これについては、第2章に記した通りである。

以上に述べてきたような聖者や被葬者の特質の諸要素は、通常、単独ではなく錯綜した形で結合し、各々の逸話を構成していた。では次に、この参詣案内記における聖者の逸話部分をどのように理解してゆくべきなのか、また、そこから派生する諸問題、他史料との比較研究の可能性などについて、現代の視角から検討してみたい。

4　参詣書中にみえる被葬者の逸話

語りのスタイルと視点の移動

ここからは、参詣書の構成や性質などについて、被葬者の逸話を中心に再検討してみたい。最初に確認しておきたいのは、参詣書における全体の作者と個々の逸話の語り手、そして聞き手あるいは読者との間の三者関係、および、語られる／読まれる時機と空間である。

参詣書の直接の作者は、一部の参詣シャイフであるが、実際には引用部分が多く、しかもその引用元は明示されるとは限らない。さらに引用部分が入れ子の構造をもって再引用部分を含んでいることもある。それゆえ、逸話部分の語り手は往々にして全体の著者である参詣シャイフではないことになる。そして、これらの逸話を引用する際の選択を行なったのは参詣書の著者であるものの、その選択すら先行した参詣書に範を得て行なっていたため、後代になって参詣書を著す者の独自性は、ある程度限定的なものとならざるを得ない。聞き手あるいは読者はどうであったろうか。参詣中に逸話が語られた場合には、シャイフに同道した講の参詣者達がそれに相当し、参詣書が当時の図書館や宗教施設、家宅で読まれた場合には、他の参詣シャイフや読者たるウラマーがこれに該当したことであろう。

また、各逸話の分量と構造についてみると、被葬者ごとの逸話はそれほど長くなく、むしろコンパクトにまとめられたものが多い。もちろん、これは数千人の被葬者を紹介せねばならないという制約があってのことである（ただし、このうち逸話まで紹介されるのは数百人程度の人々であった)。この点では、全般として墓のリスト的な機能を有しており、その内の要所に逸話が組み込まれていた。墓のリスト的部分は、墓地の物理的な位置関係や墓の形状などについて記述しながら全体の骨格を構成しており、その部分からは事実を淡々と述べようとする姿勢が窺える。他方、そこへ組み込まれた被葬者の逸話部分には、他の人物による語りの再現や多くの引用、さらに読者の関心と祈願成就の要請に直接応えるような、生き生きとした記述がみられた。そして逸話部分には引用が多く、それに比して参詣書の著者自身が語る部分が極めて少ないことからも明らかなように、同部分には三人称の間接話法による記述が多く、一方、「著者曰く」「私は言う」などといった形で示される直接話法はごく稀に示されるにすぎない[161]。

次に、記述の視点についてみてみると、参詣書の記述は、冒頭にこそハディースや参詣の一般的議論を配置しているが、その後は参詣者を率いて次々と墓を巡る参詣のシャイフの視点、もしくは参詣のシャイフに先導されて次々と墓を巡ってゆく参詣者の視点で描かれている。そのため、読者の位置と視点は、大枠では常に移動していることになる。一つ一つ墓を巡ってゆくその移動と臨場感の中で、被葬者の印象深い逸話や事績が次々と披瀝《ひれき》されてゆく。時には語りの脱線や逸れもみられよう。そして、ここに埋め込まれた逸話や事績こそ、本章が議論の対象としているものである。

聖者伝の保持と流布という観点からいえば、参詣の書に含まれていたのは聖者(列)伝史料とかなり重複する内容をもつ逸話であり、また逆に聖者(列)伝史料も参詣案内記から情報を得ていた。参詣の書はこのような聖者の逸話を記録する媒体の一つであったし、参詣書の著者であった参詣のシャイフは、聖者の逸話の重要な語り手、保持・媒介者であったと考えられる。彼らによっても、聖者の逸話が社会のさまざまな階層へ広められていったと推定されるのである。カラーファなどの墓地という聖域で、声にだして語られていた(読み上げられていた)ことも、聖者伝の伝達や効果について考える上で重要であろう。また聖墓創出に関わった民衆や物語師(カーッス)やワーイズ(宗教諌言師)などが、墓碑の創作を通じて、この聖者伝の創出・維持に参画していたことも見逃せない。

歴史的「現実」の痕跡と時間・空間の枠組設定

物語中のできごとは緊密な必然性によって結ばれていることが多く、物語的な認識は、個別的な事実性、出来事性をむしろ残しているという。[162] 後者の指し照らそうとする部分が、本節で論ずるものである。参詣案内記の、とくにその逸話部分に投影された、「出来事」の痕跡についてみてみると、第一に、十四世紀以降のペスト大流行の記憶、ファーティマ朝時代にシーア派がエジプトを統治していた記憶、やはり同期の大飢饉の記憶など、歴史的記憶が痕跡を留めているといえる。次いで、渇水譚などエジプトの風土が史料に反映された例があり、物語のプロットや大きな枠組みを決定することもあった。第三に、当時の諸々の慣行・慣習の痕跡を留めていることである。遺体の湯灌の行程、埋葬法、モスクのアジール性など、日常生活の微細な次元を我々に明らかにしてくれるものである。第四にそれにも関連して、血族関係、婚姻関係などの、社会的諸関係を提示してくれるはずである。第五に、当時の人々の心性や物事の受け止め方について、(歪められているにせよ)痕跡が反映されていよう。参詣書史料における、これらの徹底的な検討と再構成は、文化人類学などでいう民族誌の記述につながってゆくものであろう。

一方、時間・空間などの枠組設定の問題は、中東のムスリム社会の場合、主としてムスリムの著者(時には非ムスリムの著者も含まれる)による史料にみられる非イスラーム的要素をめぐる議論を包含しつつ、立ち現れる。第一に、共時的な視点から地域的広がりを横軸とするならば、この問題はエジプト、あるいは、アラブ地域、ムスリム諸社会、環地中海世界などと、さまざまな空間設定を可能にするものである。よって、これをいかに設定すべきかという問題がでてくる。しかも、その要素の間に伝播的関係をみるのか、普遍的構造の顕れを捉えようとするのかも問われよう。

第二に、通時的要素を縦軸に考察するならば、とくにイスラーム以前からの要素が重要な課題となってくる。参詣書の聖者伝部分にもエジプト古代王朝期の逸話や、ローマ支配期からイスラーム期への変節点などの逸話が、十二〜十七世紀のムスリムの観点から再構成され、挿入されていた。[163] また、結果としてイスラーム期以前からの伝承をもとりこむ形で成立している。この点に関しては、考古学研究による成果の活用も含め、古代王朝期、グレコ＝ローマン期研究との総合化がいっそう望まれる。

これらの枠組設定とも関連して、エジプト、およびムスリム社会内の非イスラーム教徒、とくにキリスト教徒の聖人をめぐる慣行・記述を、参詣書のとりわけ聖者伝部分は常に強く意識していた。第1章で述べたように、ムスリムの墓への体の擦りつけや、砂土をめぐる慣行に対する学識者達の警告――これはキリスト教徒の慣行であって、ムスリムの学識者は一人として真似しない――などにそれは露見しており、ムスリムのスーフィーや聖者が修行するスタイルなどは、キリスト教徒の修道士から影響を受けた可能性がある（第6章で詳述）[164]。

このように考えてゆくと、奇蹟譚の形式と内容に対する、キリスト教奇蹟譚の影響をどのように位置づけるかという問題が、課題として浮かび上がる。実際のところ、史料の記述からみても、非ムスリムからムスリムへ改宗したからといって、その全ての人間の世界観が一八〇度変わったとは考えにくい。

また、奇蹟譚や聖者の逸話自体も、エジプトというローカルな枠組みをはめられているといえる。これは環境の特殊性という点でいえば、聖者のナイル川渡りなどに明白であるし、歴史的特殊性という点ではファラオやローマ期の記憶の刻印をあげられよう。ただし、後述のように、この場合の「エジプト」とは、単なる地理概念というより、むしろエジプトに存在した人々によって共有された一つの観念、あるいは郷土意識のごときものというべきであろうか。

参詣書と他史料との内容交流

史料としての参詣案内記、とくにその聖者伝部分は、他の多くの史料テクストとその内容を情報交換したり、相互に影響を与え合いつつ、民衆の間に存在した語りや口頭伝承を反映していた。それらのテクストとは、聖者伝、民話、預言者伝、年代記、地誌、伝記集、宗教講話、笑話、詩などである。

まず、民話に関していえば、参詣書の被葬者逸話部分には、盲目ゆえに捨てられ、鹿に育てられた王子が王により偶然拾われ、再び迎え入れられた後に聖者となる話など、民話的要素がとりいれられていた。[165] 聖者(列)伝についていえば、参詣書における聖者の逸話部分の多くが『聖者(列)伝』の専著と共通していたり、相互に引用し合ったりしていたことは、本書で繰り返し述べてきたところである。一方、『預言者伝』も、直接・間接に引用されていた。

カーッス(物語師 qāṣṣ)や、カッワール(物語師・宗教歌手)などの語りも、参詣書にとりこまれるケースがみられた。カーッスの語る預言者ザカリヤーの話なども、参詣書に挿入されていたのである。[166] その延長線上でいえば、『アンタル伝』『ザート・アル゠ヒンマ伝』などの語り物文学とも、接点を有していた。例えば、カラーファ門近くで活躍していた物語師は、参詣者や墓の創造／捏造に執心していた者や、ワーイズ兼カーッスらと交流をもっていた。[167] 著名な『千一夜物語』などについても、類似を連想させる語りがみられた。

他方、アラビア語の「年代記」は、主として王朝政治史や社会経済史の研究にデータを供給してきたのであるが、年代記自体も参詣書の逸話部分と、内容上、交流を有していた。そもそも当時の年代記も、厳密にみれば口頭伝承を反映していたり、現代の眼からすると多くのフィクションを含んでいたりしたといえる。マムルーク朝期の著名な年代記、*Sulūk*、*Kanz*、*Ibn al-Furāt*、*Ibn Abī al-Faḍā'il*、*Badā'i'* などを精査したB・ランガーは、これらの年代記が多くの説話を取り込んでいることを実証した。そして、それ以前にはU・ハーマンがやはり、*Kanz* について同様の指摘を行なっている。[168] 卑見でも、グールなる人喰いの怪物がムカッタム山から降りてきて、死者の街の屍体を食い荒らすといった記述が、*Kanz* やマクリーズィー、イブン・イヤースなど年代記の記述中に組み込まれていたことを指摘できる。[169] また、ランガーには言及されていないが、ヤーフィイーの年代記 *Mir'āt al-Jinān* は、聖者関連文献の作者らしく、スーフィーや聖者の伝記を含んだ年代記となっている。

ヌクタ(nukta 笑話)、ナワーディル(nawādir 逸話)、アジャーイブ('ajā'ib 奇譚)などと称される文学ジャンルの語りも参詣書にとりこまれ、時にはこれらが聖者伝から影響を被っていた。アイユーブ朝期に君主サラーフ・アッ＝ディーンからカイロ地区の統治を任されていた軍人カラークーシュが、なぜ参詣案内記にたびたび登場するのかは、このことを考慮しなければ決して理解できない。イブン・マンマーティー（一二〇九没）著の『カラークーシュ風刺の書』は、まさにこのナワーディルの典型にあたる。[170]そこには、サラーフ・アッ＝ディーンの側近として辣腕をふるった成り上がりの暴政者を、民衆の側から風刺した小話が採話されている。エジプト人研究者シャアラーン I. A. Sha'lān は、より後代のスユーティー（一五〇五没）の編んだ『カラークーシュ風刺の書』を紹介したが、そこには権力者に対する民衆の猥雑かつ暴力的ですらある言説が、収録されていたのである。[171]

このように、口頭伝承や他の著作からの引用などの混在状態ともいえる参詣案内記の逸話部分であるが、そこにはイスラーム以前からの伝承が、別の衣をまとって混入していたり、イスラーム受容に関する、ひいてはエジプトの人々の根源的なアイデンティティーに関わる伝承も多い。参詣書はこれらの伝承をある特定の目的に叶うべく鋳造・再構成した。また、これらの参詣書・聖者伝を創出する活動も含めて、聖者崇敬の維持・強化のためには、聖者の墓とその参詣慣行は不可欠であったと考えられる。それゆえ、聖墓は、聖者伝が二次元のテクストとして果たした役割を、三次元空間においてさらに雄弁に具現した存在といえよう。

聖者と権力

一方、参詣書からは、支配権力側による民衆の語りの操作という側面も指摘できる。例えば、支配者側から自らに好都合な噂を流布させ、民衆を煽動する事例が考えられる。当初はいかがわしい資金で建てられたとして、庶民は誰も礼拝に行かなかったイブン・トゥールーンのモスクは、統治者であったイブン・トゥールーン側による言説の操作によって、いつの間にか民衆を動員するエジプトの代表的モスクへと変貌していったと伝えられる。まず、建設資金については、ムカッタム山から発見された財宝によるものと釈明された。[172] この一見、陳腐に思える説明も、本書で繰り返してきたムカッタム山の聖性や、そこに古代王朝期の遺構があったとされていた当時の噂などを考慮にいれるならば、あながち説得力がなかったともいえまい。さらに、モーセがこのモスクで囁いた、あるいはアッバース朝全盛期のカリフ、ハールーン・アッ＝ラシードがこのモスクで信仰を実践していたなどとの噂を人口に膾炙させていた。加えて、同モスクの一角でファーティマ Fāṭima al-Zahrā'(預言者ムハンマドの娘)が礼拝していたという夢をある男がみて、人々にそのことを伝えたという。これらの話は人々に流布し、結局、同モスクへの礼拝者の動員につながっていた。[173]

支配王朝の行政当局と、それに結びついたいわば宗教権力による、聖者と聖墓の統制という側面も見逃せない。第2章に述べたように、ヨーロッパ・キリスト教社会における列聖制度に相当するものが存在しなかったエジプトのムスリム社会において、結果としてこの統制が列聖に類似の役割を果たすことになっていたのではないかと筆者は推測している。その如実にあらわれた例として、やはり第2章で検討したマクリーズィーの記す一三四三年の事件があげられる。また、反権力的な姿勢をとったがゆえに聖者として祀り上げられた事例や、反権力的な立場をとったように描かれていた事例については、第2章の生ける聖者の事例やこの後の「民衆の聖者想像力」を参照されたい。

参詣手引書の聖者伝部分の機能

ここでは、聖者や被葬者の逸話が担った社会的機能について再考してみたい。

第一に、参詣の書、とくにその逸話部分はある種のプロパガンダ機能を有し、イスラームへの改宗やイスラームの再浸透(内面化)へと働きかける補助的な機能を有していたように思われる。逸話の部分は、キリスト教徒やユダヤ教徒の不幸な生活と結末、そして一転して改宗後の幸福と天国入りを、繰り返し説き聞かせていた。また、さらに攻撃的・煽動的性格を有す逸話も収録されている。

ダルヴィーシュ(一三七二没)はカラーファ門に豚(ムスリム側からみたキリスト教徒の象徴)を磔にし、そこにハリーリーヤが彼と共に天幕を張った。それは、フランク(ここではいわゆる十字軍を含むヨーロッパ勢力)へのジハードを意識したものであった[174]。

イスラームの内面化という点についていえば、参詣書聖者伝は、多くの宗教的諫言や訓話を含んでおり、この有り難き訓話への民衆の宗教的渇望に応えるとともに、学識者側から民衆への教導の手段となり得たと想定される。この点に関連して、参詣書自体も聖者の逸話について、「これは、従う者たちへの覚書であり、参詣者達への促しである。なぜなら、聖者達の逸話は、心を慎み深くするものであるから」と述べていた[175]。

また、すでにムスリムとなっていた者にとっては、信仰を深めると同時に、ムスリムとしてのアイデンティティーを追認する場となり得たと考えられる。すなわち、やはりムスリムであってよかったという心の安寧を得ることができたと思われるのである。加えて、前出のローマ期最後のエジプト総督・宗教指導者ムカウキス(キュロス)とアラブ側のアムル将軍との取引や、ムスリムとなったムカウキスの親族の逸話など、エジプトにいかにしてイスラームがもたらされて受容されたのか、換言すればイスラーム以前の自分達エジプト人の歴史とイスラームをどのように連ねるべきかに関する挿話は、彼らの自己確認にとって極めて重大な意味をもっていたはずである[176]。

第二に、これらの逸話を通じて、ムスリム・非ムスリムの双方に対して、イスラームの信仰を彼らに身近で日常的に覚知しうる存在として、提示していた点があげられる。すなわち、彼らの生きている環境・現実を舞台に、生活感情に訴えるものとして示したのである。さらに具体的にみるとそれは、(1)家の中、路上、市場、商店など、きわめて日常的な場面設定、(2)頓知のきく聖者のように、庶民性にあふれる登場人物、(3)五感に訴える身近なシンボルの多用、とくに、味覚・臭覚に訴えるもの、(4)コスモロジカルな象徴的次元を民衆の次元に還元するドラマを含んでいた。とくに、クルアーン中に述べられてこそいるものの、その実態を庶民が知り得なかった存在は、いわばフォークロア化して実感できるようにされていたのである。加えて、(5)エジプト(実際にはカイロ＝フスタート圏)というローカルな場面・枠組設定も含んでいた。しかも、その際のエジプトとは地理的概念というより、人々がエジプトと思っていたところのエジプト、エジプトという一つの郷土イメージに近いものであったと思われる。このことを端的に示したのが、ファダーイル(美点・郷土自慢)と呼ばれる一群の書物である。イブン・ズーラーク、イブン・アル＝キンディー、イブン・ザヒーラ、スユーティーらの著者がエジプトに関してファダーイルを残しているが、そこに描かれているエジプトとは、ピラミッドやアイン・シャムスの遺跡まで包摂しており、サントの木や特産物、ムカッタム山とナイル川にまつわる逸話などから構成されていた。[177] そして、この部分はイブン・アブド・アル＝ハカムに代表されるように、当該期の他の多くの史書や、参詣書にすら繰り返し組み込まれ続けたのである。

第三に、艶笑譚や滑稽話など、聴衆もしくは読者の娯楽となり、直接的に興味関心を惹く内容がふんだんに織り交ぜられていた点があげられる。そこでは、前述のように民話世界との内容的交流も無視できない。また、参詣書の著者もそれなりの学識者であったので、行きすぎた娯楽への指向に対しては批判的立場を明らかにしていたが、かえって批判の対象という形で庶民の語りをそのまま掲載しており、我々研究者には貴重な史料を提示する結果となっている。

第四に、これらの結果として、イスラームの規範的部分の掌からこぼれ落ちた、人々の宗教的情熱や経験的叡智をすくい取り、さらにこれを醸成させる作用を果たしていたと推察されるのである。

民衆の聖者創造力

《庶民のヒーロー像》

すでにみてきたように、聖者の奇蹟譚には、屈折などを経たにせよ、何らかの形で庶民の願望が結晶化されていた。その観点から、ここで、参詣書中の聖者の在り方について再考してみたい。

聖者は人々の願いを神に執り成し、災害からは救出し、経済的にも援助していたように描かれていた。それゆえ、民衆は生ける聖者宅や死せる聖者の聖墓に足繁く通い、バラカ（恩寵）を得ようとしていた。[178] 人々は彼らからハディースを傾聴したり、ファトワー（法学裁定）を求めたりすることもあった。[179] ズー・アン＝ヌーン・アル＝ミスリーの葬送では、人出の多さでナイル川に架かる橋が落ちそうであった、と伝えられる。[180]

また、庶民のハーラ（街路共同体）レベルの紛争解決役でもあり、あるいは裁判に参加したり支配者へ執り成すなど、国政レベルにまで参画する媒介者である場合があった。[181] ただし、その際に庶民の側に立つという姿勢は、終始一貫して描出されていた。ここには、支配権力に対して何らの直接的影響力も行使し得ず、ただ聖者を通じてのみそれが可能になるという民衆の立場と、その理想を付託されたヒーロー像が浮かんでくる。さらに、庶民の語りが参詣書の内容へいかに密接に反映されていたのかをも、看取することができよう。

例えば、聖者達は専横邪悪な支配者や警察長官などに対して、庶民をかくまい、支配者に執り成し、あるいは権力者を改悛させ、時には殺害しさえしたとされる。[182] また、支配権力側からの財的支援は一切拒否するか、貧者に喜捨してしまっている。そして、歌手を呼んで大宴会を開くなどの、支配層のイスラームからの度を越した逸脱に対しては、徹底した抗議の姿勢をみせていた。

ここで描出されているのは、おそらく庶民がかくあれかしと願った聖者の理想像であるが、それは参詣書に描かれる被葬者のいわば神話化と軌を一にしていた。イフシード朝君主カーフールや、トゥールーン朝のイブン・トゥールーン、アイユーブ朝のサラーフ・アッ＝ディーンなど、民衆に人気のあった一部の著名な君主達は、民衆のいわば神話創造作用を経た後、参詣書の逸話部分にしばしばとりこまれていた。一方で、歴史上の英雄でも、例えばモンゴル軍を打ち破った将軍クトゥズなど、庶民に馴染みの薄い者は冷淡に扱われていた。[183] あるいは、ファーティマ朝カリフ・ハーキムのように、徹底して悪役・仇役としての語りが定着し、伝説化してとりこまれ、再生産され続ける場合もある。[184] これに関連して興味深いのは、マムルーク朝のスルターン達が、ほとんど記述されていなかったことである。これは彼らが神話化を被るにはまだ生々しい存在であったためか、あるいは民衆の願望に直結する人気をそれほど勝ち得ておらず、その墓所も基本的には一般参詣者を迎えるような位置付けになかったのか、などとさまざまに推察される。

《人気聖者のイスラーム》

参詣案内記の記述をみる限り、民衆の熱狂的支持を受けた聖者達は、必ずしも全てが常に、学識者の賞賛しうる模範的な行動をとっていたわけではないように描かれている。イブン・アル＝ファーリドのように、真偽のほどは別として飲酒癖で知られたとされる聖者もみられ、しかも、そのことを悔いてはいないように描かれていた。イブン・アル＝ファーリドの事例をみてみると、

シャイフ（イブン・アル＝ファーリド）は、カイロの街を歩いていて、警備の一団が手ベルを鳴らしながら、二行詩を詠っているところに通りかかった。シャイフはこれを聞くと、大きな叫び声をあげ、市場の真中で踊りだした。多くの人々も彼と共に踊りだし、その大半が地面にへたり込むまでになった。シャイフは身に着けていたものを全て取り、それを人々へ投げた。すると、群衆もその服を脱いでしまった。彼はアズハル・モスクへ運ばれたが、素裸で頭をだしたままだった。彼は数日間、この陶酔状態にあった。そこへ、警備の者が衣類をもってきて、彼に差し出した。しかし、彼はそれを拒んだ。[185]

これは年代記その他の史料にはみられない記述で、裏付けをとるのは困難であるが、「集団ヒステリー」の事例を示唆する貴重な報告といえる。イブン・アル＝ファーリドのように、さまざまな立場の学識者の考えるイスラームの境界線上を自在に往来したり、時に食い破る聖者の存在が、かえってそれゆえか、庶民の間に絶大な人気を博していたのである。

これらの被葬者達の逸話をどのように整理すべきなのかという点については、方法論的に依然として研究の途上にあるといえる。ここには、さらに類例のデータを集積する必要性と、同時にそればかりでは進展がみられないという研究上の焦燥感もあろう。しかし、ここで紹介した逸話は何と生き生きしており、かくも現代の我々の心すら捉えて放さないのであろうか。そこには、時空を超えた何かが秘められているに相違ない。そして重要なのは、参詣書の内容がただウラマーによって室内で読まれていただけでなく、墓地という厳粛な環境で、参詣のシャイフの口から語られていたことであろう。人間の死と向き合いながら、墓地でそれが声にだして語られたこと、語られる瞬間と場が墓地のうちに設定されたことも重要であろう。被葬者の逸話を傾聴した民衆は、それを口々に語り伝えたに相違ない。

本章に紹介した事例の多くは、事実か否かという二分法による探究を拒むものであろう。そして、その一部は特定の意図をもって語られたり、作為的なものなのかもしれない。しかし、当時の人々がこれを感受し、語り伝え、記録したことは紛れもない事実である。これらの逸話を感銘深い訓話や奇蹟譚として受けとめた人々の心性を、さらに追究していきたいと考える。

第6章　エジプトにおけるキリスト教徒の参詣・巡礼
——イードと聖遺物・奇蹟

本章は、アラブ＝ムスリム勢力によるエジプト征服後もそれ以前から引き続き現在に至るまで、エジプト社会をムスリムと共に構成してきた非ムスリム、とりわけキリスト教徒の参詣・巡礼という補助線を引き、それによってムスリムの聖墓参詣をより明確に理解しようと努めるとともに、エジプト社会をより総体的に把握しようとする試みである。その際に、キリスト教徒の参詣・巡礼の焦点となった聖遺物やイード(キリスト教徒の文脈では祭礼日、祭礼、聖人生誕祭)、奇蹟にも焦点をあてることになる。このことは、エジプトにおけるキリスト教徒の聖人崇敬や宗教慣行の歴史を探究する作業となるだけでなく、ムスリムの参詣や聖者崇敬、イスラームの拡大・浸透と在地の既存諸宗教との関係、民衆の宗教慣行とその変容全般についての考察にもつながるものである。

さらにねらいを敷衍すると、第一に、ムスリム諸王朝支配下のエジプトにおけるキリスト教徒を中心とした非ムスリムの参詣・巡礼の実態を描出する作業があげられる。エジプトのキリスト教徒にとっての参詣・巡礼は、聖遺物やイード、奇蹟とも深く関わりつつ、聖人崇敬や各種の祭礼と密接に結びついていた。そして、信徒の共同体にとっての結節点を形成し、信仰を維持・活性化するうえで極めて重要な役割を担っていたと想定される。それにもかかわらず、イスラーム期に関しては、研究者の問題関心のズレやアラビア語史料の不十分な利用状況などから、まだ探究の余地が多く残されている。

第二に、ムスリム側のズィヤーラ（参詣）と、キリスト教徒、とりわけコプト・キリスト教徒の参詣・巡礼との比較検討があげられる。これは筆者が以前より意識してきた作業の一環をなすものであり、それによって双方の慣行の特徴や影響関係などを浮かび上がらせようとする試みである。

第三に、参詣・巡礼活動や墓参を手がかりとして、キリスト教徒やユダヤ教徒との共生を可能にしてきたエジプト社会の在り方を照射する点がある。エジプト社会について総体的に、かつ深耕された理解を求める時、彼ら非ムスリムの存在を含めて考察すべきことは他言をまたない。また、民衆レベルにおける信仰生活や諸宗教の接触の在り方などの検討も必要となろう。ここでは、コプト・キリスト教徒とムスリムとの相互関係や日常的交流などについても具体例をもとに検討する。

筆者はエジプトにおけるムスリムの聖者崇敬研究とキリスト教徒の聖人崇敬研究との共時化を長らく唱えてきたが、これもその延長線上にある作業である。キリスト教徒とムスリムとの垣根を取り払った聖者・聖人研究は、中東・欧米の双方において近年ますます活況をみせている。とくにエジプト人の研究者にとっては、国民統合といった今日的要請も背景としているため、決して新奇な視点ではない。欧米における近年のマイユール＝ジャウエン C. Mayer-Jaouen やエル＝レイスィー T. El-Leithy の研究なども、これに連なるものと評価できよう。[1]

ムスリム社会におけるズィンミー（ムスリムからみて庇護されるべき啓典の民。キリスト教徒・ユダヤ教徒などを含む）研究は、遅く見積もっても十八〜十九世紀には欧米で本格化されており、その後、現地エジプトにおいても深められてきたものの、一九九〇年代以降は、欧米を拠点とする研究者達が、時に現地のキリスト教徒研究者と連携しつつ、以前にも増して研究を量産するようになってきた。[2] その背景には、諸宗教の共存が歴史学・宗教学などの研究テーマとして、現実の世界情勢を背景に大きくクローズアップされ続けてきたこと、キリスト教会史研究や社会史研究の深化、さらにこれまで十分に活用されてきたとは言い難いエジプトの各種キリスト教会・修道院の保有する史料群に対して、表向きの困難さをかいくぐり、パーソナルなネットワークを通じてアクセスする者が続いたことなどがあげられよう。

当該時期のエジプトにおけるムスリムとコプト・キリスト教徒を中心とする非ムスリムとの関係は、中東の歴史研究において、結果として相対的には、最も研究の層が厚い分野の一つであり続けている。そして、研究者のスタンスとその研究対象についてあえてやや乱暴にまとめると、キリスト教史研究の枠組みを背景として、オリエンタリストの伝統を踏まえて欧米で活躍する研究者の層は最も厚い。次いで、教会史研究を主とする現地キリスト教徒の研究者は、警戒感を維持しつつも欧米の研究者に(戦略的に)協力してきており、自らもキリスト教会史やエジプト社会史の分野で続々と成果をあげている。一方、エジプトのムスリム研究者には、今日の社会的要請も念頭に置きつつ、エジプト社会における歴史的共存についてムスリム側の史料に基づき事例を総合する者や、非ムスリムの法的位置付けを考察する研究例が多数みられた。[3] そして卑見では、これらの立場が乖離しがちな構図が窺えるのであり、その間の架橋が十分になされてこなかったことは問題である。また、地球規模の人間移動や情報ネットワークの拡大は、この状況を現実から崩しつつある。

そこで、本章では最初にカイロ＝フスタートの社会における諸信徒の共存の在り方について、前提条件として確認するところから始めたい。前近代エジプトにおけるコプトとムスリムとの共生と確執の実態について、十一〜十五世紀を中心に、個々の事例を簡単に宗教対立とラベリングすることなく、社会的・経済的背景と歴史的経緯を顧慮しつつ解きほぐして紹介したい。そのうえで、筆者独自の視座を活かすため、『参詣書』史料と「死者の街」という磁場から、この問題を捉え直してみたい。そして、キリスト教徒を中心とする非ムスリムの参詣・巡礼とイード・奇蹟・聖遺物について検討したのち、非ムスリムを含めたエジプト社会の在り方について、「エジプト」という場の設定から考察を試みたい。コプト・キリスト教徒の参詣・巡礼に関する先行研究についていえば、現代のみを対象とするか、現代を中心にあわせて概観したものがいくつかあるにすぎず、前近代についての専論は見当たらない。

基づいた主要史料は、『総主教史』やキリスト教徒の手によるアラビア語年代記、イブン・アル＝アッサール Ibn al-'Assāl（十三世紀の著作）やイブン・カバル Shams al-Ri'āsa ibn Kabar（一三二四没）の著作とされてきた論考、キリスト教『教会・修道院史』、各種法令集、いくつかの聖人伝、さらにムスリム側の聖墓参詣手引書、聖者列伝、伝記集、年代記、地誌、布告、啓典の民との関係を示す法学論考などである。とりわけ、アブー・アル＝マカーリムに帰せられる教会・修道院史は、本章で扱うテーマに関して、ムスリム側でいう参詣書にも匹敵する重要史料と筆者がみなすものである。

なお、ここで具体的な検討対象としているのは、主としてコプト・キリスト教徒であるが、後で具体的に説明するように、個々の場面ではメルキト派（マリク派）やアルメニア教会信徒など他のキリスト教徒やユダヤ教徒の事例も必要に応じて加えて論ずることとする。[4]

1 十一〜十五世紀のイスラーム王朝下におけるキリスト教徒簡史

七世紀のアラブ＝ムスリム勢力侵入後、エジプト社会は非常に長い時間をかけて、全体としては比較的緩やかにイスラーム化を遂げてきた。すなわち、住民のほとんどがキリスト教徒であったところから、今日、エジプトの総人口の約五〜一〇％（五〇〇〜一〇〇〇万程度）へと減少したものの、一三五〇年以上にわたって曲がりなりにもムスリム勢力の支配下で存続してきたのである。したがって、エジプトにおけるキリスト教徒の歴史のかなり多くの部分は、否が応でもムスリム勢力の支配下に紡がれてきたことになる。視点を変えれば、ムスリムによるエジプト統治もコプト・キリスト教徒など非ムスリムを構成要素として欠いたことは皆無であり、エジプトのムスリム社会は常に非ムスリムと共にあったのである。現在、キリスト教徒も国民国家エジプトにおける構成要素として統合されて共存しているようにみえる一方、些細な契機から、あるいは教会改築や主として婚姻による改宗に端を発して、衝突やキリスト教徒襲撃に至る現実がある。その背景へと思いを馳せる時、ムスリム社会におけるムスリムと非ムスリムとの関係について歴史的に経緯を辿る試みも必要であろう。その際に、現況を固定視し、そこからの投影を通じて過去を類推しようとする傾向と、逆に、あまりに素朴な平和共存イメージが語られ続けてきた傾向の双方が浮かび上がる。しかし、両者とも史料の精査を欠く点では共通しているといえる。それゆえまず、ごく簡単にムスリム社会におけるコプトの在り方を通時的に概観するところから始めたい。

前述のように、当該時期のエジプトにおけるムスリムとコプト・キリスト教徒を中心とする非ムスリムとの関係は、極めて研究の層が厚い分野の一つである。とくに目立ったものだけでも、G・ヴィエ、D・P・リトル、Q・A・カースィム、D・リチャーズ、M・アフィーフィー、L・S・ノースラップ、T・エル＝レイスィー、M・N・スワンソン、その他多くの研究者がこれまでに論及してきており、欧米における研究の厚みが他を凌駕している点も特徴の一つである。[5] その中で、エジプト社会の歴史研究についてみれば、やはり丹念にデータを集めたカースィムの研究（一九七七年）は記念碑的な内容を備えており、大半の研究で参照されたり、情報源とされてきた。また、同氏がマムルーク朝期を研究対象としたために、その後のエジプトにおける非ムスリムについてのアラビア語による歴史研究が、それ以外の時代を対象として細分化していった印象すら受ける。[6] しかし、ムスリム社会における非ムスリムの歴史的な在り方の核心部分には、依然として不明部分も多く残されている。ここではまず、関連史料を再整理し、実態の俯瞰図を得られるよう努めたい。

(1) ムスリムの圧迫と非キリスト教徒側の対応

まず、筆者はかつて「ウマルの誓約」（'ahd／shurūṭ）が、ムスリムと非ムスリムの関係について考えるうえで、大きな焦点となってきたことを指摘した。[7]このウマルの誓約とは、カリフ・ウマル(七二〇年没)に因んだ名称とされ、ムスリムとズィンミーとの関係を規定する禁令・規則集を指す。史料によって異同は多いものの、マムルーク朝期までには以下の内容を含むものとされていた。すなわち、修道院・教会・孤房の建立や再建禁止、イスラームへの改宗を禁じないこと、コプトは青色、ユダヤは黄色などの服装をして絹以外で作った帯を着用し、キリスト教徒婦人は青色の亜麻ショールを着用、ユダヤ教徒婦人は黄色のショールを着用し、ムスリムと似た服装をせぬこと、剣所持の禁止、馬やラバの騎乗は禁止で、サドルをつけたロバに横向きに乗ること、葡萄酒販売禁止、公衆浴場(ハンマーム)ではムスリムでないことを特徴づけるものを首につけること、ズィンミーの婦人はムスリムの婦人と共に公衆浴場で入浴しないこと、ムスリムより高層もしくは広域の建物を建ててはならず、教会の鐘の音を弱くする、王朝やアミールへの出仕禁止、イスラーム法によって遺産を相続する、ラカブ(尊称)にal-Dīn(「信仰の〜」の意)を使用禁止、等々とされた。[8]

このなかで、最も深刻な影響を与えたと推測されるのが、王朝やアミールへの出仕禁止である。これは個々のコプト官僚に打撃を与えたのみならず、その結果によるコプト官僚や有力者による教会・修道院への奉納減少、徴税や教会改築許可への関与の後退、王朝への仲介者の喪失などを通じて、最終的にはコプト社会全体へ深い打撃を与えたと考えられる。

しかし、十二〜十五世紀についてみても、五三二/一一三七-八、五五五/一一六〇頃、五六四/一一六八-九、七〇〇/一三〇一、七二一/一三二一、七五五/一三五六、八二〇/一四一七、八二二/一四一九、八三〇/一四二六、八五四/一四五〇、八六八/一四六三年と、これらを含む規制が繰り返し布告されたことは、この誓約がエジプトにおいて同じ強度で恒常的には機能せず、むしろ、発布後少し経てば規制が緩んでいたことを示唆していよう。[9]また、このままの形式でカリフ・ウマルによる布告がなされたかという点については、研究者は否定的見解でほぼ合意している。[10]

このウマルの誓約において、とりわけ本書に関連して指摘しておきたいのは、ズィンミーの墓地の在り方についての条文を含むテクストが存在することである。そこには、「彼ら〔ズィンミー〕の墓は地面と同じく平坦にして、ムスリムの墓と似ないように」との言及があった[11]。これは、非ムスリムによる建物や教会建築などに対する制限とも呼応するものと推定される。ただし、そもそもムスリムの墓についても、エジプトの参詣書心得に「墓は平坦にし、小石をおいてやるがよい」(第二〇則、第1章)とあったように、原則としては墓を高くすべきではないと考える学識者が多数存在していたことも付言せねばならないであろう[12]。また、筆者がキリスト教徒やユダヤ教徒の墓地を踏査した限り、エジプトにおいてこの条項がそのまま遵守されたとは考えにくい。

さて、このズィンミーへの規制発布に至る過程について、ムスリム側関連史料の描写の仕方を見るならば、一部のそれほど著名ではないウラマーに煽動されて、民衆レベルでキリスト教徒官僚をターゲットに暴動が起き、これがスルターンや王朝当局者に動揺と強い圧迫を与え、規制発布に至るというのが史料の記述の通例であった。とりわけ、マクリーズィーにこの傾向は顕著であったが、近年はこれについてもさまざまな視点から再検討が行なわれつつある。メッカ巡礼の途中にカイロへ立ち寄ったマグリブ(マリーン朝)の宰相(ワズィール)が、エジプトのズィンミーがムスリムとほぼ変わらぬ自由を享受している現実に遭遇し、マムルーク朝当局者を強く批難したことに端を発した暴動のケースも、一応指摘しておきたい[13]。

これらの規制布告の中には、史料に抄録されていたり、単独で残されたりしているものが複数ある。例えば、七〇〇／一三〇一年事件の要約は、*Sulūk* や *Ṣubḥ* などにみられる。また、七五五／一三五六年にはウマルの誓約による布告が各地の衆会モスクで読み上げられ、金曜礼拝後の襲撃につながったとされるが、その布告とされるものは単独でもその名で、エジプト国立図書館に写本のまま所蔵されている(*Marsūm Baʿḍ al-Mulūk al-Ṣalāḥīya*)。そして、*Ṣubḥ* や *Sulūk* などにもほぼ同文が採録されていた[14]。

また、ムスリム王朝下のエジプトにおけるキリスト教教会の建築(再建・改修・創建)は、大きな争点となっていたが、これについても当時から多くの論考が残されていた。それらはしばしばエジプト征服の歴史的経緯の考察から説き起こし、イスラームの法慣習と先哲の意見などに基づき議論するものであり、教会建築に対して否定的な結論へ傾きがちであった。例えば、イブン・ヌジャイム Ibn Nujaym による論考 *al-Risāla fī al-Kanāʾis al-Miṣrīya* は、マムルーク朝期に閉められたズワイラ街区 Ḥāra Zuwayla 教会について、九六七／一五五九―六〇年にスルターンの命により考察したものであり、シュルンブラーリー al-Shurunbulālī の論考 *Qahr* は、一六五三年にナスル門内ジュワーニーヤ al-Juwānīya 地区の修道院建設をめぐっての論争を、またダマンフーリー Aḥmad al-Damanhūrī の *Iqāma* は、一七三八―九年にカイロのヒーン小路 Darb al-Ḥīn 近くに教会が建設されようとした問題を扱ったものである。[15] ちなみに、リチャーズが校訂研究したユダヤ教徒の文書は、十五世紀の日付を内包し、シナゴーグの改築に深く関連していた。[16]

ムスリムのコプトに対する暴動の背景として言及しておく必要があるのは、ムスリム民衆間に蔓延したコプト官僚やコプト上層に対する富の配分の不公平感であろう。この感情は当時、キリスト教徒など啓典の民へ論駁した文献群に強く表明されており、イブン・アル＝ワースィティー Ibn al-Wāsiṭī（一二九二年存命）、アスナヴィー al-Asnawī（一三七〇没）、イブン・ドゥライヒム Ibn Durayhim（一三六〇―一没）、イブン・アル＝ナッカーシュ Ibn al-Naqqāsh（一三六二没）、タキー・アッ＝ディーン・アッ＝スブキー（一三五五没）、イブン・タイミーヤ Ibn Taymīya（一三二八没）らに代表される。なかでもイブン・アル＝ワースィティーはズィンミーが「圧迫と専制でイスラームを支配し続けている」とすら述べていた。[17] また、対キリスト教の理論的な論駁宗教書が多く編まれたのもこの時期である。

しかし、実際のところ彼らキリスト教徒官僚は、王朝やスルターンの命に忠実な僕であり、王朝から徴税や国庫管理を委任され、常に僻みと猜疑に曝される存在であった。そして、徴税などにおける彼らの役割は、ムスリム民衆の不満が直接向かいやすい対象となったと推測される。その意味では、反政府暴動といった意味合いも濃かったと推察される。卑見では、非ムスリム側からすれば、官僚となる以外に、当時の王朝の政策や権力に直接参画する術は見出しにくかったものと考えられる。なお、興味深いことに、当時のコプト側の史料も、キリスト教徒が奢り、傲慢になっていたと自戒する記述を残していた。[18]

これに対して、例えばノースラップは、ウラマーと結託したムスリム官僚とコプト官僚との主導権闘争であったという見方を示している。[19] ここに我々はアッラーよりの警告と受け取られたペスト大流行、渇水や大地震による極度の社会不安などの問題を加えることが可能かもしれない。また、エジプトにおける諸信徒間の軋轢を煽った要因としてしばしばあげられるものとして、十字軍、あるいはビザンツ、エチオピア、スーダン、バルセロナ王などからの外的圧迫がある。ただし、実際にどの程度これが影響したのか、そのメカニズムも含めてさらなる解明の余地は残されていると思われる。[20] また、ムスリムの参詣に関連して重視されるべきは、ムスリマの死者の街参詣禁止令と、コプトに対する禁令の時期の重なりである。こちらも今後さらに詳しく検討する必要があるが、両者はしばしば関連して捉えられていた。

ここで、ムスリムによるキリスト教会・修道院・墓地・家屋の破壊行為の概略を辿ってみたい。アティーヤ A. T. Atiya は、一二七九年から一四四七年にかけてカイロで破壊された教会の総数を四四と見積もった。[21] 当時の歴史家マクリーズィーは、七二一／一三二一年の暴動で数十万人のキリスト教徒が虐殺され、エジプト内にある一二〇の教会のうち六〇カ所がムスリム民衆によって襲撃・破壊されたと主張する。[22] その後の実態などからみて、数字は額面通りに受け取れないが、これはエジプト全土において同時多発したものと推定される。カースィムはアイユーブ朝期はズィンミーにとってまだ安泰な時代であったとしたが、コプト側の史料や、ザブロウスキー J. R. Zaborowski らの研究などからは、キリスト教徒の建築物への破壊行為や、改宗への社会的圧力の新たな波動はすでに始まっていたことが窺える。[23]

しかしながら、ここで扱うマムルーク朝期などの数世紀はエジプトの非ムスリムにとって厳しい「カタストロフィー」(ヴィエ)の時代であったとされることにも留意すべきであろう。また、リトルの言を借りれば、七五五／一三五四年は「エジプト宗教史の転換期を記録した」ことにすらなる。[24] それゆえ、これは本書の当該時期における最悪の事例であり、これらの評価は無批判には受け取れないが、いうまでもなくこの状況が、エジプトの「イスラーム期」中、同程度で継続していたわけでは決してない。

なお、このような攻撃と圧迫に対し、コプト側も常に沈黙して耐えていたばかりではなかったとムスリム側の史料は報じる。五六四／一一六八-九、六六三／一二六五、七二一／一三二一、七五一／一三五一-二年には、キリスト教徒がムスリム側へ放火によって対抗したと報告されている。とくに、一三二一年には数人のコプト修道士が現行犯で逮捕され、焚刑に処されていた。[25]

(2) 改宗と再改宗

四五一年のカルケドン公会議で異端の位置へ追いやられてしまったコプトは、ローマ・ビザンツ支配下における迫害によって多くの殉教者をだすなど、大変な苦境下にあったとされる。その記憶は、キリスト教徒の史書や殉教暦である『スィナクサール』（*Sinaksār* 聖暦順諸聖略伝集）にもとどめられてきた。[26] それゆえ、アラブ勢力到来の際におけるエジプト人の対応については、現在も研究者の間で再検討が続いている。これを様子見していたと考えるのか、あるいはある程度自らの選択によって受け容れたとみるのか、それとも反撃はあまり行なわれなかったものの力による征服とするかなどが論点として浮上している。

研究者達は今日まで、エジプトにおけるムスリムへの大量改宗の時期について、さまざまな仮説を提示してきた。ブレット R. Bulliet はムスリム伝記集にあらわれたコプト名からムスリム名への変遷を統計処理し、また、ブルーム J. Bloom はアスワーンからカイロまでの膨大な墓碑を調査した。一方、リトルは年代記と伝記集の記述を丹念に読み込んで改宗時期を推定した。今、仮にこれらの研究を総合すると、エジプトにおける大量改宗のピークは八五四〜八六三年を最大として、九七五-六年、九九〇〜九九八年、一二九三〜一三五四年頃に生じたことになる。しかしながら、これらの研究が基づいているデータはウラマーと庶民、都市部と農村部、上エジプトと下エジプトなどの偏差を無視しており、かなりの無理を伴った試算といえる。筆者はむしろ、それでもこのような試算を行なわざるを得ないほど、現状では信頼に足るデータを欠いていることがここに表明されていると解釈している。また、ファーティマ朝期のコプト側史料は、同王朝期に指摘されるような、強制によるムスリム改宗からキリスト教徒への復帰がなされたことも示唆している。確実にいえることは、かつてエジプト住民のほとんどがキリスト教徒であったものが、歴史を経て現在の比率へと減少してきたということであり、エジプトにおけるムスリムの多くはキリスト教からの改宗者やその血筋を少しでも引く人々によって占められていたことであろう。[27]

一方、マムルーク朝期におけるキリスト教徒からムスリムへの改宗に関する年代記・伝記集史料の関心は、実際のところ行政官僚に集中していた。彼ら改宗者はアスラミー(Aslamī 複数形はAsālima)、もしくはムスリマーニー(Muslimānī 複数形はMusālima)とムスリム側史料で形容され、元来のムスリムとは区別された。例えば、何人かのコプト官僚は解雇後、ムスリムへと改宗したにもかかわらず、以前の信仰ゆえ再雇用されなかったという。[28] あるいは、改宗後四世代が経ち、マドラサやモスクなどイスラームの宗教施設建設やワクフを行なうなどの善行を行なっていても、依然としてal-Qibṭī(コプトの、という意)などというニスバ(由来名)をつけられていた例もあった。[29]

これらの事例からリチャーズは、双方の軋轢が宗教の差異に基づくというより、人種的敵対によるとすら解釈した。確かに、マクリーズィーはこの時の改宗によって「ナサブ」(血統)が混合したと述べていた。[30] しかし、同時代の宗教テクストや参詣書を子細にみるならば、コプト庶民がムスリムとの日常的交流の中で改宗したり、天国入りを確実なものとするために死の床で改宗する例も多く、それら全てを等閑視することはできない。よって、改宗者の改宗前の宗教に対するムスリム側の固執は、王朝の官僚レベルで強調されたと考える方がむしろ妥当と思われる。さもなくば、これほど広範な社会階層において大量改宗が生じたことを理解するのは難しい。

それでは、何が改宗ムスリムを生来のムスリムと分かち、さらに改宗後の信仰に疑いの眼を向けさせ続けたのであろうか。ムスリム官僚の地位闘争であったという前述の見方以外に、彼らの改宗が真の信仰に基づかず、地位保全のためのうわべだけにすぎないとみなされていたことをあげることができよう。すなわち、ズィンミー官僚を解雇するという王朝の政策に対してとられた方便の改宗という見方である。これも全くゆえなきことではなく、アスラミーのナシュウの自宅からは四〇〇〇杯のワインと豚肉、金の十字架、宝石細工のマリアの手がでてきて、結局ユダヤ墓地へ埋葬されていた。[31] また、七五四／一三五三年、ムサーリマの家から十字架、イコン、豚肉などがみつかり処刑され、七七三／一三七二年には改宗後も全く礼拝をせず、背教者とみなされた者が処刑されている。七九五／一三九二－三年に没したアスラミーが、死の床で修道士の髪の香を嗅ぎ、八四三／一四四〇年と八六五／一四六一年にそれぞれ没したアスラミーとムサーリマの家族や使用人が皆キリスト教徒であったことも判明している。[32] 見方をかえると、これほど改宗(のポーズ)が官僚の地位確保に欠かせなくなっていた情勢の反映ともいえよう。

一方、これらの背景として、事実上の強制改宗の登場についても言及しておく必要があろう。クルアーンの文言には、イスラームへの改宗が「叡智と良き諭しをもって」(第八八章二一～二二節)なされるべきとあり、「強制があってはならない」(第二章二五六節)ともあることは知られていた。それゆえ、前述のように、コプト側の史料『総主教史』によれば、ファーティマ朝カリフ・ハーキム期に生じた強制改宗は無効とされ、改宗者は元の宗教へ戻ることが可能であったという。[33] しかし、民衆による狂躁のなかの強制改宗とみなされる現実の事例としては、五六四／一一六八－九年、六九二／一二九三年、七〇〇／一三〇一年があり、七二一／一三二一年には教会・修道院が閉鎖されていた。以下、主にマクリーズィーによると、人々はキリスト教徒をみると打ち、服を裂いたため、彼らは外出できずに飢え、「多くのキリスト教徒がイスラームを表明せねばならず、……ムスリムとなった」とされる。[34](裏付けは取れないものの)この時、ある教会では女性六〇人が暴行を受け、他は虐殺されたとする記述もある。さらに七五五／一三五四年には、「ズィンミーは死を畏れてシャハーダ（ムスリムの信仰告白）をせねばならなかった」が、「暴徒は穴を掘って（彼らを）投げ込み、焼いた」と年代記にある。[35]

これらの記述の特徴は、ムスリム民衆を主体とする暴動であり、それを煽動した、さほど有名でないウラマーやスーフィーの姿も明記されていた。流言の存在も十分に想定できる。マムルーク朝政府はこれを常に制御していたわけではなく、時には見過ごしたり支持すらしていた。また、七〇一／一三〇一年には改宗を迫られた官僚が自殺未遂を起こしたり、七三一／一三三一、七三二／一三三一－二、七三六／一三三六年にはスルターンが配下に暴力を加えて改宗を迫るなどしていた。[36] ここに、王朝としてはビザンツや十字軍に敗北しても、内なるキリスト教徒は保護しようと努めたファーティマ朝（ハーキム期は例外として）と、庇護を持続できなかったマムルーク朝との違いが、ある程度鮮明に現れている。[37]

それではここで、ズィンミーの改宗理由についての諸研究を整理してみたい。無論、史料の字面だけを追えば、ムスリム側からすると真理に目覚めて改宗したとされようし、ズィンミー側史料からすれば、悪魔の誘惑に屈したということになろう。また、マムルーク朝期のムスリム史料が往々にして描くストーリー、ムスリムからの迫害によって非ムスリムが改宗へ至ったとする道筋は、現代の研究者へも少なからぬ影響を与えていよう。[38]

まず、社会・経済的側面からみれば、農村社会における徴税権のコプト大領主からムスリム徴税吏への移行の影響や、ムスリムとの婚姻を機に改宗がなされ（とくにムスリマとの婚姻の場合は改宗が必須）、その子孫がイスラーム法上、全てムスリムとなったこと、そして、ジズヤ税からの逃避といった要因が指摘されてきた。（おそらく共同体からの支援も得られずに）ジズヤを支払えなかった場合、『ヒスバ（市場・風紀監督）の書』は殴打すべしと言及するが、それがどれだけ実行されたのかは不明である。歴史的には、投獄されたケースもある。[39]

ジズヤの賦課については長い研究史の集積を踏まえ、近年さらに研究が加えられている。例えば、マムルーク朝期の八一五／一四一二年であれば、ズィンミーの富裕層は四ディーナール、中間層は二ディーナール、下層は一ディーナールを課されたとされ、この年の総額は一万もしくは三万ディーナールであったという。しかし、前年は一五〇〇ディナールにすぎなかったとされ、これらの数字の信憑性を再確認する必要があり、もしもこれらが正しいとすると、いずれにしても徴収率が極めて低かったことになろう。また、これがどの程度、改宗を後押ししたかという点については、依然として議論が続いている。[40]

非ムスリム官僚の場合、ヌワイリーも強調するように、社会的地位保全とさらなる地位上昇を狙ってという側面も否定できない。少なくとも、社会的なマイナスをなくすという意図が看取される。改宗によって強気に転じた元コプトのワズィールのように、彼らは時に公職追放運動と対峙せねばならなかったからである。逆に、改宗後にモラルが低下してしまったとされる事例も報告されている。[41]

また、マムルーク朝期の、共存に最悪な社会状況にあっては、非ムスリムの経済状態の悪化、および教会破壊やそのワクフ没収などの社会基盤破壊に、ムスリム暴徒の嫌がらせや襲撃(による絶望)が重なった事例も指摘できよう。こうした事例として、マクリーズィーは「七五五／一三五四－五年、(全国の教会・修道院が破壊されてモスクとなり、それらのワクフがすべて没収され、公職追放されるのをみて)キリスト教徒への災難が強まり、彼らの富が減少したとき、彼らはイスラームへ入信しようと考えた。こうしてエジプトの地でイスラームが広まり、(デルタの)カルユーブの町ではとくに一日で四五〇人もが改宗した」と述べていた。[42] これは当時、ムスリム勢力がモスク、聖廟、修道施設、城塞などの荘厳な建築物や、大がかりな祭礼・儀礼などにおいて圧倒的優位を示したこととも対照して考えられるべき事柄であろう。

さらに、犯罪者が特赦の見返りに改宗した例も報告されている。八二〇／一四一七年にコプトの殺人犯が裁判によって死刑宣告されたが、改宗して恩赦されており、八三一／一四二八年にダミエッタのコプトは同性愛行為を自白したものの改宗によって許され(イスラームが同性愛を認めるというわけではない)、さらに八三六／一四三二年、ムスリマと密通したコプト男性が改宗して処刑を逃れている。[43]

六五四／一二五六年におけるユダヤ教徒のケースのように、ズィンミー社会における大小の集団の長の改宗に従って、下位の者が集団改宗した事例も記録されている。[44] さらにムスリム側の聖者(列)伝や参詣書には、ムスリム「聖者」の徳に感化されての改宗の記事も繰り返されていたが、カースィムのように全否定するよりは、そこに何らかの意図か史実の一端が反映されていると考えるべきと思われる。[45] これらに加え、神よりの警告と受け取られたペストの蔓延や渇水、大地震、「十字軍」の侵攻などによる極度の社会不安も背景として推測されよう。実際に、これらの折にキリスト教徒への襲撃が生じていた(第2章)。

ちなみに、バグダードを中心に活躍したユダヤ教徒の学者イブン・カンムーナ(一二八五頃没)は、改宗の原因として恐怖、権力欲、重税逃れ、屈辱からの脱出、ムスリマへののぼせ上がりなどをあげていたが、今日の研究状況と呼応する部分も有している。[46]

しかし、個々の人間が改宗に至る心理のプロセスやその主因を知ることは、現代の聞き取り調査ですら相当な困難を伴うものである。まして、史料の限られた歴史研究においてはさらに条件が厳しくなるが、ここではユダヤ教徒からムスリムに改宗した、アレクサンドリア在住のサイード・ブン・ハサン Saʿīd b. Ḥasan al-Iskandarānī が一三二〇年に著した *Kitāb Masālik al-Naẓar fī Nubūwa Sayyid al-Bashar* の事例を紹介してみたい。同書はサイードが改宗後に著したユダヤ教・キリスト教への論駁書である。そこでは縦横無尽にトーラーがアラビア文字で記したヘブライ語で引用されており、トーラーをいわば換骨奪胎して、(彼の考える)ユダヤ教徒・キリスト教徒の誤謬を指摘しつつ、イスラームへといざなっていた。とりわけ貴重であるのは、彼自身が改宗した際の心理まで詳述していた点である。

私はイスラーイールの子孫の学識者であったが、至高なる神(アッラー)は私にイスラームを授けられた。その理由であるが、私に病が生じ、やってきた医師は死装束を用意した。そこで、私は夢の中である人が、「クルアーンのハムドの章を詠めば死から脱することができる」と言うのをみた。目覚めると私は直ちに公明正大なムスリムを求めたが、それは隣人だった。私は彼の手を握りしめて言った。「唯一にして比類なきアッラー以外に神はなしと私は宣誓する。私はムハンマドがアッラーの僕であり使徒であると証言する」「彼こそは導きと真実の宗教をもたせて、ご自分の使徒を遣わされた御方で、それ（イスラーム）をすべての宗教の上に高く掲げさせられる」（第九章三三節、四八章二八節、六一章九節）。私は繰り返して言っていた。「おお、心を確かにする者よ。信仰を確かなものとせよ」と。

そして、私が衆会モスクに入り、ムスリム達が天使の列のように幾重にも列をなしているのを目の当たりにしたとき、何者かが私にこう囁いた。「このウンマ（宗教共同体）は、預言者達がその出現を善き知らせとしたものである」。黒の毛衣を纏った説教師（ハティーブ）が進み出たとき、私の裡に畏敬の戦慄が走った。そして、彼が説教壇を剣で叩いたとき、それは私の四肢を激しく揺さぶったのである。当時、アレクサンドリアの説教師はイブン・アル＝ムワッファクであった。彼が説教の最後に「げに神は公正と善、そして近親への贈与を命じ、すべての醜行と邪悪、違反を禁じられる。必ずや汝らは訓戒を心に留めるであろう」（第一六章九〇節）と言った時、そして集団礼拝が始まった時、私の裡に劇的な状況が生じた。そこでは、幾列にも並んだムスリム達が天使の列にみえ、高貴なる神が彼らの屈曲礼や平伏礼を前に顕現していた。何かが私に囁いた。「もし神の啓示がイスラーイールの子孫に、時の経過の中で二度下ったのであれば、このウンマ（ムスリム）には礼拝のたびにそれが下されるのだ」。そして、私はムスリム以外には創られなかったのだと確信した。

私のイスラーム入信は六九七／一二九八年シャアバーン（第八）月の初めのことであった。ラマダーン（第九）月にクルアーンを聴いたとき、私はそこに偉大なる雄弁さと修辞、そして比類なさをみたが、それはユダヤのトーラー二冊に記された話を（僅か）一、二節で語り尽くしていた。[47]

［要約］

この記事は改宗者自身の手によるものであるゆえ、大変貴重ではあるが、額面通りには受け取れないであろう。しかし、場面設定などには、他史料から裏付けられる事柄も含まれている。例えば、十二世紀後半にエジプトを訪れたイブン・ジュバイルは、やはりモスクで説教師が説教壇を剣の鞘で叩き、静粛を促していたことを記していた。[48]

ここで筆者が注目したいのは、心理面の変化よりむしろ、非ムスリムがムスリムを隣人として居住していた環境や、非ムスリムもクルアーンやイスラームに日常的に接し、基本知識を有することが可能であったという点である。そして、イスラームの共同体としての力が常に彼らを覆っていたようにも窺える。また、アラビア語の使用とあいまった、クルアーン自体の言葉としての力も活写されている(サイードはおそらくアラビア語とヘブライ語のバイリンガルであったであろう)。さらに、同書は全体を通じて、トーラーがあるゆえに、むしろイスラームへ改宗せざるを得ないよう、議論が構成されていた。

改宗ムスリムからキリスト教への再改宗についても言及しておきたい。これには強制改宗の撤回を求めるケースも含まれる。例えば、七八一／一三八〇年、八〇一／一三九八年、八三六／一四三二年にはムサーリマがキリスト教徒に戻りたいと希望し、処刑されている。七八五／一三八三年にはバルマ Barma 村(デルタのガルビーヤ地方)で余興付きの結婚パーティー中、アザーン(ムスリムの礼拝呼び掛け)をうるさいと止めたムサーリマ六人が処刑されている。[49] また、七五四／一三五三年、ガルビーヤ地方のナフリーリーヤ al-Nahrīrīya に祖父がムスリムであったというキリスト教徒が出現した。裁判官によりムスリムと認定され、ムスリムに戻るまで投獄されたが、コプト側の交渉で出獄したため、民衆が知事(ワーリー)を攻撃して暴動となった。[50]

この最後の事例などには、T・エル゠レイスィーが「一代限りの改宗」と呼ぶような事態も深く関わっていた。これは親がムスリムへ改宗しても、その時点で子供がすでに成人していれば、親の改宗に左右されることなくキリスト教徒のままでいられるという、エジプトにおけるムスリム側の当時の司法慣行によるものである。かかる事例は、アイユーブ朝期からマムルーク朝期にかけていくつも報告されていた。このことは、親や先祖がムスリムであっても本人はキリスト教徒であるといった事態を生み出すことにつながっており、それゆえムスリムの参詣理論書で、非ムスリムの近親の参詣が論じられていたのである(第1章)。

それに加えて、十四世紀頃のエジプトでは「水甕の儀式(fusūl al-qidr)」と呼ばれる儀式が存在したことも知られている。これは一度イスラームへ改宗したのちにキリスト教へ戻った再改宗者や、ムスリムもしくはムスリマと性交したことを悔いた者をキリスト教社会が受容するために、甕の水を用いて行なわれるものであった[51]。

ちなみに再改宗ではないが、七八一/一三八〇年にムスリムの軍人らがキリスト教に改宗するといいだしたケースでは、彼らは病院へ搬送されていた[52]。殉死を熱望したキリスト教徒、とりわけ聖職者が公然とイスラームを侮辱した例や、一旦、ムスリムとなったもののキリスト教への再帰と殉死を希望した事例も知られている。これらは自らの信仰心を賭す行為であると共に、信仰にとどまるよう同胞達へ強烈なアピールとなったに違いない。このように、理論上はともかく、最初のムスリムへの改宗が正式なものと認められれば、現実に再改宗は認められず、手続きを経て処刑される事例がいくつもみられたのに対し、ムスリムからコプトへの改宗については種々の手続きのうえ、精神疾患と判断された事例を見出せる[53]。ただし、以上はムスリム側の史料による限りであり、キリスト教徒側の史料には、稀にムスリムからコプトへの改宗者の逸話もみられる。また、それより遥かに多く、ユダヤ教徒からコプト・キリスト教徒への改宗例を、キリスト教徒側の史料は載せていた[54]。

結局のところ、当時のエジプトにおいて、イスラームやキリスト教、ユダヤ教といった選択は、単に個々の内面的な信仰の問題だけではなく、所属する共同体のメンバーシップの問題としても社会で捉えられていたため、その間の移動は方向によって、大きな軋轢と悲劇を伴うことになった。

以上のように、マムルーク朝期には改宗者のうねりが出現する中で、ムスリムとキリスト教徒の社会の狭間に介在したグレーゾーンに人々が漂泊していた現実が看て取れる。実際には改宗こそしたものの、不完全もしくは方便という眼でみられたり、再改宗してしまう者、改宗したかどうかも定かではない者もいたことであろう。

なお、キリスト教徒内部での宗派の差違についても付言すると、教会建物もコプト・キリスト教徒、メルキト派、アルメニア教徒などの間で、所有主が移っていた事例をかなり見出せる。[55] またこれに関連して、コプトとメルキト派との間の結婚にもさまざまな条件が課されていた。コプト総主教クリストドゥロスが一〇四八年に公布した法典によると、「コプトの男性でメルキト派の女性と結婚しようとする者は、彼女がコプトのもと以外で聖体拝領せず、できた子供達をコプトのもと以外で洗礼させないことを彼が課すまで、我々のもとで戴冠(婚姻の儀礼)できず、結婚できない」とされていた。[56]

(3) 共存

ここまでコプトとムスリム間の軋轢の方に焦点をあててきたが、年代記などの史料の記述は非日常の突発事に傾きがちである。そこで本節では、むしろその背後にある膨大な日常的共生の時間と記憶を点描してみたい。

まず、ムスリムの歴代エジプト君主の中で、トゥールーン朝のフマーラワイフ(在位八八四〜八九六)や、ファーティマ朝のムイッズ(在位九五三〜九七五)、ハーキム(在位九九六〜一〇二一)、アーミル(在位一一〇一〜三〇)、マムルーク朝のナースィル(在位一二九四〜九五、一二九九〜一三〇九、一三一〇〜四一)らの君主や、ファーティマ朝期のワズィール・アフダルらの有力者は、キリスト教修道院を頻繁に訪問しており、そこへ専用個室や物見台を設けていた。カリフ・アーディド(在位一一六〇〜六七)のワズィールとなるシャーワルは、上エジプト・クースの知事時代、付近のアッバーサ教会堂において、ワズィールとなった暁には供物(ナズル)をするという「願掛け」を行ない、それが叶って供物を実践していた。[57]

また、訪問対象とされた修道院には、ギザのタムワイフ Ṭamwayh 修道院やナフヤー Nahyā 修道院、ワーディー・ナトゥルーンの聖マカリウス Abū Maqār 修道院、ムカッタム山のクサイル Quṣayr 修道院、オールド・カイロ郊外南方のシャフラーン修道院 Dayr al-Shahrān も含まれていた。[58]

シャフラーン修道院についていえば、第八〇代・八二代・八四代の総主教が埋葬されたり、「裸の聖人」として知られるバルサウマー（バルスーマー、一三一七没）が活躍したことでもっとに有名であるが、バルサウマーの聖人伝によると「諸王、アミール達、ワズィール、軍、長たち、あらゆる民衆」が、またキリスト教徒の年代記によるとマムルーク朝スルターン・ナースィルや同時期の有力者達が、奇蹟（ʿujūba）を求めてやってきたことになっていた。[59]『総主教史』にはそれに先立つ事例として、すでにファーティマ朝にカリフ・ハーキムが同修道院を頻繁に訪れていたと記されていた。

ムスリムの詩人はしばしば修道院を詩に謳っていたし、著名なムスリム学識者であったヤークート（一二二九没）やイスファハーニー（九六七没）、あるいはシャーブシュティー（九九八没）も、キリスト教修道院についての詩を含む文学的アンソロジーを残していた。[60] このように、キリスト教修道院はアラビア語による文芸の重要なモチーフの一つともなっており、宗教差を超えた文化の共有財産的な側面を持ちあわせていたといえよう。ムスリムと教会との関わりについて特異な事例を示すと、いつも教会で寝ていたというムスリムのスーフィー・イブラーヒーム Sīdī Ibrāhīm b. ʿUṣayfīr もいたほどである。[61]

とくに、ファーティマ朝君主や宰相の中には、教会の「新築」を認めたばかりか、教会・修道院建設に出資したり、警護をつけてやるカリフ達すらいた（ムイッズ、アズィーズ、ハーキム、アフダルなど）。ファーティマ朝カリフ・アズィーズの妻には、メルキト派キリスト教徒の者もいた。同じく、カリフ・ハーフィズは週に二回、必ずコプト総主教による歴史や伝記の進講を受けていた。[62] これなどは、王朝君主層の抱いていた歴史観や「エジプト」観について考察するうえで、きわめて重要な史実といえよう。

カイロやフスタートの都市内にはズィンミーが居住し、各種キリスト教会、シナゴーグも建立されていた。アンダルスの医師アブー・アッ＝サルトも実際に訪れて証言したように、エジプトは「コプト、ルーム人、アラブ人、ベルベル人、クルド人、ダイラム人、エチオピア人、アルメニア人などの諸民族」と、宗派としてはムスリムのスンナ派、イスマーイール派、十二イマーム派、各種キリスト教正教徒・ユダヤ教徒などの混在する国際色豊かな場所と化していた。[63] このようなファーティマ朝の状況をコプトの『総主教史』は、「教会にとって、偉大な平和期であった」と記した。[64] 先述のように、一般に非ムスリムが迫害を受けたことが強調されがちなマムルーク朝期になってすら、他所から到来したムスリム訪問者の眼からみると、エジプトではキリスト教徒とムスリムが判別のつかぬ様相で暮らしていたとされる。

また、少なくともキリスト教徒はムスリム同様、カイロ＝フスタートの都市社会構成者としての役割を担っていた。六五九／一二六一、六九三／一二九三－四、七九一／一三八九、七九二／一三九〇、七九四／一三九一、八八〇／一四七六年など、キリスト教徒もムスリムと共にスルターンやカリフの帰還・出迎え、有力者の死や復職などに対して、共同してカイロの街を飾りつけて祝っていた。キリスト教徒は福音書、ユダヤ教徒はトーラーを掲げて蠟燭を灯したとの記述も多い。[65]

さらに重要と思われるのが、ムスリムとズィンミーの協同作業による「公共事業」の存在である。スルターンや王朝有力者の命令を受け、ムスリムとズィンミーが共に用水路や運河の掘削・浚渫による保全、灌漑土手の建設など、公共事業に駆り出されていたのである。[66]

より民衆レベルに視線を転じると、キリスト教の聖人生誕祭や各種の祭礼(クリスマス、神現祭、復活祭など)にも、ムスリムの参加者が頻見されていた。ファーティマ朝の支配者は、キリスト教徒の祭礼を臣下への賜衣や下賜金の機会として利用していたとされる。なかでも、ナイル河畔を舞台としたり、儀礼が川と関連した祭礼におけるムスリム参加者は多かった。三三〇／九四一－二年の神現祭(ʿĪd al-Ghiṭās)には、大勢のムスリムが参加しており、ムスリムのワズィールも観覧していた。また、カリフ・ザーヒル期には、祭礼に参加するムスリムとキリスト教徒を警察長官が分けており、四一五／一〇二四年にはマクス地区の教会建立祝いに、キリスト教徒もムスリムもナイル川へ繰り出していた。このように、ナウルーズの祝祭も含め、ナイル川と結びついた祭礼にはコプトとムスリムとの区別が形骸化する例が多く、混乱の中で飲酒などムスリムの規範も破られがちであったゆえ、最終的には殉教者祭(ʿĪd al-Shahīd)などがマムルーク朝期中途に禁じられるに至った。[67]

加えて、ムスリムやキリスト教徒の結婚パレードにも、双方が互いに大々的に参加していた事例がみられる。例えば、上エジプトのエスナでは、

ムスリムの結婚式やその婚姻パーティーにはキリスト教徒も参列していた。彼らはコプト語の上エジプト方言で誦詠し、新郎の前に立って市場や通りを練り歩いた。このことは彼らの慣わし(ʿurf)となり、現在(十二世紀後半)まで続いている。また、クリスマスには毎年、ムスリムやコプトが大量の蠟燭やランプ、松明を灯していた。[68]

別例も要約しておく。

アレクサンドリアのキリスト教徒は聖枝祭(ʿĪd al-Zaytūna)の前夜に、アブー・サルジャ Abū Sarja 教会からサティール al-Saṭīr 教会まで、祈願と誦詠をしながら大通り(maḥajja)や市場を行列する慣行になっていた。ここ一五年間、ムスリムの妨害によって、この行列周回は中止を余儀なくされていたが、一〇五六－七年過ぎに、アレクサンドリア総督ヒスン・アッ＝ダウラが再認可し、投石する者を投獄すると公布した。そこで彼らはオリーブの枝を携えて、誦詠や賛美を行ない、十字架や香とともにかつての慣行通りに市街を行進した。すると、その時、激しかった物価高が止み、ムスリム住民もこの慣行への神の恩寵を確信し、毎年、共に嬉々として周回(タワーフ)するようになった。[69]　［要約］

また、カイロ北部郊外のマタリーヤにおいては、聖枝祭にキリスト教徒のみならずムスリムも教会の井戸へ赴き、キリスト教徒と慣行を共有していた。このように、キリスト教徒の祭礼はムスリムの参加者も包摂し、参詣・巡礼や聖人

生誕祭・聖遺物とも深く結びつきながら、エジプト社会に根づいていたといえる。

マムルーク朝期になっても、両者混合の事例は枚挙に暇がない。おそらく、コプトから改宗したばかりの新ムスリムの心性と調和しつつも、ムスリム民衆や改宗者がキリスト教徒の祝祭に羨望感を抱かぬように、ムスリム側も自前の聖者生誕祭・祝祭を創り上げるようになっていった側面があるのではないかと、筆者はこれまでも推測してきた。そこには、ムスリム側も自前の祝祭を用意しなければ、人々がキリスト教徒の祝祭へ流れてゆきかねない現実があり、キリスト教徒の祝祭に対抗する形でのムスリムの祝祭の隆盛を想定できた。とりわけ、マムルーク朝期にかけてムスリムへの改宗者を多く出したとされるデルタ地方では、改宗の急激な進行と共に、アフマド・アル゠バダウィーやイブラーヒーム・アッ゠ダスーキーなどムスリムの聖者生誕祭が急速に肥大化してゆく。[70] この点については、ムスリムへの改宗者とその子孫が、デルタにおけるムスリムの聖者生誕祭を隆盛へ導く牽引力となった可能性がある。

ここまで、両者の共存の側面に光をあてて素描してきたが、通時的に概観すれば、一般にファーティマ朝末期までにかけて共存のピークが訪れ、マムルーク朝期には(とりわけ都市部や下エジプトにおける)ムスリム人口の比率優位が確定し、それまでのような共存のほころびや破綻が顕在化したと結論づけられよう。以上は祭礼・祝事における両者の共存例であるが、第3節でさらに日常的交流を辿ることにする。

2 エジプトにおけるキリスト教徒とユダヤ教徒の参詣・巡礼

(1) キリスト教徒の巡礼・参詣とその対象地

キリスト教徒にとってのハッジとズィヤーラ

イスラームの文脈においては、「巡礼」(ハッジ)がメッカに対してのみ使用され、他の聖域を詣でる「参詣」(ズィヤーラ)と峻別されることは、序章に述べた通りである。メッカ巡礼は信仰のいわゆる五行にも数えられ、ムスリム総体としての義務であるのに対し、参詣はその是非自体が議論の対象であった。

一方、エジプトにおけるキリスト教徒の事例に目を転じると、宗教上の聖所へ詣でることを意味するアラビア語の語彙としては、ハッジ、ズィヤーラが共に用いられており、そこで各種のイードが催される場合は、特別な語彙を用いずに、単に祭礼に参加するという表現をもって、同様の意味が示唆されることもあった。具体的には、聖人などを祀る教会・修道院を特定の時季に詣でることや、聖人を含む人々を埋葬した墓地を訪ねるものであった。墓地に対してはズィヤーラが用いられる傾向も一部に認められるが、キリスト教徒におけるハッジとズィヤーラの用法の違いは必ずしも明瞭ではない。ハッジは、著名かつ由緒ある教会・修道院への比較的遠距離の移動を伴うといったように、移動距離や参詣対象の位置付け、祭礼の規模などにも関連している可能性はある。また、エルサレムを詣でることはとりわけ重視されており、十三世紀にコプト・キリスト教徒側から宗教の大綱をまとめたとされるイブン・アル゠アッサールの『サフィー(純正)集成』*al-Majmūʻ al-Ṣafawī* においても、エルサレムへのハッジ(al-ḥajj ilā al-Quds)という形で、「ハッジ」という用語が使用されていた。これはムスリムの語法を意識し、エルサレムを他の聖域より選別したものである可能性がある。

なお、コプトがエルサレムへハッジができない場合は、金銀、衣類、器、書籍などの奉納も推奨されたし、遺産の一部を献上することも可能であった。[71]

エジプトのキリスト教徒の参詣・巡礼（以下、キリスト教徒の文脈ではハッジとズィヤーラの区別が必要な場面以外は「参詣・巡礼」と記す）の時季としては、とりわけ教会・修道院に祀られている聖人の生誕祭やキリスト教の各種祭礼時（双方ともイードと称される）が認められる。[72] 後者については、神現祭、聖枝祭、十字架挙栄祭（ʻĪd al-Ṣalīb）、復活祭、昇天祭、クリスマス、聖霊降誕祭、各聖人の祭日などがあった。[73] 聖人の生誕祭日に関してはそれを記す『スィナクサール』にまとめられており、少なくとも十四世紀に遡る写本が現存している。また、スィナクサールには簡略ながら、各聖人の事蹟についても解説が付されていた。聖人はビザンツ期以前の殉教者を中心としており、聖ジルジス（ジョージ）、聖バーバラ、聖マリーナーなど、他のキリスト教会と重なる聖人も多い。スィナクサールについては大方の予想通り、近年急激に研究が進展しており、コプト教会における列聖の開始時期の確定と相まって、研究上の焦点となっている。ただし、スィナクサールが一般化する以前にあっても、実際には聖人たちのイードをまとめた書が存在していたようであり、スィナクサールと類似の機能を果たしていたのではないかと筆者は推測している。[74]

次に参詣対象であるが、特定の教会・修道院がその対象とされ、そこにはしばしば聖人や総主教の聖遺物（遺骸や腕・頭などその一部を含む）が奉納されていた。また、前述のように祀られていた聖人の生誕祭もしばしば設定されていた。イブン・アル＝アッサールによると、殉教者の聖遺骨（ʻiẓām al-shuhadāʼ）や聖遺骸（ajsām al-shuhadāʼ）は教会や修道院に安置され、奇蹟の発現によって病人や障がい者のために寄与するという。逆に、聖骨を中傷したり汚したりする者に対しては、神が奇蹟や病いの快癒を示すことを通じて非難するともいう。[75] 全般的にみて、イスラームのように聖遺物の存在やそれらへの崇敬が問題化されることは少なく、後に詳述するように、聖遺物・遺骸への執着はムスリムに比して強かったのが特徴といえる。例えば、アレクサンドリアの教会にあった聖マルコの頭骨（とされていたもの）がヨーロッパ人に奪取されたことは、コプト社会に大きなダメージをもたらした[76]。

コプトの墓地

教会や修道院だけでなく、時にはコプトの墓地も参詣の対象となっていた。本章の扱う時期、一般にコプト・キリスト教の総主教、一部の主教(ウスクフ)などの上位聖職者は、教会や修道院に埋葬されていた[77]。総主教の場合、死後に移葬された事例もある。第六十六代総主教クリストドロス Akhristūdulūs(一〇七七没)はオールド・カイロのムアッラカ教会から、また第六十七代総主教キュロス二世(一〇九二没)はローダ島のミカエル教会から、共にワーディー・ナトルーンのアブー・マカール修道院へと移葬されていた[78]。

総主教の埋葬場所は、総主教没時の権力の在りかや総主教座と関連する場合があり、象徴的な重要性を有していたため、埋葬を希望する教会・修道院間での駆け引きや権力関係が表面化しやすかった。『総主教史』などにより歴代の総主教の埋葬場所をたどってみると、元々初代よりアレクサンドリアに埋葬されていたものが、次第に下エジプトのワーディー・ナトルーンを含む各地へ点在するようになり、のちにおおむねカイロとその周辺へ移ってゆく。

それに対して、コプトの一般民衆や主教は、おそらく収容の問題もあったのであろう、ムスリム墓地カラーファの南限、ハバシュ湖沿いの墓地に埋葬されていた。ここはアラブ゠ムスリム勢力がエジプトを征服した際に、それまでキリスト教徒が埋葬場所としていたカラーファ一帯をムスリムへ渡す代わりに分与されたものと筆者は考えている[79]。しかしながら、第六四代総主教ザハーリヤース(ザハリウス) Zakhāriyās(一〇三一-二没)の場合は、エジプトの人々の間に埋葬して欲しいとの希望を遺言して、ハバシュ湖畔に埋葬されたという。その後、人々は彼の墓を参詣してバラカ(神の恩寵)を得ようとしたとされる[80]。

ここで参考のため、コプト聖職者の死から埋葬に至る過程を記した史料を紹介したい。

> 〔一一一七年五月〕ミスルの主教（usquf）聖サンフート Sanhūt が逝去された。……彼はアブー・サルジャ教会へ運ばれ、全ての民（sha'b）やフスタートとカイロの聖職者がその夜と翌日に集まった。……アルメニア総主教のグレゴリウス Ighrīghūriyus も葬式と彼への祈りに参列した。遺体はそこから、彼がその兄弟である修道士のサウィールスの死に際してハバシュ〔湖畔〕に建設した墓地（turba）へ運び出された。柩を囲んだ聖職者達や民は、蠟燭を灯したまま行進し、哭き、〔祈りの句を〕唱えていた。そして、総主教やアルフン達、そして参列した主教達は、彼の後を騎乗した。[81]

コプト・キリスト教徒の墓地（アレクサンドリア）

また、コプトの追悼行為について概観すると、埋葬から三日目には聖歌を唱和して祈りを捧げるべきであり、七日目には生者と死者への祈念を行ない、一カ月後、一年後にも同様に祈念する。そして、三日後、七日後、一四日後には教会で追悼する必要があった。また、九日目、一二日目、四〇日目、二カ月後にも追悼すべきとされていた。実際のところ、例えばイブン・アル＝アッサールの時代（十三世紀）の教会は、埋葬時、一〇日目、一カ月後、半年後、一年後に追悼ミサを設定していたという。そして、大半の者が四〇日目に追悼ミサを催し、貧者に施しを行なっていたといわれる。埋葬に際して出し惜しみしてはならず、墓掘り人や墓守には相当の対価を支払うべきであった。（必要であれば）教会へ支払われたものから主教が支出すべきであるとの記述もあった。[82]

コプト以外のズィンミーの墓地についても再確認すると、ユダヤ教徒とサマリア人の墓地はハバシュ湖の北側にコプト墓地と接して存在した。これは元々、第五十六代コプト総主教ハーイール三世(在位八八〇～九〇七)がユダヤ教徒に売却したものである。おそらくこの措置は、八七〇年にイブン・トゥールーンがユダヤ教徒とキリスト教徒の墓を潰して新首都カターイーのミーダーンを建設したのに伴って生じたものと筆者は推測する。メルキト派の墓地はハバシュの地になく、カイロ＝フスタートなどの教会内とムカッタム山中のクサイル修道院内に埋葬していた。同じくアルメニア教徒とネストリウス派も教会内に埋葬していた。[83]

ただし、これらはカイロ＝フスタート地域のケースであり、例えばデルタ地方の場合、キリスト教各宗派の教会・修道院やその墓地に、関連する聖人や著名な聖職者の遺骸が埋葬されており、イードにおいて活用されたり、崇敬の対象となっていた[三一九～三二三頁付表]。そして、墓所と聖遺物・祭礼が深く関わり合い、それらの在りかが重複することとなった。

参詣・巡礼の対象地

ここで、とりわけ賑わった参詣・巡礼対象をいくつかあげてみたい。アレクサンドリアの西に位置するマルユート近くの聖ミーナ(ミナス)修道院一帯は、イスラーム期以前からコプト都市文化が繁栄を謳歌していたことで知られている。イスラーム時代初期(八五八～八八〇年頃)に同所で行なわれていた聖ミーナのイード(ハトゥール月十五日)は、膨大な数の参詣者を記録していた。[84] また下エジプトにあるタルブーン？(ガルビーヤ地方)やアル＝バラムーナイン(ダカフリーヤ地方)の聖タードゥルス教会には、キリスト教徒の大集団がハッジに来ていたという。

同じくガルビーヤ地方のディフライには、殉教者アブー・イスハークの聖遺骸があり、遠隔地からも多くの人々がここへハッジにやってきていた。「彼らは(イードにおいて)遺骸を担いで日中も夜間もずっと回る。そしてその遺骸を担いでいくつものテントを巡るが、それは大量の蠟燭や香炉、聖職者の歌声を伴った。この偉大なる殉教者のイードには、喜びと犠牲獣、サダカ（喜捨）があり、都市や村々の人々や友人たちが集まった。精神的な集会や心打つ歌があり、彼らの間に多くの祝福（善行）がなされ、サダカがイードの日中も夜も貧者に配られた」という。[85]

カイロの周辺へ目を移すと、カイロやフスタートの南方に位置した聖ユーハンナー修道院、アル＝マルトゥーティー教会、シャフラーン修道院、クサイル修道院などは、ナイル川やハバシュ湖の展望に恵まれた景勝地に位置し、カイロ周辺から多くの参詣・巡礼者を集めていた［付表］。

他方、ナイル川を挟んでカイロの西南に位置するダハシュール（もしくはヘルワーン）の修道院では、毎年、コプト暦トゥーバ月十七日にマクスィームウス（マクスィムス）とその兄弟ドゥーマーディーウス（ドミティウス）の二聖人を祝っていた。そして「キリスト教徒の参詣・巡礼者達（zuwwār）の慣行では、彼らはこれらの聖人の参詣・巡礼（ズィヤーラ）を年三回行なうが、それらは十字架挙栄祭のトゥート月十七日、神現祭のトゥーバ月十一日、復活祭の月曜日であった。民衆はこの二聖人に歓喜と至福、霊的交流を見出していた」という。この修道院は多くの修道士を抱えており、ワクフやナズルを通じて現金や物品の収入を得ていたとされる。[86]

上エジプト・現アスユート県にあるムハッラク（ムハッラカ）純正処女教会は、イエスら聖家族も滞在したとされる聖所である。ここには毎年、復活祭の時に「その徴と奇蹟、さまざまな病の快癒が知られるようになり、全ての地域から大変な数の人々が、この教会堂へ昔からハッジにくるようになっていた」という。[87]

付表は、これらの参詣・巡礼地の分布とそこで行なわれるイードとの関連をみるための一覧であり、十二世紀後半までのエジプトにおける各地の教会・修道院・聖所を網羅しようとした『教会・修道院史』によるものである。同書はこれまで、エジプトにおけるキリスト教会・修道院史研究の史料としては利用されてきたが、改めて原写本における筆致の強調部分や区切り方なども本文の内容に加味して考察した結果、当時のキリスト教徒の参詣・巡礼場所と聖遺物の保管状況、イード、それらにまつわる慣行や墓地を記した、一種の「参詣・巡礼案内書」に準じても研究へ利用できるのではなかろうかと筆者は考えるに至った。以下は、本来の意図はさておき、参詣・巡礼案内書として同書を活用し直す試みでもある。なお、エジプト・ムスリム社会において最もよく利用されてきた聖所参詣案内記にイブン・ウスマーン(一二一八没)の『ムルシド』があるが、両書の執筆時期がかなり近接していたことにも注意を促したい。

次いで、どの程度の圏内から各生誕祭・祭礼における参詣・巡礼者が集まってきていたか(以下「参詣圏」と称す)についてである。詳細を示すデータはみあたらないものの、『総主教史』からは、聖人に関わる聖遺物を求めて、ファーティマ朝の領域内を参詣旅行がなされていたことがわかる。その旅は、エジプトからエルサレムなどのパレスチナ各地まで隈なく、数十箇所にわたるものであった。結果として、当時(ファーティマ朝期)のキリスト教聖遺物の詳細なリストと所在地を提示する貴重な証言となっていた。また、聖家族の御物(アーサーラート)を求めての旅行もしている。[88]

やはり、ファーティマ朝期におけるキリスト教徒の移動状況を示す事例として、アンダルスのキリスト教徒がエジプトへやってきてコプトと交流していたこともあげられる。[89] この場合、同じくムスリム政権統治下にあった当時のイベリア半島から、ムスリム王朝間における往来の自由を利用して、キリスト教徒も旅することが可能であったのである。逆に、エジプトのコプトにとっては、ヨーロッパから侵攻してきたフランク人(十字軍)との軋轢が移動の障壁となった。また、ゲニザ文書の示すところでは、一〇一六年、チュニジア・カイラワーンのユダヤ教ラビがエジプトのフスタートへ郵便で、モロッコで客死したバグダード出身のユダヤ教徒の遺産について、問い合わせることが可能であった。当時のムスリム社会におけるズィンミーは、このような社会に生きていたのである。[90]

コプトによるエルサレム巡礼についていえば、これは歴代のムスリム政権によって保証されてきたものであり、一〇九二−三年に「十字軍」の中東侵攻の誘因となったとされるトルコ系グッズの一部によるエルサレム占領期にも、実際にはムスリムの占領勢力がコプトのマンスール・アル＝バルバーティー Manṣūr al-Balbāṭī 夫妻を任用して、エジプトその他からエルサレム巡礼にくるキリスト教徒らの手助けをさせていた。[91] しかし、十字軍によって、コプトのエルサレム巡礼は阻止されることになる。すなわち、ルーム（ビザンツ）とフランク（いわゆる十字軍）の軍がエルサレムとその領域を支配するようになり、「一〇九九年七～八月、そのため我々コプト・キリスト教徒のコミュニティーは、そこ（エルサレム）へハッジできなくなり、エルサレムに近づくことすらできなくなってしまった。それは彼らの一部が我々に抱く偏見、我々を不信仰者とみなすためである。[92]」と史料は記していた。

この後、エルサレムがムスリム支配下に戻ると、中東のキリスト教徒（時にはいわゆる十字軍も含む）やムスリムは、ともに巡礼・参詣（ムスリムの文脈では参詣）を復活させるようになる。とくにマムルーク朝期、ムスリムの有力軍人層にエルサレム参詣が流行していた。[93]

注記しておきたいのは、マムルーク朝末期のセント・カトリーン修道院文書によると、コプトやメルキト派、ビザンツやグルジア、エチオピアのキリスト教修道士・修道女は、ムスリム政権下の領域内で参詣・巡礼するにあたって、免税措置の恩恵に浴してすらいたという点である。ムスリムを含む当時の一般旅行者は信仰にかかわらず一律に、多くの通行地点で雑税を課されていたが、修道士・修道女の場合、エルサレムやガザ、ラムラに入城しようとも、あるいはヤーファーに入港しようとも、スルターンからの勅令により免税が確約されていたという。[94]

(2) キリスト教徒の参詣・巡礼慣行と奇蹟の発現

イードの慣行と儀礼

キリスト教徒の参詣・巡礼の対象となった教会・修道院において、とりわけイードの時季に実践されていた慣行や儀礼とは、聖職者が主導して式次第に則った祭礼、（以下、それに包摂されることもあるが）、祈願、聖人伝の誦詠、聖遺物・聖骸周囲の周回（タワーフ）と接吻、ナズル、洗礼などであったと推測される。そこでは、病治しなどの奇蹟が現出され、羊などの供犠もみられた。例えば、十二世紀の上エジプト・ダルジャ地域における聖ミーカーイールのイードでは、一万二〇〇〇頭の羊が屠られていたという。[95]

参詣・巡礼者が集まるようなコプトのイードにおいては、街頭の行列（ザッファ、タワーフ）もみられ、さらに詳細な研究を要するものの、時代的に遅れて始まるムスリムの聖者生誕祭における行列との共通部分は実に多い。バハリーヤ・オアシスの聖ジルジス教会では毎年、聖ジルジス生誕（殉教）日に、その頭骨を欠く遺骸を納めた聖柩のキスワ（覆布）を新調して柩ごと市中へ繰り出し、土地の人々すべてが蠟燭や十字架、唱和を以てそれを取り囲み、練り歩く慣行があったという（十二世紀の事例）。[96]また、アレクサンドリアで聖枝祭の前夜、十字架を掲げオリーブの枝を手に市中を行列する慣行があったことは先述の通りである。

なお、イード以外の場面でも、少なくともファーティマ朝期までのコプト総主教の就任パレードや葬列は、カイロやフスタート市内を舞台として大々的に群衆と共に展開されていた。例えば、一一〇三年十一月、総主教の就任パレードはカンタラ地区のアブー・キズマーン Abū Qizmān 教会から騎乗して出発し、彼の前を行く聖職者達は祈禱句を唱え、聖書と香炉、灯された蠟燭を携え、彼の周囲には人々が取り巻き、主教やアルフンは彼の後に騎行して続いていた。カイロの警察長官も同行し、その配下の者たちが宰相アフダルの館へ到着するまで先導したという。[97]

また、イードにおける慣行として、聖人伝（sīra）の集団読詠もあげられる。アブー・アル＝マカーリム（十二世紀）によると、下エジプト・ガルビーヤ地方のアル＝クラシーヤ al-Qurashīya（Qarshīya ?）にある聖清浄女教会には、ユーハンナー Yūḥannā、スィムアーン Simʿān、バーブヌーダ Bābnūda ら聖人の遺骸が納められており、そのイードには多数の人々の集団が参集して、全聖人の伝記を詠みあげる習慣があったという。ただし、それはコプト語で詠まれ、アラビア語で解説されていたという。[98]このように、聖人伝がこの時代のイードにあっても大きな役割を担い、その読詠が社会的機能を有していた事例があることは、銘記されねばならない。

なお、キリスト教聖人伝の一部は、アラブによるエジプト支配の比較的初期から、コプト語だけでなくアラビア語でも遺されてきたが、マムルーク朝期辺りからはそのアラビア語化が決定的となる。また、祭礼における聖人伝の読詠の言語も、アイユーブ朝期からマムルーク朝期にかけてのいずれかの時点で、大方はコプト語からアラビア語へと交替したものと推察される。これらの転換は、大量改宗が生じていた時代にあって、すでに日常言語としてはアラビア語のみに親しんでいたキリスト教信徒たちをつなぎ止めておくために、教会や聖職者によって採られた施策であったかとも推測される。[99]

執り成しとナズル

一方、コプトは（おそらくエジプトのムスリム間で一般化する以前から）、聖人に祈願して「執り成し」（シャファーア shafā'a）を行なってもらうという概念を一般的に展開しており、参詣・巡礼は執り成しの生じる機会と場を提供していた。そして、この執り成しは、ナズルとも深く関わっていた。十三世紀のイブン・アル＝アッサールによると、ナズルとは「人と創造者である神との間の誓約（'ahd）」であり、また「殉教者（shahīd）や聖人（qiddīs）による仲介を経て、あるいは仲介なしに（神へ直接）行なわれる」ものであった。そして、ナズルを行なう者が実際に自らに課す行為の内容としては、断食、礼拝、独身、修道、罪業から離れることなどがあげられ、それらを通じて、現世と来世における善を得ることを願うとされていた。男子や女子の誕生を祈願する場合については、教会（おそらくその聖職者）に行なってもらったナズルの対価額まで記されていた（女子は男子の三分の一）。イブン・アル＝アッサールには、支払うべき銀の額が明示されていたが、羊などの草食動物や他の駄獣でも代用可能であった。貧者はナズルの支払いについて主教などに助けを求めて相談できたが、支払期限は厳守とされており、女性がナズルを依頼した場合には、父親や夫が支払いへの責任を負った。[100]なお、十九世紀の事例を調べたM・ギルギスによると、ナズルは教会の主要な収入源であったという。[101]

ここで執り成しについてもキリスト教側の史料から引用したい。

（ギザの）この教会では大いなる執り成し（シャファーア）がなされ、ティーマータウスの遺骸を参詣して祈り、神（アッラー）へ真摯に頼めば、その事柄は成就する。何か物事を神に提示して善きに導いてもらいたい者には、神が夢の中にこれから起こる吉事を顕現してくれるか、そのことに深入りせぬよう警告してくれる。[102]

すなわち、参詣・巡礼者の祈願を聖人（その遺物・遺骸）が執り成し、最終的に神＝アッラーが叶えることによって成就するといった構図である。これ自体は、少なくとも十二世紀以降のエジプトにおける大半のムスリムのケースと変わらない。これ以外にも、キリスト教徒達が執り成しを求めて訪ねた教会・修道院は数多い［付表］。また、ファーティマ朝ワズィールを務めたシャーワルのように、ムスリムであっても教会を訪れてナズルし、叶った後に願解きした者もいた。[103]

奇蹟の発現

執り成しの結果、しばしば発現したとされるのが奇蹟であり、参詣・巡礼の場でもしばしば生じるとされていた。一般にムスリム社会よりさらに重視され、かつその存在に対する神学上の問題も少なかったものと思われる。そのアラビア語による用語としてはウウジューバ（uʻjūba）、アジーバ（ʻajība）、カラーマ（karāma）、ムウジザ（muʻjiza）などが使用されていた。以下、キリスト教徒の文脈では、「奇蹟」という表現で一括して扱うが、これは分析概念であるとともに、さまざまなヴァリエーションでアラビア語史料にみられた用語である。そして、ムスリムにみられたムウジザ（預言者の奇蹟）とカラーマ（聖者による奇蹟・美質）との区分は、キリスト教徒にはみられない。当時のキリスト教聖人伝の中には、『バルサウマー伝』写本の一部にあるように、実際には特定聖人による奇蹟譚に番号を付して集成したものすらみられた。[104] ここでは、主として参詣・巡礼に関連した奇蹟についての情報を集めてみたい。

奇蹟の内容としては、まず、病の快癒（ハンセン病、盲目、聾唖など）があげられる。[105] とくにイードにおいて、その発現が焦点とされた事例もある。

下エジプト・スィルヤークースのアブー・フール教会は栄え、修道士も多い。人々の集まるイードがある。そして、そこには同地の人々によると奇蹟(ウウジューバ)があり、瘰癧のある者がその治療のためにこの場所を目指すという。この場所(教会)の主は病人を連れてきて、横臥させる。そして、病人の所へ豚を連れてきて、豚を患部へ差し向ける。すると、豚は患部にあったものを食うのだが、その患部を越えることはない。患部が綺麗になると、患者には以前にこの行ないをした豚の灰と、教会の聖燈油がふりかけられる。すると、快癒するのである。その後、その豚は連れてゆかれ、屠られ焼かれる。そして、その灰がまたこのような場面に使用されるのである。[106]［要約］

この記事は十世紀のシャーブシュティーによるものであるが、ウマリー(一三四九没)は、彼の時代にもこの状況が続いており、キリスト教徒達が到来していると記述していた。[107]

また、死者の蘇生、雨乞いとナイル川の増水、聖油による病の快癒や女性の懐妊、憑きもの・悪魔退治、アスワーンの聖人イブサーダ Ibṣāda にしばしばみられたナイル川の水上歩行、(二修道院間などの)瞬間移動、予見、創出譚(籠を満たす、油が減らないなど)や食物譚などもあげられる。[108] 異類譚としては、カリフ・ハーキムが差し向けたライオンが総主教を食わなかった、野獣が修道士の手から餌を得るようになる、イードに白鳩や鳥が集まる、馬による奇蹟などの事例が描かれていた。[109] 聖人による死後の奇蹟としては、下エジプト・ダマンフールのユハンナス Yuḥannas 修道院において、そのイードの日に聖柩(tābūt)がひとりでに修道院から動き出して誰にも取り押さえられず、ナイル川で浸礼した後、戻ってくるというものが知られていた。この他にも、聖遺物による奇蹟の発現は枚挙に暇がない[110]［付表］。

護身もしばしば語られており、とりわけ、聖ジルジスの出現と援助による事例があげられる。それはアラブ遊牧民やスーダーン系の人々、悪行のムスリムやキリスト教徒などに対する懲罰という結末に至っていた。[111] 各種の懲罰自体も、キリスト教徒の奇蹟において主要なテーマの一つをなしていた。この聖人(ムスリムの場合は聖者)による懲罰というテーマはムスリムにもみられたが、キリスト教徒の場合、悪行のムスリムへの懲罰がかなりの部分を占めていたことは、この時代のズィンミーが置かれていた厳しい状況をある程度反映したものかと推察される。また、夢に基づく行動も盛んで、夢に聖人が出現する事例が多く記されていた。例えば、夢にでてきた聖ジルジスの御告げにより、人々は教会を建設するなどしていた[112]。

ムスリムとの比較

ここまでに列記した各種の奇蹟は、後に(あるいは並行して)ムスリム社会においてカラーマと称された範疇と重複した内容を多くが占めていた。しかし、両者を同じと断定するのは早計であろう。あえて相違点に着目するならば、キリスト教徒の奇蹟には聖遺物やイコンによるものが多い点が、ムスリムのカラーマと比較して際立つ特徴である。とりわけイコンによる奇蹟は象徴的であり、常ならざる状況に対してイコンが落涙・発汗したり、流血するなどしたと史料に描写されていた。聖ミナスのイコンは血を流していたとされ、ギザの聖ブクトゥル(ビクター、Buqṭur)教会にあった聖マリアのイコンはそこから光が溢出することで有名であった。オールド・カイロの聖タードゥルス教会に置かれた複数のイコンは水流のように汗し、その痕跡を長く壁にとどめていたという。また、十一世紀後半には、星空の異変や地震・疫病などから、聖ジルジスや聖マリア、聖ミーカーイールなど多数のイコンが同時に落涙するのを、キリスト教徒もムスリムも目の当たりにしたと『総主教史』に記録されていた。さらに、聖ジルジスのイコンにあっては、ダマッルー Damallū の教会に入ってきたベドウィンの男と格闘し、ただちに殺害したとされる。教会の門番をつねに苦しめていた近所のモスクのムアッズィン(礼拝呼びかけ人)は、聖ブクトゥルのイコンを通じて死へと追いやられたとされる[113]。

ここで、ムスリムの聖者崇敬と比較するうえで極めて重要と思われるのは、これらの奇蹟が必ず執り成しを経て発現すると考えられていた点である。そして、その執り成しを行なうことができたのは、聖人、殉教者などであった。それは彼らの生前も死後も可能で、死後の場合は聖遺物やイコンなどを通じて発揮された。例えば、イコンを通じて「神の母、聖童貞女マルヤム（マリア）」に執り成しを祈願したところ、ハンセン病は快癒したとされる[114]。そして、この執り成しの精神的な回路が成立するとき、それを最終的に叶えるのが神であることは明白である。史料に曰く、「彼（聖人）の執り成しは神に受け入れられるが、それは人々を執り成すことにおいてである。そして彼は人々のために執り成し、神は彼とその執り成しを通じて、奇蹟を顕される[115]」。前述のように、ここでみられる、聖人による神への執り成しの構図自体は、ムスリムの歴史的様態とほぼ同様であるが、構図における神とイエスとの関係、およびイエスの位置づけという点において、イスラームとキリスト教は明確に論理を異にするのである。

(3)　ユダヤ教徒の墓地と参詣・巡礼

ここで、ユダヤ教徒の参詣・巡礼と墓参に関しても一瞥し、これまでのムスリムやキリスト教徒についての議論をさらに多面的に検討するための参照枠としたい。前述のようにユダヤ教徒の墓地はイブン・トゥールーンによる九世紀の移設後、ハバシュ湖畔に位置していた。マムルーク朝スルターンのカーイト・バーイ統治期、この墓地の存続をめぐってユダヤ教徒とムスリムの間で争いがあり、それに関連して、ユダヤ教徒コミュニティーの保持していた八八七／一四八二年の日付の文書が残存している。それによると、墓地（maqābir）はやはり「ムカッタム山に隣接するハバシュ湖（畔）」に位置していたという[116]。おそらく、これが今日までバサーティーン地区に残存するものであろう。そして、ユダヤ教徒の長（raʾīs）とされたダーウード Dāwūd b. Ibrāhīm は、一二二六年や一三二五年の日付をもつ過去の文書を証拠として、同地が古えよりずっとユダヤ教徒の墓地であることを強調して論駁していた。また、同地はユダヤ教徒が死者を埋葬するためのもので、ユダヤ教徒が私有地（milk）かつ所有物（ḥawz）とし、処分権をもつものと主張していた[117]。

一方、ゴイテイン S. D. Goitein はファーティマ朝期を中心とするゲニザ文書を浩瀚な研究によって紹介したが、文書には同墓地に至る「砂漠への途」に対する警護料が記されていたとする[118]。そこで、ゲニザ文書に描かれていた墓地と参詣に関する同氏の紹介をまとめてみたい[119]。それによると、ゲニザ文書は「奇妙なことに」墓地についてあまり語りたがらないという。そうであってもなお、ゲニザ文書自体は死に関連する慣行や経済的背景に関する情報の宝庫であり、遺言、哭き女、埋葬などの慣行について、あるいは棺、湯灌人、棺を運ぶ人々、墓掘り人と墓建設、礼拝の先唱者、墓守など埋葬関連の費用について詳細に記していた。また、人々は亡くなった親族の近くに埋葬されることや、さまざまな次元で死者との絆が絶えないように切望したため、象徴的に「死者とともに生きる」ことにもなったともいう。この点は、死者を生者のごとくあつかうことを基調とする、ムスリム参詣案内記の描く死者観と、通底する部分である（第1章）。ユダヤ教徒にとっても、死者とまみえる場所はやはり墓地であり、埋葬後一三日目に母親の墓参を行なった事例が記されている。墓地は災禍の際に集団祈願の場ともなり、トーラーを携えて会衆が集まるなどしていた[120]。それでもなお、時季の固定された集団参詣や聖者の墓参詣については、史料に記述が見当たらないとしたのである。

近年、下エジプト・ブハイラ県におけるユダヤ教徒の聖人アブー・ハスィーラ Abū Ḥaṣīra（一八〇七〜八〇）の生誕祭の開催と、エジプト外からのユダヤ教徒による聖墓参詣が物議をかもしている。そのため、我々はこうした事態を歴史的にそのまま遡及させて考えがちであるが、この聖人の没年からも明らかなように、この参詣は近代になって興隆したものにすぎない[121]。

それでは、なぜ、ゲニザ文書において集団参詣の記事が乏しいのかというと、道中の安全確保の難しさや妨害を予期して行なわれなかったという以外に、何よりもユダヤ教徒カライ派が、聖者崇敬と死者への祈念を支持しなかったことが大きいとゴイテインはみていた。そして、死者を想起するのに最適な場所はシナゴーグであったとも述べていた。この点に関連して、十世紀後半に活躍したカライ派のサフル Abū al-Surrī Sahl b. Maṣliaḥ は、ラッバーン派の人々の墓参・参詣をめぐる慣行を非難していた。その中には、聖人の墓の間に座すこと、墓石の間で夜を明かすこと、死者に恩寵を求めること、聖人の墓に献灯し、焚香し、病いに対する護符として聖人の名を（書いて）ヤシの木に結びつけること、聖人の墓で巡礼の儀礼を行ない、願掛けを行なうことなどが含まれていた[122]。これをみる限り、十世紀後半までラッバーン派の人々の間では、筆者がムスリムに関連して紹介したような慣行がみられたようである。

そして、シナゴーグ自体はギザ地域・ダンムーフ Dammūh におけるモーセ・シナゴーグのように、巡礼者を広域から集客していたに相違ない。マクリーズィーはその『地誌』の中にユダヤ教会についての章を設けており、ダンムーフ・シナゴーグが祭礼の折にユダヤ教徒達を集め、エルサレム巡礼の代替とされていたと記していた[123]。クリミアからの参拝者の記録すらあり、ユダヤ教徒の友人であるムスリムが招待されたり、ユダヤ教徒からムスリムへの改宗者も参加したいという衝動を抑え切れないことがあったという[124]。

また、ファーティマ朝のカリフ・ハーキムの支配期(九九六～一〇二一年)に草されたと推測される文書には、ダンムーフの参詣・巡礼に対する、ユダヤ教徒の裁判官や長老による勧告が残されていた。そこでは、お祭り騒ぎ、影絵芝居などの娯楽、ビールの醸造、非ユダヤ教徒の参加、男性肉親の同伴なしで老女以外の女性が参加すること、チェスなどのゲーム、騒音や拍手、器楽演奏、踊り、男女の混在などが禁じられていた。また、真摯な目的での参拝とシナゴーグへの敬意が要求され、行楽を求めてはならないとされていた。この内容は、当時の慣行を明示していると考えられるが、こちらも第1章で紹介したムスリムの慣行と呼応する内容をきわめて多く含んでいる[125]。

ゴイテインによる結論の是非をここで論ずるには至らないものの、ユダヤ教徒の事例は、ムスリムやコプト・キリスト教徒の事例をより広い視野から検討するための格好の素材を、間違いなく提供するものである。

3　ムスリムの参詣との比較検討のために

(1)　参詣書と死者の街からみたキリスト教徒とムスリム

ここからは、主として本書が活用するムスリムの参詣書史料から得た情報をもとに、ムスリムとキリスト教徒の共存の在り方について探ってみたい。

参詣書中のキリスト教徒とムスリム

《改宗譚》

先に第5章で、参詣書にみえるムスリムの聖者のカラーマ譚の紹介を行なった。その際に筆者は一範疇として「改宗譚」を設定したが、そこでは被葬者、なかでも聖者がカラーマを通じて、キリスト教徒・ユダヤ教徒をムスリムへの改宗に導いたとされていた。聖者の中でも、ズー・アン＝ヌーン・アル＝ミスリーやサイイダ・ナフィーサのような著名人になると、大量のズィンミーを改宗させたといわれる。ナフィーサの場合、一ハーラ（街路共同体）ごと七〇人以上のユダヤ教徒を改宗させたと報告される。[126] この逸話は荒唐無稽にも聞こえようが、下エジプトのカルユーブにおける四五〇人の集団改宗の記事などを想起するならば、年代記ともある程度は符合しており、少なくとも一挙大量の改宗があり得たことを推測させる。

また、ムスリムの聖者の芳香は、しばしば参詣書に物語られていた。聖者はムスクや乳香などの芳香に満ち、それは異教徒の悪臭と二項対立をなしていた。これは後述する参詣書の護教的・教宣的性格とも関連していよう。[127]

《日常的交流》

非ムスリムとムスリムは、日常生活の中でどのように接触していたのであろうか。ウマルの誓約や『ヒスバ(市場・風紀監督)の書』は、ズィンミーがムスリムより高層の建造物を建てることを禁じていた。しかしながら、セント・カトリーン文書は、一四七八年にムスリムの隣家より高層のコプト宅が、その部分を取り壊すことなく許可されていたことを明らかにしている。[128] 同時にこのことは、ムスリムとコプトの住宅が軒を接するケースがあったことも明示していよう。さらに、ハンバル派の著名学者であったイブン・カイイム・アル゠ジャウズィーヤによる『ズィンマの民の諸規則』*Aḥkām Ahl al-Dhimma* にあっても、ズィンミーを売買の相手とすることや共同で商売をすること、医療行為や葬儀、祝事の際にムスリムがキリスト教徒を訪ねることが認められていた。[129]

また、キリスト教徒やユダヤ教徒などのズィンミー女性とムスリム男性間の婚姻・姦通が理論上可能であるだけでなく、現実にも生じていたことは、両者が日常生活の中で頻繁に接触するチャンスがあったことを何よりも雄弁に物語っていよう。参詣書などにはムスリム男性とズィンミー女性との夫婦が描かれていたし、逆に年代記には、ズィンミー男性とムスリマとの(婚姻関係外の)「姦通事件」が記されていた。後者の例をあげると、七〇〇／一三〇〇－一年過ぎ、コプト男性がムスリマと姦通し、二人とも石打ちで処刑されたのち、コプトは焼かれ、ムスリマは埋葬されていた。また、ユダヤ教徒男性とトルコ人ムスリマが関係し、男性は財産没収、石打ちののち骨を焼かれ、女性は投獄されたという例もある。[130]

さらに、両者の日常生活レベルにおける交流について参詣書を通じて探るならば、その改宗譚において、ムスリムの聖者の多くがズィンミーと隣人同士として生活を営んでおり、時には親密な交流を結んでいたように設定されていた。その結果、彼らは隣人の改宗に成功している。一例をあげると、

彼(アブー・アル゠ハサン)の家の近くに、キリスト教徒が住んでいた。……そのキリスト教徒が病臥すると、その

ことはシャイフ〔アブー・アル＝ハサン〕に知らされた。そこでシャイフは「アッラー以外に神はなし、ムハンマドはアッラーの使徒である」〔信仰告白の文句〕とメモに書き付け、友人を通じて彼に送った。キリスト教徒はそのメモを見て、家族にいった。「私をお前達から抜けさせてくれ」〔ムスリムへの改宗を許せの意〕。家族が理由を問い質すと、男は「何故なら、アッラー以外に神はなし、ムハンマドはアッラーの使徒である」。と答えた。さらに、何があなたを駆り立てたのかと家族が問うと、「この紙片だ」という。〔この改宗者は、結局天国に入ったとされる[131]〕〔要約〕

参詣書にみえるキリスト教徒とムスリムの交流のもう一つの特徴は、キリスト教徒の見分けにくさ、あるいはムスリムのごとき所作である。この点に関して、三点引用する。

(i)「そのズィンミーはフカラー〔貧者、スーフィー〕のもとに隠れ、彼らと同じような服装をしていた。それゆえ、誰も彼がキリスト教徒であるとは気付かなかった[132]」。

(ii) 第5章で紹介した猫の事例。聖者の飼っていた猫は、それまでムスリムを装って誰にも気づかれずに彼らと交流してきたキリスト教徒を見破り、小便をかけたとされる[133]。

(iii)「あるキリスト教徒が、隠れて彼の背後で礼拝していた。彼がファキーフ〔法学者〕に挨拶したとき、私はモスクの中に嫌な臭いがするのに気づいた。そこでキリスト教徒の方を振り返り、彼に、「出て行け、さもなくば人々にお前のことを知らせるぞ」と目で合図した。すると、彼は叫び声をあげ、即座に入信した[134]」。

キリスト教徒が自らを偽るというこれらの物語の設定は、参詣書文献が書かれた時代状況を踏まえて理解すべきであろう。前述のように、当時、エジプトのキリスト教徒・ユダヤ教徒社会は深刻な打撃を受け、時には身を護る必要からイスラームへの改宗を告白していた。また、コプトからムスリムへの改宗者が多く発生し、その者たちの受容をめぐっては、ムスリム側にも疑心暗鬼となるケースがみられた。ムスリムの参詣書のうち、改宗譚は十四〜十五世紀の著者によって書かれた作品に頻出することにも注意を促しておきたい。さらに参詣書というテクスト自体が、護教的かつ布教的色彩の濃厚な部分を含んでいたことにも留意する必要がある。右に引用した改宗例を知ったムスリムは、自らの信仰の正しさに安寧を覚えるとともに、イスラームへの想いを新たにするかも知れない。それゆえ、参詣書は常に平和的共存ばかりを語っていたわけではなく、時には護教プロパガンダ的性格もにじませていた。そのことは、あるユダヤ教徒がムスリムの信仰を嘲ったところ、その手が麻痺したという逸話(第5章)などにとりわけ明白である。[135]

慣行の類似とその批判

《墓参慣行》

参詣書は、ムスリムのズィヤーラ(墓参・参詣)慣行がキリスト教徒に影響されるようになっていたと明言し、警鐘を鳴らしていた。また、ウラマーもスユーティー、トゥルクマーニー、イブン・アル＝ハーッジ、イブン・タイミーヤ、イブン・アブド・アル＝ハーディーなど、法学派の差異を超えて一様に、理論的側面から批判を裏づけ、慣行を叱責してきた(第1章)。例えばイブン・ウスマーンによる参詣の心得第七則に、「墓に触れたり、接吻したり、その表面を拭いたりして、アッラーの祝福を得んとすることは慎むべきである。なぜなら、これはキリスト教徒の慣行によるものだからであり、ムスリムのウラマーは誰一人として真似しないのである」とある。イブン・アッ＝ザイヤートはこれに墓土をめぐる慣行も加味し、「墓の砂土によって神の祝福を受けることは望ましくないし、接吻するのも良くない。というのは、これはキリスト教徒の慣習によるものであり、……墓に身を投げ出すのも良くない」と述べていた。[136]

また、御聖水ともいうべきムスリム内の慣行も、キリスト教徒の慣行からの影響である可能性がある。人々は聖者の埋葬前に湯灌した水を分配して、眼病の治療に使用していたとされる。また、サイイダ・ナフィーサがウドゥー(礼拝前の浄め)に使用した水は、ユダヤ教徒の歩行不能の娘を治し、改宗へと導いたと伝えられる。[137]なお、キリスト教徒が御聖水から神の恩寵を得ていた例として、アル＝アブシートの教会などがあげられる[付表]。

《修道法》

ムスリムのスーフィーや聖者によって実践されていた修行は、コプトの修道生活とかなりの類似性を有していた。そして、世俗と隔絶した隠遁生活は、ムスリムの聖者やスーフィーにとっても徳行の一つであったと筆者は考えている(第5章)。参詣書にみられる次の例では、ムスリムがキリスト教徒修道士とムスリムのスーフィーを外見からは識別できなかったと述べていた。

私はある修道士を砂漠の修道庵の中でみかけた。彼はその信仰心の篤さゆえ、くたびれた革袋のようになっていた。私は心中で言った。「彼はこの信仰と奉仕のため研修にだされているのだ。彼は多神教徒だろう〔ここではキリスト教徒を指す〕」。すると彼は、私の方へ頭を向けて言った。「神よ、汝の言ったことを赦したまえ。誓って言うが、私は神がご自身を顕現なさるまで、神を崇拝したのだ」。そこで私は言った。「この衣服は何ですか」。彼曰く、「人々から身を隠すためのものである」。私は言った。「イスラームについてどのように思われますか」。彼は言った。「イスラーム以外に信仰があろうか。「げにアッラーの御許での信仰はイスラームである」」(クルアーン イムラーン章一九節)。そこで、私はようやく彼がムスリムであることを知った。そこで私は頼んだ。「私のために祈ってください」[138]。〔要約〕

キリスト教修道士とスーフィーとの修道・修行形式の類似は、人々が聖人や聖者的な存在とされた者に対して宗教を超えて広く崇敬を示し、またどちらかの宗教に固定されずに改宗の波に揺れた人々が存在していたことも相まって、キリスト教聖人とムスリムの聖者の行動様式や奇蹟の類似へとつながってゆく側面をもっていた。それゆえ、例えば「裸者(al-'uryān)」と形容された聖人・聖者が宗教差を超えてムスリムとキリスト教徒の双方に出現することとなった。前出のコプトの聖人「裸のバルサウマー」(一三一七没)はさまざまな研究でよく知られているが、コプト側の史料は彼がムスリムの君主を魅了し、民衆から崇敬を集めていたことも記していた。一方、ムスリムの側にも「裸者」と形容されたスーフィー、聖者が何人も存在していた。とりわけ、マムルーク朝期あたりから目立つようになり、参詣書もそのような例をいくつか記していた。

また、ムスリムの聖者列伝によると、イブラーヒーム・アル＝ウルヤーン Ibrāhīm al-'Uryān はモスクで裸のまま説教壇から説教したとされ、「裸者」と形容されていた。さらに、そのような形容がなくとも、修行の一環として裸で過ごす、あるいは何らかの理由で裸になるという行為を示したムスリムの聖者は他にもよく知られている。サナーフィーリー(一三七〇没)はデルタの村で、酷暑に一糸もまとわず、頭を曝して崇敬を得ていた(第2章)。また、後代に創られた逸話である可能性が高いが、参詣書は広く崇敬されたスーフィー詩人であるイブン・アル＝ファーリドが、服を脱ぎ捨てて人々をトランス状態に陥れたように記述していた(第5章)。

ムカッタム山域という場所に着目してみても、イブン・アル＝ファーリドや、「裸の」バルサウマーは、共に南側のトゥラーを含めたムカッタム山域で修業・修道を行なっていた。さらに、コプトの第八二代総主教ベンヤミン二世(一三三九没)もトゥラー山域に留まり、修道していた。すなわち、聖域を隣接させつつ(象徴的には共有して)、宗教の違いを超えた類似の修道様式がみられたのである。[139]

《日常慣行の類化、祝祭の共有》

このような日常的交流は、習俗の混交をももたらす。十四世紀のウラマーであったイブン・アル＝ハーッジは、ユダヤ教徒からの影響として、ムスリマの婦人が土曜日に魚を買ったり食したりしなくなること(ユダヤ教では土曜日に漁・魚食は禁忌)、入浴したり石鹼を買って洗濯をしなくなることなどをあげていた。同様に、キリスト教徒からの影響として、ムスリマが日曜日の夜に一切仕事をせず、コプトの祝祭日やナウルーズには特別な食物を準備して供え、卵に色づけし、新調の服を着て火を灯すなど、共に祝う慣行を指弾していた。また、太陽が牡羊座に入ると男女子供も連れだってでかけ、カルキース(karkīs)と呼ばれる草を集めて呪文をかけ、糧食が増すように飾りつけるという慣行を非難していた。[140]

また、先述のように、コプトの祝祭にムスリムも参加していたことは疑いを容れない。復活祭やクリスマス、神現祭、聖枝祭など、彼らはコプトの祝祭を共有しており、ナイル河畔で大混雑のもとに行なわれていた殉教者祭(ʿĪd al-Shahīd)は、ついにマムルーク朝政府によって禁じられるに至った。コプトの祝祭日やナウルーズを共に祝っていたことも、前述の通りである。なかでも、聖枝祭にはカイロ北方に位置するマタリーヤの教会井戸へ出向き、コプトに加わって慣行を共にしていた。さらに、極端な事例では、コプトの祝祭日にムスリム側も一部の学院(マドラサ)を休業とし、一部の教師は子供達から小銭や贈物を集め、祭礼の場で配っていたとされるのである。[141]

コプトのイードにおける慣行からのムスリムの聖者生誕祭(マウリド、マウスィム)への影響について、詳細は他の機会に譲るが、とくに行列や献灯、供物などに代表されるように、共通の要素や語彙は実に多かったと思われる。なお、コプト・キリスト教徒の側も、イスラーム教徒の習俗の影響を深く被っていた可能性が高い。オスマン朝期の事例では、コプト・キリスト教徒にも一夫多妻や離婚の事例がみられた。そして、シャリーア法廷は、キリスト教徒やユダヤ教徒にも頻繁に利用されていた。とりわけ、キリスト教内の宗派を越えた問題や遺産の管理、キリスト教徒の教義に抵触する行為は、シャリーア法廷へ持ち込まれていたことが、遺されたシャリーア法定台帳からも明白である。[142]

(2) 聖遺物、奇蹟と聖者・聖人崇敬

ここからさらにムスリムの参詣とキリスト教徒の参詣・巡礼とを比較検討し、両者の相互関係を考えるための手懸かりとなる要素を提示してみたい。

第一に、聖遺物の問題があげられる。エジプトのキリスト教徒にとっての聖遺物とは、頭骨や遺骸、髭、歯、指、血、涙など、聖人の身体の一部であることもあれば、聖家族や聖人が触れたとされる物質、例えば岩石や柱に遺された手や足の聖蹟であることもあった。また、聖遺物に触れた油や水にもバラカ(神の恩寵)が宿っているとされ、聖遺物はバラ

カを移動可能にする媒体となったり、聖遺物の効力を増大して拡散させる役割を担っていた。さらに、イコンも遺物に準ずる重要性を有していたと考えられる。これらの聖性の源はイエスやマリア、そして教会・修道院に祀られた各種の聖人まで遡及することができた。聖遺物は奇蹟の発現に深く関与しており、信徒の神への祈願を執り成すともされていた。

聖遺物は教会・修道院に奉納されており、イードの折に出してきて共に行進したり、清浄するなどされていた。聖遺物が信仰の磁場を形成していた様子は、付表からもよくわかる。前近代エジプトのキリスト教社会における聖遺物への固執ぶりには並々ならぬ様子が認められ、ムスリムのモスク・修道場に比して、キリスト教会・修道院の保有していた聖遺物の量は圧倒的に多い。

一方、イスラームにおける聖遺物も、頭骨や遺体の一部を含む遺骸だけでなく、預言者ムハンマドのマント、クルアーン本(マスハフ)なども含めて考えるのが一般的である(第2章)。聖遺物の系譜は、預言者ムハンマド、教友、モーセなど他の預言者、ジュナイドなど著名聖者へ遡及することができ、ムスリム社会に遍在していた。なかでも、預言者ムハンマドの遺物はアーサール・アン＝ナビーと呼ばれ、他者の物に比して別格の扱いであった。エジプトにも預言者ムハンマドに由来するとされる聖遺物がもたらされ、それをもとにモスクとリバート(修道場)などが建立されていた。

ここで遺物を物質に限定せず、代々継承されたクルアーン読誦法やスーフィー道などの知的・精神的リネージや、ムハンマドの血筋も含めて広義に考えることで、ムスリム社会の特徴はより明瞭になるように思われる。私見では、イスラームの原則からは疑問視されるにせよ、現実の歴史的ムスリム社会において人々が感応した聖性とは、ムハンマドに端を発し、物質だけではなく血脈などを通じて生身の人間に担われる形で継承され、分枝したり、移動したりし得るものであった。ところが、コプト・キリスト教社会の場合、先天的に聖性を帯びた人間、すなわちイエスや聖人の血筋を引くとする人間の存在はほぼみられず、聖人としての資質と立場はもっぱら後天的に獲得されていったのではなかろうか。すなわち、モノとしての聖遺物の分割だけでなく、預言者ムハンマドの血脈によってムスリム社会における聖性が次々と分化しつつ伝えられて行ったのに対し、キリスト教徒の場合は、聖遺物の分割などによって、聖所の増殖が可能となっていたと考えられる。

第二に、奇蹟やそれに類する事柄の存在があげられる。キリスト教の場合と異なり、イスラームの場合は、預言者による難易度の高い奇蹟であるムウジザと、聖者が行なうとされたカラーマが、理論上、峻別されていたことが大きな特徴である。第5章に示したムスリムの聖者によるカラーマの諸範疇はおおむね、コプトなどエジプトのキリスト教徒の事例と重なりうる。しかし、キリスト教徒の場合、先述のように、イコンや聖骸による奇蹟の事例が多く記された点でムスリムとは明確に異なっており、またとりわけ護身と悪行をなすムスリムへの懲罰を多く含んでいたことは、当時の社会情勢と無縁ではあるまい。

第三に、祈願成就と執り成しの仕組みである。基本的にはキリスト教徒もムスリムも、聖人・聖者によって神に執り成しされ、神が叶えるという回路を担保していた点で、類似の構造を有していた(もちろん、イエスと神との関係において、両宗教が全く異なる位置づけを行なっていたことはいうまでもない)。ただし、執り成しに関連したナズルについては、比較と区別が可能である。前述のように、コプト・キリスト教徒の場合は教会法典でも言及されており、ムスリムの場合よりも遥かに公式に体系化されていた。そして、教会などでナズルを行なってもらった際には、往々にして聖職者への対価を伴うものであった。それは聖職者や教会の重要な収入源とされており、支払いが能わぬ場合には、代わりに家族にまで支払いが求められていた。

一方、ムスリムの場合、そもそもナズルの存在そのものを良しとしない学識者が歴史的に多かったうえ、その対価の詳細にまで言及した文献史料は本書の対象地域・時代には皆無である。それにもかかわらず、多くのムスリムが実践してやまなかった慣行であった。したがって、このナズルの実践にあたっても、その意味合いは両宗教でやや異なっていたとはいえ、キリスト教徒の背景がムスリム側へ何らかの影響を与えたと考える余地は残されている。

(3) 参詣・巡礼の対象をめぐるキリスト教徒とムスリムの混淆

エジプトにおけるキリスト教徒の祭礼には、前述のようにムスリムの参加者も含まれていた。それには、キリスト教徒のみが祀る対象へムスリムが（イスラームとは本来関係なく）参るケースと、イエスやダニエル、アブラハム、ザカリヤーなどのように、ムスリム側も教義上、キリスト教徒の崇敬対象を預言者・聖者・天使などとして認めているため、崇敬が重複するケースとがあった。

また、中東の広域で、キリスト教徒の聖ジルジス（ジョージ）崇敬が、ムスリムのヒドル尊崇と混淆してきたことはよく知られている。ムスリムの大旅行家イブン・ジュバイルやイブン・バットゥータは、北イラクのモスルでジルジース Jirjīs の墓廟を預言者に準じた扱いで参詣し、神の恩寵（バラカ）をその聖墓（al-qabr al-muqaddas）に求めていた。[143] パレスチナのヨルダン川西岸地区ヒドル村にも、聖ジョージ教会とヒドル・モスクの合体した形式がよく知られている。エジプトに関してみても、筆者の聞き取り調査によると、オールド・カイロ地区の聖ジルジス教会付近では、一九三〇年代まで毎年、コプトはジルジスの生誕祭、ムスリムはヒドルの生誕祭として同時に祝い、共に行進するなどしていたという。[144]

聖ジルジスとヒドルはその想像上の活動形態にも類似点があり、聖ジルジスはキリスト教徒が危機にあったり不本意な状況にあると出現して難事を解決してくれたり、夢にも登場してさまざまな告知をするとされていた。アレクサンドリアの聖ジルジス教会では、ファーティマ朝期にムスリムの知事（ワーリー）が教会内で若者と夜をすごしていて、現れた騎士である聖ジルジスに剣で討たれて死んだとも記録されていた。[145] 一方、ヒドルはスーフィーや聖者が苦境にあるとき、いずこからともなく現れて救ってくれたり、行動に示唆を与えてくれる存在であった。

エジプトで大勢を占めるようになったスンナ派のムスリム社会も、コプトのイードと拮抗するような形で、十二世紀頃以降は盛んに自前の聖者・預言者生誕祭を演出して行くようになる。シーア派については、それ以前からこれを展開していたことが知られている。このムスリムの聖者生誕祭の登場と繁栄も、宗教間の力学という観点から問い直すならば、ムスリムが自前の聖者生誕祭を用意せねば、ムスリム民衆がキリスト教のイードへと流れていくといった現実を含意しているようにすら思われる。どちらがより魅力的な空間を提示して集客できるか、やや誇張気味にいえば争奪戦の気配すら呈しかねなかったことであろう。

(4) 信仰を越えて共有された「エジプト」のシンボルと空間

聖山ムカッタムと死者の街

ここでは、イスラーム、キリスト教という信仰の差異を越えて共有されたシンボルや空間の存在について再考してみたい。まず、枢軸的な存在であったと目されるのが、ムカッタム山である。同山はカイロの東南に位置して威容を誇り、宗教の別を問わず、古代から近代まで、歴史上一貫してエジプトの人々から深い崇敬の念を寄せられ続けてきた。しかし本来、イスラーム、キリスト教とも、ムカッタムが名指しで称えられるような教義を有していたわけではなく、その後の歴史的な関わりの中で、畏敬の念を育んできたものと考えられる。したがって、同山と人々との関わりは直接的な宗教規定によるのではなく、むしろ「郷土意識」や自然への畏敬の念、宗教実践やエジプトにおける宗教コミュニティーの在り方に深く根差しているように推定される。

ムカッタム山に次いで、(結果として信仰の差異を超えて)重視されていた空間として、死者の街をあげたい。歴史文献上、大小のカラーファ地区はムカッタム山の麓と相互置換して用いられており、その点ではムカッタム山の性質の一部を死者の街も継いでいたといえる。そもそも、死者の街はカイロ・フスタートの広漠たる大墓地区であり、実際には古代からイスラーム期の全てにわたる「エジプト史」の著名人に関連する墓を包摂していた。

ムスリムの視点からすれば、死者の街は純粋なイスラームの聖域と位置づけられ、同地で他の信仰が空間を共有していたとの意識は稀薄であったと思われるが、視点を変えてキリスト教徒の側からみれば、同地はアラブ・ムスリムの征服前には元来、キリスト教徒の聖域であった。キリスト教側史料には「そこ（カラーファ）には数多くの修道庵（sawma'a）、修道院、教会と共に多くの修道士がいた。しかし、アムル・ブン・アースと共に到来したアラブのムスリム達はそれらを破壊し、残ったものはモスクとした」とある。[146] ムスリムによる接収後も、先述のごとく、コプト・キリスト教徒やユダヤ教徒の墓地が隣接しており、巨視的にみれば同じ地区内に包摂されていたといえる。また、十七世紀の参詣書著者シュアイビーの伝えるように、トゥラー地域を死者の街に含めるならば、そこにキリスト教のクサイル修道院や教会を抱えていたことになる。[147] 歴史の語りの次元でも、ムカウキスとのやりとりやその身内の改宗譚、イエスとマリアのムカッタム登頂などの逸話を通じて、キリスト教徒は死者の街に足跡を刻んでいた。そして、死者の街自体は、第4章にも述べたように、ヨーロッパからの非ムスリム訪問者も訪れた場所であり、彼らも排除されてはいなかった。

王朝の儀礼

さらに、王朝の歴代君主がナイル川増水やペストの終熄を願って死者の街で頻繁に行なっていた集団祈願にも、キリスト教徒やユダヤ教徒の一団は各々の啓典を掲げ参加してきた。エジプト史において、この種のムカッタム山への集団祈願のための行進は、イブン・トゥールーン支配期を嚆矢とするとされる。

イブン・トゥールーンは病が重くなってきたのを知ると、有力者を集め、すべての人々が祈願をし、ムカッタム山へでかけて快癒を乞うよう命じた。そこで、八八四年……、ムスリム達はムカッタム山麓にあるマフムード・モスクへクルアーン本を携えてでかけ、彼のために祈願した。キリスト教徒とユダヤ教徒も福音書とトーラーと共に、テンニンカの葉と香を携えてでかけた。全集団がムカッタム山の麓に集結し、神（アッラー）へ快癒を祈念した。[148]

マムルーク朝期にあってもスルターンによって、この種の啓典の民を伴う行進と集団祈願がしばしば催されたが(第4章)、神の怒りを鎮め、エジプトの地に起きたこの天災を取り除くためには、コプトやユダヤ教徒ら「啓典の民」も揃うことが必須であったことは改めて想起されてよいであろう。また、そもそもナイルの増水祈願は、毎年増水期にコプトが教会で実践してきたものであり、彼らはそれ以外にも「コプトのナウルーズ祭」や殉教者の指をナイルに流す儀礼など、ナイル川との関わりが深かったのである。[149]

「エジプト」をめぐって

宗教の差異を超えた存在であったムカッタム山や、カイロ＝フスタート郊外の墓地区とそこで展開される儀礼、ナイル川などについて考察を深めるにあたって、「エジプト」という枠組みを仮説的に構想し、一つの問題提起としたい。無論、死者の街をイスラームの聖域という側面のみから検証することも可能ではあるが、ここではあえて、常に強調されるイスラームではなく、別の視点から死者の街とその参詣を照射してみたい。

カイロ＝フスタート郊外の墓地区には全時代を通じたエジプト史上の著名人が埋まっているとされ、真偽は別として、預言者ユースフ(ヨセフ)の兄弟、モーセ、ファラオの妻アースィヤ、ビザンツ期最後のエジプト統治者ムカウキスの縁者、あるいはサイイダ・ナフィーサに代表される預言者ムハンマドの後裔、アラブ＝ムスリムのエジプト征服軍の長であったアムル・ブン・アル＝アース、イブン・トゥールーンやイフシード朝君主カーフール、ファーティマ朝カリフ、アッバース家カリフ、アイユーブ朝・マムルーク朝のスルターン、そして、シャーフィイーやズー・アン＝ヌーン・アル＝ミスリーに代表される数多くの聖者・スーフィー・学識者にまつわる墓や遺構が存在していた。すなわち、そこへ赴けば、ファラオ期からグレコ・ローマン期〜イスラーム全期を貫く「エジプト史」が感得されたのである。しかも、それは王朝政府の望む公式の歴史像や今日からみた歴史事実を主調としておらず、さまざまな意図をもつエジプト人（そして、エジプトに関わる外部の人々）の眼差しが複層的に構想したところのエジプト史であった。

さらに、このエジプト史は単なる知識としてではなく、参詣のシャイフの口から感銘深い逸話とともに語られて心に刻印され、墓に体を擦りつけ砂土を採って祈願するなどし、芳香に満たされ、いわば触覚・嗅覚など五感全体を通じて「身体」に記憶されるのである。加えて、新たな記憶ばかりではなく、幼時より識ってはいるが脳裏に沈澱していた逸話・史実・神話がいきいきと蘇ってきたことであろう。そして、民衆の側も噂話や流行の慣行、墓碑の書き換えや夢・頭骨による聖廟建設などを通じて、参詣のディスクール形成に熱烈に参画し、そのエジプト史観を死者の街へ投影させていった。

また、それらは全て自分達の生活する「エジプト」に収斂してゆくのである。したがって、死者の街を訪れた者はありがたき逸話や教訓とともに「エジプト全史のパノラマ」を眺め、それを追体験できたことになる。この際、個々の墓は被葬者の逸話や史実、死への感興など全てを何よりも雄弁に語りかけてきたことであろうし、さらなる熱情へと参詣者を促していった。それゆえ、聖墓は三次元の形式でエジプト史の一テクストとして開示され機能していたものと思われる。この点では、参詣書テクストとも補完関係をなしていた。参詣者はこのテクストによって、イスラームへの情熱とともにエジプトの連続性、共同体性、中心性を再確認することができた。

では、その際の「エジプト」とは、いかなるものであったのだろうか。それは古代よりほぼ増減せず一定であった地理的概念を反映しつつも、さまざまなスタンスのエジプト人や、その外部から眼差しを作用させた者たちが、複層的に構想していたところのエジプト、といった方が近いように思われる。それは、その構成員がナイル河谷を基本とした一定の自然環境と生活空間を共有し、それによって特殊化された生活様式、街路や公衆浴場・墓地・モスク・教会などの公共財、同一の方向性を有する歴史像、アラビア語、自然環境、血縁幻想（これには再検討の余地がある）、その他の文化・表象物などを共有しているという感覚に基づいている。そして、イスラーム期にはムスリム支配の大枠のもと、啓典に基づく複数の一神教の併存が曲がりなりにも保証される一方、外部とは区別される連帯感を有し、外部の人々は逆に、エジプト人に対して違和感を覚えることとなる。実際に、我々はすでに十一世紀、エジプト人医師イブン・リドワーンのエジプト論を有しているし、外部からの旅行者にはエジプトの風土や病いは外部の者には理解しがたいものとする、エジプト人の慣行への不快感を繰り返し表明していた[150]。

このことがさらに端的に投影されているのが、ファダーイル(美点・郷土自慢)と呼ばれる一群の書物である。各地のムスリム社会でファダーイルが著されており、エジプトに関してもイブン・アル＝キンディー、イブン・ズーラーク、イブン・ザヒーラ、スユーティーらがその名を冠した書物を著した。そこでは、エジプトにまつわるクルアーン、ハディースの文言に続き、エジプトに関連する預言者(モーセやイエスを含む)、預言者ムハンマドとコプトとの婚姻関係、ギリシア・ローマを中心とした古代の賢人、コプトの様子、ウラマー、カリフなどの人物、次いでエジプトの諸村、エジプトの美しさ、ナイル川、ムカッタム山とその墓地への賛辞、地税、ピラミッドなどの古代遺跡、植物や農産物、鉱物など、さまざまなカテゴリーが網羅されることで織りなされる郷土イメージが醸成されていた[151]。

このようにみてくると、これらファダーイルの隠れた主題はファラオ、グレコ・ローマン期のエジプトをいかに当時のムスリムの抱いていた歴史像とつなぐか、そして、一貫したエジプト像を提示するかという点にあると読み取ることすら可能であろう。また、ファダーイルと名がつかなくとも、部分的にせよ共通する記述内容・意図を含んでいた類書は史書・地誌をはじめ実に多い。このことはキリスト教徒側の史料にすらあてはまる。その際、いずれもムカッタム山(あるいは死者の街)に必ずページもしくは一章が割かれ、重視の姿勢に異同はない。そしてそれらの記述内容は、参詣の書へも頻繁に引用されることによって、直接流れ込んでいた。

エジプトは方言差こそあれ、マムルーク朝期にはおおかた単一言語(アラビア語)の使用へ移行し、ナイルに全面的に依存する水利社会としての生態的環境を基本としていた。また、より大きな統合体に組み込まれることはあっても、地理的な概念としては古代からほとんど領域を変えておらず、長期的な分割をほとんど被っていないという歴史的経験を保有していた。それゆえ、近代になって国民国家形成へと向かうことが、他のアラブ諸国に比較して容易であったとされる。また、先述のように、「エジプト」という単位に統合して多くの史書・地誌・ファダーイルは書かれても、その下位区分、地方史は少ない。これはいかに「エジプト」という括りが強固なものであったのかを物語ってもいよう。

前近代のエジプトにおいては死者の街参詣に従事することで、エジプトの歴史が共有・認識されると指摘したが、その際に力点が置かれたのは、イスラームの歴史と共同体の正しさのみならず、エジプトの歴史と共同体の美点であった。この点では、ムスリム以外には閉ざされたメッカ巡礼とは、方向性を異にする。それゆえ、キリスト教徒もムカッタム山を聖山視し続け、ムカッタムの裾野に歴史的痕跡を残し、あるいは埋葬され得たのである。また、ヨーロッパからの旅行者もここを訪れ、賛辞を惜しまなかった。

カイロ周辺のもう一つの聖地たりうる磁場として、ギザのピラミッドをあげようとする向きもあるかもしれない。事実、ファーティマ朝期には、さまざまな階層の人々がアブー・シールやギザの古代遺跡へでかけることを楽しみとしていたし、マムルーク朝期には少なくともギザのピラミッドの行楽コースが一定の人気を博していた。一三七八年、スフィンクスの顔面を削ろうと試みたサーイム・アッ＝ダフルは、結局、神の怒りを買って砂嵐を起こした元凶とみなされ、人々から袋叩きにあっていた[152]。また、アイユーブ朝期以降を中心にいくつも『ピラミッドの書』が著されたことも特筆に値しよう。

しかし、ピラミッドやスフィンクスを敬うことは偶像崇拝を良しとしないイスラームの教えと抵触することはもとより、さかんに試みられてはいたものの、やはりイスラームの歴史と完全には接合できなかった。また、ピラミッドはムスリム民衆にとって畏敬すべき存在であり、預言者ユースフらと関連づけられることはあっても、基本的には自らの英雄とも、血縁者、師、祖先などとも縁遠いと考えられていた。さらに、死者の街のように総体的な広い聖域やレジャー空間を創出しておらず、「巡礼」の聖地としては不十分であった。むしろ、このような宗教性、および広聖域性などの欠落を補うためか、ピラミッド参詣路は死者の街参詣地を通って、それとセットとなる形で設定されていたのである。[153]したがって、ピラミッド詣でが死者の街参詣を凌いだことは決してなく、ピラミッドがエジプト統合のシンボルたりえるようになるのは、ごく近代のことである。

さて、話をエジプトの共同体性に戻そう。ここでは「エジプト」の有無を論じるのではなく、むしろ「エジプト」を設定することでいかなる新たな理解が可能となるのかを考えてみたい。ここで想起される「エジプト」とはいかなるものなのか、筆者も厳密な定義づけを見出してはいないのだが、「国民的なものと想像される共同体の胚」(B・アンダーソン)という表現、[154]あるいはU・ハーマンが言及している郷土意識や郷土イメージというのが、現時点では最も近いかと考えられる。ただし、「中世エジプト」はすでに「純然たるエジプト領域、あるいはナショナル・アイデンティティー」の様相をみせていたとすら述べるハーマンのいわんとするところは、理解できるものの、ナショナル・アイデンティティーは国民国家を定義する際の条件に加えられることもあることから、なおいっそう慎重に検討すべきであろう。[155]

また、ムカッタム山について考える際には、自然物に結びつけられた表象が、それ自体で共同体意識の強い表現たりうることも付言されてよかろう。この「エジプト」のイメージが、人々の心の裡でムカッタム山や死者の街と緊密に結びついていたことは、英占領下のエジプトで発刊された新聞の名前が『ムカッタム』(*al-Muqattam*、一八八九～一九五二年)であったことが何よりも雄弁に物語っている。[156]

このように検討を重ねるならば、エジプトにおけるトゥールーン朝からイフシード朝期(九～十世紀)にかけての重要性が浮かび上がってこよう。この時期から領域としてのエジプトはアッバース朝の広大なくびきを脱し、自立性を発揮しだす。エジプトのファダーイルが書かれるようになるのも、この時期である。そして、トゥールーン朝からイフシード朝の君主はムカッタム山に建造物を多く建て、カラーファに水路を引き、公然と参詣するようになった。ムカッタム山中のコプト修道院訪問を楽しむ君主もみられた。さらに、先述のコプト、ユダヤを加えたムカッタム山麓への共同行進スタイルの確立は、トゥールーン朝期に遡ることができる。このような「エジプト共同体意識」内部に打ち込まれたくさびの一つが、フランク人の侵攻(いわゆる「十字軍」)であった。

以上のように、トゥールーン朝以降、マムルーク朝期にピークを迎える形で、エジプトはメッカ以外の象徴的中心としてのムカッタムのふもと＝死者の街参詣を公然と育んでいった。ムカッタムの聖性、埋葬された聖者達の逸話や荘厳な建物群とあいまって、死者の街参詣は常に中心性を保ちつつ、イスラームの「宗教共同体」意識のみならず、「エジプト」意識の更新に寄与していったと考えられる。それゆえ、死者の街における参詣慣行の中には墓の周囲を七度巡回するものや、メッカ巡礼に行くため下着一枚で墓上を転げまわる慣行など、メッカ巡礼を祖型として強く意識しつつも、メッカへゆかずともエジプト内で事足りる聖地の創造がみられたのである。

二　宗教のあいだの参詣・巡礼

ここまでみてきたように、本章であつかった時代にはすでに、エジプトにおける宗教間の軋轢や共存の間の振幅を示す多くの問題が出揃っていた観がある。本章前半部ではズィンミーにとって厳しい時代の相も描写したが、その時代においてエジプト・ムスリム社会は当時のヨーロッパ・キリスト教社会のような形の宗教的排除を行なわなかったという前提を忘れてはなるまい。それゆえ、まがりなりにも今日まで、エジプトでムスリムとキリスト教徒などが共生してきたという事実には重みがある。日常的な相互接触のうちに彼らは生きてきたのであり、その日常の一端も垣間見てきた。

また、エジプトにおける参詣・巡礼や聖者崇敬の次元では、キリスト教徒からムスリムへの影響、あるいは相互作用を等閑視するのには無理があろう。ここでいう相互関係には、(1)イスラームの到来以降に、それ以前のエジプト・キリスト教社会（あるいはさらにそれ以前）から段階的に継承していった部分、(2)同時代に共存し、エジプト社会を共に運営する過程でコプト社会との不断の交渉によって生じた要素、(3)キリスト教徒からムスリムへの大量の改宗者の流入によって生じた部分等が考慮されよう。また、さらに古代エジプトから連綿と続く要素や、地中海世界という設定等を考察の契機に加える者もあろう。いずれにせよ、現実にコプトとムスリムの慣行の混淆が生じる背景には、前述のように両者が接触する日常生活が存在していたのである。

さらにこの時代には、非ムスリムからムスリムへの多くの改宗者が出現したことによる社会の混乱の中に、ムスリム・非ムスリムの双方が投じられていた。ムスリム社会のなかには新参の改宗者の信仰を疑ったり、それまでの優位を保つべく改宗者を区別しようとする者もいた。一方、キリスト教徒社会は祭礼を改良してアラビア語の使用を増やしたり、聖人と聖人伝等を創出し流布させることを通じて、信徒の「流出」を食い止めるのに必死であった。同時に、ムスリム・キリスト教徒両社会の中間領域を漂うことになってしまった人々を引き戻そうと努めており、実際に元の信仰へ戻ろうとする者もいた。また、自ら選択して両宗教の間を移動した人々の主体性も無視はできない。すなわち、改宗者のうねりと共に、改宗はしたものの十分にムスリム社会に「抱擁」されなかった者や、二つの信仰の間のグレーゾーンを漂泊した人々、あるいはその中で何とか立場を明確に選択していった人々の姿が認められるのである。[157]

最後に、ムスリムとキリスト教徒双方による参詣・巡礼と聖者崇敬の在り方の異同に言及しておきたい。まず、両者の相違点であるが、ムスリムにおいては「聖者」の存在やその執り成し・カラーマ、参詣、預言者・聖者生誕祭などが時代を経て理論整備されてゆくものの、常に一神教信仰の理念から学識者の批判が続いていた。一方、エジプトのキリスト教徒側においても、ムスリム間で議論の対象となったような慣行・観念が存在していたが、おそらく、信徒をつなぎ止めておく意図もあいまってか、聖人の存在や関連する奇蹟やイード・聖遺物などはむしろ強調されがちであった。

参詣・巡礼に関していえば、コプトの方が場所や時季など、より特定の時季に求心的な移動を行なっていた。それに対して、ムスリムの参詣の方に当該の時代ではより恒常的もしくは、循環的な空間移動が目立っていた。そして、史料にみる限り、コプト・キリスト教徒の方が参詣・巡礼の現場において奇蹟の発現がより希求されたのに対し、ムスリムの方がやや行楽性に勝っているように記されていた。少なくとも、ムスリムの死者の街参詣においては、家族連れや女性も行楽的要素を求めていたとされ、ウラマーからの指弾を受けていた。なお、ムスリムやユダヤ教徒の女性参詣に関しては禁止令発布など批判が続いたが、キリスト教徒においてはそれほどみられなかった。

いずれにせよ、キリスト教徒の参詣・巡礼が各種のイードに集中する傾向を示していたことは、ムスリムに比しての特徴であろう。この時代のムスリムの場合、ラマダーン月明けの大イードや聖者生誕祭の折にある程度の集中がみられるようになるが、日常的な参詣の実践が比較的大きな部分を占めていた。ただし、メッカ巡礼やオスマン朝期以降のマウリドを考察に含めるならば、様相は大幅に異なってくる。とりわけメッカ巡礼は極めて限定された時季に集中して行なわれる往還運動であり、その点についてはキリスト教徒の参詣・巡礼をはるかに凌ぐものであった。

奇蹟・カラーマの内容比較についていえば、キリスト教徒のそれは同時代のムスリムのものとかなり重複するが、異なる部分も存在した。違いはイコンや聖像による奇蹟に代表され、コプト・キリスト教徒の社会においてイコンや聖像は奇蹟を発現させるものと信じられていた媒体であった。

さらに、カラーマ譚・奇蹟譚に示されたキリスト教徒とムスリム相互の他者イメージであるが、ムスリムにとってズィンミーは聖者の徳によって改宗に至る哀れな隣人・弱者として描写されがちであり、キリスト教徒にとってムスリムは自分達を被害者の立場へ追いやり、度が過ぎると神によって罰せられる存在であったと類型化できよう。かかるカラーマ譚・奇蹟譚のあり方は、ムスリム・キリスト教徒の双方ともに、それ自体がプロパガンダ性を帯びていたとも捉えられよう。

キリスト教徒とムスリムの共通項についても言及しておくと、ムスリムがコプトの祭礼に参加していたことに顕著なように、共通の参加者を指摘することが可能である。ただし、ムスリムの聖所へキリスト教徒がその宗教を明示しつつ参加していたとする記録はほぼ見当たらない。遠来のキリスト教徒旅行者や商人が行楽を求めて訪問した事例は豊富であるが、エジプト住民の行動様式としてはあまり知られていない。その点では、非対称な在り方の中に力関係が示唆されているとも推察されよう。

［付表］『教会・修道院史』にみられる主要なイードと参詣・巡礼，奇蹟

場　所	教会・修道院名	イードなど	内　容	出典
ハーラ・アル＝ズワイラの教会?（カイロ）	——	イード，行進	毎年，聖枝祭の朝には教会で礼拝後，オリーブの枝，聖書，十字架，香炉，蠟燭を携えて街路へ出る。そして，祈り，聖書を詠み，カリフとワズィールのために祈願する。教会へ戻って日中も続けた後に去る。イード3日目やナイル川の十字架挙栄祭も同様（1169〜70年まで）	1/3（vol.1, p.3）
ハーラ・アル＝ウトゥーフィーヤ（カイロ）	聖ジルジーウス教会	タワーフ	手にランプ等を携えながら周回（教会はハーフィズ期に破壊）	1/12
ダマンフール（下エジプト）	殉教者タードゥルス教会	イード	殉教者タードゥルスのイードを毎年祝う	1/22
マタリーヤ（カイロ北方）	井戸	（イード）	毎年，聖職者や民衆，男女が集まり，バラカを得る	1/25
同上	アル＝バルサーン井戸の石付近	イード	昇天祭，天使ミハーイールのイード	1/27
アイン・シャムス	アブー・アブスィーダルス教会	イード	毎年，アビーブ月17日にイード	1/29
アトリーブ（シャルキーヤ）	聖清浄女マルトマルヤム教会・修道院	イード，奇蹟，遺骸	毎年，総主教と信徒の一群がバラカを得るために来る。ダジュワ教会から移葬された聖遺骸もある。イードには毎年，白鳩が現れて聖餐台に入るという聖マリアの奇蹟あり	1/36
アル＝アブシート（ガルビーヤ）	聖清浄女（マリア）教会	イード，奇蹟	井戸あり。バウーナ月21日，主女（マリア）のイードの夜，水が溢れ出るが，人々はそれを自分の土地へ持ち帰り，バラカを得る	1/42
リージュワー（ガルビーヤ?）	聖アル＝バミーン教会	イード	聖アル＝バミーンのイードに各地から多くの人々が集まる	1/42
アル＝クラシーヤ（アル＝カルシーヤ？，ガルビーヤ）	聖清浄女教会	イード，遺骸	殉教者ユーハンナー，スィムアーン，バーブヌーダの遺骸がある。イードには，大群衆がこの教会へ集まり，全聖人の伝記をコプト語で詠み，アラビア語で解説し，バラカを得るために遺骸の包布を取り，新調し，元の棺へ戻す	1/44
サンダファー（ガルビーヤ）	殉教者タードゥルス教会	イード，遺骸，参詣・巡礼	ユーヌス・イブン・アブー・アッ＝ラジャーの遺骸が，ハイカルのクッバ下に埋葬されている。教会は町の郊外にあり，聖タードゥルスのイードには，諸地方から多くの人々が集まる	1/44
ナシーン・アル＝カナーティル（ガルビーヤ地域）	聖清浄女教会，天使ミーハーイール教会，マーリー・ジルジス教会，タードゥルス教会，アブー・ミーナー教会などの7教会	イード，遺骸，奇蹟	この地域に聖バスーラの遺骸がある。この聖人が夢の中である男に，ナシーン・アル＝カナーティルへ運んでくれと言った。男が遺骸を運ぶ道中にさまざまな奇蹟が発現した。美しく包布し，聖櫃に入れて教会へ安置されている。アビーブ月25日（遺骸の到来日）にイードが行なわれ，彼の殉教日トゥート月9日には包布が新しくされる。イードには多くの人々が集まる	1/45

場　所	教会・修道院名	イードなど	内　容	出典
ジュージャル(ガルビーヤ)	聖清浄女教会	イード，遺骸，奇蹟	列柱に現れる徴に対して，バウーナ月初日にイードを行なう。聖人アバーヌーブの遺骸もある。同地にある聖ジルジス教会の大理石の柱には聖主女(マリア)のイコンがあり，主女のイードに汗するため，人々は頬を寄せてバラカを得る	1/51–52
ミンヤ・ターナ(ガルビーヤ)	聖清浄女教会	イード，奇蹟，聖遺物	洗礼堂があったが，水が何年かナイルから届かなかった。しかし，神現祭の夜，集まった人々が教会から出ていった後に俄雨となり，洗礼堂を水で満たした。そこで聖職者らは慣例通りに洗礼を行なった。これは疑いのない奇蹟である。この聖所は我らが主イエスがその母聖清浄童貞女と大工ユースフと共に到来した最後の地点である。そこには，アラブの征服時に聖職者らが隠れたという柱の礎石があり，石の上には主の足跡もある。人々は遠近から訪れ，この石の足跡に垂らした油を多く活用してきた。しかし，聖職者らが石を持ち去られることを恐れて隠したため，その場所は不明となっている	1/59
タルブーン(ガルビーヤか)	殉教者タードゥルス教会	ハッジ	キリスト教徒の大集団がハッジに来る	1/60
アル＝バラムーナイン(ダカフリーヤ)	2教会(コプト・アルメニア・メルキトの教会と，殉教者タードゥルス教会)	イード，ハッジ	イードには大群集がハッジに来る	1/65
ディフライ(ガルビーヤ)	殉教者アブー・イスハークの教会	イード，ハッジ，遺骸	アブー・イスハークの聖遺骸がある。そのイードには，遠隔地からも多くの人々がハッジに来る。彼らは昼も夜も遺骸を担ぎ，大量の蠟燭や香炉と共にテントを巡るが，同伴する聖職者達の歌声も詠み称える。このイードには，喜びと犠牲獣，施しがあり，町や村の人々が集まった。精神的な集まりや心打つ歌が諸テントで行なわれ，彼らの間に多くの善行もなされ，イードの昼夜に貧者へ施しがなされた。このような例は稀であり，この教会堂もイードも今日まで続いている	1/77–78
N.B.Sh.W.(ナブシュー?)	殉教者アブー・ミーナー教会	イード	アブー・ミーナーのイードが行なわれ，キリスト教徒やその他の多くの人々が集まる。井戸もある	1/79
ワーディー・ハビーブ(ナトルーン)	マーリー・マルクス・アル＝インジーリー教会	(ムスリム君主の参詣)，奇蹟，イコン	殉教者タードゥルスのイコンがあり，フマーラワイフ(トゥールーン朝君主)が香草の束を携えてこの修道院へやって来て，「あなた様にこれを渡しに来ました，タードゥルス様」と言うと，イコンから手が出て，束を受け取った。しばらくして見ると，緑の十字架の跡が残されており，それは残存している	1/98
同上	——	参詣・巡礼	6つの羽と無数の眼をもつ天使アッ＝サールーキームが，聖アブー・マカールと共にとどまった場所。キリスト教徒たちはここへやって来てバラカを得る。ここは修道院からは離れている	1/99

場　所	教会・修道院名	イードなど	内　容	出典
ワーディー・ハビーブ(ナトルーン)	聖アブー・マカール修道院	イード，奇蹟	ナイル川の渇水が続くと，修道士たちはブールスとブトルスのイードの時のように，聖水鉢の儀礼を行なう。鉢に祈ってナイル川へ運び，水を注ぐと川が増水したため，以来，それがしきたりとなっている	1/100
アレクサンドリア	サティール教会	イード，行進	聖枝祭には，アブー・サルジャ教会からサティール教会まで，祈願と読誦と共に市内を練り歩いていたが，ムスリムの妨害により中断や中止となった	1/118
同上	——	イード，メルキト派	同地のムスリムたちには，聖枝祭とイースターの折に慣例があった。聖枝祭には市場で各種の甘菓子が作られ，灯がともされた。イースターには全ての人々が窓や家，門，路，商店や大通りに蠟燭をともし，あらゆる種類の甘菓子を3カ月ほど作っていた。中にはアスファルトを燃やし，燭台等をもって，路地や大通りを夜通し巡る者もいた。メルキト派の十字架挙栄祭も同様であった	1/119
同上	天使ミーカーイール(ママ)教会	イード，供犠と執り成し，メルキト派	総主教アル＝イクサンドゥルスはキリスト教の法に従い，もし(古代の)偶像を壊してそのイードと供犠を天使ミーカーイールのためとするならば，神へ執り成されるとした。そこで，人々は偶像を破壊し，十字架を置いた。このイードは天使ミーハーイール(ママ)のためのものとなり，ミスルやアレクサンドリアの人々はその供犠で神のバラカを得ようとしていた。イードでは大量の供犠がなされるようになり，メルキト派も同様にイードを行なう	1/126
アレクサンドリア郊外	アル＝クムジャ教会	イード，遺骸，周回	アル＝クムジャ教会にマルクスの頭骨が，メルキト派にその遺骸と地下の修道院が分与されていた。遺骸は地下にあったが，ヴェネツィア人に盗まれて，今はヴェネツィアにある。毎年イードには総主教，主教，聖職者層，民衆が周回していた	1/134
クッバ・アル＝ワルシャーン(アレクサンドリア)	預言者イルミヤーの教会と墓	参詣・巡礼	ムスリム墓地の真中にあり，カタコンベのモスクとされた。イルミヤーの墓はここへ移葬された。ここはムスリム墓地となり，彼の墓は取り囲まれている。キリスト教徒たちは聖枝祭にここを訪れ祈っていたが，後にムスリムによって禁じられた	1/138−139
フスタート(オールド・カイロ)	天使ガブリヤール教会	参詣，イード	教会では全てのイードや，日曜日とその夜ごとにミサが続いており，アブー・サイード・イブン・アンドゥーナが列席する。彼と共に司祭や輔祭，アルフンの子息たちの集団がやってくる	2/34
同上	アバーヌーブ教会	イード	毎年のイードに，総主教などが出資する	2/47
同上	アル＝アルバア・ハヤワナート教会	イード	イードはハートゥール月8日	2/48

場　所	教会・修道院名	イードなど	内　容	出典
ハバシュ湖畔（フスタート南方）	マーリー・ユーハンナー・アル＝マアンマダーン修道院	イード，ズィヤーラ，メルキト派	アブー・アル＝マカーリムはキリスト教からムスリムへと改宗し，修道院の農園を遺譲されると修道女たちを追い出し，マンザラをモスクへ転用した。そして，メルキト派のズィヤーラを禁じた。その後，メルキト派の主教が大斎の第2週の月曜日に到来するようになり，メルキト派とコプトの大集団も，斎の告諭等を聞きに集まった。イードは神現祭の第2日	2/50
フスタート南	アル＝マルトゥーティー教会	参詣・巡礼，執り成し	執り成しが受け容れられ，信仰深き同胞たちの徴が明らかであるため，よく訪ねられる	2/57
トゥラー（フスタート南方）	シャフラーン修道院	参詣・巡礼	よい立地とフスタートとナイル川の眺望ゆえに参詣者が目指す，大変素晴らしい参詣・巡礼地	2/58
同上	クサイル修道院	イード	聖アルセニウスの大イードが行なわれ，大群衆が集まる。修道院内の使徒教会でも，聖アルセニウスのイードがバシュンス月13日に行なわれていたが，後に破壊された	2/61
ヘルワーン（実際には対岸のダフシュールか。フスタート西南方）	ムーサー教会近くの修道院	イード，ズィヤーラ	毎年トゥーバ月17日にウァレンティニアヌス1世の2人の息子マクスィームウスとドゥーマーディーウスの2聖人，ワーディー・ハビーブにあるバルムース修道院の優れし者達のイードが行なわれる。キリスト教徒の参詣・巡礼者は慣行として，これらの聖人のために年3回，十字架挙栄祭，神現祭，イースターに出かけていた	2/66
ギザ	マーリー・ブトゥルス教会	祈願	ナイル河畔にあり，ナイルの増水が遅れるとキリスト教徒たちは集まり，昼夜祈り，一週間断食する。すると，最終日に水が満ちる	2/75
ナフヤー地域（ギザ）	アル＝カッラーム修道院	イード，参詣・巡礼，ムスリム君主の訪問，執り成しと奇蹟，遺骸	カリフ・アーミルが何度も訪れた。ギザの主教や修道士，村の人々の墓地もある。マルサーとマルヤムの姉妹の名を冠した教会があり，イードもある。主女マルトマルヤムの教会があるともいわれる。また，修道士ティーマーターウース教会には，彼の遺骸が埋葬されており，偉大なる執り成しがある。参詣し，祈り，神に強い信仰心で祈願すると，物事は成就する。何か物事を進めようとし，神にそれがよいかを教示願う者には，そうすべきかどうかを夢に示唆してくれる	2/77–82
タムワイフ（ギザ）	マルクーリーウス教会	イード，遺骸，イコン	修道院内に教会がある。この修道院長であった聖人バブヌーダの遺骸があり，イードはアムシール月15日に行なわれる。聖清浄童貞女マルトマルヤムのイコンもある	2/86
ファイユーム	カラムーン修道院	(参詣・巡礼)，奇蹟	多くの訪問者がある。壁に囲われた中に庭園や4つの塔，12の教会がある。修道士の奇蹟がみられた	2/92–3
ファーヌー（ファイユーム）	アッ＝サリーブ修道院	イード	年に一度，十字架挙栄祭を祝う	2/94

場　所	教会・修道院名	イードなど	内　容	出典
ラーフーン堰（ファイユーム）	アブー・イスハーク修道院	（参詣・巡礼）	多くの人々が訪ねる場所である。聖主女マルトマルヤムと殉教者アブー・イスハークの教会がある	2/94
ジャバル・アル゠カッフ（上エジプト・サマールート近く）	聖清浄童貞女マルトマルヤム教会	イード，ハッジ，聖遺物，奇蹟	聖キリストの掌の跡が石の上にある。そこにある穿孔にクフル針を差し込み，隈取する。そこには，聖清浄童貞女マルトマルヤム教会がある。イードは彼女の命日であるトゥーバ月21日で，多くの集団が到来する。また，その徴と奇蹟，さまざまな病治しが知られると，古来，毎年イースターにも全地域から大変な数の人々がハッジに来た。1168年のフランク人侵攻時に，石は持ち去られたともいわれる	2/98–103
クース（上エジプト）	アル゠アッバーサ教会	ムスリム参詣	宰相シャーワルはクース知事時代にナズルを行ない，叶ったため，後に願解きを行なった	2/108
イフミーム地方（上エジプト）	アル゠カフフ山修道院	イードと参詣・巡礼，奇蹟	全ての場所から目指される修道院であり，イードの日には大量の鳥が集まる奇蹟がみられる	2/114
アンスィナー（上エジプト）	アル゠ハーディム修道院	イード，奇蹟	奇蹟が多く，病治しが生じるため，聖ヤスィーブ・アッ゠トゥーバーニーの墓の上に教会が建てられている。また，マー教会では41人の殉教者のイードが行なわれる	2/115
ダルジャ（上エジプト）	聖ブー・ナファルの修道院と教会	イード，屠畜	この地域には24の教会があり，12,000人のキリスト教徒がいる。ミーカーイールのイードでは，毎年12,000頭の羊が屠られていたが，1174年には400頭に減った	2/122
ワーハート・アル゠バフナスィー（バハリーヤ・オアシス）	聖マーリー・ジルジス教会	イード，ハッジ，遺骸，奇蹟	聖マーリー・ジルジスの教会があり，頭部を欠く彼の遺骸がある。彼の殉教のイードには遺骸が棺から出され，キスワが新調される。蠟燭，十字架をもち，誦詠を伴いつつ，遺骸は町の全体を周回した後，教会へ戻る。カリフ・アル゠ハーフィズ期の諸オアシス知事であったイブン・アル゠ハフィールは，遺骸を奪った後に地元の主教らから金をせびろうとするが，尋常ならざる悪天候が続き，恐れた知事が返還すると天候も回復した。エルサレムへのハッジ者達が（パレスチナの）ルッドでマーリー・ジルジスの胴体を欠く頭部を見たという	2/125

アブー・アル゠マカーリムの記述順に従い列記したが，おおよそエジプトを北（下エジプト）から南（上エジプト）へ辿る形になっている。地名の読みについてはなお不明点も多いが，E. Amélineau, *La géographie de l' Égypte à l'époque copte*, Paris, 1890, およびそのアラビア語訳 *Jughrāfiya Miṣr fī al-'Aṣr al-Qibṭī*, M. M. Iskandar (tr.), al-Qāhira, 2007, S. Timm, *Das christlich-koptische Ägypten in arabischer Zeit*, Wiesbaden, 1984–2007 他を参照した。また，「ハッジ」や「ズィヤーラ」という語が使用されている場合はそれを記し，それ以外の場合には「参詣・巡礼」とまとめた。

［出典］ *Abū al-Makārim* によるが，その校訂はかなり杜撰で誤植も多いため，不明部分は元の写本（*Abū al-Makārim M*: Bayerische Staatsbibliothek Cod. arab. 2570.）と照合し，写本の記述を優先した。

付論1　ムスリム社会の参詣小史——エジプトを中心に

ムスリムの参詣慣行の始まり

ムスリム諸社会における参詣行為の起源をどこに定位するのかは、地域差なども考慮すると極めて難しい問いである。しかし、ムスリム勢力の統治下に入った地域において、少なくとも当初、イスラームはそれ以前の諸宗教の参詣慣行と対峙していたに相違ない。アラビア半島自体も、イスラーム勃興以前にはイブン・アル＝カルビーの『偶像の書』が描くように、あまたの偶像神に満ちており、アラブは神性の宿る石、樹木、泉、偶像を崇めて参詣し、大参詣地には神殿を建立していた。[1] そのような中で、既存の参詣慣行を否定し、偶像崇拝を一掃する姿勢を鮮明にしたのがイスラームであった。ハディース（預言者ムハンマドの聖伝承）の一部が、預言者ムハンマドが墓参を禁じた例に言及していたことは、見方を変えると当時の墓参慣行の存在を雄弁に物語っていよう。

エジプトにおいては、古代からグレコ・ローマン期にまでミイラ作成が継続しており、死者および聖人の尊崇、とくにその聖遺骸への崇敬は、現在のコプト社会に至るまで継続している。[2] ローマ・ビザンツ期のエジプトは、パレスチナなど帝国内からも聖地・聖蹟巡礼者を受け入れていた。[3] とりわけ、アレクサンドリア西方のアブー・ミーナー（聖メナス）一帯は、一大巡礼センターと化しており、それ以外にもアレクサンドリア東方の現アブー・キール、上エジプト・現ソハーグの聖シュヌーダ修道院などは、多くの参詣・巡礼者を集めていた。[4] イスラーム初期のキリスト教側史料からも、キリスト教徒が著名修道院や墓地へ一定の時期に参詣・巡礼（ズィヤーラ・ハッジ）を行なっていたことが窺える。コプト民衆やユダヤ教徒の墓地も死者の街の南限に存在していたのであり、少なくともコプトはその参詣・巡礼を実践していたと推定される（第6章）。

ムスリムの参詣慣行に、このキリスト教徒からの影響をどれだけみるかは依然として大きな課題である。しかし、ムスリム側の史料はその影響を認め、排除するよう勧めていた。彼らキリスト教徒はナズル、祈願、献灯、聖人のイード、タワーフ、行進（ザッファ）などの慣行と、聖人らによる執り成し・報奨観をムスリム以前から有していたのである。そもそも、エジプトのムスリムの大半は九～十四世紀の間にコプト・キリスト教徒から改宗した者とその子孫と推定されており、ムスリム側もようやく十二～十三世紀頃までには自前の各種生誕祭を公的に演出するようになるが、さもなくば、キリスト教徒の祭礼へ信徒が流れてしまうという現実があったであろう。

シーア派の参詣

一方、ムスリム諸勢力のなかで、早くから聖墓参詣を信仰活動の中核に据えていたのがシーア派である。そもそもシーア派の場合、スンナ派とは異なるハディース集を擁しており、それはアリー（六六一没）以後の諸イマームによって伝承される預言者自身の言行、預言者から綿々と伝えられた神与の権威を保持し、行為の無謬性が認められたイマームらの言行などからなっていた。そこでは預言者ムハンマドに対する墓参に加え、その一族とくにフサイン（シーア派にとっての第三代イマーム）の墓への参詣が明確に謳われていた。例えば、シーア派の代表的なハディース集であるクライニー（九三九没）の『十全なる集成』は、フサインを中心として、第七代ムーサー・アル＝カーズィムなどのイマーム墓への参詣についてもページを割いていた。[5] シーア派による他の著名四ハディース集のうちでも、イブン・バーバワイフ（バーブーヤ、九九一没）の『法学者不要の書』、トゥースィー（一〇六五または六八没）の『諸規定改定の書』が、歴代イマームの墓参詣について、ハサン・アル＝カスリー（一一代）まで網羅して詳述している。[6] とくに後者はメッカ巡礼に比しても、その二割以上にあたる頁数をあてていた。さらに、十七世紀のマジュリスィーに至っては比率が逆転して、メッカ巡礼に関するハディースの数倍の頁数を聖墓参詣に捧げていた。[7] 守川知子によると、十七世紀初頭のシャイフ・バハーイーによる『アッバース大全』も、参詣をめぐるハディースによる理論的部分を補強した法学手引書であり、シーア派ムスリムの信仰実践に影響力を有したという。[8]

また、知られている限り最古のムスリム参詣書はクーフィー（八三八－九没）によるものであり、現存する最古の参詣書『参詣完書』を著したイブン・カウラワイフ（クールーヤ、九七九没）も、共にシーア派ウラマーであった。[9] 後者の引用するムハンマド・アル＝バーキルからのハディースによると、「フサインを認める全ての信仰者にとって、フサイン墓参詣の遂行は課されたものである」とするという。あるいは、「アーシューラー（フサイン殉教の日）にフサインの墓を参詣する者はメッカ巡礼をする者に等しい」（J・アッ＝サーディクに帰せられるハディース）とも伝えられている。[10] 近年のシーア派学者シャムス・アッ＝ディーンは、シーア派にとってこれらの墓参は異論の余地なきスンナかつ合意（イジュマーゥ）であり、その点で他のムスリムとは一線を画すと断言する。そして、諸イマームが参詣へとそのシーア（党派）を向かわせる理由は、彼らにイスラームを死せる法体系としてではなく、その生きた息吹として触れさせるためと理解する。その中で、フサインの行なったことの意義を絶えず想起する必要があるとするのである。[11] ここでは、聖墓参詣がイスラームを形骸化という陥穽から救い出して活性化し、その教義の掌からこぼれる人々の宗教的熱情を掬い上げてゆくものとして描出されているともいえよう。

イブン・カウラワイフの記述から

ここで主にイブン・カウラワイフによって、シーア派の初期参詣慣行を通時的に辿ってみたい。それによると、すでにフサイン（六八〇没）の息子四代目イマーム・ザイン・アル＝アービディーン（七一三没）の時代に、親族のフサイン（墓）参詣が見受けられたという。次いで五代目ムハンマド・アル＝バーキル（七三五没）は参詣と哭泣を指示しており、六代目ジャアファル・アッ＝サーディク（七六五没）の時代には、さらに参詣時期を定めるなどの慣行形成がなされていたという。ウマイヤ朝（六六一〜七五〇年）に並行するこの時代には参詣慣行も発展し、ホラーサーン（現北東イラン）、イエメン、アッラジャーン（現イラン）などまで参詣圏が拡大する。七代目ムーサー・アル＝カーズィム（七九九没）の時代には、フサイン参詣がスンナ派・シーア派を問わぬ一般的慣行となっていたが、すでにアッバース朝（七五〇〜一二五八年）当局による酷い弾圧が始まっていた。ただし、以上の年代確定は後代の著者によるシーア派ハディースに基づく部分を含むため、そのまま鵜呑みにはできない。しかし、ナカシュ Y. Nakash も九世紀までにはイマーム達がフサイン墓参詣を制度化せんとしていたとしている。[12]

スンナ派王朝政府はすでにウマイヤ朝からアッバース朝にかけて、フサイン参詣を不隠とみなしており、聖地カルバラーへ至る諸道を塞ぎ、兵士を駐屯させて、処刑を含む厳罰で臨んでいた。さらに、聖墓そのものを破壊しており、タバリーやイスファハーニー（九六七没）らによると、アッバース朝カリフ・ムタワッキル（在位八四七〜八六一）は八五〇－一年にフサイン墓の一掃を行なったとされる（後日回復される）。あるいは、十二代目イマーム・マフディーは、バグダードのクライシュ墓地（七代目・九代目イマームの墓所がある）とカルバラーのフサイン廟参詣禁止の布告をだすよう強いられていた。[13]

今少し、イブン・カウラワイフによってフサイン参詣慣行の実態をみてみよう。まず時期としては、アーシューラーや死後四十日目（アルバイーン）、シャアバーン月（ヒジュラ暦八月）半ばなどが有名であり、カルバラーのフサイン廟、バグダードのクライシュ墓地などが指向されていた。参詣者はクーファ周辺のみならず、ホラーサーン、アッラジャーン、シリア地方、イエメンなどからも船などの移動手段を使って大量移送されていた。そこには女性信者やスンナ派信徒も含まれている。フサイン廟では「クルアーン詠み（カーリウ、qārīʾ）が『クルアーン』を読誦し、物語師（カーッス）が物語し、哭泣者（ナーディブ）が哭き悲しみ、詠者（カーイル）が哀悼詩を詠んでいた」（J・アッ＝サーディク期）のである。[14] 参詣者がメッカ同様にフサイン墓を七周回していた例もフサインへの哀悼詩から読み取れるし、哀悼詩自体もヒジュラ暦四世紀半ばには参詣儀礼を表現するようになっていた。

フサイン廟参詣時の祈願もパターン化が進んだ。一例をあげると、まず神を想念し称えた後、フサインと預言者の一族を称え、フサインの蜂起に言及して未来における勝利を希望し、フサインとの絆を更新する、といった内容を擁していった。参詣者の祈願は墓中の諸イマームによって神へ「執り成し」され、その報奨として罪が赦されたり、最後の審判の日の天国入りが約束されるなどといわれていた。

遠隔地にあって参詣できない者のためのマニュアル化も進み、日没前に沙漠や屋上にでて、フサインの安寧とその殺人者に祈り、二ラクア（礼拝単位）礼拝した後にフサインを偲んで咽び泣く、というイマームの指示が史料中にみられる。そして、彼らは神の恩寵により治癒などを得るため、実際に参詣した者からカルバラーの土を分与してもらう。ここには、クルアーン詠み、物語師、祈願、墓の砂土利用、墓周回、参詣代行、哭泣者、執り成し、報奨など、後述するエジプトでの参詣慣行の焦点がほぼでつくしているとすらいえる。

その後もシーア派はハラビー（一〇五五―六没）、トゥースィー（一〇六七没）、イブン・イドリース（一二〇二没）、イブン・タウス（一二六六没）、カファアミー（一四九四―五没）、アフサーイー（一八二七没）と、より緻密な理論化・儀礼化を含め、イマーム墓への参詣を活性化する知的営為を積み重ねていた。[15]

シーア派の参詣慣行は、ブワイフ朝（九三二〜一〇六二年）というシーア派王朝のバックボーンを得て、公認の儀礼へと変容してゆく。アーシューラーの日にはスークを閉ざして哭泣し、哭き女は叫び声をあげて頬を叩いていた。慣行として攻城具を担いで墓地参詣へ赴いていた時期もある。また、ガディール・フンムの日には音楽を鳴らし、クライシュ墓地へ参詣して礼拝し、ラクダを屠るなどしていた。バグダードでは、シーア派儀礼の表面化に対峙するスンナ派住民との間に衝突も生じていた。加えて、スンナ派側も対抗する形で、ムスアブの墓参詣の儀礼を創出していた。[16] ここで対抗という意味は、私見では単に儀礼内容に反発してというばかりでなく、スンナ派が自らの儀礼を創出せねばスンナ派信者もフサイン参詣へ流れてゆく現実があり、深刻な影響をこうむるというものである。

バグダードにおけるスンナ派の参詣

しかし、このブワイフ朝期のバグダードでは、すでにスンナ派側も大学者イブン・ハンバルやアブー・ハニーファらの墓参詣が一定の流行をみせていた。例えば、イブン・アル＝バンナー（一〇七九没）はその日記の中で、イブン・ハンバルやアブー・ターヒル、アーミディーの墓参詣にでかけたことを記録していた。[17] また、十一世紀の『バグダード史』などによると、バグダードの人々は聖者（アウリヤー）や義人（サーリフーン）の墓参詣にでかけていたという。そこでは、ナズル（願掛け・供物）の慣行もみられていた。[18]

十三世紀のイブン・アッ＝サーイー（六七四／一二七五－六没）は『バグダード近辺の墓地と聖廟とカリフの墓地』を著していたし、十四世紀のイブン・バットゥータは、バグダードの人々が連日参詣へ向かうと報告している。[19] とりわけイブン・アッ＝サーイーの著作は、バグダードとその近辺の墓地をハルブ門墓地、クーファ門墓地など数十の墓地に細分化し、その縁起から被葬者まで網羅していた。歴代カリフの墓地についても詳細な情報を記しており、読者が参詣するための利便も顧慮されていた。しかし、管見の限り、この作品はこれまで紹介されたことがなく、墓地における慣行についても詳しいため、ここでその一部を紹介したい。

まず日時についてみると、大シューニーズィー墓地 Maqbara al-Shūnīzī al-Kabīr では、人々が毎週木曜日に参詣に到来し、食物があり、市も立っていた。とくに春にイーサー川の流れが増すと、行楽地と化していた。[20] アブラズ門墓地

Maqbara Bāb Abraz では、金曜日や木曜日の夜に人々が集まり、ラジャブ月やシャアバーン月半ば、祭日(イード)にはその市場が飾り立てられていた。灯火も焚かれ、男女が集い、死者への哀悼詩が涙を誘っていた。[21]

被葬者による祈願成就の執り成しも明記されており、修道院門墓地 Maqbara Bāb al-Dayr にあるカルヒー al-Karkhīの墓では、参詣者がバラカ(神の恩寵)を求めて訪れ、そこで祈願(ドゥアー)をしたり物事を頼むと叶うとされていた。[22] ナズルについても記述が散見され、クライシュ墓地のカーズィミー廟 Mashhad al-Kāẓimī では、参詣者が施しや供物を奉納していたが、それらは「金銀、美服、真珠、宝石、多種の薫香、大量の蠟燭」などであった。[23] また、いくつかの墓廟には賽銭箱(ṣundūq)や財庫(khizāna)とその管理人(ナーズィル)すら用意されていた。[24] 墓廟の吏員が記録された事例もあり、それらはナキーブ、クルアーン詠み、敷物係(ファッラーシュ)、門番、倉庫番(khazzān)などであった。[25] 関連してワクフが墓廟に設定されていた事例も紹介されており、そのために管理人、書記(kuttāb)、使用人などを擁する単独の部署(ディーワーン)が置かれていたり、ワクフから墓廟の法学者へ手当金(jirāyāt)や月給(mashāharāt)が支払われていた事例もある。[26] 墓地におけるスーフィーの滞在・居住や活躍もうかがえ、参籠慣行や夢を通じた奇蹟の発現も記録されていた。[27]

ムスリム社会各地の参詣

ムスリム社会全般においても、十四世紀以降、現在のイランからアフガニスタン地域、中央アジア、北インド、西アフリカなどで次々に参詣書の機能を果たす書物が著されるようになり、また、マグリブ(北西アフリカ地域)、クルディスタン(現在はトルコ、イラク、イランなどに分断されている、クルド人の多く居住してきた地域)でも類似の機能を果たす聖者伝記集が編み出されていた。[28] 例えば、十五世紀に書かれた『モッラーザーデ史』*Ta'rīkh-i Mullāzāda* は中央アジアのブハラとその周辺における聖者廟参詣の書といえる。その冒頭部分にみられる墓参のやり方(kayfīya ziyāra al-qubūr)や参詣作法(ādāb-i ziyārāt)の記述はエジプトの参詣書と共通部分を多く有するし、論拠とされた文献にもガザーリーなど共通するものがあった。[29] 十四世紀の中央アジア・サマルカンドでは、人々が月曜と金曜の夜に大挙して墓廟を参詣し、支配者も大量のナズルを実践していた。同じく、現アフガニスタンのバルフでイブン・バットゥータは、多くの義人(サーリフーン)の墓巡りへと案内されていた。[30] また、十四世紀のシーラーズ(現イラン)についても、アラビア語で参詣書が著されていた。[31]

シリアでは、十一世紀にすでに郷土の美点を記した書(ファダーイル)が書かれ、十六〜十七世紀には同地の参詣書も著わされていた。さらに、ハラウィー(一二一五没)のように、各地の参詣地を横断する形の参詣記を著した者もいる。[32] イブン・タイミーヤ(一三二八没)が参詣旅行をやめるよう繰り返し警告したのは、それが一般化しつつあったことの表明とも受けとれよう。[33] さらに、預言者ムハンマド墓参詣はメッカ巡礼とセットになって慣例化しており、聖墓参詣に祖型を提供していた。これについても、当時の多くの文献が固有の祈願や慣行を伝えている。[34]

エジプトの聖墓参詣史

エジプトへ目を転ずると、トゥールーン朝(八六八〜九〇五年)期には、伝承によるとすでに死者の街、大カラーファ地区に水路橋をひくなど、墓地区の整備と参詣、および居住がみられたとされる。イフシード朝(九三五〜九六九年)には、タバータバー廟など今日まで遺構が残存する聖廟の建立がみられた。参詣の書によると、君主カーフール Kāfūr al-Ikhshīdī(九六八没)は、毎週木曜日にサイイダ・ナフィーサ廟を参詣し、諸事の解決を祈願していたとされる。[35] また、第1章で紹介したカラーファの七聖墓は、アフル・アル゠バイト以外で九〜十世紀に没した人々を祀ったものを中心としており、このことも死者の街の聖墓参詣慣行がファーティマ朝期より前から育まれていたことを示唆しているのではなかろうか。したがって、結果からみるとエジプトの半独立化・地域主義再興の時期に、イスラームへの改宗が進行し、同時に聖者崇敬現象の萌芽も芽生えていたといえる。

続くファーティマ朝期(エジプト支配は九六九〜一一六九年)、大カラーファにはさらにモスク、墓館、貯水施設などが整い、居住者も増加した。しかし、シーア派の同王朝に対し、依然としてスンナ派住民が多く、小競り合いも絶えなかった。とくに、アーシューラーの日には、マグリブ兵やシーア派の人々がフサインへの哭泣を伴いつつ、カラーファのナフィーサ廟などからパレードを始め、教友(サハーバ)をなじって墓を破壊するなどしたため、反発したエジプト人達との間に暴動が発生する寸前であった(第3章)。

ところで、エジプトにおける聖墓参詣慣行をひとえにファーティマ朝(シーア)派に帰す論調が、欧米やエジプト人研究者に目立つが、これは必ずしも実態と合致しない。むしろ、ファーティマ朝は聖墓建立などに努めたものの、それ以前からの参詣慣行における預言者一族の優先を際立たせ、聖者崇敬の対象創出に励み、流れを大きく促進したとみるべきであろう。事実、ファーティマ朝期には、預言者一族や聖者の頭骨がカイロへ招来されたり、再掘・発見されたりして廟建立に直結していた。また、夢・示現によっても、同様の聖廟がいくつも建立されていたのである。加えて、この時代、預言者やその一族の生誕祭(マウリド)も公的に祝事となり、預言者一族の事蹟や美徳をまとめた著作も著されている(第3章)。

このようにみてくると、一つの仮説として、おそらく十〜十一世紀頃までには少なくともマシュリク(東アラブ地域)において、参詣慣行・対象に関するある程度のコンセンサスが成立していたとも推測される。そして、その背景には、同一の王朝支配や交通と知的ネットワークの確立なども予想されよう。

アイユーブ朝期(一一六八〜一二五〇年)、さらに多くのモスク、祈禱所(ムサッラー)、修道場(リバート)、墓廟が加えられ、カラーファはいっそうの繁栄を享受した。サラーフ・アッ＝ディーン(サラディン)は墓廟の管理運営に援助金をあてており、スンナ派なかんずくシャーフィイー法学派を中核に据えた国づくりを推し進める意思を明確にしていた。関連するワクフ文書・碑文や旅行記は、シャーフィイー廟周辺の大規模な整備事業を記録していたのである(第3章)。また、スルターン・カーミルはシャーフィイー廟を改築して母の墓廟を併設し、水路を引いて新たに小カラーファを繁栄へと導いた。カーミルは庶民とともに参詣に加わっていたとも史料に記される(第4章)。死者の街を巡る集団参詣慣行もこの時代に確立していたことは疑いを容れず、参詣のシャイフのもとで各種の参詣書(kutub al-ziyāra)が著されていた。したがって、この時期にエジプトの聖墓参詣慣行は、その後につながる形でほぼ形づくられたとみてよいであろう。

　十三世紀半ば以降のマムルーク朝期、死者の街は最盛期を迎えたと推定される。モスク、ハーンカー、ザーウィヤ、マドラサ(学院)、聖廟(マシュハド)、墓廟(トゥルバ)、クッバ(円蓋付墓廟)などの施設に加え、市場、パン焼窯、公衆浴場、製粉場(ターフーン)、給水場、隊商宿、水路、井戸などの設備も整っていった。そこには、各種施設の運営者と吏員、スーフィー、墓掘り人などが家族を伴って居住し、さらに参詣者、旅行者も多々逗留していた。王朝の有力者が居住し始め、著名学者を多く輩出したのもこの時期である。墓地区の区割りも参詣書に記述されるようになり、いわば「行楽地」化の進展が窺える。十三世紀以降には、エジプトのデルタ農村やアレクサンドリアにあっても、聖墓参詣や墓参が盛んであったと報告されている。[36]

　一方で、学識者達(ウラマー)から参詣慣行に対する厳しい批判が向けられたのもこの時期である。イブン・タイミーヤやイブン・カイイム・アル＝ジャウズィーヤなどに代表される論者は、参詣をめぐる諸慣行、とりわけ墓地にモスクを建設すること、墓地での祈願、供物と願掛け、墓の華美化、その他を糾弾していた。そして、参詣慣行の論拠とされたハディース、「我が墓に詣でる者には、必ずや我が執り成しがある」「私は汝らに墓参を禁じたが、墓を参れ。というのも死者を想起するからだ」などは再検討され、「シャリーア(イスラーム法)に則った参詣」と「ビドア(宗教的逸脱)の参詣」とが区別されていた(第1章)。また、これらの批判はハンバル派の学識者にとどまらず、法学派の差違を超えて学識者の間に拡がっていった。しかし、現実の参詣慣行がこれらの批判によってやんだわけでは決してない。

　ペストの大流行時、カイロ＝フスタート郊外の墓地区は住地として荒廃を被ったが、墓地としては著しく拡大していた。なかでも、王朝による整備とペストによる死体の過剰供給とがあいまって、マムルーク朝後期には、急激にカイロの北東側へ墓地が伸長していった。ここには、とくにスルターンなど王朝有力者の壮麗な墓廟が集中してゆく。

オスマン朝期以降のエジプト

オスマン朝の支配下にあった諸地域では、全般的には広く参詣慣行が継続しており、各地で参詣書も編まれていた。[37] エジプトに関していえば、オスマン朝統治期(一五一七〜一七九八年)には以前に比べ荘厳な建造物の建立が激減するが、それでもナスル門外からサフラー地区の発展、およびエジプト総督の個人的資質に基づくカラーファ地区の整備がみられた。また、死者の街に対するワクフ設定も、少なくともオスマン朝統治の前半には一定の継続をみせていた。集団参詣も規模は縮小したものの継続しており、十六〜十八世紀にかけてハマウィー、ムスタファー・アーリー、カブリート、ヒヤーリー、アイヤーシー、E・チェレビー、ナーブルスィー、ワルスィーラーニー、キッターニー、サルギーニーらのエジプト旅行者は、当時の参詣コースを活写していた。参詣の諸慣行についても、依然として墓への接吻や体の擦りつけ・腰掛け、定型化された祈願、墓への願掛け・供物が盛んであった。とりわけイブン・アル゠ファーリド廟では、故人の詩にのせた歌と踊りを伴う神の称名の例会(ハドラ)が、金曜礼拝後に繰り広げられていた。

その後、エジプト死者の街参詣書の展開としては、著者不詳のパリ写本や、スッカリー(十八世紀)のものがあげられるが、両書とも極端に短冊であり、墓のリスト的記述に徹していて内容に乏しい。他方、エジプトにおける預言者ムハンマドの一族(アフル・アル゠バイト)の美徳、および彼らを祀った聖墓への参詣については専著が編まれるようになり、それらは、ウジュフーリー(一七八四没)、カルアーウィー(一八一五没)、シャブランジー(一八八三没)などへと連なる系譜を構築していた。さらに、十二〜十三世紀に原著が書かれた参詣書が、ヒジュラ暦十一世紀頃に依然有効なものとして繰り返し書写されていた点も見逃せない(付論2)。

近代以降のエジプトにおいて、聖墓参詣慣行は明らかに衰容をみせているが、その移行の時期と経過の見極め、またそもそも転換点を伴う移行であったのかなど、未確定の問題点は多い。一般的には、人口減とあいまったカイロの都市規模縮小とヨーロッパ諸国の介入に付随したワクフ・システムの機能不全、あるいはマウリドへの移行、さらにはE・ゲルナーなどのいう世俗化、工業化と純粋化の波、近代化とナショナリズムなどに要因説明が求められるであろうが、加えてワッハーブ運動やイスラーム復興の流れ、さらにスーフィー教団の衰退との関連の有無を検討点にあげることが可能であろう。[38]しかし、後者にしてもその聖者生誕祭は現在まで続いているため、そこに何らかの構造的変化を認めざるを得ない。また、死者の街における宗教施設の維持運営に対する為政者側の取組みの変化や、ワクフ(寄進)の機能不全による施設荒廃など、さまざまな側面の検討が今後に委ねられているといえよう。

なお、エジプトの外へ目を転ずれば、ムスリムの聖墓参詣の慣行自体は聖者崇敬とスーフィズムやツーリズム化と深く結びつきつつ、シーア派社会、アフリカなど各地で依然として脈々と生きている。これらの事例と参詣が衰微を示したエジプトなどとの差異を見極めてゆく作業も不可欠であろう。[39]

付論2　参詣書写本群の成立

イブン・ウスマーン著の *Murshid al-Zuwwār ilā Qubūr al-Abrār*（『恭順なる墓々への参詣者への導き』以下、『ムルシド』と略記）は現存する最古のエジプト参詣書であり、残存する写本数も最多である。イブン・アン＝ナースィフ、イブン・アッ＝ザイヤート、サハーウィーらも十二～十五世紀の集団参詣と墓地区のインフラ整備の最盛期を活写していたが、何より『ムルシド』は他の参詣書の模範となるスタイルを構築したのであり、頻繁に引用されるとともに写本が書写され続けたことからみても、エジプトで最も影響力を有した参詣書といえる。

しかしながら、奇妙なことにこの『ムルシド』は、著者とされるイブン・ウスマーンの没年（一二一八年）以降の記事をかなり含んでいる。これまで研究者達はその点を無視してとりあえず研究してきたのであるが、参詣や墓地区の歴史について考察するうえでこの問題は看過できない。加えて、同書の成り立ちについて考察することは、参詣書の成立過程や著者についての知見を深めるだけでなく、同書に記された事柄を歴史の時間軸の内に位置づけるためにも不可欠である。そこで、同書の写本群に立ち返って、再吟味してみたい。

まずここで、筆者がこれまで実際に検討してきた写本一四点を一瞥する［表1］。

この著作の原著者であるが、Y・ラーギブの比定したように一二一八年没のムワッファク・アッ＝ディーン・イブン・ウスマーン Muwaffaq al-Dīn ibn ʿUthmān とするのが最も妥当であると考える。[1] そのうえで、この没年をもとに、

表１『ムルシド』の諸写本

(1)	大英図書館所蔵 Or.3049(100 fols.)680/1282 年，もしくは 780/1388 年筆写か(Kremer コレクション)*
(2)	アズハル図書館所蔵 Ta'rīkh 'Arūsī 3974(85 fols., アラブ連盟大学附属写本研究所所蔵 Ta'rīkh 1604, エジプト国立図書館 Dār al-Kutub 所蔵 H 34341, および M 57805 の２点もこのアズハル本の複写物)838/1435 年筆写か **
(3)	アヤソフィヤ写本 Aya Sofiya 2064(227 fols., アラブ連盟大学附属写本研究所 Ta'rīkh 239)849/1446 年筆写 ***
(4)	エスコリアル図書館所蔵 Escorial 1751(105 fols., アラブ連盟大学附属写本研究所 Mutafarriqāt 470),1004/1596 年筆写 ***
(5)	現バヤズィット図書館所蔵 Welieddin 818(111 fols.)筆写年不明 *
(6)	エジプト国立図書館所蔵 Majāmī ʻ Ṭal ʻat 490(73 fols.)筆写年不明(未完)*
(7)	大英図書館所蔵 Or.4635(350 fols.)1015/1606 年筆写(E.W. Lane コレクション)****
(8)	ゴータ図書館所蔵 Gotha 1091(229 fols.)1037/1628 年筆写 ***
(9)	エジプト国立図書館所蔵 Ta'rīkh 325(137 fols.)1063/1653 年以前の筆写(タイトルページを含む冒頭欠落)
(10)	エジプト国立図書館所蔵 Ta'rīkh 5129(249 fols.)筆写年不明 ***
(11)	大英図書館所蔵 Add.26045(207 fols.)1095/1684 年筆写 ****
(12)	旧アブー・アル＝アッバース・アル＝ムルスィー Abū al-'Abbās al-Mursī 図書館所蔵(アレクサンドリア)，Taṣawwuf 1132, 現ワクフ省イスラーム写本中央図書館 No.4941 (183 fols.)1115/1703–4 年筆写 ****
(13)	エジプト国立図書館所蔵 Buldān Taymūr 65(78 fols.)。筆写年不明(1185/1771–2 年以前)。未完 *****
(14)	エジプト国立図書館所蔵 Taṣawwuf 1408(133 fols.)。筆写年不明 ***

*　*al-Durr al-Munaẓẓam fī Akhbār al-Muqaṭṭam* がタイトルで，*Murshid* という別名も併記されているもの。

**　*al-Durr al-Munaẓẓam fī Ziyāra al-Jabal al-Muqaṭṭam* がタイトルで，*Murshid* という別名も併記されているもの。

***　*Murshid al-Zuwwār ilā Qubūr al-Abrār* のみがタイトルになっているもの。

****　*Murshid* がタイトルで，*al-Durr al-Munaẓẓam fī Ziyāra al-Jabal* (*or Akhbār*) *al-Muqaṭṭam* という別名も併記されているもの。

*****　*al-Durr al-Manthūr fī Ziyāra al-Qubūr wa Faḍl al-Muqaṭṭam min-man dufina fī-hi min Qubūr al-Ṣaḥāba wa al-Tābiʻīn wa al-Ṣāliḥīn* のみがタイトルになっているもの。

原著者の没後に付加された情報として、以下の二通りを想定できる。

(1)原著者の没後の事実や、没後に埋葬された人物への言及箇所。例えば、アブー・アル＝アッバース・ブン・ナスル Abū al-ʻAbbās b. Naṣr（一二二二没）、アブー・アル＝フィダー・ブン・アル＝ムアッリム Abū al-Fidāʼ b. al-Muʻallim（一三〇九－一〇没）、ウマル・ブン・アル＝ファーリド ʻUmar b. al-Fāriḍ（一二三五没）、ウマル・ブン・ヤフヤー ʻUmar b. Yaḥyā（一二三五没）、アル＝キッターミー Abū Muḥammad al-Kittāmī（一二四二没）、イブン・アル＝アディーム Kamāl al-Dīn Ibn al-ʻAdīm（『ムルシド』は一二六一－二、一二六七－八、一二六九－七〇年没の三情報をあげる）、シャラフ・アッ＝ディーン・ムハンマド Sharaf al-Dīn Muḥammad（一二六八－九没）、サリー・アッ＝ディーン・アル＝マーリキー Sarīy al-Dīn al-Mālikī（一三六九－七〇没）についての言及箇所がある。[2]

(2)原著者の没後に活躍した人物の著作から引用している箇所。例えば、ムンズィリー al-Mundhirī（一二五八没）、イブン・ハッリカーン Ibn Khallikān（一二七四没）、ナワウィー al-Nawawī（一二七七没）、イブン・ムヤッサル Ibn Muyassar（一二七八没）、イブン・アッ＝ダワーダーリー Ibn al-Dawādārī（一三三一もしくは一三三四－五没）、サファディー al-Ṣafadī（一三六三没）などからの引用をあげることができる。[3]

これらの書き加え情報についてまとめると、アイユーブ朝後期からマムルーク朝前期を中心に、十四世紀後半にかけて書き加えがなされたことが判明した。実際には、(1)と(2)の箇所が重複するケースが多い。

これらの書き加え部分を削ぎ落とすことによって、我々はイブン・ウスマーンの原テクストをより忠実に復元できると考えられる。また、この書き加え情報に、先に列挙した『ムルシド』写本群を重ね合わせて再検討してみるならば、興味深い事実が浮かび上がる。すなわち、原著者の没年（一二一八年）までの記述のみによっている写本群と、没後の記述が付加されている写本群との二つに大別が可能なのである。表1にあげた(1)～(6)、(9)、(12)～(14)が原著者没年前の記述による、より短版の写本であり、(7)、(8)、(10)、(11)は後代の付加部分を含む、より長版の写本である。以上の情報に写本の記事などを加えてまとめ直すと、『ムルシド』の原著者は一二一八年に没したムワッファク・アッ＝ディーン・アブド・アッ＝ラフマーン・ブン・マッキー・ブン・ウスマーン Muwaffaq al-Dīn Abū al-Qāsim（もしくは Abū Muḥammad）ʻAbd al-Raḥmān b. Abū al-Ḥaram Makkī b. Abū ʻAmr ʻUthmān b. Ismāʻīl b. Ibrāhīm al-Miṣrī al-Shāriʻī al-Shāfiʻī であり、何者かが後に十四世紀後半頃を下限として記述を追加し、さらに追加のない写本と追加された写本の双方が、オスマン朝支配期まで後代に幾度となく筆写されていったものと結論できる。

この点に関連して想起されるのは、イブン・アッ＝ザイヤートがその参詣書の中（一四〇二年筆了）で、当時すでにこの『ムルシド』に二種の写本があったことを示唆していた点である。すなわち、「イブン・ウスマーンはこれがアブド・アッラーフ・ブン・アッ＝ズバイル ʻAbd Allāh b. al-Zubayr の墓だと述べた。そして、その別版ではそれがムハンマド・ブン・アフマド・ブン・ウフト・アッ＝ズバイル Muḥammad b. Aḥmad b. Ukht al-Zubayr b. al-ʻAwwām であるとする」とある。[4] 前述のように、現存する『ムルシド』の写本群は旧い短版と、より新しい長版に大別されるものの、イブン・アッ＝ザイヤートの記述通りに二分類されるわけではない。[5] また、厳密にいうと、新しい長版としたものの中にも、さらに分量の差が存在する。例えば、しばしば研究者に使用される(8)は(11)よりもさらに長いのである。

そのような中で、表1にみえるように『ムルシド』写本の中には、*al-Durr al-Munaẓẓam fī Ziyāra al-Jabal al-Muqaṭṭam*（『ムカッタム山参詣における整然たる真珠』）などの書名を別に作るものや、この双方を並記するものが存在するが、そのことはすでに旧ヴァージョンの時点から生じていた。この点は『ムルシド』の成り立ちを考察するうえでも興味深く、同書は当初からサブタイトルを有していたようである。

それでは、この二ヴァージョンの大別と書き加えを削ぎ落とす作業から、どのようなことが浮かびあがってくるのであろうか。まず第一に、「参詣の作法（ādāb al-ziyāra）二〇則」は一二一八年までに書かれたヴァージョンの中ですでにまとめられており、その時点までにそれを可能にする参詣慣行の確立と参詣をめぐる言説の収斂が生じていたと考えられる。この作法は著者イブン・ウスマーンの完全な独創によるとするよりも、当時のエジプト社会においてすでに確立しつつあった慣行や合意を反映させながらまとめたものと考える方が妥当であろう。

また、後代に付加された部分にタサウウフ（スーフィズム）関連の記述が増加しており、エジプト社会におけるタサウウフの展開や浸透に呼応しているものと解釈できよう。ただし、参詣書自体はタサウウフの書物とは頻繁な情報のやりとりをしていたにもかかわらず、微妙な一線を画しており、必ずしもタサウウフの具体的な諸相を描出することを企図しているわけではない（付論3）。ちなみに、書き加えは『ムルシド』後半部により集中する傾向がみられる。

それでは、『ムルシド』の原作に記述を追加したのはどのような人物であったのだろうか。これについて探究する手がかりは、いくつか残されている。原著者イブン・ウスマーンは、参詣のシャイフ（リーダー）としては例外的であるが、一族から何人も著名学識者（ウラマー）を輩出してきた有力家系の出身者であった。その祖父、アブー・アムル・ウスマーン Abū ʿAmr ʿUthmān は、著作でも知られるシャーフィイー派の法学者であった。父アブー・アル＝ハラム・マッキー Abū al-Ḥaram Makkī（一一四二〜一二一七）は、メッカやアレクサンドリアなどで学び、カイロでハディースを講じていた。また著者の兄弟についてみても、アブー・アッ＝トゥカー・サーリフ Ṣāliḥ（一一六六〜一二一九）はハディースを講じ、アブー・アムル・ウスマーン Abū ʿAmr ʿUthmān（一二六一没）もクルアーン解釈学やワアズ（宗教的説話）に勤しんでいたことが知られていた。ムカッタム山麓にあった一族の墓所は後代までよく知られており、原著者イブン・ウスマーン自身も祖父の墓廟のもとで講話会・集会（miʿād）を主宰していた[6]。このように一族の系譜を少しでも辿ることのできる参詣のシャイフはきわめて稀である。

加えて、この一族の子孫は、さらに後代（少なくとも十五世紀）まで活躍が知られていた。参詣のシャイフであったイブン・アッ＝ザイヤート（一四〇二年筆了）は、自身の執筆した参詣書の中で、『ムルシド』からの引用部分に挿入するような形で、「ウスマーン一族の墓地」について情報を加えていた。そして、『ムルシド』の著者であるイブン・ウスマーンの「子孫が今日まで遺っており、善行者達、学識者達である」と明記していたのである。[7]

ところで、イブン・アッ＝ザイヤートの時代に死者の街において知られていた「イブン・ウスマーン（の子孫）」について調査を進める過程で、筆者は次のワクフ文書の記述に注目した。それは一四〇二年に草されたアミール・スードゥーン・ミン・ザーダのワクフ文書であるが、そのワクフからの支出項目の箇所には、「（毎週）土曜日と水曜日にカラーファの聖者達を参詣する折にクルアーンを読誦し、ワクフ設定者とその子孫らのために祈願を行なうイブン・ウスマーンのグループ（講・ターイファ）に、毎月二〇ディルハムがワクフ収入から支払われる」と記述されていた（第1章）。すなわち、十五世紀初頭にあっても「イブン・ウスマーンのグループ」の名で広く人々に了解される別の参詣のシャイフが存在したのである。

これをマクリーズィーの『地誌』などと照合してみた結果、この人物は参詣シャイフのムヒー・アッ＝ディーン・イブン・ウスマーン Muḥīy al-Dīn 'Abd al-Qādir b. 'Alā' al-Dīn Muḥammad b. 'Alam al-Dīn b. 'Abd al-Raḥmān al-shahīr bi-Ibn'Uthmān（一四一二没）であったと筆者は推定している。彼は両足が不自由であったゆえ、土曜日の日昇後に騎乗して参詣を先導していた参詣のシャイフ・アジャミー Muḥammad al-'Ajamī al-Su'ūdī（一四〇七没）の跡を継ぎ、土曜日の日昇後に騎行していたとされる。[8]

イブン・アッ＝ザイヤートと同時代にイブン・ウスマーンとして知られた参詣のシャイフとは、このムヒー・アッ＝ディーン・イブン・ウスマーンと想定するのが最も蓋然性が高く、またイブン・ウスマーンの名を冠した集団は、イブン・アッ＝ザイヤートの参詣書『カワーキブ』の全編を通観しても、あるいは他の同時代史料を渉猟しても、『ムルシド』の原著者一族以外を想定するのは困難である。それゆえ、『ムルシド』の原著者の子孫が、参詣のシャイフとして従事していたムヒー・アッ＝ディーン・イブン・ウスマーンであった可能性があろう。彼も参詣のシャイフであったから、手許に参詣書は必携であり、彼自身が参詣書を著しても不自然ではない。

さらに推論を進めるならば、『ムルシド』の原著者の血筋を引く者が、参詣のシャイフなどとして参詣活動に従事し、『ムルシド』の原著にはない後代の知識を付加していった可能性がでてくる。その場合、候補として有力なうちの一人は、このムヒー・アッ゠ディーン・イブン・ウスマーンである。また、イブン・アッ゠ザイヤートが『カワーキブ』の中で言及していたムワッファク・アッ゠ディーン Muwaffaq al-Dīn b. ʻUthmān b. Aḥmad b. Muḥammad. b. ʻUthmān とは、おそらく原著者のイブン・ウスマーンの弟ジャマール・アッ゠ディーン・ウスマーンの曾孫にあたり、やはりこのイブン・ウスマーンであった可能性がある。さらに、名前と時代からすれば、アヤソフィア写本の奥付に筆記者として（一四四六年に筆写）名を記していたアフマド Aḥmad b. Muḥammad Ibn ʻUthmān も可能性を残す。ただし、同写本が古く短いヴァージョンに基づくことに鑑みると、可能性ははるかに低くなろう。[9] むしろ、エジプト国立図書館蔵写本（Taʼrīkh 5129）の表紙に著者として記されているザイン・アッ゠ディーン・ウマル・アル゠ムワッファクは、写本が長版のものであることからも気にかかる存在である。

これらの推論は、先に検討した付加部分の年代（最も遅いもので十四世紀後半）ともほぼ符合する。『ムルシド』のテクストにおいて、本文中に「著者曰く（qāla al-muʼallif）」とある場合でも、付加版の場合、後代の人物が挿入した可能性の高い箇所がある。[10] 後代の情報付加者はそれほど深く原著への追加に関わっており、原著者に近いポジションにあった可能性が強い。

『ムルシド』は、そののちにいくつもの本格的な参詣書が著されたにもかかわらず、オスマン朝期の十七世紀以降に至っても続々と再書写されていた。このことは、同書が依然としてこのジャンルのスタンダードと認知されていただけでなく、実用面でも一定の有効性を保持し続けていたことの証左であろう。加えて、他の参詣書もオスマン朝期以降まで書写されてきたが、内容に大きく付加がなされているのは『ムルシド』だけであることも、特筆すべきである。これも先述のイブン・ウスマーン一族の、例外的な長期にわたる活躍と関連する可能性があろう。すなわち、イブン・ウスマーンの子孫も参詣グループを引率していたからこそ、後代の情報を加えたのではなかろうかという推論である。しかし、以上の仮説はさらなる補強を要しよう。また、イブン・アッ＝ザイヤートの参詣書も、『ムルシド』に付加の行なわれた時期とほぼ同時期に書かれており、両者の競合関係なども考慮すべきなのかもしれない。

改めて考えてみると、参詣講も多数存在していたのであり、それを率いた参詣のシャイフ達はその「顧客」たる参詣者獲得のためにも、他の参詣のシャイフと自らの差異化を(無意識にせよ)図ったうえで、優位に立つ必要があったと推察される。参詣書が他の参詣のシャイフとの論争や、他のシャイフの意見を修正する箇所を多く含んでいたことは、この観点からも捉え直すことができよう。やや誇張した言い方をするならば、参詣書自体がいわば参詣をめぐる言説のアリーナと考えられるのであり、『ムルシド』への書き加えの理由も、原著が著されてから約二〇〇年が経過すると共に後続の参詣のシャイフが輩出し、『カワーキブ』や『ミスバーフ』など新たに優れた参詣書が著されていた当時の状況を踏まえて再考すべきなのかもしれない。

以上に検討してきたように、『ムルシド』は後代に追補されたテクストであり、書き加えの実行者は、不断のフィールドワークや情報交換、読書の成果をそこへ注ぎ込んだのである。その際には、時代の変化を経て、新たに情報を加える必要性を感じていたことであろう。また、参詣者や参詣のシャイフの保持した伝承は、参詣書や墓誌の形に文字化され、あるいは墓や墓廟としての三次元化に影響を与えていった。さらに、それらも参詣のシャイフや参詣者によって情報収集され、彼らの言説を形作りつつ循環していった。その意味では、参詣書写本はテクストとフィールドとの間の絶え間ない相互作用の賜物ともいえよう。『ムルシド』にみられたように、参詣書写本の在り方は一様一定ではなく、時代の変遷とともに変容する「生成するテクスト」としての側面も備えていたのである。

付論3　参詣の書と死者の街からみたスーフィズム

参詣の書や死者の街はスーフィズムとどのように関わっていたのであろうか。この問いは自明のごとく思われるかもしれないが、実のところほとんど手をつけられていない研究領域である。[1]参詣（ズィヤーラ）の慣行はスーフィズムの外縁部を構成し、民衆の日常化したスーフィズムの在り方として位置づけられたり、「エジプトにおいて、スーフィー教団が広範な基盤による一般的現象となる過程で、不可欠な力として作用した」などとも評されるが、[2]そのプロセスや実態が本格的に探究されたわけではない。

実際、参詣書には、スーフィーによる集団活動の様相や歴史的展開が直接まとめて述べられてはいない。それゆえ、さしたる意図をもたずに参詣書を読む限り、スーフィズムにそれほど拘泥せずとも、参詣慣行の大きな流れは把握できよう。総じて、スーフィズム研究に秀でる者はそちらに引きつけての読みが可能となろうし、社会史的関心を中心に据える者にとってはスーフィズムに触れずに他の主題を語ることが可能であろう。

筆者自身は、スーフィズム研究に無限の憧憬を抱き続けてきたにもかかわらず、その大海に溺れることを惧れ、このテーマを避けてきた側面がある。と同時に、参詣の書とスーフィズムとの関係は微妙であり、参詣書はスーフィズムの外縁をなぞりつつ、時に鋭く内側へ切れ込み、あるいはスーフィズムに対応はしていても、それ自体を描いているわけではないという捉えにくさを感じてきた。しかし、参詣の書や死者の街とスーフィズムとの関連についての検討は、避けて通れぬものと了解している。

そこで、本章では、参詣の書とカイロ＝フスタート周辺の墓地区という場から、スーフィズム・タサウウフやスーフィーについて考察を試みる。あるいは、参詣書や同地区がどのように当時のタサウウフやスーフィーの在り方を反映していたのかを検討する。とくに十二世紀以降、スーフィズムはタリーカ（スーフィーの道統・教団）の展開と相俟って、一部のエリートの専有物から民衆のいわば日常生活の倫理として普及していったと概説されるが、そのような展開を死者の街参詣がどの程度反映しているのかを探るのも、目論見の一つとなる。

さらに、スーフィズム・タサウウフに付随すると考えられがちな諸慣行、例えばマウリド（聖者生誕祭）やスーフィーの修道、ザーウィヤ、ハーンカー、リバートなどと称される修道施設が参詣書にどのように記述されていたのかも、あわせて検討に値しよう。

それでは以下、スーフィズムと参詣書・死者の街との関わりについて、大きく二方向から検討を加える。第一に、参詣の書とスーフィズムとの関係を問い直し、参詣の書がスーフィズムをどのように描いていたかを分析する。第二に、カイロ＝フスタート郊外の墓地区において、タサウウフがいかなる空間的展開を遂げていたのかを明らかにする。そこにおいては、社会における人間関係と墓地の空間配置との連関についても考察を試みる。

1　「参詣の書」とスーフィー、スーフィズム

(1)　引用文献の分析

参詣の書は、夥しい数の引用文献からなる精巧な編み物という側面を有していた。その中で、いわゆる「スーフィズ

ム」に関連する文献は、どの程度を占めていたのであろうか。以下、著者名もしくは典拠名が明示される形で引用されたものだけを一瞥してみよう。なお、ここでは十二〜十五世紀に活躍した主要な四人の参詣のシャイフによる参詣書をもとに、分析を行なう。

まず、イブン・ウスマーン(一二一八没)の『ムルシド』*Murshid* であるが、わかっただけで六一点を超える引用文献のうち、スーフィズムに直接関係が深いのは、クシャイリー al-Qushayrī の *al-Risāla*(二〜三カ所)、スラミー al-Sulamī のスーフィー列伝(一カ所)、イブン・アル＝アラビー Ibn al-ʻArabī の *Sirāj al-Murīdīn*(一カ所)、イブン・アル＝ファーリドの詩(一カ所)のみである。しかもこのうち最後の二点は、著者イブン・ウスマーン没後に何者かによってテクストに挿入された可能性が高い。[3] これにスーフィー列伝と重複する部分を有するイスファハーニー Abū al-Nuʻaym al-Iṣfahānī の *Ḥilya al-Awliyāʼ*(一カ所)や、イブン・アル＝ジャウズィー Ibn al-Jawzī の *Ṣifa al-Ṣafwa*(一カ所)を加えてみても、単純に点数だけから計算して、全引用文献点数の約六・六%(後代に付加された可能性のある二点を除く)にすぎない。そのうえ、他の史書などには一点から二〇カ所以上が引用された文献がいくつもあるため、全体としてはごくわずかにすぎないといった印象である。また、引用される多数のハディースに比べても、圧倒的に少数といえる。

次にイブン・アン＝ナースィフの『ミスバーフ』*Miṣbāḥ*(十三世紀末までの記述を含む)であるが、クシャイリー(九カ所)、スラミー(五カ所)に加え、ガザーリー Abū Ḥāmid al-Ghazālī(一カ所)とイブン・アビー・アル＝マンスール Ṣafī al-Dīn Ibn Abī al-Manṣūr への言及(一カ所)が新たに見受けられる。前出の *Ḥilya*(八カ所)や *Ṣifa al-Ṣafwa*(一一カ所)からも引用が激増し、Ibn Yaḥyā al-Rashīd の *Manāqib Ibn al-Jazzār* とカスタッラーニー Abū al-ʻAbbās al-Qasṭallānī の *Manāqib Abī al-Rabīʻ* という作品も、スーフィー・聖者伝の可能性がある。以上、引用点数は増えていないが、引用箇所は激増している。もっとも、全体の引用点数も八〇点を超えているため、『ムルシド』にはまさるものの、依然として全引用点数における比率は微増程度にすぎない(八・八%)。

第三にイブン・アッ＝ザイヤート（一四一二没）の『カワーキブ』*Kawākib*（一四〇三年筆了）をみると、スーフィズムやスーフィーに直接関連するものとして、クシャイリー（四カ所）とイブン・アビー・アル＝マンスールの *al-Risāla*（一五カ所）、およびそれに準ずるものとして *Ḥilya*（四カ所）や *Ṣifa*（七〜八カ所）、ヤーフィイー al-Yāfiʿī の *Rawḍ al-Rayāḥīn*（一カ所）、イブン・アル＝ムラッキン Ibn al-Mulaqqin の *Ṭabaqāt al-Awliyāʾ*（六カ所）、カスタッラーニー（三カ所）、*al-Kawākib al-Munīr fī Manāqib Abī al-ʿAbbās al-Baṣīr*（一カ所）などをあげることができる。ただし、『カワーキブ』における引用は全体で一〇〇カ所を超えており、『ミスバーフ』に比べ比率は必ずしも高くない。また、イブン・アビー・アル＝マンスールへの依存も際立っている。

サハーウィーの『トゥフファ』*Tuḥfa*（一四八二年筆了）については、クシャイリー（三カ所）、イブン・アル＝ムラッキンの *Ṭabaqāt al-Awliyāʾ*（三カ所）、イブン・アビー・アル＝マンスールの *al-Risāla*（五カ所）、*Ḥilya*（二カ所）、*Ṣifa*（四カ所）、ʿIzz al-Dīn b. Ghānim al-Maqdisī の *Ifrād al-Aḥad ʿan Afrād al-Ṣamad*（一カ所）、*Kitāb Maḥāsin al-Abrār wa Majālis al-Akhyār*（一カ所）、そして、バラーンスィー Badr al-Dīn al-Balānsī の三点 *Rawḍa al-Sālikīn wa Ghayḍa al-Nāsikīn, Miftāḥ al-Futūḥ fī Miṣbāḥ al-Rūḥ, Tuḥfa al-Abrār*（一カ所）への言及など、引用全体が六〇数点へ減じていることに鑑みれば、スーフィズム関連書からの引用は一〇％を超え、四参詣書の中で最大へと増えている。

以上の引用から統計的な結論を導くことは、点数が少なすぎるゆえ不可能である。また、直接スーフィズム関連の書物でなくとも、後代になるとタサウウフの浸透とともに、書物全般においてそれに関する記述が増加してゆくことにも留意が必要であろう。しかし、全般として、十三世紀のイブン・ウスマーンの参詣書から十五世紀後半のサハーウィーまでで、スーフィズム関連の引用が倍近く漸増しており、エジプト社会一般におけるタサウウフの展開と軌を一にしてはいるといえよう。また、代表的なスーフィー思想家ともいえるイブン・アル＝アラビーやガザーリーは、全参詣書を見渡してみても各々わずか一カ所ずつしか引用が明示されていない。無論、直接引用されていなくとも、彼らからの間接的な影響は無視し得ないであろうが、むしろ圧倒的な引用元は他の参詣書であり、あるいは史書、地誌類であった。その意味では、後述するように、参詣の書がスーフィズム・タサウウフ専門の書物ではないという結論の方がより妥当といえよう。

なお、以上の作業とは逆に、参詣書の中の被葬者たちが他のスーフィー列伝やスーフィー関連書にどの程度記載されていたのかをみるならば、こちらもかなりの事例を確認できる。一例をあげると、ディッキー al-Diqqī(Ⓗ三五七没)はクシャイリー、スラミー、イブン・アル＝ムラッキン、シャアラーニーらによって言及されていた[4]。

(2)　スーフィズム関連の記述

参詣の書におけるスーフィズムやスーフィー関連の記述について考察を進めようとするならば、そもそも何をもってスーフィズムやスーフィーとするかという設定を確認しておく必要があろう。そこで、スーフィーやスーフィズムに関連していると判断できるいくつかの場合を大別して想定してみると、①参詣の書の中にスーフィー、タサウウフやその類語がそのままの表現ででている、②いわゆるスーフィー列伝にその人名がでている、あるいはそれとは若干ずれるが現代の「スーフィズム」研究書にその名がでている人物である、③スーフィーに固有とされる用語や論法がでてくる(この場合、往々にして、その用語で説明されうるスーフィー独特の慣行・実践も含まれる)、④(直接タサウウフとの関連を示すとは限らないが、傍証として)ザーウィヤ、ハーンカー、リバートなど、スーフィーと関連の深い修道施設に逗留・居住している、などの場合を措定することが可能であろう。そのためここでは、①から③について順を追って参詣書の記述を整理し、④については独立して別節で扱いたい。

①スーフィーやタサウウフという表現がそのままみられる場合

この場合、参詣書内で被葬者本人がスーフィーであると描写されたり、タサウウフに関わっている場合と、被葬者以外として逸話部分に言及されたり、著作を引用されたりするケースなどが考えられる。このうち、被葬者以外として言及される場合は、当時もしくは現代にスーフィーと認知される場合が多いため②へ譲り、ここでは被葬者とスーフィー・タサウウフとの関連のみを扱う。換言すれば、被葬者のうちどの程度がスーフィーとして記述されていたのかを問うことになる。なお、スーフィーやタサウウフの類語も、ここでは含めて考察する。

まず、『ムルシド』の総被葬者四〇六人前後のうち、[5] スーフィー・タサウウフに直接関連すると記述されるのは、わずか約三・二%にすぎない。[6] また、ここでタサウウフに関連して記述された者のうち、没年がわかる場合は、ヒジュラ暦四世紀／西暦十世紀に集中しがちであった。[7] これらに関しては、十世紀当時からスーフィーなどの呼称が与えられていたのか、後代の著者イブン・ウスマーンの判断によって、遡及してタサウウフ関係の呼称を与えられたのか、にわかには判断できない。

第二に『ミスバーフ』(十三世紀末)をとってみると、記述された被葬者の総数が一一九三人程度へ激増したのに対し、そのうちのスーフィー関連者はわずか一五人(約一・三%)であった。ただし、ザーヒド(zāhid 禁欲者)と評された者が九五人にものぼるため、表現法の問題も考慮されるべきであろう。なおここでは、前出の『ムルシド』からの引用部分(すなわち孫引き部分)もそのまま含めて算出している。スーフィー被葬者の没年代については、『ムルシド』にはみられないヒジュラ暦七世紀の事例を含んでいた。[8] また、naqīb al-sāda al-ṣūfiya などの表現は、スーフィー集団形成の萌芽を窺わせる。[9]

第三に『カワーキブ』の場合は、被葬者総数一九〇三(もしくは一九二九)前後に対して、スーフィー・タサウウフとの関連を明示された被葬者は約一・六%、あるいは直接明記されていなくとも、タリーカなどの表現から十分に推測できるものを加えると、約二・〇%となる。スーフィーとされた被葬者の没年代は、ヒジュラ暦七世紀の者が半数以上へ激増している。[10]それ以前の没年の者は、以前の参詣書からの引用である場合も多い。また、タサウウフ関連の記述は本書の後半部、著者が新たに書き加えた部分に多い。これは、時代の推移も反映しているものと思われる。同時に、とくに校訂本末尾の三〇九〜三二一頁は、これまでの参詣の書に全くみられない書き下ろし部分で、詳細であるうえ、イブン・アビー・アル＝マンスールからの引用を多く含む。[11]さらに、shaykh al-ṣūfiya の存在など、明らかにタサウウフに関連する集団を想定できる記述が増加してくる。

第四に『トゥフファ』をみてみると、スーフィー・タサウウフの表現がみえる被葬者は三一人（タリーカという表現やタリーカに基づくニスバがスーフィーと関連することが明白な事例を含めると五六人）で、全被葬者二〇三四（死者の街に埋葬されたと明言されていないものの、その可能性の高いものを含めて二〇五〇）人前後のうち一・五%である。この数字だけみると、さほどスーフィーの増加ぶりは窺えないが、タリーカなどの用語でタサウウフへの関連が明白な例を加えると約二・八%に達する。スーフィーとされた被葬者の没年代はヒジュラ暦七世紀以降がほとんどとなり、なかでも八世紀以降のスーフィーの激増ぶりが目をひく。[12]このように参詣書はスーフィーの被葬者のうちでは、やはり各々の著述時期に近い者をより多く、しかも明確に、スーフィーとして記述する傾向にあったといえる。

以上の瞥見の最大の難点は、参詣書自体がさまざまな引用から構成されており、必ずしも一定の基準でスーフィーとそうでない者を選別しているとは限らないことであろう。しかし、他者からの引用であっても、参詣書の著者が自分なりの意味を担わせる形で使用していたことも、ある程度確認できる。また、仮にスーフィーと当時認められていたり、スーフィー列伝に記述されていたにせよ、参詣の書にはスーフィーと記述されなかったり、別の表現をとったこともあり得ようし、その逆も然りである。例えば、ズー・アン＝ヌーン・アル＝ミスリー Dhū al-Nūn al-Miṣrī やイブン・アル＝ファーリドは、参詣書の中にスーフィーであったとは明記されていないが、両者に全く触れない現代のスーフィズム研究書も稀であろう。実際に、スーフィーに比較的近い形容の呼称としては、サーリフ、ザーヒド、ワリーなどがあった(後述)。

このようなマイナス面も顧慮したうえで、あえて被葬者とスーフィー、タサウウフとの関連をみると、そのような表現が明示されている被葬者は、先の四点の参詣書における全被葬者中のごくわずか(三%に達しない)であることがわかる。このことは、参詣の書における被葬者の記述について総体的なイメージを描くのに役立つであろう。また、この数字は被葬者への他の形容(サーリフ、ファキーフなど)と比較研究する道を残している。すなわち、ここで四参詣書を並べて通時的変化を考察するには点数が少なすぎ、また個々の著者の嗜好も強く反映されかねないのであまり有益とはいえず、むしろ、スーフィーやタサウウフに関連する形で記述される被葬者の比率が極めて低いことの方に、解釈の余地があるように思われる。そして、被葬者の中には参詣の対象者も多く含まれるわけであるから、この検討は民衆の参詣対象とスーフィーとの関係の輪郭を得ることにもつながろう。しかし、このような墓の点数では計れない記述の質の問題もあるので、それについては他のアプローチから絡めとりたい。

②『スーフィー列伝』や欧米のスーフィズム研究書にその名がみられる場合

ここでは、古典史料のいわゆるスーフィー伝/スーフィー列伝にその人名がでていたり、あるいはそれとは若干ずれるものの、近現代欧米の「スーフィズム」研究書においてスーフィーとして著名な人々が、各参詣書にどのように登場するかについて瞥見してみたい。被葬者以外として、被葬者の逸話部分に付随して言及されたり、著作を引用されたりするケースを中心にデータを提示する。

まず、『ムルシド』には被葬者の友人・師としてジュナイド al-Junayd、ズー・アン＝ヌーン・アル＝ミスリー、ガザーリー、クシャイリー、ユースフ・ブン・アル＝フサイン・アッ＝ラーズィー Yūsuf b. al-Ḥusayn al-Rāzī(Ⓗ三〇四没)、トゥストゥリー al-Tusturī（Ⓗ二八三没）、アブー・ハムザ・アル＝バグダーディー Abū Ḥamza al-Baghdādī らが登場していた。あるいは、発言を引用されたり例話に登場する人物として、サービト・アル＝ブナーニー Thābit al-Bunānī（Ⓗ一二三もしくはⒽ一二七没）、ガザーリー、ラービア・アル＝アダウィーヤ Rābi'a al-'Adawīya、イブン・アル＝アラビー、ズー・アン＝ヌーン・アル＝ミスリー、ジュナイド、イブラーヒーム・ブン・アドハム Ibrāhīm b. Adham（Ⓗ一六一没）、マンスール・ブン・アンマール Manṣūr b. 'Ammār al-Sulamī（Ⓗ二二五没）、サムヌーン・ブン・ハムザ Samnūn b. Ḥamza（Ⓗ二九〇没）、イブラーヒーム・アル＝ハッワース Ibrāhīm b. Aḥmad b. Ismā'īl al-Khawwāṣ（Ⓗ二九一没）、ヤズィード・アル＝リカーシー Yazīd al-Riqāshī、アブド・アッラー・ブン・アル＝ムアッリム 'Abd Allāh b. al-Mu'allim らがあげられる。

これらのうち、『ミスバーフ』においてジュナイド、イブン・アル＝アラビー、ズー・アン＝ヌーン・アル＝ミスリーに着目してみてみると、各々三カ所、二カ所、九カ所にその名がみえる。同書にもやはりガザーリーからの引用が一カ所にみえ、スフラワルディー al-Suhrawardī も一カ所みえる。とくにガザーリーからの引用箇所は、参詣作法に関連して広く知られており、メッカ巡礼に行こうと思う人々がディーナワリー Abū al-Ḥasan al-Dīnawarī の墓上を脱衣して転げ回る慣行に対し、これはキリスト教徒の慣行につながると戒めた枢要な箇所であった。[13]

一方、『カワーキブ』になると、ジュナイド（五カ所）、ラービア・アル＝アダウィーヤ、ズー・アン＝ヌーン・アル＝ミスリー（一三カ所）、イブラーヒーム・ブン・アドハム、スフラワルディー、アフマド・アル＝バダウィー Aḥmad al-Badawī、ジーラーニー 'Abd al-Qādir al-K(J)īlānī（四カ所）、アブー・マドヤン Abū Madyan Shu'ayb、イブン・アッ＝サッバーグ Ibn al-Ṣabbāgh、アブー・アル＝アッバース・アル＝ハッラール Abū al-'Abbās al-Ḥarrār、Abū Ja'far al-Andalusī、イブン・アリーフ Ibn al-'Arīf、シャーズィリー Abū al-Ḥasan al-Shādhilī、アブー・アル＝アッバース・アル＝ムルスィー Abū al-'Abbās al-Mursī、リファーイー Aḥmad b. al-Rifā'ī、ルーズバーディー Abū 'Alī al-Rūdhbādī、イブラーヒーム・アル＝ハッワース、ディーナワリー、アブー・バクル・アッ＝ザッカーク Abū Bakr al-Zaqqāq、アディー・ブン・ムサーフィル ʻAdī b. Musāfir、マディーニー ʻAbd al-Raḥmān al-ʻAṭṭār al-Madīnī など錚々たる名前が散見される。とくに、アフマド・アル＝バダウィー、ジーラーニー、シャーズィリー、リファーイーらの名が揃いだすことは、タサウウフの系譜やタリーカの形成について考える上でも重要であろう。

『トゥフファ』においては、ジュナイド、ラービア・アル＝アダウィーヤ、ジーラーニー（六カ所）、リファーイー、イブン・アッ＝サッバーグ、ズー・アン＝ヌーン・アル＝ミスリー、アブド・アル＝カーヒル・アッ＝スフラワルディー ʻAbd al-Qāhir al-Suhrawardī、シハーブ・アッ＝ディーン・アッ＝スフラワルディー Shihāb al-Dīn al-Suhrawardī（一二三四没）、アフマド・アル＝バダウィー、シャーズィリー、イブラーヒーム・アッ＝ダスーキー Ibrāhīm b. Abī al-Majd al-Dasūqī らの名があがっている。とくに本書では、ジュナイド、ジーラーニー（六カ所）、リファーイー、アブド・アル＝カーヒル・アッ＝スフラワルディー、シハーブ・アッ＝ディーン・アッ＝スフラワルディー、シャーズィリーらがタサウウフの系譜の記述において、その遡及先や中継点として語られることは注記に値しよう。以上の四書におけるいわゆるスーフィーのうち、被葬者としてでているのはごくわずかであることも付け加えておかねばならない。

では次に、参詣の書と当時のスーフィー列伝の記述する人物が、どの程度重複していたのかを試みに探ってみたい。ここで、タサウウフの隆興が窺え、かつ記述年代のはっきりしている『カワーキブ』（一四〇二年筆了）を事例としてとりあげ、そこへスーフィー列伝に準ずるものと考えられるイブン・アビー・アル＝マンスールの *al-Risāla* やイブン・アル＝ムラッキン（一四〇一没）の *Ṭabaqāt al-Awliyāʼ* が項目として列記した人物が、どの程度記載されていたかをみてみたい。まず、*al-Risāla* の方は校訂本において項目としてあげられている一一七人ほどのうち、一五・四％が『カワーキブ』に登場していた。この数字には、アレクサンドリアのシャイフ達を列記している部分（一六人のうち二人だけが『カワーキブ』にでている）があることを割り引いて考えなければなるまい。一方、イブン・アル＝ムラッキンの方は、二二九項目のうち、約二五・三〜二八・四％が『カワーキブ』と重なっていた。こちらの方は、ほぼ同時期の執筆であるため、より重複度は高くなろう。また、*al-Risāla*、イブン・アル＝ムラッキンともに、厳密にはアウリヤー（聖者の複数形）の列伝と銘打っており、『カワーキブ』におけるイブン・アル＝ムラッキンの記載する人物との重複数などは、前項で検討した参詣書の中に明記されたスーフィーの比率より高率に達することになる。いずれにせよ、この検討から、同時代にアウリヤーと記された者に対する「聖者崇敬」について考察するうえで、参詣書が一定の有効性を持つ史料であることが示されていよう。

③スーフィーに固有とされる用語や論法がみられる場合

ここでは、それらの用語で説明されうる、スーフィー独特の慣行・実践も含めたい。この点に関してはまず、何をもってスーフィー、タサウウフに付随する用語と認定するかということ自体が問題となる。例えば、当時の認識としてどの程度共有されていたのかはわかりにくいが、我々は当時のスーフィー用語認識の一つの指標として、イブン・アル＝アラビーやカーシャーニー Kamāl al-Dīn al-Q(K)āshānī、シハーブ・アッ＝ディーン・アッ＝スフラワルディー、アブド・アル＝カーヒル・アッ＝スフラワルディー、カラーバーズィー、クシャイリー、マッキー al-Makkī など、枚挙に暇がないほどのスーフィー用語解説を有している。[14] また、現代の研究者による用語辞典なども有用である。[15] 一方、近年のスーフィズム研究書やタサウウフ古典翻訳・校訂書には、巻末にスーフィズム関連の語彙集・索引を備えているものがあり、それらも参考になることは間違いない。[16] しかし、これらを以てしても、我々はもちろん厳密な区分を有しているわけではない。本章ではとくに参詣書史料における用法に留意しつつ、タサウウフ関連の文脈で参詣書に登場している用語や内容をまとめたが、その点では、あくまで四点の参詣書の描くタサウウフ、スーフィー像を提示するにすぎない。

まず、各参詣書はタサウウフやスーフィーの理念、タサウウフとは何か、スーフィーの徴などについて、登場人物の口を借りて語らせていた。例えば『ムルシド』では、イフシード朝の君主カーフール（九六八没）に関連した逸話が引用され、「カーフールが我々にタサウウフを教えてくれた」と述べる箇所すら見受けられる。『カワーキブ』はそれを引用したうえに別の発言を付加して、タサウウフと無知蒙昧（jahl）が一つになることはないとカーフールに説かせていた。あるいは、同書中でルーズバーディー Abū ʻAlī al-Rūdhbādī は「スーフィーとは誰か」と問われ、「清浄さの上にスーフ（獣皮）を纏った者」と答えていた。さらに、ザーヒドとはどのような者か、そしてそのスーフィーとの関係についても、登場人物をして語らしめていた。[17] この点では、参詣の書も間接的にせよ、タサウウフについて啓蒙する部分を含んでいたといえる。ただし、これは参詣の書全般から窺える教宣的な性格にも通じることである。

次に、慣行についてみてみると、ズィクル（神への称名）、マジュリス（集会・講座）、サマーウ（samāʻ 歌舞音曲を伴う聴会）などの記述を見出せる。とくに『カワーキブ』と『トゥフファ』においてこれらに関する記述が増加し、師のもとに集うスーフィー達が、シャイフ Ṣafī al-Dīn の定めたようにズィクルを行なうという記述もあった。ただし、ズィクルの内容の詳細は不明である。[18] そして、我々は十七世紀のナーブルスィーのようなヴィヴィッドな記述を求めがちであるが、ズィクルなど慣行の詳細を記さないという点は、オスマン朝期のシュアイビーの参詣書になっても変わらない。[19]

同じく、参詣の書には、死者の街で祝祭を催していた痕跡も皆無ではない。ただし、それがいわゆる一般の人々も大挙した聖者生誕祭（マウリド）であったのかどうかは、判断が難しい。しかも、わずかにマーディラーニー al-Mādirānīyīn（マーディラーイー al-Mādirāʼī）墓地とタージ・アル＝ムルーク廟 Turba Tāj al-Mulūk などがその例として記述されていたにすぎないことは逆に特筆すべきであり、この問題については後に再度論及する。[20]

スィヤーハ（siyāḥa 複数形は siyāḥāt 漂泊・彷徨）とタジュリード（tajrīd 複数形は tajārīd 放念・放棄）はしばしば対になって用いられた表現であり、イブン・アル＝ファーリドの事例でも詳述されていたように、タサウウフの道を求める初心者は、世俗の雑念や所有物を放棄して、修行の彷徨にでるのである。この二つも『カワーキブ』以降に急に出現するようになる表現である。[21]

第三に、タサウウフ関連の用語一般についてみてみると、ハール(ḥāl 複数形は aḥwāl 様相・状況)の表現は比較的、目につく。そこでは、スーフィーの高師にのみ生ずる、常ならぬ様相の意を示していた。[22] 先述のスィヤーハとタジュリードの結果、その者にはファトフ(fatḥ 開示)が訪れる。そこではアッラーへの道に邁進努力する意味で、ジハード(jihād)、ムジャーヒド(mujāhid)、イジュティハード(ijtihād)の表現もみられた。[23] その後のスーフィーは、タフキーク(taḥqīq 真知の確証)とマアリファ(ma'rifa 霊知)で知られるようになるなどする。[24] タフキークと同語根によるハキーカ(al-ḥaqīqa 真理)、その主であるムハッキク(muḥaqqiq)も、散見される表現である。[25] スーフィー道の初心者はムリード(murīd)として頻繁に記述され、それ以上の階梯が体系立って記述されることはないものの、クトゥブ(quṭb 複数形はアクターブ aqṭāb 枢軸)あるいはマカーム・アル＝クトゥバーニーヤ(maqām al-quṭbānīya もしくはマカーム・アル＝クトゥビーヤ quṭbīya 枢軸の境位)やアブダール(abdāl 補佐者)といった表現もみられた。[26] 被葬者や参詣書の登場人物に対するこれら以外の呼称・形容に関しては、このあとにまとめて論じたい。

一方、カラーマ(karāma 美質・奇蹟・徳行)について、参詣の書はかなり熱心に記述しており、これまで本節であげたいかなるタサウウフ関連用語よりも多い。逆にいえば、カラーマは単にスーフィーの被葬者を超えて、被葬者全般に関わる聖者崇敬に使用された用語であったといえよう。

(3) 被葬者や参詣書の登場人物への呼称・形容

ザーヒド／ズフドの現れ方

ここでは、被葬者や参詣の書の登場人物への呼称・形容に関して、(2)節では述べなかったものを整理してみたい。

四点の参詣の書を通じて、被葬者や故人に対する最も一般的な形容は、サーリフ（ṣāliḥ 単数形）／サーリフーン（ṣāliḥūn 複数形）もしくはスラハー（ṣulaḥā' 複数形）であろう（いずれも義人の意）。そして、その次に広範に用いられたのがアービド（'ābid 複数形はウッバード 'ubbād 篤信者）であり、同様にしばしば用いられたのはザーヒド（zāhid 複数形はズッハード zuhhād 禁欲者）やワリウ（wari' 敬虔）という形容である。このうちザーヒドについてはいくつか専論もあるが、ここでは、その用法を参詣書ごとに、時代を追って確認してみたい。[27]

まず、『ムルシド』（著者のイブン・ウスマーンは一二一八没）では、全被葬者のうち約八・九％のザーヒドを数えることができた。このうち、ファキーフ（faqīh 字義通りには法学者）でもあった者は一人、カーディー（qāḍī 裁判官）が三人、スーフィーとの明記が六人、アミール一人である。他書でスーフィーとされていた者が本書ではザーヒドとだけ扱われていることもあった。このようにザーヒドという表現は、カーディーであれスーフィーであれ、広く重複して用いられていた。『ムルシド』ではスーフィーと明記される事例がまだ少なかったことを顧慮すれば、スーフィーとの親和性も窺える。また、その没年からは、『ムルシド』中のザーヒドがヒジュラ暦四世紀に集中しがちな傾向を看取できる。[28] このようにザーヒドがよりイスラーム初期に集中する傾向は、ズフド（zuhd 禁欲・禁欲主義）をめぐるこれまでの諸研究の結果と相反しない。すなわち、初期イスラーム期にはまだスーフィーとされる人々の範囲はより狭く、それに比してザーヒドという形容が主流を占めていた。

第二に『ミスバーフ』（十三世紀末筆了）をみると、本書はスーフィーという表現の少なさを補うかのように、大量のザーヒド関連の表現（九五カ所）を有する。しかし、被葬者の総数も激増しているので、比率でいえば約八％とほぼ変化ない。ただし、本作品ではスーフィーという表現が極めて少数であるため、印象として数字以上にザーヒドが目につく。また、このうち一〇人がファキーフ、カーディーが四人、一人がスーフィー、四人がアーリム／ウラマー（学識者）、四人がワリー（walī 聖者）、二人がワズィールの表現（重複あり）を与えられており、ファキーフとの親和性とスーフィーの少なさがみてとれる。これは前述のように、イブン・アン＝ナースィフが、他書ではスーフィーと記述されている者にザーヒドの語をあてる傾向をもつためでもある。没年に関しては、ヒジュラ暦三〜七世紀にかけて確認されたが、本書は他の参詣の書に比べて全般的に没年の記述を欠く傾向にあった。[29] その一方で、ズフドとは何かといった議論が含まれており、啓蒙的でもあった。

第三の『カワーキブ』であるが、八四人前後がザーヒド関連の呼称を与えられており、全被葬者の約四・四％へと半減していた。このうち、ファキーフでもあった者が一一人と親和性をみせており、カーディーは四人、スーフィーは三人(重複あり)にしかすぎない。また、彼らの没年は著者の没年(一四一二年)に呼応して、全般にそれまでの参詣書より年代が下る傾向にあるが、同時にヒジュラ暦八世紀以降の著者の時代に近いザーヒドの事例が見当たらない。[30]

一方、『トゥフファ』では、ザーヒドの使用比率がさらに激減し、約三・八％(七七例)までになっていた。このうちファキーフが六人、スーフィーが三人、カーディーが三人であった。その没年の分布の内訳は、ヒジュラ暦六世紀以降のものが増えるものの、著者の同時代(一四八四年筆了)は少なく、逆にヒジュラ暦六世紀以前の例が多いともいえる。[31]

ワリー、マジュズーブ

ワリー(walī 複数形はアウリヤー awliyā' 聖者)について、ワラーヤ(walāya 聖者性)の主と記述されたものも含めてみてみると、例えば、『ムルシド』に六人(そのうち、ザーヒド二人、ファキーフ一人)、『カワーキブ』に五人いたが、『トゥフファ』に至ってはわずか一人がそのように形容されていたにすぎない。[32] ある意味で意外でもあるが、ワリーと直接記述されるケースはこのように稀であり、一方、アウリヤーという複数形を用い、ある空間に固まって埋葬されていると一括される例はかなり見受けられる。すなわち、不特定の被葬者群に対する敬意を示す呼称としてしばしば選択されていたのである。

次いで、マジュズーブ(majdhūb)とは、神への信仰へ「惹きつけられた」者(ここでは「ジャズブ jadhb もしくはジャズバ jadhba にとらわれる」との表現も含む)のことであり、修行の諸段階の結果として神秘的統一に達したのではなく、ひとたびの霊的経験から自然発生的にこの高みに至った者のことを意味した。[33] 参詣の書の中ではまず『ムルシド』に、イスラームの篤信者でかつ常軌を逸脱して奇行に走る者としてウカラー・アル＝マジャーズィーブ(ʿuqalāʾ al-majādhīb マジャーズィーブはマジュズーブの複数形)の表現がでてきており、この箇所は『カワーキブ』においてウカラー・アル＝マジャーニーン(ʿuqalāʾ al-majānīn)へと置換されていた。このように、マジュズーブはタサウウフの文脈でいうマジュヌーン(majnūn 複数形はマジャーニーン majānīn 狂者)とも近接した概念であったろう。[34] jadhba rabbānīya(主に対して惹きつけられること、主的頓悟)、jadhba al-ilāhīya(神に惹きつけられること、神的頓悟)などの表現も、スーフィーとの関連を窺わせている。[35]

ムウタカドの出現とファキール、アーリフ、クドゥワ

元来、イウティカード(iʿtiqād)は信仰・崇敬を一般的に表すのに用いられてきた語であるが、当該の期間中には術語としての特化が認められる。ムウタカド(muʿtaqad)は史料中、一般に人々や特定個人(スルターンなど)から崇敬(イウティカード)の念を獲得していた者に冠せられる形容となっていた。[36] とくにこの用法によるムウタカドについては、筆者がみる限りマムルーク朝後期に急増する形容であり、マクリーズィーやイブン・タグリービルディー、イブン・ハジャル・アル＝アスカラーニー、サハーウィーなどの年代記・伝記集になって頻見される表現である。[37] この時代的傾向を参詣の書は如実に反映しており、『ムルシド』や『ミスバーフ』に「一般に人々の崇敬を集めていた者」の意味では全く用いられておらず、『カワーキブ』にその兆しが感じられるものの、『トゥフファ』になって一八例と激増する表現である。すなわち、この意味での表現としては、マムルーク朝後期に至って人口に膾炙していった可能性が強い。ちなみに、『トゥフファ』におけるムウタカドは、著者の年代に近い人物を中心に、おそらくヒジュラ暦七世紀まで遡及して適用

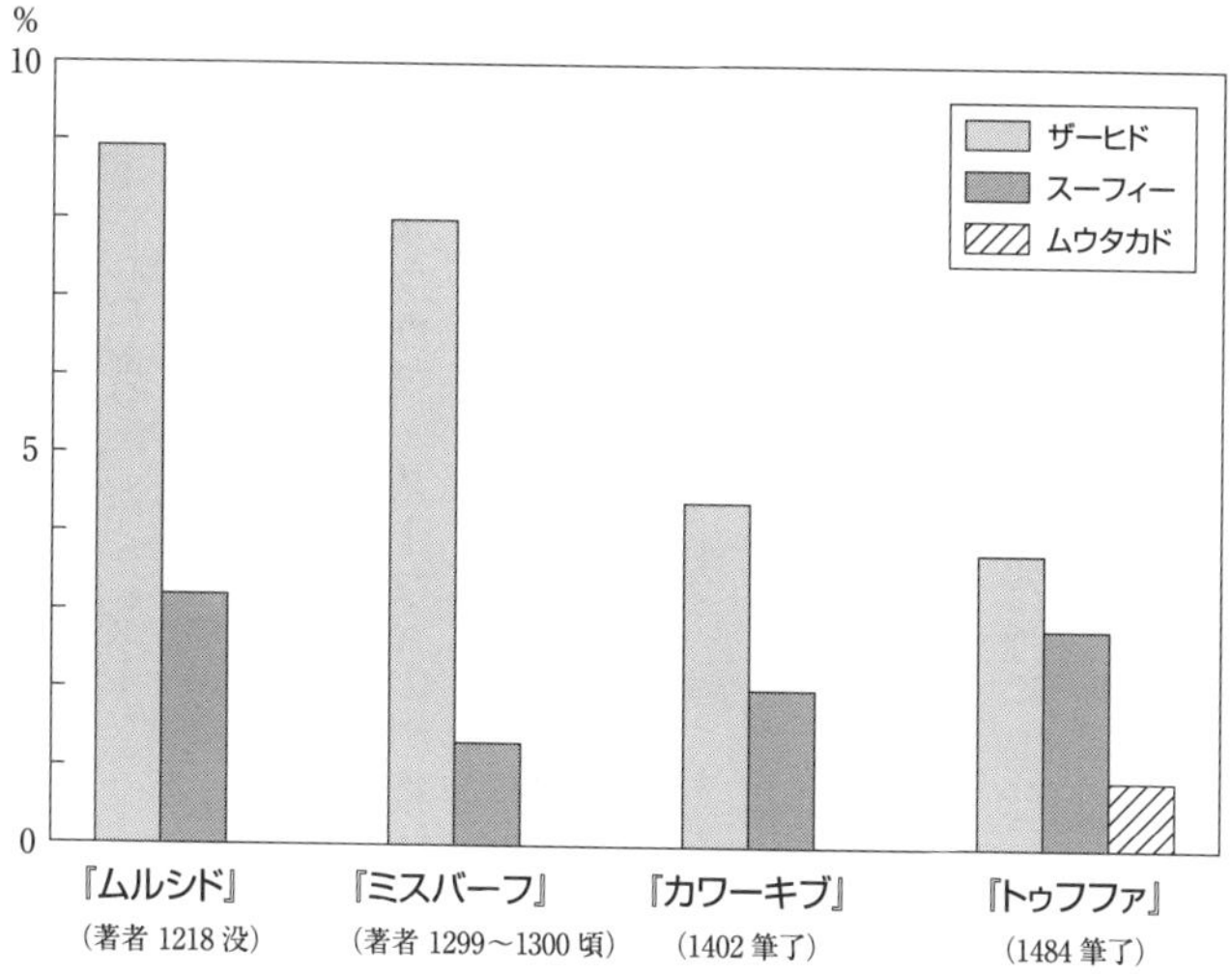

参詣書にみえるザーヒド，スーフィー，ムウタカド

されていた[38]。

これら以外の形容として、ファキール（faqīr 貧者・スーフィー）、アーリフ（ʿārif 真知者）、クドゥワ（qudwa 師範）、ナースィク（nāsik 敬虔者）などをあげることができる。ファキールは貧者とスーフィーとのあわいを示していて微妙な表現であるが[39]、参詣の書では特定の被葬者個人に対する形容辞としてより、複数形フカラー（fuqarāʾ）で集団・人の群れを描出する表現として用いられていた。とくに『カワーキブ』での彼らは、特定のザーウィヤに逗留したり、イブン・アル＝ファーリドのマジュリス（講座）に参加するなど、スーフィー的色彩が濃い[40]。なお、十七世紀のシュアイビーの参詣書には、「フカラーすなわちスーフィー」と言い換えている部分すら見出せることを指摘しておきたい[41]。

また、アーリフ／アーリフ・ビ・アッラーフ（ʿārif/ʿārif bi-Allāh）も『トゥフファ』（一四八四年筆了）になって、ほぼ劇的に多数登場する表現である。これも当時の他史料の傾向と軌を一にしている。クドゥワも同様に『トゥフファ』から表れる表現で、両者の多用がこの後の類似ジャンルの書物に頻見されることになる。

さて、ここまで(2)節の「スーフィー」も含めて、参詣書の中の被葬者への呼称・形容についてみてきたところを整理すると、次のようにいえよう。すなわち、『ムルシド』から『トゥフファ』まで時代順に並べて考えてみると、初期により比率の高かったザーヒドという形容は時代の経過とともに減少し、代わってスーフィーに関連する表現が増えてゆく。また、ムウタカドやアーリフなどの表現は、『トゥフファ』になって激増する。さらにいえば、引用部分ではなく独自に後代に書き下された部分、とくにスーフィーとの関わりの強い部分は全般に敬称の羅列となり、そのためいわば敬称の「安売り」のような状態すら生じていた。ただし、全体として史料の点数が少なく、これのみを以て時代の趨勢全般を語るのは早計であり、筆者の意図でもない。むしろ、当時の史料の趨勢をもとに、これも検証することを念頭に置いている。

(4)　タサウウフ・スーフィーの集団としての現れ方

タリーカ／タリークとそれに由来するニスバ

一般には十二～十三世紀以降、特定の祖師のもとにその作法や教えに従ってスーフィー達が集い、道統を形成しつつ集団で修道し始めるとされる。すなわち、タリーカ(ṭarīqa)もしくはタリーク(ṭarīq)の生成である。エジプトにおいても、シャーズィリーヤ al-Shādhilīya、リファーイーヤ al-Rifāʿīya、カーディリーヤ al-Qādirīya などのタリーカの活動がみられるようになる。[42] この動向とも部分的に重なっていたと思われるが、王朝有力者の建立したハーンカー(修道場)など宗教施設は、ワクフによる財源をもとに大量のスーフィーを居留させ、その生活全般を支援するようになっていた。一例をあげると、カラーファ門付近に一三三五年に建立されたカウスーン・ハーンカーは、五〇人のスーフィーを任用していたといわれる。[43] 彼らはそのワクフ設立者の墓へクルアーンを詠み贈ったり、施設内の行事にも従事していた。

このように、スーフィー達が王朝政府からの庇護のもとにハーンカーに籠って修道したり、世間から孤絶して生活し、一般の礼拝に参加しなくなっていたことへの批判もイブン・アル＝ハーッジらにみられた。[44] これに対しては、マムルーク朝末期からオスマン朝初期にかけて、スーフィー達自身の側にも反発と変革の芽が生まれている。[45] これに関連して興味深いのは、これほどスーフィーの存在が浸透すると、スーフィーを騙って、遺族のもとでいい加減なクルアーン詠みを行ない、食事を平らげ続ける集団も生まれており、学者・歴史家のイブン・トゥールーンの叱責を招いていたことである。[46]

一方、参詣の書をつぶさにみてみると、『ムルシド』や『ミスバーフ』からはタリーカ／タリークという表現によって、修養や教えに関する流儀に類するものは垣間見られるものの、集団の直接的な形成は窺えない。もっとも、ザーウィヤやリバートの記述から類推することはこれらの時代でもすでに可能ではあるが、これについては後述する。[47]

『カワーキブ』におけるタリーカ／タリークという表現からは、やはり広義の修行道の輪郭は感じられるが、集団形成の意味合いは漠然としたままである。それでも、イブン・アビー・アル＝マンスールからの引用と称して(*al-Risāla* 校訂本にみられない部分)、「(カラーバーギー Abū al-ʿAbbās al-Qarābāghī は)スーフィー達のうちの大物で、タサウウフに従事し、彼の周りには彼のタリーカに従う者たちがいた。その逗留場所は彼のザーウィヤであった」という記事を載せている。[48] また、murabbī al-murīdīn(弟子の育成者)と冠された shaykh al-ṣūfiya(スーフィー達の長)の存在や、ザーウィヤを拠点とする活動など、タリーカの語義とは別に集団の形成は窺える。[49] さらに、アッ＝シャーズリー al-Shādhilī など、タリーカ(ここでは集団を意味する証拠はなく、より道統としての)名に由来するニスバかと想定し得る事例がみえ始める。[50]

『トゥフファ』になると、タリーカ／タリークの表現自体が激増する。そして、それは「師のタリーカに従う」「スーフィー道(ṭarīq/ṭarīqa al-qawm)」などの表現をとるが、やはり後代の「教団」のような組織立った集団を直接意味する例は未出のままであり、流儀・修道法、道統などをその祖師からの系譜のうちに語るのが通例であった。従って、タリーカ／タリークもしくはタサウウフを誰から受け継いだか、という系譜がしきりに記述されるようになる。その中には、四代遡及してリファーイー Aḥmad al-Rifāʿī に至る Jamāl al-Dīn Shuʿayb al-Rifāʿī の例や、一二人を遡及してカリフ・ウマルへ達する例すらみつかる。その他の遡及先としては、ブルルスィー Burhān al-Dīn Ibrāhīm al-Burlusī、ジーラーニー、ジュナイド、イブン・ガザーラ Ibn al-Ghazāla などをあげることができる。[51] このタサウウフの系譜が（スーフィーの）賜衣（khirqa〈al-taṣawwuf〉）という具体物、一種の聖遺物を通じて伝達される事例もみられた。また、タリーカとタリークの違いについて付言すると、参詣書においてはタリーカとタリークの双方とも使用されており、相互置換的に用いられている場合もあった。この時代には用語自体も後代に比べれば未分化であり、不確定な部分を多く有していた揺籃期であったろう。

タリーカ／タリークが組織化の進んだ集団を直接意味していなかったからといって、『トゥフファ』全体からそのような動きを察知できないというわけではない。タリークのシャイフの一人で、「スーフィー達の大シャイフ」（shaykh mashāyikh al-sāda al-ṣūfīya）であったアーディリー Sharaf al-Dīn b. Muḥammad al-ʻĀdilī がヒジュラ暦七八八年にザーウィヤへ埋葬されていたり、ヒジュラ暦八〇九年没のハッラーニー ʻIzz al-Dīn Muḥammad al-Ḥarrānī がカーディリーヤのスーフィー達に対してアブドゥル・カーディル（ジーラーニー）の高孫達の事績を語る名代を務めていた（waliya niyāba al-takallum ʻan al-sāda al-ashrāf awlād sayyidī ʻAbd al-Qādir ʻalā al-fuqarāʼ al-Qādirīya）といった事例からは、スーフィー達が特定の師による道統のもとに修養に努めていた姿が窺える。[52] また、後述するが、ザーウィヤ、リバート、ハーンカーにおけるスーフィー達の活動からも、部分的には彼らの集団形成が窺えよう。

いわゆるタリーカに由来すると推定されるニスバについても、カーディリー al-Qādirī/al-Qādirīya、リファーイー al-Rifāʻī/al-Rifāʻīya、シャーズィリー al-Shādhilī/al-Shādhilīya、アダウィーヤ al-ʻAdawīya、ブルハーニー al-Burhānī などが目につく。[53] ただし、これらとて特定の修道法に従う流儀やそれを中心とする流派・道統程度の集団の緊密性を表示したものにすぎぬかも知れず、強固な教団組織の存在を実証するにはまだまだ証拠不足であろう。なお、このニスバを冠したシャーズィリーヤ墓地 Turba al-Shādhilīya の存在は、彼らがタリーカに基づいて墓地という死後の世界の土台を共有するに至っていたことを示していようし、「リファーイーのシャイフ達」（mashāyikh al-Rifāʻīya）、「シャーズィリーのシャイフ達」(mashāyikh al-Shādhilīya)などの表現からは、師の教えに従う集団の存在も看取することができよう。[54]

聖者生誕祭

マムルーク朝期、「聖者」崇敬の高揚を背景に、それを具現する機会として、エジプトのムスリム間にマウリド(聖者生誕祭)が広まってゆくようになる。もっとも、それ以前すでにファーティマ朝期には王朝政府の後押しで、預言者一族の顕彰と共に彼らのマウリドが行なわれていた。[55] その中のマウリド・アン＝ナビー(預言者生誕祭)についていえば、イブン・アル＝ハーッジの批判からは、マムルーク朝当時のマウリドに楽器や歌が付随していたり、人々がズィクルの際、声を張り上げていたことが窺える。[56] 八六六／一四六二年、八八〇／一四七五年のように、スルターンの主催によるマウリド・アン＝ナバウィー(ナビー)も行なわれていた。[57]

また同じくマムルーク朝期、デルタ地方におけるアフマド・アル＝バダウィーやダスーキー、ナイル川を挟んだカイロ対岸におけるイムバービー ʻImād al-Dīn Ismāʻīl al-Imbābī などのマウリドが盛んになっていたことは、史料からよく知られている。これらのマウリドの中には、生ける聖者や有力者の誕生日を祝うものも、故聖者の生誕を祝すものも含まれていたようである。とくにイムバービーのマウリドには、七九〇／一三八九年、「数え切れぬ女性や子供、不埒な者どもが集まり、(姦淫や同性愛などの腐敗に果てに)翌朝には飲み干され空になった一五〇個のワイン壺(jarra)が畑地に散乱していた」といわれる。翌年のマウリドでは家が崩れ、マウリドでいつもサマーウ(聴会)を催していた著名歌手のイブラーヒーム Ibrāhīm やその兄弟ハリール Khalīl をはじめ、多くが死亡した。[58]

死者の街へ視線を移すと、先述のように、人々が祝日(ayyām al-mawāsim/mawsim)にカラーファへ繰り出していたことは明白で、そのたびに繰り返し禁止令が布告されていた。[59] そして、死者の街のサイイダ・ナフィーサ廟では、カリフによる主催ゆえに「カリフのマウリド」と称されていたナフィーサのマウリドが人気であった(第4章)。現今の死者の街におけるシャーフィイー、イマーム・ライス、ウマル・イブン・アル＝ファーリド、サイイダ・ナフィーサなどのマウリドの一定の隆盛ぶりに重ね合わせてみると、当時の参詣書には死者の街における各種「聖者」のマウリドが盛んに記述されていたのではと短絡されるかもしれない。

　しかしながら、参詣の書はマウリドに関する記述をほとんど残してはいなかった。わずかに、マーディラーイー墓地とタージ・アル＝ムルーク廟、アリー・ブン・アブドゥッラー聖廟 Mashhad ʿAlī b. ʿAbd Allāh の三カ所において、諸祝日(fī al-mawāsim wa al-aʿyād)に人々が集まり、財物が撒かれていたと記されるのみである。ここでいわれる「al-mawāsim wa al-aʿyād」にしても、聖者生誕祭を含んでいた可能性があるが、三例はファーティマ朝以前の墓が主として意図されているようであり、イスラームの二大イードや(実際に参詣書にみえる)シャアバーン月半ばなど、より一般的な祝日を指したり含んだりしている可能性も排除できない[60]。確かに、四点の参詣書の中にマウリド・アン＝ナビーの起源に関する記述や、『トゥフファ』当時のマウリド・アン＝ナビーに関する記述がそれぞれ一カ所ずつ見受けられるが、全体としてみると皆無というに等しい[61]。

　逆にいうと、これほどマウリドに対する言及が少ないことは特筆すべきことであり、我々はその意味を再吟味する必要があろう。まず問われるのは、参詣の書の書かれた当時、マウリド(とくに「聖者」のマウリド)がどの程度カイロ＝フスタート郊外の墓地区へ普及していたのかである。この点については、先に引用した史料からも、マムルーク朝後期のエジプトにおいてはマウリドがある程度普及していたことをみてとれた。そのうえで、いまだ一般化していたとまではみなされず、それを支えるべき人間集団・組織が未発達であったため、参詣の書はマウリドに言及しなかったと考えるべきなのか。それとも、マウリドはそれなりに一般化していたにもかかわらず、参詣の書に書かれなかったと措定すべきなのか。後者の場合には、なぜ書かれなかったのかという理由も問われよう。自明であったから書かれなかったのか、あえて書かないという選択がなされたのか。あえて書かないとされた場合は、それがイスラームの教義に抵触する部分を含むと考えられたためなのか、それとも異なる読者層を設定していたからなのか、あるいはまた「参詣の書」というジャンルが確立してゆく中で、マウリドは通常、そこへ書き込まれないテーマであったのか。

筆者も最終的な判断を下すことは、今回の試掘のみでは不十分なために留保せざるを得ないが、参詣書がマウリドに焦点をあてていなかったことは明白である。そして、一つの見通しとして、エジプトの「参詣の書」が多数の著者によって連綿と書き継がれる間に、ある一定の様式とジャンルが確立され、マウリドはそこに含まれるべきテーマではなかったためにあえて書き込まれなかった、とするのが現時点では最も妥当かと考えている。この推測の一つの裏付けとして、第五の参詣書の著者であるシュアイビー自身が、タサウウフに精通して「アフマディーヤに属した」という意味のアフマディーのニスバをもち、その理論や実践の書を執筆していたにもかかわらず、あえてタサウウフ関連の詳細にその参詣書の中でほとんど触れず、それについては別箇の書にまとめていたという事実をあげることができる。また、そもそも死者の街参詣書のスタイルを築いた参詣書である『ムルシド』は、マウリドがカイロ＝フスタート郊外の墓地区に定着する以前の十二～十三世紀にかけて草されており、同書の書式が踏襲されたため、参詣関連のハディースはしばしば引用されたのに対し、マウリドは参詣書に書き込まれなかったのではないかという側面も指摘できよう。

2　死者の街とタサウウフ

ここまで、参詣の書に現れたタサウウフ、スーフィー関連の記述について分析する過程で、直接的かつまとまった形ではしないものの端々では言及しているという、参詣書のタサウウフに対する微妙なスタンスを看取していただけたと思う。しかし、参詣の書はタサウウフの集団的展開について、別の角度で反映してはいなかっただろうか。むしろ、大小カラーファ、サフラー地区など、墓地区におけるスーフィーの空間的展開と関連づけて参詣の書を読む方に、より有効性が見出せないであろうか。すでに筆者や他の研究者達も指摘してきたように[62]、死者の街やムカッタム山はスーフィーに格好の修業の場を提供していた。死者の街で彼らは、篤信や敬虔さで範を示したとされる多くの聖者の墓近くにとどまり、先人の徳に触れ続けることが可能であった。また、あまたの宗教施設や荒れた墓廟、オープン・スペースに恵まれた死者の街は、逗留を望むものに対して包容力に富む場所であった。世間から孤絶し、籠って修行を続けることを美徳とするスーフィー達にとって、墓廟や各施設は絶好の空間を提供していたのである[63]。そして、その背景にはワクフによる給付があったことはいうまでもない（第4章）。

また、スーフィー達は山に籠り、あるいは漂泊して修行を重ねていたが[64]、このムカッタム山域は涸沢（ワジ）や洞穴に富み、その荒涼たる岩塊はスィヤーハの場として最適であった。我々は参詣書からもこの修道例として、「スーフィー達の長」であったイブン・ジャーバール Abū ʿAbd Allāh Muḥammad b. Jābār やイブン・マズルーク Abū ʿAmr ʿUthmān b. Mazrūq らをあげることができる[65]。また著名な事例として、イブン・アル＝ファーリドがそのタジュリードの初めに入山し、スィヤーハを行なったのがムカッタム山の涸沢であった[66]。加えて、山麓はカラーファへと連なるうえに、語法としてもムカッタム山の麓とカラーファは相互置換的に用いられることが多かった。このように、死者の街はエジプトにおけるスーフィズムの展開に場、あるいは空間的根拠を与えたと考えられるのである。

しかし、この結論へ至るためには、これまで行なわれてはこなかったことであるが、墓地区におけるタサウウフの空間的展開と参詣の書の記述内容とを関連づけ、精査する必要があろう。そこで、本節ではカイロ＝フスタート郊外の墓地区におけるザーウィヤなど修道施設の展開を参詣の書から眺め、その後に参詣の書からみた空間把握の事例を紹介してみたい。

(1)　参詣の書に現れた修道施設

アイユーブ朝期頃からエジプトに定着を始めた修道施設であるリバート、ザーウィヤ、ハーンカーは、カイロ＝フスタートの墓地区においても展開をみせていた。参詣の書からは、これらの施設について、マクリーズィーやイブン・ドゥクマークの地誌に記述されていない事例を多く見出せる。そして、これら三種の施設の歴史的展開と、とりわけ民衆との関わり方は、参詣書に如実に反映されていたと考えられる。

まず、リバートであるが、『ムルシド』にはわずか一カ所、ファキーフ・ナスル・リバート Ribāṭ al-faqīh Naṣr がでてくるのみであった[67]。しかし、『ミスバーフ』になると六カ所に増加し、さらに『カワーキブ』では四カ所、『トゥフファ』では九カ所にみえる。とくに、『トゥフファ』の記録は詳細かつ貴重であり、ビント・アル＝ハッワース・リバート Ribāṭ Bint al-Khawwāṣ は寡婦や孤児の逗留先、ワアズの会席、タリーカの人々の流儀に従ったズフドの場などとして機能していたという[68]。また、アミール・ジャーンバク・リバート Ribāṭ al-Amīr Jānbak は、元々ファーディル廟 Turba al-Fāḍil として知られており、のちに数度の改築を経てこの呼称に至ったものであった。ここに描かれたトゥルバ（墓廟）からリバートへの転換、すなわちその改築の実態とは、飾り立て、塗り直され、貧者／スーフィー（fuqarāʾ）を逗留させ、彼らに糧食と手当を与え、墓廟を新しくし、その建物を拡大して塗り直し、囲壁された墓庭（ḥawsh）や座台（maqʿad）、厩（iṣṭabl）、台所（maṭbakh）、清浄場（mīḍaʾa）を備え、貯水槽（ṣihrīj）と家畜に水をやる水槽（ḥawḍ）および給水施設（sabīl）の上を寺子屋（kuttāb）とし、井戸を新しくし、墓廟にはシャイフと五〇人のスーフィー、そしてクルアーン詠みを任用し、シャイフの使用人、イマーム、敷物係（farrāsh）、門番その他を充用したことであった。そこにはイブン・アッ＝サカリー Ibn al-Saqalī（一二七三－四没）とその弟（一二八七－八没）の墓もあったという[69]。この陣容をみる限り、後述のハーンカーに類似したリバートも存在したということであり、しかも、アイユーブ朝期に導入されたという概説と合

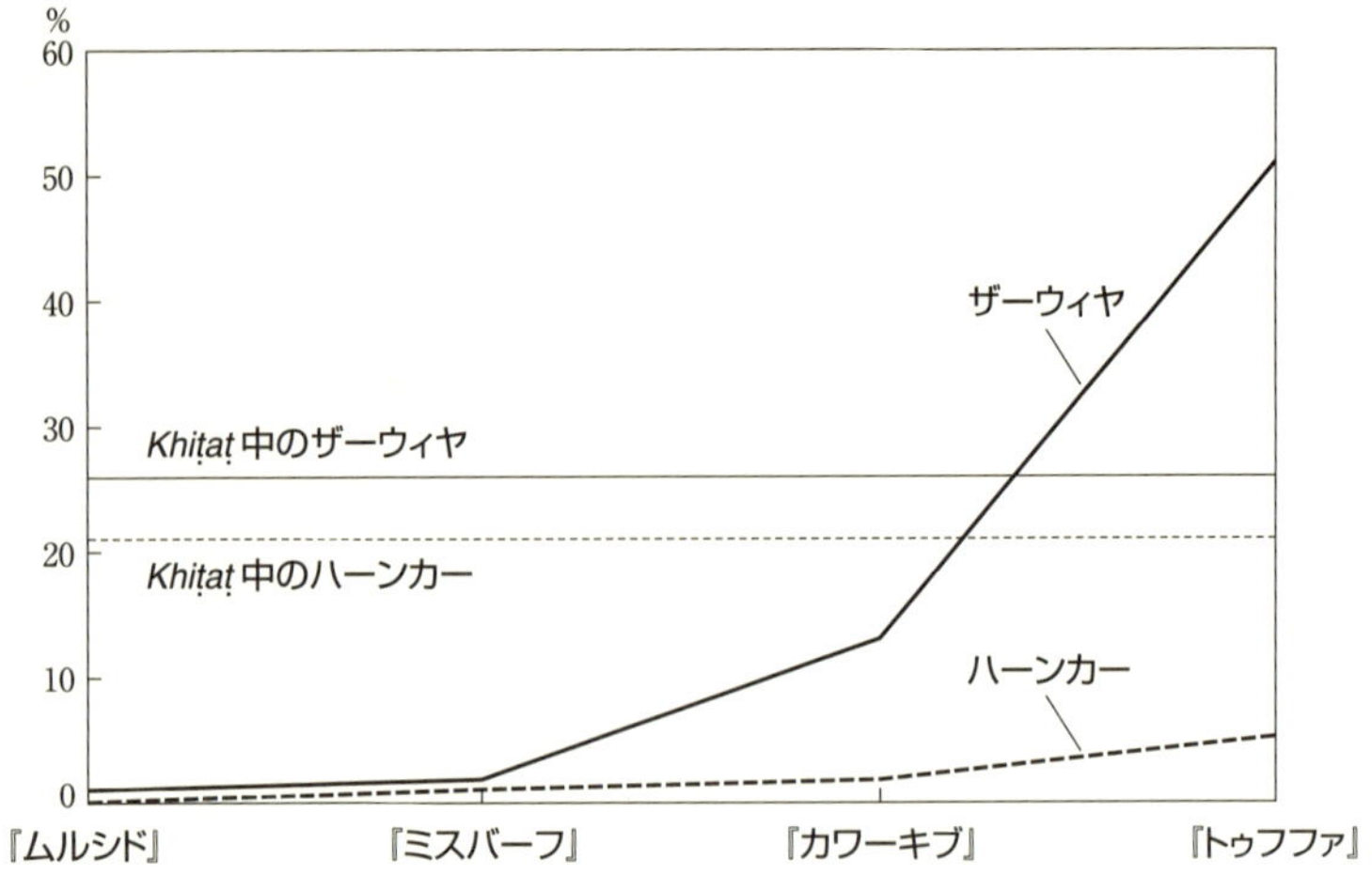

参詣書にみえるザーウィヤとハーンカー

致している。[70]

次にザーウィヤであるが、『ムルシド』にわずか一カ所アブド・アッ＝ラフマーン・ラスラーン ʿAbd al-Raḥmān Raslān（一一七五－六没）のものだけが記録されていた。[71] しかも、その部分は『ムルシド』の短版にはなく、後代に書き加えられたとみなされるため、実際には皆無と考えるべきであろう。それが『ミスバーフ』では二～四件に増加し、なかでもファフル・アッ＝ディーン Fakhr al-Dīn al-Fārisī のザーウィヤには、彼の弟子と友人達がいたといわれる。[72] これが『カワーキブ』になると激増して、一三件にのぼる。そして、そこにスーフィーやフカラーが逗留したり、聖者達（アウリヤー）の墓が包摂されていたことがわかる。[73]『トゥフファ』に至っては大小カラーファ、サフラー地区以外のものも含め、五〇以上ものザーウィヤを数えることができ、しかもこれらは他の地誌史料にみえないものが多い。

これらのザーウィヤに関する記述をまとめてみると、まずその主であるシャイフの位は系譜をもって後継者（ʿahd）に継承されてゆくべきものであり、その際に子孫が優先されるが、さもなくば弟子や他の者がそれを引き継いでいった。[74] その意味では、血縁や疑似血縁によるつながりが重視されていた。そして、ザーウィヤ内部にはスーフィーやフカラー、師に従う者たちが多く逗留していた。その帰結でもあろうが、ザーウィヤ内にシャイフの家族や弟子、使用人達が固まる形で埋葬されがちであり、シャイフ自身はほぼ確実にそのザーウィヤに埋葬されていた。また、ザーウィヤの名前も、そこの主の交替に応じて変更される場合があった。[75]

なお、ザーウィヤの建物の様式はかなりの融通性を有していたようで、モスクから転用されるなどしていた。その名称も含めて考えると、その主たる人物と従う者たちが活動している限りザーウィヤであり、彼らが去って荒廃すれば、残されたトゥルバ(墓廟)そのものへと化すことになる。史料に曰く「ザーウィヤが荒れて、現在はトゥルバとなってしまった」。[76]また、リバートとの何らかの区別もあったようで、リバートとザーウィヤを別に持ち、カラーファのリバートの方に埋葬されたシャイフも存在した。[77]なお、ザーウィヤの創建者は、ほぼヒジュラ暦七世紀以降の人物といってよかろう。そして、ザーウィヤ教師の中には、同所だけでなく、他所のモスク(イブン・トゥールーン・モスクなど)で教えていた者もいた。

一方、ハーンカー(khānkāh)についてみてみると、その執筆時期からして当然ながら『ムルシド』にはゼロ、『ミスバーフ』に一カ所(al-Khānkāh al-Sharīf Nakla/Naklā)のみ、『カワーキブ』において二カ所(Khānka Sa'īd al-Su'adā', Khānkāh Baktamur〈このうち後者だけが死者の街に存在〉)のみ、『トゥフファ』に五カ所(このうち死者の街に一カ所)の名がでてくるにすぎない。[78]これは例えば、マクリーズィーがその『地誌』の「諸ハーンカー」の項で列記した二一のハーンカー(そのうち、多めに見積もって九カ所が死者の街周辺に展開していた)に比して非常に過少である。[79]また、ハーンカーへ記述を集中させがちな同時代の年代記やワクフ文書、他種の史料を見慣れてきた者にとって、この落差には当惑を覚えよう。[80]

以上のように、参詣の書がハーンカーについての記述を差し控える一方、多数のザーウィヤについて記述していたことはいかに解釈すべきであろうか。ハーンカーにおいては、王朝政府有力者などによって大量のスーフィーや吏員が充当され、ワクフ収入などをもとに莫大な資金が注ぎ込まれていたのに対し、ザーウィヤは特定のシャイフ(の理念)を中核に、その弟子や一族郎党の集合体を形成しており、シャイフの知的・血縁的リネージを大切に後継してゆくべきものであった。大小カラーファを参詣する者やそこで生活する者にとって、より重要視されたのはおそらくザーウィヤの方であり、そもそも同地区におけるハーンカー数が相対的に少ないこともあいまって、王朝有力者層との関わりが密接なハーンカーに関する記述は顧慮の外へ置かれたものと思われる。一般の参詣者が祈願成就を求めてザーウィヤや併設された墓地へ参詣に赴くことはあっても、無縁のハーンカー内の墓所へ参詣に立入ることは少なかったのではなかろうか。さらにいえば、どちらかといえば民衆寄りのスタンスの史料である参詣書と、王朝の事件を主題にしがちな年代記との意識と対象の差もここに現れているように思われる。

また先述のように、残念ながら参詣の書はこれらの施設内における修道の実態を語ってはくれない。我々はむしろオスマン朝エジプト統治期の旅行記などが活写したところから、実態を窺うことになる。[81]

(2) タサウウフの磁場としての死者の街

参詣の書を注意深く読み進めると、墓地区に点在したザーウィヤなどの施設の周囲に、スーフィーやワリーなどと記される者たちの墓が集中的に配されている磁場が何カ所かあることに気づく。一見、それは墓や被葬者名が羅列されたリストとして看過されがちであるが、そこには特定の集団(とりわけスーフィー)の活動、とくにその人的ネットワークと通時的展開が幾分なりとも反映されているのではなかろうか。そこで本節では、スーフィー達の師弟関係や交友関係、血縁、出身地など、他の伝記集などから得られる情報も探索し、それを参詣書の記述へ重ね合わせることによって、スーフィー達が取り結んだ人間関係の網の目を死者の街という空間上に示し、タサウウフの空間生成を歴史的に捉えられるように試みる。その磁場とはあえて提言すれば、サフィー・アッ＝ディーン Ṣafī al-Dīn b. Abī al-Manṣūr のザーウィヤ一帯とアブー・アッ＝スウード Abū al-Suʿūd からムハンマド・ワファー Muḥammad Wafāʾ、イブン・アターー＝アッラーIbn ʻAṭāʼ Allāh へと至る一画である。

サフィー・アッ＝ディーンのザーウィヤ一帯

第一の具体例としてイブン・クフル Ibn Qufl のザーウィヤ、およびそれと近接するサフィー・アッ＝ディーンのザーウィヤ一帯に焦点をあててみたい。これについては、カラーファの参詣書のうち、イブン・アン＝ナースィフ（一二九八年頃までを記述）のものが最初に言及していたため、まず同書に基づき大枠を略述し、そこへより後代の参詣書の情報を重ね合わせることにする。それによると、大カラーファのサフミーヤ al-Sahmīya 地区に[82]ⓐイブン・クフルのザーウィヤ Zāwiya Abū al-Ḥasan ʻAlī Ibn Qufl があり、そのザーウィヤの外、トゥルバにある墓（qabr）には彼の子孫二人が埋葬されていた。その近く（『トゥフファ』によるとザーウィヤの西側）にはⓑマラーギー Abū Qāsim al-Marāghī の墓があり、（『トゥフファ』によるとザーウィヤの南側に）ⓒイブン・アン＝ヌウマーン Muḥammad Ibn al-Nuʻmān のトゥルバもある。さらにⓓ*al-Risāla* の著者サフィー・アッ＝ディーンのザーウィヤも存在していた。すなわち、二つのザーウィヤとその間にいくつかの墓廟・墓が近接しているといった空間構成をとっていた［次頁、図参照］。ここに登場する各被葬者についてみてみると、四人とも、ほぼ同時代を共有したといってよかろう。

ここにあげられた者たちの人間関係については、以上の参詣書からの情報のみでは十分に炙りだせない。そこで、他のスーフィー列伝も加えて吟味してみると、さまざまな次元の関係性が浮かび上がってくる。そもそも、ⓐとⓓの二ザーウィヤがこれほど近接しながら、同時代を共有した被葬者が敵対関係にあったとみなすのは不自然であろう。では、両者の間に横たわる諸関係について三点に分けて註記したい。

第一に、ザーウィヤの主同士であるⓐイブン・クフルとⓓサフィー・アッ＝ディーンとの直接の関係について。何よりもⓓがその著作 *al-Risāla* においてⓐについて一項を設けていることが、その敬意の現れと読めよう。そして、ⓓの

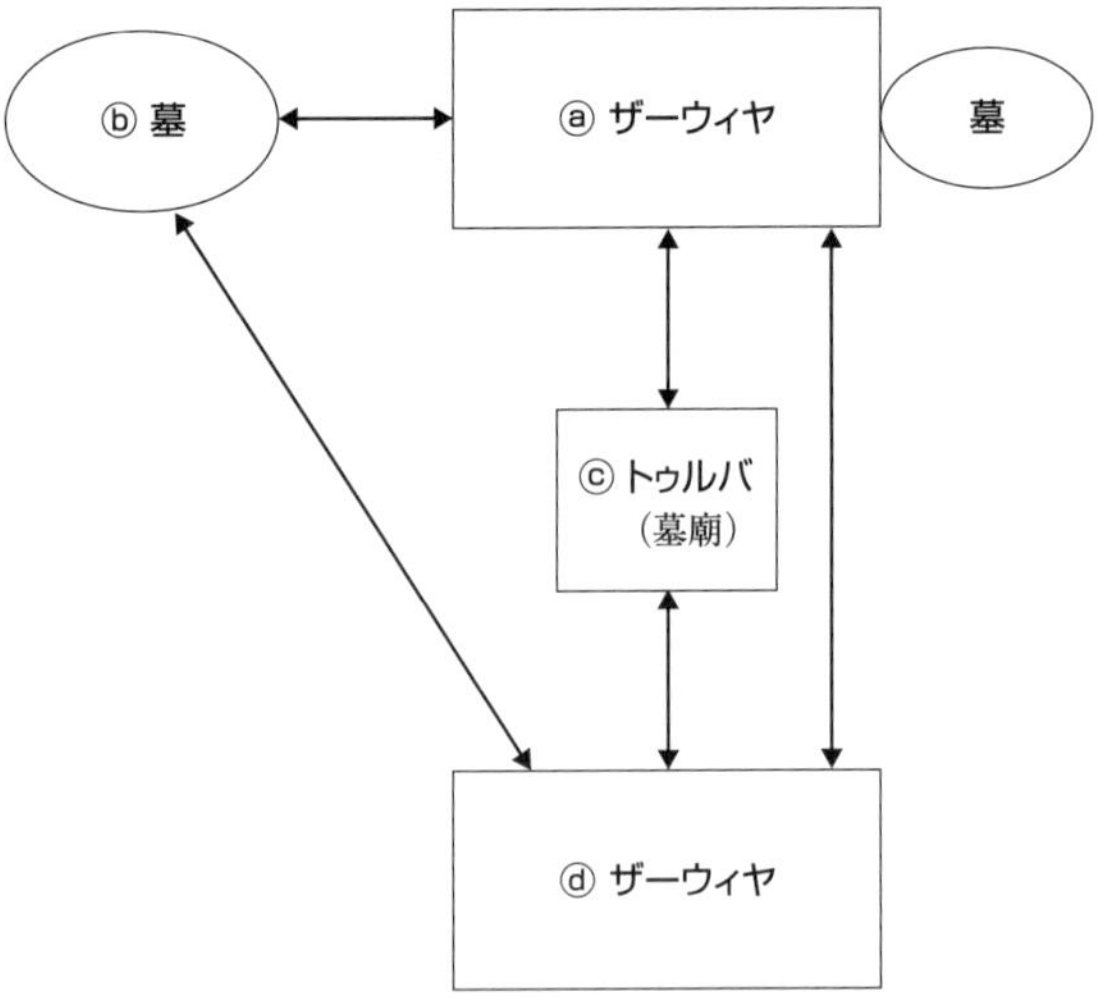

サフィー・アッディーンのザーウィヤー帯の概念図
（生没年はヒジュラ暦）

ⓐイブン・クフル（556～647）　ザービドで聖者性の光（nūr al-walāya）やフィラーサ（霊感），ムカーシャファ（透視）の主であり，弟子たちを育てたと評される。

ⓑマラーギー（683没）　ザービドでタサウウフについて良言を遺した。イブン・アッ＝サッバーグの知遇を得ており，al-quṭbānīya（枢軸性，聖者の境位の最高位）の段階に達していたといわれる。

ⓒイブン・アン＝ヌウマーン（683没）　各地にザーウィヤを建て，イブン・クフル（ⓐ）の薫陶を受けていた。

ⓓサフィー・アッ＝ディーン（595～682）　著作の有名なスーフィーで，その知的系譜はハッラール al-Ḥarrār → アンダルスィー al-Andalusī → アブー・マドヤン Abū Madyan へと遡ることができる。


方はイブン・アッ＝サッバーグの弟子シャーティビー al-Shāṭibī と友人であり、著名なスーフィー・思想家イブン・アター＝アッラーもⓓのザーウィヤにも投宿したと述懐していた[83]。これらは皆、シャーズィリーの系譜を引く者たちであった。ここで若干推測を逞しくして、仮にⓐイブン・クフルがダミエッタ生まれであってもマフダウィー（al-Mahdawī、チュニジアのマフディーヤにルーツをもつ）であったことに着目するならば、その点でもⓐとⓓはマグリブ（北西アフリカ地域）の知的系譜において交錯していた可能性があろう。

第二に、ⓐイブン・クフルとⓓサフィー・アッ＝ディーンの二ザーウィヤの中間・周囲に位置したⓑマラーギーとⓒイブン・アン＝ヌウマーンの二墓から窺える、ⓐとⓓを結びつけるリエゾン的役割についてである。ⓑマラーギーはⓓの著作に一項設けられており、それによるとⓓと「兄弟の交わり」すら四〇年にわたって有していたという。また、上エジプト出身ではあるが、イブン・アッ＝サッバーグに師事していたため、シャーズィリーの系譜に連なる。これらの点からも、前述のようなⓐとⓓとの親近性を推測できる。

ⓒイブン・アン＝ヌウマーンに至っては、さらに明確なリエゾンの役割を指摘できる。イブン・アン＝ヌウマーンはⓐからヒルカ(khirqa スーフィーの賜衣)を受けるなど、強い影響を受けていた。そして、その著書 *Miṣbāḥ al-Ẓalām* においても、ⓐからの直接の伝聞を記していた。その一方で、シャーズィリー本人とも面識があり、さらにマグリブ出身であり、シャーズィリー系のイブン・アター＝アッラーの弟シャラフ・アッ＝ディーン Sharaf al-Dīn にヒルカを与えてすらいた。すなわち、シャーズィリーの系譜と関連が深く、ⓓとの親近性にもつながろう。実際、先の著作中には、ⓓからの直接の伝聞も含まれていた。[84]

第三に、以上に述べてきたところからもわかるように、シャーズィリーの系譜がさまざまな位相に複雑な形で顔をのぞかせ、これらの人間関係全体の基調音をなしていた。付言するならば、ⓓサフィー・アッ＝ディーンは著作中でシャーズィリーについて記述しており、共にアブー・マドヤンへと遡れる知的系譜に連なっていた。また、アブー・マドヤンの高弟にはマフダウィー ʻAbd al-ʻAzīz al-Mahdawī がおり、参詣書中でⓐイブン・クフルに言及していた ʻAbd al-Muḥsin b. Sulaymān al-Mahdawī が別人であったとしても、『ミスバーフ』のいうようにⓐもマフダウィーであれば、両者の知的接点を想定することも不可能ではないように思われる。

これらに加えて、さらに参詣の書に記述される埋葬地の状況を通時的に追ってゆくと、第四の参詣書『トゥフファ』によって、以下の埋葬情報とタリーカ形成の過程を加えることができる。すなわち、ⓑマラーギーの子孫の一人(Ⓗ八一一没）は、同所に埋葬された可能性が高い。また、ⓒイブン・アン＝ヌウマーンの墓廟には、その息子（Ⓗ七一二没）やShihāb al-Dīn al-Nuʻmānī（Ⓗ八五二没）など多くの子孫が埋葬されていた。さらに、ⓓサフィー・アッ＝ディーンの墓廟には、その子孫（曽孫のシハーブ・アッ＝ディーン Shihāb al-Dīn Aḥmad、Ⓗ七三九没）や使用人（Taqī al-Dīn Abū Bakr、Ⓗ七二〇没）らが埋葬された。そして、シハーブ・アッ＝ディーンのもとで、サフィー・アッ＝ディーンの定めたズィクル（称名）がスーフィー達によって実践されていた。

以上のように、マグリブにルーツを有するシャーズィリーの知的系譜を引く濃密な人間集団、すなわちスーフィーの集団が、やがて独自の宗教実践やズィクルなどを核に、道統の形成へと収斂してゆく過程の一部をここに垣間見ることができた。ここに描出したのは、参詣書の記述と他史料の記述など、文献史料上から窺える諸関係であるが、埋葬地や本人が活躍したザーウィヤの位置は、その諸関係を反映しているだけでなく、それ自体が対応する人間関係を雄弁に物語っているといえないであろうか。

第二の磁場

第二の事例として、ムカッタム山際に南下して伸張していった、カラーファ参詣上の南限にあたる一画についてみてみよう。ここでは『カワーキブ』をベースに、『トゥフファ』の追加情報を区別しつつ加えたい。[85] アブー・ターリブ Abū Ṭālib Akhū al-Shaykh Abū al-Suʻūd のトゥルバ（ザーウィヤとする史料もある）は古く荘厳なもので、アブー・ターリブはズフド（禁欲）とイバーダ（篤信）において、兄アブー・アッ＝スウードのタリーク（道統）を踏襲、兄の美徳を長々と謳うことで知られた。同トゥルバの門脇には、カラーバーギー Abū al-ʻAbbās al-Qarābāghī の墓があった。カラーバーギーはタサウウフに勤しみ、その周囲には彼のタリーカの人々がいた。その逗留場所は死者の街とは別地区のカイロ市内にあったザーウィヤであり、そこで弟子を育成した。後継者はイラクのワースィトより到来すると予言し、死後それが現実のものとなる。[86]この墓の隣りにバランバーリー Wajīh al-Dīn al-Baranbālī（Ⓗ六七〇、もしくはⒽ六九〇没）の墓がある。彼はシャリーフィーヤ・マドラサのイマームであり、ファキーフ（法学者）でかつスーフィー、ザーヒドでもあった。没時までカラーファに孤絶していた。

第二のトゥルバ（史料によってはザーウィヤ）は、バスィール Abū al-ʿAbbās al-Baṣīr Ibn Ghazāla のもので、そこにはウラマーやアウリヤーが埋葬されていた。彼に対して『カワーキブ』や『トゥフファ』は、クドゥワ、murabbī al-murīdīn bi-ādābi-hi、shaykh al-ṭarīqa、maʿdin al-ḥaqīqa、クトゥブなどと長大な形容を冠している。マグリブ系の著名なスーフィー、アブー・マドヤンの弟子アンダルスィー Abū Aḥmad al-Andalusī の弟子にあたり、やはりマグリブ出身で盲目であった。インキラーブ・アル＝アーヤーン（本質変換、第3章）をはじめ多くのカラーマの主であり、そのタリーク（『トゥフファ』ではタリーカ）はタジュリード（放念・放棄）とタカッシュフ（taqashshuf 節制）、そして粗食にあった。彼のザーウィヤにおける食事もクッキーと塩漬レモンばかりであり、粗食に満足できなくなった一〇人のフカラーは、良食をだすというアブー・アッ＝スウードのもとへ行くが、彼らの願望が透視されていたかのように、クッキーと塩漬レモンがでてくる。がっかりして戻ると、シャイフの心眼に全てを読まれていたことを知る。[87]このように、この二つのザーウィヤの主による霊的交流が示されており、ザーウィヤ構成員同士の往来も、さほど制限されていたようにはみえない。彼の隣りには妻も永眠している。

このトゥルバには他に、アウリヤーやハーディム（使用人）とハーディムの子孫も埋葬されていた。その中で最も著名なのが、ヤフヤー・アッ＝サナーフィーリー Yaḥyā b. ʿAlī al-Ṣanāfīrī（Ⓗ六七二没）であった。スーフィーであった彼には al-jadhba al-ilāhīya/al-jadhba al-rabbānīya（神的頓悟／主的頓悟）が生じ、maqām al-quṭbānīya（枢軸の境位）に達したとされる。ワラーヤ（聖者性）を認められ、多種のカラーマが発現した。イエメンからもナズル（供物）が彼のもとへ届けられ、そのサマーウ（音舞を伴う修行の聴会）には知己も参集していた（サナーフィーリーについては第2章参照）。

第三のトゥルバ（マシュハド、ザーウィヤ）はアブー・アッ＝スウード Abū al-Suʻūd b. Abī al-ʻAshāʼir al-Wāsiṭī（Ⓗ五七四～六四四）のもので、現存している。[88] やはりクトゥブ（枢軸）と冠せられ、『カワーキブ』と『トゥフファ』によるとリファーイー Aḥmad al-Rifāʻī の薫陶を受け（実際には不可能）、ハッラール al-Ḥarrār との間に厚情があった。孤絶してファトフ（開示）に至り、aḥwāl al-malakūt（王領の様相）や aḥwāl al-ākhira（彼岸の様相）などが彼に明示された。神へのズィクルを自らに課し、彼からズィクルが各地の信徒へ普及していったという。ヒドルとまみえ、弟子を育てた。また、ハキーカ（真知）を知り、al-fatḥ al-Muḥammadī（ムハンマド的開示）と al-sirr al-Aḥmadī（アフマド的秘儀）が生じて maqām al-quṭbānīya（枢軸の境位）へ達した。

このトゥルバの脇に、第一のトゥルバに埋葬されていたカラーバーギーの妻、息子とその妻、孫娘も埋葬されていた。さらに、アブー・アッ＝スウードのハリーファ（後継者）二人とその息子、ハーディム（使用人）二人、その他が同じく隣接して埋葬されていた。また、ザーウィヤ前の東側のトゥルバに、アブー・トゥルトゥール Abū Ṭurṭūr の墓があった。彼はアブー・アッ＝スウードとの結び付きが強く、その間には兄弟愛が存在したともいわれる。

アブー・アッ＝スウード・ザーウィヤの南にある新トゥルバには、ムハンマド・ワファー Abū ʻAbd Allāh Muḥammad Wafāʼ al-Shādhilī らとその使用人達が埋葬されていた。以下、『カワーキブ』になく、『トゥフファ』によって加えられた記述によってこの墓地発展の足跡を辿ると、ワファーはカラーマで著名であり、集団が彼に帰せられるようになった。彼の墓のもとには、二人の息子アリーとアフマド、さらにアフマドの息子二人とアリーの弟子が埋葬されていった。ここからは、一族郎党による墓地の形成と、墓地や人間集団の史的展開を読みとれる。[89]

次いで、参詣書に記されることが一般に稀なハーンカーであるが、バクタムル Baktamr のものが記述されていた。そこには、ウラマー、スーフィー達、なかでも同ハーンカーのシャイフが埋葬されていた。

最後に、イブン・アターー・アッラーの一画（shiqqa）にも、多くのアウリヤーが埋葬されていた。まず、著作も有名なイブン・アビー・ジャムラ Ibn Abī Jamra（Ⓗ七〇〇没）である。その逗留先はカイロ市内で、彼のザーウィヤは『カワーキブ』の当時も知られており、子孫も残っていると報告されていた。そのトゥルバには娘のほかに、一五人以上が埋葬されていた。その中には、ムフタスィブ（市場・風紀監督官）やカーディー（裁判官）の経験者もいた。この一画にはマーリク派の関係者が集中しており、出身地（マグレブ）や知的系譜（とくにシャーズィリー系）とも重なるにせよ、法学派が墓地形成と重複している事例として興味深い。その後の情報を追加している『トゥフファ』によれば、やはり埋葬されていた彼の孫カラーフィー Shams al-Dīn al-Qarāfī（Ⓗ八〇〇没）は Dār al-ʿAdl のムフティー（法的裁定を下す法学者）を勤めており、ニスバからするとカラーファの出身である。その息子 Badr al-Dīn Muḥammad もマーリク派の有力者であったという。この付近には、カーディーのカスタッラーニー Ḍiyāʾ al-Dīn al-Qasṭallānī や、かのシャーズィリー Abū al-Ḥasan al-Shādhilī の孫も埋葬されていた。

付近に位置したトゥルバの主イブン・アッ＝ラッバーン Muḥammad b. al-Labbān は著名スーフィーであり、多くのカラーマを現出させた。その系譜はアブー・アル＝アッバース・アル＝ムルスィー→シャーズィリーへと遡ることができた。その近くにはフサイン・アッ＝シャーズィリー Ḥusayn al-Shādhilī の墓もあった。これらの脇のマグリブ人墓地 Turba al-Maghāriba は、シャーズィリーヤ墓地 Turba al-Shādhilīya として知られるようになっていた。その中には、先述のイブン・アビー・ジャムラの弟子で、本書でもしばしば引用してきた *Madkhal* の著者、イブン・アル＝ハーッジ（マグリブ出身）の墓もあった。マグリビー Abū al-Qāsim al-Maghribī の墓もある。『トゥフファ』の挿入部には、師弟関係で多く結ばれ、クトゥブ、アーリフなどとの形容が続出する八人が追加されていた。その中には、現行の地区名の由来に関わるトゥーニスィー Ṣafī al-Dīn Muḥammad al-Tūnisī の名もみえる。

参詣地区としての終点は、著名なイブン・アター・アッラーのハウシュ（ḥawsh 墓区）である。彼についても、ムルスィー→シャーズィリー→イブン・ムシャイシュ ʿAbd al-Salām b. Mushaysh →アッタール ʿAbd al-Raḥmān al-ʿAṭṭār へと遡及する系譜が記されている。ここにも多数のスーフィーやウラマーが埋葬されており、同ハウシュ内にイブン・アター・アッラーの女婿、裁判官であった Muḥīy al-Dīn al-Maghribī やザルカシー Shams al-Dīn al-Zarkashī とその二人の息子などがいた。なお、やはりここに『トゥフファ』によって墓の記述の加えられたスィワースィー Abū 'Abd Allāh Muḥammad al-Siwāsī は、『トゥフファ』の著者サハーウィーの師であった可能性がある。

この第二の磁場は、ここまでみてきたように、シャーズィリー系（あるいはマグリブ系）の人脈を中核として、網の目を拡大しつつ墓地空間を占拠していったように受けとれる。そこからはザーウィヤの主体の交替と呼称の変更、被葬者の家族（妻・子供・子孫）や知己、使用人など一族郎党が集まって墓地を形成した事例や、トゥルバの主らのタサウウフに関連する実践、法学派（ここではとりわけマーリク派）による墓地の集中などが窺えた。また、スーフィーが主体の墓地であったり、スーフィーがその墓地の開祖であっても、王朝の有力宗教官職を占めた者たちも埋葬されるようになっていた。そもそも、先述のごとく、スーフィーとウラマーなど他との区別も、この時代はかなり曖昧になっていたといえる。さらに『カワーキブ』と『トゥフファ』の記述を比較することによって、時代の経過に伴う墓地の展開や、被葬者の子孫の系譜と事蹟などを具体的に探ることができた。この一画はカラーファ東南方の下限部を構成しており、当時、急激に墓地区、かつ修道の拠点として発展していった周縁地区と理解できよう。加えて、参詣の書はこの地区に関して、サフィー・アッ＝ディーンの記述から多く引用したとするが、そこには彼の *al-Risāla* 校訂本にはみられない情報も多く含まれていた。

最後に、本章の内容にそくして、三点の解釈を加えてみたい。第一に、参詣行為自体とタサウウフとの関係についてである。参詣書における最も重要な眼目に、参詣者の祈願成就（ijāba al-du'ā'）があった。その際、参詣書は、参詣者が被葬者（聖者など）のもとでその祈願を神へ「執り成し」てもらい、それによって最終的に神から祈願に対する成就がもたらされるという回路を常に描いていた。少なくとも書かれた文献でみる限りは参詣の書以外でも、この回路中の神を欠き、「聖者」や故スーフィーが直接叶えるといった構図は皆無である。それどころか、神以外の何者かを究極的行為者として崇拝し、祈願成就を願うのであれば、この問題はイスラームの一神教としての存立に関わるといえよう。

この祈願成就の構造については、第1章で子細に検討したため、ここでは繰り返さない。しかし、指摘しておきたいのは、この「執り成し」による祈願成就の論理構成自体が、タサウウフの隆興と共鳴し、また、その振幅を広げる巧妙な仕掛けになっていた可能性である。参詣者は参詣において祈願の最中、頭の中にこの執り成し者を想定することになる一方、スーフィー達は特定の道統の祖をつねに想起する日常的実践を行なっていた。そこに聖者たるスーフィーへの尊崇の契機が容易に胚胎されうるのではなかろうか。それはこの論理構成自体がタサウウフ的だと断じているのではなく、その論理の延長上に特定個人への崇敬の高まりがあり、それがタサウウフにおいて超能力を行使するスーフィーや、彼を中心とする道統の形成につながる余地を提供しうるということである。その意味では、聖墓参詣や参詣の書とタサウウフは、決して互いに排他的関係にはなく、むしろ馴染みやすい内容を擁していたといえよう。逆にタサウウフの側からすれば、たとえ故人になろうとも師を慕い、師との系脈を重視するスーフィー達の在り方が、参詣行為への呼び水となり、参詣を促進する役割を果たすとの見方もありえよう。

さらに、カイロ＝フスタート郊外の墓地区参詣の過程やその延長線上で、ザーウィヤなどに立ち寄り、実際にスーフィー達の活動に接する機会もあったと想定できる。それゆえ、参詣の手引書もザーウィヤなどについては記述していたのであろう。例えば、十七世紀の例であるが、ナーブルスィーはカラーファ参詣の過程で、イブン・アル＝ファーリド廟におけるハドラ(ズィクルの集会)に遭遇し、その熱気に圧倒されていた。そのような契機を与えたのも参詣行為であり、カイロ＝フスタート郊外の墓地区という空間設定であった。

第二に、参詣の書とタサウウフ、スーフィーとの関係についてまとめつつ再考する。参詣の書の序章で著者によって示される全般の見通しの中には、サハーバ（教友）、タービウーン（後継世代）などに比べ、スーフィーへの顧慮がはるかに少ない。これも一つの前提となろう。それゆえ、参詣の書におけるスーフィー関連部分の比重の一方的な強調には、かなりの留保が必要である（本章では、戦略としてスーフィー関連の部分に着目し拡大してみせた）。他方、ズー・アン＝ヌーン・アル＝ミスリーのように、「スーフィズム」で著名な人名が参詣書に散見されることも事実である。ズー・アン＝ヌーンやイブン・アル＝ファーリド、シャクラーン Shaqrān などに関する逸話部分はかなり長く、他の伝記集と比較してもそれほど遜色ない内容を有していた。[90] そして、各参詣書は、タサウウフやスーフィーの理念と在り方などについて、登場人物の口を借りつつ、時には問答形式も用いて語らせていた。この意味では、参詣の書も間接的にせよ、タサウウフについて啓蒙的部分を含んでいたといえよう。

また、しばしば概論されるように、スーフィーと非スーフィーとの区分は、全般にこの当該時期、限りなく曖昧になってくる。酒屋など「腐敗した」場所を襲撃した者や、齢六十四にして対十字軍戦で殉死したり、あるいはギザのスフィンクスの顔を破壊すべく登攀したのも、スーフィーであったとされる。[91] そして、無論、スーフィーとウラマー、スーフィーとファキーフという二項を対立させることは、本章の検証からみてもやはりあまり意味をなさない。確かに、参詣の書においても、記述対象とされた被葬者をカテゴリー分類し、タサウウフの人々（ahl al-taṣawwuf）とサハーバ（教友）、ウラマー、カーディー（裁判官）、クッラー（クルアーン詠み）、ワーイズ（宗教諌言師）などと列挙している箇所がみられるが、実際の記述中でこれは厳密な区分として機能していないばかりか、重複しており、スーフィーにしてファキーフやカーディー、ウラマーであった事例をいくつもあげることが可能である。[92]

スーフィーと参詣書という点でいえば、当時のスーフィー達の是とした生活様式、とくに世間からの隔絶や山陵での修行などが、参詣の書においても描かれることでさらなる肯定を受け、記述において増幅されたという側面の推測も可能ではなかろうか。参詣書の描く被葬者の逸話中に現れた美徳やカラーマは、スーフィー（列）伝の描くそれとほぼ同じ軌跡を描くものであった。それらは、本質変換、遍在、異類譚、護身、水上歩行、透視などである。[93] スーフィー(列)伝と情報や物語、登場人物を共有しつつ、記憶に残りやすく、印象深い逸話を欲する参詣者にとって、スーフィーの奇蹟譚は格好の材料を与えたものと想定される。

ここで最初の問いに立ち還るならば、参詣の書にはスーフィー(列)伝からの引用や奇蹟譚もそれなりに含まれるものの、なぜ直接的にタサウウフやスーフィーに言及した部分の比率が少ないのであろうか。先にも示唆したように、まず参詣自体が君主から民衆に至る広範な層にわたる慣行であり、例えばワズィール(宰相)に捧げられた『ミスバーフ』のように、参詣の書が必ずしもスーフィーの読者・利用者層を措定していないことをあげられよう。また、参詣の書が全般としては、タサウウフやスーフィーに主たる焦点をあてていないと筆者は感じている。その理由を推し量るならば、一つには参詣慣行と参詣書の記述スタイルや枠組みが、タサウウフのエジプト席巻以前に、例えば代表的なイブン・ウスマーン(一二一八没)などによって、すでにある程度確立されていた点も無視できないであろう。先達の書と同じジャンルで書くのであれば、その様式を踏襲して書き継いでゆくことをむしろ尊ぶアラブの書物文化にあって、参詣の書もその範に倣った可能性がある。さらに、以上の推論の結果でもあるが、「参詣の書」の著者は、これを一つのジャンルと捉え、たとえタサウウフに関する知識を有していても、その専著は別のジャンルとして書き分けようとしていたのではないかという推測も生じる。例えば、第五の参詣書の著者シュアイビーは、自身がタサウウフに精通してアフマディーのニスバをもっていたにもかかわらず、その理論・実践については別書に記し、タサウウフの詳細については参詣書中にほとんど触れていなかったのである。彼も、先人の参詣書のスタイルを優先し、参詣書では参詣関連の情報に収斂させて記述していた。また、『カワーキブ』の著者イブン・アッ=ザイヤートも、スィルヤークース・ハーンカーの「スーフィー」であったと『トゥフファ』に記されるが、同ハーンカーや他のハーンカーについて一顧だにせず、死者の街の墓々を活写することに徹していた。このように、参詣の書がタサウウフそのものとはズレる領域を描いたとするならば、逆にそこへのタサウウフの浸透ぶりを窺い知ることができるともいえよう。その意味で参詣の書は、エジプトにおけるタサウウフ浸透と展開の貴重な証言でもあった。

さらに、参詣の書とタサウウフとの関係について他の情報を追加すると、『トゥフファ』からは特定の祖師に従う道統としてのタリーカ／タリークの語法が、両者の区別は未分化にせよ窺えた。シャーズイリーやリファーイーなどのニスバが、これらの集団行動に属する者に対する呼称として登場し始める様子も、参詣の書にみられた。参詣の書では後期のものになるほど、タサウウフの知的系譜への執着が頻繁に語られるようになる。彼らの墓は互いに隣接しており、あるいはシャーズィリーヤ墓地のように、同一の墓地に葬られるなどしていた。このスーフィーの集団化は墓地空間の位置関係に如実に現れており、この点を看取するのに参詣の書は優れたテクストといえる。「聖者」にまつわるモノや遺骸を含む聖遺物も参詣書に描かれていたが、これは当時の聖遺物に対する崇敬を反映していようし、師からの系譜を尊ぶスーフィーにとって、受容しやすいものであったのではなかろうか。

さて、第三には、タサウウフの空間としての死者の街である。参詣の書におけるスーフィーに関する記述はある程度集中しているため、全体として多いという印象を与えない。そのような中から、主に二カ所の活性化していた磁場を紹介した。その一帯にあるザーウィヤやスーフィーの墓の周囲には、タサウウフや被葬者に関連した者の墓が集中しがちであり（それは記述のスタイルでもあろうが）、それゆえその辺りを記した参詣書の紙面には、スーフィー関連の語彙や逸話が濃密にまとまりがちであった。そして、そのような人的ネットワークが歴史的に展開して行くさまや、その端緒の探求を可能にするものであった。このスーフィーの道統の凝集性がより強固な場所ほど、墓所や廟がワクフによる運営などによってしっかり残存しやすく、弟子による伝記などが編まれやすかった。それはまた、スーフィー（列）伝と情報を交換し得る参詣の書に、タリーカの祖師にまつわる逸話がより多く残されることにもつながったのではなかろうか。

そして本章では、カイロ＝フスタート周辺の諸墓地区がタサウウフの展開に空間的根拠を与え、あるいは場を提供するとともに、孤絶や彷徨、集団活動などを可能にすることを通じて、スーフィーの修道様式を涵養する場となったことを紹介した。このように、タサウウフの空間生成を歴史的に捉えるのに、参詣の書も寄与できるものと思われる。その点に関しては、峻険な修道の場としてのムカッタム山の存在も大きかった。M・アルヴァクスは宗教的集団がその集団を維持するさいに、宗教施設における空間構成の記憶や、宗教儀礼を共有した記憶が重要な役割を果たすことを指摘した。宗教的集団は、制度や習慣、観念や経験の変化に対して自己の不変性を主張しがちであるため、場所のもつ恒久的性格などに依拠する必要があるという指摘である[94]。これをエジプトの文脈に照らし合わせるならば、スーフィーをめぐる人間集団の形成と維持には、不滅であるがごとき聖性をたたえ、メッカ・メディナなど聖地と預言者・聖者の記憶を常に喚起させる、死者の街やムカッタム山などそれを取り巻く環境の存在は、不可欠であったといえるのではなかろうか。

さらに、参詣の書におけるザーウィヤの記述の多さと、ハーンカーについての言及が稀であることはやはり強調しておくべきであろう。参詣者にとって、王朝有力者が自分達の利益に沿うよう設立運営したハーンカーよりも、参詣者自身の縁者の墓近辺に多く点在し、祈願の叶う聖墓を多く包摂したカラーファのザーウィヤの方が、はるかに目的に叶っていたと推察される。

最後に一つ付言しておくと、カイロ＝フスタート郊外の墓地区は中央権力の監視の眼から外れ、スーフィー達が無制限に活動できる場であったわけではないことも忘れてはならない。マムルーク朝期、少なくとも十四世紀後半から十五世紀には十騎長、その後は四十騎長のカラーファのワーリー(総監)が任命されており、そのもとではおそらくムフタスィブもヒスバの書にみえるような形で墓地を管轄すべきであったのである(第4章)。

付論4

オスマン朝期の死者の街とその参詣

十五世紀以前を対象としたエジプト死者の街やその聖墓参詣研究に比べて、十六世紀のオスマン朝統治期以降の同テーマを扱った研究は、依然として極めて乏しい状態が続いている。おそらくその最大の要因は、同時代の参詣書史料が少ないところに求められよう。しかし、多種の史料を総合して駆使することにより、この欠を補うことは可能と思われる。例えば、シャリーア(イスラーム)法廷台帳、ワクフ文書、旅行記、年代記、地誌、参詣書、アフル・アル＝バイトについての書、法学書などの使用が可能である。ここでは、かかる研究状況を打開するための第一歩として、これまでほぼ取り上げられたことのないシュアイビーによるオスマン朝期カイロの参詣書写本をとりあげてみたい。

この検討をもって、ただちにオスマン朝期カイロにおける聖墓参詣の実態や死者の街の全容解明に結びつくものではないが、そのための基礎的データを得るべく、いわば史料の試掘を行なってみたい。そして、これらの結果をもとに他史料を併せ、今後、オスマン朝期の死者の街参詣についてまとめ直したいと思う。また、このような研究の積み重ねによって最終的には、現今のような聖墓参詣慣行の退潮に至った過程とその原因についても見通しを得たいと考えている。さらに、現在、エジプトにおいては聖者崇敬のエネルギーが聖者生誕祭(マウリド)へと収斂しているように見受けられるが、その隆盛との関連についても念頭に置きつつ進めたい。

(1) オスマン朝期における死者の街の参詣概観

オスマン朝軍はエジプトに侵攻した当初、死者の街の由緒ある聖廟で略奪を働き、人々を恐怖に陥れた。また、アッバース家の流れをくむカリフは、この折にナフィーサ廟のナズル(供物)を得る権利を失ったともいわれる(第4章)。しかし、第3章でもみたように、死者の街の経済基盤たるワクフは継続していたのであり、オスマン朝期のエジプト統治者達の中にも、次第に死者の街の参詣やその整備に熱心な者が現れた。例えば、ムハンマド・バシャ Muḥammad Bāshā Abū al-Nūr は、一六五三年から五五年までエジプト総督として赴任した間、カラーファを参詣していたことで知られている。とくに、教友であったウクバの廟 Maqām Sīdī 'Uqba を参詣し、それに対して莫大な額のワクフを設定していた。そして、聖廟を再建してモスクやマドラサを付設し、給水設備など地区の整備に貢献した。また、孤児のための学校も建て、クルアーン詠み一〇人を配していたという。貧者には飲食物が供給され、その中には、牛肉、水牛の肉、ラード、塩・胡椒、パン、米、コーヒー、バラ水、蜂蜜、タマネギなどが含まれていた[1]。コーヒーが加わるのは、この時代の特徴である。

また、アブド・アッ＝ラフマーン・キドフダー 'Abd al-Raḥmān Kidkhudā(一七七六没)は多くの聖廟を改築したり、ワクフを設定するなどして、参詣のためのインフラ整備に努めた。例えば、ザイド廟 Mashhad Zayd b. Zayn al-'Ābidīn にクルアーン詠みを配置し、毎週日曜日にはズィクル(踊りを伴う神の称名)を行なうようにしたため、人々は毎週日曜日に同廟を参詣していたという[2]。他にもフサイン廟、ザイナブ廟、スカイナ廟、ハサン・アル＝アンワル廟、アーイシャ廟、シャーフィイー廟など、死者の街の内外にある預言者後裔の聖廟の改築に励んだ[3]。フランス軍の侵攻による諸聖者廟の破壊も目立ったが、それも関係者の努力で復興された。

参詣の慣行についても、この後に紹介するシュアイビーの記述以外にも、例えばジャ(ュ)ムズーリーによるザイド廟参詣書には、往時の『ムルシド』に比べればまことに簡略ながら、参詣の心得(ādāb)が記されていた。また、ムハンマド・アッ＝ザーイルなる人物に帰せられる『ムルシド・アッ＝ズッワール』(本書でいう『ムルシド』とは別作品)は、これまで全く他の研究者に言及されることがなかったが、筆者がエジプト・ワクフ省にて調査した限り、オスマン朝期エジプトの参詣書である可能性が高い。残存する孤写本にオリジナルな情報は少ないが、オスマン朝期に至っても、シャーフィイー廟付近の墓地区が引き続き参詣されていたことを窺わせるものである。[4]

この時代に至っても人々の参詣が続いていたことは、エジプトを経由したメッカ巡礼記や旅行記の記述からも窺える。ハマウィー al-Ḥamawī(一五七〇～八五年に参詣)、ムスタファー・アーリー Muṣṭafā ʻĀlī(一五九九年参詣)、カブリート Kabrīt(一六二九－三〇年参詣)、イブン・マリーフ Ibn Malīḥ(一六三〇～三三年に参詣)、ムヒッビー・ディマシュキー(一六七一没)、ヒヤーリー al-Khiyārī(一六七二－三没)、E・チェレビー E. Çelebī(一六七〇年頃参詣)、アイヤーシー al-ʻAyyāshī(一六七九没)、ナーブルスィー(一七〇二年参詣)、ワルスィーラーニー al-Warthīlānī(一七七八没)、キッターニー al-Kittānī(一九〇三－四年にメッカ巡礼)、サルギーニー al-Ṣarghīnī(一九〇三－四年にメッカ巡礼)らの旅行記・メッカ巡礼記は、途上で立ち寄ったエジプト死者の街に関する記述を含んでいた。[5] このうち例えばカブリートは、フサイン廟からナフィーサ廟を巡ってシャーフィイー廟で参籠し、カラーファのライス廟からイブン・アル＝ファーリド廟を巡った後、ハーン・アル＝ハリーリーなどを経てブーラークへ抜けていた。[6]

一方、シャーフィイー廟やライス廟などは抗議行動の拠点となるなど、人々を神へ執り成す聖域であるとともに、政治的な役割を担うアジール的な場としても機能した。[7]

注記しておきたいのは、墓廟の形状に変化がみられたことである。オスマン朝期になると、従来のドーム型天蓋を擁する墓廟に加え、傘型や方錐状の小振りの天蓋を備えた墓廟が、壁で囲われた墓地内に建てられるようになってくる。[8] これ以上の詳細については他の機会に譲り、次にオスマン朝期の参詣書例についてみてみよう。

(2)　シュアイビーとその参詣の書

写本と著者

ここでは、オスマン朝支配下のエジプトにおける参詣書である、シュアイビー Shams al-Dīn Muḥammad b. Shuʻayb b. ʻAlī al-Ḥijāzī al-Shuʻaybī al-Abshīhī の *Kitāb yashtamilu ʻalā Dhikr man dufina bi-Miṣr wa al-Qāhira min al-Muḥaddithīn wa al-Awliyāʼ wa al-Rijāl wa al-Nisāʼ*（『フスタートとカイロに埋葬されたムハッディス、聖者、男女についての記述を含む書』、以下、『シュアイビー』と略記）を取り上げる。『シュアイビー』は一六二一年頃の著作であり、その存在については、かつてY・ラーギブがエジプト参詣書について列挙する中で数行を費やしたにすぎない。ラーギブ自身は、この写本がカイロのアズハル図書館に存在することをその蔵書目録から知ったとするが、C・ブロッケルマンの著名な『アラビア語書誌史』中の短評以上の関連情報は不明としている。[9] 管見の限り、これが本写本に直接関連する、唯一の紹介であった。

筆者は一九九二～九三年にかけて、この写本をアズハル図書館において調査する機会を得て、現物を実見したのちに、これが参詣の書の系譜上にあると確信した。また、これまでのところ、これが同書の現存する唯一の写本とされている。この写本が従来研究対象とされてこなかった理由としては、まずアズハル図書館の厳重な保管状況があげられる。また調べてみると、同写本が別のタイトルを冠した他写本の革ケースの中に紛れて保存されていたこと、さらにはこの書が多く書写されることもなく、当時と現代の双方の観点からしても、特筆するほど有用ではなかったことなどがあげられよう。

著者シュアイビーに関しては、前出のブロッケルマン、アズハル図書館の蔵書目録、ズィリクリーの人名事典、エジプト国立図書館蔵書目録等に僅少なデータがみえるにすぎないが、それすらも『シュアイビー』写本末尾の記述に基づくものである。[10] それによると、シュアイビーはエジプト・デルタのマハッラ Maḥalla 出身、カイロ育ちで、シャーフィイー法学派、アフマディーヤ・タリーカに属していた。本書以外にも数点の著作があるが[11]、そのうち筆者はエジプト国立図書館所蔵の二点 *al-Maʿānī al-Daqīqa* と *al-Jawhar al-Farīd* の四写本を実見できた。両書ともスーフィズム、タリーカに深く関わるもので、とくに *al-Maʿānī* の方はスーフィズムの実践面について詳細に記述していた。例えば、シュアイビーはこの中でしばしばズィクルとハドラ（宗教的会合）に言及する。そして、これらの場面でナキーブ（師）は、フカラー（ここではスーフィーを指す）がズィクル集会直後に水を飲むのを控えるようにすべきであるなどとアドバイスしている。なぜなら、水は体を衰弱させて視力を弱め、肚の火とズィクルの熱を消すというのである。また、若者達を一つの部屋で寝させてはならないとも付け加えていた[12]。

著述年代についてであるが、奥付によると『シュアイビー』はヒジュラ暦一〇三〇年ジュマーダー・アーヒラ月十一日／一六二一年に筆了され、三年後の一〇三三年ムハッラム月十五日にマンスーリー病院図書室（Maktaba al-Bīmāristān al-Manṣūrī）の教師（muwaddib al-aṭfāl）のシャアラーウィー ʿAlī b. ʿAmr al-Shaʿrāwī によって書写されている。一方、*al-Maʿānī* は一〇二一／一六一二年に筆了されたのち、（直ちに？）書写された。*Jawhar al-Farīd* の三写本についても調べてみると、各々一〇四〇／一六三一年、一〇六三／一六五二年、一一二八／一七一五年の日付を持つ。この場合、最古の日付一〇四〇／一六三一年が著者の筆了時なのか、写本の書写年代なのかは再確認を要する[13]。

また、シュアイビーの経歴を知る手懸りの一つに、彼が『シュアイビー』の中でハブナスィー al-Habnasī（バフナスィー al-Bahnasī ?）をその師（shaykh-nā）と呼ぶ一節があることがあげられる。しかし、この人物に関して、これ以上の情報は一切記されていない[14]。

『シュアイビー』の内容と構成

『シュアイビー』は計二九八葉からなり、著者は全般として、名前をあげた故人の埋葬場所について必ず言及している。ここで以下に、その構成をみてみよう。

まず、序文の後、「カイロとその諸地区に埋葬されたムハッディス[15]とその子孫に関する記述」が始まる。そして、サイイダ・ナフィーサに代表される一七人の「カイロに居住した慎み深いムハッディサ女性（muḥaddithāt）の善行の記述」が続く。さらに、「カラーファに埋葬された信仰と善行のムハッディサ女性」（一三人）に「大小カラーファに埋葬されたハディースを伝えない女性」五八人などが付加される。

次に、「二つのカラーファの諸部族」に関しても三九以上が記述される。そして、預言者ムハンマドの伝記と美質、戦闘やその妻などに関する記述が続いた後に、ミスルに埋葬された諸部族に関する記述がくる。また、「第3章でその訃報について述べなかった人々に関する記述」も行なわれ、諸部族の人々のカラーマ、ウラマーの事蹟がそれを追う。

第5章は「カイロとその墓所に埋葬されたムハッディスに関する記述」であり、六二人が立項されていた。ここで著者は、エジプトの歴代王朝史（ムスリムのエジプト征服からファーティマ朝まで）をも概観している。さらに、「カイロなどの墓地に埋葬された、ムハッディスでない者たちに関する記述」にかなりの葉数を費やした後、結章へと導かれる。

以上の紹介からは、部分的に章数なども認められるため、堅固な構成を想起されるかも知れないが、実際のところ全体の章立ては必ずしも明白ではなく、トータルな構成への意欲とバランスへの配慮は弱い。また、著者自ら序数をあげて人名を列記している場面でも、基本的な数字の誤りがみられる。

参詣書としての『シュアイビー』

著者のシュアイビーは、彼以前に執筆された他の参詣書を多く参照・引用しており、また自らそれらの系譜を踏まえた延長線上にあると明言していた。この点については、次の一節に明白であろう。

イブン・アッ＝ザイヤートはその書『カワーキブ』*Kawākib al-Sayyāra* で、イブン・アン＝ナースィフがその

『ミスバーフ』*Miṣbāḥ al-Dayājī* で行なったのとは異なるように書き定めた。そして、サハーウィーはその著作の中で、これらの著者と異なる道を採った。一方、イブン・アル＝ジャッバース Ibn al-Jabbās はその著作の中で一〇のタバカ(ṭabaqāt)に分け述べたが、その第四のタバカを完述することなく没した。この書はこれまでのところ最古のもので、これに先立つものはない。『ムルシド』*Kitāb Murshid al-Zuwwār* についていえば、こちらは参詣者の欲する有益な教訓とハディースを集め、自身の考えを説明した。(これらに対して)私はこの本(『シュアイビー』)を一つのタバカに括り、完全に役立つようにした。[16]

ここにみられる整理は年代順に並んでおらず、実際の各著者の没年はイブン・ウスマーン(『ムルシド』の著者。一二一八没)、イブン・アル＝ジャッバース(一二六一〜一二四〇没?)[17]、イブン・アン＝ナースィフ(一三〇〇頃没)、イブン・アッ＝ザイヤート(一四一二没)、サハーウィー(一四八三年筆了)である。よってここには、むしろシュアイビーと各史料の近接の度合いが示されているのかも知れない。そして、イブン・アル＝ジャッバースのものを除く四点は現存する作品であり、オスマン朝初期にすでに後代へ残る作品への評価がある程度定まっていたことを推測させる。さらに、近年になってY・ラーギブによって解明されたイブン・ウスマーンの原作年代が、すでにこの頃から混乱していた可能性もある(付論2)。

また、別の箇所でシュアイビーは『シュアイビー』著述の理由を、「特定の墓に対する参詣者の知識を正すため」とも述べている。[18]

筆者はこれまでの研究の中で、参詣書史料は異なる時代のさまざまな立場からの言説が、その元の語り口を残したまま累積沈澱する坩堝であると述べてきた。とりわけ、それ以前の参詣書の豊富な引用部分に支えられていたのである。『シュアイビー』もその例外ではなく、先行する四参詣書からの引用を明言している部分に限っても、『ムルシド』を二カ所、『ミスバーフ』を一四カ所、『カワーキブ』を二五カ所、『トゥフファ』を二八カ所引用している。これらの引用は主として、写本の第一〇〇葉以前に集中しがちであり、例外として『トゥフファ』はそれ（第一〇〇葉）以降に引用される傾向にあった。『ムルシド』の名をあげての引用がきわめて少ない一方、『カワーキブ』からの引用が、最も後代の『トゥフファ』とほぼ肩を並べる程にみられることは注目される。ただし、シュアイビーが『トゥフファ』からの引用と主張している箇所も、実際には『ムルシド』からの再引用であったりするので注意を要する。

加えて、『シュアイビー』には、それが書かれた時代から当然でもあるが、それ以前の参詣書にはあまりみられなかったマムルーク朝後期のウラマーの名がみえて興味深い。それはマクリーズィー（一四四二没）、イブン・ハジャル・アル＝アスカラーニー（一四四九没）やスユーティー（一五〇五没）らであり、とくにイブン・ハジャル・アル＝アスカラーニーは言説の権威の拠り所として頻用されていた。

これに関連して、さらに重要と思われる点は、『シュアイビー』がこれまで紹介されたことのない、おそらくマムルーク朝後期からオスマン朝期にかけての死者の街参詣の書を引用していたことである。それらの著者の中には、アブド・アッ＝ザーヒル ʻAbd al-Ẓāhir、イブン・アル＝ムニール Ibn al-Munīr やイブン・アル＝ムバッラト Ibn al-Muballaṭ らがおり、『シュアイビー』によると前者の書名は *al-Marsūm bi-al-Bāṣira fī-man dufina bi-al-Qāhira min Ahl al-Awrād* であるという[19]。さらに、シュアイビー自身による別の参詣書 *al-Nashr al-ʻĀṭir* もたびたび言及され、彼自身、その書の中で城塞下、ムカッタム山麓からマタリーヤ al-Maṭarīya を北限とする地域に埋葬された、主としてヒジュラ暦九〜十世紀の一九八九人について記したとしている[20]。それに対して『シュアイビー』では、ハディースの保持者に焦点を絞って記述したとするのである[21]。このシュアイビーのもう一つの参詣書 *al-Nashr al-ʻĀṭir* の名はしばしば『シュアイビー』の中にみえるものの、管見の限り、存在は全く知られていない。

現場踏査の報告という観点からみると、『シュアイビー』は「墓の位置は南へ一四歩行ってから東へ何歩」あるいは「（故人はⒽ八九五年没とされるが）我々はその墓の上に記された没年が、ヒジュラ暦九〇〇年以降であることをみつけた」

といった具合に、本人自ら参詣に赴いていた形跡が窺える。また「現在墓は崩れて荒れている」といったように、当時の状況を示す記述が随所にみられる。ただし、これ以前の参詣書と比較するならば、全般的にシュアイビーは自らの意見をいう箇所が少なめであるといえよう。

特徴と傾向

第一に『シュアイビー』は、著者自ら述べているように、ハディースを求め伝える者にほぼ限定して参詣対象を集録していた。著者自身によると、その内訳はハーフィズ（クルアーン暗唱者）一一七人、聖者四〇人、フィクフ（法学）で知られる者一七人、その他ハディースを伝えた者たちであるという。[22] これはそれ以前の参詣書になかった斬新な試みであり、その評価は別として、これゆえに本書は書かれ、存在意義を認められたとすらいえよう。

第二に、これは第一点の結果でもあるのだが、『シュアイビー』はそれ以前の『参詣の書』に比べて、参詣手引書としてみると圧倒的に非実用的である。すなわち、地区における各墓の空間配置に呼応して、埋葬された人物の事蹟をそこに連ねてゆくといったスタイルを放棄し、ムハッディスであるか否かなどという、より観念的な分類によって組み立てていたのである。故人の逸話もハディースを中心として、知的系譜に偏った、より定型的な記述に終始している。ここに『シュアイビー』の新しさと同時に、トポグラフィー研究にとっての非実用性が併存しているといえよう。したがって、ナスル門外のクルド墓地やスーフィーヤ墓地などを除けば、参詣のハンドブック、あるいは歴史史料としての魅力には乏しいのであるが、この点はシュアイビーのもう一つの参詣書 *al-Nashr al-ʿĀṭir* の方に詳述されていた可能性もある。

第三に、シュアイビーは知的系譜を大変重視していた。この点はマムルーク朝後期のサハーウィーの参詣書あたりからの趨勢であり、ハディースの伝承経路、フィクフ（法学）やクルアーンを誰から学んだのか、あるいはスーフィー免状

（イジャーザ）を与えた師の系図を辿ることなどに大変熱心であった。そして、本書の性格と意図上も当然ながら、全般的にシュアイビーは、ハディースの保持者とそうでない者の区分を強調する傾向にあった。おそらく、彼自身もハディースについて、それなりの造詣を有していたものと推察される。

本書ではすでに、これ以前の四参詣書が、年代記などの記そうとしたいわば公式の歴史――それも民衆の語りをかなり含むことが明らかにされつつあるが――よりも、民衆が受容していたところの「エジプト」史を反映していた点を詳らかにしてきた。すなわち参詣書は、さまざまな立場のエジプト人、および外部からの眼差しをそこへ反映させていた者たちが複層的に構想した「エジプト」史全体のパノラマともいうべき相貌をみせていたのである（第5章参照）。翻って『シュアイビー』をみると、本書もやはりピラミッド、アイン・シャムスの古代遺跡に頁を割いており、ファラオの妻アースィヤ、そしてモーセ、イエスの逸話や、アラブ・ムスリムのエジプト侵入にあたってのコプトとの取引、ファーティマ朝期の人肉食の記憶など、他の参詣書に描かれてきた「エジプト」史がここでもやはり基本的に踏襲されているといえる。[23]

また、マムルーク朝スルターン・バイバルスが逸話化されて登場するようになるのも『シュアイビー』の特徴である。庶民の語りをある程度反映しているのであろうが、バイバルスは身近な歴史上の英雄へと改鋳されており、[24]当時人気を博していた語り物『バイバルス伝』*Sīra Baybars* 中に描かれるバイバルス像と、民衆文化の地下水脈で通底していた可能性がある。同様に、アイユーブ朝期にサラーフ・アッ＝ディーンのもとでカイロ総督を務めたカラークーシュ Qarāqūsh は、民間の語り物・戯作において代表的な「敵役」の役割を現在に至るまで担わせられているが、本書にも地名に関連するなどしてその名があげられており、この時代にあってもなお、あえて説明の要らぬ存在であったように窺える。[25]

これ以外に『シュアイビー』の特徴としていくつか付け加えると、著者シュアイビーはアラブ諸部族の情報へのこだわりをみせ、また一般に詩を好んで引用したが、参詣慣行に関連する民間の口頭伝承についての記載は少ない。

イスラームの教え一般に関していえば、著者は例えば断食について執拗に描いており、他の宗教色が強い部分とあいまって、庶民を教え諭す役割も果たしていたと考えられる。この点は表現こそ多少異なるものの、これ以前の参詣書からも窺える。どちらかといえばこれまでの参詣書の方が、逸話や物語によって読者を絡めとってゆく仕組みを有していたが、本書は故人が断食を守っていたかどうかなど、より実際的な表現を多く持つ。このあたりは、シュアイビーが教団形成にどのように関わったのかも含めて、今後検討されるべきであろう。

加えて、このテクストは統計的データ処理の可能性を秘めている。それは生没年、出生地、カイロへ学びにきた年、埋葬場所、知的系譜などに詳しいためであるが、そこで描かれている典型的なライフ・コースとは、イスラーム圏内のどこかに生まれ、学問を求めてカイロへきて、後にそこで教鞭を執るようになり、死して死者の街に埋葬される、というたものであった。

(3) オスマン朝統治初期における死者の街研究へ向けて

死者の街の地誌

エジプト死者の街の地域確定に関して、『シュアイビー』は「カラーファとはアイン・シャムスからトゥラー Ṭurā までであるということで、歴史家達は一致している」と明言する。[26] これはシュアイビーの生きたオスマン朝エジプト統治初期における死者の街の南北限について語ったものと理解できる。その意味では、マムルーク朝期の史料にいうサフラー地区もカラーファに含めるという現行に近い語法がすでにみえていて興味深い。ただし、これが当時の一般的用法であったのか、シュアイビーの個人的理解であったのかは判断し難い。また、ムカッタム山の山麓(safḥ)地区に一塊の墓廟群があったことも、シュアイビーの他の記述からわかる。[27]

他方、死者の街の歴史的変遷に関しては、大カラーファがフスタートの人々の初期(とくにヒジュラ暦一～三世紀)における墓地として先行し、その後、小カラーファがムカッタム山の端(dhayl)やその周辺の山麓から、小カラーファのサハーバ聖廟群 Mashāhid al-Ṣaḥāba にかけて展開したと述べている。また、イフシード朝期(九三五～九六九年)にすでに山麓地区が栄え、ファーティマ朝がザアフラーン墓地 Turba al-Zaʻfrān を建設したことも付記されている。[28] これらの通時的整理は、現在考えてみれば至極当然のものであるが、それ以前の参詣書にはみられなかったものである。[29]

オスマン朝初期の状況については、ムジャーウィリーン墓地 Turba al-Mujāwirīn とその周辺が再建され、城塞からマタリーヤまでも再建が進んだと貴重な証言を残していた。[30] 後者はおおよそ、マムルーク朝のサフラー地区とその周辺部に相当しよう。これらの結果として、シュアイビーは前出のイブン・アル＝ムバッラトを引用し、「ライダーニーヤ地区から城塞までに六〇〇のトゥルバ(墓廟)と一五のマシュハド(聖廟)、一九の墓地区(jiha)が四〇〇〇の墓を包摂して、九五〇／一五四三－四年までに建設された。その後、近年(十七世紀初頭を指すか)も埋葬は続いている」としていた。[31] こちらも、サフラー地区とその北東への伸長部に該当する地区を指している。

さらに、ナスル門外からサフラー地区にかけてのスーフィーヤ墓地とジュユーシー墓地、サフラー地区のフシュカダム墓地と城塞間などがマムルーク朝後期に発展した様子が、『シュアイビー』に記述されている。[32] このように全般として、マムルーク朝後半からオスマン朝初期にかけての墓地の北東部展開が、如実に反映されているように思われる。しかし、より南の大小カラーファ側も、旅行記等によればそれなりの繁栄を続けており、上の記述はシュアイビーの『シュアイビー』における関心の置き所とも無関係ではないであろう。

また、『シュアイビー』には、オスマン朝期に新設された建造物にも言及がみられる。例えば、九六〇／一五五二－三年建立のシャアラーウィー ʻAbd al-Wahhāb al-Shaʻrāwī 修道場(ザーウィヤ)やイスカンダル・バシャ Iskandar Bāshā のジャーミー(衆会モスク)、タキーヤ(修道場)、スィフリージュ(貯水施設、Ⓗ九六三年建立)などである。[33]

ムカッタム山も依然として高い位置付けにあった。『シュアイビー』は世界中の祈願(ドゥアー)が成就される場所として、アラファート山、カアバ神殿、エルサレムとともにムカッタム山の名をあげることを忘れていない。[34]

墓地の荒廃とそこへの居住に関してもしばしば言及がみられ、とくに「現在朽ち果てている」「荒廃している」という描写には事欠かない。エジプトにおける墓地居住は近年の社会問題と化しているが、他の機会にも明らかにしたように、これはよく指摘されるような現代のみに端を発する社会現象ではない(第3章)。実際、『シュアイビー』中にも「ザーウィヤ(修道場)が荒れて、現在は墓地へと転用されてしまった」などという例とともに、「墓地が現在、居住地になってしまった」との記述がみえる。これについては再度後述する。[35]

参詣の諸慣行

本書ではすでに第1章で、マムルーク朝期までの死者の街参詣の慣行について、歴史的民族誌の考察を行なってきた。そこでの議論は多岐にわたるが、その際のデータ中にあらわれた主要な慣行を指標にして『シュアイビー』の検討を試みたい。結論からいえば、聖墓参詣慣行一般については、同書からも十分に窺い知れる。それは「この墓は現在まで参詣される」[36]、あるいは「この聖廟は参詣者で大変混雑している」「人々が殺到している」といった記述からも明らかであろう。また、ムスタファー・アーリー、カブリート、ナーブルスィー、ヒヤーリー、E・チェレビーら当時のエジプト旅行者の記録も総合して判断すると、エジプトの参詣スタイルを特徴づける集団参詣も依然として機能していたと推測されるが、この点について『シュアイビー』の記述は稀薄である。[37]

以下、参詣の諸慣行について個別にみてゆくと、まず、墓への接吻や体の擦りつけ、腰掛けを禁ずる記述がハディースの引用という形でみられた。[38] また、サイイダ・ナフィーサ廟への参詣者は、定型化されたドゥアーを必ず唱えていたものと思われる。[39]

次に、墓へのナズル(願掛け・供物)も盛んであった。具体的には、香、サフラン、蠟燭立て、油、ランプなどを供物して願掛けを行なっていた例を、再引用によってであるが見出せる。[40] それとも関連して、墓で光がみえるという記述がやはり繰り返されており、これは墓に灯明をともす慣行の結果と考えられよう。この慣行は、光のともった被葬者のカラーマの文脈で解釈することも可能と思われる。[41]

一方、祈願成就(ijāba al-duʻā')という概念の重要性や、祈願成就をめぐる慣行、参詣者の心性は、このオスマン朝統治初期にあっても依然、堅持されていた。十二~十五世紀における死者の街参詣の書を分析した際には、参詣者にとって最も関心が深い事項がこの「祈願成就」であった。生前もしくは墓中の聖者はアッラーに参詣者の案事を「執り成す」だけであり、それを最終的に叶えるのはアッラーのみであるという心性・思考構造がみられたのである(第1章)。『シュアイビー』においても、二五カ所以上が祈願を叶える場所と明示されていた。とりわけ、サイイダ・アーミナ Sayyda Āmina の聖廟とアスマー Asmāʼ bint ʻAbd al-ʻAzīz 聖廟との間に立ち、アル＝マナーム丘 Kawm al-Manām を背に(ムカッタム)山に面して案件を祈願すると成就する、という箇所は、自らの意見として注記していた。[42] しかし、以前の参詣書に比べるとかなり少なくなっており、ここにも『シュアイビー』の非実用性が現れている。生前から人々の祈願を叶えていた聖者に至っては、名前こそあげていたものの、ほぼマムルーク朝以前の例である。加えて、ハディースを引く形で、祈願のとくに叶いやすい時季、叶う祈願の種類もあげられていた。[43]

祈願成就のメカニズムにあって、聖者・被葬者によるアッラーへの「執り成し」(シャファーア)概念もこの時代、依然として重要な役割を果たしていた。その中で、クルアーンのヤー・スィーン(第三六)章を詠んだ者に対する、同章自体によるアッラーへの執り成しについても、やはり引用されている。[44] さらに、クルアーンの読誦や日々の善行に対するアッラーからの報奨(thawāb)と、それを他者へ贈る例もやはり見出せる。[45]

墓地への居住が、決して近年のみの現象でないことは先に触れておいたが、シュアイビーによるとそれはすでに二／

八～九世紀から始まっていたという。[46] ナーブルスィーの旅行記によれば、オスマン朝統治初期に、カラーファのイマーム・ライス廟付近にはハーラ（街路共同体、街区）と家並みが広がっていたとも報告されている。[47] これ以外にも、この時代、墓地が居住空間へと転用された例をあげることができる。[48] さらに、カイロ周辺（カラーファやナスル門外墓地）を舞台に、この時代も移葬が行なわれていたことは注記に値しよう。[49]

以上、『シュアイビー』にあらわれた参詣慣行を概括してきたが、それ以前の参詣書に比べ、残念ながら本書は参詣慣行に関してはあまり多くの情報を網羅していないといえる。むしろ、オスマン朝期に関しては旅行記の情報の方が、はるかにヴィヴィッドな参詣慣行の記述を残していた。前出のムスタファー・アーリー、カブリート、ヒヤーリー、E・チェレビー、ナーブルスィーらは、実際に死者の街の集団参詣に参加し、その模様を活写していた。なかでも、ナーブルスィーは聖廟内の状況を克明に記録していた。例えば、毎週金曜礼拝後にイブン・アル＝ファーリド廟では、故人の詩をもとに歌と踊りのハドラが繰り広げられていた。参加者は気に入った箇所で「もう一度！」と声をかけることができ、すると他の参加者もそのフレーズを繰り返すといった、うねるような熱気と異様な陶酔が描写されていた。[50]

カラーマ

『シュアイビー』ではほとんどの被葬者に関して、そのカラーマ（美質・奇蹟・徳行）への言及がみられる。しかし、テクストの後半部にゆくに従って、「その（故人の）カラーマは多い」とだけ記し、カラーマの内容を略す傾向がみられる。それでもなお、本書においてもカラーマの重要性は指摘できよう。ただし、それ以前の参詣書に比べると、具体的で庶民的な設定やプロットのものが少なく、より抽象的傾向が窺える。

『シュアイビー』に描かれるカラーマの内容についてみると、治癒譚、地面収縮、水上歩行、空中浮遊、本質変換、創出術、渇水譚、透視、異類譚、不在の探知、改宗譚、改悛譚、食物譚、金銭譚、護身、死後の奇蹟、夢での預言者ムハンマドや天国の美女（フール・アル゠アイン）との交流などがあげられる。さらに、学識、芳香、粗衣、世間からの隔絶、イスラーム的善行なども語られている。これらは、筆者がこれまで四参詣書を分析する過程で抽出してきた諸範疇に含まれこそすれ、それを逸脱する例はみられなかった。[51]

『シュアイビー』後の参詣史料

『シュアイビー』という作品は、ハディース保持の有無を指標に参詣対象を再構築するという、斬新な試みであった。このことは、ハディースをもとに参詣行為をイスラームの内へ確固たるものとして位置づけることにつながったであろう。その一方で、死者の街の地誌、墓の配置、そしてオスマン朝期の人々の口頭伝承という点においては、大いに物足りないものであり、以前の参詣書に比べ格段に劣る。

そのような中にあっても、本書および前述の他史料から、著者シュアイビーの時代（十七世紀初頭）における参詣慣行の大きな潮流の変化は窺えなかった。同様に、参詣慣行と旅行記等にみられたマウリド（聖者生誕祭）の隆盛は、『シュアイビー』において全く連関してこないのである。これについてはマウリドの側からも、精緻な再検討を要しよう。

それゆえ、オスマン朝初期の死者の街、およびその聖墓参詣慣行に関して探究するためには、『シュアイビー』だけでは不十分であるといわざるを得ない。とくに、墓地運営や墓地区の警護の実態については、シャリーア法廷台帳やワクフ文書が詳細な情報を与えてくれる。また、建造物、宗教施設などの考察には地誌や年代記も有効であろうし、参詣慣行については旅行記の記述が役立つ。さらに、支配者層と死者の街との関係については、年代記の検討が不可欠となろう。これらの分析結果を手懸りに、各種法学書、スーフィー関連書を併せて援用することによって、今後、より総合的に検討してゆきたいと考えている。また、オスマン朝という語が『シュアイビー』の全文中わずか二カ所しか登場しないことの意味も含め、同朝の存在をエジプト社会の枠組みの中でいかに位置づけるべきかも問われてこよう。

最後に、これらのこととも関連して、シュアイビー以降の参詣史料の見通しについて付言しておきたい。現時点の筆者の仮説では、その後、いくつかのジャンルへと機能分化しつつ展開してゆくように思われる。参詣書自体の展開としては、パリ Bibliothèque interuniversitaire des langues orientales 所蔵写本 *Untitled Index of Saints' Tombs in Cairo*（著者不詳）や、二十世紀初頭のエジプト人学者H・カースィムが最後の参詣書と断定したスッカリー al-Sukkarī（十八世紀）のものがあげられるが、前者がわずか一六フォリオ、後者が四九フォリオとそれ以前のものに比べ極端に短くなっている。[52] 内容的にも、墓地の地誌、墓のリスト的記述に徹しており、参詣慣行やカラーマの記述、聖者伝的要素を失ってゆく。その意味では、マクリーズィーの影響の濃厚なイブン・アビー・アッ＝スルール Ibn Abī al-Surūr al-Bakrī（一六五〇没）の地誌作品や、著名なアリー・ムバーラク ʿAlī Mubārak（一八九三没）の『新地誌』中のカラーファの記述に近づいてゆくといえよう。[53]

他方、アフル・アル＝バイトとその子孫の美徳、およびその墓への参詣については、独立した書が盛んに編まれるようになってくる。ウジュフーリー al-Ujhūrī（一七八四没）、カルアーウィー al-Qalʿāwī（一八一五没）、シャブランジー al-Shablanjī（一八八三没）、ジャ（ュ）ムズーリー al-Jamzūrī (al-Jumzūrī)、ムシュキー al-Mushkī、アフマド・ブン・ムカイバル Aḥmad b. Muqaybal などへと連なる系譜である。この現象と表裏一体をなす背景として、筆者はオスマン朝期以降のエジプトにおけるマウリド（聖者生誕祭）の隆盛があったのではないかと推定している。これらの内でもさらに、預言者一族の美徳に力点を置いたものと、墓参の方に力点を置くものとの微妙な差が認められる。[54] そして、これらの著作は普通、他の著名聖墓にも言及していた。また、これらは他の『聖者列伝』『聖者のカラーマ集』ともジャンル上、近接しており、部分的には情報の交換を行なっていた。その端的な例はナブハーニー al-Nabhānī が聖者のカラーマを中心に集録した *Jāmiʿ Karāmāt al-Awliyāʾ* である。

さらに、これらの著作活動と並行して、ヒジュラ暦一〇〇〇年代にも『ムルシド』や『ミスバーフ』など、以前の参詣書が頻繁に書写されている点も見逃せない。しかも、『ムルシド』などのように、著者没後に何者か（あるいは書写者自身）が墓数を増やして記述を加えた形跡が明瞭な例もある。このことは、以前の参詣著作が依然として参詣の手引書として有効であったり、あるいは最良のものとして利用されていた可能性を示唆していよう。実際のところ、少なくともマムルーク朝以前の墓に関しては、聖墓や故人のエピソード、参詣慣行など、いずれの知識量をとっても、以前の参詣書の方が圧倒的に優っており、著名聖墓はそれで十分に網羅できたはずである。

おわりに

本書では、死者の街という場を設定することによって、それに関連する全ての事柄を能うかぎり照らしだそうと努めた。もともとは、死をめぐる民衆の心性と日常生活の歴史的解明を主題とするところから始めた研究であるが、それでは死者の街やその参詣の持つ広い研究可能領域のごく一部しか捉えていないと考えるに至った。墓地の維持を支える社会システムやスーフィズムと聖者崇敬、さらに都市における墓地区の公共的役割なども考慮し、はるかに総合的な視野のもとに死者の街という対象を捉え直す必要性があった。

そこでまず、史料から材料を吟味選択して参詣慣行の小民族誌を再構成し、それをさまざまな視角から検討した。とりわけ、七つの聖墓参詣コース、墓の踏み歩きや墓への接吻・擦りつけ、ナズル（供物・願かけ）と女性の参詣、墓建設や墓の華美化、クルアーンの読誦などについて、参詣の心得二十則をもとに考察した。その上で参詣者の意識の探究を行ない、彼らが生前および死後の聖者による執り成しを通じて、神から報奨としての祈願成就を得ようとしていた精神的回路について検証を行なった。この論理を欠いては、一神教としてのイスラームの存立が脅かされることにつながったのである。

次いで、聖者や聖墓の聖性がいかにして成立するのか、その過程を動態的に捉えようと試みた。とりわけ、これまでなされたことのない、聖墓や聖者の成立失敗の事例検討から、その成功の要件について探究した。その結果、地域社会の支配当局の関与や、聖墓参詣において女性が民衆と支配者層との間の媒介者として役割を果たしたことを詳らかにした。聖墓創造における担い手の信仰心や、聖墓の命名行為も重要な要素と考えられた。加えて、カラーファという聖域も崇敬の背景として不可欠であった。生前の聖者と死後の聖者の比較についていえば、両者共に人々の崇敬を集め、多くの訪問者・参詣者を獲得していた。その崇敬の在り方には共通点も多かったが、前者の方が直接的に社会的影響力を行使していた。また、参詣対象とされた被葬者の膨大な逸話や奇蹟譚などから、庶民の日常生活をより市井の目線から広く垣間見ようとしただけでなく、彼らの仮託した願望を探ることも試みた。

王朝による墓地区の統御と整備も、本書で焦点をあてた側面である。王朝政府の支配当局は墓地から風紀の乱れが広がることをおそれ、その制御にさまざまな方策を講じていた。その結果として、聖墓や聖者の創造は一定のコントロールのもとに置かれた。また、有力者によるワクフ設定を通じた墓地区のインフラ整備を欠いても、参詣慣行の隆盛はありえなかった。さらに、死者の街は全ての社会階層の人々が、彼らなりのやり方で関わるという意味での「公共性」を有していたこともあわせて論じた。全ての人が死を免れ得ないのと同様、全ての人が死者の街に関わらざるを得なかったのである。ただし、その関わりのあり方についてより詳細にみると、各階層の志向性の間には時に軋轢もみられた。

ワクフによる死者の街の経済基盤についても、エジプト国立文書館所蔵のワクフ文書などによって総合的に検討を行なった。墓地に関連するワクフ設定の隆盛によって、聖者崇敬慣行の全般に関わる人々や一般民衆に対して莫大な富が広く行き渡り、人々は多種の食糧や財物、逗留先を得ることができた。ここで興味深いのは、参詣書の記述する参詣慣行が、かなりの部分、ワクフ文書に呼応する根拠を有していたという点である。例えば、供物の内容から墓前で詠まれるクルアーンの章名に至るまで、参詣書の活写する慣行はワクフ文書の規定に対応していた。これはおそらく、すでに実践されていた諸慣行を取り込み、明文化するような形でワクフ文書の中に条文化され、それがひとたび認められて機能しだすと今度は現実を規定していったものと推測される。

加えて、ムスリムと共にカイロ゠フスタート社会に参画していたキリスト教徒の参詣・巡礼慣行も参照枠として設定し、双方の特徴を際立たせて把握すべく努めた。エジプトにおけるムスリム諸王朝支配下のキリスト教徒達は、そのイード(祝祭日)を中心としてイコンや聖遺骸を多く抱える教会・修道院へと赴いており、そこではさまざまな奇蹟が発現したとされる。また、エジプトのムスリムの慣行と比較すると、ムスリムの場合は、祝祭日以外の日常的な集団参詣の流行に特徴があった。そして、ムスリムの場合には、参詣をめぐる供物などの慣行や、聖廟の建設など参詣をめぐる基本的な設定の部分で、イスラームの観点から学識者に批判されうる行為が全般に多かった。さらに、コプト・キリスト教徒などからのムスリムへの相当規模の改宗進行により、宗教間の狭間のグレーゾーンを往来し、時に漂泊する人々の姿も窺えた。

以上を勘案しつつ、ここで三つの論点を提起しておきたい。第一に、カイロ゠フスタート圏におけるムスリム社会の聖者崇敬・聖墓参詣には、王朝政府支配者層による統御と整備、そしてワクフを通じた経済基盤の形成が深く関連していた。とくに、ワクフを通じた墓地区の整備と経済基盤を欠いては、参詣対象が存立・継続し得ず、墓地区での飲み水にすら事欠いたであろう。また、ワクフ設定者はワクフの設定行為を通じて、自身や家族の財産や利権の保全を図りつつ、善行を通じての天国入りを強く念じていたのであった。それならば、ペストが大流行して死者が溢れたマムルーク朝期の状況が、これにいかなる影響を与えたのかというのが、次の課題となろう。

第二に、カイロ゠フスタート郊外の墓地区は、精神的な次元からみると、参詣者が聖者による執り成しという媒介を通じて、神から祈願成就を得る場所であった。それと同時に、現実社会の次元でいえば、同地区は騎士の演習やパレードなどを通じて、民衆と支配者層が直接触れ合う貴重な接点を創り出してもいたのである。また民衆の参詣者は、死者の街に逗留する「生ける」聖者や、あるいは支配者層の家族の女性参詣者によって、支配当局の人々との間を媒介されていた可能性が高い。すなわち、精神的次元と現実社会の双方の次元において死者の街は「媒介」の場を提供していたと考えられるのであり、参詣者と神を媒介する聖者、民衆と支配者層を媒介する女性達の存在が窺える場所であった。

この媒介の問題に加えて、参詣者による墓地に埋葬された身近な死者の「鎮魂」という、他宗教の研究においてしばしば検討されるテーマをいかに扱うかも、今後の課題である。

第三に、中世ヨーロッパ・キリスト教社会と前近代の中東ムスリム社会を比較して、後者においては前者のような聖人列聖の認定機関や制度、ヒエラルヒーがみられないゆえ、無数に聖者が生み出されるという言説がしばしば用いられるが、ヨーロッパ社会における列聖前の「聖人」とムスリム社会の聖者の様態を比較の眼で眺めれば、とくに民衆レベルにおいて、この点に関する事態はあまり変わらないのではなかろうか。ヨーロッパ社会においても、人々の崇敬を集め、生まれては消えていった数多の聖者のごく一部が記録され、その後、所定の手続きと儀礼を経て列聖されるに至ったにすぎないのであろう。さらに加えるならば、無尽蔵に聖者を生み出すと想定されがちなムスリム社会にあっても、本書で示したエジプトの事例などでは、明らかに当該社会の支配権力が聖者の創出と維持に一定の役割を果たしていたのである。加えて、ムスリム社会で多く著された『聖者列伝』や『スーフィー列伝』も、その記載対象の聖者を選択し、また他著者の記述を参考にしつつ議論することを通じて一種の「公論」を形成することに寄与したと考えられ、ムスリム社会における聖者の淘汰と確定に一定の役割を果たしたのではないかと推測される。ただし、ヨーロッパ・キリスト教社会との比較を全般に論ずるには、本書が扱った範囲はあまりにも限定的であろう。この点は他の機会を待ち、さらに事例を集積した上で結論をだしたい。

付論では、エジプト社会における主として十二世紀以降のスーフィズムの浸透とその社会集団化、さらにはタリーカの隆盛を通じた、人々のイスラーム帰属意識の深化についても顧みた。ここから窺えたのは、キリスト教徒やユダヤ教徒からの大量のイスラーム改宗者を迎え、またペスト蔓延や飢饉・天災などに接して、自らのイスラーム信仰を再自覚し、イスラームの原点へ立ち返ろうとした人々(その中には、スーフィーと称された人々も一部に含まれ得た)の存在であり、またほぼ同時期からオスマン朝にかけて増殖したスーフィーのタリーカにほとんどのムスリムが帰属していったという時代の様相であった。

さらに、オスマン朝の支配を経て近代を迎え、エジプト死者の街とその参詣を取巻く環境は大きく変化していった。集団参詣の慣行やワクフによる墓地区の広範なインフラ整備は次第に衰えをみせる一方、聖者崇敬自体は聖者生誕祭の大衆化、預言者一族への崇敬のさらなる高まりを背景に、大きく変質していったようにみえる。また、エジプトにおいてはオスマン朝の支配期以降、かなり長期にわたって、大幅な人口減や富のオスマン朝中枢部への流出が生じたことも付言しておくべきであろう。現在、依然として、聖者生誕祭の大衆動員は続いており、さらに折々の政権はいわゆる「イスラーム主義」とのバランスを取らんとして、イスラーム諸勢力の見取図内にスーフィズムを位置づけようと目論むかのようである。これらの変遷を追究することも、次の課題となる。

あとがき

　エジプト死者の街における聖墓参詣の研究は、一九八〇年代から筆者が温め続けてきたテーマである。もともとは人類学の側へ大きく踏み出すことに特長を見出す社会史研究のモノグラフを意図していた。しかし、局面は転換（ターン）し、歴史学研究や学問一般を取り巻く状況やパラダイムも大きく変貌してしまった。その間に私は時間をかけて弓を曳き絞りすぎ、ついには柄の方が折れてしまったという観すらある。そもそも、早稲田大学（一文）の学部時代に封建的土地所有研究を離れて「周縁研究会」を主宰し、歴史人類学を志向するに至ったが、なかなかふさわしい研究対象とはめぐり会えなかった。しかし、S・アーシュール先生の著作を通じてこのテーマの端緒を得たのち、一九八〇年代後半にエジプト・カイロ大学文学部へ留学し、同大学図書館でイブン・ウスマーンによる参詣書写本のコピーを閲覧したとき、予感は確信へと変わった。さらに、アラブ連盟大学写本研究所やエジプト国立図書館などで他の写本群に接し、八〇年代末には博論の骨子（参詣慣行、死者の街の歴史、聖者の逸話論）ができあがっていた。同時に、歴史的な死者の街の南東端に近接し、コプト・キリスト教で知られる地区に住んだことから、後者の資料も集め始めた。しかし当初は「参詣」「聖者崇敬」など、まず日本語による用語を一つずつ自力で確定してゆくところから手探りで始めねばならなかった。

　そのような状況下でまとめられたのが、本論集の中核となった博士論文『エジプト死者の街と聖墓参詣――十二～十五世紀の事例をもとに』（一九九四年十二月提出、一九九五年六月学位授与）である。所属ゼミで初めての博論であったゆえ、審査当日まで審査員は中国史などの方々だろうと推測して表現を改めたほど、全く事情を把握していなかった。実際に審査いただいたのは、故佐藤次高教授（主査）、後藤明教授、竹下政孝教授、羽田正教授（以上、東京大学）、三浦徹教授（お茶の水女子大学）であった。

本書の公刊が大幅に遅れたために、そのもとになった博論をすでに幾人かの方々には活用していただいてきたが、すでに筆者の博論や本書に再録した各種論文を参考にしていただいてきた内外の研究については、本書において混乱のもととなる再引用を避け、再度の言及を最低限にとどめた。また、研究文献の参照は本書執筆の過程から、二〇一二年頃までとさせていただいたことを御容赦いただきたい。本書のもとになった諸論考については、既出論文との対照表を御覧いただきたい。

この辺りからも明らかなように、筆者の研究は回り道ばかりで成り立っているように思われる。とくに、歴史人類学研究を徹底させるため、一九八〇年代から旧大カラーファの端に接した南オールド・カイロ地区に住み込み、庶民生活や伝統産業・裏町産業についてフィールド・ワークを継続して行なってきたが、その成果公表については、他日を期したい。

本書を刊行まで導いて下さった方々への謝意は尽きない。最初の謝辞は、やはり故佐藤次高先生に捧げたい。中東史・イスラーム研究において文字通り野犬のごとくあった筆者に、制度を通じて機会を与えて下さった。また、先生の二冊の主著、とくにその英語版の徹底チェックを担当できたことは光栄であった。さらに、二〇〇二年には本書の出版を申し出ていただいたが、準備がままならなかったことが悔やまれる。次いで、故大塚和夫教授（東京外国語大学）、関一敏教授（九州大学）、小松久男教授（東京外国語大学）の名を挙げねばならない。

そして、エジプトにおける歴史学研究、写本や文書の手解きをして下さったカイロ大学文学部の故R・アッバース教授、故S・アーシュール教授、H・ラビーウ教授、故A・イブラーヒーム教授、親友E・アブー・ガーズィー教授（元エジプト文化大臣、カイロ大学）、M・アフィーフィー教授（カイロ大学）、M・ワスィーミー教授（サウジアラビア・キング・サウード大学）、Y・ラーギブ教授（コレージュ・ド・フランス）、故D・アヤロン教授（エルサレム・ヘブライ大学）、A・ザーイド教授（カイロ大学）、N・ハンナー教授（カイロ・アメリカン大学）、シャラフ・アブド・アル＝アズィーム元客員教授（東京外国語大学）、M・ベン・アブード教授（モロッコ、アブドゥル・マリク・アッ＝サアディー大学）、A・ジハーン教授（トルコ・イスタンブル文化大学）、日本では森本公誠東大寺長老、一橋大学地中海研究会の加藤博教授、愛媛大学「四国遍路と世界の巡礼」研究会、九州大学イスラム文明史学研究室、東京大学人文社会系研究科東洋史学研究室の同僚達、早稲田大学東洋史研究室の皆様、東京大学GCOEプロジェクト「死生学」と島薗進教授（上智大学）、間野英二教授（京都大学）、蔀勇造教授（東京大学）、（財）東洋文庫の志茂碩敏氏と松本明氏、大学院時代にお世話になった高山博教授、柳橋博之教授（共に東京大学）そして研究を通じて得た友人達、K・アザブ、L・マフムード、M・リカービー、M・ギルギス、地域研究学会連絡協議会、NIHU研究プログラム・イスラーム地域研究、合衆国の音楽家N・エイカーズ、マリ共和国での調査に導いて下さった竹沢尚一郎教授（国立民族学博物館）と坂井信三教授（南山大学）、留学中にお世話になった長谷川奏氏（早稲田大学）など、枚挙に暇がない。C・テイラーは筆者の論文［ohtoshi 1993］を私信にて高評価してくれたが、私は修正版を出すので引用を控えるよう伝えた。しかし、本書の英語版刊行がかくも遅れている今から考えると、依頼は誤りであった。

また、筆者が三十年間、一年も欠かさず住むか通い続ける南オールド・カイロや死者の街の皆は、喜んでくれると思う。ウサーマ・アービド、ワリード・アリー、ファトヒー・マスアド、カラーファ住人である故アンム・サイイド一家、M・アブドゥラー、旧オールド・カイロ屠畜場の故アッバース親方、故サアド親方（ゴミ・リサイクル業）、故アンム・スッカル。

さらに、フランス国立図書館、大英図書館、ライデン大学図書館、アンブロズィアーナ図書館（フィレンツェ）、バヤズィット図書館、アラブ連盟大学附属写本研究所、エジプト国立図書館、エジプト国立文書館、エジプト・ワクフ省イスラーム写本中央図書館、アズハル図書館、アレクサンドリア図書館、テヘラン大学図書館、IFAO（フランス・オリエント考古学研究所）、パリのBIULO、アフマド・バーバー文書館（トンブクトゥ）、その他での写本・文書調査の成果も、この書に込められている。

まとめ終えてみると、いくつかの光景が目に浮かぶ。八〇年代後半から暮らしていたオールド・カイロの茶色い崖の坂道を登ってゆく人々の後ろ姿。ただ坂道を登ってゆくという行為が、それだけで十分に感動的だった。また本書には、今は亡き母の集中治療室に宿泊しながら書いた論文に基づく章もある。

本書の中核部分となった博士論文は、筆者の山形大学教養部勤務時代にまとめられた。一九九四年の冬、連日の改訂作業を終え、最終バスに間に合うよう、一面の銀世界へ駆け出すのが日課だった。小白川キャンパスからなだらかな傾斜を転がるように一気に駆け下ると、市立病院前に十一時に立寄る上山温泉行きに何とか間に合った。

また、今回出版にあたっては、とりわけ西村淳一氏（早稲田大学）にお世話になった。他にも、五十嵐大介氏（早稲田大学）と東長靖氏（付論3、京都大学教授）に目を通していただいた。そして、本書の初校が出たのちに筆者の大学異動や早稲田大学での新コース立ち上げと続き、出版がかくも遅れてしまったのは、ひとえに筆者の責任である。それにも拘わらず粘り強く支えて下さった山川出版社編集部のご尽力がなければ、本書は完成をみなかったと確信している。ここに篤く御礼申し上げたい。

二〇一八年　晩夏

大稔哲也

著者紹介

大稔哲也　おおとし　てつや

1960年生まれ。東京大学大学院人文科学研究科博士課程修了，博士(文学)。

カイロ大学文学部留学，山形大学教養部専任講師，九州大学文学部助教授，日本学術振興会カイロ研究連絡センター長(出向)，東京大学大学院人文社会系研究科准教授などを経て，2014年より早稲田大学文学学術院教授。現在，早稲田大学文学部・大学院文学研究科「中東・イスラーム研究コース」運営主任。

主要論文

「エジプト死者の街における聖墓参詣—12〜15世紀の参詣慣行と参詣者の意識—」(『史学雑誌』102−10，1993年)，“The Manners, Customs, and Mentality of Pilgrims to the Egyptian City of the Dead: 1100−1500 A.D.”(*Orient* 29, 1993)，「中世エジプト・イスラム社会の参詣・聖墓・聖遺物」(歴史学研究会編『地中海世界史4　巡礼と民衆信仰』，青木書店，1999)，「参詣書と死者の街からみたコプトとムスリム」(『史潮』138，2001)，“*Taṣawwuf* as Reflected in the *Ziyāra* Books and Cairo Cemeteries” (in *Le développement du soufisme en Égypte à l'époque mamelouke*, eds. Richard McGregor et Adam Sabra, Cairo, 2006)，“Cairene Cemeteries as Public Loci in Mamluk Egypt” *Mamluk Studies Review* 10−1, 2006など。

エジプト死者《ししゃ》の街《まち》と聖墓参詣《せいぼさんけい》——ムスリムと非《ひ》ムスリムのエジプト社会史《しゃかいし》

2018年10月10日　第1版第1刷印刷　　2018年10月20日　第1版第1刷発行

著　者　大稔哲也
発行者　野澤伸平
発行所　株式会社　山川出版社
〒101−0047　東京都千代田区内神田1−13−13
電話　03(3293)8131(営業)　03(3293)8134(編集)
https://www.yamakawa.co.jp/　振替　00120−9−43993
印刷所　株式会社　シナノパブリッシングプレス
製本所　牧製本印刷株式会社
装　丁　菊地信義

ISBN978-4-634-67236-9

索　引

人名索引

● ア

● カ

● サ

● タ

● ナ

● ハ

● マ

● ヤ

● ラ

● ワ

地名索引

● ア

● カ

● サ

● タ

● ナ

書名索引

事項索引

● サ

● タ

● ナ

● マ

● ヤ

● ラ

● ワ

主要参考文献

文献略号

ASAE：*Annales du service des antiquités du l'Égypte.*
BEO：*Bulletin d'études orientales.*
BIFAO：*Bulletin de l'Institut français d'archéologie orientale.*
BSOAS：*Bulletin of the School of Oriental and African Studies.*
BSRGE：*Bulletin de la Société Royale de Géographie d'Égypte.*
EI[1]：*Encyclopaedia of Islam, First edition.*
EI[2]：*Encyclopaedia of Islam, Second edition.*
JA：*Journal asiatique.*
JRAS：*Journal of the Royal Asiatic Society.*
REI：*Revue des Études islamiques.*
ZDMG：*Zeitschrift der Deutschen Morgenländischen Gesellschaft.*

文　書

DW：ワクフ文書，Dār al-Wathā'iq al-Qawmīya, Egypt.（maḥfaẓa/ḥujja）
1/4, 4/15, 4(5b)/23, 欠/68, 欠/75, 13/84, 欠/86, 欠/91, 15/93, 欠/101, 18/113b, 20/128, 34/147, 24/154, 38/169, 39/172, 欠/173, 27/177, 28m/182, 42/183, m28/184, 29/192, 29/193, 29/198, 32/202, 33/207, 33/208, 35/222, 36/224, 36/231, 37/234, 37/235, 38/237, 38/240, 38/241, 39/246, 41/262, 42/270, 43/278, 43/280, 44/285, 45/296, 47/315, 48/323, 48/328, 49/336, 欠/359, 50/337, 欠/355, 欠/360, 欠/361, 85/366.

Ḥujja Waqfīya al-Sayyida Nafīsa, Dār al-Kutub al-Miṣrīya, Ms. Ta'rīkh Taymūr 1431.

文書校訂

Ḥujja Waqf al-Amīr Sūdūn min Zāda, in Ḥ. Nuwayṣar(ed.), in *Madrasa Jarkasīya 'alā Namaṭ al-Masājid al-Jāmi'a*, al-Qāhira, 1985.

Sijill Taqārīr al-Naẓar, Sijill no. 4, Wathīqa 98, in S. Mīlād, "Wathā'iq Taqārīr al-Naẓar: Dirāsa wa Nashr wa Taḥqīq", *Rūznāma* 1, 2003, pp. 63–131.

Waqf al-Ashrāf Barsbāy：*Ḥujja Waqf al-Ashrāf Barsbāy,* ed. A. Darrāj, al-Qāhira, 1963.

Waqfīya Ibn Taghrī Birdī："Waqfīya Ibn Taghrī Birdī", ed. 'A. Ibrāhīm, in *Mu'arrikh Ibn Taghrī Birdī,* al-Qāhira, 1974.

Wathīqa Waqf Jamāl al-Dīn Yūsuf al-Ustādār, ed. M. 'A. 'Uthmān, al-Iskandarīya, 1983.

Wathīqa Waqf al-Sulṭān al-Nāṣir Muḥammad b. Qalāwūn, ed. M. M. Amīn, in *Ibn Ḥabīb,* vol. 2, al-Qāhira, 1982, pp. 329–448.

Wathīqa Waqf al-Sulṭān Qāytbāy：ed. M. M. Amīn, *al-Majalla al-Ta'rīkhīya al-Miṣrīya* 22, 1975, pp. 343–390.

Wathīqa 'Ahd al-Sulṭān al-Mu'ayyad Abī al-Fatḥ Aḥmad b. al-Malik al-Ashraf Abī al-Naṣr Īnāl al-'Alā'ī al-Ẓāhirī (865/1460), ed. N. M. 'A. Aḥmad, al-Qāhira, 1981.

エジプト参詣書写本(12〜15世紀)

Murshid：Aya Sofiya 2064 (Ma'had al-Makhṭūṭāt, Jāmi'a al-Duwal al-'Arabīya Ta'rīkh 239), Dār al-Kutub al-Miṣrīya, Ta'rīkh 325, Dār al-Kutub Miṣrīya, Ta'rīkh 5129, Maktaba al-Azhar, Ta'rīkh 'Arūsī 3974 (Ma'had al-Makhṭūṭāt, Ta'rīkh 1604), Dār al-Kutub al-Miṣrīya, H 34341 = M 57805 (Maktaba al-Azhar, Ta'rīkh 'Arūsī 3974 の複写), British Library (BL.) Or. 3049, BL. Or. 4635, BL. Add. 26045, Dār al-Kutub al-Miṣrīya, Taṣawwuf 1408, Dār al-Kutub al-Miṣrīya, Buldān Taymūr 65 (*al-Durr al-Manthūr fī Ziyāra al-Qubūr*), Dār al-Kutub al-Miṣrīya, Majāmī' Ṭal'at 490, Escorial 1751 (Ma'had al-Makhṭūṭāt, Mutafarriqāt 470), Gotha 1091, Welieddin 818, Abū al-'Abbās al-Mursī, Taṣawwuf 1132 (Wizāra al-Awaqāf, *Mufīd al-Zuwwār ilā Qubūr al-Abrār*).

Miṣbāḥ：al-Azhar 22934 (1380), Princeton Garrett Coll. no. 375, Dār al-Kutub al-Miṣrīya, Buldān Taymūr 87, Dār al-Kutub al-Miṣrīya, Ta'rīkh 1461, Chester Beatty Library ms. 4037 (Van Pelt Microforms Medieval MSS 781).

Kawākib：Dār al-Kutub al-Miṣrīya, Buldān Taymūr 58, Dār al-Kutub al-Miṣrīya, Ta'rīkh M 24, Dār al-Kutub al-Miṣrīya, Ta'rīkh 261, Dār al-Kutub al-Miṣrīya, Ta'rīkh 262, Dār al-Kutub al-Miṣrīya, Ta'rīkh 2272, Gotha 56, 5, 1532/4, Leipzig 233.

Tuḥfa：Dār al-Kutub al-Miṣrīya, Ta'rīkh Ṭal'at 1971, Dār al-Kutub al-Miṣrīya, Ta'rīkh Ṭal'at 1972, Dār al-Kutub al-Miṣrīya, Ta'rīkh 41, Dār al-Kutub al-Miṣrīya, Ta'rīkh Ṭal'at 1928, Chester Beatty Library ms. 4879, Bibliotheca Alexandriana, Ta'rīkh 900, Ta'rīkh 44.

写　本

'Abdarī：al-'Abdarī, *Riḥla al-'Abdarī,* Bibliothèque Nationale (BN), Ms. arabe 2283.

Abū al-Makārim Ms：Abū al-Makārim, *al-Juz' al-Awwal min Kitāb Akhbār Nawāḥī Miṣr wa Aqṭā'i-ha*, Bayerische Staatsbibliothek, Cod. Arab. 2570. A.H.

'Ajā'ib al-Akhbār：Ma'rūf b. Aḥmad (or Qāḍī al-Manzila), *'Ajā'ib al-Akhbār 'an Miṣr al-Amṣār,* Ms. al-Azharīya 6620, Abāẓa 320, (Ma'had al-Makhṭūṭāt, Jāmi'a al-Duwal al-'Arabīya, Ta'rīkh 1812).

Arawānī：al-Arawānī, *al-Fatḥ al-Mubīn fī Ziyāra al-Mu'minīn al-Aḥyā' min-hum wa al-Mayyitīn*, トゥンブクトゥー市，1977-78年筆了，個人蔵。

Balawī：al-Balawī, *Tāj al-Mafriq bi-Takhlīṭ 'Ulamā' al-Mashriq,* BN, Ms. arabe 2286.

BIULO：anon., *Untitled Index of Saints' Tombs in Cairo*, Bibliothèque de l'Institute national des langues et civilisations orientales, Arabic Mamuscript no. 404.

al-Durar al-Munīf：Aḥmad b. Aḥmad Muqaybal al-Miṣrī, *al-Durar al-Munīf fī Ziyāra Āl al-Bayt al-Sharīf,* Ms. Dār al-Kutub al-Miṣrīya, Taṣawwuf 2323.

Ibn al-'Aṭṭār Ms：'Alā' al-Dīn Ibn al-'Aṭṭār, *Majlis Aḥkām al-Mawtā,* (*Majmū'a Ūlā*), Ms. Dār al-Kutub al-Miṣrīya, Taṣawwuf 962.

Ibn al-Durayhim：Ibn al-Durayhim, *Minhāj al-Ṣawāb fī Qubḥ Istiktāb Ahl al-Kitāb,* Ms. BL Or. 9264.

Ibn al-Fāris : Ibn al-Fāris, *al-Minaḥ al-Ilāhīya fī Manāqib al-Sāda al-Wafā'īya,* BN Ms. arabe 1200.

Ibn al-Naqqāsh : Ibn al-Naqqāsh, *al-Madhamma fī Isti'māl Ahl al-Dhimma,* Ms. Dār al-Kutub al-Miṣrīya, Ta'rīkh 1693.

Ibn Nūḥ : Ibn Nūḥ al-Qūṣī, *Kitāb al-Waḥīd fī Sulūk Ahl al-Tawḥīd,* BN Ms. arabe 3525.

Ibn Zūlāq : Ibn Zūlāq (attrib.), *Kitāb Faḍā'il Miṣr wa Akhbār-hā wa Khawwāṣ-hā,* BN Ms. arabe 1816.

Jamzūrī : al-Jamzūrī (al-Jumzūrī), *Tuḥfa al-Zā'irīn wa Bughya al-Ṭālibīn fī Mashhad al-Imām Zayn al-'Ābidīn wa Madḥ Āl Bayt al-Mukarramīn,* Ms. Dār al-Kutub al-Miṣrīya, Ta'rīkh Taymūr 472, 1706.

al-Jawhar al-Farīd : al-Shu'aybī, *Kitāb al-Jawhar al-Farīd wa al-'Iqd al-Mufīd(Waḥīd) fī Tarjama Ahl al-Tawḥīd,* Dār al-Kutub al-Miṣrīya, Taṣawwuf 237, 250, Majāmī' 229.

Jiwār al-Akhyār : Ibn Abī Ḥajala, *Jiwār al-Akhyār fī Dār al-Qarār,* Ms. Maktaba al-Azhar, Riwāq al-Maghāriba 1199.

al-Kalimāt al-Muhimma : al-Asnawī, *al-Kalimāt al-Muhimma fī Mubāshara Ahl al-Dhimma,* BL Ms. Or. 11581/2, fols. 6a–14b.

al-Kawākib al-Sā'ira : Ibn Abī al-Surūr, *al-Kawākib al-Sā'ira fī Akhbār Miṣr wa al-Qāhira,* BN Ms. arabe 1852.

Ma'ānī : al-Shu'aybī, *Kitāb al-Ma'ānī al-Daqīqa al-Wafīya fī-mā yalzamu Nuqabā' al-Sāda al-Ṣūfīya,* Ms. Dār al-Kutub al-Miṣrīya, Taṣawwuf Taymūr 160.

Manshalīlī : al-Manshalīlī, *Nubdha fī Ḥaqq Āl al-Bayt bi-Miṣr,* Dār al-Kutub al-Miṣrīya, Ta'rīkh Taymūr 218.

Marsūm Ba'ḍ al-Mulūk al-Ṣalāḥīya : *Marsūm Ba'ḍ al-Mulūk al-Ṣalāḥīya fī Ilzām Ahl al-Dhimma bi-al-Shurūṭ al-Shar'īya allatī ḥaddada-hā Amīr al-Mu'minīn Sayyid 'Umar b. al-Khaṭṭāb,* Ms. Dār al-Kutub al-Miṣrīya, Ta'rīkh Taymūr 235, Ta'rīkh Tal'at 1822, 2203.

Miṣbāḥ : Ibn 'Ayn al-Fuḍalā' Ibn al-Nāsikh, *Miṣbāḥ al-Dayājī wa Gawth al-Rājī wa Kahf al-Lājī,* Ms. Dār al-Kutub al-Miṣrīya, Buldān Taymūr 87.

Miṣbāḥ A : Ibn 'Ayn al-Fuḍalā' Ibn al-Nāsikh, *Miṣbāḥ al-Dayājī wa Gawth al-Rājī wa Kahf al-Lājī,* Ms. Maktaba al-Azhar 1380.

Muḥammad al-Zā'ir : Muhammad al-Zā'ir (Attrib.), *Murshid al-Zuwwār,* Ms. Wizāra al-Awqāf, al-Maktaba al-Markazīya li-al-Makhṭūṭāt al-Islāmīya, al-Qāhira, 1492.

Murshid : Muwaffaq al-Dīn Ibn 'Uthmān, *Murshid al-Zuwwār ilā Qubūr al-Abrār,* Ms. Dār al-Kutub al-Miṣrīya, Ta'rīkh 5139.

Murshid A : Muwaffaq al-Dīn Ibn 'Uthmān, *Murshid al-Zuwwār ilā Qubūr al-Abrār,* Ms. BL Or. 4635.

Nashq A : Ibn Iyās, *Nashq al-Azhār fī 'Ajā'ib al-Aqṭār,* Ms. BL 7503.

Nashq B : *Majmū' yashtamilu 'alā 'Ajā'ib Miṣr wa al-Nīl,* Ms. Dār al-Kutub al-Miṣrīya, Buldān Taymūr 101.

Qal'āwī : al-Qal'āwī, *Mashāhid al-Ṣafā fī al-Madfūnīn bi-Miṣr min Āl Bayt al-Muṣṭafā,* Ms.

Dār al-Kutub al-Miṣrīya, Ta'rīkh 2136.

Qaṭf：Ibn Abī al-Surūr, *Qaṭf al-Azhār min al-Khiṭaṭ wa al-Āthār,* Ms. Dār al-Kutub al-Miṣrīya, Jughrāfiyā 457.

Quḍā'ī：al-Quḍā'ī, *Kitāb Ta'rīkh al-Quḍā'ī wa Awwal al-Manqūl,* Bodleian Library, Ms. Pococke 270.

Rasā'il Ibn Nujaym：Ibn Nujaym, *Rasā'il Ibn Nujaym,* Daiber Collection Ms. 1171（東京大学東洋文化研究所所蔵）.

Ṣāliḥī：Shams al-Dīn Muḥammad b. Yūsuf al-Ṣāliḥī, *Maṭāli' al-Nūr fī Faḍl al-Ṭūr wa Qam' al-Mu'tadī al-Kufūr,* Ms. Dār al-Kutub al-Miṣrīya, Ta'rīkh Taymūr 2135.

Shafūnī：al-Shafūnī, *Risāla Shann al-Ghāra fī Faḍl Ziyāra al-Maghāra,* Ms. Dār al-Kutub al-Miṣrīya, B 19951.

Sharḥ Manẓūma：al-Najātī（attrib.）, *Sharḥ Manẓūma Abī al-'Imād,* Ms. Dār al-Kutub al-Miṣrīya, B 23187.

Shu'aybī：al-Shu'aybī, *Kitāb yashtamilu 'alā Dhikr man dufina bi-Miṣr wa al-Qāhira min al-Muḥaddithīn wa al-Awliyā' wa al-Rijāl wa al-Nisā',* Ms. Maktaba al-Azhar, Ta'rīkh 5105819.

Shurūṭ al-Naṣārā：Abū Muḥammad 'Abd Allāh b. Aḥmad b. Zabr al-Qāḍī（attrib.）, *Shurūṭ al-Naṣārā,* Ms. Dār al-Kutub al-Miṣrīya, Ta'rīkh Taymūr 2252.

Sīra Intiqāl al-Jabal al-Muqaṭṭab：anon., *Sīra Intiqāl al-Jabal al-Muqaṭṭab bi-Miṣr wa al-Qāhira*……, Ms. BL arabe 4777（fols. 69a–70b）, BL arabe 4788（fols. 131a–144b）.

Tanzīh al-Muṣṭafā：al-'Ajamī, *Tanzīh al-Muṣṭafā al-Mukhtār 'an-mā lam yuthbat min al-Akhbār,* Ms. Dār al-Kutub al-Miṣrīya, Ta'rīkh Taymūr 471.

Ujhūrī：al-Ujhūrī, *Mashāriq al-Anwār fī-man dufina bi-Miṣr min Āl al-Bayt al-Āthār,* Ms. Dār al-Kutub al-Miṣrīya Ta'rīkh 3279.

Vita and Miracles of Anbā Ruways, BN Ms. arabe 282, fols. 82b–152b.

Vita of Anbā' Barṣawmā A：*Vita of Anbā' Barṣawmā al-'Uryān b. al-Wajīh Ibn al-Tabbān,* BN Ms. arabe 72.

Vita of Anbā' Barṣawmā B：*Vita of Anbā' Barṣawmā al-'Uryān b. al-Wajīh Ibn al-Tabbān,* BN Ms. arabe 282.

Wāqidī：al-Wāqidī, *Futūḥ Miṣr,* Ms. Aḥmad III（Ma'had al-Makhṭūṭāt, Ta'rīkh 361）.

刊　本

'Abd Allāh b. al-Mubārak：'Abd Allāh b. al-Mubārak, *Kitāb al-Zuhd,* ed. Ḥ. al-A'ẓamī, Bayrūt, n.d.

'Abd al-Bāsiṭ：'Abd al-Bāsiṭ, *Nuzha al-Asāṭīn fī-man waliya Miṣr min al-Salāṭīn,* ed. M. K. 'I. 'Alī, al-Qāhira, 1987.

Abū Dāwūd：Abū Dāwūd, *Sunan Abī Dāwūd,* 4 vols., al-Qāhira, n.d.

Abū al-Makārim：Abū al-Makārim, *Ta'rīkh Abū al-Makārim,* 4 vols., ed. al-Anbā Ṣamū'īl, al-Qāhira, 1999–2000.

Abū al-Ṣalt：Abū al-Ṣalt al-Andalusī, *al-Risāla al-Miṣrīya,* al-Qāhira, 1951.

Abū Ṣāliḥ : Abū Ṣāliḥ al-Armanī (attrib.), *Ta'rīkh al-Shaykh Abī Ṣāliḥ al-Armanī,* London, 1895.

Abū 'Ubayd al-Bakrī : Abu 'Ubayd al-Bakrī, *al-Masālik wa al-Mamālik,* 2 vols., eds. A. Van Leeuwen & A. Fīrrī, Tūnis, 1992.

'Adawī : al-'Adawī, *Kitāb al-Ziyārāt bi-Dimashq,* ed. Ṣ. al-Munajjid, Dimashq, 1956.

'Adhāb al-Qabr : al-Ghazālī, *'Adhāb al-Qabr wa Na'īm-hu wa Sakrat al-Mawt,* al-Jīza, 1990.

al-Aḥdab : Najm al-Dīn Ḥasan al-Rammāḥ al-Aḥdab, *al-Furūsīya wa al-Manāṣib al-Ḥarbīya,* ed. 'I. Ḍ. al-'Abbādī, Baghdād, 1984.

Aḥkām Ahl al-Dhimma : Ibn Qayyim al-Jawzīya, *Aḥkām Ahl al-Dhimma,* 2 vols., Bayrūt, 1983.

Aḥkām al-Sūq : Yaḥyā b. 'Umar, *Aḥkām al-Sūq,* Tūnis, 1975.

Aḥmad : Aḥmad b. Muḥammad b. Ḥanbal, *Musnad Aḥmad,* 9 vols., Bayrūt, 1993.

Aḥmad b. 'Amr : Aḥmad b. 'Amr b. Abī 'Āṣim, *Kitāb al-Zuhd,* ed. 'A. 'A. Ḥāmid, al-Qāhira, 1987.

Aḥmad Shalabī : Aḥmad Shalabī, *Awḍaḥ al-Ishārāt fī-man tawallā Miṣr al-Qāhira min al-Wuzarā' wa al-Bāshāt,* ed. 'A. 'A. 'Abd al-Raḥīm, al-Qāhira, 1978.

Aḥmed Ḥilmī : Aḥmed Ḥilmī, A., *Ziyārat-i Evliyā,* (Istanbul), 1325A. H.

Ahrām : al-Idrīsī, *Anwār 'Ulwī al-Ajrām fī al-Kashf 'an Asrār al-Ahrām,* ed. U. Haarmann Bayrūt, 1991.

Aḥsā'ī : al-Aḥsā'ī, *Sharḥ al-Ziyāra al-Jāmi'a al-Kabīra,* 4 vols., Bayrūt, 2003.

Aḥwāl al-Mayyit : Ibn Ḥajar al-'Asqalānī, *Aḥwāl al-Mayyit min ḥīn al-Iḥtiḍār ilā al-Ḥashr,* ed. Y. 'A. al-Basharī al-Qāhira, 1989.

Aḥwāl al-Qubūr : Ibn Ḥajar al-'Asqalānī, *Fatāwā al-Ḥāfiẓ Ibn Ḥajar al-'Asqalānī fī Aḥwāl al-Qubūr wa Ahwāl al-Nushūr,* al-Qāhira, 1987.

al-Ajwiba al-Fākhira : Shihāb al-Dīn al-Qarāfī, *Kitāb al-Ajwiba al-Fākhira* (*al-Fāriq bayna al-Makhlūq wa al-Khāliq* の欄外), Dubay, 1987.

Akhbār al-Ayyūbīyīn : al-Makīn b. al-'Amīd, *Akhbār al-Ayyūbīyīn*, al-Qāhira, n.d.

Akhbār al-Duwal : Ibn Ẓāfir, *Akhbār al-Duwal al-Munqaṭi'a,* al-Qāhira, 1972.

Akhbār al-Zamān : al-Mas'ūdī (attrib.), *Akhbār al-Zamān,* Bayrūt, 1983.

'Alī Mubārak : 'Alī Mubārak, *al-Khiṭaṭ al-Tawfīqīya al-Jadīda li-Miṣr al-Qāhira wa Mudun-hā wa Bilād-hā al-Qadīma wa al-Shahīra,* 20 vols., Būlāq, 1305A. H.

Amr bi-al-Ittibā' : al-Suyūṭī, *al-Amr bi-al-Ittibā' wa al-Nahy 'an al-Ibtidā',* al-Qāhira, 1987.

Anṭākī : Yaḥyā al-Anṭākī, *Ta'rīkh al-Dhayl, Patrologia Orientalis* 23–3・4, 1932.

Asad b. Mūsā : Asad b. Mūsā, *Kitāb al-Zuhd,* ed. R. G. Khoury, Wiesbaden, 1976.

Asnā al-Matājir : al-Wansharīsī, *Asnā al-Matājir fī Bayān Aḥkām man ghalaba 'alā Watan-hi al-Naṣārā wa lam yuhājir,* ed. A. 'A. Najīb, al-Qāhira, 2005.

Asnawī : al-Asnawī, *Ṭabaqāt al-Shāfi'īya,* 2 vols., ed. K. Y. al-Ḥūt, Bayrūt, 1987.

Āthār al-Uwal : al-Ḥasan b. 'Abd Allāh, *Āthār al-Uwal fī Tartīb al-Duwal,* ed. A. 'Umayra, Bayrūt, 1989.

'Awārif al-Ma'ārif : al-Suhrawardī, *'Awārif al-Ma'ārif,* Bayrūt, 1983.
A'yān al-'Aṣr : al-Ṣafadī, *A'yān al-'Aṣr wa A'wān al-Naṣr,* 3 vols., Frankfurt, 1990.
'Ayyāshī : al-'Ayyāshī, *al-Riḥla al-'Ayyāshīya,* 2 vols., al-Ribāṭ, 1977.
Badā'i' : Ibn Iyās, *Badā'i' al-Zuhūr fī Waqā'i' al-Duhūr,* al-Qāhira, 1960–75.
Bādā'i' al-Bādā'ih : Ibn Ẓāfir al-Azdī, *Badā'i' al-Badā'ih,* ed. M. A. Ibrāhīm, al-Qāhira, 1970.
Bādisī : al-Bādisī, *al-Maqṣad al-Sharīf wa al-Manza' al-Laṭīf fī al-Ta'rīf bi-Ṣulaḥā' al-Rīf,* ed. S. A'rāb, al-Ribāṭ, 1993.
al-Badr al-Ṭāli' : al-Shawkānī, *al-Badr al-Ṭāli' bi-Maḥāsin man ba'da al-Qarn al-Tasi',* 2 vols., al-Qāhira, n.d.
al-Badr al-Zāhir : Ibn Shiḥna, *al-Badr al-Zāhir fī Nuṣra al-Malik al-Nāṣir Muḥammad b. Qāytbāy,* ed. 'U. 'A. Tadmurī, Bayrūt, 1983.
al-Baḥr al-Zākhir : Ibn Taghrī Birdī, *al-Baḥr al-Zākhir fī 'Ilm al-Awwal wa al-Ākhir,* ed. M. K. al-Sayyid, 4 vols., al-Qāhira, 2012.
Balawī : al-Balawī, *Sīra Aḥmad Ibn Ṭūlūn,* al-Qāhira, n.d.
Bāqillānī : al-Bāqillānī, *Kitāb al-Bayān 'an al-Farq bayna al-Mu'jizāt wa al-Karāmāt wa al-Ḥiyal wa al-Kihāna wa al-Siḥr wa al-Nāranjāt,* Bayrūt, 1958.
Barmūnī : al-Barmūnī, *Kitāb Tanqīḥ Rawḍa al-Azhār wa Minya al-Sādāt al-Abrār,* Bayrūt, n.d.
Barnāmaj : al-Tujībī, *Barnāmaj al-Tujībī,* ed. 'A. Manṣūr, Tūnis, 1981.
Barzanjī : al-Barzanjī, *Nuzha al-Nāẓirīn fī Ta'rīkh Masjid Sayyid al-Awwalīn wa al-Ākhirīn,* ed. A. S. Sālim, al-Madīna, 1998.
Bayhaqī : al-Bayhaqī, *al-Sunan al-Kubrā,* ed. M. 'A. 'Aṭā', 10 vols, Bayrūt, 1994.
al-Bidāya wa al-Nihāya : Ibn Kathīr, *al-Bidāya wa al-Nihāya,* 14 vols., Bayrūt, 1966.
Binyāmīn : Binyāmīn b. Yūna al-Andalusī, *Riḥla Ibn Yūna al-Andalusī ilā Bilād al-Sharq al-Islāmī,* tr. 'A. Ḥaddād, Baghdād, 1945.
Bughya al-Ṭalab : Ibn al-'Adīm, *Bughya al-Ṭalab fī Ta'rīkh Ḥalab,* ed. S. Zakkār, 11 vols., Dimashq, 1988–89.
Bughya al-Wu'āt : al-Suyūṭī, *Bughya al-Wu'āt fī Ṭabaqāt al-Lughawīyīn wa al-Nuḥāt,* Bayrūt, n.d.
Bulūgh al-Marām : Ibn Ḥajar al-'Asqalānī, *Bulūgh al-Marām min Adilla al-Aḥkām,* ed. U. Ṣ. Munaymina, Bayrūt, 1991.
Bushrā : al-Suyūṭī, *Bushrā al-Ka'īb bi-Liqā' al-Ḥabīb,* ed. M. Ibrāhīm, al-Qāhira, n.d.
Buṣrawī : al-Buṣrawī, *Ta'rīkh al-Buṣrawī,* Dimashq, 1988.
Bustān : Ibn al-Jawzī, *Bustān al-Wā'iẓīn wa Riyāḍ al-Sāmi'īn,* ed. S. al-Jumaylī, Bayrūt, 1984.
Dalīl al-Fāliḥīn : Muḥammad b. 'Allān al-Ṣadīqī al-Ash'arī, *Dalīl al-Fāliḥīn li-Ṭuruq Riyāḍ al- Ṣāliḥīn,* 4 vols., Bayrūt, n.d.
al-Dalīl al-Shāfī : Ibn Taghrī Birdī, *al-Dalīl al-Shāfī 'alā al-Manhal al-Ṣāfī,* ed. F. M. 'A. Shalṭūt, 2 vols., al-Qāhira, 1998.

Damīrī : al-Damīrī, *Quḍāt Miṣr fī al-Qarn al-'Āshir wa al-Rub' al-Awwal min al-Qarn al-Ḥādī 'Ashar al-Hijrī,* eds. 'A. 'A, 'Īṣā & Y. M. al-Maḥmūdī, al-Qāhira, 2000.

Dāraquṭnī : al-Dāraquṭnī, *Sunan al-Dāraquṭnī,* 2 vols., Bayrūt, 1994.

Dārimī : al-Dārimī, *Sunan al-Dārimī,* 2 vols., Bayrūt, 1994.

Ḍaw' : al-Sakhāwī, *al-Ḍaw' al-Lāmi' li-Ahl al-Qarn al-Tāsi',* 12 vols., Bayrūt, 1353–55 A. H.

Dāwūdī : al-Dāwūdī, *Ṭabaqāt al-Mufassirīn,* al-Qāhira, 1972.

Dhikr al-Mawt : Ibn Abī al-Dunyā, *Dhikr al-Mawt,* ed. A. M. b. H. Āl Salmān, 'Ajmān, 2002.

Dībāj al-Mudhhab : Ibn Farḥūn, *al-Dībāj al-Mudhahhab fī Ma'rifa A'yān 'Ulamā' al-Madhhab,* al-Qāhira, 1972.

al-Diyārāt al-Iṣfahānī : Abū al-Faraj al-Iṣfahānī, *al-Diyārāt,* ed. H. al-'Aṭīya, London, 1991.

al-Durar al-Kāmina : Ibn Ḥajar al-'Asqalānī, *al-Durar al-Kāmina,* 5 vols, al-Qāhira, 1966–67.

Durar al-'Uqūd al-Farīda : al-Maqrīzī, *Durar al-'Uqūd al-Farīda fī Tarājim al-A'yān al-Mufīda,* ed. M. al-Jalīlī, 4 vols., Bayrūt, 2002.

al-Durr al-Naẓīm : al-Yāfi'ī, *al-Durr al-Naẓīm fī Khawāṣṣ al-Qur'ān al-'Aẓīm,* Bayrūt, 2000.

al-Durra al-Fākhira : al-Ghazālī(attrib.), *Kitāb al-Durra al-Fākhira fī Kashf 'Ulūm al-Ākhira,* ed. & tr. L. Gautier, Leipzig, 1925.

al-Durra al-Thamīna : Ibn al-Najjār, *al-Durra al-Thamīna fī Akhbār al-Madīna,* ed. A. N. K. al-Miṣrī, Ṭanṭā, 2005.

E. Çelebī : Evliya Çelebī, *Seyâḥatnâme: Mıṣır, Sudan, Ḥabeş (1672–1680)*, Istanbul, 1938.

Fabri : Félix Fabri, *Le voyage en Égypte de Félix Fabri 1483,* 3 vols., Cairo, 1975.

Faḍā'il al-Dhikr : Ibn Qayyim al-Jawzīya, *Faḍā'il al-Dhikr wa al-Du'ā',* Bayrūt & al-Qāhira, 1985.

Faḍā'il Miṣr : al-Kindī, *Faḍā'il Miṣr,* ed. I. A. al-'Adawī, al-Qāhira, 1971.

al-Faḍl al-Ma'thūr : al-'Asqalānī, *Kitāb al-Faḍl al-Ma'thūr min Sīra al-Sulṭān al-Malik al-Manṣūr,* ed. 'U. 'A. Tadmurī, Ṣaydā & Bayrūt, 1998.

Fākihī : al-Fākihī, *Kitāb Ḥusn al-Tawassul fī Ādāb Ziyāra Afḍal al-Rusul,* ed. M. Z. M. 'Azab, al-Qāhira, 2000.

Fatāwā al-Burzulī : al-Burzulī (al-Birzalī), *Fatāwā al-Burzulī,* 7 vols., Bayrūt, 2002.

Fatāwā Ibn Taymīya : Ibn Taymīya, *Majmū'a Fatāwā,* ed. 'A. M. al-Ḥanbalī, 37 vols., n.p., n.d.

al-Fatāwā al-Kubrā : Ibn Ḥajar al-Haytami, *al-Fatāwā al-Kubrā al-Fiqhīya,* 5 vols., al-Qāhira, n.d.

Fatāwā al-Subkī : Taqī al-Dīn al-Subkī, *Fatāwā al-Subkī,* 2 vols., al-Qāhira, 1355 A. H.

al-Fatḥ al-Mawāhibī : al-Qasṭallānī, *al-Fatḥ al-Mawāhibī fī Tarjama al-Imām al-Shāṭibī,* ed. I. M. al-Jarmī, 'Ammān, 2000.

Fawāt al-Wafayāt : Ibn Shākir al-Kutubī, *Fawāt al-Wafayāt,* ed. I. 'Abbās, 4 vols., Bayrūt,

1974.
Furqān : Ibn Taymīya, *al-Furqān bayna Awliyā' al-Raḥmān wa Awliyā' al-Shayṭān*, ed. A.H. Imām, Jidda, 1981.
al-Futūḥāt al-Makkīya : Ibn al-'Arabī, *al-Futūḥāt al-Makkīya,* 4 vols., Bayrūt, n.d.
Gharā'ib al-Tanbīhāt : Ibn Ẓāfir al-Azdī, *Gharā'ib al-Tanbīhāt 'alā 'Ajā'ib al-Tashbīhāt,* eds. M. Z. Salām & M. S. al-Juwaynī, al-Qāhira, 1983.
Gharnāṭī : al-Gharnāṭī, *Tuḥfa al-Albāb wa Nukhba al-A'jāb,* ed. Q. Wahb, Bayrūt, 2003.
Ghāya : Ibn al-Jazarī, *Ghāya al-Nihāya fī Ṭabaqāt al-Qurrā',* 2 vols., al-Qāhira, n.d.
al-Ghāzī b. al-Wāsiṭī : al-Ghāzī b. al-Wāsiṭī, *Kitāb Radd 'alā Ahl al-Dhimma,* in *Journal of the American Oriental Society* 41, 1921, pp. 383–457.
Ḥādī al-Arwāḥ : Ibn Qayyim al-Jawzīya, *Ḥādī al-Arwāḥ ilā Bilād al-Afrāḥ,* al-Qāhira, 1993.
al-Ḥādī al-Aẓ'ān : Muḥibb al-Dīn al-Ḥamawī, *al-Ḥādī al-Aẓ'ān al-Najdīya ilā al-Diyār al-Miṣrīya,* ed. M. 'A. Bakhīt, 'Ammān, 1993.
Ḥaḍrāwī : al-Ḥaḍrāwī, *Nafaḥāt al-Riḍā wa al-Qubūl fī Faḍā'il al-Madīna wa al-Ziyāra Sayyidi-nā al-Rasūl,* ed. M. Z. M. 'Azab, al-Qāhira, 1999.
Ḥamawī : al-Ḥamawī, *Nafaḥāt al-Qurub wa al-Ittiṣāl bi-Ithbāt al-Taṣarruf li-Awliyā' Allāh Ta'ālā wa al-Karāma ba'da al-Intiqāl,* Būlāq, 1319 A. H.
Ḥaqīqa : 'Abd al-Ghanī al-Nābulusī, *al-Ḥaqīqa wa al-Majāz fī al-Riḥla ilā Bilād al-Shām wa Miṣr wa al-Ḥijāz,* ed. A. 'A. Harīdī, al-Qāhira, 1986.
Harawī : al-Harawī, *al-Ishārāt ilā Ma'rifa al-Ziyārāt,* ed. J. Sourdel-Thomine, Dimashq, 1953.
al-Ḥasana wa al-Sayyi'a : Ibn Taymīya, *al-Ḥasana wa al-Sayyi'a wa Mawqif al-'Abd 'inda-humā*, ed. M. 'U. al-Khashab, Bayrūt, 1985.
Ḥawādith : Ibn Taghrī Birdī, *Ḥawādith al-Duhūr fī Madā al-Ayyām wa al-Shuhūr,* ed. W. Popper, 4 vols., Berkley, 1930–42.
Hidāya : Ibn Qayyim al-Jawzīya, *Hidāya al-Ḥayārā fī Ajwiba al-Yahūd wa al-Naṣārā,* ed. A. Ḥ. al-Saqqā, al-Qāhira, n.d.
Ḥimyarī : al-Ḥimyarī, *al-Rawḍ al-Mi'ṭār fī Khabar al-Aqṭār,* Bayrūt, 1975.
Ḥulā : anon., *al-Nujūm al-Zāhira fī Ḥulā Ḥaḍra al-Qāhira,* ed. Ḥ. Naṣṣār, al-Qāhira, 1970.
Ḥuqūq : Ibn Taymīya, *Ḥuqūq Āl al-Bayt,* ed. 'A. A. 'Aṭā, Bayrūt, 1986.
Ḥusn al-Muḥāḍara : al-Suyūṭī, *Ḥusn al-Muḥāḍara fī Ta'rīkh Miṣr wa al-Qāhira,* 2 vols., al-Qāhira, 1968.
'Ibar : al-Dhahabī, *al-'Ibar fī Khabar man ghabara,* ed. A. M. Zaghlūl, 4 vols., Bayrūt, n.d.
Ibn 'Abd al-Ḥakam : Ibn 'Abd al-Ḥakam, *Futūḥ Miṣr wa Akhbār-hā,* al-Qāhira, 1991.
Ibn Abī al-Faḍā'il : Mufaḍḍal Ibn Abī al-Faḍā'il, *Kitāb al-Nahj al-Sadīd wa al-Durr al-Farīd,* in *Patrologia Orientalis* 12, 14, 20, 1919–28.
Ibn 'Aṭā' Allāh : Ibn 'Aṭā' Allāh al-Iskandarī, *Laṭā'if al-Minan fī Manāqib al-Shaykh Abū al-'Abbās al-Mursī wa Shaykh-hu al-Shādhilī Abū al-'Abbās,* al-Qāhira, 1993.

Ibn al-'Aṭṭār : Ibn al-'Aṭṭār, *Majlis fī Faḍl Ziyāra al-Qubūr wa Aḥkām al-Maqbūl min-hā wa al-Maḥdhūr wa al-Mashrū' al-Ma'rūf wa al-Mankūr,* ed. A. A. al-'Īsāwī, Ṭanṭā, 1992.

Ibn Bābwayh : Ibn Bābwayh (Bābūya), *Man lā yaḥḍuru-hu al-Faqīh,* Bayrūt, 1981.

Ibn Bannā' : Ibn Bannā', "Autograph Diary of an Eleventh-Century Historian of Baghdād" 1–5, in *BSOAS* 18–1&2 (1956), 19–1〜3 (1957).

Ibn Bassām : Ibn Bassām, *Nihāya al-Rutba fī Ṭalab al-Ḥisba,* in *Fī al-Turāth al-Iqtiṣādī al-Islāmī,* Bayrūt, 1990.

Ibn Baṭṭūṭa : *Tuḥfa al-Naẓẓār fī Gharā'ib al-Amṣār,* ed. T. Ḥarb, Bayrūt, 1987.

Ibn al-Furāt : Ibn al-Furāt, *Ta'rīkh al-Duwal wa al-Mulūk,* ed. Ḥ. M. al-Shammā' vols. 4&5–1, al-Baṣra, 1967, ed. Q. Zarīq, vols. 7–9, Bayrūt, 1932–42.

Ibn Ḥabīb : Ibn Ḥabīb, *Tadhkira al-Nabīh fī Ayyām al-Manṣūr wa Banī-hi,* ed. M. M. Amīn, 3 vols., al-Qāhira, 1976–86.

Ibn Ḥawqal : Ibn Ḥawqal, *Kitāb Ṣūra al-Arḍ,* Bayrūt, 1979.

Ibn al-Ḥawrānī : Ibn al-Ḥawrānī, *al-Ishārāt ilā Amākin al-Ziyārāt al-musammā Ziyārāt al-Shām,* ed. B. 'A. al-Jābī, Dimashq, 1981.

Ibn al-Ḥimṣī : Ibn al-Ḥimṣī, *Ḥawādith al-Zamān wa Wafayāt al-Shuyūkh wa al-Aqrān,* ed. 'U. 'A. Tadmurī, 3 vols., Ṣaydā & Bayrūt, 1999.

Ibn Ḥubaysh : Ibn Ḥubaysh, *Kitāb al-Ghazawāt,* ed. A. Ghunaym, 4 vols., al-Qāhira, 1985.

Ibn al-Ḥurayfish : Shu'ayb b. al-Ḥurayfīsh, *Rawḍ al-Fā'iq fī al-Mawā'iẓ wa al-Raqā'iq,* al-Qāhira, 1949.

Ibn al-'Irāqī : Ibn al-'Irāqī, *al-Dhayl 'alā al-'Ibar fī Khabar man 'abara,* ed. S. M. 'Abbās, 3 vols., Bayrūt, 1989.

Ibn al-Jazarī : Ibn al-Jazarī, *Ta'rīkh Ḥawādith al-Zamān wa Anbā'-hi wa Wafayāt al-Akābir wa al-A'yān min Abnā'-hi,* ed. 'U. 'A. Tadmurī, 3 vols., Bayrūt, 1998.

Ibn Jubayr : Ibn Jubayr, *Riḥla Ibn Jubayr,* Bayrūt, 1980.

Ibn Kabar A : Ibn Kabar, *Miṣbāḥ al-Ẓulma fī Īḍāḥ al-Khidma,* ed. M. M. Iskandar, al-Qāhira, 2003.

Ibn Kabar B : Ibn Kabar, *Miṣbāḥ al-Ẓulma fī Īḍāḥ al-Khidma,* 2 vols., al-Qāhira, 1998.

Ibn al-Kalbī : Ibn al-Kalbī, *Kitāb al-Aṣnām,* ed. A. Zakī, al-Qāhira, 1924.

Ibn Khamīs : Ibn Khamīs, *Manāqib al-Abrār wa Maḥāsin al-Akhyār fī Ṭabaqāt al-Ṣūfiya,* ed. S. 'Abd al-Fattāḥ, 2 vols., Bayrūt, 2006.

Ibn Māja : Ibn Māja, *Sunan,* 2 vols., al-Qāhira, n.d.

Ibn Malīḥ : al-Sarrāj ibn Malīḥ, *Uns al-Sārī wa al-Sārib min Aqṭār al-Maghārib ilā Muntahā al-Āmāl wa al-Ma'ārib Sayyid al-A'ājim wa al-A'ārib,* ed. M. al-Fāsī, Fās, 1968.

Ibn Mammātī : Ibn Mammātī, *al-Fāshūsh fī Ḥukm Qarāqūsh,* ed. A. Ḥamza, al-Qāhira, n.d.

Ibn Ma'mūn : Ibn Ma'mūn, *Akhbār Miṣr,* ed. A. F. Sayyid, al-Qāhira, 1983.

Ibn Mughīzil : Ibn Mughīzil al-Shādhilī, *al-Kawākib al-Zāhira fī Ijtimā' al-Awliyā' Yaqẓa bi-Sayyid al-Dunyā wa al-Ākhira,* eds. M. S. Sulṭān & 'A. 'A. Ḥusayn, al-Qāhira, 1999.

Ibn al-Mulaqqin：Ibn al-Mulaqqin, *Ṭabaqāt al-Awliyā'*, ed. N. Shuraybah, al-Qāhira, 1973.
Ibn Muyassar：Ibn Muyassar, *Akhbār al-Miṣr*, ed. A. F. Sayyid, al-Qāhira, 1981.
Ibn al-Naqīb al-Miṣrī：Ibn al-Naqīb al-Miṣrī, *'Umda al-Sālik wa 'Udda al-Nāsik*, ed. M. al-Ḥamawī, Bayrūt, 2006.
Ibn Nāẓir al-Jaysh：Ibn Nāẓir al-Jaysh, *Kitāb Tathqīf al-Ta'rīf bi-al-Muṣṭalaḥ al-Sharīf*, ed. R. Vesely, al-Qāhira, 1987.
Ibn Nujaym：Ibn Nujaym, *al-Rasā'il al-Zaytīya fī Madhhab al-Ḥanafīya*, eds. M. A. Sarrāj & 'A J. Muḥammad, al-Qāhira, 1999.
Ibn Qāḍī Shuhba：Ibn Qāḍī Shuhba, *Ta'rīkh Ibn Qāḍī Shuhba*, ed. 'A. Darwīsh, 4 vols., ed. Dimashq, 1977–97.
Ibn Qawlawayh：Ibn Qawlawayh（Qūlūya）, *Kāmil fī al-Ziyārāt*, Najaf, 1356 A. H.
Ibn Qunfudh：Ibn Qunfudh, *Uns al-Faqīr wa 'Izz al-Ḥaqīr*, eds. M. al-Fāsī & A. Faure, al-Ribāṭ, 1965.
Ibn al-Rāhib：Ibn al-Rāhib, *Ta'rīkh Abī Shākir Buṭrus b. Abī al-Karam b. al-Muhadhdhib al-Ma'rūf bi-Ibn al-Rāhib*, ed. L. Cheikho, Bayrūt, 1903.
Ibn Rajab：Abū al-Faraj Ibn Rajab, *Aḥwāl al-Qubūr wa Aḥwāl Ahl-hā ilā al-Nushūr*, Bayrūt, 1985.
Ibn Riḍwān A：Ibn Riḍwān, *Kitāb Daf' Maḍārr al-Abdān bi-Arḍ Miṣr*, ed. A. S. Jamal, Berkeley, 1984.
Ibn Riḍwān B：Ibn Riḍwān, *Kitāb Daf' Maḍārr al-Abdān bi-Arḍ Miṣr*, ed. 'A. Diyāb, al-Kuwayt, 1995.
Ibn Rushayd：Ibn Rushayd, *Mil' al-'Ayba bi-mā jumi'a bi-Ṭūl al-Ghayba fī al-Wijha al-Wajīha ilā Ḥaramayn Makka wa al-Ṭība*, vol. 3, ed. M. H. Belkhoja, Tūnis, 1981.
Ibn al-Ṣābūnī：Ibn al-Ṣābūnī, *Takmila al-Kamāl al-Akmāl fī al-Ansāb wa al-Asmā' wa al-Alqāb*, Bayrūt, 1986.
Ibn al-Sā'ī：Ibn al-Sā'ī, *al-Maqābir wa al-Mashāhid bi-Jānib Madīna al-Salām wa Mawāḍi' Qubūr al-Khulafā' A'imma al-Islām*, eds. A. Sh. Banbīn & M. S. Ḥanshī, Marrākish, 2008.
Ibn Shaddād：Ibn Shaddād, *Ta'rīkh al-Malik al-Ẓāhir*, ed. A. Ḥuṭayṭ, Bayrūt, 1983.
Ibn Sīnā：Ibn Sīnā, *Kitāb al-Shaykh Abī Sa'īd b. Abī al-Khayr ilā al-Shaykh al-Ra'īs Ibn Sīnā fī Ma'nā al-Ziyāra wa Kayfīya Ta'thīr-hā wa Jawāb al-Shaykh al-Ra'īs*, in M.A.F. Mehren (ed.), *Traités mystique d'Avicenne*, Amsterdam, (rep.) 1979.
Ibn al-Ṭuwayr：Ibn al-Ṭuwayr, *Nuzha al-Muqlatayn fī Akhbār al-Dawlatayn*, ed. A. F. Sayyid, Bayrūt, 1992.
Ibn al-Ukhuwwa：Ibn al-Ukhuwwa, *Ma'ālim al-Qurba fī Aḥkām al-Ḥisba*, ed. R. Levy, London, 1938.
Ibn Ẓahīra：Ibn Ẓahīra, *Faḍā'il al-Bāhira fī Maḥāsin Miṣr wa al-Qāhira*, eds. M. al-Saqqā & K. al-Muhandis, al-Qāhira, 1969.
Ibn Zunbul：Ibn Zunbul, *Ākhir al-Mamālīk*, al-Qāhira, n.d.
Idrīsī：al-Idrīsī, *Nuzha al-Mushtāq fī Ikhtirāq al-Āfāq*, al-Qāhira, n.d.

Ighātha : Ibn Qayyim al-Jawzīya, *Ighātha al-Lahfān min Maṣāyid al-Shayṭān,* ed. M. S. Kīlānī, al-Qāhira, 1961.

Iḥyā' Faḍā'il Ahl al-Bayt : al-Suyuṭī, *Iḥyā' Faḍā'il Ahl al-Bayt,* ed. M. Zaynhum, al-Qāhira, 1999.

Iḥyā' al-'Ulūm al-Dīn : al-Ghazālī, *Iḥyā' al-'Ulūm al-Dīn,* 16 vols., al-Qāhira, n.d.

I'lān : al-Sakhāwī, *I'lān bi-al-Tawbīkh li-man dhamma al-Ta'rīkh,* ed. F. Rozenthal, rep., Bayrūt, n.d.

Inbā' al-Ghumr : Ibn Ḥajar al-'Asqalānī, *Inbā' al-Ghumr bi-Anbā' al-'Umr,* 9 vols., rep., Bayrūt, 1986.

Inbā' al-Haṣr : Ibn al-Ṣayrafī, *Inbā' al-Haṣr bi-Abnā' al-'Aṣr,* ed. H. Ḥabashī, al-Qāhira, 1970.

Inbā' al-Umarā' : Ibn Ṭūlūn, *Inbā' al-Umarā' bi-Anbā' al-Wuzarā',* ed. M. Ḥ. al-Muhannā, Bayrūt, 1998.

Inqādh al-Hālikīn : al-Birkilī, *Inqādh al-Hālikīn min Ittikhādh al-Qur'ān Ḥirfat-an,* ed. A. 'U. al-Kharrāt, Dimashq, 2005.

Intiṣār : Ibn Duqmāq, *al-Intiṣār li-Wāsiṭa 'Aqd al-Amṣār,* Bayrūt, n.d.

Iqāma : al-Damanhūrī, *Iqāma al-Ḥujja al-Bāhira 'alā Hadm Kanā'is Miṣr wa al-Qāhira,* ed. M. Perlmann, Berkeley, 1975.

'Iqd A : Badr al-Dīn al-'Aynī, *'Iqd al-Jumān fī Ta'rīkh Ahl al-Zamān,* ed. M. M. Amīn, 5 vols., al-Qāhira, 1987–2009.

'Iqd B : Badr al-Dīn al-'Aynī, *'Iqd al-Jumān fī Ta'rīkh Ahl al-Zamān,* ed. 'A. Ṭ. al-Qarmūṭ, 2 vols, al-Qāhira, 1985–89.

'Iqd C : Badr al-Dīn al-'Aynī, *'Iqd al-Jumān fī Ta'rīkh Ahl al-Zamān,* ed. A. 'U. Shukrī, al-Qāhira, 2002.

'Iqd D : Badr al-Dīn al-'Aynī, *'Iqd al-Jumān fī Ta'rīkh Ahl al-Zamān,* ed. M. R. Maḥmūd, 2 vols., al-Qāhira, 2002–04.

al-'Iqd al-Mudhhab : Ibn al-Mulaqqin, *al-'Iqd al-Mudhhab fī Ṭabaqāt Ḥamala al-Madhhab,* eds. A. N. al-Azharī & S. Muhannā, Bayrūt, 1997.

Iqtiḍā' : Ibn Taymīya, *Kitāb Iqtiḍā' al-Ṣirāṭ al-Mustaqīm li-Mukhālafa Aṣḥāb al-Jahīm,* al-Qāhira, 1950.

Iqtiṣār : Qāḍī al-Ni'mān, *Kitāb al-Iqtiṣār,* ed. M. W. Mīrzā, Dimashq, 1957.

Ishāra ilā man nāla al-Wizāra : Ibn al-Ṣayrafī, *Ishāra ilā man nāla al-Wizāra,* ed. A. Mukhliṣ, al-Qāhira, 1924.

Iṣṭakhrī : al-Iṣṭakhrī, *al-Masālik wa al-Mamālik,* ed. M. J. al-Ḥaynī, al-Qāhira, 1961.

Iṣṭilāḥ al-Ṣūfiya (Ibn al-'Arabī) : Ibn al-'Arabī, *Kitāb Iṣṭilāḥ al-Ṣūfiya,* in *Rasā'il Ibn al-'Arabī,* vol. 2, al-Qāhira, 1998.

Iṣṭilāḥāt al-Ṣūfiya (al-Qāshānī) : Kamāl al-Dīn al-Qāshānī, *Iṣṭilāḥāt al-Ṣūfiya,* ed. M. K. I. Ja'far, al-Qāhira, 1981.

Itḥāf al-Sā'il : al-Munāwī, *Itḥāf al-Sā'il bi-mā li-Fāṭima min al-Manāqib wa al-Faḍā'il,* ed. 'A. 'Āshūr, al-Qāhira, 1987.

Ithāra al-Targhīb : Muḥammad b. Isḥāq al-Khwārizmī, *Ithāra al-Targhīb wa al-Tashwīq ilā Ta'rīkh al-Masājid al-Thalātha wa al-Bayt al-'Atīq,* ed. S. K. Ḥasan, Bayrūt, 2000.

Itti'āẓ : al-Maqrīzī, *Itti'āẓ al-Ḥunafā bi-Akhbār al-A'imma al-Fāṭimīyīn al-Khulafā',* eds. J. al-Shayyāl & M. Ḥ. M. Aḥmad, 3 vols., al-Qāhira, 1967–73.

Ittibā' al-Sunan : al-Maqdisī, *Ittibā' al-Sunan wa Ijtināb al-Bida',* eds. M. B. al-Qahwajī & M. al-Arnā'wūṭ, Bayrūt & Dimashq, 1987.

Iẓhār al-'Aṣr : al-Biqā'ī, *Iẓhār al-'Aṣr li-Asrār Ahl al-'Aṣr,* ed. M. S. Sh.'Awfī, 3 vols., al-Riyāḍ, 1992.

Jabartī : al-Jabartī, *'Ajā'ib wa al-Āthār fī al-Tarājim wa al-Akhbār,* eds. H. M. Jawhar, 'U. al-Dasūqī & S. I. Sālim, 7 vols., al-Qāhira, 1958–67.

Jāmi' Karāmāt : al-Nabhānī, *Jāmi' Karāmāt al-Awliyā',* 2 vols., al-Qāhira, 1984.

al-Jāmi' al-Saghīr : al-Suyūṭī, *al-Jāmi' al-Ṣaghīr,* 2 vols., Bayrūt, n.d.

Jamzūrī : al-Jamzūrī (al-Jumzūrī), *Tuḥfa al-Zā'irīn wa Bughya al-Ṭālibīn fī Mashhad al-Imām Zayn al-'Ābidīn wa Madḥ Āl Bayt al-Mukarramīn,* ed. A. F. al-Muzīdī, al-Qāhira, 2007.

Jawāb : Ibn Taymīya, *al-Jawāb al-Bāhir fī Zuwwār al-Maqābir,* ed. M. Maṭarjī, Bayrūt, 1986.

Jawāhir al-Buḥūr : Ibn Waṣīf Shāh (attrib.), *Jawāhir al-Buḥūr wa Waqā'ī' al-Umūr wa 'Ajā'ib al-Duhūr,* ed. M. Zaynhum, al-Qāhira, 2004.

Jawāhir al-Sulūk : Ibn Iyās, *Jawāhir al-Sulūk fī Amr al-Khulafā' wa al-Mulūk,* ed. M. Zaynhum, al-Qāhira, 2006.

al-Jawhar al-Munaẓẓam : Ibn Ḥajar al-Haythamī, *al-Jawhar al-Munaẓẓam fī Ziyāra al-Qabr al-Sharīf al-Nabawī al-Mukarram,* al-Qāhira, 1992.

al-Jawhara al-Nafīsa : Yuhannā b. Abī Zakariyā b. Sibā', *Kitāb al-Jawhara al-Nafīsa fī 'Ulūm al-Kanīsa,* ed. V. M. Mustarīḥ, al-Qāhira, 1966.

Jewish Cemeteries : "Documents Pertaining to the Ancient Jewish Cemetery in Cairo", ed. I. Ben-Ze'eb, *Sefunut* 1, 1956, pp. 7–24.

Jughrāfiyā Miṣr : Abu 'Ubayd al-Bakrī, *Jughrāfiyā Miṣr min Kitāb al-Mamālik wa al-Masālik,* ed. 'A. Y. al-Ghunaym, al-Kuwayt, 1980.

Kabrīt : Kabrīt, *Riḥla al-Shitā' wa al-Ṣayf,* ed. M. S. al-Ṭanṭāwī, Bayrūt, 1385A. H.

Kaff : Ibn Ḥajar al-Haythamī, *Kaff al-Ra'ā' 'an Muḥarramāt al-Lahw wa al-Samā',* ed. M. 'A. 'Aṭā, Bayrūt, 1986.

Kaf'amī : al-Kaf'amī, *al-Miṣbāḥ,* ed. Ḥ. al-A'lamī, Bayrūt, 1994.

al-Kāfī : Ibn Ḥajar al-'Asqalānī, *al-Kāfī al-Shāfī fī Takhrīj Aḥādīth al-Kashshāf,* al-Qāhira, 1418 A. H.

Kalābādī : al-Kalābādī, *al-Ta'arruf li-Madhhab Ahl al-Taṣawwuf,* ed. M. A. al-Nawāwī, al-Qāhira, 1980.

Kanz : Ibn Aybak al-Dawādārī, *Kanz al-Durar wa Jāmi' al-Ghurar,* vols. 6–9, al-Qāhira, 1960–72.

Karakī : al-Karakī, *Jāmi' al-Gharaḍ fī Ḥifẓ al-Ṣiḥḥa wa Daf' al-Maraḍ,* ed. S. Kh. al-

Ḥamārna, 'Ammān, 1989.

Kashf al-Ṣilṣila : al-Suyūṭī, *Kashf al-Ṣilṣila 'an Waṣf al-Zilzila,* ed. 'A. 'A. al-Faryuwā'ī, al-Madīna, 1404 A. H.

Kawkab al-Rawḍa : al-Suyūṭī, *Kawkab al-Rawḍa fī Ta'rīkh al-Nīl wa Jazīra al-Rawḍa,* ed. M. al-Shishtāwī, al-Qāhira, 2002.

Kawākib : Ibn al-Zayyāt, *Kawākib al-Sayyāra fī Tartīb al-Ziyāra fī al-Qarāfatayn al-Kubrā wa al-Ṣughrā,* al-Qāhira, 1325 A. H.

al-Kawākib al-Durrī : Ibn al-'Arabī, *al-Kawākib al-Durrī fī Manāqib Dhī al-Nūn al-Miṣrī,* ed. 'A. I. al-Kayyālī, Bayrūt, 2005.

Kharīda al-'Ajā'ib : Ibn al-Wardī, *Kharīda al-'Ajā'ib wa Farīda al-Gharā'ib,* al-Qāhira, n.d.

al-Kharīda al-Nafīsa : anon., *Kharīda al-Nafīsa fī Ta'rīkh al-Kanīsa,* 2 vols., al-Qāhira, (rep.) 1991.

Khatm : al-Tirmīdhī, *Khatm al-Awliyā',* Bayrūt, 1965.

Khazal : Yāqūt al-Ḥamawī, *al-Khazal wa al-Da'al bayna al-Duwar wa al-Dārāt wa Dīra,* eds. Y. Z. 'Abbāra & M. A. Jumrān, 2 vols., Dimashq, 1998.

Khiṭaṭ : al-Maqrīzī, *Kitāb al-Mawā'iẓ wa al-I'tibār bi-Dhikr al-Khiṭaṭ wa al-Āthār,* 2 vols., Būlāq, 1270 A. H.

Khiyārī : al-Khiyārī, *Tuḥfa al-Udabā' wa Salwa al-Ghurabā',* ed. R. M. al-Sāmarrā'ī, Baghdād, 1980.

Kittānī : al-Kittānī, *al-Riḥla al-Sāmīya ilā al-Iskandarīya wa Miṣr wa al-Ḥijāz wa al-Bilād al-Shāmīya,* ed. M. 'Azzūz, Bayrūt, 2005.

Kulaynī : al-Kulaynī, *al-Furū' al-Kāfī,* 4 vols., Bayrūt, 1401 A. H.

Kutubī : al-Kutubī, *Fawāt al-Wafayāt wa al-Dhayl 'alay-hā,* ed. I. 'Abbās, 5 vols., Bayrūt, 1974.

Laqaṭ : al-Suyuṭī, *Laqaṭ al-Murjān fī Aḥkam al-Jānn,* al-Qāhira, 1989.

Laṭā'if : al-Sha'rānī, *Laṭā'if al-Minan wa al-Akhlāq fī Bayān Wujūb al-Taḥadduth bi-Ni'ma Allāh 'alā al-Iṭlāq,* al-Qāhira, n.d.

Lisān al-Mīzān : Ibn Ḥajar al-'Asqalānī, *Lisān al-Mīzān,* 7 vols., Bayrūt, 1971.

Līwūn al-Ifrīqī : Līwūn al-Ifrīqī, *Waṣf Ifrīqīya,* tr. M. Ḥajar, al-Ribāṭ, 1980.

Luhūf : Ibn Ṭāwūs, *al-Luhūf fī Qatlā al-Ṭufūf,* Qumm, 1997–98.

al-Ma'ānī al-Daqīqa : Muḥammad b. Shu'ayb al-Ḥijāzī al-Ibshīhī, *al-Ma'ānī al-Daqīqa al-Wāfiya fī-mā yalzamu Nuqabā' al-Sāda al-Ṣūfiya,* ed. A. F. al-Mazīdī, Bayrūt, 2005.

Ma'āthir : anon., *al-Ma'āthir al-Nafīsa fī Manāqib al-Sayyida Nafīsa,* al-Qāhira, 1306 A. H.

Madkhal : Ibn al-Ḥājj, *al-Madkhal,* 4 vols. al-Qāhira, (rep.) 1981.

Mafātīḥ al-Ghuyūb : Muḥammad b. Shu'ayb al-Ḥijāzī al-Ibshīhī, *Mafātīḥ al-Ghuyūb wa Ta'mīr al-Qulūb fī Tathlīth al-Maḥbūb,* ed. A. F. al-Mazīdī, al-Qāhira, 2008.

Maghīlī : al-Maghīlī, *Miṣbāḥ al-Arwāḥ fī Uṣūl al-Falāḥ,* ed. 'A. al-Khiyārī, Bayrūt, 2001.

al-Majmū' al-Ṣafawī : al-Ṣafī Abū al-Faḍā'il b. al-'Assāl (attrib.), *al-Majmū' al-Ṣafawī,* al-Qāhira, n.d.

Majdī : Najm al-Dīn al-'Umarī, *al-Majdī fī Ansāb al-Ṭālibīīn,* ed. A. M. al-Damghānī,

Qumm, 1409 A. H.
Majlisī : al-Majlisī, *Biḥār al-Anwār al-Jāmi'a li-Durar Akhbār al-A'imma al-Āthār,* 110 vols., Bayrūt, 1983.
Makīn b. al-'Amīd : al-Makīn Jirjis b. al-'Amīd, *Ta'rīkh al-Makīn* (*Ta'rīkh al-Muslimīn*), ed. 'A. B. Ḥasan, al-Qāhira, 2010.
Man 'āsha ba'da al-Mawt : Ibn Abī al-Dunyā, *Man 'āsha ba'da al-Mawt,* al-Qāhira, 1993.
Manāqib al-Shāfi'ī : al-Munāwī, *Manāqib al-Imām al-Shāfi'ī,* ed. S. 'U. Ghāzī, Ṭanṭā, 1992.
Manhal : Ibn Taghrī Birdī, *al-Manhal al-Ṣāfī,* ed. M. M. Amīn, 12 vols., al-Qāhira, 1984–2006.
Maqāmāt al-Ṣūfīya : Shihāb al-Dīn al-Suhrawardī, *Maqāmāt al-Ṣūfīya,* ed. A. al-Ma'rūf, Bayrūt, 1993.
Maqātil al-Ṭalibīyīn : Abū al-Faraj al-Iṣfahānī, *Maqātil al-Ṭalibīyīn,* al-Qāhira, n.d.
Maqtal al-'Āmidī : al-'Āmidī, *Maqtal al-Ḥusayn,* n.p., (1978).
Maqtal al-Khuwārizmī : al-Khuwārizmī, *Maqtal al-Ḥusayn,* ed. M. Samāwī, Qumm, 1998.
al-Marā'ī al-Ḥisān : Ibn Abī Jamra, *al-Marā'ī al-Ḥisān,* al-Qāhira, 2004.
Marāṣid : Ibn 'Abd al-Ḥaqq, *Marāṣid al-Iṭṭilā' 'āla Asmā' al-Amkina wa al-Biqā',* 3 vols., Bayrūt, 1954.
Maṣādir 'an al-Qiddīs Mārī Mīnā : *Die arabischen Quellen zum heiligen Menas,* ed. F. Jaritz, Heidelberg, 1993.
Masālik al-Abṣār A : al-'Umarī, *Masālik al-Abṣār fī Mamālik al-Amṣār,* ed. 'A. Y. al-Sarīḥī, 27 vols., Abū Dhabī, 2003.
Masālik al-Abṣār B : al-'Umarī, *Masālik al-Abṣār,* ed. D. Krawulsky, Bayrūt, 1986.
Mashrū'īya Ziyāra al-Qubūr : Ibn Qayyim al-Jawzīya, *Mashrū'īya Ziyāra al-Qubūr wa Shu'ūr al-Arwāḥ bi-Ziyāra al-Aḥyā' wa Taraddud-hum 'alā Buyūt Dhawī-him,* ed. S. 'I. al-'Aṭṭār al-Ḥusaynī, al-Qāhira, 1955.
Matjar al-Rābiḥ : Ibn Mājid al-Dimyāṭī, *Matjar al-Rābiḥ fī Thawāb al-'Amal al-Ṣāliḥ,* K. Mar'ī, Ṣaydā & Bayrūt, 2002.
Mawāhib : al-Qastallānī, *al-Mawāhib al-Ladunīya bi-al-Minaḥ al-Muḥammadīya,* ed. A. 'I. Z. al-Bārūdī, 3 vols., al-Qāhira, n.d.
Mawāqi' al-Nujūm : Ibn al-'Arabī, *Mawāqi' al-Nujūm,* al-Qāhira, 1965.
Mawrid : Ibn Taghrī Birdī, *Mawrid al-Laṭāfa,* ed. J. Carlyle, Cantabrigiae, 1792.
MF : Ibn Taymīya, *Majmū'a Fatāwā,* ed. 'A. M. al-Ḥanbalī, 37 vols., n.p., n.d.
al-Minaḥ al-Raḥmānīya : Ibn Abī al-Surūr al-Bakrī, *al-Minaḥ al-Raḥmānīya fī al-Dawla al-'Uthmānīya,* ed. L. al-Ṣabbāgh, Dimashq, 1995.
Minhāj al-Ṣawāb : anon, *Minhāj al-Ṣawāb fī Qabḥ Istiktāb Ahl al-Kitāb,* ed. D. 'A. al-Fāḍil, Bayrūt, 1982.
Minya : al-'Umarī, *Minya al-Udabā' fī Ta'rīkh al-Mawṣil al-Ḥadbā',* ed. S. al-Dīwahjī, al-Mawṣil, 1955.
Mir'āt al-Jinān : al-Yāfi'ī, *Mir'āt al-Jinān wa 'Ibra al-Yaqẓān,* Hyderabad, 1337 A. H.
Miṣbāḥ al-Ẓalām : Ibn al-Nu'mān, *Miṣbāḥ al-Ẓalām fī al-Mustaghīthīn bi-Khayr al-Anām fī*

al-Yaqẓa wa al-Manām, al-Qāhira, 2003.
Mīzān al-I'tidāl : al-Dhahabī, *Mīzān al-I'tidāl fī Naql al-Rijāl,* ed. 'A. M. al-Bajāwī, 4 vols., Bayrūt, 1963.
al-Mudhish : Ibn al-Jawzī, *al-Mudhish,* ed. M. Qabbānī, Bayrūt, n.d.
Mufākharāt : 'Izz al-Dīn al-Maqdisī, *al-Mufākharāt al-Bāhira bayna 'Arā'is Mutanazzahāt al-Qāhira,* ed. M. al-Shishtāwī, al-Qāhira, 1999.
Mughulṭāy : Mughulṭāy, *Mukhtaṣar al-Sīra al-Nabawīya,* ed. M. Z. M. 'Azab, al-Qāhira, 2001.
Muḥibbī : al-Muḥibbī, *Khulāṣa al-Athar fī A'yān al-Qarn al-Ḥādī 'Ashar,* 4 vols, Bayrūt, n.d.
al-Muḥibbī al-Dimashqī : al-Muḥibbī al-Dimashqī, *al-Riḥlatān al-Rūmīya wa al-Miṣrīya,* ed. 'I. 'A. Ra'ūf, Dimashq, 2012.
Mukhtār al-Akhbār : Baybars al-Manṣūrī, *Mukhtār al-Akhbār,* ed. 'A. H. S. Ḥamdān, al-Qāhira, 1993.
Munāwī : al-Munāwī, *al-Kawākib al-Durrīya fī Tarājim al-Sāda al-Ṣūfīya,* 2 vols., al-Qāhira, n.d.
Mundhirī : al-Mundhirī, *al-Takmila li-Wafayāt al-Naqala,* ed. B. A. Ma'rūf, 4 vols., Bayrūt, 1988.
Muntaqā : Ibn Khatīb al-Nāṣirīya, *al-Muntaqā min Ta'rīkh Miṣr li-Quṭb al-Dīn Muḥammad b. 'Abd al-Karīm b. 'Abd al-Nūr al-Ḥalabī,* ed. A. 'Abd al-Sattār, al-Qāhira, 2012.
Muqaddasī : al-Muqaddasī, *Aḥsan al-Taqāsīm fī Ma'rifa al-Aqālīm,* Leiden, 1906.
Muqaddima : Ibn Khaldūn, *Muqaddima Ibn Khaldūn,* Bayrūt, 1984.
Muqaffā : al-Maqrīzī, *al-Muqaffā al-Kabīr,* ed. M. al-Ya'lāwī, 8 vols., Bayrūt, 1991.
Muṣabbiḥī : al-Muṣabbiḥī, *Akhbār Miṣr,* ed. A. F. Sayyid, vol. 40, al-Qāhira, ed. W. G. Millward, al-Qāhira, 1980.
Mushkī : Mirzā Muḥammad Mushkī, *al-'Adl al-Shāhid fī Taḥqīq al-Mashāhid,* al-Qāhira, 1327 A. H.
Mushtarak : Yāqūt al-Ḥamawī, *Kitāb al-Mushtarak,* ed. F. Wüstenfeld, Göttingen, 1846.
Muslim : Muslim, *Ṣaḥīḥ Muslim,* 6 vols., al-Qāhira, 1987.
Muṣṭafā 'Ālī : Muṣṭafā 'Ālī, *Ḥālāt al-Qāhira min al-'Ādāt al-Ẓāhira* (*Muṣṭafā 'Ālī's Description of Cairo of 1599*), tr. A. Tietze, Wien, 1975.
Mut'a al-Adhhān : (selected by) Ibn al-Mullā al-Ḥaṣkafī, *Mut'a al-Adhhān min al-Tamattu' bi-al-Iqrān bayna Tarājim al-Shuyūkh wa al-Aqrān,* ed. S. Kh. Sh. al-Mawṣilī, 2 vols., Bayrūt, 1999.
Muthīr al-Gharām : Ibn al-Jawzī, *Muthīr al-Gharām al-Sākin ilā Ashraf al-Amākin,* ed. M. M. Ḥ. al-Dhahabī, al-Qāhira, 1995.
Nafā'is al-Majālis al-Sulṭānīya : Ḥusayn b. Muḥammad al-Ḥusaynī, *Kitāb Nafā'is al-Majālis al-Sulṭānīya fī Ḥaqā'iq al-Asrār al-Qur'ānīya,* ed. 'A. 'Azzām, al-Qāhira, 2010.
Nafḥa : Ibn Duqmāq, *al-Nafḥa al-Miskīya fī al-Dawla al-Turkīya,* ed. 'U. Tadmurī, Ṣaydā

& Bayrūt, 1999.

Nasā'ī : al- Nasā'ī, *Sunan al- Nasā'ī,* 8 vols., Bayrūt, 1930.

Nashr : al-Yāfi'ī, *Nashr al-Maḥāsin al-Ghāliya fī Faḍl al-Mashāyikh al-Ṣūfīya,* al-Qāhira, 1961.

Nawawī : al-Nawawī, *Riyāḍ al-Ṣāliḥīn,* al-Qāhira, n.d.

Nayl al-Amal : Ibn Shāhīn, *Nayl al-Amal fī Dhayl al-Duwal,* ed. 'U. Tadmurī, 9 vols., Ṣaydā & Bayrūt, 2002.

Nayl al-Awṭār : al-Shawkānī, *Nayl al-Awṭār Sharḥ Muntaqā al-Akhbār min Aḥādīth Sayyid al-Akhyār,* 4 vols., al-Qāhira, 1297 A. H.

Nayl al-Ibtihāj : Aḥmad Bābā al-Timbuktī, *Nayl al-Ibtihāj bi-Tatrīz al-Dībāj,* 2 vols., Tarābulus, 1989.

Nujūm : Ibn Taghrī Birdī, *al-Nujūm al-Zāhira fī Mulūk Miṣr wa al-Qāhira,* eds. F. M. Shaltūt etc., al-Qāhira, 1963–72.

Nuwayrī : al-Nuwayrī, *Nihāya al-Arab fī Funūn al-Adab,* eds. M. A. Ibrāhīm etc., 33 vols., al-Qāhira, 1954–2002.

Nuzha al-Albāb : al-Tīfāshī, *Nuzha al-Albāb fī-mā lā yūjadu fī Kitāb,* ed. J. Jum'a, London, 1992.

Nuzha al-Anām : Ibn Duqmāq, *Nuzha al-Anām fī Ta'rīkh al-Islām,* ed. S. Ṭabbāra, Bayrūt, 1999.

Nuzha al-Nufūs : Ibn al-Ṣayrafī, *Nuzha al-Nufūs wa al-Abdān fī Tawārīkh al-Zamān,* ed. Ḥ. Ḥabashī, 4 vols., al-Qāhira, 1970–94.

Nuzha al-Umam : Ibn Iyās, *Nuzha al-Umam fī al-'Ajā'ib wa al-Ḥukam,* ed. M. Z. 'Azab, al-Qāhira, 1995.

Piloti : E. Piloti, *L'Égypte au commencement quinzième siècle d'après le Traité d'Emmanuel Piloti de Crète,* tr. P. -H. Dopp, Cairo, 1950.

Qabas : al-Ḥalabī, *al-Qabas al-Ḥāwī li-Ghurar Ḍaw' al-Sakhāwī,* eds. Ḥ. I. Muruwwa & Kh. Ḥ. Muruwwa, 2 vols., Bayrūt, 1998.

Qahr al-Milla : al-Shurunbulālī, *Qahr al-Milla al-Kufrīya bi-Adilla al-Muḥammadīya li-Takhrīb Dayr al-Maḥalla al-Jawānīya,* ed. M. Perlmann, in "Shurunbulalī Militant", in *Studies in Islamic History and Civilization,* ed. M. Sharon, Jerusalem, 1986, pp. 407–410.

Qalā'id : al-Qalqashandī, *Qalā'id al-Jumān fī al-Ta'rīf bi-Qabā'il 'Arab al-Zamān,* ed. I. al-Abyārī, al-Qāhira, 1963.

al-Qal'āwī : al-Qal'āwī, *Mashāhid al-Ṣafā fī al-Madfūnīn bi-Miṣr min Āl al-Muṣṭafā,* ed. 'A. 'Umar, al-Qāhira, 2002.

Qalṣādī : al-Qalṣādī, *Riḥla al-Qalṣādī,* ed. M. Abu al-Ajfān, Tūnis, 1978.

Qashshāshī : al-Badrī al-Qashshāshī al-Dajjānī, *al-Durra al-Thamīna fī-mā li-Zā'ir al-Nabī ilā al-Madīna al-Munawwara,* al-Qāhira, 1326A. H.

Qawānīn al-Dawāwīn : Ibn Mammātī, *Qawānīn al-Dawāwīn,* ed. 'A. S. 'Aṭīya, al-Qāhira, 1943.

Qaraṭāy al-'Izzī : Qaraṭāy al-'Izzī, *Ta'rīkh Majmū' al-Nawādir,* eds. H. Hein & M. al-Ḥujayrī, Bayrūt, 2005.

Qazwīnī : al-Qazwīnī, *Āthār al-Bilād wa Akhbār al-'Ibād,* Bayrūt, 1960.

Qubūr : Ibn Abī al-Dunyā, *al-Qubūr,* ed. T. M. S. al-'Amūdī, al-Madīna, 2000.

Qurṭubī : al-Qurṭubī, *al-I'lām bi-mā fī Dīn al-Naṣārā min al-Fasād wa al-Awhām,* al-Qāhira, 1980.

Qushayrī : al-Qushayrī, *al-Risāla al-Qushayrīya,* 2 vols., al-Qāhira, n.d.

Qūt al-Qulūb : al-Makkī, *Qūt al-Qulūb fī Mu'āmala al-Maḥbūb,* 2 vols., al-Qāhira, 1961.

al-Radd 'alā Aṣnāf al-Naṣārā : al- Ṭabarī, *al-Radd 'alā Aṣnāf al-Naṣārā,* ed. Kh. M. 'Abduh, al-Qāhira, 2005.

Radd 'alā al-Ikhnā'ī : Ibn Taymīya, *Kitāb al-Radd 'alā al-Ikhnā'ī,* ed. 'A. b. Y. al-Yamanī, al-Riyāḍ, 1404 A. H.

al-Radd 'alā al-Naṣārā : Ṣāliḥ b. Ḥusayn, *al-Radd 'alā al-Naṣārā,* al-Qāhira, 1988.

Raf' : Ibn Ḥajar al-'Asqalānī, *Raf' al-Iṣr 'an Quḍāt Miṣr,* ed. 'A. M. 'Umar, al-Qāhira, 1998.

Ramlī : Shams al-Dīn al-Ramlī, *Nihāya al-Muḥtāj ilā Sharḥ al-Minhāj fī al-Fiqh 'alā Madhhab al-Imām al-Shāfi'ī,* 8 vols., al-Qāhira, 1938.

Rawḍ : al-Yāfi'ī, *Rawḍ al-Rayāḥīn fī Ḥikāya al-Ṣāliḥīn,* al-Qāhira, 1989.

Rawḍa al-Ās : al-Maqqarī, *Rawḍa al-Ās al-'Āṭira al-Anfās fī Dhikr man laqītu-hu min A'lām al-Ḥaḍratayn Marrākish wa Fās,* ed. 'A. Manṣūr, al-Ribāt, 1964.

RCEA : *Répertoire chronologique d'épigraphie arabe,* 18 vols., Cairo, 1932–91.

al-Risāla al-Miṣrīya : Abū al-Ṣalt, *al-Risāla al-Miṣrīya,* in *Nawādir al-Makhṭūṭāt 1,* al-Qāhira, 1951.

Rūḥ : Ibn Qayyim al-Jawzīya, *al- Rūḥ,* Bayrūt, 1992.

Ṣafī al-Dīn : Ṣafī al-Dīn b. Abī al-Manṣūr, *Risāla Ṣafī al-Dīn b. Abī al-Manṣūr,* ed. D. Gril, al-Qāhira, 1986.

Saḥmāwī : al-Saḥmāwī (attrib.), *al-Thaghr al-Bāsim fī Ṣinā'a al-Kātib wa al-Kātim,* ed. A. M. Anas, 2 vols., al-Qāhira, 2009.

Sa'īd b. Baṭrīq : Sa'īd b. Baṭrīq, *al-Ta'rīkh al-Majmū' 'alā al-Taḥqīq wa al-Taṣdīq,* eds. L. Cheikho etc., 2 vols., Bayrūt, 1905 & 1909.

Sa'īd b. Ḥasan : Sa'īd b. Ḥasan al-Iskandarānī, *Kitāb Masālik al-Naẓar fī Nubūwa Sayyid al-Bashar,* ed. S. A. Weston, *Journal of the American Oriental Society* 24, 1903, pp. 312–383.

Sarghīnī : al-Sarghīnī, *al-Lu'lu'a al-Fāshīya fī al-Riḥla al-Ḥijāzīya,* ed. N. 'A. al-Kittānī, Bayrūt, 2010.

Ṣārim : Ibn 'Abd al-Hādī, *al-Ṣārim al-Munkī fī Radd 'alā al-Subkī,* Bayrūt, 1985.

Sayf al-Muhannad : Badr al-Dīn 'Aynī, *al-Sayf al-Muhannad fī Sīra al-Malik al-Mu'ayyad Shaykh al-Maḥmūdī,* ed. F. M. Shaltūt, al-Qāhira, 1966–67.

Shablanjī : al-Shablanjī, *Nūr al-Abṣār fī Manāqib Āl Bayt al-Nabī al-Mukhtār,* al-Qāhira, 1948.

Shābushtī : al-Shābushtī, *Kitāb al-Diyārāt,* ed. K. 'Awwād, Baghdād, 1966.

Shadharāt : Ibn 'Imād al-Ḥanbalī, *Shadharāt al-Dhahab fī Akhbār man dhahaba,* 8 vols., Bayrūt, n.d.
Sharḥ : al-Suyūṭī, *Sharḥ al-Ṣudūr bi-Sharḥ Ḥāl al-Mawtā wa al-Qubūr,* ed. Y. 'A. Badawī, al-Madīna, 1989.
Shayzarī : al- Shayzarī, *Nihāya al-Rutba fī Ṭalab al-Ḥisba,* Bayrūt, (rep.) 1981.
Shiblī : al-Shiblī, *Ākām Murjān fī Aḥkām al-Jānn,* ed. M. 'Āshūr, al-Riyāḍ, n.d.
Shifā' : al-Subkī, *Shifā' al-Siqām fī Ziyāra Khayr al-Anām,* Bayrūt, n.d.
Shīrāzī : al-Shīrāzī, *Shadd al-Izār fī Ḥaṭṭ al-Awzār 'an Zuwwār al-Mazār,* ed. M. Qazwīnī & 'A. Eqbāl, Tehrān, 1949–50.
Shubrī : Muḥammad al-Shubrī, *Ṣūra Su'āl,* al-Qāhira, 1900–01.
Shujā'ī : al- Shujā'ī, *Ta'rīkh al-Malik al-Nāṣir Muḥammad b. Qalāwūn al-Sāliḥī wa Awlād-hi,* Wiesbaden, 1977.
Ṣifa al-Nār : Ibn Abī al-Dunyā, *Ṣifa al-Nār,* ed. M. Kh. R. Yūsuf, Bayrūt, 1997.
Silk al-Durar : al-Murādī, *Silk al-Durar fī A'yān al-Qarn al-Thānī 'Ashar,* 4 vols., al-Qāhira, n.d.
Sinaksār A : *Le synaxaire arabe jacobite,* ed. R. Basset, *Patrologia Orientalis* 1, 3, 11, 16, 17, 20, 1904–1929.
Sinaksār B : *al-Sinaksār,* 2 vols., al-Qāhira, 1978.
Sīra Aḥmad Ibn Ṭūlūn : al-Balawī, *Sīra Aḥmad Ibn Ṭūlūn,* al-Qāhira, n.d.
Sīra al-Ikhshīd : Ibn Zūlāq, *Sīra Muḥammad b. Taghj al-Ikhshīd,* in *Shadharāt min Kutub Mafqūda fī Ta'rīkh,* ed. I. 'Abbās, Bayrūt, 1988, pp. 221–280.
Sīra wa Faḍā'il al-Imām al-Layth : Ibn Ḥajar al-'Asqalānī, *Sīra wa Faḍā'il al-Imām al-Layth b. Sa'd,* ed. M. Z. M. 'Azab, al-Qāhira, 2000.
Sirāj al-Mulūk : al-Turtūshī, *Sirāj al-Mulūk,* al-Qāhira, 1319 A. H.
Ṣubḥ : al-Qalqashandī, *Ṣubḥ al-A'shā fī Ṣinā'a al-Inshā',* 14 vols., al-Qāhira, 1963.
Sujā'ī : Shihāb al-Dīn al-Sujā'ī, *Ithbāt Karāmāt al-Awliyā',* al-Qāhira, 1319 A. H.
Sukkardān : Ibn Abī Ḥajala, *Sukkardān al-Sulṭān,* al-Qāhira, 1957.
Sukkarī : 'Alī b. Jawhar al-Sukkarī, *al-Kawkab al-Sayyār ilā Qubūr al-Abrār,* ed. M. 'A. 'Uthmān, al-Qāhira, 1992.
Sulūk : al-Maqrīzī, *Kitāb al-Sulūk li-Ma'rifa Duwal al-Mulūk,* eds. M. M. Ziyāda etc., 4 vols., al-Qāhira, 1939–73.
Ṣuqa'ī : al-Ṣuqa'ī, *Tālī Kitāb Wafayāt al-A'yān,* ed. J. Sublet, Dimashq, 1974.
Ṭabaqāt al-Fuqarā' : al-Shīrāzī, *Ṭabaqāt al-Fuqarā',* Bayrūt, 1981.
al-Ṭabaqāt al-Kubrā : al-Sha'rānī, *al-Ṭabaqāt al-Kubrā,* al-Qāhira, n.d.
Ṭabaqāt al-Shādhilīya : al-Kūhin al-Fāsī, *Ṭabaqāt al-Shādhilīya al-Kubrā al-Musammā Jāmi' al-Karāmāt al-'Alīya fī Ṭabaqāt al-Sāda al-Shādhilīya,* Bayrūt, 2001.
Ṭabaqāt al-Shādhilīya al-Kubrā : Muḥīy al-Dīn al-Ṭu'mī, *Ṭabaqāt al-Shādhilīya al-Kubrā,* Bayrūt, 1996.
Ṭabaqāt al-Shāfi'īya : Tāj al-Dīn al-Subkī, *Ṭabaqāt al-Shāfi'īya al-Kubrā,* al-Qāhira, 1964.
Ṭabarī : al- Ṭabarī, *Ta'rīkh al-Rusul wa al-Mulūk,* ed. M. A. Ibrāhīm, 10 vols., al-Qāhira,

n.d.

al-Tadhkira : al-Qurṭubī, *al-Tadhkira fī Aḥwāl al-Mawtā wa Umūr al-Ākhira*, al-Qāhira, 1991.

Tādilī : al-Tādilī Ibn al-Zayyāt, *al-Tashawwuf ilā Rijāl al-Taṣawwuf wa Akhbār Abī al-'Abbās al-Sabtī,* ed. A. al-Tawfīq, al-Ribāṭ, 1984.

Tahdhīb al-Ansāb : al-'Abīdlī, *Tahdhīb al-Ansāb wa Nihāya al-A'qāb*, ed. M. K. al-Maḥmūdī, Qumm, 1413 A. H.

Taḥrīm Raf' al-Qubūr : al-Shawkānī, *Sharḥ al-Ṣudūr bi-Taḥrīm Raf' al-Qubūr,* al-Madīna, 1969.

Taḥrīr : Ibn Ṭūlūn, *al-Taḥrīr al-Mursakh fī Aḥwāl al-Barzakh,* Ṭanṭā, 1991.

Tajrīd : al-Maqrīzī, *Tajrīd al-Tawḥīd al-Mufīd,* ed. 'A. H. 'A. 'Abd al-Ḥamīd, 'Ammān, 1987.

Takmila Ikmāl al-Ikmāl : Ibn al-Ṣābūnī, *Takmila Ikmāl al-Ikmāl,* Baghdād, n.d.

Tanqīḥ al-Abḥāth, Ibn Kammūna, *Tanqīḥ al-Abḥāth,* ed. M. Perlmann, Berkeley & Los Angeles, 1967.

Ṭarā'if : Ibn Ṭāwūs, *al-Ṭarā'if fī Ma'rifa Madhāhib al-Ṭawā'if,* ed. M. al-Rajjā'ī, Bayrūt, 1999.

Targhīb : al-Mundhirī, *al-Targhīb wa al-Tarhīb,* 5 vols., ed. A. Ṣ. Sha'bān, al-Qāhira, 1994.

al-Ta'rīf bi-al-Muṣṭalaḥ : al-'Umarī, *al-Ta'rīf bi-al-Muṣṭalaḥ al-Sharīf,* ed. M. Ḥ Shams al-Dīn, Bayrūt, 1988.

Ta'rīkh Baghdād : al-Khaṭīb al-Baghdādī, *Ta'rīkh Baghdād,* 14 vols., al-Qāhira, n.d.

Ta'rīkh al-Baṭārika : *Ta'rīkh al-Baṭārika al-Kanīsa al-Miṣrīya,* vol. 1 (ed. C. F. Seybold, 〈rep.〉Louvain, 1962), vols. 2–4 (al-Qāhira, 1943–74).

Ta'rīkh al-Fākhirī : al-Fākhirī, *Ta'rīkh al-Fākhirī,* ed. 'U. 'A. Tadmurī, 2 vols., Ṣaydā & Bayrūt, 2010.

Ta'rīkh al-Islām : al-Dhahabī, *Ta'rīkh al-Islām wa Wafayāt al-Mashāhīr wa al-A'lām,* ed. 'U. 'A. Tadmurī, 28 vols., Bayrūt, 1987–93.

Ta'rīkh al-Khulafā' : al-Suyūṭī, *Ta'rīkh al-Khulafā',* Bayrūt, n.d.

Ta'rīkh al-Malik al-Ashraf Qā'itbāy : anon., *Ta'rīkh al-Malik al-Ashraf Qā'itbāy,* ed. 'U. 'A. Tadmurī, Ṣaydā & Bayrūt, 2003.

Ta'rīkh Miṣr wa Faḍā'il-hā : anon., *Ta'rīkh Miṣr wa Faḍā'il-hā,* ed. 'A. 'Umar, al-Qāhira, 2002.

Ta'rīkh-i Mullāzāda : Mu'īn al-Fuqarā' Aḥmad b. Maḥmūd, *Ta'rīkh-i Mullāzāda dar Dhikr-i Mazārāt-i Bukhārā,* ed. A. G. Ma'ānī, Tehrān, 1960.

Tāshkubrī Zāda : Tāshkubrī Zāda, *Risāla al-Shifā' li-Adwā' al-Wabā',* al-Qāhira, 1292 A. H.

Tasliya : al-Manbijī, *Tasliya Ahl al-Maṣā'ib fī Mawt al-Awlād wa al-Aqārib,* al-Qāhira, 1403 A. H.

Tawālī al-Ta'sīs : Ibn Ḥajar al-'Asqalānī, *Tawālī al-Ta'sīs li-Ma'ālī Muḥammad b. Idrīs,* ed. 'A. al-Qāḍī, Bayrūt, 1986.

Thubūt al-Nubūwāt : Ibn Taymīya, *Thubūt al-Nubūwāt,* ed. M. Y. Salāma, al-Qāhira, 2006.

Tibr : al-Sakhāwī, *al-Tibr al-Masbūk fī Dhayl al-Sulūk,* eds. L. I. Muṣṭafā & N. M. Kāmil, 4 vols., al-Qāhira, 2002–07.

Tirmidhī : al-Tirmidhī, *al-Jāmi' al-Ṣaḥīḥ,* 5 vols., al-Qāhira, n.d.

Ṭūfī : al-Ṭūfī, *al-Intiṣārāt al-Islāmīya fī 'Ilm Muqārana al-Adyān,* al-Qāhira, 1983.

Tuḥfa : Nūr al-Dīn al-Sakhāwī, *Tuḥfa al-Aḥbāb wa Bughya al-Ṭullāb fī al-Khiṭaṭ wa al-Mazārāt wa al-Tarājim wa al-Biqā' al-Mubārakāt,* eds. M. Rabī ' & H. Qāsim, al-Qāhira, 1937.

al-Tuḥfa al-Bahīya : Ibn Abī al-Surūr al-Bakrī, *al-Tuḥfa al-Bahīya fī Tamarruk Āl 'Uthmān al-Diyār al-Miṣrīya,* ed. 'A. 'A. 'Abd al-Raḥīm, al-Qāhira, 2005.

Tuḥfa al-Kirām : al-Suyūṭī, *Tuḥfa al-Kirām bi Khabar al-Ahrām,* al-Qāhira, 1992.

al-Tuḥfa al-Mulūkīya : Baybars al-Manṣūrī, *al-Tuḥfa al-Mulūkīya fī al-Dawla al-Turkīya,* ed. 'A. S. Ḥamdān, al-Qāhira, 1987.

Tuḥfa al-Zuwwār : Ibn Ḥajar al-Haythamī, *Tuḥfa al-Zuwwār ilā Qabr al-Nabī al-Mukhtār,* Ṭanṭā, 1992.

Tujībī : al-Tujībī, *Mustafād al-Riḥla wa al-Ightirāb,* Tūnis, 1975.

Turkmānī : al-Turkmānī, *al-Luma' fī al-Ḥawādith wa al-Bida',* 2 vols., al-Qāhira, 1986.

Ṭūsī : al-Ṭūsī, *Tahdhīb al-Aḥkām,* 10 vols, Qum, 2005.

Udfuwī : al-Udfuwī, *al-Ṭāli' al-Sa'īd al-Jāmi' li-Asmā' Nujabā' al-Ṣa'īd,* ed. S. M. Ḥasan, al-Qāhira, 1966.

Uns : Mujīr al-Dīn al-Ḥanbalī, *al-Uns al-Jalīl bi-Ta'rīkh al-Quds wa al-Khalīl,* 2 vols., 'Ammān, n.d.

'Unwān al-Zamān : al-Biqā'ī, *'Unwān al-Zamān bi-Tarājim al-Shuyūkh wa Aqrān,* ed. Ḥ. Ḥabashī, 5 vols., al-Qāhira, 2001–09.

'Uqalā' : al-Naysabūrī, *'Uqalā' al-Majānīn,* ed. 'A Muhannā, Bayrūt, 1990.

'Uqūd Lu'lu'īya : al-Khazrajī, *'Uqūd Lu'lu'īya fī Dawla al-Rasūlīya,* 2 vols., Ṣan'ā', 1983.

'Uyūn al-Tawārīkh : Ibn al-Shākir al-Kutubī, *'Uyūn al-Tawārīkh,* vol. 21., Baghdād, 1984.

Vie de Saint Jean : "La Vie de Saint Jean: Higoumène de Scété au VIIe Siécle", ed. U. Zanetti, *Analecta Bollandiana* 114, 1996, pp. 273–405.

Vita of Anbā' Barṣawmā C : *Vita of Anbā' Barṣawmā al-'Uryān b. al-Wajīh Ibn al-Tabbān,* ed. W. E. Crum, "Barsauma the Naked", in *Proceedings of the Society of Biblical Archaeology* 29, 1907.

Vita of Anbā' Bīsintāwūs: Vita of Anbā' Bīsintāwūs (the Arabic life of S. Pisentius), ed. DeL. O'Leary, *Patrologia Orientalis* 22, 1930, pp. 317–487.

Wafayāt : Ibn Khallikān, *Wafayāt al-A'yān,* ed. I. 'Abbās, 8 vols., Bayrūt, n.d.

Wāfī : al-Ṣafadī, *al-Wāfī bi-al-Wafayāt,* 32 vols., Wiesbaden, Bayrūt & Berlin, 1949–2013.

Wahrānī : al-Wahrānī, *Manāmāt al-Wahrānī,* eds. I. Sha'lān & M. Naghash, al-Qāhira, 1968.

Wajīz al-Kalām : al-Sakhāwī, *Wajīz al-Kalām fī al-Dhayl 'alā Duwal al-Islām,* eds. B. 'A. Ma'rūf etc., 4 vols., Bayrūt, 1995.

Walā'im : Ibn Ṭūlūn, *Faṣṣ al-Khawātim fī-mā qīla fī al-Walā'im,* Dimashq, 1983.

Warthīlanī : al-Warthīlanī, *Nuzha al-Anẓār fī Faḍl 'Ilm al-Ta'rīkh wa al-Akhbār,* ed. M. b. Abū Shanab, (rep.) Frankfurt, 1994.
Wulāt : Ibn al-Kindī, *Kitāb al-Wulāt wa al-Quḍāt,* ed. R. Guest, London, 1912.
Yaḥyā al- Anṭākī : Yaḥyā al-Anṭākī, *Ta'rīkh al-Dhayl, Patrologia Orientalis* 23–3 & 4, 1932.
Yaḥyā b. 'Umar : Yaḥyā b. 'Umar al-Andalusī, *Kitāb Aḥkām al-Sūq,* ed. M. 'A. Makkī, al-Qāhira, 2004.
Yāqūt : Yāqūt al-Ḥamawī, *Mu'jam al-Buldān,* 5 vols., Bayrūt, 1979.
Yūnīnī : al-Yūnīnī, *Dhayl Mir'āt al-Zamān,* 4 vols., Hyderabad, 1954–61, (697–701 A. H.), ed. L. Guo, Leiden, 1998.
Yūsāb : Anbā Yūsāb Usquf Fūwa, *Ta'rīkh al-Baṭārika,* ed. M. M. Iskandar, al-Qāhira, 2009.
Yūsufī : al-Yūsufī, *Nuzha al-Nāẓir fī Sīra al-Malik al-Nāṣir,* ed. A. Ḥuṭayṭ, Bayrūt, 1986.
Zād al-Ma'ād : Ibn Qayyim al-Jawzīya, *Zād al-Ma'ād fī Hādī Khayr al-'Ibād,* 5 vols., Bayrūt, 1991.
Ẓāhirī : al-Ẓāhirī, *Kitāb Zubda Kashf al-Mamālik,* ed. P. Ravaisse, Paris, 1894.
Zarkashī : al-Zarkashī, *I'lām al-Sājid bi-Aḥkām al-Masājid,* al-Qāhira, 1385 A. H.
Zawājir : Ibn Ḥajar al-Haythami, *al-Zawājir 'an Iqtirāf al-Kabā'ir,* 2 vols., al-Qāhira, 1970.
Zetterstéen : *Beiträge zur Geschichte der Mamlūkensultāne,* ed. Zetterstéen, Leiden, 1919.
Ziyāra : Ibn Taymīya, *Kitāb al-Ziyāra,* al-Qāhira, n.d.
Zubda al-Fikra : Baybars al-Manṣūrī, *Zubda al-Fikra fī Ta'rīkh al-Hijra,* ed. Z. M. 'Aṭā', n.p., n.d.
Zubda Ikhtiṣār : 'Alī b. Riḍwān, *Zubda Ikhtiṣār Ta'rīkh Mulūk Miṣr al-Maḥrūsa,* ed. B. Zayn al-'Ābidīn, al-Qāhira, 2006.
Zurqānī : al-Zurqānī, *al-Nafḥa al-Raḥmānīya fī Tarājim al-Sādāt al-Wafā'īya,* ed. B. M. Bārūd, 'Ammān, 2004.

研究文献《外国語文献》

'Abd Allāh, D., *Ma'āhid Tazkīya al-Nufūs fī Miṣr,* al-Qāhira, 1980.
'Abd al-'Alīm, F., *Jāmi' al-Mu'ayyad Shaykh,* al-Qāhira, 1994.
'Abd al-'Alīm, M. M., *al-Sayyida Zaynab al-Ṭāhira: Khāmisa al-Nisā' al-Kāmilāt,* al-Qāhira, 2004.
'Abd al-Khāriq, M. 'A., *al-Imām al-Qarāfī wa Juhūd-hu fī al-Radd 'alā al-Yahūd wa al-Naṣārā,* 2 vols., al-Qāhira, 2008.
'Abd Ar-Rāziq, A., "Deux jeux sportifs en Égypte au temps des Mamluks", *Annales Islamologiques,* 12, 1974, pp. 95–130.
'Abd al-Sattār, A. M, *al-Dhill wa al-Ḥarūr min al-Mawt ilā al-Qubūr,* Shubrā al-Khayma, n.d.
Abū al-'Amā'im, M., "al-Mi'zhana al-Qiblīya wa mā ḥawla-hā min al-Āthār khārij Bāb al-Qarāfa bi-al-Qāhira", *Annales Islamologiques* 34, 2001, pp. 45–89.
Abū al-'Araja, T., *al-Muqaṭṭam: Jarīda al-Iḥtilāl al-Biriṭānī fī Miṣr,* al-Qāhira, 1997.

Abū Khuzām, A. F., *Mu'jam al-Muṣṭalaḥāt al-Ṣūfīya,* Bayrūt, 1993.
Abu-Lughod, J. L., *Cairo: 1001 Years of the City Victorious,* New Jersey, 1971.
Abū al-Nūr, M. 'A., *al-Qawl al-Ṣarīḥ fī Ibāḥa Taqbīl al-Darīḥ,* al-Qāhira, 2009.
Abū Rābiya, 'A. S., *'Amr b. al-'Āṣ: Bayna Yaday al-Ta'rīkh,* al-Qāhira, 1988.
Abū Zayd, S. M., *al-Ḥisba fī Miṣr al-Islamīya min al-Fatḥ al-'Arabī ilā Nihāya al-'Aṣr al-Mamlūkī,* al-Qāhira, 1986.
'Afīfī, M., *al-Aqbāṭ fī Miṣr fī al-'Aṣr al-'Uthmānī,* al-Qāhira, 1992.
Aḥmad, N. 'A., *Mu'āmala ghayr al-Muslimīn fī al-Dawla al-Islāmīya,* al-Qāhira, 1996.
Aḥmad, Y., *Turba al-Fakhr al-Fārisī bi-al-Qarāfa al-Ṣughrā,* al-Qāhira, 1922.
al-'Ajam, R., *Mawsū'a Muṣṭalaḥāt al-Imām al-Ghazālī,* Bayrūt, 2000.
al-Albānī, M. N., *Taḥdhīr al-Sājid min Ittikhādh al-Qubūr Masājid,* Bayrūt, 1983.
—— *Silsila al-Aḥādīth al-Ḍa'īfa wa al-Mawḍū'a,* 5 vols, al-Riyāḍ, 2000.
'Allām, 'A. Sh., *al-Nuṣūṣ al-Ta'sīsīya 'alā al-'Amā'ir al-Dīnīya al-Mamlūkīya al-Bāqīya bi-Madīna al-Qāhira,* Ṭanṭā, 2001.
Amélineau, E., *La géographie de l'Égypte à l'époque copte,* Paris, 1890.
al-'Āmilī, M. A. Ḥ., *Kashf al-Irtiyāb fī Atbā' Muḥammad b. 'Abd al-Wahhāb,* n.p., n.d.
Amīn, A., *Qāmūs al-'Ādāt wa al-Taqālīd wa al-Ta'ābīr al-Miṣrīya,* al-Qāhira, 1953.
Amīn, M., *A'yān al-Shī'a,* ed. H. Amīn, (rep.) Bayrūt, 1986.
Amīn, M. M., *al-Awqāf wa al-Ḥayāt al-Ijtimā'īya fī Miṣr,* al-Qāhira, 1980.
'Āmir, F. M., *Ta'rīkh Ahl al-Dhimma fī Miṣr al-Islāmīya min al-Fatḥ al-'Arabī ilā Nihāya al-'Aṣr al-Fāṭimī,* 2 vols., al-Qāhira, 2000.
Anderson, B., *Imagined Communities*, London, 1991.
Anon., *Ta'rīkh Ḥayāt al-Qiddīs al-'Aẓīm Anbā Barsawm al-'Uryān*, al-Qāhira, 2002.
'Aql, M., *Dalīl-ka ilā al-Ḥayāt al-Ākhira,* al-Qāhira, 2006.
Arjomand, S. A., *The Shadow of God and the Hidden Imam,* (rep.) Chicago, 1987.
Armanios, F., *Coptic Christianity in Ottoman Egypt*, Oxford, 2011.
al-'Athīmayn, M. Ṣ., *Aḥkām al-Janā'iz,* A. b. 'Ā. al-Dimashqī & Ṣ. M. Ramaḍān (eds.), al-Qāhira, 2002.
al-Ashqar, M. 'A., *Tujjār al-Tawābil fī Miṣr fī al-'Aṣr al-Mamlūkī,* al-Qāhira, 1999.
'Āshūr, S. 'A., *al-Mujtama' al-Miṣrī fī 'Aṣr Salāṭīn al-Mamālīk,* al-Qāhira, n.d.
al-Atharī, A., *Taḥdhīr al-Rāki' wa al-Sājid min Bid'a Zakhrafa al-Masājid,* al-Qāhira, 1990.
Atiya, A. S., "ḲIBṬ", *EI²*, vol. 5, pp. 90–95.
Atiya, A. S. etc. (eds.), *The Coptic Encyclopedia*, New York, 1991.
Ayalon, D., "Notes on the Furūsiyya Exercises and Games in the Mamluk Sultanate", *Scripta Hierosolymitana* 9, 1961, pp. 31–62.
'Azab, Kh. & Shaymā' al-Sayiḥ (eds.), *Shawāhid Qubūr min al-Iskandarīya,* al-Iskandarīya, 2007.
'Aẓām, S. A., *Ḥukm Qarāqūsh,* Bayrūt, 1999.
Babāwī, N. L., *Mushkila Binā' wa Tarmīm al-Kanā'is bayna al-Islām wa al-Wāqi' al-Miṣrī wa al-Ḥall Qānūn Dūr al-'Ibāda al-Muwaḥḥad,* al-Qāhira, 2005.

Badr, H. A., "Styles of Tombs and Mausoleums in Ottoman Cairo", in J. Bacqué-Grammont & A. Tibet (eds.), *Cimetières et traditions funéraires dans le monde islamique,* 2 vols., Ankara, 1996, vol. 1, pp. 349–385.

al-Bakrī, Muḥammad Tawfīq, "Kitāb al-Ṭuruq al-Ṣūfīya bi-al-Diyār al-Miṣrīya", ed. A. al-Taftāzānī, *Majalla Kullīya al-Ādāb, Jāmi'a al-Qāhira* 25–2, 1963, pp. 74–84.

Baldick, J., *Mystical Islam,* New York, 1989.

Bannerth, E., *Islamische Wallfahrtsstätten Kairos,* Cairo, 1973.

Baudrillart, A., De Mayer, A. & Van Cauwenbergh, E., *Dictionnaire d'histoire et de géographie ecclésiastiques,* Paris, 1930.

Beck, H. L., *L'image d'Idrīs II, ses descendants de Fās et la politique sharīfienne des sultans marīnides (656–869/1258–1465),* Leiden, 1989.

Becker, C. H., "Miṣr", in *EI*², vol. 7, pp. 147–152.

Behrens-Abouseif, D., "The North-Eastern Extensions of Cairo", *Annales Islamologiques,* 17, 1981, pp. 157–189.

—— "The Takiyyat Ibrahim al-Kulshani in Cairo", *Muqarnas* 5, 1988, pp. 43–60.

Belin, M., "Fetoua rélatif à la condition des Zimmis", *JA* 18・19, 1851–1852, pp. 417–516, 97–140.

Ben-Ze'eb, I., "Documents Pertaining to the Ancient Jewish Cemetery in Cairo" (in Hebrew), *Sefunut* 1, pp. 7–24.

Berkey, J. P., *The Transmission of Knowledge in Medieval Cairo: A Social History of Islamic Education,* Princeton, 1992.

—— *Popular Preaching and Religious Authority in the Medieval Islamic Near East,* Seattle, 2001.

Bloom, J., "The Mosque of the Qarafa in Cairo", *Muqarnas* 4, 1987, pp. 7–20.

Boghdady, F., "An Archaic Tomb at Old Cairo", *ASAE* 32, 1932, pp. 153–160.

Bravmann, M.M., *The Spiritual Background of Early Islam,* Leiden, 1972.

Brinner, W. M., "The Significance of the Ḥarāfīsh and their 'Sultan'," *Journal of the Economic and Social History of the Orient* 6–2, 1963, pp. 190–215.

Brockelmann, C., *Geshichite der Arabischen Litteratur,* 2 vols. & *Supplementband* 3 vols., Leiden, 1942.

Brown, P., *The Cult of the Saints: Its Rise and Function in Latin Christianity,* Chicago, 1981.

Bulliet, R. W., *Conversion to Islam in the Medieval Period,* London, 1979.

Burmester, O. H. E. Khs-, "The Canons of Christodulos, Patrarch of Alexandria (A. D. 1047–1077)", *Le Muséon* 45, 1932, pp. 71–84.

—— "The Canons of Gabriel Ibn Turaīk, LXX Patriarch of Alexandria", *Le Muséon* 46, 1933, pp. 43–54.

—— "On the Date and Authorship of the Arabic Synaxarium of the Coptic Church", *Journal of Theological Studies* 39, 1938, pp. 249–253.

—— *The Egyptian or Coptic Church: A Detailed Description of Her Liturgical Services*

and the Rites and Ceremonies Observed in the Administration of Her Sacraments, Cairo, 1967.
Butler, A., *The Ancient Coptic Churches of Egypt*, 2 vols., Oxford, 1884.
—— *The Arab Invasion of Egypt and the Last 30 Years of the Roman Domination,* (rep.) New York, 1992.
Chih, R. & D. Gril (eds.), *Le saint et son milieu* (*Cahier des Annales islamologiques* 19), Cairo, 2000.
Chittick, W. C., *Faith and Practice of Islam,* Albany, 1992.
Claudia, O., *Metamorphosen des Epos: Sīrat al-Muǧāhidīn* (*Sīrat al-Amīra Ḏāt al-Himma*) *zwischen Mündlichkeit und Schriftlichtkeit,* Leiden, 2003.
Cook, M., "Pharaonic History in Medieval Egypt," *Studia Islamica* 57, 1983, pp. 67–103.
Cohen, M., "Jews in the Mamlūk Environment: The Crisis of 1442 (A Geniza Study)", *BSOAS* 47, 1984, pp. 425–448.
—— "What was the Pact of 'Umar?: A Literary Historical Study", *Jerusalem Studies in Arabic and Islam* 23, 1999, pp. 100–157.
Coquin, R-G., "Synaxarion, Copto-Arabic: Editions of the Synaxarion", in A.S. Atiya etc. (eds.), *The Coptic Encyclopedia*, vol.7, pp. 2171–2173.
Cornell, V. J., *Mirrors of Prophethood: The Evolving Image of the Spiritual Master in the Western Maghrib from the Origins of Sufism to the End of the Sixteenth Century*, Ph. D. Dissertation, University of California, Los Angeles, 1989.
—— *Realm of the Saint: Power and Authority in Moroccan Sufism,* Austin, 1998.
Cuvillier, J.,"Contribution a l'étude géologie du Mokattam", *Bulletin de l'Institut d'Égypte* 37, 1924, pp. 465–480.
al-Dahabī, I. Gh., *Mu'āmala ghayr al-Muslimīn fī al-Mujtama' al-Islāmī,* al-Qāhira, 1993.
Dār al-Kutub al-Miṣrīya, *Fihris al-Kutub al-'Arabīya al-Mawjūda bi-al-Dār li-Ghāya Sana 1921,* 2 vols., al-Qāhira, 1924.
Darnīqa, M. A., *al-Ṭarīqa al-Naqshbandīya wa A'lām-hā,* Paris, 1987.
Davis, S., "Pilgrimage and the Cult of Saint Thecla in Late Antique Egypt", in D. Frankfurter (ed.), *Pilgrimage & Holy Space in Late Antique Egypt,* Leiden, 1998, pp. 303–339.
Décobert, Ch. "Sur l'arabisation et l'islamisation de l' Égypt médiévale", in Ch. Décobert (ed.), *Itinéraires d' Égypte: melanges offerts au père Maurice Martin,* Cairo, 1992.
Dennett, D. C., *Conversion and Poll Tax in Early Islam,* Cambridge, 1950.
Dols, M., *The Black Death in the Middle East,* Princeton, 1977.
—— *Majnūn: The Madman in Medieval Islamic Society,* Oxford, 1992.
Dopp, P. -H., "Le Caire vu parles voyageurs occidentaux du Moyan Âge", *BSRGE* 23, 1950, pp. 117–149.
Dube, S. (ed.), *Historical Anthropology,* Oxford, 2007.
Eade, J. & Sallnow, M. J (eds.), *Contesting the Sacred: The Anthropology of Christian Pilgrimage,* Chicago, 1991.

Eickelman, D. F., *Moroccan Islam: Tradition and Society in a Pilgrimage Center,* Austin, 1976.

El-Daly O., *Egyptology: The Missing Millennium. Ancient Egypt in Medieval Arabic Writings,* London, 2005.

Elden, E. & Vatin N., *L'épitaphe ottomane muslmane 16e-20e siècles,* Paris, 2007.

El Kadi, G. & A. Bonnamy, *Architecture for the Dead,* Cairo, 2003 (*La cité des morts: le Caire,* Paris, 2001).

El-Leithy, T., *Coptic Culture and Conversion in Medieval Cairo, 1293–1524 A. D.,* Ph. D. Dissertation, Princeton University, 2005.

—— "Sufis, Copts and the Politics of Piety: Moral Regulation in Fourteenth-Century Upper Egypt", in A. Sabra & R. McGregor (eds.), *The Development of Sufism in Mamluk Egypt,* Cairo, 2006, pp. 75–119.

Elmore, G. T., *Islamic Sainthood in the Fullness of Time,* Leiden, 1999.

El-Shamy, H. M., *Folktales of Egypt,* Chicago, 1980.

Ernst, C., "An Indo-Persian Guide to Sufi Shrine Pilgrimage", in G. M. Smith (ed.), *Manifestations of Sainthood in Islam,* Istanbul, 1993.

—— *Sufism,* Boston, 1997.

Fākhūrī, M. & Khawwām, S., *Mawsū'a Waḥadāt al-Qiyās al-'Arabīya wa al-Islāmīya,* Bayrūt, 2002.

Fattal, A., *Le statut légal des non-muslimans en pays d'islam,* Beirut, 1958.

Fernandes, L., *The Evolution of a Sufi Institution in Mamluk Egypt: The Khanqah,* Berlin, 1988.

Fourtau, R., "Note sur la stratigraphie du Mokattam", *Bulletin de la Société Géologique de France* 25, 1897, pp. 208–211.

Frank, K. S., "Arsenios der Große. Vom Apophthegma zum hagiographischen Text", in *Mémorial Dom Jean Gribomont,* Roma, 1988, pp. 271–288.

Frankfurter, D. (ed.), *Pilgrimage & Holy Space in Late Antique Egypt,* Leiden, 1998.

Frantz-Murphy, G., "Conversion in Early Islamic Egypt: The Economic Factor" in Y. Rāġib (ed.), *Documents de l'Islam médiéval: nouvelles perspectives de recherches,* Cairo, 1991, pp. 11–17.

Fritsch, E, *Islam und Christentum in Mittelalter,* Breslau, 1930.

Gabra, G., "New Research from the Library of the Monastery of St. Paul", in W. Lyster (ed.), *The Cave Church of Paul the Hermit at the Monastery of St. Paul, Egypt,* New Heaven & London, 2008, pp. 94–105.

Galal, M., "Essal d'observations sur les rites funéraires en Égypte actuelle relevées dans certaines régions compagnardes", *REI* 11, 1937, pp. 131–308.

Garćia-Arenal, M. (ed.), *Conversions islamiques: identités religieuses en Islam méditerranéen,* Paris, 2001.

Gardet, L., "DU'Ā' ", *EI²*, vol. 2, pp. 617–618.

Gayraud, R. P., "Istabl 'Antar (Fostat) 1985: Rapport des fouilles", *Annales Islamologiques*

22, 1986, pp. 1–26.
—— "Istabl 'Antar (Fostat) 1986: Rapport des fouilles", *Annales Islamologiques* 23, 1987, pp. 55–71.
—— "Fostat: Évolution d'une capitale arabe du VIIe au XIIe siècle d'après les fouilles d'Istabl 'Antar", in R. Gayraud (éd.), *Colloque international d'archéologie islamique,* Cairo, 1998.
—— "Le Qarāfa al-Kubrā, dernière demeure des Fatimides", in M. Barrucand (éd.), *L'Égypte fatimide: son art et son histoire,* Paris, 1999, pp. 443–464.
Geertz, C., H. Geertz & L. Rosen, *Meaning and Order in Moroccan Society,* Cambridge, 1979.
Gellner, E., *Saints of the Atlas,* London, 1969.
Geoffroy, É., *Le soufisme en Égypte et en Syrie,* Damas, 1995.
al-Geyoushi, M. I., "Al-Tirmidhi's Theory of Saints and Saintfood", *Islamic Quarterly* 15, 1971, pp. 17–61.
Ghanī, Q., *Ta'rīkh al-Taṣawwuf fī al-Islām,* al-Qāhira, 1970.
Ghunaym, M. A. & S. S. Yūsuf, *al-Mu'taqadāt wa al-Adā' al-Tilqā'ī fī Mawālid al-Awliyā' wa al-Qiddīsīn,* 2 vols., al-Qāhira, 2007.
Gilsenan, M., *Saint and Sufi in Modern Egypt,* Oxford, 1973.
Girgis (Guirguis), M., "Athar al-Arākhina 'alā Awḍā' al-Qibṭ fī al-Qarn al-Thāmin 'Ashar", *Annales Islamologiques* 34, 2000, pp. 23–44.
—— "The Financial Resources of Coptic Priests in Nineteenth-century Egypt", in N. Hanna (ed.), *Money, Land and Trade: An Economic History of the Muslim Mediterranean,* London, 2002, pp. 223–243.
Goitein, S. D., *A Mediterranean Society,* 6 vols, Berkley, 1967–93.
Goldziher, I., *Muhammedanische Studien,* 2 vols., Halle, 1889–90.
Gottschalk, H., *Die Māḏarā'ijjūn: Ein Beitrag zur Geschichite Ägyptens unter dem Islām,* Berlin, 1931.
Graber, O., "The Earliest Islamic Commemorative Structures", *Ars Orientalis* 4, 1966, pp. 7–46.
Graf, G., *Geschichte der christlichen arabischen Literature,* 5 vols., Vatican, 1944–53.
Gramlich, R., *Die Wunder der Freude Gottes: Theologien und Erschenungsformen des islamischen Heiligenwunders,* Wiesbaden, 1987.
Grossmann, P., "The Pilgrimage Center of Abû Mînâ", in D. Frankfurter (ed.), *Pilgrimage & Holy Space in Late Antique Egypt,* Leiden, 1998, pp. 281–302.
von Grunebaum, G. E., *Muhammadan Festival,* (rep.) New York, 1988.
Grütter, I., "Arabische Bestattungsbräuche in frühislamischer Zeit", *Der Islam* 32, 1957, pp. 176–177.
Guest, R., "Cairene Topography: El Qarafa according to Ibn Ez Zayyat", *JRAS* 58–1, 1926, pp. 57–61.
Guest, A. & Richmond, E., "Miṣr in the Fifteenth Century", *JRAS* 35–4, 1903, pp. 791–

816.
Haarmann, U., *Quellenstudien zur frühen Mamlukenzeit,* Freiburg, 1969.
——, "Regional Sentiment in Medieval Islamic Egypt", *BSOAS* 43-1, 1980, pp. 55–66.
Ḥabashī, Ḥ., "al-Iḥtikār al-Mamlūkī wa 'Alāqat-hu bi-al-Ḥāla al-Ṣiḥḥīya", *Ḥawliyāt Kullīya al-Ādāb bi-Jāmi'a 'Ayn Shams* 9, 1964, pp. 133–157.
al-Ḥabīb, M., "al-Zāwiya wa Āthār-hā fī al-Mujtama' al-Qayrawānī", *Revue tunisienne de sciences sociales* 40–43, 1975, pp. 97–131.
Ḥajjī, M., *Zāwiya al-Dalā'iya wa Dawr-hā al-Dīnī wa al-'Ilmī wa al-Siyāsī,* al-Ribāṭ, 1964.
Halevi, L., *Rites for the Dead: Funerals and the Afterlife in Early Islam,* Cairo, 2007.
Hallenberg, H., *Ibrāhīm al-Dasūqī (1255–1296): A Saint Invented,* Helsinki, 2005.
Halm, H., *The Fatimids and Their Traditions of Learning,* London, 1997.
Hamada, A., "The Clearlance of a Tomb found at al-Fostat 1936", *ASAE* 37, 1937, pp. 58–70.
Hamada, M., "Le pourvoir des lieux saints dans le Turkestan oriental", *Annales. Histoire, Sciences Sociales* 59/5–6, 2004, pp. 1019–40.
Hamza, H., *The Northern Cemetery of Cairo,* Cairo, 2001.
Hasluck, F. W., *Christianity and Islam under the Sultans,* 2 vols., Oxford, 1929.
Hayes, H. E., "Serpent Worship and Islam in Egypt", *The Moslem World,* 8–3, 1918.
Hawley, J. S. (ed.), *Saints and Virtues,* Berkley, 1987.
Heffernan, Th. J., *Sacred Biography: Saints and Their Biographers in the Middle Ages,* Oxford, 1988.
Heijer, J. den., *Mawhūb Ibn Manṣūr Ibn Mufarriǧ et l'historiographie copto-arabe,* Louvain, 1989.
—— "Miraculous Icons and Their Historical Background", in H. Hondelink (ed.), *Coptic Art and Culture,* Cairo, 1990.
—— "Une liste d'évêques coptes de l'année 1086", in Ch. Décobert (ed.), *Itinéraires d'Égypte: Melanges offerts au père Maurice Martin,* Cairo, 1992.
—— "Recent Developments in Coptic-Arabic Studies (1992–1996)", in S. Emmel, M. Krause, S. G. Richter, & S. Schaten (eds.), *Ägypten und Nubien in spätantiker und christlichen Zeit,* Wiesbaden, 1999, vol. 2, pp. 49–64.
Ḥilmī, A., *Ziyāret-i Evliyā',* Istanbul, 1909.
Ḥilmī, I., *al-Maḥmal,* al-Qāhira, 1993.
Hobsbawm, E. J., *Nations and Nationalism since 1780: Programme, Myth, Reality,* Cambridge, 1990.
Holtzman, L., "The Dhimmi's Question on Predetermination and the Ulama's Six Responses: The Dynamics of Composing Polemical Didactic Poems in Mamluk Cairo and Damascus", *Mamluk Studies Review* 16, 2012, pp. 1–54.
Homerin, Th. E., "Saving Muslim Souls: The Khanqah and the Sufi Duty in Mamluk Lands", *Mamluk Studies Review* 3, 1999, pp. 59–83.
—— *From Arab Poet to Muslim Saint: Ibn al-Fāriḍ, His Verse and His Shrine,* Cairo,

2001.
Hunt, E. D., *Holy Land Pilgrimage in the Later Roman Empire AD 312–460*, Oxford, 1982.
Hunt, L. -A., "Churches of Old Cairo and Mosques of al-Qāhira: A Case of Christian-Muslim Interchange", *Medieval Encounters* 2–1, 1996, pp. 43–66.
al-Ḥusaynī, S. M. A. M., *Jamhara al-Awliyā' wa A'lām Ahl al-Taṣawwuf*, 2 vols., al-Qāhira, 1968.
Ibrāhīm, 'A., "al-Wathīqāt al-Shar'īya wa al-Ishhādāt fī Ẓahr Wathīqa al-Ghawrī", *Majalla Kullīya al-Ādab, Jāmi'a al-Qāhira* 19, 1957.
—— "Naṣṣān Jadīdān min Wathīqa al-Amīr Ṣarghitmish", Pts. 1 & 2, *Majalla Kullīya al-Ādab, Jāmi'a al-Qāhira* 27 & 28, 1965 & 1966.
Īsā Bak, A., *Ta'rīkh al-Bīmāristān fī al-Islām*, Bayrūt, 1981.
Iskander, J., "Islamization in Medieval Egypt: The Copto-Arabic "Apocalypse of Samuel" as a Source for the Social and Religious History of Medieval Copts", *Medieval Encounters* 4–3 1998, pp. 219–227.
Ito, T., "Aufsicht und Verwaltung der Stiftungen im mamlukischen Ägypten", *Der Islam* 80, 2003, pp. 46–66.
Jād, M., *Makniz al-Fūluklūr*, 2 vols., al-Qāhira, 2006.
Jaritz, F., *Die Arabischen Quellen zum Heiligen Menas*, Heidelberg, 1993.
Jomier, J., *Le mahmal et la caravane égyptienne des pélerins de la Mecque*, Cairo, 1953.
de Jong, F., "Cairene Ziyara Days: A Contribution to the Saint Veneration in Islam", *Die Welt des Islam* 17, 1976–77, pp.26–43.
—— *Ṭuruq and Ṭuruq-Linked Institutions in Nineteenth Century Egypt*, Leiden, 1978.
Kamāl, Y., *al-Qiddīs al-'Aẓīm al-Anbā Barsūm al-'Uryān*, al-Qāhira, 1988.
Kanīsa al-Qiddīs Sim'ān al-Dabbāgh bi-al-Muqaṭṭam, *Sīra al-Qiddīs Sim'ān al-Kharrāz al-Dabbāgh*, al-Qāhira, 1996.
Kaptein, N. J. G., *Muhammad's Birthday Festival*, Leiden, 1993.
Karamağaralı, B., *Ahlat Mezar Taşları*, Ankara, 1992.
Katz, J. G., *Dreams, Sufism and Sainthood: The Visionary Career of Muḥammad al-Zawāwī*, Leiden, 1996.
Khoury, R. G., "Importance et authenticité des texts de *Ḥilya al-Awliyā' wa-Ṭabaqāt al-Aṣfiyā'* d' Abū Nu'aym al-Iṣbahānī", *Studia Islamica* 46, 1997, pp. 73–113.
Kinberg, L., "What is Meant by Zuhd", *Studia Islamica* 61, 1985, pp. 27–44.
Kissling, V. H., "Die Wunder der Derwische", *ZDMG* 107, 1957, pp. 348–361.
Kleinberg, A.M., *Prophets in Their Own Country*, Chicago, 1992.
Korn, L., *Ayyubidische Architektur in Ägypten und Syrien*, 2 vols., Heidelberg, 2004.
Kraemer, J., "A Jewish Cult of the Saints in Fāṭimid Egypt", in M. Barrucand (éd.), *L'Égypte fatimide: son art et son histoire*, Paris, 1999, pp. 579–601.
Krause, M., "Das Weiterleben ägypticher Vorstellungen und Bräuche im koptischen Totenwesen", in *Das römisch-byzantinische Ägypten: Atken des internationalen Symposions 26–30 September 1978 in Trier*, Mainz, 1983, pp. 85–92.

Kriss, R., & Kriss-Heinrich, H., *Volksglaube im Bereich des Islam,* Wiesbaden, 1960–62.
Lane, E. W., *An Account of the Manners and Customs of the Modern Egyptians written in Egypt during the years 1833–1835,* (rep.) London, 1989.
Langner, B., *Untersuchungen zur historischen Volkskunde Ägyptens nach mamlukischen Quellen,* Berlin, 1983.
Lapidus, I., *Muslim Cities in the Later Middle Ages,* Cambridge, 1967.
Leiser, G., "The Madrasa and the Islamization of the Middle East: The Case of Egypt", *Journal of American Research Center in Egypt* 22, 1985, pp. 29–47.
Lev, Y., "Persecutions and Convertion to Islam in Eleventh Century Egypt", *Asian and African Studies* 22, 1988.
—— *States and Society in Fatimid Egypt,* Leiden, 1991.
Levanoni, A., "The al-Nashw Episode: A Case Study of 'Moral Economy'", *Mamluk Studies Review* 9–1, 2005, pp. 207–220.
Levinzon, N., "Mamluk Egypt and *Takrūr*", in *Studies in History and Civilization,* Jerusalem, 1988, pp. 183–207.
Little, D. P., "Coptic Conversion to Islam under the Bahri Mamluks, 692–755/1293–1354", *BSOAS* 39, 1976, pp. 552–569.
—— "Coptic Converts to Islam During the Bahri Mamluk Period", in M. Gervers & R. J. Bikhazi (eds.), *Convertion and Continuity: Indigenous Christian Communities in Isalamic Lands, Eighth to Eighteenth Centuries,* Toronto, 1990, pp. 263–288.
—— "The Nature of Khānqāhs, Ribāṭs, and Zāwiyas under the Mamluks", in *Islamic Studies Presented to Charles J. Adams,* Leiden, 1991, pp. 91–105.
Littman, E., *Kairiner Volksleben,* (*Abhandlungen für die Kunde des Morgenlandes* 26–2), Leipzig, 1941.
Louca, A. "Lecture semiotique d'un texte d'Ibn Mammati", in U. Vermeulen & D. De Smet (eds.), *Egypt and Syria in the Fatimid, Ayyubid and Mamluk Eras,* Leuven, 1995, pp. 229–238.
MacCoull, L.S.B., Coptic Perspectives on Late Antiquity, Brookfield & Aldershot, 1993.
—— "The Rite of the Jar: Apostasy and Reconciliation in the Medieval Coptic Orthodox Church", in D. Wolfthal (ed.), *Peace and Negotiation: Strategies for Coexistence in the Middle Ages and Renaissance,* Turnhout, 2000, 145–162.
MacDonald, D. B., *The Religious Attitude and Life in Islam,* Bayrūt, 1965.
MacKenzie, N. D., *Ayyubid Cairo: A Topographical Study,* Cairo, 1992.
al-Maghribī, A. M., *al-Nafā'is fī Ahkām al-Janā'iz,* al-Qāhira, n.d.
Maḥmūd, A. A., *al-Jizya fī Miṣr (1713–1856)*, al-Qāhira, 2009.
Maḥmūd, S. Sh., *Ahl al-Dhimma fī Miṣr fī 'Aṣr al-Fāṭimī al-Thānī wa al-'Aṣr al-Ayyūbī : 467–648/1074–1250,* al-Qāhira, 1982.
—— *Ahl al-Dhimma fī Miṣr fī al-'Aṣr al-Fāṭimī al-Awwal,* al-Qāhira, 1995.
Makhlūf, M. M. b. 'U., *Kitāb Tanqīḥ Rawḍa al-Azhār wa Munya al-Sādāt al-Abrār* (*Mawāhib al-Rahīm fī Manāqib Mawlā-nā al-Shaykh Sīdī 'Abd al-Salām Ibn Salīm*),

al-Qāhira, 1997.
al-Maktaba al-Azharīya, *Fihris al-Kutub al-Mawjūda bi-al-Maktaba al-Azharīya*, 7 vols., al-Qāhira, 1946–62.
al-Manār, al-Qāhira, 1898–1940.
Manṣūr, A. Ṣ., *al-Sayyid al-Badawī bayna al-Haqīqa wa al-Khurāfa,* al-Qāhira, 1982.
—— *al-Taṣawwuf wa al-Ḥayāt al-Dīnīya fī al-Mamlūkīya,* 3 vols., al-Qāhira, 2002.
al-Maqārī, A., Mu'jam al-Muṣṭalaḥāt al-Kanīsa, 3 vols, al-Qāhira, 2001–03.
Marvel, P., *Lieux saints et pèlerinages d'Orient,* Paris, 1985.
Marzolph, U., "UḲALĀ'AL-MAD̲J̲ĀNĪN", *EI*².
Massignon, L., "La cité des morts au Caire (Qarafa-Darb al-Ahmar)", *BIFAO* 57, 1958, pp. 25–79.
Mayeur-Jouen, C., *Pèlerinages d'Égypte: histoire de la piété copte et muslimane 15ᵉ-20ᵉ siècles,* Paris, 2005.
—— *Al-Sayyid al-Badawī: un grand saint de l'islam égypten,* Cairo, 1994.
McChesney, R., *Waqf in Central Asia: Four Hundred Years in the History 1480–1889,* Princeton, 1991.
McGregor, R. J. A., *Sanctity and Mysticism in Medieval Egypt,* New York, 2004.
McPherson, J. W., *The Moulids of Egypt,* Cairo, 1941.
Mehren, A. F., *Câhirah og Kerâfat, historiske Studier under et Ophold i Ægypten 1867–68,* Kjøpenhavn, 1869–70.
—— "Revue des monuments funéraires du Kerafat ou de la ville des morts hors du Caire", *Mélanges asiatiques* 6, 1872, pp. 524–569.
Meinardus, O., *Christian Egypt Ancient and Modern,* Cairo, 1977.
—— *Coptic Saints and Pilgrimages,* Cairo, 2002.
Meinecke, M., *Die Restaurierung der Madrasa des Amīrs Sābiq ad-Dīn Mit̲qāl al-Ānūkī und die Sanierung des Darb Qirmiz in Kairo,* Mainz, 1980.
Memon, M. U., *Ibn Taimīya's Struggle against Popular Religion,* Paris, 1976.
Meri, J. W., *The Cult of Saints among Muslims and Jews in Medieval Syria,* Oxford, 2002.
Mīlād, S., *al-Wathā'iq al-'Uthmānīya: Dirāsa Arshīfīya Wathā'iqīya li-Sijillāt Maḥkama al-Bāb al-'Ālī,* 2 vols., al-Iskandarīya, n.d.
al-Mimmī, H., *Ahl al-Dhimma fī al-Ḥaḍāra al-Islāmīya,* Bayrūt, 1998.
Mitchel, T. F. (tr.), *A Muslim Theologian's Response to Christianity,* New York, 1984.
Moazz, A., "Cimetières et mausolées à Damas du XIIᵉ au début du XVIᵉ siècle: le cas du quartier de Suwayqat Ṣārūǧā", in J. L. Bacqué-Grammont & A. Tibet (eds.), *Cimetières et traditions funéraires dans le monde islamique,* 2 vols., Ankara, 1996, vol. 1, pp. 79–98.
Moberg, A., "Regierungspromemoria eines ägyptischen Sultans", in Weil. G.(ed.) *Festschrift Eduard Sachau zum siebzigsten Geburtstage, gewidmet von Freunden und Schülern*, Berlin, 1915, pp.406–421.
Mostafa, S. L., *Kloster und Mausoleum des Farağ Ibn Barqūq in Kairo,* Glückstadt, 1968.

—— *Moschee des Farağ Ibn Barqūq in Kairo,* Glückstadt, 1972.
—— *Madrasa, Ḫānqāh, und Mausoleum des Barqūq in Kairo,* Glückstadt, 1982.
Muḥammad, S. M., *Masājid Miṣr wa Awliyā'-hā al-Ṣāliḥūn,* 5 vols., al-Qāhira, 1971–83.
—— *Mukhallafāt al-Rasūl fī al-Masjid al-Ḥusaynī,* al-Qāhira, 1989.
Muṣṭafā, F. A, *al-Binā' al-Ijtimā'ī li-al-Ṭarīqa al-Shādhilīya fī Miṣr,* al-Iskandarīya, 1980.
—— *al-Mawlid,* al-Qāhira, 1981.
Muṣṭafā, Kh., *Āthār Rasūl Allāh,* al-Qāhira, 1997.
Mutā'us, N. A., *al-Qiddīs Mār Barsūmā al-Suryānī,* 2005.
Mutawallī, 'A. A., *Adab al-Zuhd fī al-'Aṣr al-'Abbāsī,* al-Qāhira, 1984.
al-Muzīdī A. F. (ed.), *Jam' al-Maqāl fī Ithbāt Karāmāt al-Awliyā' fī al-Ḥayāt wa ba'da al-Intiqāl: 'Ashar Rasā'il Turāthīya li-Kibār al-'Ulamā',* Barbalī, 2006.
Muyser, J., "Contribution à l'étude des listes épiscopales de l'Église copte", *Bulletin de la Société d'Archéologie Copte* 10, 1944, pp. 115–176.
al-Najjār, A., *al-Ṭuruq al-Ṣufīya fī Miṣr,* al-Qāhira, 1990.
Nakash, Y., "An Attempt to Trace the Origin of the Rituals of 'Āshūrā' ", *Die Welt des Islams* 33, 1993, pp. 161–182.
—— "The Visitation of the Shrines of the Imams and the Shi'i Mujtahids in the Early Twentieth Century", *Studia Islamica* 81, 1995, pp. 153–164.
al-Nashshār, S. S., *Ta'rīkh al-Maktabāt fī Miṣr: al-'Aṣr al-Mamlūkī,* al-Qāhira, 1993.
Naṣṣār, Ḥ., *Ẓāfir al-Ḥaddād: Shā'ir Miṣrī min al-'Aṣr al-Fāṭimī,* al-Qāhira, 1975.
Nemoy, L., *Karaite Anthology,* New Haven, 1952.
Northrup, L. S., "Muslim-Christian Relations during the Reign of the Mamluk Sultan al-Mansur Qalawun, A. D. 1278–1290", in M. Gervers & R. J. Bikhazi (eds.), *Convertion and Continuity: Indigenous Christian Communities in Islamic Lands, Eighth to Eighteenth Centuries,* Toronto, 1990, pp. 253–261.
Noth, A., "Abgrenzungsprobleme zwischen Muslimen und Nicht-Muslimen: Die "Bedingungen 'Umars (aš-šurūṭ al-'umariyya)" unter einem anderen Aspect gelesen", *Jerusalem Studies in Arabic and Islam* 9, 1987, pp. 290–315.
Nūr al-Dīn, I. A., *Ḥayāt al-Sayyid al-Badawī,* Ṭanṭā, 1948.
Ohtoshi, T.,"The Manners, Customs, and Mentality of Pilgrims to the Egyptian City of the Dead: 1100–1500 A. D.", *Orient* 29, 1993, pp. 19–44. [Ohtoshi 1993], 〈アラビア語訳〉 " 'Ādāt wa Taqālīd wa Mu'taqadāt Zā'irī al-Qubūr fī Miṣr: Fī al-Fatra min 1100–1500", (tr.) G. al-Bahī, *Dhākira Miṣr* 27, pp. 76–89, 2016.
—— "A Note on the Disregarded Ottoman Cairene *Ziyāra* Book", *Mediterranean World* 15, 1998, pp. 75–85. [Ohtoshi 1998]
—— "Conception of "Egypt" in the Pre-Modern Period: Preliminary Essay", *Mediterranean World* 16, 2001, pp. 15–33. [Ohtoshi 2001]
—— "Muslims and Copts as Reflected in the Ziyāra Books and Qarāfas", in A. Usuki & H. Kato (eds.), *Islam in the Middle Eastern Studies: Muslims and Minorities,* Osaka, 2003, pp. 27–51. [Ohtoshi 2003]

—— "Cairene Cemeteries as Public Loci in Mamluk Egypt", *Mamlūk Studies Review* 10-1, 2006, pp. 83-116. [Ohtoshi 2006a]

—— "*Tasawwuf* as Reflected in *Ziyâra* Books and the Cairo Cemeteries" in Sabra, A. & McGregor, R. (eds.), in *Le développement du soufisme en Égypte à l'époque mamelouke,* Cairo, 2006, pp. 299-330. [Ohtoshi 2006b], 〈アラビア語訳〉"al-Taṣawwuf kamā yatajallā fī Kutub al-Ziyāra wa Jabbānāt al-Qāhira", (tr.) Sh. Sa'd, *Dhākira Miṣr,* 28, pp. 71-89, 2017.

—— "Relics in Muslim Societies: Relics and Islam Reconsidered", in *Miraculous Images in Christian and Buddhist Culture: "Death and Life" and Visual Culture II,* Tokyo, 2010, pp. 116-127. [Ohtoshi 2010]

Ohtsuka, K., "Toward a Typology of Benefit-Granting in Islam", *Orient* 24, 1988, pp. 141-152.

Olesen, N. H., *Culte des Saints et Pèlerinages chez Ibn Taymīya,* Paris, 1991.

Papaconstantinou, A., *Le culte des saints en Egypt des Byzantins aux Abbassides,* Paris, 2001.

Perlmann, M., "Notes on Anti-Cristian Propaganda in the Mamluk Empire", *BSOAS* 10, 1939-42, pp. 843-861.

—— *Ibn Kammūna's Examination of the Three Faiths,* Berkeley, Los Angels & London, 1971.

Petry, C. F., *The Civilian Elite of Cairo in the Later Middle Ages,* Princeton, 1981.

—— "Al-Maqrīzī's Discussion of Imprisonment and Description of Jails in the *Khiṭaṭ*", *Mamlūk Studies Review* 7-2, 2003, pp. 137-143.

Popovic, A. & Veinstein, G. (eds.), *Les voies d'Allah,* Paris, 1996.

Qāsim, H., *al-Mazārāt al-Miṣrīya,* al-Qāhira, 1936.

Qāsim, Q. 'A., *al-Nīl wa al-Mujtama' al-Miṣrī fī 'Aṣr Salāṭīn al-Mamālīk,* al-Qāhira, 1978.

—— *Ahl al-Dhimma fī Miṣr al-'Uṣūr al-Usṭā,* al-Qāhira, 1979.

—— "al-Waḍ' al-Ijtimā'ī li-al-Aqbāṭ fī 'Aṣr Salāṭīn al-Mamālīk", *al-Kitāb al-Sanawī li-'Ilm al-Ijtimā'* 6, 1984, pp. 367-388.

—— *al-Yahūd fī Miṣr min al-Fatḥ al-'Arabī ḥattā al-Ghazw al-'Uthmānī,* al-Qāhira, 1987.

Qummī, 'A., *Hadīya al-Zā'irīn wa Bahja al-Nāẓirīn,* Tehrān, 2000.

Rabbat, N., "RIBĀṬ", *EI*².

Rāġib (Rāghib), Y., "Les premiers monuments funéraires de l'Islam", *Annales Islamologiques* 9, 1970, pp. 21-36.

—— "Sur un groupe de mausolés du cimetière du Caire", *REI* 40, 1972, pp. 189-195.

—— "Essai d'inventaire chronologique des guides à l'usage des pèlerins du Caire", *REI* 16, 1973, pp. 259-280.

—— "Sur deux monuments funéraires du cimetière d'al-Qarâfa al-Kubrâ au Caire", *Annales Islamologiques* 12, 1974, pp. 67-84.

—— "Une description arabe inédite du mausolée d'al-Sayyida Nafīsa au Caire", *Arabica* 23, 1976, pp. 37-41.

—— "Al-Sayyida Nafīsa, sa légend, son culte et son cimetière", *Studia Islamica* 44, 1976, pp.61–86. (Suite et fin) *Studia Islamica* 45, 1977, pp. 27–55.
—— "Les sanctuaires des gens de la famille dans la cité des morts au Caire", *Rivista degli studi orientali* 51, 1977, pp. 47–76.
—— "Deux monuments fatimides au pied du Muqaṭṭam", *REI* 46, 1978, pp. 91–117.
—— "Les mausolées fatimides du quartier d'al-Mašāhid", *Annales Islamologiques* 17, 1981, pp. 1–30.
—— "Faux morts et enterrés vifs dans l'espace musulman", *Studia Islamica* 57, 1983, pp. 5–30.
—— "Un oratoire fatimide au sommet du Muqaṭṭam" *Studia Islamica* 65, 1987, pp. 51–67.
—— "Structure de la tombe d'après le droit musulman", *Arabica* 39, 1992, pp. 394–403.
—— "La site du Muqaṭṭam", *Annales Islamologiques* 33, 1999, pp. 159–184.
—— "Les pierres de souvenir: stèles du Caire de la conquête arabe à la chute des Fatimides", *Annales Islamologiques* 35, 2001, pp. 321–383.
Rachik, H., "Imitation ou admiration?: Essai sur la sainteté anti-exemplaire du *majdūb*", in M. Kerrou (ed.), *L'autorité des saints*, Paris, 1998.
al-Ra'īs, 'A., *Naql Jabal al-Muqaṭṭam: Mu'jiza am Khurāfa?,* al-Qāhira, 2007.
Reeves, E. B., *The Hidden Government,* Salt Lake City, 1990.
Reinfandt, L., *Mamlukische Sultansstiftungen des 9./15. Jahrhunderts,* Berlin, 2003.
Richards, D. S., "The Coptic Bureaucracy under the Mamluks", in A. Raymond, M. Rogers & Wahba, M. (eds.), *Colloque international sur l'histoire du Caire,* Cairo, 1969, pp. 373–381.
—— "Dhimmi Problems in Fifteenth-Century Cairo: Reconsideration of a Court Document", in *Studies in Muslim-Jewish Relations,* Nettler, R. L. (ed.), vol. 1, Oxford, 1993, pp. 127–163.
Riḍā', R., "Sulṭa Mashyakha al-Ṭarīq al-Rūḥīya", *al-Manār* 1, 1898, pp. 404–416.
al-Rifā'ī, S. Ḥ. M, *Kitāb Nūr al-Anwār fī Faḍā'il wa Tarājim wa Tawārīkh wa Manāqib wa Mazārāt Āl al-Bayt al-Aṭhār,* al-Qāhira, 2001.
Rizq, 'A. M., *Khānqāwāt al-Ṣūfiya fī Miṣr fī 'Aṣrayn al-Ayyūbī wa al-Mamlūkī,* 2 vols., al-Qāhira, 1997.
Rizq, 'A. Ṭ., *al-Sujūn wa al-'Uqūbāt fī Miṣr 'Aṣr Salāṭīn al-Mamālīk,* al-Qāhira, 2002.
—— *'Āmma al-Qāhira fī 'Aṣr Salāṭīn al-Mamālīk,* al-Qāhira, 2003.
—— *Dirāsāt fī Ta'rīkh 'Aṣr Salāṭīn al-Mamālīk,* al-Qāhira, 2008.
Rodenbeck, M., *Cairo: The City Victorious,* New York, 1998.
Russel, D., "A Note on the Cemetery of the Abbasid Caliphs of Cairo and the Shrine of Saiyida Nafisa", *Ars-Islamica* 6 1939, pp. 168–174.
al-Ṣabbān, 'A.M., *Ziyārāt wa 'Ādāt: Ziyāra Banī Allāh Hūd,* Ardmore, 1998.
Sabra, A., *Poverty and Charity in Medieval Islam,* Cambridge, 2000.
—— "Illiterate Sufis and Learned Artisans: The Circle of 'Abd al-Wahhab al-Sha'rani", in

McGregor, R. & Sabra, A. (eds.), *Le développement du soufisme en Égypte à l'époque mamelouke,* Cairo, 2006, pp. 153–168.
Sa'd, F., *Qarāqūsh wa Nawādir-hu,* Bayrūt, 1990.
Sa'd, M. A., *al-Jawhar al-Nafīsa fī Manāqib al-Sayyida Nafīsa,* al-Qāhira, 1343 A. H.
al-Ṣādiq, M., *Iḥyā' al-Maqbūr min Adilla Istiḥbāb Binā' al-Masājid wa al-Qubab 'alā al-Qubūr,* al-Qāhira, n.d.
Said, L. M., "The Traditional Egyptian Means of Defeating Evil: Appealing to the Sacred Dead, or Revolution as an Alternative" in Ohtoshi, T. & Shimazono, S. (eds.), *Commemorating the Dead in a Time of Global Crisis: Egypt and Japan in 2011,* Tokyo, 2012, pp. 106–133.
Said, R., *The Geology of Egypt,* New York, 1962.
Saker, S., *Der Wille zur Macht: Der fatimidische Wesir Ya'qūb ibn Killis,* Berlin, 2003.
Sanders, P., *Ritual, Politics, and the City in Fatimid Cairo,* New York, 1994.
al-Sandūbī, Ḥ., *Ta'rīkh al-Iḥtifāl bi-al-Mawlid al-Nabawī,* al-Qāhira, 1948.
al-Saqqā, A. Ḥ, *Ḥayāt al-Qubūr bayna al-Muslimīn wa Ahl al-Kitāb,* al-Qāhira, 1991.
Sarrāj, N. J., *al-Ma'ābid al-Yahūdīya wa Dawr-hā fī Ḥayāt al-Yahūd bi-Miṣr,* al-Qāhira, n.d.
Sayyid, A. F., *al-Dawla al-Fāṭimīya fī Miṣr: Tafsīr Jadīd,* al-Qāhira, 2000.
al-Sayyid, Ḥ. I., *Karāmāt Awliyā' Allāh al-Ṣāliḥīn min al-Sābiqīn wa al-Ṣaḥāba wa al-Tābi'īn,* al-Qāhira, 2003.
Schimmel, A., *Mystycal Dimentions of Islam,* Chapel Hill, 1975.
al-Shādhilī, 'A. L., *al-Taṣawwuf wa al-Mujtama',* Salā, 1989.
Shafe'ī, F., "The Mashhad al-Juyushī", in *Studies in Islamic Art and Architecture,* Cairo, 1965, pp. 237–252.
Shāhī, S. H. K. (ed.), *Ahl al-Bayt fī Miṣr,* al-Qāhira, 2001.
Shahīd, I., "Arab Christian Pilgrimages in the Proto-Byzantine Period (V–VII Centuries)", in D. Frankfurter (ed.), *Pilgrimage & Holy Space in Late Antique Egypt,* Leiden, 1998, pp. 373–389.
Shams al-Din, Sh. M. M., *The Rising of al Ḥusayn: Its Impact on the Consciousness of Muslim Society,* London, 1985 (*Thawra al-Ḥusayn: Ẓurūf-ha al-Ijtimā'īya wa Āthār-ha al-Insānīya*, Bayrūt, 1979).
Shaqīr, N., *Ta'rīkh Sīnā: al-Qadīm wa al-Ḥadīth wa Jughrāfiyā-hā,* al-Qāhira, 1916.
Sharma, A. (ed.), *Women Saints in World Religions,* New York, 2000.
Sha'lān, I. A., *al-Nawādir al-Sha'bīya al-Miṣrīya,* vol. 1, al-Qāhira, 1993.
Shoshan, B., *Popular Culture in Medieval Cairo,* Cambridge, 1993.
—— "Jokes, Animal Lore, and Mentalité in Medieval Egypt", *Arabica* 45, 1998, pp. 129–135.
Sigal, P. A., "Maladie, pèlerinage et guérison au xiie siècle: les miracles de saint Gibrien à Reims", *Annales. Économies, sociétés, civilisations* 24–6, 1969, pp. 1522–1539.
—— *L'homme et le miracle dans la France médievale,* Paris, 1985.
—— "La typologie des miracles dans la littérature hagiographique occidentale (XIIe–

XV^{e}s)", in Aigle, D. (ed.), *Miracle et Karāma: hagiographies médiévales comparées 2,* Turnhout, 2000, pp. 543–556.
Ṣiyām, Sh., *al-Dīn al-Sha'bī fī Miṣr,* al-Iskandarīya, 1994.
Smith, A. D., *The Ethnic Origins of Nations,* Oxford, 1986.
Smith, G. M. & Ernst, C. W., *Manifestations of Sainthood in Islam,* Istanbul, 1993.
Smith J. I. & Haddad Y. Y., *The Islamic Understanding of Death and Resurrection*, New York, 1981.
Sons of Pope Kyrillos VI, *The Miracle of Pope Kyrillos* (*Ciryl*) *VI,* pt. 1, Cairo, n.d.
al-Subkī, M. M. Kh., *A'dhab al-Masālik al-Maḥmūdīya ilā Manhaj al-Sāda al-Ṣūfiya,* 'Abd al-Fattāḥ, S. (ed.), al-mujallad 4, al-Qāhira, 2000.
Sulaymān, M. Ḥ., *al-Aqwāl al-Muntaqā fī mā yanfa'u al-Mayyit wa al-Wālidayn ba'da al-Wafāt,* al-Qāhira, 2005.
Swanson, M. N., "Recent Developments in Copto-Arabic Studies 1996–2000" in Immerzeel, M. & Van der Viet, J., etc. (eds.), *Coptic Studies on the Threshold of a New Millenium,* Leuven, 2004, vol. 1, pp. 239–267.
—— "'Our Father Abba Mark': Marqus al-Anṭūnī and Construction of Sainthood in Fourteenth-Century Egypt", in Monferrer-Sala, J.P. (ed.), *Eastern Crossroads: Essays on Medieval Christian Legacy,* Piscataway, 2007, pp.217–228.
—— *The Coptic Papacy in Islamic Egypt 641–1517,* Cairo, 2010.
—— "The Saint and the Muslim Copts: Episodes from the *Life* of Abba Mark of the Monastery of St. Antony (1296–1386)", in Nessim, Y. & Moawad, S. (eds.), *From Old Cairo to the New World,* Leuven, Paris & Walpole, 2013, pp.157–171.
al-Ṭahṭāwī, 'A. A. 'A., *Aḥkām al-Janā'iz wa al-Ma'ātim,* al-Qāhira, 1999.
Ta'īma, S. A., *Ḥayāt al-Sayyid al-Badawī,* n.p., n.d.
Taylor, C. S., "Sacred History and Cult of Muslim Saints", *Muslim World* 80, 1990, pp. 72–80.
—— *In the Vicinity of the Righeous: Ziyara and the Veneration of Muslim Saints in Late Medieval Egypt,* Leiden, 1998.
Taymūr, A., *Qabr al-Imām al-Suyūṭī: wa Taḥqīq Mawḍi'-hi,* al-Qāhira, 1927.
—— *al-Āthār al-Nabawīya,* al-Qāhira, 1951.
—— *al-Tadhkira al-Taymūrīya,* al-Qāhira, 2003.
Thomas, D., & Mallet A. (eds.), *Christian-Muslim Relations: A Bibliographical History,* vol. 5, 2013, Leiden, pp.92–100.
Thompson, A. A. S., *The Types of the Folktale,* Helsinki, 1987.
Timm, S., *Das christlich-koptische Ägypten in arabischer Zeit,* 6 vols., Wiesbaden, 1984–92.
Trimingham, J. S., *The Sufi Orders in Islam,* Oxford, 1971.
Tritton, A. S., *The Caliphs and Their Non-Muslim Subjects,* London, 1930.
'Uways, S., *Min Malāmiḥ al-Mujtama' al-Miṣrī al-Mu'āṣir: Ẓāhira Rasā'il ilā Ḍarīḥ al-Imām al-Shāfi'ī,* al-Qāhira, 1965.
—— *al-Khulūd fī al-Turāth al-Thaqāfī al-Miṣrī,* al-Qāhira, 1966.

—— *al-Khulūd fī Ḥayāt al-Miṣrīyīn al-Mu'āṣirīn,* al-Qāhira, 1972.
—— *al-Ibdā' al-Thaqāfī 'alā al-Ṭarīqa al-Miṣrīya: Dirāsa 'an Ba'ḍ al-Qiddīsīn wa al-Awliyā' fī Miṣr,* al-Qāhira, 1981.
—— *al-Ta'rīkh alladhī aḥmala-hu 'alā Ẓahurī: (1) al-Arḍ wa al-Budhūr,* al-Qāhira, 2006 (2nd ed.).
Veinstein, G. (ed.), *Les Ottomans et la mort: performances et mutations,* Leiden, 1996.
Viaud, G., *Les pèlerinages coptes en Égypte,* Cairo, 1979.
Voile, B., "Barsūm le Nu: un saint copte au Caire à l'époque mamelouke", in D. Aigle (ed.), *Saints orientaux,* Paris, 1995, pp. 151–168.
al-Waqqād, M. M., *al-Ṭabaqāt al-Sha'bīya fī al-Qāhira al-Mamulūkīya,* al-Qāhira, 1999.
Ward, S., "Taqī al-Dīn al-Subkī on Construction, Continuance, and Repair of Churches and Synagogues in Islamic Law", in Brinner, W. M. & Ricks, S. D. (eds.), *Studies in Islamic and Judaic Traditions,* Atlanta, 1989, vol. 2, pp. 169–188.
—— "Ibn al-Rif'a on the Churches and Synagogues of Cairo", *Medieval Encounters* 5, 1999, pp. 70–84.
al-Wahībī, 'A. I., *al-'Izz b. 'Abd al-Salām,* al-Qāhira, 1979.
Waugh, E. H., *The Munshidin of Egypt,* South Carolina, 1989.
Welch, A. T., "MAD̲J̲NŪN", *EI*2.
Werthmuller, K. J., *Coptic Identity and Ayyubid Politics in Egypt 1218–1250,* Cairo, 2010.
Wiet, G., *Cairo: City of Art and Commerce,* Westport, 1964.
—— *al-Qāhira: Madīna al-Fann wa al-Tijāra,* al-Qāhira, 1990.
—— "ḲIBṬ", *EI*1.
Williams, C., "The Cult of 'Alid Saints in the Fatimid Monuments of Cairo", Pt. 1: The mosque of al-Aqmar, *Muqarnas* 1, 1983, pp. 37–52, Pt. 2: The Mausolea, *Muqarnas* 3, 1985, pp. 39–60.
Williams, J. A., "The Khanqah of Siryāqūs", in Green, A. H. (ed.), in *In Quest of an Islamic Humanism,* Cairo, 1986, pp. 109–119.
Winter, M., *Society and Religion in Early Ottoman Egypt,* New Brunswick, 1982.
—— *Egyptian Society under Ottoman Rule 1517–1798,* London, 1992.
Wipszycka, E., *Les resources et les activités économiques des églises en Égypte de IVe au VIIIe siècle,* Bruxelles, 1972.
Youssef, Y. N., "Pilgrimage Sites and Patronal Cults in Coptic Egypt", in *Saints in Europe: Studies towards a Survey of Cultsand Culture,* Jones, G. (ed.), 2004, pp. 171–184.
—— "The Monastery of Qalamun during the Fourteenth and Fifteenth Centuries", in Gabra, G. (ed.), *Christianity and Monasticism in the Fayoum Oasis,* Cairo, 2005, pp. 91–102.
—— "John Bishop of Assiut, Manfalūt and Abū Tīǧ", *Collectanea Christiana Orientalia* 5, 2008, pp. 183–199.
Yūsuf, S. S., *al-Mu'taqadāt al-Sha'bīya ḥawla al-Aḍriḥa al-Yahūdīya: Dirāsa 'an Mawlid Ya'qūb Abī Ḥaṣīra bi-Muḥāfaẓa al-Buḥayra,* al-Qāhira, 1997.

Zaborowski, J. R., *The Coptic Martydom of John of Phanijōit,* Leiden, 2005.
Zā'id, A., "Ẓāhira Sakanī fī al-Maqābir fi Madīna al-Qāhira bayna Naẓarīya al-Taḍakhkhum al-Ḥaḍarī wa al-Taḥlīl al-Ta'rīkhī al-Binā'ī", *al-Kitāb al-Sanawī li-'Ilm al-Ijtimā'* 3, 1982, pp. 101–138.
Ziadeh, J., "L'Apocalypse de Samuel, supérieur de Deir el Qalamoun", *Review de l'Orient Chrétien* 10(20), 1915–17, no. 4., pp. 374–405.
al-Ziriklī, *al-A'lām,* 10 vols., Bayrūt, 1992.

研究文献《日本語文献》

アイケルマン，D. F.（大塚和夫訳）『中東——人類学的考察』岩波書店，1988 年.
秋山聡『聖遺物崇敬の心性史——西洋中世の聖性と造形』講談社選書メチエ，2009 年.
浅川泰宏『巡礼の文化人類学的研究——四国遍路の接待文化』古今書院，2008 年.
足立広明「聖人と古代末期の社会変動—— P. ブラウンの研究を中心に」『西洋史学』149，1988 年，pp. 46–60.
天沼俊一『埃及紀行』岩波書店，1927 年.
荒松雄『インド史におけるイスラム聖廟——宗教権威と支配権力』東京大学出版会，1977 年.
アリエス，F.（成瀬駒男訳）『死を前にした人間』みすず書房，1990 年.
アルヴァックス，M.（小関藤一郎訳）『集合的記憶』行路社，1989 年.
アンダーソン，B.（白石さや・白石隆訳）『想像の共同体——ナショナリズムの起源と流行』NTT 出版，1997 年[増補版].
五十嵐大介『中世イスラーム国家の財政と寄進——後期マムルーク朝の研究』刀水書房，2011 年.
石川重雄「巡礼者の道と宿」『しにか』4–9，1993 年.
磯崎定基・飯森嘉助・小笠原良治(訳)『日訳 サヒーフ ムスリム』全 3 巻，日本ムスリム協会，2001 年.
イブン・バットゥータ(家島彦一訳)『大旅行記』全 8 巻，平凡社，1996–2002 年.
デ・ウォラギネ，J.（前田敬作・山中知子訳）『黄金伝説 4』人文書院，1987 年.
内田杉彦「古代エジプトにおける生者と死者との互恵関係に関する一考察——アクとアク・イケル・エン・ラー」『オリエント』33–1，1990 年，pp. 124–137.
エヴァンス＝プリチャード，E.（吉田禎吾訳）『人類学入門』弘文堂，1970 年.
円仁(足立喜六訳注・塩入良道補注)『入唐求法巡礼行記』全 2 巻，平凡社，1970・1985 年.
大川周明『回教概論』(1942 年初版)，ちくま学芸文庫，2008 年.
大塚和夫『異文化としてのイスラーム——社会人類学的視点から』同文舘出版，1989 年.
——「ムスリムの聖者信仰とその批判をめぐって——アラブの事例を中心に」『東洋学術研究』31–2（129)，1992 年，pp. 92–108.
——『テクストのマフディズム——スーダンの「土着主義運動」とその展開』東京大

学出版会，1995 年.
——『イスラーム主義とは何か』岩波新書，2004 年.
大稔哲也「エジプト死者の街における聖墓参詣—— 12〜15 世紀の参詣慣行と参詣者の意識」『史学雑誌』102-10，1993 年，pp. 1-49. ［大稔 1993］
——「12〜15 世紀エジプトにおける死者の街——その消長と機能の諸相」『東洋学報』75-3・4，1994 年，pp. 161-202. ［大稔 1994a］
——『エジプト死者の街と聖墓参詣—— 12〜15 世紀の事例をもとに』（東京大学提出博士論文），1994 年 12 月受理. ［大稔 1994b］
——「聖者と聖者崇拝」板垣雄三監修，三浦徹・東長靖・黒木英充編『イスラーム研究ハンドブック』（講座イスラーム世界・別巻）栄光教育文化研究所，1995 年，pp. 240-248. ［大稔 1995a］
——「史料としてのエジプト『参詣の書』—— 12〜15 世紀の死者の街をめぐるテクストとその可能性」『オリエント』38-2，1995 年，pp. 143-161. ［大稔 1995b］
——「アブド・アル・ラティーフ・イブラーヒーム氏の文書研究」『山形大学史学論集』第 16 号，1996 年，pp. 1-13. ［大稔 1996］
——「カイロのザッバーリーン（ゴミ回収・処理人）研究へ向けて」『文明のクロスロード Museum Kyushu』15-4（通巻 58 号），1997 年，pp. 69-74. ［大稔 1997］
——「イスラム世界の聖者伝に関する歴史学的研究」『三島海雲記念財団研究報告書』第 35 号，1998 年，pp. 71-73. ［大稔 1998a］
——「死者の街と「エジプト」意識——ムスリム社会の聖墓参詣」，松本宣郎・山田勝芳編『信仰の地域史』（地域の世界史 7），山川出版社，1998 年，pp. 52-93. ［大稔 1998b］
——「オスマン朝期カイロの一参詣写本——シュアイビーの *Kitāb yashtamilu ʻalā Dhikr man dufina bi-Miṣr wa al-Qāhira min al-Muḥaddithīn wa al-Awliyā' wa al-Rijāl wa al-Nisā'* をめぐって」『史淵』136，1999 年，pp. 1-23. ［大稔 1999a］
——「中世エジプト・イスラム社会の参詣・聖墓・聖遺物」歴史学研究会編『巡礼と民衆信仰』（地中海世界史 4）青木書店，1999 年，pp. 224-261. ［大稔 1999b］
——「イスラーム世界の参詣——聖者とスーフィズムを視野に入れつつ」『イスラーム世界の発展 7〜16 世紀』（岩波講座世界歴史 10）岩波書店，1999 年，pp. 149-180. ［大稔 1999c］
——「参詣書と死者の街から見たコプトとムスリム」『史淵』138，2001 年，pp. 1-32. ［大稔 2001a］
——「イスラーム期エジプトにおけるコプト・キリスト教徒の参詣・巡礼」『歴史学研究』755，2001 年，pp. 178-187. ［大稔 2001b］
——「カイロの墓地居住者たち——エジプト・死者の街研究のフィールド・ノートから」『歴史と地理』569，山川出版社，2003 年，pp. 56-60. ［大稔 2003］
——「エジプト『参詣の書』と死者の街から見たタサウウフ」『史淵』141，2004 年，pp. 29-81. ［大稔 2004］
——「イスラームの宣教と改宗をめぐる覚書(1)」『「布教」と「改宗」の比較宗教学的研究——モダニティ・宗教・コロニアリズム』文部省科学研究費成果報告書

(研究代表者：関一敏)，2006 年，pp. 47–55. ［大稔 2006］
――「イスラームの巡礼と参詣――エジプトの聖墓参詣を中心に」四国遍路と世界の巡礼研究会編『四国遍路と世界の巡礼』法蔵館，2007 年，pp. 169–183. ［大稔 2007a］
――「「中世」エジプトにおける聖所と聖者の創出についての試論」『環地中海世界の聖地巡礼と民衆信仰』文部省科学研究費成果報告書(研究代表者：関哲行)，2007 年，pp. 203–218. ［大稔 2007b］
――「ムスリム社会の参詣と聖者生誕祭――エジプトの歴史と現況から」『民衆のイスラーム――スーフィー・聖者・精霊の世界』(異文化理解講座 7)山川出版社，2008 年，pp. 74–102. ［大稔 2008］
――「ムスリム社会の聖遺物――聖遺物とイスラーム」『死生学研究』12，東京大学大学院人文社会系研究科，2009 年，pp. 171(106)–158(119). ［大稔 2009］
――「ムスリムの『参詣の書』より――エジプトの参詣案内記」『説話・伝承学』18，2010 年，pp. 40–56. ［大稔 2010］
――「ムスリムの他界観研究のための覚書――イブン・アフマド・アル・カーディーとサマルカンディーによる他界論をめぐって」『死生学研究』15，2011 年，pp. 339–362. ［大稔 2011］
――「エジプトを生きるイスラーム教徒とキリスト教徒―― 2011 年エジプト「1 月 25 日革命」までの歩み」『藤女子大学キリスト教文化研究所紀要』13，2012 年，pp. 1–38. ［大稔 2012］
――「ムスリム王朝支配下のエジプトにおけるコプト・キリスト教徒の参詣・巡礼」近藤洋平編『中東の思想と社会を読み解く』東京大学中東地域研究センター，2014 年，pp. 171–192. ［大稔 2014］
オジェ，M. (森山工訳)『同時代世界の人類学』藤原書店，2002 年.
オルドリッジ，D. (池上俊一監修，寺尾まち子訳)『針の上で天使は何人踊れるか――幻想と理性の中世・ルネサンス』柏書房，2007 年.
加賀谷寛「18 世紀インド・イスラムの宗教・社会思想」『西南アジア研究』19，1967 年，pp. 1–13.
――「イランの 12 イマーム派のイマーム・ザーデ崇拝」『オリエント』12–3・4，1971 年，pp. 191–205.
――「19 世紀初頭インド・イスラムの聖者崇拝批判―― Shāh Mḥd. Ismāʿī，*Tadhkīr al-Ikhwān*，第 5 章の訳」『オリエント』24–1，1981 年，pp. 151–164.
川田順造『無文字社会の歴史――西アフリカ・モシ族の事例を中心に』岩波同時代ライブラリー，1990 年.
川本正知「ナクシュバンディー教団の修業法について」『東洋史研究』42–2，1983 年，pp. 93–125.
――「ホジャ・アフラールとアブー・サイード――ティムール朝における聖者と支配者」『西南アジア研究』25，1986 年，pp. 25–50.
――「12 世紀におけるスーフィズムの実践について」『オリエント』31–1，1988 年，pp. 1–18.

――「中央アジアにおける聖者崇拝の実態」帯谷知可・北川誠一・相馬秀廣編『朝倉世界地理講座　大地と人間の物語 5 中央アジア』朝倉書店，2012 年.
ギアーツ，C.（林武訳）『二つのイスラーム社会――モロッコとインドネシア』岩波新書，1973 年.
ギアリ，P.（杉崎泰一郎訳）『死者と生きる中世――ヨーロッパ封建社会における死生観の変遷』白水社，1999 年.
菊池忠純「マムルーク朝時代のカイロのマンスール病院について――ワクフ設定文書の再検討を通じて」藤本勝次，加藤一朗両先生古稀記念会編『中近東文化史論叢――藤本勝次，加藤一朗両先生古稀記念』同朋舎出版，1992 年，pp. 47–67.
――「ムハンマド・ムハンマド・アミーン著『エジプトにおけるワクフと社会生活 648–923A.H./1250–1517A.D. ――歴史・文書研究』」（評）『イスラム世界』18，1981 年，pp. 56–62.
私市正年「12 世紀マグリブのスーフィー・聖者社会とリバート及びラービタ」『東洋史研究』48–1，1989 年，pp. 20–56.
――「13 世紀リーフ地方のスーフィー・聖者社会とリバート，ラービタ及びザーウィヤ」『日本オリエント学会創立三十五周年記念オリエント論集』1990 年.
喜安朗『民衆騒乱の歴史人類学――街路のユートピア』せりか書房，2011 年.
グッディ，J.（山内彰・西川隆訳）『食物と愛――日常生活の文化誌』法政大学出版局，2005 年.
クラパンザーノ，V.（大塚和夫・渡部重行訳）『精霊と結婚した男――モロッコ人トゥハーミの肖像』紀伊國屋書店，1991 年.
栗本英世「フィールドワークの経験と民族誌を書くこと」谷泰編『文化を読む――フィールドとテクストのあいだ』人文書院，1991 年.
グレーヴィチ，A. Y.（中沢敦夫訳）『同時代人の見た中世ヨーロッパ―― 13 世紀の例話』平凡社，1995 年.
ゲルナー，E.（宮治美江子・堀内正樹・田中哲也訳）『イスラム社会』紀伊國屋書店，1991 年.
小嶋博巳「利根川下流域の新四国巡礼」『講座日本の巡礼 3 巡礼の構造と地方巡礼』雄山閣，1996 年.
――「遍路と巡礼」『四国遍路と世界の巡礼』四国遍路と世界の巡礼研究会編，法蔵館，2007 年，11–27 頁.
小杉泰「現代イスラームにおける宗教勢力と政治的対立」片倉もとこ編『人々のイスラーム――その学際的研究』日本放送出版協会，1987 年.
古林清一「エジプトにおけるスーフィー教団の成立」『東洋史研究』32–2，1973 年，pp. 62–85.
――「エジプトにおけるスーフィー教団と聖者崇拝」『史林』58–2，1975 年，pp. 213–244.
――「18・9 世紀エジプト社会と民衆宗教」『イスラム世界』12，1977 年，pp. 15–36.
小松久男「アンディジャン蜂起とイシャーン」『東洋史研究』44–4，1986 年，pp. 589–619.

齋藤純一『公共性』岩波書店，2000 年.
斎藤剛「バラカ概念再考——モロッコをフィールドとした人類学的ムスリム聖者信仰研究の批判的検討」『イスラム世界』74，2010 年，pp. 1–32.
坂井信三『イスラームと商業の歴史人類学——西アフリカの交易と知識のネットワーク』世界思想社，2003 年.
佐島隆「トルコ系移民(アレヴィー)の遺体処理・遺体搬送——日系移民との対比のなかで」国際コミュニケーション学科編集委員会編『異文化コミュニケーション研究——探求・発見・教育』大阪国際大学・人間科学部国際コミュニケーション学科，2007 年，pp. 143–179.
佐藤次高『中世イスラム国家とアラブ社会——イクター制の研究』山川出版社，1986 年.
——『マムルーク——異教の世界からきたイスラムの支配者たち』東京大学出版会，1991 年.
志賀直哉・佐藤春夫・川端康成監修『世界紀行文学全集 16 ギリシア・エジプト・アフリカ編』修道社，1959 年.
清水和裕「ムスアブ・ブン・アッズバイル墓参詣——ブワイフ朝の宗派騒乱と「第二次内乱」」『オリエント』38–2，1995 年，pp. 55–72.
清水直美・上岡弘二『テヘラン州の聖所』東京外国語大学アジア・アフリカ言語文化研究所，2009 年.
シュヴァリエ，L.（喜安朗・木下賢一・相良匡俊訳）『労働階級と危険な階級——19 世紀前半のパリ』みすず書房，1993 年.
シュミット，J. -C.（渡邊昌美訳）『中世歴史人類学試論——身体・祭儀・夢幻・時間』刀水書房，2008 年.
——(小林宜子訳)『中世の幽霊——西欧社会における生活と死者』みすず書房，2010 年.
新城常三『社寺参詣の社会経済史的研究』塙書房，1964 年.
——「近世における地方霊場の発達」『講座日本の巡礼 3 巡礼の構造と地方巡礼』雄山閣，1996 年.
関一敏『聖母の出現』日本エディタースクール出版部，1993 年.
関本照夫「ジャワ聖墓巡礼考——イスラームと土着的伝統主義」中牧弘允編『神々の相克——文化接触と土着主義』新泉社，1982 年.
ド・セルトー，M.（佐藤和生訳）『歴史のエクリチュール』法政大学出版会，1996 年.
鷹木恵子『イスラム聖者にまつわる口頭伝承』筑波大学学内プロジェクト研究報告書，1985 年.
——「チュニジアにおける聖者崇拝の機能と変化——文化的レベルと社会的レベル」『民族學研究』50–3 別冊，1985 年，pp. 294–313.
——「チュニジア民衆イスラムの聖者・天使崇拝の一考察—— S 村の供物の事例分析から」『筑波大学地域研究』3，1985 年，pp. 133–149.
——「チュニジア——シーディー・ブゥ・サイードにおける宗教的コンプレックスの

形成と実態」『日本中東学会年報』5，1990年，pp. 201-252.
──『北アフリカのイスラーム聖者信仰──チュニジア・セダダ村の歴史民族誌』刀水書房，2000年.
竹沢尚一郎『宗教という技法──物語論的アプローチ』勁草書房，1992年.
竹下政孝「イブン・アラビーのスーフィー聖者の理論」『イスラム世界』20，1982年，pp. 23-39.
──「預言者と聖者」『講座イスラーム世界 4 イスラームの思考回路』栄光教育文化研究所，1995年.
ターナー，B. S.（樋口辰雄訳）『イスラム社会学とマルキシズム──オリエンタリズムの終焉』第三書館，1983年.
──（香西純一・筑紫建彦・樋口辰雄訳）『ウェーバーとイスラーム』第三書館，1986年.
ターナー，V. W.（冨倉光雄訳）『儀礼の過程』新思索社，1996年.
田中智彦「巡礼と順礼──文献史料と納札からみた中世の西国巡礼の表記」巡礼研究会編『巡礼論集 1 巡礼研究の可能性』岩田書院，2000年.
──『聖地を巡る人と道』岩田書院，2004年.
田辺明生『カーストと平等性──インド社会の歴史人類学』東京大学出版会，2010年.
谷隆一郎・岩倉さやか（訳）『砂漠の師父の言葉──ミーニュ・ギリシア教父全集より』知泉書館，2004年.
遅塚忠躬『史学概論』東京大学出版会，2010年.
東長靖「マムルーク朝末期のタサウウフをめぐる論争」『イスラム世界』33・34，1990年，pp. 51-72.
──「マムルーク朝期のタサウウフの位置をめぐる一考察」『オリエント』33-1，1990年，pp. 64-79.
──「神秘主義イスラームの現在──スーフィズムの三層構造論をもとに」『思想』941，2002年，pp. 119-135.
──「聖者」大塚和夫・小杉泰・小松久男・東長靖・羽田正・山内昌之編『岩波 イスラーム辞典』岩波書店，2002年.
──「マジュズーブ」大塚和夫他編『岩波 イスラーム辞典』岩波書店，2002年.
──『イスラームとスーフィズム──神秘主義・聖者・道徳』名古屋大学出版会，2013年.
戸田聡（訳）「『エジプト人マカリオス伝』ギリシア語版　校訂・翻訳と註釈」『人文・自然研究』1，2007年，pp. 265-413.
──『キリスト教修道制の成立』創文社，2008年.
中村廣治郎「イスラムの来世観」『創文』233，1986年，pp. 14-17.
──「イスラームの聖者論」片倉もとこ編『人々のイスラーム──その学際的研究』日本放送出版協会，1987年.
──『ガザーリーの祈禱論──イスラム神秘主義における修行』大明堂，1982年.
ニコルソン，R. A.（中村廣治郎訳）『イスラムの神秘主義』東京新聞出版局，1980年.

二宮宏之『全体を見る眼と歴史家たち』平凡社ライブラリー，1995年.
丹羽典生『脱伝統としての開発――フィジー・ラミ運動の歴史人類学』明石書店，2009年.
バーク，P.（中村賢二郎・谷泰訳）『ヨーロッパの民衆文化』人文書院，1988年.
長谷部史彦「イスラーム都市の食糧騒動――マムルーク朝時代カイロの場合」『歴史学研究』612，1990年，pp. 22–30, 53.
――「尖塔の上のドゥアー――カイロの民衆蜂起・1724年11月」『イスラム世界』42，1993年，pp. 47–63.
ハーバーマス，J.（細谷貞雄・山田正行訳）『公共性の構造転換――市民社会の一カテゴリーについての探求』未來社，1973年.
濱田正美「聖者の墓を見つける話」『国立民族学博物館研究報告別冊』20，1999年，pp. 287–326.
――「天山の岩と泉と聖者の墓と」松原正毅・小長谷有紀・楊海英編『ユーラシア草原からのメッセージ――遊牧研究の最前線』平凡社，2005年.
――『東トルキスタン・チャガタイ語聖者伝の研究』京都大学大学院文学研究科，2006年.
バンヴェニスト，É.（岸本通夫監訳）『一般言語学の諸問題』みすず書房，1983年.
ファン・ヘネップ，A.（綾部恒雄・綾部裕子訳）『通過儀礼』弘文堂，1995年.
藤原久仁子『「聖女」信仰の成立と「語り」に関する人類学的研究』すずさわ書店，2004年.
ブハーリー（牧野信也訳）『ハディース』全6巻，中公文庫，2001年.
フュック，J.（井村行子訳）『アラブ・イスラム研究誌―― 20世紀初頭までのヨーロッパにおける』法政大学出版局，2002年.
ブラウン，P.（宮島直機訳）『古代末期の世界――ローマ帝国はなぜキリスト教化したか？』刀水書房，2002年.
――（後藤篤子編）『古代から中世へ』山川出版社，2006年.
――（足立広明訳）『古代末期の形成』慶應義塾大学出版会，2006年.
プロップ，В．Я．（北岡誠司・福田美智代訳）『昔話の形態学』水声社，1987年.
ホブズボーム，E.（原剛訳）『ホブズボーム　歴史論』ミネルヴァ書房，2001年.
堀内正樹「聖者崇拝と時間の獲得」東京都市大学社会人類学会編『社会人類学年報』8，弘文堂，1982年，pp. 69–95.
――「モロッコのイスラーム――聖者信仰の概要と事例」『民族學研究』50–3，1985年，pp. 322–333.
――「聖者シャルキーの祝祭――中部モロッコのムーセム（聖者祭）について」『日本中東学会年報』4–1，1989年，pp. 1–43.
――「聖者複合の構造――ザーウィヤ・シディ・アハマド・ウ・ムーサ」『イスラムの都市性 研究報告』20，1990年，pp. 22–40
――「モロッコにおける聖者信仰の複合性」『イスラムの都市性 研究報告』97，1991年，pp. 1–31.
――「モロッコにおける聖者をめぐる社会意識――聖者ブ・サレムの子孫たち」加納

弘勝編『中東の民衆と社会意識』アジア経済研究所，1991 年.
松田俊道「マムルーク朝政権とキリスト教徒」堀川徹編『世界に広がるイスラーム』（講座イスラーム世界 3）栄光教育文化研究所，1995 年.
――『聖カテリーナ修道院文書の歴史的研究』中央大学出版部，2010 年.
松本耿郎『イスラーム政治神学――ワラーヤとウィラーヤ』未來社，1993 年.
真野俊和「巡礼」新谷尚紀・関沢まゆみ編『民俗小事典 死と葬送』吉川弘文館，2005 年.
三浦周行『国史上の社会問題』岩波文庫，1990 年.
メルニーシー，F.（庄司由美他訳）『ヴェールよさらば――イスラム女性の反逆』心泉社，2003 年 .
宮崎市定『西アジア遊記』中公文庫，1986 年.
茂木明石「18 世紀後半カイロにおけるシャイフ・アルアズハル位をめぐる対立とシャーフィイー廟」『日本中東学会年報』25-1，2009 年，pp. 113-139.
モース，M.（有地亨・伊藤昌司・山口俊夫訳）『社会学と人類学 1』弘文堂，1973 年.
守川知子『シーア派聖地参詣の研究』京都大学学術出版会，2007 年.
森本一夫「サイイド系譜文献――新史料類型の紹介」『アジア・アフリカ歴史社会研究』1，1996 年，67-80 頁.
森本公誠『初期イスラム時代エジプト税制史の研究』岩波書店，1975 年.
山岡光太郎『世界の神秘境――アラビヤ縦断記』東亜堂書房，1912 年.
ラアリー，M.（濱中淑彦監訳）『中世の狂気―― 11〜13 世紀』人文書院，2010 年.
レヴィ゠ストロース，C.（西澤文昭訳）『アスディワル武勲詩』青土社，1993 年.
渡邉浩「列聖手続きの歴史的展開――起源から教皇による列聖まで」『藤女子大学キリスト教文化研究所紀要』2，2001 年，pp. 33-58.
渡邊昌美『中世の奇蹟と幻想』岩波新書，1989 年.

註

はじめに

1　本書においてアッラー(フ) Allāh は原則として「神」と表記する。よって，本書において「神」とは，イスラームに関連した文脈では「唯一神」を示しており，その唯一神がアッラーとなる(固有名詞とする説もある)。しかしながら，本書の用いる種々の文献において，アッラーはイスラームだけではなく，キリスト教，ユダヤ教の文脈でも各々「神」を表現するアラビア語の語彙として歴史的に用いられてきた。本書はその原語(Allāh)に忠実でありつつ，エジプト社会をムスリムだけでなく，他のセム系一神教徒の存在も含めて歴史的に描き出そうとするものである。同時に，日本語の読者が，「アッラー」というカタカナの語感から，何か異様な怪物めいた響きを受け取ることも避けたいと思う。もちろん，史料の紹介などで必要な場面では，アッラーと表記することになる。

2　*Khiṭaṭ* 2: 444. Ibn al-Maghribī の発言による。

3　本書では，現在「中東」として括られる地域を，便宜上，歴史的に遡及して「中東」と称する。このことは，当時に「中東」なる概念が存在したとすることや，このように遡及して用いるべきであると筆者が主張していることを意味しない。あくまで冗長な繰り返しを避けるための便宜的な使用である。

序章

1　田辺明生『カーストと平等性』東京大学出版会，2010年，p. 3.「文献に基づく歴史学的調査と，現地社会への長期滞在に基づく人類学的調査を統合」しようとした丹羽典生の『脱伝統としての開発』(明石書店，2009年)における歴史人類学も，この延長線上に捉えられよう。cf.) S. Dube (ed.), *Historical Anthropology*, Oxford, 2007.

2　二宮宏之『全体を見る眼と歴史家たち』平凡社ライブラリー，1995年，pp. 93–102. なお，L. シュヴァリエのように「歴史社会学」という設定もあり得ようが，ここでは論じない。L. Chevalier, *Classes laborieuses et classes dangereuses à Paris, pendant la première moitié du 19e siècle*, Paris, 1958 (L. シュヴァリエ〈喜安朗・木下賢一・相良匡俊訳〉『労働階級と危険な階級』みすず書房，1993年，p. 258)。なお M. オジェは，『アナール』誕生と連動した歴史学の革新は，人類学よりもデュルケーム社会学からの影響に負っていたとみており，むしろ1970年代になって人類学との接近が生じたとする。M. Augé, *Pour une anthropologie des mondes contemporains*, Paris, 1994 (M. オジェ〈森山工訳〉『同時代世界の人類学』藤原書店，2002年，pp. 27–32)。

3　遅塚忠躬『史学概論』東京大学出版会，2010年，pp. 40–44.

4　喜安朗『民衆騒乱の歴史人類学』せりか書房，2011年，pp. 8–9，300–301. 喜安氏は，歴史人類学が「社会運動の行動様式や意識形態，またそれらが日常の生活圏における人々の心性や習性とどうかかわっているか」を，方法の独自性において解明するものとみておられるように思われる。さらに，民衆の「生活圏」を成り立た

せている諸要素として，「概念化された知的表象，そこからくるイデオロギーによる判断とは異なる，心に描かれ感じられるイメージ，それを直接理解可能性と感情によって，自然や生活や人と人との関係や神などについての表象を受けとめる世界」に注目し，「そこから民衆の生活習慣が浮上し，日常的立居振舞いや労働についての感性から，カーニヴァルやシャリヴァリなどの象徴的行為にまで及んでゆく」という。

5　大塚和夫『テクストのマフディズム』東京大学出版会，1995年，堀内正樹の諸研究，鷹木恵子『北アフリカのイスラーム聖者信仰』刀水書房，2000年。また，西アフリカを対象とする坂井信三『イスラームと商業の歴史人類学』世界思想社，2003年 も加えるべきであろう。

6　口頭発表「オールド・カイロの庶民街から——その諸産業に焦点をあてつつ」（国立民族学博物館共同研究会「生の複雑性をめぐる人類学的研究——「第四世界」の新たな記述にむけて」2011.2.20，於国立民族学博物館），［大稔 1997］pp. 69–74，［大稔 2003］pp. 56–60 など。

7　P. Burke, *Popular Culture in Early Modern Europe*, London, 1978（P. バーク〈中村賢二郎他訳〉『ヨーロッパの民衆文化』人文書院，1988年）。cf.）J. Goody, *Food and Love: A Cultural history of East and West*, Verso, 1998（J. グッディ〈山内彰他訳〉『食物と愛』法政大学出版局，2005年）の第10章。

8　フスタートはカイロに先立ち，7世紀のアラブ・ムスリム勢力のエジプト到来とともにその中心都市として発展した。その後，歴代王朝はアスカル，カターイウという都市を隣接して建設したが，10世紀に到来したファーティマ朝勢力はカイロという新都を建設した。しかし，フスタートはその後もより旧い都市として，あるいはカイロの郊外もしくは一行政単位であるオールド・カイロ地区として，並存し続けた。本書では，これらの歴史的都市部を総合し，「カイロ＝フスタート圏」として措定する。都市カイロの総合的見取図としては，J. L. Abu-Lughod, *Cairo: 1001 Years of the City Victorious*, New Jersey, 1971，および M. Rodenbeck, *Cairo: The City Victorious*, New York, 1998 を参照。ただし，後者の墓地区の部分は［Ohtoshi 1993］に大方基づく。

9　*Ṣubḥ* 3: 374. cf.）*Muqaddasī* 200.

10　ハバシュ湖は，ナイル川の増水時に広く出現したものであり，現在のダール・アル・サラーム地区をほぼ水没させていた。湖の北限は，カラーファまで水を引いていた「イブン・トゥールーン水路」の起点にあたる井戸を確認することによって，確定できる。筆者は実際に1989～92年，数回にわたってその井戸を確認した。同水路と井戸については，*Intiṣār* 4: 57–58 や，第3章の図を参照。

11　「大カラーファの最後の地区がラサド al-Raṣad である」（*Kawākib* 183）とされるが，このラサドは現オールド・カイロ，イスタブル・アンタル Iṣṭabl ʻAntar 地区周辺に相当する。したがって，カラーファはフスタート南側までかなり伸長していたことがわかる。なお，筆者は，文部省アジア・アフリカ諸国等派遣留学生として1988～91年のカイロ大学留学期間中，および2012年3月にこの旧ラサド地区の端に在住した。また，1999～2000年の滞在においても，その一部の期間に居住した。

12　小カラーファをフスタートに近いとする説(*Mushtarak* 341)，ムカッタム山の麓にあるとする説(*Tuḥfa* 104, *Khiṭaṭ* 2: 444–446)があるが，これは，各著者の立ち位置の違いに起因するのかもしれない。小カラーファの位置についてのおおよその合意は，本文にある通りである。

13　A. Amīn, *Qāmūs al-'Ādāt wa al-Taqālīd wa al-Ta'ābīr al-Miṣrīya*, al-Qāhira, 1953, p. 322. cf.) *Qatf* fol. 187b. ただし，本書ではカラーファという語を，歴史的な大小カラーファに限定して用いる。

14　G. El Kadi & A. Bonnamy によると，3.75km × 5km の範囲であるという。G. El Kadi & A. Bonnamy, *Architecture for the Dead*, Cairo, 2003 (*La cité des morts: le Caire*, Paris, 2001.), p. 123.

15　*Kawākib* 179, *Tuḥfa* 294. C. Taylor, *In Vicinity of the Righteous*, Leiden, 1999. pp. 16–17.

16　*Yāqūt* 4: 317, *Qazwīnī* 240, *Ḥusn al-Muḥāḍara* 2: 334, *Marāṣid* 3: 1082–1083, *Masālik al-Abṣār B* 87–88. cf.) *Harawī* 35–38.

17　*Ibn Jubayr* 20, *Ibn Baṭṭūṭa* 34, *Balawī* fol. 36b, *Tujībī* 142–163. 他のアンダルス・マグリブからのカラーファ旅行者として，イブン・ルシャイド(*Ibn Rushayd* 349, 1285年参詣)，カルサーディー(*Qalṣādī* 128, 1447年参詣)などがいた。cf.) *Ḥimyarī* 460–461, C. Williams, "The Cult of 'Alid Saints in the Fatimid Monuments of Cairo", Pt. 2: The Mausolea, *Muqarnas* 3, 1985, p. 40.

18　P.H. Dopp, "Le Caire vu parles voyageurs occidentaux du Moyan Âge", *BSRGE* 23, 1950, p. 128 所収。なお，以下のヨーロッパ側の旅行記については，G. Wiet (Fiyīt), *al-Qāhira: Madīna al-Fann wa al-Tijāra*, al-Qāhira, 1990 から情報を得た。

19　E. Piloti は1420年頃，カイロに在住したヴェネチア商人である。*Piloti* 34–35.

20　*Fabri* 2: 529.

21　*Līwūn al-Ifrīqī* 2: 210.

22　M. Dols, *The Black Death in the Middle East*, Princeton, 1977, p. 196.

23　*Ẓāhirī* 27.

24　志賀直哉・佐藤春夫・川端康成監修『世界紀行文学全集 16 ギリシア・エジプト・アフリカ編』修道社，1959年，宮崎市定『西アジア遊記』中公文庫，1986年。

25　天沼俊一『埃及紀行』岩波書店，1927年。シャーフィイー廟を含むカラーファを「マメリューク墓地」と称し，サフラー地区を「カリフ墓」と称していた。

26　歴史的居住問題については，第3章を参照。現況については，[大稔 2003]を参照。

27　*Kawākib* 183, *Khiṭaṭ* 2: 452, *Tuḥfa* (185), 297.

28　*Faḍā'il Miṣr* 65, *Khiṭaṭ* 2: 444.

29　*Faḍā'il Miṣr* 63–65, *Qazwīnī* 270, *Miṣbāḥ* fol. 278, *Kawākib* 296, 300, 305, 307–308 他。ムカッタム山の地質学的研究については，R. Said, *The Geology of Egypt*, New York, 1962, R. Fourtau, "Note sur la stratigraphie du Mokattam, *Bulletin de la Société Géologique de France* 25, 1897, pp. 208–211 , J. Cuvillier, "Contribution a l'étude géologie du Mokattam", *Bulletin de l'Institut d'Égypte* 37, 1924, pp. 465–480 などを参

照。本章の基となる論考公表後に公刊されたムカッタム山関連の論考では，Y. Rāgib, “La site du Muqaṭṭam”, *Annales Islamologiques* 33, 1999, pp. 159–184 が同山の地勢的概観を描く。

30 *Murshid* fol. 194a も参照。なお，筆者は，カラーファとムカッタム山と同様の関係が，ダマスクスの墓地とカスィユーン山との間にもみられると主張した［大稔 1993］。

31 *Ibn ʻAbd al-Ḥakam* 158, *Ibn Ḥawqal* 150, *Iṣṭakhrī* 42, *Jughrāfiyā Miṣr* 77–81, *Kawākib* 7, 13, *Tuḥfa* 13.

32 *Kawākib* 7 など。なお，ムカッタムの聖性をめぐる諸要素に関していえば，筆者はこれらが客観的事実であったかどうかを問うているのではなく，むしろこのような伝承を共有していた心性の広がりを重視すべきであると考える。

33 F. Boghdady, “An Archaic Tomb at Old Cairo”, *ASAE* 32, 1932, pp. 153–160, A. Hamada, “The Clearance of a Tomb Found at al-Fostat 1936”, *ASAE* 37, 1937, pp. 58–70.

34 U. Haarmann, “Regional Sentiment in Medieval Islamic Egypt”, *BSOAS* 43–1, 1980, p. 63.

35 *Ahrām* 74–75. cf.) *Kharīda al-ʻAjāʼib* 32, *Akhbār al-Zamān* 209.

36 *Tuḥfa* 141, *Murshid* fol. 3a, *Abū al-Makārim* 2: 58.

37 *Faḍāʼil Miṣr* 64–65, *Ibn Zūlāq* fol. 30b, *Muqaddasī* 209, *Ḥusn al-Muḥāḍara* 1: 138, *Murshid* fol. 3a, *Kawākib* 13. ただし，原文脈でいう「同胞」とは，ムスリムのことを指していると考えられる。また，別バージョンでは，イエスがマリアに「ああ母よ，これはムハンマドのウンマ(宗教共同体)の墓地です」と言ったともされる。*Jughrāfiyā Miṣr* 78, *Abū ʻUbayd al-Bakrī* 2: 614.

38 *Abū al-Makārim* 1: 105, A. Baudrillart, A. De Mayer & E. Van Cauwenbergh, *Dictionnaire d'histoire et de géographie ecclésiastiques*, Paris, 1930, pp. 745–747 (J. David)，および，戸田聡『キリスト教修道制の成立』創文社，2008 年，pp. 109–110，註 p. 64. cf.) 谷隆一郎他(訳)『砂漠の師父の言葉』知泉書館，2004 年，17–35 頁，J. デ・ウォラギネ(前田敬作他訳)『黄金伝説 4』，人文書院，1987 年，pp. 364–369.

39 *Shābushtī* 397, *Abū al-Makārim* 2: 60–61, *Khazal*, 2: 150–158, *Ṣubḥ* 3: 393–394, O. Meinaldus, *Christian Egypt Ancient and Modern,* Cairo, 1977, pp. 58, 352 , *The Coptic Encyclopedia* 3: 853, S. Timm, *Das christlich-koptische Ägypten in arabischer Zeit*, Wiesbaden, 1984, vol. 2, pp. 779–789.

40 *Taʼrīkh al-Baṭārika* 3: 3: 135, *Ibn Abī al-Faḍāʼil* 666.

41 *Ibn ʻAbd al-Ḥakam* 156–157, *Faḍāʼil Miṣr* 64–65, *Murshid* fols. 2a–b, *Kawākib* 13, 151, *Ibn Zūlāq* fols. 31a–b, *Qazwīnī* 270, *Ḥusn al-Muḥāḍara* 1: 137, *Ibn Ẓahīra* 108–109, *al-Badr al-Ẓāhir* 1: 234, *Madkhal* 1: 252–253, *Ṣubḥ* 3: 375, *Khiṭaṭ* 2: 443, *Murshid* fols. 2a–b, *Ramlī* 3: 34. cf.) *Jughrāfiyā Miṣr* 79, *Abū ʻUbayd al-Bakrī* 2: 615. アラブのエジプト征服については，*Wāqidī*, *Ibn Ḥubaysh* なども参照。なお，ムカウキスについては，*Abū al-Makārim* 1: 138, ʻA. S. Abū Rabīya, *ʻAmr b. al-ʻĀṣ: bayna Yaday al-Taʼrīkh*, al-

Qāhira, 1988, pp. 197–222, A. Butler, *The Arab Invasion of Egypt and the Last 30 Years of the Roman Domination*, New York, 1992（1902）, 森本公誠『初期イスラム時代エジプト税制史の研究』岩波書店，1975年，pp. 4–6も参照。

42　スルフ(和約)に拠ったかどうかなどといった，アラブによるエジプト征服の仕方自体も，後にキリスト教教会・修道院の扱いをめぐる法学論争となった際，重要な判断理由にされた。*Iqāma* における議論を参照。

43　*Jiwār al-Akhyār* fol. 31b.

44　*Abū al-Makārim* 2: 52.

45　ムカウキスについては *Miṣbāḥ* fols. 49, 134, 174–176, *Kawākib* 143, *Tuḥfa* 265, *Wāqidī* fols. 39–46. ファラオの妻については，*Miṣbāḥ* fol. 21, *Kawākib* 42, *Tuḥfa* 142など。

46　*Abū al-Makārim* 2: 61, *Ta'rīkh al-Baṭārika* 2: 2: 205.

47　*Murshid* fols. 194a, 219b, *Miṣbāḥ* fols. 124, 221–222, 271,（47）, *Kawākib* 14, 130, 260, 280, 294, 298, *Qaṭf* fol. 188a. エジプトを代表するスーフィー・詩人であったイブン・アル＝ファーリド(1235没)のムカッタムにおける修道は，歴史的裏付けをとることが容易ではないが，当時，人口に膾炙していた。cf.）*Nuzha al-Anām* 66–77, *Wafayāt* 3: 454, *Mir'āt al-Jinān* 4: 75, *al-Bidāya wa al-Nihāya* 13: 142, *Nujūm* 6: 288, *Shadharāt* 5: 149など。

48　*Miṣbāḥ* fol. 294, *Miṣbāḥ A* fol. 146a, *Kawākib* 294, 310.

49　*Sulūk* 3: 2: 817.

50　*Laṭā'if* 171.

51　*Abū al-Makārim* 2: 60, *Khiṭaṭ*, 2: 454, *Wulāt* 13,［Ohtoshi 2001］p. 22,［Ohtoshi 2003］p. 41. cf.）*Kawākib* 276, *Ibn Mammātī* 82–83, A. Louca, “Lecture semiotique d'un texte d'Ibn Mammati”, in U. Vermeulen & D. De Smet（eds.）, *Egypt and Syria in the Fatimid, Ayyubid and Mamluk Eras*, Leuven, 1995, pp. 229–238.

52　同新聞についての研究として，T. Abū al-'Araja, *al-Muqaṭṭam: Jarīda al-Iḥtilāl al-Briṭānī fī Miṣr*, al-Qāhira, 1997.

53　*Shu'aybī* fols. 91b–92a,［Ohtoshi 1998］p. 81.

54　*Abū 'Ubayd al-Bakrī* 2: 613–614, *al-Baḥr al-Zākhir* 1: 232–235, *Nuzha al-Umam* 159–160.

55　本書であつかう時期のシナイ山の美点について記した史料のうち，シナイ山崇敬について探る上では，al-Sāliḥī（1535没）の *Maṭāli' al-Nūr fī Faḍl al-Ṭūr wa Qam' al-Mu'tadī al-Kufūr* が最も優れている。それによると，メッカ，メディナ，エルサレムの各モスクと共に，シナイ al-Ṭūr が並び称されている(*Sāliḥī* fol. 7)。なお，写本の表紙によると，著者サーリヒーは死者の街サフラー地区のバルクーク廟に寄宿していた。また，シナイ半島の歴史全般については，20世紀初頭に編まれたもので多少古いが，N. Shaqīr, *Ta'rīkh Sīnā: al-Qadīm wa al-Ḥadīth wa Jughrāfīyat-hā*, Bayrūt, 1991（al-Qāhira, 1916）がある。

56　*Kawākib* 12, *Ḥusn al-Muḥāḍara* 1: 138–139など。

57　*Ṣafī al-Dīn* 80, *Jiwār al-Akhyār* fol. 34a, *Kawākib* 14, 85–86, *Tuḥfa* 212.

58　この逸話には，いくつかバージョンがある。*Sīra Intiqāl al-Jabal al-Muqaṭṭab*, fols. 69a–79a（Ms. arabe 4777）, fols. 131a–144b（Ms. arabe 4788）, *Ibn Rāhib* 134, *Abū al-Makārim* 2: 43, *Ta'rīkh al-Baṭārika* 2: 2: 140, Amīn, *Qāmūs al-'Ādāt wa al-Taqālīd*, p. 74, H. M. El-Shamy, *Folktales of Egypt*, Chicago, 1980, pp. 167–169, Kanīsa al-Qiddīs Sim'ān al-Dabbāgh bi-al-Muqaṭṭam, *Sīra al-Qiddīs Sim'ān al-Kharrāz al-Dabbāgh*, al-Qāhira, 1996. なお，'A. al-Ra'īs, *Naql Jabal al-Muqaṭṭam: Mu'jiza am Khurāfa?*, al-Qāhira, 2007 はこの話題を批判的に扱ったもの。この逸話は今日でも，ほとんどのコプト・キリスト教徒の知るところである。ムスリムには逆にあまり知られておらず，各々が重視して構築する歴史像の違いがこの点にも明白である。

59　*Kawkab al-Rawḍa* 157, *Intiṣār* 4: 55, *Khiṭaṭ* 2: 152 など。

60　*Mufākharāt* 139, *Intiṣār* 4: 55–58, *Badā'i' al-Badā'ih* 55, 77, 205, 381. 第 3 章で詳述。

61　第 4 章。*Sulūk* 3: 1: 309, *Badā'i'* 4: 68–69, *Ahrām* 51ff.

62　*Intiṣār* 4: 78–79.

63　I. Ben-Ze'eb "Document Pertaining to the Ancient Jewish Cemetery in Cairo", in *Sefunot: Annual for Research on the Jewish Communities in the East* 1, 1956, pp. 7–24.

64　例えば，17 世紀のダマンフーリーは，非ムスリムの墓はムスリムの墓と明確に区別され，離れた場所にある必要があると説いた。*Iqāma* 63.

65　cf.）M. A. Ḥ. al-'Āmilī, *Kashf al-Irtiyāb fi Atbā' Muḥammad b. 'Abd al-Wahhāb*, n.p., n.d.

66　*Nuzha al-Albāb* 238–240. なお，女性の参詣については，第 1 章と第 2 章を参照。

67　円仁（足立喜六訳注・塩入良道補注）『入唐求法巡礼行記』全 2 巻，平凡社，1970・1985 年，田中智彦『聖地を巡る人と道』岩田書院，2004 年，p. 333，小嶋博巳「遍路と巡礼」『四国遍路と世界の巡礼』四国遍路と世界の巡礼研究会編，法藏館，2007 年，p. 13，石川重雄「巡礼者の道と宿」『しにか』4–9，1993 年。なお，田中智彦「巡礼と順礼」巡礼研究会編『巡礼論集 1 巡礼研究の可能性』岩田書院，2000 年，pp. 69–96 によると，元々圧倒的主流であった「巡礼」の表記は 15 世紀前半から「順礼」へと変化し始め，近世末まで「順礼」が優勢であったが，近代になると再び「巡礼」へと戻ったという。

68　田中智彦『聖地を巡る人と道』，小嶋博巳「遍路と巡礼」。また，真野俊和「巡礼」新谷尚紀・関沢まゆみ編『民俗小事典　死と葬送』吉川弘文館，2005 年，pp. 351–352 においても，巡礼は「複数の宗教上の聖地をつぎつぎに参詣していく行動」と規定され，「旅行形態もその社寺をめざした往復運動が基本になる」という参詣と，差異を対照されている。

69　小嶋博巳「遍路と巡礼」pp. 13–15. なお，ハッジのために定められた期間以外の時期にメッカのカーバ神殿を中心に行なわれる巡礼はウムラと称されるが，ハッジを大巡礼，ウムラを小巡礼と訳し分けることもある。

70　例えば，山岡光太郎『世界の神秘境』東亜堂書房，1912 年。

71　大川周明『回教概論』（1942 年初版），ちくま学芸文庫，2008 年，pp. 170–181.

72　現代の事例との単純な比較は禁物だが，筆者の知人（オールド・カイロ在住で読み書きできない女性，1943 年生）は膝が悪く，単独では歩行も困難なほどであった

が，ハッジから帰還したのちには別人のごとく健康を回復し，しばらくは闊歩していた。

73　*Murshid* fols. 221b–222a, *Kawākib* 287–288.

74　預言者ムハンマド廟参詣については，膨大な史料が遺されており，今後の研究に委ねられている。とりあえず，*Tuḥfa al-Zuwwār*, *al-Jawhar al-Munaẓẓam*, *Fākihī* (1574 没), *Qashshāshī* (1660 没), *Ḥaḍrāwī* などを参照。

75　［大稔 2001b］pp. 178–187.

76　［大稔 1995a］pp. 240–248.

77　本書で用いるイスラーム主義の定義は，大塚和夫『イスラーム主義とは何か』(岩波新書，2004 年，pp. 14–15)にほぼ従っている。すなわち，「西洋主導の「近代化」の流れを十分に意識し，それからの影響をさまざまな形で被りながら，それでもあえてイスラームをみずからの「政治的」イデオロギーとして選択し，それに基づく改革運動を行なおうとするイスラーム主義者の抱く政治イデオロギーや運動」を指す。

78　Sh. Ṣiyām, *al-Dīn al-Sha'bī fī Miṣr*, al-Iskandarīya, 1994, F. Muṣṭafā, *al-Binā' al-Ijtimā'ī li-al-Ṭarīqa al-Shādhilīya fī Miṣr*, al-Iskandarīya, 1980, M. A. Ghunaym & S. S. Yūsuf, *al-Mu'taqadāt wa al-Adā' al-Tilqā'ī fī Mawālid al-Awliyā' wa al-Qiddīsīn*, 2 vols., al-Qāhira, 2007.

79　代表的なものだけあげると，S. 'Uways, *al-Ibdā' al-Thaqāfī 'alā al-Ṭarīqa al-Miṣrīya: Dirāsa 'an Ba'ḍ al-Qiddīsīn wa al-Awliyā' fī Miṣr*, al-Qāhira, 1981, C. Mayeur-Jouen, *Pèlerinages d'Égypte: Histoire de la piété copte et muslimane 15e-20e siècles*, Paris, 2005, Ghunaym & Yūsuf, *al-Mu'taqadāt wa al-Adā' al-Tilqā' fī Mawālid al-Awliyā'wa al-Qiddīsīn*, T. El-Leithy, "Sufis, Copts and the Politics of Piety: Moral Regulation in Fourteenth-Century Upper Egypt", in A. Sabra & R. McGregor (eds.), *The Development of Sufism in Mamluk Egypt*, Cairo, 2006.

80　現代の都市工学研究者である G. El-Kadi による研究は参考になる。G. El Kadi, & A. Bonnamy, *Architecture for the Dead*, Cairo, 2003. それでもなお，歴史的観点からすると，不足感は否めない。

81　濱田正美「天山の岩と泉と聖者の墓と」松原正毅・小長谷有紀・楊海英編『ユーラシア草原からのメッセージ』平凡社，2005 年，pp. 83–104，［大稔 1995a］。

82　B. S. ターナー(樋口辰雄他訳)『ウェーバーとイスラーム』第三書館，1986 年，pp. 87–112，E. ゲルナー（宮治美江子他訳）『イスラム社会』紀伊國屋書店，1991 年，および，堀内正樹「モロッコにおける聖者信仰の複合性」『イスラムの都市性研究報告』97，1991 年，pp. 1–31 などを参照。

83　G. M. Smith & C. W. Ernst, *Manifestations of Sainthood in Islam*, Istanbul, 1993 の introduction を参照。また，中世ヨーロッパ・キリスト教社会における列聖の手続きについては，渡邉浩「列聖手続きの歴史的展開」『藤女子大学キリスト教文化研究所紀要』2，2001 年，pp. 33–58.

84　［大稔 1995a］pp. 240–241.　P. Brown, *The Cult of the Saints: Its Rise and Function in Latin Christianity*, Chicago, 1981 に代表される。その他，邦訳に P. ブラウン(宮

島直機訳）『古代末期の世界』刀水書房，2002（*The World of Late Antiquity,* 1971），P. ブラウン（足立広明訳）『古代末期の形成』慶應義塾大学出版会，2006 年（*The Making of Late Antiquity,* 1978），P. ブラウン（後藤篤子編）『古代から中世へ』山川出版社，2006 年（*From Antiquity to the Middle Ages,* 2006）など。なお，中東中世史研究者の間には依然としてブラウンの影響が強く感じられる。ブラウンの研究はイスラーム期の中東史研究にとっても有益な点が多いものの，現在はなおそれを相対化する眼差しも必要であろう。

85　J. Baldick, *Mystical Islam,* New York, 1989.

86　『クルアーン』におけるワリーの用法などについては，松本耿郎『イスラーム政治神学』未來社，1993 年，R. J. A. McGregor, *Sanctity and Mysticism in Medieval Egypt,* New York, 2004，東長靖「聖者」『岩波 イスラーム辞典』岩波書店，2002 年，pp. 558–561 などを参照。

87　ワリーについては，*Khatm* とその解題である M. I. al-Geyoushi, “Al-Tirmidhi's Theory of Saints and Sainthood”, *Islamic Quarterly* 15, 1971 な ど を 参 照。cf.）［Ohtoshi 2006b］pp. 299–330.

88　「沙漠の花嫁」や「貧者のための乞食」については，第 2 章を参照。

89　また，時代的差違，個々の史料著者の傾向等を加味してこれらの原語を分析した結果，各用語ないし二つ以上の用語グループをそのまま使用することで，意義のある対応関係を見出したり，一般的な議論を立ち上げるのは困難であることなども考慮して，さしあたり「聖者」を使用しておきたい。

90　小杉泰「現代イスラームにおける宗教勢力と政治的対立」片倉もとこ編『人々のイスラーム』日本放送出版協会，1987 年。

91　堀内正樹「聖者崇拝と時間の獲得」東京都市大学社会人類学会編『社会人類学年報』8，弘文堂，1982 年，堀内「聖者複合の構造」『イスラムの都市性 研究報告』20，1990 年，堀内「モロッコにおける聖者信仰の複合性」『イスラムの都市性 研究報告』97，1991 年，堀内「モロッコにおける聖者をめぐる社会意識」加納弘勝編『中東の民衆と社会意識』アジア経済研究所，1991 年。

92　いずれにせよ，訳語が独り歩きして誤解を蔓延させぬよう恒常的な努力が求められる。また，現地ムスリムや東方諸キリスト教徒・ユダヤ教徒などの文脈へも無関心であってはなるまい。さらに worship から veneration, cult という英語表現上の移行の問題も再検討を要しよう。

93　*Kawākib* 277–278, 294, *Tuḥfa* 369–370.

94　Y. Rāġib, “Essai d'inventaire chronologique des guides à l'usage des pèlerins du Caire”, *REI* 16, 1973, p. 259. この指摘は *Lisān al-Mīzān* 2: 280 に基づく。

95　Ibn Qawlawayh al-Qummī, *Kāmil al-Ziyāra*（内容については，付論 1 で詳述），Y. Rāġib, “Essai d'inventaire chronologique” p. 260, M. Amīn, *A'yān al-Shī'a,*（ed.）H. Amīn, Bayrūt, rep. 1986, vol. 2, p. 271 に記述がある。なお，Y. ラーギブは Ibn Qūwlūya と読んだが，筆者は Shams al-Din に従い Ibn Qawlawayh と読む。Sh. M. M. Shams al-Din, *The Rising of al Ḥusayn: Its Impact on the Consciousness of Muslim Society,* London, 1985（*Thawra al-Ḥusayn: Ẓurūf-ha al-Ijtimā'īya wa Āthār-ha al-*

Insānīya, Bayrūt, 1979).

96 *I'lān* 205, Rāġib, "Essai d'inventaire chronologique", pp. 260–261. ただし，これらの著作は後代のエジプト参詣書に全く引用されておらず，その点ではイブン・ウスマーンによる参詣書が，後代のエジプト参詣書へ影響を残した嚆矢といえる。

97 Y. ラーギブがあげた21の参詣書のうち，その存在や著者自体が怪しいものがいくつかある。その最たるものは，al-Masīḥī著の *Kitāb al-Ziyārāt* であるが，これは歴史家 al-Muṣabbiḥī の『エジプト史 *Akhbār Miṣr*』と考えた方が恐らく妥当であろう。Y. Rāġib, "Essai d'inventaire chronologique", p. 270.

98 『シュアイビー』については，[Ohtoshi 1998]，[大稔 1999a]，および付論4を参照。

99 これまで筆者は入手の経緯から，主としてカイロ国立図書館 Dār al-Kutub al-Miṣrīya 所蔵写本 Ta'rīkh 5129 を用い，British Library 所蔵写本(Or. 4635)によって補ってきた。双方とも書き加えのある，より長いヴァージョンであるが，書き加え部分とそうでない部分を常に区別しつつ，利用を進めたい。なお，1995年に M. F. Abū Bakr による校訂本が出版された(2 vols., al-Qāhira)。本校訂は歴史研究に大きく寄与するものの，問題点も孕んでいる。最大の問題点は Abū Bakr がカイロ大学所蔵の British Library 写本 or. 4635 のコピーに基づいて校訂したと述べている点である。筆者が照合してみたところ，これは British Library or. 4635 の前半部とエジプト Dār al-Kutub 写本 Ta'rīkh 5129 後半部とをつないだ構成になっていた。そこでカイロ大学で調査してみると，そもそもカイロ大学所蔵の写本コピー自体が両者の合本であった。

100 Y. Rāġib, "Essai d'inventaire chronologique" pp. 265–269.

101 Aḥmad b. Muḥammad b. 'Uthmān はアヤソフィア写本を 849/1446 年に書写した人物で，写本奥付に名が記されている。この人物は先のイブン・ウスマーンの弟の家系の人物か，ここであげた Muḥīy al-Dīn の兄弟である可能性も完全には排除できない。*Murshid* Ms. Ayasofya (Ma'had al-Makhṭūṭāt Ta'rīkh 1/469) fols. 227a–b.

102 本書では，筆跡が見易いエジプト国立図書館所蔵写本 Buldān Taymūr 87 (1034 A.H. 筆写。これ自身は，同図書館 Ta'rīkh 1461 から写したもの)を用い，アズハル図書館所蔵写本 1380 によって補った。

103 Y. Rāġib, "Essai d'inventaire chronologique", pp. 272–273, C. Taylor, *In the Vicinity of the Righeous*, Leiden, 1998, p. 229, *Miṣbāḥ* fols. 166, 203.

104 *Miṣbāḥ* fols. 2–3, 304. なお，同じように Tāj al-Dīn の父，Fakhr al-Dīn，および祖父の Bahā' al-Dīn に納められた書物に，*Karakī* があった。

105 *Khiṭaṭ* 2: 429, S. S. al-Nashshār, *Ta'rīkh al-Maktabāt fī Miṣr: al-'Aṣr al-Mamlūkī*, al-Qāhira, 1993, p. 106.

106 *Fawāt al-Wafayāt* 3: 255–259, *Ibn Shaddād* 73–74, 84, 359–361, *'Iqd A* 4: 475–480, *Muqaffā* 7: 111–117, *al-Durar al-Kāmina* 4: 322, *Sulūk* 2: 1: 41–42, *Shadharāt* 4: 14–15, *Mir'āt al-Jinān* 4: 242, *Kanz* 9: 152, *Ibn Ḥabīb* 1: 284, *Intiṣār* 4: 71, 78.

107 *Miṣbāḥ* fols. 4–5.

108 *Miṣbāḥ*, fol. 5 ff. cf.) *Kawākib* 30.

109 *Kawākib* 207, *Tuḥfa* 207–208, *Durar al-ʻUqūd al-Farīda* 3: 129, *Sulūk* 3: 3: 1110, *Ḍaw'* 9: 231. ただし，*Sulūk* と *Ḍaw'* は 1402 年没との訃報を掲載している。

110 *Sulūk* 2: 2: 539, 2: 3: 638, 645, 651, 668, 670, 688, 724, 898, 3: 1: 224, 274, 371, 403, 498, 882, 887, 920 ほか。スィルヤークースのハーンカーについては，J. A. Williams, "The Khanqah of Siryāqūs", in *In Quest of an Islamic Humanism*, (ed.) A. H. Green, 1986, pp. 109–119. また，スルターン・ナースィル・ムハンマド(1341 没)のワクフ文書(725/1325 年)には，同ハーンカーのスーフィーたちの埋葬についての言及がある。*Wathīqa Waqf al-Sulṭān al-Nāṣir Muḥammad b. Qalāwūn* 2: 404.

111 *Tuḥfa* 208, *Kawākib* 4. これはアラビア語の著作に繰り返される典型的な著述理由の一つでもある。

112 R. Guest, "Cairene Topography: El Qarafa according to Ibn Ez Zaiyat", *JRAS* 58–1, 1926, pp. 57–61, L. Massignon, "La cité des morts au Caire (Qarafa-Darb al-Ahmar)", *BIFAO* 57, 1958, pp. 25–79.

113 同写本 Dār al-Kutub 所蔵 Ta'rīkh Ṭal'at no. 1972.

114 *Tuḥfa* 3, 126, 143.

115 2005 年に，*al-Maʻānī* の校訂本が刊行された。(ed.) A. F. al-Mizyadī, Bayrūt, 2005.

116 cf.) C. Taylor, *In the Vicinity of the Righteou*s, pp. 5–7.

117 大半は写本のままであるが，前者としてはエジプト・ワクフ省所蔵写本や，パリ Bibliothèque interuniversitaire des langues orientales 所蔵写本 *Untitled Index of Saints' Tombs in Cairo* (著者不詳)，ハサン・カースィム(20 世紀初頭のエジプト人学者)が最後の参詣書と記す *Sukkarī* (18 世紀)があげられる。

118 付論 3 を参照。

119 ワクフ文書に関しては，エジプト国立文書館 Dār al-Wathā'iq al-Qawmīya にマイクロ・フィルム化されて所蔵されているものの大半に目を通した。ヒスバの書やトゥルクマーニーなどについては，[Ohtoshi 1993]。

120 H. Qāsim, *al-Mazārāt al-Miṣrīya* , al-Qāhira, 1936, A. Taymūr, *Qabr al-Imām al-Suyūṭī: wa Taḥqīq Mawḍiʻ-hi,* al-Qāhira, 1927.

121 A. F. Mehren, *Câhirah og Kerâfat, historiske Studier under et Ophold i Ægypten 1867–68*, Kjøpenhavn, 1869–70, idem, "Revue des monuments funéraires du Kerafat ou de la ville des morts hors du Caire", *Mélanges asiatiques* 6, 1872, pp. 524–569. A. F. Mehren については J. Fück, *Die arabischen Studien in Europa bis in den Anfag des 20. Jahrhunderts*, Leiptig, 1955 (J. フュック〈井村行子訳〉『アラブ・イスラム研究誌』法政大学出版局，2002 年)に言及がみられる。Guest, "Cairene Topography", Massignon, "La cité des morts au Caire".

122 J. Bloom, "The Mosque of the Qarafa in Cairo", *Muqarnas* 4, 1987, pp. 7–18, C. Williams, "The Cult of ʻAlid Saints", M. Meinecke, *Die Restaurierung der Madrasa des Amīrs Sābiq ad-Dīn Miṯqāl al-Ānūkī und die Sanierung des Darb Qirmiz in Kairo*, Mainz, 1980, S. L. Mostafa, *Kloster und Mausoleum des Farağ Ibn Barqūq in Kairo*, Glückstadt, 1968, idem. *Moschee des Farağ Ibn Barqūq in Kairo*, Glückstadt, 1972,

idem. *Madrasa, Ḫānqāh, und Mausoleum des Barqūq in Kairo,* Glückstadt, 1982.

123　G. El Kadi & A. Bonnamy, *Architecture for the Dead.*

124　S. ʻA. ʻĀshūr, *al-Mujtamaʻ al-Miṣrī fī ʻAṣr Salāṭīn al-Mamālik*, al-Qāhira, (1962).

125　Y. Rāġhib, "Essai d'inventaire chronologique", idem, "Sur deux monuments funéraires du cimetière d'al-Qarāfa al-Kubrā au Caire", *Annales Islamologiques* 12, 1974, pp. 67–84, idem, "Sur un groupe de mausolés du cimetière du Caire", *REI* 40, 1972, pp. 189–195 など。

126　Taylor, *In the Vicinity of the Righteous*, [Ohtoshi 1993] など。

127　H. Hamza, *The Northern Cemetery of Cairo*, Cairo, 2001 など。さらに，他地域の参詣研究としては，シーア派のアタバート参詣をあつかった優れた研究である守川知子『シーア派聖地参詣の研究』京都大学学術出版会，2007 年 や，シリアを中心としたユダヤ教徒の参詣・巡礼をムスリムの事例と比較した J. W. Meri, *The Cult of Saints among Muslims and Jews in Medieval Syria*, Oxford, 2002 をあげておく。

第1章　参詣の慣行と実践

1　エヴァンス＝プリチャードは「歴史家が，歴史の中で，特定の限られた時期における，特定の文化に関心を集中させた場合に，歴史家の書くものは，われわれが民俗誌的モノグラフと呼んでいるものに相当します」と記していた(E. エヴァンス＝プリチャード〈吉田禎吾訳〉『人類学入門』弘文堂，1970 年，p. 26)。

2　栗本英世「フィールドワークの経験と民族誌を書くこと」谷泰編『文化を読む』人文書院，1991 年。

3　ただし，オスマン朝期の旅行記などに基づく推測による。オスマン朝期の旅行記による大小カラーファ参詣の記述については，付論 4 を参照。

4　*Khiṭaṭ* 2: 460–461. cf.) *Ibn Baṭṭūṭa* 39, *Murshid* fols. 94a–b, *Kawākib* 156–157, *Tuḥfa* 276.

5　*Kawākib* 220, *Tuḥfa* 330, *Khiṭaṭ* 2: 460–461.

6　*Tuḥfa* 159.

7　参詣書を草したとされる約 20 人については，すでに Y. ラーギブが網羅しているため，ここでは大方，割愛した。

・Abū Bakr, Nāṣir, ʻUmar の Zurayqa 一族 (*Kawākib* 81, 96, *Tuḥfa* 204, 223).

・Muḥammad al-Sharāyḫī (ʻUmar b. al-Zurayqa の弟子で，1300 年代後半に没。*Kawākib* 96, *Tuḥfa* 226).

・al-Muhamhim al-Jīzī (*Kawākib* 150, *Tuḥfa* 171).

・Abū al-ʻIzz ʻIzz al-Quḍāt al-Ḥajjār (*Kawākib* 106, *Tuḥfa* 234).

・ʻAlī al-ʻUmarī (Ghamrī)(集団で夜に参詣した嚆矢。*Kawākib* 197, *Tuḥfa* 308).

・al-Ḥājj ʻAbd Allāh b. Masʻūd (*Kawākib* 202, *Tuḥfa* 315).

・Aḥmad al-Munīr (*Kawākib* 205, *Tuḥfa* 317).

・Abū al-ʻIzz al-Qarqūbī (*Kawākib* 217, *Tuḥfa* 328).

・Shihāb al-Dīn Aḥmad al-maʻrūf bi-al-Ādamī (*Kawākib* 220, *Tuḥfa* 330).

・Aḥmad al-Maṭʻam (al-Maṭʻūm)(*Kawākib* 244, *Tuḥfa* 347).

・‘Alī al-Maqsī (al-Maqsānī)(*Kawākib* 305, *Tuḥfa* 387).
・Awlād al-Jalāl (al-Halāl)(彼らは「夜の参詣シャイフ」, *Kawākib* 311, *Tuḥfa* 391). ‘Alī Ibn al-Jabbās (1161〜1240。最初に毎週金曜夜に集団参詣。スルターン・カーミルも同行した著名シャイフ。*Khiṭaṭ* 2: 461, *Mundhirī* 3: 551, *Kawākib* 305).
・‘Ābid Abū Muḥammad ‘Abd Allāh b. Rāfi‘ b. Tarjam b. Rāfi‘ al-Shāri‘ī al-Shāfi‘ī al-Maqābirī al-Zuwwār (1165–6〜1241。水曜日中に参詣した嚆矢。*Khiṭaṭ* 2: 461, *Kawākib* 302, *Tuḥfa* 384).
・Muḥammad al-‘Ujaymī (*Kawākib* 132, *Tuḥfa* 259). 下の人物と同一の可能性あり。
・Muḥammad al-‘Ajamī al-Su‘ūdī (shaykh al-zuwwār, 1407 没。両足が悪く，土曜の日昇後に騎行。*Khiṭaṭ* 2: 461).
・Shams al-Dīn Muḥammad b. ‘Īsā al-Majūshī al-Su‘ūdī (前者の跡を継ぎ，土曜の日昇後に騎行した al-zā’ir。*Khiṭaṭ* 2: 461).
・Muḥīy al-Dīn ‘Abd al-Qādir b. ‘Alā’ al-Dīn Muḥammad b. ‘Alam al-Dīn b. ‘Abd al-Raḥmān al-shahīr bi-Ibn ‘Uthmān (1412 没。前々者の跡を継ぎ，前者同様，土曜の日昇後に騎行した al-zā’ir。*Khiṭaṭ* 2: 461).
・Badr al-Dīn Ḥusayn b. Muḥammad al-Iskandarī al-Mīqātī al-Sa‘ūdī (1443 没，*Tuḥfa* 210).
・‘Abd al-Ẓahir (オスマン朝期の参詣書 *al-Marsūm bi-al-Bāhira fi-man dufina bi-al-Qāhira min Ahl al-Awrād* の著者。*Shu‘aybī* fol. 2a).
・Ibn al-Munīr (*Shu‘aybī* fol. 2a，前出の Aḥmad al-Munīr と同一の可能性あり).
・Ibn al-Muballaṭ (*Shu‘aybī* fol. 2a).
8 *Khiṭaṭ* 2: 461.
9 *Muṣṭafā ‘Ālī* 33 (s. 56r).
10 *Kawākib* 84, 189, 223–224, 280, 301.
11 *Miṣbāḥ* fols. 41, 253, *Kawākib* 30.
12 田中智彦『聖地を巡る人と道』岩田書院，2004 年，pp. 7, 335.
13 *Murshid* fol. 118b, *Kawākib* 120–121, 321, *Tuḥfa* 250, 402. なお，*Miṣbāḥ* fol. 244 はこれ以外の一墓をあげる。cf.) L. Massignon, “La cité des Morts au Caire”, p. 44, C. Taylor, *In the Vicinity of the Righteous*, pp. 65–66.
14 *Sukkardān* 456, *Ibn Ẓahīra* 193–194.
15 *Khiṭaṭ* 2: 461, *Tuḥfa* 129.
16 田中智彦『聖地を巡る人と道』pp. 346–349.
17 *‘Abdarī* fol. 80a ff.. アブダリーは 689/1290 年以降にカラーファを参詣している。また，トゥジービーは，696/1296–7 年に参詣した(*Tujībī* 144)。一方，カルサーディーは，1447 年に参詣していた(*Qalṣādī* 126–128)。このほかに，*Ibn Rushayd* 349.
18 付論 4 を参照。
19 A. ファン・ヘネップ (綾部恒雄他訳)『通過儀礼』弘文堂，1995 年，V. W. ターナー (冨倉光雄訳)『儀礼の過程』新思索社，1996 年，C. Taylor (*In the Vicinity*, pp. 77–78)の所説である。
20 *Ḥujja Waqf al-Amīr Sūdūn min Zāda* 107. なお，ここにみえるイブン・ウスマーン

については，付論2で探究する。また，DW欠/355の文書にも参詣者への手当てがみえる。

21 cf.) L. Fernandes, *The Evolution of a Sufi Institution in Mamluk Egypt: The Khanqah*, Berlin, 1988, Meinecke, *Die Restaurierung der Madrasa des Amīrs Sābiq ad-Dīn Miṯqāl al-Ānūkī und die Sanierung des Darb Qirmiz in Kairo*, Mostafa, *Kloster und Mausoleum des Farağ Ibn Barqūq in Kairo*, idem, *Moschee des Farağ Ibn Barqūq in Kairo*, idem, *Madrasa, Ḫānqāh, und Mausoleum des Barqūq in Kairo*.

22 例えば，DW 38/241など。

23 *Miṣbāḥ* fol. 290, *Khiṭaṭ* 2: 461, *Kawākib* 197, 311, *Tuḥfa* 308, 392. なお，この二人は，同一人物である可能性も残っている。

24 *Tuḥfa* 204, 223; *Kawākib* 96.

25 *Khiṭaṭ* 2: 461. 17世紀の参詣者であるヒヤーリーは，日昇をカラーファの墓区で迎えている。*Khiyārī* 3: 13–14.

26 *Khiṭaṭ* 2: 460–461. なお，マンビジーは，ハディースなどに基づき，金曜日・土曜日の日昇前の参詣を記している。*Tasliya* 103.

27 *Miṣbāḥ* fol. 274. なお，*Miṣbāḥ A* fol. 136aは曜日を欠く。*Kawākib* 220, 302, *Tuḥfa* 330, 384.

28 *Murshid B* fols. 12b–13a, *Kawākib* 30.

29 *Murshid* fols. 221b–222a, *Miṣbāḥ* fol. 222, *Kawākib* 287–288, *Tuḥfa* 359.

30 *Ibn Baṭṭūṭa* 39, *Līwūn al-Ifrīqī*. なお，de Jongは週サイクルの中での金曜日参詣を，最近の慣行と推定しているが，これは前近代の事例を知らない誤りということになろう。F. de Jong, "Cairene Ziyara Days: A Contribution to the Saint Veneration in Islam", *Die Welt des Islam* 17, 1976/77, p. 36.

31 *Khiṭaṭ* 2: 461. なお，*Kawākib* 251, *Tuḥfa* 352も同一のシャイフについて言及しているのであろう。

32 *Tuḥfa* 207. *Miṣbāḥ* fol. 253も同一人物について言及していた。

33 *Murshid* fol. 172a, *Kawākib* 77. 17世紀にカラーファを参詣したヒヤーリーは，土曜日の夜の参詣をエジプト人の慣行と記している。*Khiyārī* 3: 13–14.

34 *Ḥujja Waqf al-Amīr Sūdūn min Zāda* 107. このイブン・ウスマーンとは，時代的にも符合する*Khiṭaṭ* 2: 461にみえるMuḥīy al-Dīn 'Abd al-Qādir b. 'Uthmān（815/1412没）のことと推定される。

35 *Madkhal* 1: 269. シャアラーニーは，特定の墓が，各々，火曜日・金曜日・土曜日に参詣される慣行があったことを示唆する（*Laṭā'if* 223）。また，de Jongは現代カイロの人々において，1週間の参詣サイクルが決められていることに着目した。そこでは，アリー・ムバーラクの『新地誌』に記された1週間のプログラムと，現代の1週間のプログラムとが述べられている。しかし，そこにイブン・アル＝ハーッジの記述と重なる参詣対象はない。F. de Jong, "Cairene Ziyara Days" p. 28.

36 *Madkhal* 1: 310, *Miṣbāḥ* fols. 91, 103, *Kawākib* 74, 155, 180, *Tuḥfa* 178–179, 274, 294. E. Littmannがまとめた近現代エジプト人の諸慣行の中で，墓参の行なわれる日として，ムハッラム月最初の金曜日，ラジャブ月，シャーバーン月中日と末日，大小

イード(祭日)があげられている。E. Littman, "Kairiner Volksleben", *Abhandlungen für die Kunde des Morgenlandes* 26–2, 1941, pp. 76–79.

37 ワクフによるカイロ＝フスタート周辺墓地への経済的基盤提供については，第3章参照。

38 *Murshid* fols. 131b–132a, *Miṣbāḥ* fols. 164–165, *Kawākib* 174, 179, 251–252, *Tuḥfa* 290.

39 *Kawākib* 122, *Tuḥfa* 251. 原文の文脈は，参詣者がある聖墓を七周回することによって，その年のハッジに行きやすくする，という慣行を批判したものである。ちなみに，*Kawākib* 147, *Tuḥfa* 268は五周回する。また，ムハンマドの墓の代わりに，イブン・タバータバーの墓に参詣する話もみられて興味深い。*Murshid* fol. 83b, *Kawākib* 61.

40 L. Gardet, "DU'Ā'", *EI*², 2: 6117–6118.

41 *Murshid B* fol. 21a, *Murshid* fol. 27b, *Kawākib* 17.

42 *Tajrīd* 34.

43 *Murshid* fols. 112a, 126a, 132a, 209b, *Miṣbāḥ* fol. 242, *Kawākib* 27, 43, 132–133, 143, 214, 241, 245, *Tuḥfa* 260, 265, 325.

44 *Murshid B* fol. 14b, *Murshid* fols. 98b, 113b, *Miṣbāḥ* fol. 114, *Kawākib* 130, 165, 218, 222–223, 226, *Tuḥfa* 257, 282.

45 *Murshid* fol. 56b, *Miṣbāḥ* fol. 18, *Kawākib* 32, *Inbā' al-Ghumr* 5: 134–135, *'Iqd B* 1: 362–363, 383, *Nuzha al-Nufūs* 3: 183, *Badā'i'* 2: 128, 281–282, *Sulūk* 2: 3: 780–781. cf.) *Iqtiṣār* 33–36.

46 *Murshid* fol. 94a, *Kawākib* 157, *Tuḥfa* 276. なお，20世紀になって郵便制度の発達により，死者の街を参詣する代わりに，エジプト中からカラーファのシャーフィイー廟へ願文を送ることが流行した。その願文を多数分析したS. ウワイスによると，そこには，財産の盗難や侵犯，侮辱，家族関係，職業などに関する訴えに加えて，復讐，不正の一掃と公正な裁定，病治し，結婚などへの要望も寄せられていた。S. 'Uways, *Min Malāmiḥ al-Mujtama' al-Miṣrī al-Mu'āṣir: Ẓāhira Rasā'il ilā Ḍarīḥ al-Imām al-Shāfi'ī*, al-Qāhira, 1965.

47 *Murshid* fol. 19b.

48 *Murshid* fol. 14b, *Kawākib* 17.

49 *Murshid* fols. 9a–22a, *Kawākib* 14–18. また，S. Āshūr, *al-Mujtama' al-Miṣrī fī Aṣr Salāṭīn al-Mamālīk*, pp. 108–111, ［Ohtoshi 1993］pp. 23–30, ［大稔 1993］pp. 12–20, C. Taylor, *In Vincinity of the Sainthood*, pp. 70–76も参照。なお，筆者は史学会第89回大会(於東京大学，1991年11月9日)において，この20則の分析を行なった。

50 *Murshid B* fols. 11b–12b, *Murshid* fols. 9a–b, *Kawākib* 14. *Murshid* (Dār al-Kutub)の写本は，省略の結果，批判が骨抜きになっているため，ここは*Murshid B*写本に依った。故人を参詣せんと思う者は，心の腐敗を正し，死者のもとでクルアーンを詠み捧げたり祈願をしてやるなどして奉仕するのであり，虚飾や虚栄心は除去されるべきであるという主旨。とりわけ，他家の死者への参列によって，自家に死者が出た時の参列者を増やそうとする慣行が蔓延していることも批判していた。本則は，

参詣者のあるべき心構えについて言及したもので，「意図が純正なること」は参詣の諸書に繰り返し述べられ，理想とされた参詣者の究極的な心構えはこれにつきる。

51 *Murshid* fols. 9b–10a, *Kawākib* 30.

52 *Murshid* fols. 10a–b. cf.) *Kawākib* 15, *Madkhal* 3: 278, *Nawawī* 480, *Amr bi-al-Ittibā‘* 61, *Zawājir* 1: 165, *Ḥuqūq* 59. 靴のままで墓の間を歩き回ることはハディースが禁じており，参詣の過多によるカラーファ荒廃が問題となったことは，すでに記した通りである。

53 *Murshid* fol. 10b. 参詣者が目指したのは，霊験あらたかな，祈願の叶いやすい場所であったが，本則であげられた者達の墓は，実際に祈願の叶いやすい場とされ，あまたの参詣者を集めていた。真偽は別として，カラーファには預言者として扱われたイブン・サーリフ Ibn Ṣāliḥ，ルービール Rūbīl，アースィヤ Āsiya，預言者ムハンマド家の後裔(Ahl al-Bayt)，教友，後継世代(ṭābi‘ūn)の墓が存在するとされていた。

54 *Murshid* 写本に不足部分があるため，*Murshid B* 写本 fols. 13b–14a に依った。cf.) *Kawākib* 15.

55 *Murshid* fols. 10b–11a. cf.) *Kawākib* 15–16, *Tasliya* 103–104, *Ḥuqūq* 60. 第 5 則・第 6 則は共に死者を生者と同様に扱うという趣旨である。

56 *Murshid* fol. 11a. 第 6 章で詳述するが，キリスト教徒の慣行からの影響に言及している点も重要である。

57 *Murshid* fols. 11a–14a. cf.) *Sharḥ* 402–406, *Bushrā* 46–48, *Shayzarī* 112–113, *Ibn Bassām* 454, *Amr bi-al-Ittibā‘* 59, *Fatāwā al-Kubrā* 2: 24. この慣行に対する批判については，*Iqtiḍā’* 379–380, *Turkmānī* 1: 215–216 を参照。墓地で死者にクルアーンを詠み贈る慣行は，極めて一般的であった。

58 *Murshid* fols. 14a–19a, *Kawākib* 16–17. cf.) *Tasliya* 200–202, *Bustān* 269–270, 293. 本則の構造については，本章第 2 節で詳しく検討する。

59 *Murshid* fol. 19b.

60 *Murshid* fols. 19b–20a.

61 *Murshid* fol. 20a. 本則は，ハディースにも根拠が認められよう。ブハーリー（牧野信也訳）『ハディース』中公文庫，2001 年，第 2 巻，p. 65.

62 *Murshid* fol. 20a. ここでは，毎週金曜日に両親の墓参を欠かさなかったために，神に宥された男の例が引かれている。

63 *Murshid* fols. 20a–b.

64 *Murshid B* fol. 27a. *Murshid* 写本はこの一部を欠く。ここでは，この種の慣行はジャーヒリーヤ(イスラーム以前の時代)のものとしてしりぞけている。この問題については，後で詳述する。

65 *Murshid* fol. 20b. なお，第 17 則も典拠を同じくする。

66 *Murshid* fols. 20b–21a. cf.) *Iqtiṣār* 40.

67 *Murshid B* fols. 123b–124a. *Murshid* 写本に不足あり。cf.) *Kawākib* 17. 墓地での礼拝禁止については，*Amr bi-al-Ittibā‘* 57–64, *Nawawī* 478, *Ṣārim* 39 などを参照。

68 *Murshid* fol. 21b ff.

69　例えば，磯崎定基他（訳）『日訳 サヒーフ ムスリム』日本ムスリム協会，2001年，第2巻，pp. 106–108.　cf.）*Targhīb*, 4: 288, I. Grütter, “Arabische Bestattungsbräuche in frühislamischer Zeit”, *Der Islam* 32, 1957, pp. 176–177.

70　*Miṣbāḥ* fols. 146, 302, *Tuḥfa* 146. cf.）*Murshid* fol. 221a, *Kawākib* 226, 296, 305.

71　*Ibn al-Ukhuwwa* 50.

72　*Murshid* fol. 8a, *Nasā'ī* 4: 96.

73　*Madkhal* 1: 251–253. cf.）*Madkhal* 3: 278にも同趣旨の発言あり。

74　*Ibn Māja* 1: 246, *Tirmīdhī* 2: 131, *Abū Dāwūd* 1: 131. cf.）*MF* 27: 34, 159, *Ighātha* 1: 206. ただし，イブン・タイミーヤは，不浄さよりも墓崇敬を問題としている。*Iqtiḍā'* 332, 403–404.

75　*Amr bi-al-Ittibā'* 59–61, *Tajrīd* 31–32, *MF* 27: passim，とりわけ 77, 169, *Ziyāra* 32–33, 41–44, 53–54, *Iqtiḍā'* 108–110, 329, *Ḥuqūq* 54–58, *Ighātha* 1: 203–206, 214–216, *Ṣārim* 24, 28, 39, 118, 149–150, passim, *Zawājir* 1: 165–166, *Turkmānī* 1: 216, *Zarakshī* 356, *Zād al-Ma'ād* 1: 524–526. 現代のものでは，M. N. al-Albānī, *Taḥdhīr al-Sājid min Ittikhādh al-Qubūr Masājid*, Bayrūt, 1983がこの問題に詳しい。

76　*Ḥusn al-Muḥāḍara* 1: 140. イブン・アブド・アッ＝サラームについては，*Asnawī* 1: 85や'A. I. al-Wahībī, *al-'Izz b. 'Abd al-Salām*, al-Qāhira, 1979などを参照。

77　M. Winter, *Society and Religion in Early Ottoman Egypt*, New Brunswick, 1982, pp. 141–142, *Miṣbāḥ* fol. 140, *Kawākib* 73, 149, 154–155, 162, *Tuḥfa* 129, 270, *'Iqd B* 2: 155.

78　例えば，DW15/93, 50/337, 44/285など。

79　*Kawākib* 65. cf.）*Murshid* 158b.

80　*Miṣbāḥ* fol. 213, *Kawākib* 88, 271, 279–280, *Tuḥfa* 214, 364.

81　*Aḥwāl al-Qubūr* 13, *Fatāwā al-Kubrā* 2: 9, 29.

82　死後の魂の問題については，［大稔 2011］，［大稔 1993］p. 44 註69を参照。

83　*Murshid* fols. 65b, 108b, *Miṣbāḥ* fol. 68, *Kawākib* 34, 137.

84　C. レヴィ＝ストロース（西澤文昭訳）『アスディワル武勲詩』青土社，1993年，p. 76から示唆を得ている。

85　*Murshid* fol. 204a, *Kawākib* 294.

86　*Kawākib* 16.

87　*Miṣbāḥ* fol. 263, *Iḥyā' al-'Ulūm al-Dīn* 15: 2919, *'Adhāb al-Qabr* 119.

88　*Ibn al-'Aṭṭār* 37, *Turkmānī* 1: 221, *Ziyāra* 60, 69, 75, *MF* 27: 10, 64, 107, *Tajrīd* 31, *Ṣārim* 336. イブン・タイミーヤの参詣観については，N. H. Olesen, *Culte des Saints et Pèlerinages chez Ibn Taymīya*, Paris, 1991, pp. 112–192に詳しい。

89　*Ibn Jubayr* 20.

90　*Murshid* fol. 66a, *Miṣbāḥ* fol. 263, *Kawākib* 34, 201, *Tuḥfa* 314.

91　*Murshid* fols. 221b–222a.

92　*Murshid* fol. 189b, *Miṣbāḥ* fol. 263, *Kawākib* 121, 287–288, *Tuḥfa* 250.

93　*Murshid* fol. 119a, *Kawākib* 119, *Tuḥfa* 249.

94　*Murshid* fols. 88a, 120b, 207a–b, *Miṣbāḥ* fol. 115, *Kawākib* 126, 197, 291, *Tuḥfa* 255, 308.

95 *Murshid* fol. 127a, *Kawākib* 207, 244–245, *Tuḥfa* 318–319, 348.

96 *Murshid* fols. 52b–53a, *Miṣbāḥ* fol. 17, *Kawākib* 32, M. A. Sa'd, *al-Jawhar al-Nafīsa fī Manāqib al-Sayyida Nafīsa*, al-Qāhira, 1343 A. H., pp. 5–6.

97 例えば，*Kawākib* 16, 201, 212, 251–252, 279–280 など。

98 *Miṣbāḥ* fols. 90–91, *Kawākib* 74, 155, 279–280, *Tuḥfa* 274, *Sulūk* 4: 3: 1054. cf.) *Khiyārī* 13–14.

99 *Miṣbāḥ* fols. 164–165, 209, 301. なお，現在でも，ヤー・スィーン章を死者に詠む慣行が残っている。A. Amīn, *Qāmūs al-'Ādāt wa al-Taqālīd wa al-Ta'ābīr al-Miṣrīya*, p. 308.

100 *Murshid* fols. 95b–96a, ［Ohtoshi 1993］ p. 26. *Murshid B* fol. 127b で意味を補った。*Kawākib* 159 は，「死の天使が魂を取って渡す」の部分を，「死の天使が進み出て，魂を引き抜く」とする。「取って渡す」の含意は，最後の審判を受けずとも，天国に入ることができる，ということであろう。ただし，文章としては，*Kawākib* の方が理解しやすい。なお，同文は参詣書などにも引用されていた Yāfi'ī の *al-Durr al-Naẓīm* 92 にもみえる。al-Albānī はこれを論拠の弱いハディースとしている。M. N. al-Albānī, *Silsila al-Aḥādīth al-Ḍa'īfa wa al-Mauḍū'a*, al-Riyāḍ, 2000, vol .1, pp. 312–313. また，同じ趣旨の短いハディース（ヤースィーンを詠んだ者には，クルアーン全体を 10 回分詠んだと神が認める）は，アナス・ブン・マーリクに由来するとされ，ティルミズィーやダーリミーのハディース集に収められている。その真正性は疑問視されたものの，当該の時代に非常によく言及されたものである。*Timidhī* 5: 162, *Dārimī* 2: 307. *Targhīb* 2: 307, *al-Kāfī* 238, *Mīzān al-I'tidāl* 2: 288, *al-Jāmi' al-Ṣaghīr* 1: 371.

101 Yāfi'ī の *al-Durr al-Naẓīm* (p. 115) にも 11 回とする関連記述がある。*Murshid* fol. 116a, *Miṣbāḥ* fols. 222, 300, *Kawākib* 128, 208, *Tuḥfa* 319, 359. 参詣書にしばしば引用されるイブン・アル＝ジャウズィーは，墓場に入って純正章を 10 回詠み，その報奨（thawāb）を死者へ贈ると，アッラーは死者を赦し，その墓に光と喜びを入れて下さるというハディースを引いている。*Bustān* 292.

102 C. Taylor, *In The Vicinity*, p. 76, *Murshid* fols. 140b, 221b, *Kawākib* 16, 88, 95, 109, 251, 287–288, *Tuḥfa* 214, 352.

103 *Murshid* fols. 221b–222a, *Kawākib* 287–288.

104 DW 欠 /86 (840/1436 年).

105 DW38/237 (906/1502 年).

106 DW42/183 (899/1494 年).

107 DW 欠 /359 (954/1547 年).

108 カイロ＝フスタート周辺の墓地区における読誦に関連するその他の文書として DW38/241，DW38/237，DW42/270，DW44/285，DW50/337 などがある。

109 *Madkhal* 3: 234–235, 246, *Turkmānī* 1: 216, 218. cf.) *Sharḥ* 384–387, *Nawawī* 457–459, *Ziyāra* 91, *Ighātha* 1: 212–213, *Walā'im* 55–56, *Zawājir* 1: 159–165, *Fatāwā al-Kubrā* 2: 10, 18, *Aḥwāl al-Mayyit* 34–36, 58–61 など。

110 *Targhīb* 4: 267–272

111 *Ibn al-Ukhuwwa* 51. cf.）*Shayzarī* 110, *Aḥkām al-Sūq* 89–92（付論 124–125).

112 *Wulāt* 203, 469, *Raf'* 1: 173. ハーリスの略伝については，*Ṭabaqāt al-Fuqarā'* 154, *Ṭabaqāt al-Shāfi'īya* 2: 113–114, *'Ibar* 1: 358, *Shadharāt* 2: 121, *Ḥusn al-Muḥāḍara* 1: 308 などを参照。

113 *Wulāt* 210–211, *Ibn al-Ukhuwwa* 17, *Tuḥfa* 141–142, *Khiṭaṭ* 1: 313.

114 *Wulāt* 266, *Khiṭaṭ* 1: 327.

115 *Yaḥyā al- Anṭākī* 465–466. cf.）*Quḍā'ī* fols. 111a–b, *Itti'āẓ* 2: 119–120.

116 *Inbā' al-Ghumr* 5: 348, *'Iqd B* 1: 361, *Sulūk* 1: 2: 371（マムルーク朝直前), 2: 3: 648, *Madkhal* 1: 310.

117 *'Iqd A* 3: 223–224. cf.）S. 'Āshūr, *al-Mujtama' al-Miṣrī fī 'Aṣr Salāṭīn al-Mamālīk*, p. 108.

118 *Badā'i'* 4: 76. cf.）S. M. Abū Zayd, *al-Ḥisba fī Miṣr al-Islamīya min al-Fatḥ al-'Arabī ilā Nihāya al-'Aṣr al-Mamlukī*, al-Qāhira, 1986, p. 151. 太鼓類の禁止に関しては，*Kaff* 91–104, *Ittibā' al-Sunan* 66–73 が詳しい。

119 *Madkhal* 1: 267, *Turkmānī* 1: 214. cf.）*Shayzarī* 110, *Kaff* 49 ff., *MF* 27: 107, 109, 229, 231 など。

120 情報源は，Ibn Abī al-Manṣūr の *Ṣafī al-Dīn* 80–81 である。*Kawākib* 109–110, *Tuḥfa* 230–231. *Mundhirī* 3: 164–465, *Ibn al-Mulaqqin* 467 にも同様の話がみえる。

121 *Murshid* fols. 123b–124a, *Kawākib* 253–254.

122 ただし，タリーカに関しては，時代的にやや尚早の感がある。*Tuḥfa* 181, *Itti'āẓ* 3: 131, *Khiṭaṭ* 1: 486.

123 *Murshid* fol. 116b, *Kawākib* 90, *Tuḥfa* 218, *Harawī* 38, *Amr bi-al-Ittibā'* 54, 57, 61.

124 *Ibn Ẓahīra* 189–190.

125 DW34/147, 38/169, m28/182, 29/193, 33/207（1487 年，香草代 100 ディルハム / 月), 36/224, 36/231, 37/234, 37/235, 38/237, 38/241, 42/270, 43/280, 44/285, 45/296, 47/315, 49/336, 50/337, 欠 /360 など。

126 *Sulūk* 2: 3: 625.

127 *Kawākib* 233, *Tuḥfa* 361, *Murshid* fol. 63b. なお，エジプトのムスリム社会では，供物，および祈願が叶ったときに供物するという誓約は，共にナズル（nadhr）の語で表わされた。cf.）E. B. Reeves, *The Hidden Government*, Salt Lake City, 1990, p. 103.

128 *Amr bi-al-Ittibā'* 54–64, *Ziyāra* 36, *MF* 27: 77, 11: 504, *Ḥuqūq* 62–64, *Ṣārim* 123, *Turkmānī* 1: 215.

129 *Badā'i'* 2: 46. cf.）*al-Badr al-Zāhir* 52–53.

130 28/183, 29/192, 37/234, 38/241, 39/172, 39/246, 42/270, 44/285, 欠 /359, DW85/366.

131 *Sukkardān* 456, *Madkhal* 3: 280, *Fatāwā al-Kubrā* 2: 9.

132 *Kawākib* 74, 155, 297, *Tuḥfa* 380, *Madkhal* 1: 252.

133 *Amr bi-al-Ittibā'* 61–62, *Zawājir* 1: 165–166, *Turkmānī* 1: 215, *Tajrīd* 32–33, *Ziyāra* 36–37, *Ḥuqūq* 57, *Ighātha* 1: 214 などを参照。

134 *Kawākib* 95, 189, 219, 273, 296, *Tuḥfa* 301, 329, 368, 379.

135 *Murshid* fols. 103b, 117a, *Kawākib* 127, 144, 184, *Tuḥfa* 255–256, 265, 298.

136 DW欠 /86，欠 /91，欠 /101, 38/169, 39/172, 29/192, 33/207, 37/234, 42/270, 47/315, 49/336, 欠 /359, 85/366.

137 *Miṣbāḥ* fols. 90–91, *Kawākib* 74, 155, *Tuḥfa* 274, *Khiṭaṭ* 2: 453. マーダラーイー一族については，H. Gottschalk, *Die Māḏarā'ijjūn: Ein Beitrag zur Geschichite Ägyptens unter dem Islām*, Berlin, 1931 を参照。

138 *Ibn Shaddād* 117, *Badā'i'* 2: 333, *Nujūm* 16: 97. cf.）*Miṣbāḥ* fol. 210. なお，饗応の作法をめぐっては，イブン・トゥールーンの *Walā'im* を参照。

139 *Fatāwā al-Kubrā* 2: 7.

140 *Nuzha al-Nufūs* 3: 401, *Badā'i'* 2: 180, *Miṣbāḥ* fols. 90–91, *Kawākib* 74, 155.

141 *Murshid* fols. 107b, 225b, *Ibn Jubayr* 2, *Kawākib* 136, 158, 302, *Tuḥfa* 184, 277, *Miṣbāḥ* fol. 97, *Muṣabbiḥī* 175–176, *Nujūm* 14: 77, *Zawājir* 1: 163–164, *Quḍā'ī* fols. 111a–b, *Akhbār al-Duwal* 58–59, *Khiṭaṭ* 2: 444.

142 *Murshid* fols. 63b–64b, 87b, *Kawākib* 34, 95.

143 *Kawākib* 77, *Tuḥfa* 198.

144 *Murshid* fols. 221b–222a, *Miṣbāḥ* fol. 263, *Kawākib* 287–288, *Tuḥfa* 359.

145 *Kawākib* 122, *Tuḥfa* 251, *MF* 27: 10, *Ighātha* 1: 212, *Madkhal* 1: 263, *Ṣārim* 24.

146 *Ibn al-Ukhuwwa* 51, *Shayzarī* 110.

147 *Targhīb* 4: 275–276.

148 *Madkhal* 1: 250–251. 女性の参詣禁止については，他に *Ziyāra* 84–91, *Nawawī*（条件付き）482, *Turkmānī* 1: 214, 218 など。

149 *Ibn al-'Aṭṭār* 35–37.

150 *Tasliya* 102, *Madkhal* 1: 250–270, *Turkmānī* 1: 214.

151 *Tuḥfa* 4–5.

152 *Ibn al-Furāt* 7: 197, *Sulūk* 2: 1: 51, 3: 2: 749, *Ibn Qāḍī Shuhba* 383, *Nuzha al-Nufūs* 1: 334, *Nujūm* 7: 30, *Badā'i'* 2: 84, 142, 186.

153 現代において，聖墓参詣は女性と結びつけられがちであるが，12〜13 世紀の al-Tīfāshī は，エジプトの死者の街を女性の集まる場所として紹介していた。*Nuzha al-Albāb* 238. なお，現代マグリブの事例ではあるが，F. メルニーシー（庄司由美他訳）『ヴェールよさらば』心泉社，2003 年，pp. 55–74.

154 ［Ohtoshi 1993］p. 39.

155 *Kawākib* 9–10, 36, 163, *Miṣbāḥ* fol. 259, *Tuḥfa* 139, 280.

156 *Murshid* fols. 126a, 131b–132a, *Miṣbāḥ* fol. 118, *Kawākib* 55, 120, 241, 245, *Tuḥfa* 250. なお，ここで用いた B，H，T，Q は人名の頭文字をとって略称としたものである。

157 *Murshid* fols. 120b, 187b, *Kawākib* 117, 162, 193, *Tuḥfa* 279, 305.

158 *Miṣbāḥ* fols. 114–115, 223, *Murshid* fol. 240b. cf.）*Jiwār al-Akhyār* fols. 7b, 31a.

159 *Kawākib* 154, 194–195, 224, *Tuḥfa* 306, 333.

160 *Murshid* fols. 82a, 164a, *Miṣbāḥ* fol. 55, *Kawākib* 60, 68, 90, 128, 158, 249, *Tuḥfa* 350.

161 大塚和夫『異文化としてのイスラーム』同文舘出版，1989 年。批判した側のイ

ブン・タイミーヤの証言が，貴重な史料となる。*Ziyāra* 30–31, 76, *Jawāb* 62.

162　歴史的テクストは，こちらからの誘導や変更の余地を残してはいない。「聖者の砂土を患部につけておくと，アッラーの御心によって，癒える」といった具合に，アッラーの御業であることが強調される。*Murshid* fol. 124a, *Kawākib* 233, *Tuḥfa* 341.

163　*Amr bi-al-Ittibā'*, *MF*, *Ziyāra*, *Madkhal*, *Jawāb*, *Ighātha*, *Ṣārim*, *Turkmānī*, *Zawājir* その他を参照。

164　*Shifā'* を参照。

165　*Murshid* fol. 18a, *Kawākib* 17.

166　*Miṣbāḥ* fols. 118–119, *Miṣbāḥ A* fol. 56a.

167　*Miṣbāḥ* fols. 280–281, *Miṣbāḥ A* fol. 138b.

168　*Kawākib* 3, 78, *Murshid* fols. 172a, 217b.

169　*Murshid* fols. 77b–78a, 119a–b, *Miṣbāḥ* fols. 74, 106, *Kawākib* 51, 118, *Tuḥfa* 234.

170　*Murshid* fols. 18a, 64a, 111a, *Kawākib* 17, 34, 138.

171　*Kawākib* 224, *Tuḥfa* 333.

172　*Miṣbāḥ* fol. 50, *Kawākib* 144, 229, 233, *Tuḥfa* 266, 336, 361.

173　[大稔 2001b] p. 182.

174　M. モース（有地亨他訳）『社会学と人類学 1』弘文堂，1973 年，pp. 246–257 など。

175　大塚和夫『異文化としてのイスラーム』同文舘出版，1989 年，第 5 章 など。

176　*Murshid* fol. 14a, *Kawākib* 17. cf.）*Turkmānī* 1: 227.

177　*Murshid* fol. 14b. cf.）*Rawḍ* 161.

178　*Kawākib* 207, 320, *Tuḥfa* 399. なお，ワクフ文書にもよくみられる表現である。

179　*Murshid* fol. 198a, *Miṣbāḥ* fol. 298, *Kawākib* 201, 204, *Tuḥfa* 314, 317.

180　*Kawākib* 265, *Tuḥfa* 359. 類話として，*Murshid* fols. 221b–222a, *Miṣbāḥ* fol. 263, *Kawākib* 287–288. なお，(1)段階にも，聖者の執り成しが介在すると考えることもできよう。

181　*Murshid* fol. 84b, *Miṣbāḥ* fol. 83, *Kawākib* 61, *Tuḥfa* 174.

182　*Kawākib* 43. キシュクはエジプトでは，小麦粉に牛乳，塩，肉などを加え，直径 3〜4cm に焼いたもの。

第 2 章　聖墓と聖者の創出

1　一例のみあげると，R. Chih & D. Gril (eds.), *Le saint et son milieu* (*Cahier des Annales islamologiques* 19), Cairo, 2000. このことは，筆者が 1995 年時点に説明した研究状況と比較すると歴然としていよう（[大稔 1995a]）。なお，本章は，九州史学会における口頭発表「マムルーク朝期カイロにおける聖墓と聖者の創出：再考」（2005 年 12 月 11 日，於九州大学），さらに第 3 回国際中東学会(WOCMES)大会（2010 年 7 月 21 日，於バルセロナ自治大学）における口頭発表 "The Creation of Holy Tombs and Saints in Medieval Egypt", [大稔 2007b]に基づく。

2　*Kawākib* 143, 232, 306, *Tuḥfa* 265, 388, *Murshid* fol. 139a.

3 *Miṣbāḥ* fol. 21, *Kawākib* 42, *Tuḥfa* 142.「ファラオの妻」の存在はクルアーン第66章11節にみえ，ブハーリーなどのハディースは彼女の名をアースィヤ Āsiya とする（al-Bukhārī, *al-Ṣaḥīḥ* 〈al-Anbiyā' 章〉）。この比定に関しては参詣のシャイフの多くが懐疑的であったが，アースィヤの聖墓の存在は彼女が当時一定の人気を得ていたことの証左であろう。cf.）C. Taylor, *In the Vicinity of the Righteous*, pp. 84–85,［大稔 1994b］p. 69. なお，ワフラーニー（1178–9没）によると，Ibn Abī al-Ḥajjāj は，アースィヤの墓建物を建て，毎週金曜にクルアーン詠み達を用意したという。*Wahrānī* 232–233.

4 この逸話は「エジプト史」について考察する際，極めて重要な意味をもつ。というのも，これはエジプト人がいかにしてイスラームやアラブを受容したかという彼らの自画像の形成と深く連関しているからであり，ムカウキスはキリスト教徒の国であったエジプトと，アラブ・ムスリムのエジプトとを架橋する歴史的な役割の一翼を結果として担ったように多種の史料に描かれた重要人物であった。*Miṣbāḥ*, fol. 134, *Kawākib* 143, *Tuḥfa* 265. cf.）*Wāqidī* fols. 39–46.

5 *Murshid* fols.41b–42a.

6 *Tuḥfa* 143, 298–299. cf.）*Murshid* fol. 248a, *Kawākib* 184, *Ibn Khallikān* 5: 122–123.

7 *Miṣbāḥ* fol. 11, *Kawākib* 177. フサインの頭骨をめぐっては，S. M. Muḥammad, *Mukhallafāt al-Rasūl fī al-Masjid al-Ḥusaynī*, al-Qāhira, 1989, pp. 24–55, C. Williams, "The Cult of 'Alid Saints: Part 1 & 2" および，M. Bloom, "The Mosque of the Qarafa" を参照。ただし，ウィリアムス説には疑問点も多い。

8 *MF* 27: 450 ff., *Iqtiḍā'* 317.

9 *Sulūk* 2: 1: 236. なお，ダビーク Dabīq とは下エジプトの地名であり，高品質の織物で知られていた。*Khiṭaṭ* 1: 226. cf.）R. 'A. Ibrāhīm, *al-Mu'jam al-'Arabī lī-Asmā' al-Malābis*, al-Qāhira, 2002, pp. 167–168.

10 *Murshid* fols. 41b–42a.

11 *Ta'rīkh al-Baṭārika* 2: 3: 265. なお，エジプトのキリスト教徒たちの聖遺骸へのこだわりについては，第6章を参照。

12 *Murshid* fol. 224b, *Miṣbāḥ* fol. 259, *Kawākib* 282–283, *Tuḥfa* 374.

13 *Miṣbāḥ* fol. 13, *Tuḥfa* 115.

14 *Murshid* fols. 140b–141a, 120b–121a, *Miṣbāḥ* fol. 203, *Kawākib* 108–109, 116, 118, 296, *Tuḥfa* 238–239, 247, 379, *Shua'ybī* fols. 2b–3a. *al-Māra'ī al-Ḥisān*, J. G. Katz, *Dreams, Sufism and Sainthood: The Visionary Career of Muḥammad al-Zawāwī*, Leiden, 1996.

15 *Miṣbāḥ* fol. 268, *Kawākib* 294.

16 *Muqaddima* 475–478.

17 *Murshid* fol. 103b, *Miṣbāḥ* fol. 50, *Kawākib* 144, *Tuḥfa* 266. ムスリム社会の聖遺物については後述。*Badā'i'* 4: 68–69, *Sulūk* 1: 3: 209, 218, 234 など。

18 *Murshid* fol. 103a, *Miṣbāḥ* fol. 50, *Kawākib* 144, *Tuḥfa* 266.

19 *Khiṭaṭ* 2: 455–456, *Murshid* fols. 139b–140a, *Kawākib* 231, *Tuḥfa* 339.

20 例えば，*al-Majdī*, P. Sanders, *Ritual, Politics, and the City in Fatimid Cairo*, New

York, 1994. なお，参詣書には，この種の系譜文献からの引用が多くみられる。系譜文献については，森本一夫「サイイド系譜文献」『アジア・アフリカ歴史社会研究』1，1996 年，p. 71.

21 *Intiṣār* 4: 92, *Kawākib* 182, *Tuḥfa* 77, 141, 296, *Shu'aybī* fol. 141a.

22 *Sulūk* 1: 1: 92, cf.）*Kawākib* 282, *Tuḥfa* 7, *Shu'aybī* fol. 131b.

23 なお，バッタール・アル＝ムスタティル al-Baṭṭāl al-Mustatir については，状態の悪いオールド・カイロの複写機で史料をコピーした際に入った縦線によって，「玉葱売り」としてしまった旧稿を改めねばならない（［大稔 1999a］p. 238,［Ohtoshi 2006a］p. 95）。*Miṣbāḥ* fols. 11, 69, *Kawākib* 177, *Tuḥfa* 292.

24 *Miṣbāḥ* fols. 21, 150–151, *Kawākib* 37, 41–42, 83, 188, 189, 195, 196, 209, 225, 242, 278, 282, 290, 303, 307 など。

25 *Tuḥfa* 162, *Miṣbāḥ* fols. 69, 87, *Kawākib* 141, 145, 185, 300.

26 Māhān については *Murshid* fol. 164a, *Miṣbāḥ* fols. 54, 69, *Kawākib* 46, 67. フサインの娘ファーティマについては，*Miṣbāḥ* fol. 69, cf.）*Kawākib* 46.

27 *Murshid* fols. 103a–b, 120b, 159b, *Miṣbāḥ* fols. 24, 49, 50, 119, *Kawākib* 43, 117, 303, *Tuḥfa* 247, 267, 385.

28 S. M. Muḥammad によれば，預言者ダニエル・モスクと預言者ダニエルを結びつけたのは *Ẓāhirī* 41 が初出であるとする。ただし，この預言者に関連した幻視・夢がみられた可能性も残る。S. M. Muḥammad, *Masājid Miṣr wa Awliyā'-hā al-Ṣāliḥūn*, al-Qāhira, 1971–83, vol. 1, p. 326ff. cf.）*Gharnāṭī* 112–114.

29 *Murshid* fols. 102b, 149b–150a, *Miṣbāḥ* fols. 49, 51, 134, 140, *Kawākib* 93, 141, 143, 149, 185, *Tuḥfa* 162, 221, 265, 270.

30 *Miṣbāḥ* fol. 16, *Kawākib* 46.

31 *Murshid* fol. 187b, *Kawākib* 162, 193, *Tuḥfa* 305.

32 *Harawī* を参照。

33 A. Taymūr, *al-Āthār al-Nabawīya*, al-Qāhira, 1951, S. M. Muḥammad, *Mukhallafāt al-Rasūl fī al-Masjid al-Ḥusaynī*, Kh. Muṣṭafā, *Āthār Rasūl Allāh*, al-Qāhira, 1997, A. 'I. J. H. al-Ḥusaynī, *Asrār al-Āthār al-Nabawīya*, al-Qāhira, 2007.

34 A. Taymūr, *al-Āthār al-Nabawīya*, pp. 15–22, 63–69.

35 *Tanzīh al-Muṣṭafā* fol. 36, A. Taymūr, *al-Āthār al-Nabawīya*, pp. 44–62.

36 *Harawī passim.*

37 A. Taymūr, *al-Āthār al-Nabawīya*, pp. 70–84.

38 *Ibn Baṭṭūṭa* 65（イブン・バットゥータ〈家島彦一訳〉『大旅行記』平凡社，1996–2002 年，第 1 巻，p. 105）.

39 S. M. Muḥammad, *Mukhallafāt al-Rasūl fī al-Masjid al-Ḥusaynī* pp. 62–77, A. Taymūr, *al-Āthār al-Nabawīya*, pp. 27–43.

40 *Kawākib* 144, *Murshid* fol. 103a.

41 *Badā'i'* 4: 83.

42 *Kawākib* 93, 189, *Tuḥfa* 302.

43 *Kawākib* 299–300.

44　*Murshid* fols. 223b–224a, *Kawākib* 217, 223, 227, 290, *Tuḥfa* 328, 332, 335, 376.

45　D. Eickelman, *Moroccan Islam: Tradition and Society in a Pilgrimage Center*, Austin, 1976, pp. 102–105.

46　R. McChesney, *Waqf in Central Asia: Four Hundred Years in the History 1480–1889*, Princeton, 1991, pp. 26–30, *Gharnāṭī* 118–121.

47　濱田正美「聖者の墓を見つける話」『国立民族学博物館研究報告別冊』20，1999年，pp. 287–326，H. L. Beck, *L'image d'Idrīs* II*, ses descendants de Fās et la politique sharīfienne des sultans marīnides* (*656–869/1258–1465*), Leiden, 1989.

48　本書でいう聖墓・聖者創出の「失敗」とは，ある聖者，もしくは被葬者に対する人々の崇敬が，史料から判断する限り，拡大せず長続きしなかったことを示す。

49　*Sulūk* 2: 3: 649–650. なお，I. Lapidus も awbāsh について紹介する文脈でこの記録の一部に註記していた。*Muslim Cities in the Later Middle Ages*, Cambridge, 1967, p. 269.

50　*Shujāʿī* 259–260. Ibn Qāḍī Shuhba もこのヴァージョンを引用していたが，表1の中で(　)で示した部分には異同がある。*Ibn Qāḍī Shuhba* 1: 2: 357.

51　*Khiṭaṭ* 1: 341, 2: 117–119, *Sulūk* 1: 2: 474.

52　*Badāʾiʿ* 1: 2: 88, *Sulūk* 3: 1: 173–174, *Khiṭaṭ* 2: 51.

53　このヌサイラの事例は，1343–44年の事件と類似点をもつ。*Khiṭaṭ*, 2: 245, 331, *al-Ṭabaqāt al-Kubrā* 2: 142.

54　アール・マリクについては，例えば以下を参照。*Wāfī* 9: 372, *Aʿyān al-ʿAṣr* 1: 203, *Manhal* 3: 85–88.

55　*Nayl al-Amal* 1: 48, *Sulūk* 3: 620, 748, 756, *Muqaffā* 2: 25–26, *al-Durar al-Kāmina* 1: 353, 376, *Ibn Qāḍī Shuhba* 2: 486, 513, *Wajīz al-Kalām* 1: 2, *Wāfī* 8: 355, *Aʿyān al-ʿAṣr* 1: 145–147, *Manhal* 2: 314–319, *Nujūm* 15: 185, 五十嵐大介『中世イスラーム国家の財政と寄進』刀水書房，2011年，pp. 28–29.

56　*Sulūk* 2: 3: 625.

57　*Ibn Baṭṭūṭa* 62. なお，この引用部分は，かつて一般的に利用されたフランス版とは異なる。ハラーフィーシュについては，W. M. Brinner, "The Significance of the Harāfīsh and their Sultan," *Journal of the Economic and Social History of the Orient* 6, 1963, pp. 190–215, I. Lapidus, *Muslim Cities in the Later Middle Ages*, pp. 177–183, A. Sabra, *Poverty and Charity in Medieval Islam: Mamluk Egypt, 1250–1517*, Cambridge, 2000, pp. 14–17 などを参照。

58　ここで「親方」と訳出した原語は muʿallim であり，al-Ṭaḥḥān とは「粉挽き」の意。

59　マンスーリー al-Manṣūrī 病院の運営やワクフ文書については，A. ʿĪsā Bak, *Taʾrīkh al-Bīmāristān fī al-Islām*, Bayrūt, 1981 や，菊池忠純「マムルーク朝時代のカイロのマンスール病院について」『中近東文化史論叢——藤本勝次，加藤一朗両先生古稀記念』同朋舎出版，1992年，pp. 47–67 に詳しい。

60　前出のマハッリー Muḥammad al-Maḥallī と，このハリールという二人の粉挽き(ṭaḥḥān)はパン用の粉の流通をめぐる人的ネットワークを通じて，パン捏ね職人で

あったムバーラクと識り合った可能性がある。

61 ここでは，*Tuḥfa* 校訂本のように “Sīra Dhāt al-Himma” とはせず，*Tuḥfa* 写本(Ms.Dār al-Kutub al-Miṣrīya, Ta’rīkh Ṭal‘at no.1972, fol. 320, Ms. Dār al-Kutub al-Miṣrīya, Ta’rīkh no.1928, fol. 40a)の原文に従って “Dalhamā wa al-Baṭṭāl” とした。一方，別の *Tuḥfa* 写本 Ms. Dār al-Kutub al-Miṣrīya, Ta’rīkh no.41, fol. 48b は，“Sīra Dalhamā wa al-Baṭṭāl” としていた。また，例えば E. W. レーンは “Seeret Delhem’eh” もしくは “Zu-l-Himmeh” としていた。E.W. Lane, *An Account of the Manners and Customs of the Modern Egyptians written in Egypt during the years 1833–1835*, London, 1836 (rep. 1989), pp. 409–410. cf.) O.Claudia, *Metamorphosen des Epos: Sīrat al-Muǧāhidīn (Sīrat al-Amīra Ḏāt al-Himma) zwischen Mündlichkeit und Schriftlichtkeit*, Leiden, 2003, pp. 39–42.

62 *Tuḥfa* 180–182. 筆者はすでにこの事例について言及したことがある([Ohtoshi 2006b] p. 94)。しかしながら，今回はさらに詳細に分析し，Shukran を Shukr とするなどの修正も施した。Shukr についていえば，現存する *Tuḥfa* 写本の一つはこれを，カラーファ墓地で崇敬対象とされていた Shukr al-Abla としていた。しかし，この史料の著者サハーウィー自身が，同書の他の箇所で Shukr al-Abla の墓について述べており，Shukr をこれとは別の人物と考えていたふしがある。*Tuḥfa* 280, *Kawākib* 163, *Murshid* fol. 97b, *Tuḥfa* 写本(Ms.Dār al-Kutub al-Miṣrīya, Ta’rīkh Ṭal‘at no.1972, fols. 319–320).

63 タクルール地域については，第 4 章註 37 を参照。

64 *Ḍaw’* 7: 244–245, *Wajīz al-Kalām* 2: 785, *Nayl al-Amal* 6: 260.

65 マクリーズィーによれば，カイロの総監(ワーリー)職はこの事件とほぼ同時期に，Shujā’ al-Dīn Ghurlū から Najm al-Dīn Ayyūb へと交代している。*Sulūk* 2: 3: 648.

66 *Ḍaw’* 12: 126–127, *Manhal* 4: 311–312.

67 ダルヴィーシュについては，*Manhal* 7: 133, *Nujūm* 11: 122, *Durar al-‘Uqūd al-Farīda* 2: 346, *Sulūk* 3: 201, *Ibn al-Mulaqqin* 558, *Ibn al-‘Irāqī* 2: 338, *Inbā’ al-Ghumr* 4: 164, 1: 26, *Badā’i‘* 1: 110, *Kawākib* 186 など。

68 ジャズブ(ジャズバ *jadhb⟨a⟩*)にとらわれた者であり，修行の階梯を究めた結果によるのではなく，精神的・霊的体験を通じて瞬時に神秘的合一の極に達した者のこと。cf.) 東長靖「マジュズーブ」大塚和夫他編『岩波 イスラーム辞典』岩波書店，2002 年，p. 909，*‘Uqalā’*, A.T. Welch, “Madjnûn”, in *EI2*, M. Dols, *Majnun: The Madman in Medieval Islamic Society*, Oxford, 1992, pp. 366–422.

69 *Durar al-‘Uqūd al-Farīda* 3: 525, *Ibn al-Mulaqqin* 572, *Munāwī* 3: 106–108, *Ibn al-‘Irāqī* 2: 322, *Wajīz al-Kalām* 1: 183, *al-Dalīl al-Shāfī* 2: 779, *Badā’i‘* 1: 104, *al-Durar al-Kāmina* 5: 207 など。

70 「生ける聖者」の事例はマムルーク朝期以外にも見出せる。しかし，15 世紀前半以降，おそらくは聖者崇敬やスーフィーズムの社会への浸透を背景として，より多くの事例が史料に記述されてゆくことになったと推定される。

71 ここで用いる「失敗」とは，いかなる歴史的用語でも，当時の概念でもなく，あくまで分析概念である。

72　*Tibr* 3: 13–15, *Ḥawādith* 1: 62–64, *Badā'i'* 2: 277.

73　Qāsim al-Kāshif については，*Nayl al-Amal* 5: 300, *Ḍaw'* 6: 193, *Wajīz al-Kalām* 2: 656, *Badā'i'* 2: 277.

74　当時の権力者であり，とくに市民の経済政策を担い，王朝の政策に対する反感の矢面に立っていた。*Manhal* 12: 80–84, *Inbā' al-Haṣr* 175, *al-Dalīl al-Shāfī* 2: 777, *Nayl al-Amal* 6: 398, *Ḍaw'* 10: 23.

75　マムルーク朝期の牢獄については，'A. Ṭ. Rizq, *al-Sujūn wa al-'Uqūbāt fī Miṣr 'Aṣr Salāṭīn al-Mamālīk*, al-Qāhira, 2002 が詳しい。他に，C.F. Petry, "Al-Maqrīzī's Discussion of Imprisonment and Description of Jails in the *Khiṭaṭ*", *Mamlūk Studies Review* 7-2, 2003, pp. 137–143.

76　用いた史料そのものの性質に対する注意を怠ってはならないことは言を俟たない。聖者崇敬や聖墓参詣についていえば，支配権力との関係に力点を置きがちな年代記，あるべきムスリムの慣行に照らして原則を貫こうとするウラマーの諸論考，それに対して，墓に関する事実には正確であろうとするものの，権力者との関わりの記述が少なく，より民衆寄りのスタンスの明白な参詣書史料，あるいは，年代記と参詣書の間にさまざまなスタンスをとる伝記集や聖者列伝など，個々の著者の知的背景も含めて精査が必要であろう。

77　聖墓参詣に関する女性達の役割については，第 1 章および第 4 章を参照。

第 3 章　死者の街の消長と経済的基盤

1　A. Sabra, *Poverty and Charity*, pp. 95–100.

2　2000 年 3 月，筆者は墓地居住に関してカイロ大学の M. al-Kurdī 教授(社会学)と合同で研究発表を行なった(於日本学術振興会カイロ研究連絡センター)。cf.)［大稔 2003］pp.56–60。A. Zā'id, "Ẓāhira Sakanī fī al-Maqābir fi Madīna al-Qāhira bayna Naẓarīya al-Taḍakhkhum al-Ḥaḍarī wa al-Taḥlīl al-Ta'rīkhī al-Binā'ī", *al-Kitāb al-Sanawī li-'Ilm al-Ijtimā'* 3, 1982, pp.101–138.

3　カイロにおけるより深刻な問題は，墓地区の居住環境が，その後背地に展開する「スラム地区」(manāṭiq 'ashwā'īya)に比べればまだましだという点にあろう。そこでは，例えばムスリムやコプト・キリスト教徒の地方出身者がカイロ市中から回収した大量のゴミを持ち込み，主として生ゴミで養豚を行ない，他は分別した後にリサイクルしていた。その生活環境の劣悪さ，乳幼児死亡率の高さ，ムスリム社会における豚の飼育(「豚インフルエンザ」の蔓延を理由に，エジプトの養豚業は禁じられたが，2015 年時点では水面下で一部再開している)などは，大きな社会問題である。なお，コプト・キリスト教徒はムスリムの墓地には居住していない。筆者はこのような地区に隣接して居住し(1988〜91，2012 年)，80 年代末からフィールドワークを継行してきた。［大稔 1997］pp. 69–74 を参照。

4　*Abū al-Makārim* 2: 52. なお，本書でも使用した *Abū al-Makārim* の新校訂によって情報量は増えたものの，校訂本自体には誤植や註の誤りが多く，十分な注意を要する。この部分も，"tab-hā"? とある箇所を，"bi-hā" の誤りと考えた。

5　*Murshid* fols. 91b–92a, 163a.

6 *Tuḥfa* 180, *Intiṣār* 4: 57–58, *Sīra Aḥmad Ibn Ṭūlūn* 342, 350, 352–353, *Sa'īd b. Baṭrīq* 2: 70.

7 *Intiṣār* 4: 55–56. なお，Abū Bakr Muḥammad については，*Muqaffā* 6: 234–247, M. Gottschalk, *Die Māḏarā'ijjūn*, p.79ff.

8 *Sīra al-Ikhshīd*, 265, *Shu'aybī* fol. 153a.

9 R. P. Gayraud, "Istabl 'Antar (Fostat) 1985, Rapport des fouilles", *Annales Islamologiques* 22, 1986, pp.1–26 , idem, "Istabl 'Antar (Fostat) 1986, Rapport des fouilles", *Annales Islamologiques* 23, 1987, pp.55–71 , idem, "Le Qarāfa al-Kubrā, dernière demeure des Fatimides", in M. Barrucand (éd.), *L'Égypte fatimide: Son art et son histoire*, Paris, 1999, pp.443–464.

10 *Tuḥfa* 180.

11 *Ibn Riḍwān B,* 155–164, [Ohtoshi 2001] pp.17–20.

12 *Itti'āẓ* 1: 113, 131, 139, 143, *Nuwayrī* 28: 206, *Ibn al-Ṭuwayr* 223, *Yaḥyā al- Anṭākī* 463–464(255–256).

13 *Itti'āẓ* 1: 145, *Khiṭaṭ* 2: 138, *Nuwayrī* 28: 150.

14 *Itti'āẓ* 1: 148.

15 *Itti'āẓ* 1: 145, 3: 20–21. cf.) *Ibn Muyassar* 164.

16 *Ta'rīkh al-Baṭārika* 2: 2: 209–210, *Muṣabbiḥī* 174. cf.) *Itti'āẓ* 1: 157, *Muṣabbiḥī* 175–176, Y. Lev, *States and Society in Fatimid Egypt*, Leiden, 1991, pp.149–152.

17 *Nuwayrī* 28: 208，および，四参詣書を参照。

18 *Khiṭaṭ* 2: 319–320, 445–446 , *Muqaffā* 6: 493.

19 *Intiṣār* 4: 56. ただし，他史料から裏付けはとれない。

20 *Khiṭaṭ* 2: 320, 443, *Kawākib* 177. したがって，一般に考古学の発掘成果によると，フスタートの大火でフスタート市街地中心部に大火の痕跡がみられないとされるが，都市中心部から離れた郊外のカラーファ近くが焼失した可能性は残る。

21 *Miṣbāḥ* fol. 124.

22 *Kanz* 7: 170, *Sulūk* 1: 1: 208, *Khiṭaṭ* 2: 444, *Ibn Jubayr* 22–24, *RCEA* 9: 89–96, 10: 57–61, 220–221. なお，*Tuḥfa* 189 は，サラディンの建設，そして，アミール・ジャーンベク Jānbak の改築による al-Bi'r al-Sāqiya が水をシャーフィイー廟まで運んでいたとする。また，ハバシュ湖からの水がシャーフィイー廟外の貯水施設まで流れていたことを，マムルーク朝期の旅行家達が記している。*Tujībī* 144, *Balawī* fols.37b–38a, *'Abdarī* fol. 80ff. さらに，先述のイブン・トゥールーン水路橋との同一視も見受けられる。cf.) A. Guest & E. Richmond, "Miṣr in the Fifteenth Century", *JRAS*, 1903, pp. 810–812.

23 *Tuḥfa* 180. cf.) *Khiṭaṭ* 2: 320, N. D. MacKenzie, *Ayyubid Cairo: A Topographical Study*, Cairo, 1992, L. Korn, *Ayyubidische Architektur in Ägypten und Syrien*, pp. 13–41.

24 DW 1/4 (637/1240 年)のワクフ文書，*Idrīsī* 324, *Mushtarak* 341. なお，当時のサーリヤ墓地については，*Ibn Jubayr* 24, *Muntaqā* 34, 134, *RCEA* 8: 220–221 を参照。

25 例えば，Ibn 'Aṭāyā (1216 没)は大カラーファに居住した参詣のシャイフであり，参詣書も草していた。*Mundhirī* 2: 346, *Bughya al-Wu'āt* 2: 107, *Ibn al-Furāt* 5: 183–

184.

26 cf.）*Tawālī al-Ta'sīs*, および *Manāqib al-Shāfiʻī*.

27 *Idrīsī* 1: 324, *Murshid* fols. 90a, 91a, 116b, 131b, 229b–230a, *Miṣbāḥ* fols. 66, 98, *Kawākib* 108–109, 154, 175, 227, 244, 254, 257, 280, *Tuḥfa* 180, 190, *Qabas* 2: 131, *Manhal* 7: 77, 133, 190, *Nujūm* 7: 356, *ʻUyūn al-Tawārīkh* 21: 46, 166, 314, *Ṭabaqāt al-Shāfiʻīya* 6: 90, 8: 321, *Ibn al-Furāt* 7: 112, *Shadharāt* 5: 373, *Yūnīnī* 3: 70, 291, *Wāfī* 4: 235, *Sulūk* 1: 3: 148 など。

28 *Khiṭaṭ* 2: 444–445, *Nashq A* fol.43b. cf.）*Sulūk* 2: 2: 540, *Khiṭaṭ* 2: 444,［大稔 1994a］p. 167, C. Taylor, *In the Vicinity of the Righteous*, p. 20.

29 *Kawākib* 183, *Tuḥfa* 297.

30 *Sulūk* 1: 3: 761, 804, 2: 2: 383, *Muqaffā* 6: 207, *Shadharāt* 5: 424.

31 *Sulūk* 2: 1: 41–42, 3: 3: 1025, *Ḥimyarī* 460–461, *Kutubī* 2: 280, *Dāwūdī* 1: 81–82, *Shadharāt* 7: 42, 7: 109, *Ḍaw'* 2: 17, 205, 4: 99–100, 209–210, 6: 62, 10: 62, 11: 220. *Qabas* 2: 99, 113, *Nayl al-Ibtihāj* 543, *Miṣbāḥ* fol. 203, cf.）*ʻUqūd Lu'lu'īya* 2: 202, *Ibn al-ʻIrāqī* 1: 148, *al-Durar al-Kāmina* 2: 132, *Ṭabaqāt al-Shāfiʻīya* 8: 321, 6: 90, *ʻUyūn al-Tawārīkh* 21: 166, 314, *Yūnīnī* 3: 291, *Ibn al-Mulaqqin* 550, *Uns* 2: 110–111, *al-Badr al-Ṭāliʻ* 1: 117, *Manhal* 6: 36. シハーブ・アッ＝ディーン・アル＝カラーフィーの代表作には，*al-Iḥkām fī Tamyīz al-Fatāwā ʻan al-Aḥkām*, al-Qāhira, 1989, *al-Istighnā' fī Aḥkām al-Istithnā'*, Baghdād, 1982 などがある。

32 ［大稔 1994a］pp. 170–171, *Sulūk* 4: 3: 1229, *Wajīz* 2: 570.

33 *Sulūk* 4: 2: 827–828 を *Nuzha al-Nufūs* 3: 189, *Nujūm* 14: 342–343, *Khiṭaṭ*, 2: 320 で補った。また，イブン・アン＝ナースィフはタクルール出身者が多く埋葬された墓地の存在をあげていた。*Miṣbāḥ* fol. 208.

34 *Khiṭaṭ* 2: 320, *Sulūk* 1: 2: 648–649, *Ibn Ḥabīb* 2: 142–143, *Ṣubḥ* 5: 293, *Nuwayrī* 30: 367. タクルール Takrūr 一般に関しては，以下の文献を参照。*al-Taʻrīf bi-al-Muṣṭalaḥ* 44–46, N. Levinzon, "Mamluk Egypt and *Takrūr*", in *Studies in History and Civilization*, Jerusalem, 1988, pp.183–207. なお，*Ṣubḥ* 5: 293 によると，マンサー王は，スルターン・バイバルスの時代にメッカ巡礼したとあり，これが，マクリーズィーのいうムーサー Mūsā 王に合致するとみて間違いあるまい。また，*Sulūk* 1: 2: 648–649 において，バイバルスの追悼式（1278 年）で，饗応にあずかったナカーリラ al-Nakārira とは，タカーリラ al-Takārira の誤りであると筆者は考える。事実，*Nuwayrī* 30: 367 は，nūn ではなく，tā とする。

35 *Tuḥfa* 180–181.

36 *Nujūm* 16: 137, 139, 141, *Tuḥfa* 180–181.

37 *Līwūn al-Ifrīqī* 2: 210, M. Dols, *The Black Death In the Middle East*, p.196.

38 サフラー地区，さらに Qubba al-Naṣr や al-Raydānīya については，［大稔 1994a］pp. 168–170, D. Behrens-Abouseif, "The North-Eastern Extensions of Cairo", *Annales Islamologiques* 17, 1981, H. Hamza, *The Northern Cemetery of Cairo*.

39 *Qabas* 1: 276–277, 396, 540, 2: 63–64, 229, *Ḍaw'* 4: 209–210, 6: 62, 241, 8: 33, *Inbā' al-Ghumr* 7: 396, *Badā'iʻ* 2: 386, *Manhal* 7: 251. H. Hamza はサハーウィーの *Ḍaw'* から

14人を抜き出している。Hamza, *The Northern Cemetery*, p.51.

40 *Khiṭaṭ* 2: 443, *Mawrid* 91, *Yūsufī* 205, 325, *Ibn Abī al-Faḍā'il* 451–453, *Ibn Ḥabīb* 3: 43, 100, *Sulūk* 2: 1: 26, 92, 2: 2: 311, 373–374, 2: 3: 570, 576–577, 609, 630–631, 711–712, 846–847, 3: 1: 153, 280, 332, 384, 1160 など。

41 *Khiṭaṭ* 1: 360–365, 2: 22, 463–464, *Nujūm* 14: 77, *Sulūk* 1: 2: 429, 2: 1: 54, 2: 2: 391, 2: 3: 561, 578, 839, 870, 3: 1: 358, 365, 726–727, 3: 2: 316, 595, 633–634, 712, 726–727, 763, 807 など。cf.）D. Behrens-Abouseif, "The North-Eastern Extensions of Cairo".

42 *Sulūk* 2: 2: 540.

43 *Sulūk* 2: 3: 783.

44 *Sulūk* 2: 3: 773, *Murshid* fol. 126a, *Kawākib* 245, *al-Fatāwā al-Kubrā* 2: 13.

45 *Qabas* 1: 295, 360, 2: 99, 121, 204, 326, *Iẓhār al-'Aṣr* 1: 187, 206 など。

46 S. 'Uways, *al-Khulūd fī Ḥayāt al-Miṣrīyīn al-Ma'āṣirīn*, al-Qāhira, 1972 , idem, *al-Khulūd fī al-Turāth al-Thaqāfī al-Miṣrī,* al-Qāhira, 1966 , idem, *Min Malāmiḥ al-Mujtama' al-Miṣrī al-Ma'āṣir*, al-Qāhira, 1965. cf.）内田杉彦「古代エジプトにおける生者と死者との互恵関係に関する一考察」『オリエント』33–1，1990年，pp. 124–137.

47 *Kawākib* 282, *Tuḥfa* 373, *Sulūk* 2: 2: 544ff.

48 *Itti'āẓ* 1: 142, 2: 154, *Muṣabbiḥī* 167–168 , *Nuwayrī* 28: 150 , *Ibn Muyassar* 163–164 , *Khiṭaṭ* 2: 138.

49 *Badā'i'* 5: 159–160.

50 *Kashf al-Ṣilṣila* 118. cf.）*Ibn Abī al-Faḍā'il* 592–594.

51 *Sulūk* 1: 3: 898.

52 *Ibn Ḥabīb* 2: 142–143, N. Levinzon, "Mamluk Egypt and *Takrūr*", p.187, *Ibn Baṭṭūṭa* 701.

53 *Sulūk* 2: 2: 447–448.

54 *Zubda Ikhtiṣār* 118.

55 *Miṣbāḥ* fol. 136, *Kawākib* 97, 321, *Mawrid* 75–76, *Sulūk* 1: 2: 306, 3: 1: 222, *Badā'i'* 5: 159–160, 3: 205, 4: 275–276.

56 *Sulūk* 4: 2: 661, *Badā'i'* 2: 91–92, 4: 275–276.

57 *Ḥawādith* 2: 334, *Badā'i'* 3: 319.

58 *Badā'i'* 1: 1: 515, cf.）*Shujā'ī* 197, *Sulūk* 2: 3: 599, *Nujūm* 10: 45, 55–56. なお，ムスリムの埋葬法は土葬であり，焼骨は最後の審判を受ける機会を喪失することにつながるとともに，地獄の苦しみを連想させる，最も苛烈な行為である。

59 *Muṣabbiḥī* 220, *Sulūk* 1: 2: 306 , *Badā'i'* 3: 391 , Y. Rāġib, "Faux morts et enterrés vifs dans l'espace musulman", *Studia Islamica* 57, 1983, p.26.

60 *Zarkashī* 381 , *Sulūk* passim.

61 *Itti'āẓ* 2: 20–21 , *Buṣrāwī* 185 , *Tuḥfa* 180–181.

62 *Ḥusn al-Muḥāḍara* 1: 139–141. cf.）*Madkhal* 1: 253 , M. al-Ṣādiq, *Iḥyā' al-Maqbūr min Adilla Istiḥbāb Binā' al-Masājid wa al-Qubab 'alā al-Qubūr*, al-Qāhira, n.d., p.6 , *Sulūk* 1: 2: 312, 420, *Iqtiḍā'* 330–331, および，第1章「参詣の諸相」・参詣をめぐる諸慣

行・参詣の作法を参照。なお，前述の棺覆布盗難は，宗教的理由による行動の可能性もある。この布自体も逸脱行為と批判されていた。

63 *Miṣbāḥ* fols. 221–222, 279, *Miṣbāḥ A* fol. 137b. ジンやヒドルに関しては，第5章に詳述した。クトゥリブについては，*Kanz* 6: 350–352, *Khiṭaṭ* 2: 445, *Badā'i'* 1: 1: 468, *Nashq A* fols. 43b–44a. ただし，*Nashq A* は 733 A. H. の出来事とする。

64 *Khiṭaṭ* 2: 444, *Badā'i' al-Badā'ih* 55, 77, 203, 205, 佐藤次高『中世イスラム国家とアラブ社会』山川出版社，1986年，p. 424.

65 *Tuḥfa* 181, *Madkhal* 1: 268, *Khiṭaṭ* 1: 486, 2: 444.［Ohtoshi 1993］pp.27–28,［大稔 1993］p. 19,［大稔 1994a］pp. 178–179.

66 *Raf'* 40, A. Taymūr, *al-Tadhkira al-Taymūrīya*, al-Qāhira, 2003, p.192.

67 *Badā'i' al-Badā'ih* 55, 77, 205. ハバシュ湖周辺の環境については，序章も参照。

68 *Sulūk* 2: 2: 397, *Ta'rīkh al-Fākhirī* 2: 442.

69 *al-Risāla al-Miṣrīya* 20–21, *Gharā'ib al-Tanbīhāt* 64, *Kawkab al-Rawḍa* 394.

70 *Sulūk* 2: 2: 397, *Ibn Jubayr* 20. *Ibn Battūṭa, al-Tujībī, al-Balawī, al-'Abdarī, al-Qalṣādī* については，序章を参照。

71 *Madkhal* 1: 268. cf.）*Wahrānī* 232–233, *Tuḥfa* 181.

72 *Itti'āẓ* 2: 89, 3: 131, *Khiṭaṭ* 1: 486, 第1章1節(5)の「参詣の作法」を参照。ただし，タリーカに関する記述部分は，時代的にかなり早いため，再検討を要する。

73 *Khiṭaṭ* 2: 446, *Murshid* fols. 124a–b, *Kawākib* 253–254, *Sulūk* 2: 2: 491–492.

74 *Khiṭaṭ* 2: 463.

75 ［Ohtoshi 2006b］. 例外的に参詣書にでている事例は，イフシード朝ワズィールであった al-Mādarā'ī 家の年忌の集まりなどである。

76 *Durar al-'Uqūd al-Farīda* 3: 414.

77 *Badā'i'* 3: 206.

78 *Murshid* fol. 168b, *Miṣbāḥ* fols. 244–245, *Kawākib* 76, 262, *Tuḥfa* 141, 198, *Ibn al-Furāt* 9: 1: 450, 他に，Sūq al-Wabr, Sūq al-Marāgha なども存在していた。*Tuḥfa* 124–125.

79 この点については，［Ohtoshi 1993］を参照。

80 *Khiṭaṭ*, 2: 444–445, *Piloti* 34–35, G. Wiet, *Cairo: City of Art and Commerce*, p. 135.

81 *Murshid* fol. 222b ff.

82 *Murshid* fols. 162b–163a, *Kawākib* 67.

83 *Murshid* fols. 112a, 139b, 225b, *Miṣbāḥ* fols. 161, 213–214, *Kawākib* 36, 132–133, 231, 251–252, 302, *Tuḥfa* 139, 259, 338.

84 *Miṣbāḥ* fol. 68.

85 第1章2節を参照。cf.）大塚和夫『異文化としてのイスラーム』同文舘出版，1989年，K. Ohtsuka, "Toward a Typology of Benefit-Granting in Islam", *Orient* 24, 1988, pp. 141–152.

86 *Ibn al-Ḥurayfīsh* 67–68.

87 例えば，*Miṣbāḥ* fols. 49, 257, *Kawākib* 56, 219, 228, 240, 244 など。

88 *Ibn Jubayr* 20–24.

89　例えば，*Mawrid* 99, *Murshid* fol. 226b , *Ibn al-ʻIrāqī* 2: 447, 554, *Tuḥfa* 126, 382–383, *ʻIqd B* 1: 177, 198, 251, *Ibn Qāḍī Shuhba* 1: 147 など。なお，スーフィーヤ墓地（Turba al-Ṣūfīya）の場合，ハーンカーのシャイフが埋葬を希望する者から代金を受け取ることによって，同墓地への埋葬を許可していた。*Tuḥfa* 31–32.

90　M. M. Amīn, *al-Awqāf wa al-Ḥayāt al-Ijtimāʻīya fī Miṣr*, al-Qāhira, 1980, pp. 292–296, および，菊池忠純によるその書評（「ムハンマド・ムハンマド・アミーン著『エジプトにおけるワクフと社会生活 648–923A.H./1250–1517A.D』」『イスラム世界』18, 1981 年，p. 60，D. Behrens-Abouseif, "The Takiyyat Ibrahim al-Kulshani in Cairo", *Muqarnas* 5, 1988, pp. 43–60.

91　*Murshid* fol. 226b, *Kawākib* 178, *Ibn Abī al-Faḍāʼil* 134–135, *Ibn Qāḍī Shuhba* 1: 147, *Mawrid* 99, *Tuḥfa* 382–383, *Sulūk* 1: 2: 638, 2: 2: 442, 3: 2: 944–945, 4: 1: 457.

92　DW4（5b）/23, *Sulūk* 1: 2: 638. cf.）DW4/15 はスルターン・カラーウーンのワクフによるマンスール病院の死者に対する埋葬費の給付について記す。

93　*Tuḥfa*（1484 年執筆）382–383. なお，筆者はこの間の事情を詳らかにするワクフ文書をみつけだすことができた。DW 38/169（875/1470 年）。

94　*Ḥaqīqa* 197, 279–280, *E. Çelebi*, 238, 469–470,［Ohtoshi 1998］pp. 82–83, Th. E. Homerin, *From Arab Poet to Muslim Saint: Ibn al-Fāriḍ, His Verse and His Shrine*, Cairo, 2001, p. 82. イブン・アル＝ファーリド廟における近年のマウリドについては，［大稔 2008］pp. 74–102 を参照。

95　*Mukhtār al-Akhbār* 118, *Manhal* 6: 21, 51, *Ibn Abī al-Faḍāʼil* 585, *ʻAbd al-Bāsiṭ* 67, *Ḥusn al-Muḥāḍara* 2: 62, *Tuḥfa* 136.

96　*Tuḥfa* 136, *Sulūk* 2: 3: 609, *Nujūm* 10: 67, *Ibn al-Furāt* 9: 1: 72.

97　*Ibn al-Furāt* 9: 1: 72, 180, *Muqaffā* 5: 693, *Ibn Qāḍī Shuhba* 1: 2: 644.

98　*Badāʼiʻ* 3: 206 など。

99　*Badāʼiʻ* 1: 2: 17, 378, 5: 192, *Wajīz al-Kalām* 1: 123.

100　*Badāʼiʻ* 5: 192. cf.）*Khiṭaṭ* 2: 306, *Sulūk* 3: 1: 76, *Badāʼiʻ* 1: 1: 587–588.

101　*al-Jawāhir al-Nafīsa* 32.

102　第 1 章 1 節を参照。

103　M. Meinecke, *Die Restaurierung der Madrasa des Amīrs Sābiq ad-Dīn Miṯqāl al-Anūkī und die Sanierung des Darb Qirmiz in Kairo*, Mainz, 1980, p. 164.

104　*Waqf al-Ashraf Barsbāy* 45–48, 50–52, 58, その他。

105　*Waqfīya Ibn Taghrī Birdī* 183–221. なお，この校訂研究の存在について自らご教示下さった，故 ʻA. Ibrāhīm 先生に改めて感謝申し上げる。［Ohtoshi 2006a］pp. 102–103,［大稔 1994a］pp. 176–177,［大稔 1996］。

106　*Zetterstéen* 190–191, 227–228, *Ibn Ḥabīb* 2: 275 , *Miṣbāḥ* fol. 214 , *Tuḥfa* 210. cf.）L. Fernandes, *The Evolution of a Sufi Institution* , M. Meinecke, *Die Restaurierung der Madrasa* , S. L. Mostafa, *Kloster und Mausoleum*, idem, *Moschee des Farağ Ibn Barqūq* , idem, *Madrasa, Ḫānqāh, und Mausoleum des Barqūq*, M. M. Amīn, *al-Awqāf wa al-Ḥayāt al-Ijtimāʻīya* など。

107　*Sulūk* 1: 1: 302, 2: 1: 287, 2: 2: 403, 3: 3: 998, *Kawākib* 110.

108　DW29/192 (880 年代，以下ワクフ文書の括弧内の年次はヒジュラ暦).

109　DW37/234 (907 年).

110　DW38/241 (908 年).

111　DW42/270 (916, 961 年).

112　他にも DW44/285 など。

113　*Madkhal* 1: 289–290.

114　例えば，DW 欠 /86 (840 年 /1436 年), DW85/366, 39/172 (872 年).

115　例えば，DW37/234, DW42/270, DW 欠 /360（1012 年).

116　DW29/193, 42/270（909 年)。その給与額は時代・墓廟規模の違いを無視して記すと 15～200 ディルハム / 月であった。

117　DW15/93. 当該箇所直後の部分の日付は 845/1442 年である。なお，ここでいうトウシュタムル墓地とは，ナスル門外の Turba al-amīr Ṭushtamur Ṭalalayh (749/1349 没)の墓地のことであろう。cf.) *Sulūk* 2: 794, *Nujūm* 1: 237 など。

118　DW 欠 /86.

119　例えば，DW20/128（871～877 年)など。五十嵐大介は自己受益ワクフを，ワクフ財からの収益全てを直接自己に割り当てる直接方式，慈善の後の余剰をあてるようにカムフラージュした余剰方式，慈善事業と自己利益の二つに当初から振り分ける分割方式に三分類している。五十嵐大介『中世イスラーム国家の財政と寄進』刀水書房，2011 年，pp. 177–182.

120　［Ohtoshi 1993］がこれを論じた。

121　DW38/169（875/1470 年)，DW37/234（907 年).

122　DW37/234, DW38/241.

123　DW 欠 /359（954～965 年)，DW1/4.

124　*Iẓhār al-'Aṣr* 1: 199, 341, *Ḥawādith* 124, 161, *Wajīz al-Kalām* 2: 856, 3: 1005, 1265, *Ḍaw'* 11: 100–101, *Tibr* 385, *Inbā' al-Haṣr* 469, *Badā'i'* 3: 317, 4: 97.

125　*Ḥawādith* 125, 196, 383, *Nujūm* 16: 194–195, *Iẓhār al-'Aṣr* 1: 206, 340, 350, 440, 2: 386, *Ḍaw'* 11: 185, 6: 47. なお，Madrasa Barqūq における統轄権の錯綜性と *kātib al-sirr* の関与については，J. Berkey, *The Transmission of Knowledge in Medieval Cairo*, Princeton, 1992, pp. 65–66 が描いている。cf.) S. L. Mostafa, *Madrasa, Ḫānqāh und Mausoleum des Barqūq*. また，nāẓir al-awqāf については，以下を参照。L. Fernandes, *The Evolution of a Sufi Institution*, pp. 60–63, T. Ito, “Aufsicht und Verwaltung der Stiftungen im mamlukischen Ägypten”, *Der Islam* 80, 2003, pp. 46–66, M. M. Amīn, *al-Awqāf*, pp. 122–125, 五十嵐大介『中世イスラーム国家の財政と寄進』pp. 193–202.

126　*Khiṭaṭ* 2: 463–464, *Tuḥfa* 31–32, A.Taymūr, *al-Tadhkira al-Taymūrīya*, al-Qāhira, 2003, pp. 89–93.

第 4 章　王朝政府による統御と死者の街の公共性

1　ここでいう「支配者層」あるいは「王朝エリート」には，スルターン，高位の軍人，高位の官僚，カイロへ移住してきたアッバース家カリフなどを含めている。

2　第 1 章 1 節を参照。

3 *Ibn al-Furāt* 7: 197, *Ṣubḥ* 13: 94, 佐藤次高『中世イスラム国家とアラブ社会』山川出版社，1986 年，pp. 416, 423–424.

4 *al-Faḍl al-Ma'thūr* 118–135.

5 *Ibn al-Ukhuwwa* 46–51, *Yaḥyā b. 'Umar* 68–69 など。

6 *Sulūk* 2: 3: 649.

7 *Nuzha al-Nufūs* 1: 331, *Badā'i'* 1: 1: 515, *Sulūk* 1: 2: 306.

8 *Ṣubḥ* 4: 23.

9 *Sulūk* 3: 2: 525, *Nuzha al-Nufūs* 1: 106, *Nujūm* 11: 241(784 年とする), *Badā'i'* 1: 2: 355–356 (カイロ総監より分かれたとする). なお，1385 年の任官を「初代」とするのは，マクリーズィーの所説である。

10 *Sulūk* 3: 2: 717, *Ibn al-Furāt* 9: 1: 214.

11 *Sulūk* 3: 2: 927, 3: 3: 1054, 1069, *Nuzha al-Nufūs* 2: 118, *Badā'i'*1: 2: 518, 620, 633. なお，*Badā'i'* 1: 2: 545 に別説あり。

12 *Inbā' al-Haṣr* 469, *Ḍaw'* 5: 163.

13 *Khiṭaṭ* 2: 319, *Ibn Shaddād* 77, *Udfuwī* 93, *Yūsufī* 378, *Shujā'ī* 53.

14 *Murshid*, fols. 91a–b, 162b, *Kawākib*, 67, 72, 84, 126, *Muṣabbiḥī* 40–41, *Wafayāt* 4: 103–104, *Miṣbāḥ* fols. 103, 115, 164, *Itti'āẓ* 2: 102, 3: 118, *Khiṭaṭ* 1: 484, 2: 461 *Tuḥfa*, 214, *Ibn Ma'mūn* 42, 64.

15 *Sulūk* 1: 2: 499, 501, 520, *Miṣbāḥ* fol. 154, *Miṣbāḥ* fols. 115, 154, *Ḥulā* 183, *Ibn Ma'mūn* 64, *Sulūk* 1: 2: 501, 763–764, 2: 1: 515, 3: 2: 803, 4: 2: 1028, *Ibn Abī al-Faḍā'il* 375–376, *Ibn al-Furāt* 8: 111, *Nuwayrī* 31: 197, 221, *Yūsufī* 266 など。

16 *Sulūk* 3: 1: 515, 807, 4: 1: 487–489, 4: 2: 1028, *'Abd al-Bāsiṭ* 119, *Nuzha al-Nufūs* 1: 383–384, 2: 252, 455–456, 3: 401, *Inbā' al-Ghumr* 7: 356–358, *Badā'i'* 2: 45–46, 180, 374, 449, 3: 10, 336, 4: 126, 133, 253, 382, 5: 38, *'Iqd B* 1: 362–363, *Nujūm* 15: 91, 16: 290, *Ḥawādith* 3: 542, *Tuḥfa* 159, *Inbā' al-Haṣr* 136, 148, 150, 327, 468, *Nayl al-Amal* 6: 107, 131, 225, 249, 250, 264, 319, 321, 415, 7: 16, 201, 250, 262, 294, *Ibn Zunbul* 144.

17 *Inbā' al-Haṣr* 468.

18 *Tuḥfa* 345, *Ḥulā* 192, *'Abd al-Bāsiṭ* 58, 81, 93, 131, 137, 140, 152, *Kanz* 7: 170, 9: 388–389, *Ibn Ḥabīb* 2: 236, 2: 33–34, 243, *Nujūm* 8: 236, 12: 103, 15: 348, 16: 97, *Ḥawādith* 1: 397, *Intiṣār* 4: 124, *Khiṭaṭ* 2: 324, 416–418, 425, 428, *Sulūk* 1: 1: 86, 2: 2: 390, 516, 540, 2: 1: 238, 272, 2: 3: 688, 698, 706, 748, 755–756, 911 など。

19 Ḥ. Ḥabashī, “al-Iḥtikār al-Mamlukī wa 'Alāqat-hu bi-al-Ḥāla al-Ṣiḥḥīya”, *Ḥawliyāt Kullīya al-Ādāb bi-Jāmi'a 'Ayn Shams* 9, 1964, pp. 133–157, Q. 'A. Qāsim, *al-Nīl wa al-Mujtama' al-Miṣrī fī 'Aṣr Salāṭīn al-Mamālīk*, al-Qāhira, 1978, Ch. 2, *Tāshkubrī Zāda* 38–39, M. Dols, *The Black Death*, Chapters 4, 6. 長谷部史彦「イスラーム都市の食糧騒動」『歴史学研究』612, 1990 年，p. 27. なお，当時のエジプトでペストの原因としては大気腐敗説が有力であった。

20 *Sulūk* 4: 2: 487–489, *Nuzha al-Nufūs* 2: 455–456, *Nujūm* 16: 77–79, *'Iqd B* 1: 362–363, *Inbā' al-Ghumr* 7: 356–358, *Badā'i'* 2: 45–46, [大稔 1994a] p. 186.

21 *Badā'i'* 1: 1: 531, 2: 128, 282–283, *Inbā' al-Ghumr* 5: 134–135, 7: 385–386, *Sulūk* 2: 3:

780–781, 3: 1: 219, 4: 2: 822–823, *Ḥawādith* 1: 90, *Tibr* 311–312, *Nujūm* 10: 204–205, 14: 97–98, 15: 424–425, *'Iqd B* 1: 244, 383, *Nuzha al-Nufūs* 3: 184.

22 ［Ohtoshi 2003］ pp. 42–43.

23 *Kawākib* 88, *Tuḥfa* 52, 309.

24 *Abū al-Makārim* 2: 75, 99–100, *Ta'rīkh al-Baṭārika* 2: 3: 213.

25 *Nujūm* 16: 97, *al-Badr al-Zāhir* 52–53, *Zettersteén* 190–191, 227–228, *Badā'i'* 2: 46, 333–341, *Sulūk* 2: 1: 261–262, 2: 2: 390, 403.

26 *Nujūm* 7: 41, 8: 57, 87, 16: 78–79, *Badā'i'* 2: 390, 425, *Yūsufī* 236, *Sulūk* 1: 941–943, 2: 2: 343, 379, *Mawrid* 77, *Zettersteén* 189.

27 *Sulūk* 1: 2: 452, 459, 461, *Ibn Abī al-Faḍā'il* 424, *Kanz* 8: 73.

28 *Sulūk* 1: 2: 648.

29 *Sulūk* 4: 1: 174–175.

30 J. Jomier, *Le mahmal et la caravane égyptienne des pélerins de la Mecque*, Le Caire, 1953, pp. 35–42, D. Ayalon, “Notes on the Furūsiyya Exercises and Games in the Mamluk Sultanate”, *Scripta Hierosolymitana* 9, 1961, pp. 31–62 , A. 'Abd Ar-Rāziq, “Deux jeux sportifs en Égypte au temps des Mamluks”, *Annales Islamologiques* 12, 1974, pp. 95–130.

31 *Khiṭaṭ* 2: 2: 444, *Sulūk* 2: 540, *Badā'i'*1: 1: 276.

32 *Khiṭaṭ* 2: 111–113, 464–465, *Tuḥfa* 31–32.

33 *Sulūk* 1: 2: 518–519, 573, 611–612, 626–627, 1: 3: 785–786, *Nujūm* 7: 164–166, 8: 16, *'Iqd A* 2: 154–156, *Ibn Abī al-Faḍā'il* 561–565, *Kanz* 8: 243 , *al-Tuḥfa al-Mulūkīya* 79, *Zubda al-Fikra* 132, 272 など。ただし，1293 年の事例では，急な天候悪化によりスルターンらが辞去したのち，乱痴気騒ぎが度を越して略奪や婦女暴行まで起こってしまったため，喜びが醒めてしまったという。なお，このカバク競技場は，スルターンが下向しなくなるとともに有力者の墓廟が建ち始め，かなり範囲を狭められていった。ちなみに，Maydān al-Nāṣirī はポロ競技で著名であった。

34 *Ibn Ẓahīra* 200, *Ṣubḥ* 4: 57–58, *Nujūm* 15: 337. cf.）*Āthār al-Uwal* 319, *al-Aḥdab* 138–139.

35 *Madkhal* 1: 272 ff., *Ḥawādith* 2: 188–189, 300, 316, 3: 538–539, *Nujūm* 16: 123–124.

36 *Ḥawādith* 1: 15, *Tibr* 95–96, *Badā'i'* 2: 243, *Nujūm* 14: 382, 15: 76, 366. cf.）*Nujūm* 16: 286, 298, *Badā'i'* 2: 209, 456.

37 *Ḥawādith* 2: 180, *Nujūm* 16: 68, *Badā'i'* 4: 72, 391.

38 *Ḥawādith* 3: 455–457, 493, *Nujūm* 16: 368, *Inbā' al-Haṣr* 332.

39 カラーファ門以外にも，秘密門 Bāb al-Sirr が城塞からカラーファへと通じていたとされる。*Sulūk* 1: 2: 445, 2: 1: 229, 2: 2: 478, 2: 3: 600, 877, 3: 1: 274, 383, 3: 2: 604, 612, 632, *Nujūm* 10: 58, *Mawrid* 77, *Kanz* 8: 360, *Zettersteén* 184, *Masālik al-Abṣār B* 144.

40 *Ibn al-Furāt* 7: 156, *Nujūm* 7: 293, *Manhal* 7: 345, *Kanz* 8: 310–311, *Zettersteén* 173, *Nuwayrī* 33: 45, *Sulūk* 2: 1: 247–248, 255, *Kutubī* 2: 383.

41 *'Iqd A* 3: 239, *Nayl al-Amal* 6: 126, *Khiṭaṭ* 2: 268, 448, *Ṭabaqāt al-Shāfi'īya* 8: 173,

Nuzha al-Nufūs 2: 113, *Badā'i'* 1: 2: 628, 2: 386, 3: 436, *Nujūm* 12: 276, *Sulūk* 3: 3: 1063, *Ibn Muyassar* 120, *Muqaffā* 3: 516, *Itti'āẓ* 3: 146, *Badā'i'* 1: 2: 628, 2: 386, 3: 436.

42 *Nuzha al-Nufūs* 2: 140–141, *Manhal* 2: 313, *al-Durar al-Kāmina* 2: 84–85, *Sayf al-Muhannad* 214, *Kanz* 8: 18, 381–383, *Makīn b. al-'Amīd A* 41, 44, *Nujūm* 10: 172–173, *Badā'i'* 1: 1: 518, *Sulūk* 1: 2: 406, 2: 3: 730, 737, 742–744, 3: 1: 332, *Itti'āẓ* 3: 301, *Saḥmānī* 1: 236, *Durar al-'Uqūd al-Farīda* 1: 577–578.

43 *Muṣabbiḥī* 220, *Nuzha al-Nufūs* 1: 331, *Badā'i'* 1: 1: 515, *Sulūk* 1: 2: 306.

44 *Ṣubḥ* 9: 256, *Ighātha* 72–75.

45 聖墓の創出と墓碑の書き換えについては，第２章を参照。

46 I. Lapidusの主張によれば，当時のウラマーには法学者(fuqahā')，裁判官，学者，教師，クルアーン詠み，ハディース詠み，スーフィー，宗教施設の吏員，(職業としての)証人などが含まれていた。さらに，多くのウラマーは王朝政府によって官職に雇用されており，同時にパートタイムで商業にも参画し得た。また，手工業者や労働者，下層の人々であっても，ウラマーになることが可能であったという。I. Lapidus, *Muslim Cities in the Later Middle Ages*, pp.107–115.

47 *Ṣubḥ* 9: 256.

48 類例は枚挙に暇がない。*Durar al-'Uqūd al-Farīda* 1: 377, *Sulūk* 1: 1: 302, *Dāwūdī*, 2: 135, *Nuzha al-Nufūs* 4: 229, *Ibn Qāḍī Shuhba* 1: 2: 174.

49 *Zetterstéen* 190–191, 227–228. cf.) *Khiṭaṭ* 2: 425, *Sulūk* 2: 1: 273, 2: 3: 688, 698, 748, 755–756, 3: 1: 194, *Nujūm* 10: 45, *Manhal* 7: 121, *Ibn Qāḍī Shuhba* 1: 2: 239, *Badā'i'* 1: 2: 104, *al-Durar al-Kāmina* 2: 333, *Nayl al-Amal* 1: 150, 2: 22, 2: 323, *Ibn Ḥabīb* 2: 236.

50 *Qabas* 1: 283, *Durar al-'Uqūd al-Farīda* 1: 377.

51 例えば，*Sulūk* 3: 3: 998.

52 ナフィーサ廟については，例えば以下を参照。*Manhal* 7: 135, 189, 403 *Ḥujja Waqfiya al-Sayyida Nafīsa*.

53 *Khiṭaṭ* 2: 298, 303, 324, 367. 支配者層の建築行為については，第４章２節を参照。

54 *Ibn Khallikān* 1: 171, 174, 218, 318, 349, 2: 292, 338, 516, 3: 129, 162, 222, 317, 318, 4: 72, 192, 462, *Ibn al-Furāt* 4: 2: 191, 142, 5: 33, 70, 158, 185, 190.

55 トゥジービーの旅行記にはペルシアのシーラーズ出身で，イマーム・シャーフィイー廟一帯に住み着き，学問の授受を行なっていた人物が紹介されていた。*Tujībī* 142–163. 死者の街における知的伝達については，改めて論じる予定である。

56 詳細については，付論３を参照。スーフィーという語の意味する範囲は，当時拡大しており，ウラマーも現実にはかなり含まれていたため，本節に加えている。

57 以下を参照。［Ohtoshi 1993］pp.19–44,［大稔 1994b］第１章。

58 ［大稔 1994a］pp. 173–174.

59 *Khiṭaṭ* 2: 369–370, M. 'A. al-Ashqar, *Tujjār al-Tawābil fī Miṣr fī al-'Aṣr al-Mamlūkī*, al-Qāhira, 1999, pp. 382–396.

60 ［Ohtoshi 1993］pp.29–30.

61 *Madkhal* 1: 268, 2: 17.

62 *Nuzha al-Albāb* 238–240.

63 *Ibn al-Furāt* 7: 197, *Sulūk* 2: 1: 51, *Nuzha al-Nufūs* 1: 334, *Badā'i'* 2: 84, 142, 186, *Hawādith* 2: 334.［Ohtoshi 1993］pp.29–30.

64 *Sulūk* 2: 3: 749–750, *Tuḥfa* 181.［大稔 1999b］pp. 241–251.

65 参詣案内記によれば，病人は治癒の祈願のために墓地区へ殺到していた。なお，ヒスバの書が葬儀における女性と両性具有者の混交を禁じていたことも，これが実際にあり得たことを示していよう。*Ibn al-Ukhuwwa* 51.

66 「公共性」とは，国家に関係する公的なもの(例えば，公教育，公共事業など)や，全ての人々に関係する共通のもの(例えば，公共福祉や公共秩序など)，そして全ての人々に開かれているもの(例えば，誰もがアクセスを拒否されない情報や空間)などを一般に意味しているとされる(齋藤純一『公共性』岩波書店，2000年)。加えて，「公共性(publicness)」とは，個人意識が立ち現れる以前に人間の間に確立され，かつその統合に本質的と認識される価値の共有を成員に求める「共同体」と，通常は対置されるものであろう。もし，「公共性」が(西欧に実現したとされるような)近代市民社会にのみ適用される概念であると理解するのであれば，この概念を前近代カイロの墓地区の文脈に照らし合わせようとする試みも，初めから不適当ということになろう。同様に，西欧の概念を無批判に中東地域へ応用することは，一般に避けるべきであろう。しかしながら，公共性概念の比較・参照の枠組みとしての活用は，カイロ周辺墓地区の研究に新たな地平を模索する我々を大いに触発してくれるものと筆者は考えている。それゆえ，本節において，公共性や公共圏をめぐる昨今の定義や議論を直接用いることは差し控えるが，それでも事象の解釈にあたってある程度反映された部分がある。この点で，本節はあくまで演繹的ではなく，問題提起的なものである。cf.）J. ハーバーマス(細谷貞雄・山田正行訳)『公共性の構造転換』未來社，1973年 (Habermas, J., *Strukturwandel der Öffentlichkeit*, Frankfurt, 1962)。

67 *Durar al-'Uqūd al-Farīda* 2: 510.

68 無論，当時の学識者の見解によれば，イスラームにおいて理念上，異教徒の墓はムスリム墓地に隣接すべきではなかった。例えば，*Aḥkām Ahl al-Dhimma* 2: 726 など。

69 *Ibn al-'Aṭṭār* 34, *Aḥkām Ahl al-Dhimma* 1: 202–205. なお，マムルーク朝期のカイロで暮らしたイブン・アン＝ナキーブ(1368没)は，非ムスリムの死者の湯灌(洗浄)について，非ムスリムの親族が行なうのが最適としていた。*'Umda al-Sālik* 163.

第5章　死者の街の聖者をめぐる逸話と奇蹟譚

1 本章における逸話・奇蹟譚の探求に関する内容は，すでに以下の機会に口頭発表したのち，［大稔 1994b］第3章にまとめたものである。大稔哲也「中東イスラーム世界の『聖者伝』と奇蹟譚」(史学会第92回大会，東洋史部会シンポジウム，於東京大学，1994年11月，『史学雑誌』103-12に報告要旨)。

2 ［大稔 1998a］。本節であつかう問題については，東長靖の『イスラームとスーフィズム』名古屋大学出版会，2013年，pp. 162–173 が詳しく論じている。

3 G. Khoury, "Importance et authenticité de text de *Ḥilya al-Awliyā' wa-Ṭabaqāt al-*

Aṣfiyā' al-Abū Nu'aym al-Iṣbahānī", *Studia Islamica* 46, 1977, pp. 73–113.

4　あまりに煩瑣になるため，註は省略させていただく。

5　*Murshid* fols. 193b–194a, 214b, *Miṣbāḥ* fol. 242, *Kawākib* 214, 286, *Tuḥfa* 325.

6　*Murshid* fol. 175b, *Miṣbāḥ* fol. 289, *Kawākib* 81, 204, *Tuḥfa* 317.

7　例えば，*Kawākib* 196, 220 など。

8　*Murshid* fols. 226b–227a, *Murshid B* fol. 317, *Miṣbāḥ* fols. 47, 279, *Miṣbāḥ A.* fol. 137b, *Kawākib* 40. cf.）*Miṣbāḥ* fol. 271, *Kawākib* 294–295, *Tuḥfa* 378.

9　*Kawākib* 294, *Tuḥfa* 378.

10　*Kawākib* 311.

11　*Kawākib* 262–263.

12　*Murshid* fol. 56b, *Kawāakib* 32, *Tuḥfa* 132–133.

13　*Kawākib* 74, *Tuḥfa* 196.

14　*Miṣbāḥ* fol. 204.

15　*Kawākib* 143, *Tuḥfa* 265. なお，類話はチュニジアなど各地にみられる。

16　*Miṣbāḥ* fols. 258, 302 など。cf.）*Ghāya* 2: 298.

17　川田順造『無文字社会の歴史』岩波書店，1990 年，pp. 19–20.

18　*Kawākib* 160, 206, *Tuḥfa* 278, 318.

19　*Miṣbāḥ* fol. 47, *Kawākib* 40. 類話として，*Murshid* fols. 226b–227a.

20　*Murshid* fol. 97b, *Kawākib* 163, *Tuḥfa* 280. ただし，イブン・ウスマーンは，実のところ majānīn ではなく，majādhīb につくっていた。cf.）*Kawākib* 129, *Tuḥfa* 257. なお，'uqalā' al-majānīn については，*'Uqalā'* や M. Dols, *Majnūn*, pp. 350–352, 376, 409 などを参照。なお，イブン・ハルドゥーンは，「狂気・盲目・聾唖などのような不具」はイマーム（導師）の条件を満たせないとしていた。*Muqaddima* 193. cf.）M. ラアリー（濱中淑彦監訳）『中世の狂気』人文書院，2010 年。

21　*Murshid* fol. 131a, *Kawākib* 124, 238, *Tuḥfa* 254.

22　*Murshid* fol. 82b, *Kawākib* 60.

23　cf.）A. Y. グレーヴィチ（中沢敦夫訳）『同時代人の見た中世ヨーロッパ』平凡社，1995 年。J.–c. シュミット（小林宜子訳）『中世の幽霊』みすず書房，2010 年。

24　*Kawākib* 224.

25　*Kawākib* 224, *Tuḥfa* 333.

26　*Qushayrī* 1: 206–207, *al-Futūḥāt al-Makkīya* 1: 235–237, *Nashr* passim, *Itḥāf al-Sā'il* 1: 8–9. cf.）*Bāqillānī* passim，とりわけ 3–7, 48.

27　*Ṭabaqāt al-Shāfi'īya* 2: 339.

28　*Nashr* 36. cf.）*Bāqillānī* passim.

29　*Itḥāf al-Sā'il* 1: 8–9.

30　例えば，H. I. al-Sayyid, *Karāmāt Awliyā' Allāh al-Ṣāliḥīn min al-Sābiqīn wa al-Ṣaḥāba wa al-Tābi'īn*, al-Qāhira, 2003. cf.）ラシード・リダーによる聖者のカラーマ批判については，R. Riḍā', "Sulṭa Mashyakha al-Ṭarīq al-Rūḥīya", *al-Manār* 1, 1316/1898, pp. 410–411. また，現代エジプトのコプト・キリスト教徒の奇蹟集からは，伝統的なカラーマや奇蹟とそれ以外を区別している現在の人々の意識を看取

できる。cf.）Sons of Pope Kyrillos VI, *The Miracle of Pope Kyrillos*（*Ciryl*）*VI*, pt. 1, Cairo, n.d.

31　V. O. Crapanzano, *Tuhami: Portrait of a Moroccan*, Chicago, 1980（V. クラパンザーノ〈大塚和夫・渡部重行訳〉『精霊と結婚した男』紀伊國屋書店，1991 年），序章を参照。

32　V. H. Kissling, “Die Wunder der Derwische”, *ZDMG* 107, 1957, pp. 348–361.

33　M. Gilsenan, *Saint and Sufi in Modern Egypt*, Oxford, 1973, pp. 10–35.

34　A. Schimmel, *Mystical Dimentions of Islam*, Chapel Hill, 1975.

35　D. Gril（ed. & tr.）, *La Risāla de Ṣafī al-Dīn Ibn Abī al-Manṣūr Ibn Ẓāfir*, Cairo, 1986, pp. 56–60.

36　R. Gramlich, *Die Wunder der Freude Gottes: Theologien und Erschenungsformen des islamischen Heiligenwunders*, Wiesbaden, 1987.

37　V. J. Cornell, *Mirrors of Prophethood: The Evolving Image of the Spiritual Master in the Origins of Sufism to the End of the Sixteenth Century*, Ph. D. Dissertation, University of California, Los Angeles, 1989, p. 247. これは後に，Cornell による認識論的奇蹟（epistemological miracles，読心や心眼・洞察力など）と力の奇蹟（power miracle，動物服従や食物奇蹟，財宝探索，長距離移動，治癒，ジンの統括，探水など）という区分へ連なることとなった。V. J. Cornell, *Realm of the Saint: Power and Authority in Moroccan Sufism*, Austin, 1998, pp. 93–120.

38　V. J. Cornell, *Mirrors of Prophethood*, pp. 216ff.

39　D. Aigle（ed.）, *Miracle et Karāma*, Turnhout, 2000, C. Taylor, *In the Vicinity of the Righteous*, ch. 4.

40　*Qushayrī* 2: 664.

41　*Ibn ʻAṭāʼ Allāh* 58.

42　*Nashr* 11–34, *Rawḍ* 31.

43　*Ṭabaqāt al-Shāfiʻīya* 2: 337–344. なお，［大稔 1994b］はナブハーニーによる議論やスブキーによる 25 分類に着目して，ここであげた史料のほとんどを紹介していた。筆者の博士論文のこの部分は，1994 年の提出直後から，日本における他の研究者にも活用していただいてきた。なお，分類の存在自体を最初に紹介したのはおそらく A. Schimmel, *Mystical Dimentions of Islam*, p. 205 であろう。

44　*Itḥāf al-Sāʼil* 1: 8–12.

45　*Jāmiʻ Karāmāt* 1: 48–60, M.Chodkiewicz, “La “Somme des miracles des saints” de Yūsuf Nabhānī”, in *Miracle et Karāma*, pp. 607–622.

46　*Kawākib* 224.

47　*al-Futūḥāt al-Makkīya* 2: 374, 40, *Mawāqiʻ al-Nūjum* 121, *Ibn ʻAṭāʼ Allāh* 58 など。

48　Shihāb al-Dīn Aḥmad al-Ḥusaynī al-Ḥamawī al-Ḥanafī, *Nafaḥāt al-Qurb wa al-Ittiṣāl bi-Ithbāt al-Taṣarruf li-Awliyāʼ Allāh Taʻālā wa al-Karāmāt baʻda al-Intiqāl*（1679–70 年筆了）, Shihāb al-Dīn Aḥmad al-Sujāʻī, *Ithbāt Karāmāt al-Awliyāʼ*（1780 年筆了）, Muḥammad al-Shūbrī, *Ṣūra Suʼāl*,（1900–01 刊行）。

49　渡邊昌美『中世の奇蹟と幻想』岩波書店，1989 年。cf.）P. A. Sigal, “Maladie,

pèlerinage et guérison au xiie siècle: les miracles de saint Gibrien à Reims", *Annales. Économies, sociétés, civilisations,* 24/6, 1969, pp. 1522–1539, idem, *L'homme et le miracle dans la France médievale*, Paris, 1985. このテーマに関連するシガールの近年の研究については，"La typologie des miracles dans la littérature hagiographique Occidentale（XIIe–XVe siècles), in *Miracle et Karāma*, pp. 543–556.

50　B. Я. プロップ（北岡誠司他訳）『昔話の形態学』水声社，1987年, H. M. El-Shamy, *Folk Traditions of the Arab World*, 2 vols., Bloomington, 1995 , A. A. S. Thompson, *The Types of the Folktale*, Helsinki, 1987, M. Jād, *Makniz al-Fūluklūr*, 2 vols., al-Qahira, 2006 など。

51　*Kawākib* 224, *Tuḥfa* 333.

52　*Murshid* fol. 237b, *Miṣbāḥ* fols. 163, 233–234, 291, *Kawākib* 69, 92, 136, 139, 195, 205–206, 294, 311, 318.

53　*Kawākib* 192, 205–207, 234, 237.

54　*Murshid* fol. 97b, *Kawākib* 163, *Tuḥfa* 280.

55　*Miṣbāḥ* fols. 38–39, *Kawākib* 129, 214, *Tuḥfa* 257.

56　*Miṣbāḥ* fol. 152.

57　*Murshid* fol. 107b, *Kawākib* 136.

58　*Miṣbāḥ* fols. 221–222. 後述のヒドルのことを示唆している可能性がある。

59　*Murshid* fol. 103a, *Miṣbāḥ* fol. 104, *Kawākib* 149, 178, *Tuḥfa* 270, 293.

60　*Murshid* fol. 142a, *Kawākib* 112, *Tuḥfa* 142.

61　*Murshid* fols. 103a, 142a, 192b–193a, *Miṣbāḥ* fol. 104, *Kawākib* 149, 208, 270, *Tuḥfa* 142, 270, 293.

62　*Miṣbāḥ* fol. 273.

63　*Murshid* fols. 111a, 187b, 192b, *Miṣbāḥ* fols. 91, 108–109, *Kawākib* 32, 88, 103, 287, 309, *Tuḥfa* 52, 153, 262.

64　*Murshid* fols. 214b–215a, *Miṣbāḥ* fol. 230, *Kawākib* 286–287, 295.

65　*Kawākib* 54. cf.) *Miṣbāḥ* fol. 80, *Kawākib* 98.

66　*Murshid* fol. 237b, *Miṣbāḥ* fols. 248–249, 291.

67　*Murshid* fol. 130b, *Kawākib* 46, 129, 130, 144, 233–234, 241, 260, 294, *Tuḥfa* 344.

68　*Yūsufī* 265–266.

69　*Murshid* fols. 174a, 189b, *Kawākib* 79, 206, 217, *Tuḥfa* 184.

70　*Murshid* fols. 85b–86a, 107b, 109a, 111a, 114b, 230a, *Miṣbāḥ* fol. 93, *Kawākib* 62, 131, 136, 137, 139, 157, 257, 295–296, 307, *Tuḥfa* 356.

71　*Murshid* fols. 137a–b, 208a, 241a–b, *Kawākib* 153, 218, 235–236, 291–292.

72　*Murshid* fols. 150b, 216b, *Kawākib* 92, 287, 314, *Tuḥfa* 207, 220, 394.

73　*Kawākib* 154, 260, *Tuḥfa* 358.

74　*Murshid* fol. 109a, *Kawākib* 137.

75　*Murshid* fols. 118b–119a, *Miṣbāḥ* fol. 118, *Kawākib* 120, *Tuḥfa* 249.

76　*Miṣbāḥ* fol. 18, *Kawākib* 293, *Tuḥfa* 132.

77　*Miṣbāḥ* fols. 280–281, *Miṣbāḥ A* fol. 138b.

78 *Murshid* fols. 108a–b, *Kawākib* 137.

79 これについては，第 1 章 1 節で解説した。

80 中村廣治郎「イスラムの来世観」『創文』233，1986 年，pp. 14–17.

81 ムスリムの他界観をめぐる書物についての情報をまとめたものに，［大稔 2011］がある。

82 *Murshid* fol. 221b, *Miṣbāḥ* fols. 107, 166–167, 196, *Kawākib* 168, 244, *Ibn Jubayr* 23.

83 *Murshid* fol. 221a, *Miṣbāḥ* fols. 15, 20–21, 301, *Kawākib* 41, 245, *Tuḥfa* 140.

84 *Miṣbāḥ* fols. 69, 125, *Kawākib* 46, 131, 143, 243, 250, 287, *Tuḥfa* 265, 346.

85 *Murshid* fol. 225b, *Kawākib* 208, 302.

86 *Kawākib* 187–188.

87 *Tuḥfa* 145. cf.）*Murshid* fol. 55a.

88 *Kawākib* 198, 204, 247, *Tuḥfa* 349.

89 *Miṣbāḥ* fols. 183, 295. マムルーク朝期に活躍し，カラーファで参詣対象ともなっていたイブン・アビー・ジャムラ Ibn Abī Jamra は，預言者ムハンマドに関して自分がみるなどした 70 の夢を記録していた。*al-Marā'ī al-Ḥisān* を参照。

90 *Murshid* fol. 82b, *Kawākib* 60.

91 *Miṣbāḥ* fols. 64, 138, *Kawākib* 71, 98, 146, *Tuḥfa* 228, 268.

92 *Murshid* fols. 124a, 148b, 159a, *Kawākib* 99, 124, 194–195, 234, 256, 260, *Tuḥfa* 229, 253, 306, 341, 386.

93 *Murshid* fol. 125b, *Kawākib* 256, *Tuḥfa* 355.

94 *Murshid* fol. 175a, *Kawākib* 43, 47, 70, 242.

95 *Murshid* fol. 238b, *Kawākib* 205, 218, *Tuḥfa* 317.

96 ［大稔 1993］pp. 32–33,［大稔 1994b］pp. 81–82 を参照。

97 足立広明「聖人と古代末期の社会変動」『西洋史学』149，1988 年，p. 56. H. E. Hayes, “Serpent Worship and Islam in Egypt”, *The Moslem World* 8–3, 1918.

98 *Murshid* fols. 140b, 205b–206a, *Miṣbāḥ* fol. 267, *Kawākib* 27, 90, 110, 291, *Tuḥfa* 218, 377.

99 *Murshid* fols. 119b, 141b, *Kawākib* 28, 111, 119, 129, *Tuḥfa* 257.

100 *Miṣbāḥ* fol. 249.

101 *Murshid* fol. 187a, *Kawākib* 192, 208, 298–299, *Tuḥfa* 304, 319, 381.

102 *Murshid* fol. 174a, *Miṣbāḥ* fols. 60, 117, *Kawākib* 79, 121, *Tuḥfa* 203–204, 250.

103 *Kawākib* 206. cf.）*Kawākib* 229, *Tuḥfa* 336.

104 *Murshid* fols. 121b, 123a, 136b, 189b, *Miṣbāḥ* fol. 247, *Kawākib* 194, 235, *Tuḥfa* 342.

105 *Miṣbāḥ* fol. 137, *Kawākib* 145, *Tuḥfa* 266–267.

106 *Kawākib* 299, *Tuḥfa* 382.

107 *Kawākib* 187–188, 220, 308, *Tuḥfa* 330, 389.

108 *Murshid* fol. 189b, *Kawākib* 79, *Tuḥfa* 184, 203–204.

109 *Murshid* fols. 112b, 122b–123a, *Miṣbāḥ* fol. 66, *Kawākib* 45, 71, 178, 252.

110 *Murshid* fol. 239b, *Kawākib* 221.

111 *Kawākib* 224–225.

112 *Murshid* fols. 111b, 125a, 215a, 221b, *Miṣbāḥ* fol. 262, *Kawākib* 140, 234, 262–263, 286–288, 314, *Tuḥfa* 25, 262–263, 394. cf.）*Ṣafī al-Dīn* 79–80, *Khiṭaṭ* 2: 449–450.

113 *Shiblī* 29–34, 37–38, *Laqaṭ* 12–17, 36–40.

114 *Miṣbāḥ* fols. 94, 112, 129, 296, *Kawākib* 46, 161, 164, *Tuḥfa* 281.

115 *Murshid* fols. 94b–95a, 183b, *Miṣbāḥ* fols. 94, 95, 115, 287, *Kawākib* 124, 125, 158, 161, 267–268, 287, *Tuḥfa* 254.

116 *Murshid* fol. 117b, *Kawākib* 124, *Tuḥfa* 254.

117 *Murshid* fol. 131a, *Kawākib* 238.

118 *Kawākib* 154.

119 F. W. Hasluck, *Christianity and Islam under the Sultans*, 2 vols., Oxford, 1929, vol. 1, pp. 319–336.

120 *Miṣbāḥ* fols. 118, 159, 181, 195, 221–222, *Kawākib* 120, 246, 261–262.

121 *Kawākib* 261–262.

122 *Kawākib* 317, *Ṣafī al-Dīn* 95.

123 *Kawākib* 153, *Ṣafī al-Dīn* 8.

124 *Kawākib* 250.

125 *Murshid* fol. 245a, *Kawākib* 279.

126 *Murshid* fols. 116b–117a, *Kawākib* 117.

127 *Murshid* fol. 86a, *Miṣbāḥ* fols. 85, 122, 204, *Kawākib* 62, 88, 118, 247–248.

128 *Miṣbāḥ* fol. 224, *Kawākib* 306.

129 *Murshid* fol. 102a, *Miṣbāḥ* fols. 125, 138, *Kawākib* 80, 129, 131, 146, 150, 260, 281, *Tuḥfa* 203, 257, 258, 268, 271.

130 *Miṣbāḥ* fol. 243, *Kawākib* 183, 255, *Tuḥfa* 297, 354.

131 *Kawākib* 129, 160, 214, 260, *Tuḥfa* 257, 278.

132 *Kawākib* 162, 253, 257, 264, 266, 267, *Tuḥfa* 279, 353, 355, 361.

133 *Miṣbāḥ* fol. 272, *Kawākib* 181, 259, *Tuḥfa* 357.

134 *Murshid* fols. 96a, 112a, 118a, 130b, 171a, *Kawākib* 124, 132–133, 159, 240, 318, *Tuḥfa* 180, 254, 259.

135 *Murshid* fols. 101a, 110b, 118b, 122a, 130b, *Miṣbāḥ* fols. 120, 124, 165, 278, 292, *Kawākib*, 120, 139, 172, 191–192, 237, 252, 313, *Tuḥfa* 247, 262, 288, 303, 343.

136 *Murshid* fols. 127a, 132b–133a, *Kawākib* 147, 202, 225, 236, 244, *Tuḥfa* 268, 315, 342, 348.

137 *Murshid* fol. 179a, *Miṣbāḥ* fols. 232, 269–270, *Kawākib* 213, 227, 243, 244, 285, 293–294, *Tuḥfa* 334–335, 347, 348, 389.

138 *Kawākib* 48, 204, *Tuḥfa* 25, 317.

139 これについては，第 6 章を参照。

140 *Kawākib* 230, 252, *Tuḥfa* 337.

141 *Murshid* fol. 55b, *Miṣbāḥ* fol. 210. cf.）*Kawākib* 32, *Tuḥfa* 132 に類話あり。

142 *Murshid* fols. 106a, 125b–126a, 237b–238a, *Miṣbāḥ* fols. 9, 103, *Kawākib* 135, 176, 181, 203, 246–247, *Tuḥfa* 171, 316.

143 *Murshid* fol. 225a, *Miṣbāḥ* fol. 244, *Kawākib* 282, *Tuḥfa* 373.

144 *Kawākib* 232, *Tuḥfa* 339.

145 *Murshid* fols. 85a, 186a–b, *Kawākib* 61–62, 191, 229, *Tuḥfa* 304.

146 *Miṣbāḥ* fols. 251–253.

147 *Murshid* fols. 56b, 117b, *Kawākib* 32, 87, 124, 225, 249, 285, *Tuḥfa* 214, 254, 334, 350.

148 *Murshid* fols. 152b, 226a, 229b–230a, *Miṣbāḥ* fols. 44–45, 279, *Kawākib* 40, 55, 170, 261, 306, 307, 314, *Tuḥfa* 286, 387, 394.

149 *Miṣbāḥ* fol. 120, *Kawākib* 116, *Tuḥfa* 247.

150 *Murshid* fols. 113b–114a, 124a, *Kawākib* 130, 195, 221, 233, 247, *Tuḥfa* 306, 341.

151 *Murshid* fols. 125a, 164b, *Miṣbāḥ* fols. 78–79, 117, *Kawākib* 199, 213, 249, 254, *Tuḥfa* 321–323, 350.

152 *Miṣbāḥ* fol. 66, *Kawākib* 45, 87 など。

153 *Murshid* fol. 133a, *Kawākib* 192, 236, 255, 264, *Tuḥfa* 304, 359.

154 *Kawākib* 60, 248–249. ハッジに使用した例としては，*Murshid* fol. 93a, *Miṣbāḥ* fols. 91, 95, *Kawākib* 73.

155 *Murshid* fol. 139a, *Kawākib* 232.

156 *Murshid* fol. 138b, *Kawākib* 232, 269, *Tuḥfa* 340, 362.

157 *Murshid* fol. 237b, *Miṣbāḥ* fol. 258, *Kawākib* 311.

158 *Miṣbāḥ* fols. 192–193, *Kawākib* 80, 250, 251, *Tuḥfa* 202–203, 351, 352.

159 *Murshid* fols. 130b–131a, *Miṣbāḥ* fols. 204, 206, *Kawākib* 238, *Tuḥfa* 343.

160 *Miṣbāḥ* fols. 68, 122, 128, *Kawākib* 46, 118, 132, 143, 156, *Tuḥfa* 260, 265, 275.

161 É. Benveniste, *Problème de linguistique générale*, Paris, 1966（É. バンヴェニスト〈岸本通夫監訳〉『一般言語学の諸問題』みすず書房，1983 年，pp. 217–233）から間接的に着想を得た。

162 竹沢尚一郎『宗教という技法』勁草書房，1992 年，pp. 6–7.

163 *Miṣbāḥ* fols. 22, 174–176, *Kawākib* 42, *Tuḥfa* 141, 177. cf.）*Qaṭf* fol. 188b など。

164 第 1 章 1 節を参照。

165 *Kawākib* 314, *Tuḥfa* 394.

166 *Murshid* fol. 143a, *Kawākib* 112, *Tuḥfa* 243. これはもともと，ハディースに基づく語りである。下エジプト・ダミエッタ近郊の村のモスク中庭で，集団礼拝の行なわれる金曜日に，物語師が人々に以下のように『預言者ザカリーヤーと鋸』を語っていたとされる。曰く，「ザカリーヤーが逃げていると，1 本の樹が「ザカリーヤー，こっちへ来い，こっちへ来い」と呼んだ。すると，木の幹が割れて開き，彼はその中に入った。樹は閉まり，敵が追いついてきた。そこで彼らをイブリース（悪魔の一種とされる）が呼んだ。「こっちへ来い，ザカリーヤーがここで樹の中に入っているぞ」と。そして，イブリースは彼らに鋸のような形のものを差し出した。そこで木が伐られ始め，鋸がザカリーヤーの頭まで達した。そこで彼はうめき声をあげた。すると神が彼に啓示を与えた。「ザカリーヤーよ，もしもう一度うめいたなら，汝は預言者の台帳から消されよう」。そこでザカリーヤーは耐え忍び，体が真っ二つ

になってしまった」。

167 *Tuḥfa* 181.

168 U. Haarmann, *Quellenstudien zur frühen Mamlukenzeit*, Freiburg, 1969, B. Langer, *Untersuchungen zur historischen Volkskunde Ägyptens nach mamlukischen Quellen*, Berlin, 1983.

169 序章２節「聖山ムカッタムの歴史」を参照。cf.）*Khiṭaṭ* 2: 445, *Kanz* 6: 350–352, *Badā'i'*1: 1: 468.

170 Ibn Mammātī, *al-Fāshūsh fī Ḥukm Qarāqūsh*,（ed.）A. Ḥamza, al-Qāhira, n.d., F. Sa'd, *Qarāqūsh wa Nawādir-hu*, Bayrūt, 1990, 佐藤次高『マムルーク』東京大学出版会，1990 年，pp. 95–100. S. A. 'Aẓām, *Ḥukm Qarāqūsh*, Bayrūt, 1999.

171 I. A. Sha'lān, *al-Nawādir al-Sha'bīya al-Miṣrīya*, vol. 1, al-Qāhira, 1993, pp. 215–225, 339–342, 365–374.

172 *Murshid* fol. 69b, *Kawākib* 276.

173 *Murshid* fol. 70a.

174 *Kawākib* 186.

175 *Kawākib* 275.

176 序章２節「聖山ムカッタムの歴史」を参照。

177 *Sīra al-Ikhshīd*, *Faḍā'il Miṣr*, *Ibn Ẓahīra*, *Ḥusn al-Muḥāḍara* を参照。

178 *Murshid* fol. 241a, *Miṣbāḥ* fol. 294, *Tuḥfa* 217, 328.

179 *Kawākib* 227, *Tuḥfa* 335.

180 *Murshid* fol. 136b, *Kawākib* 235, *Tuḥfa* 342.

181 *Murshid* fols. 214a–b, *Kawākib* 255, 274, 286, *Tuḥfa* 368.

182 *Murshid* fols. 58b, 221a, *Miṣbāḥ* fol. 125, *Kawākib* 131, 254, 255.

183 *Kawākib* 280.

184 *Murshid* fol. 100a, *Kawākib* 41, 133–134, 171, *Tuḥfa* 261, 287 など。

185 *Kawākib* 300.

第６章　エジプトにおけるキリスト教徒の参詣・巡礼

1 比較的近年の代表的なものをあげると，C. Mayeur-Jouen, *Pèlerinages d'Égypte: Histoire de la piété copte et muslimane 15ᵉ-20ᵉ siècles*, Paris, 2005, L. M. Said, "The Traditional Egyptian Means of Defeating Evil: Appealing to the Sacred Dead, or Revolution as an Alternative", in T. Ohtoshi & S. Shimazono（eds.）, *Commemorating the Dead in a Time of Global Crisis: Egypt and Japan in 2011*, Tokyo, 2012, pp. 106–133, M. A. Ghunaym & S. S. Yūsuf, *al-Mu'taqadāt wa al-Adā' al-Tilqā'ī fī Mawālid al-Awliyā' wa al-Qiddīsīn*, al-Qāhira, 2007, T. El-Leithy, "Sufis, Copts and the Politics of Piety Moral Regulation in Fourteenth-Century Upper Egypt", in A.Sabra & R. McGregor（eds.）, *The Development of Sufism in Mamluk Egypt*,Cairo, 2006, pp. 75–119.". また，[大稔 2001a, 2001b]，[Ohtoshi 2003].

2 例えば，J. den Heijer, "Recent Developments in Coptic-Arabic Studies（1992–1996）", in S. Emmel, M. Krause, S. G. Richter & S. Schaten,（eds.）, *Ägypten und*

Nubien in spätantiker und christlichen Zeit, Wiesbaden, 1999, vol. 2, pp. 49–64, M. Swanson, "Recent Developments in Copto-Arabic Studies 1996–2000" in M. Inmerzeel & J. van der Viet (eds.), *Coptic Studies on the Threshold of a New Millenium*, vol. 1, 2004, pp. 239–267 などを参照。

3　ムスリム社会における非ムスリムの(イスラーム)法的位置付けについても多数あるが，例えば，I. Gh. al-Dahabī, *Mu'āmala ghayr al-Muslimīn fī al-Mujtama' al-Islāmī*, al-Qāhira, 1993, N. 'A. Aḥmad, *Mu'āmala ghayr al-Muslimīn fī al-Dawla al-Islāmīya*, al-Qāhira, 1996, H. al-Mimmī. *Ahl al-Dhimma fī al-Ḥaḍāra al-Islāmīya*, Bayrūt, 1998. また，「伝統的」なエジプトの「中世史」研究も，非ムスリムに頁を割いてきた。近年の例をあげると，'A. Ṭ. Rizq, *'Āmma al-Qāhira fī 'Aṣr Salāṭīn al-Mamālīk*, al-Qāhira, 2003, idem, *Dirāsāt fī Ta'rīkh 'Aṣr Salāṭīn al-Mamālīk*, al-Qāhira, 2008 など。

4　本章の概要は，1997 年 12 月九州史学会年次大会(於九州大学)，および 1998 年 1 月に開催された文部省国際シンポジウム *International Area Studies Conference, Islam in the Middle Eastern Studies: Muslims and Minorities* (於国立民族学博物館)提出のペーパーと，2001 年の歴史学研究会大会(於青山学院大学)における口頭発表に基づいている。また，[大稔 1998b, 2001a, 2001b, 2014]，[Ohtoshi 2001, 2003] などにも基づいている。

5　M. Perlmann, "Notes on Anti-Cristian Propaganda in the Mamluk Empire", *BSOAS* 10, 1939–42, pp. 843–861, G. Wiet, "ḲIBT", *EI*[1], 1927, 2: 990–1003, D. P. Little, "Coptic Conversion to Islam under the Bahri Mamluks, 692–755/1293–1354", *BSOAS* 39, 1976, pp. 552–569, idem, "Coptic Converts to Islam During the Bahri Mamluk Period", in M. Gervers & R. J. Bikhazi (eds.), *Convertion and Continuity: Indigenous Christian Communities in Isalamic Lands, Eighth to Eighteenth Centuries*, Toronto, 1990, pp. 263–288, Q. 'A. Qāsim, *Ahl al-Dhimma fī Miṣr al-'Uṣūr al-Usṭā*, al-Qāhira, 1979, S. Sh. Maḥmūd, *Ahl al-Dhimma fī Miṣr fī 'Aṣr al-Fāṭimī al-Thānī wa al-'Aṣr al-Ayyūbī: 467–648/1074–1250*, al-Qāhira, 1982, idem, *Ahl al-Dhimma fī Miṣr fī al-'Aṣr al-Fāṭimī al-Awwal*, al-Qāhira, 1995, D. S. Richards, "The Coptic Bureaucracy under the Mamluks", in *Colloque international sur l'histoire du Caire*, in A. Raymond, M. Rogers & M. Wahba (eds.), *Colloque international sur l'histoire du Caire*, Cairo, 1969, pp. 373–381, M. 'Afīfī, *al-Aqbāṭ fī Miṣr fī al-'Aṣr al-'Uthmānī*, al-Qāhira, 1992, N.'A. Aḥmad, *Mu'āmala ghayr al-Muslimīn fī al-Dawla al-Islāmīya*, L. S. Northrup, "Muslim-Christian Relations during the Reign of the Mamluk Sultan al-Mansur Qalawun, A. D. 1278–1290", in M. Gervers & R. J. Bikhazi (eds.), *Convertion and Continuity: Indigenous Christian Communities in Islamic Lands, Eighth to Eighteenth Centuries*, Toronto, 1990, pp. 253–261, T. El-Leithy, *Coptic Culture and Conversion in Medieval Cairo,1293–1524 A.D.* Ph. D. Dissertation, Princeton University, 2005, M. N. Swanson, *The Coptic Papacy in Islamic Egypt: 641–1517*, Cairo, 2010, など。邦文では松田俊道「マムルーク朝政権とキリスト教徒」堀川徹編『世界に広がるイスラーム』(講座イスラーム世界 3)栄光教育文化研究所，1995 年，pp. 125–156 がズィンミーとイスラーム法との関係を論じている(松田俊道『聖カテリーナ修道院文書の歴史的研究』中央大学出版部，

2010年，に再録）。

6　M. ʻAfīfī, *al-Aqbāṭ fī Miṣr*（オスマン朝期）, S. Sh. Maḥmūd, *Ahl al-Dhimma fī Miṣr fī ʻAṣr al-Fāṭimī al-Thānī wa al-ʻAṣr al-Ayyūbī*（ファーティマ朝後期とアイユーブ朝期）, idem, *Ahl al-Dhimma fī Miṣr fī al-ʻAṣr al-Fāṭimī al-Awwal*（ファーティマ朝前期）, F. M. ʻĀmir, *Ta'rīkh al-Dhimma fī Miṣr al-Islāmīya min al-Fatḥ al-ʻArabī ilā Nihāya al-ʻAṣr al-Fāṭimī*（アラブ征服からファーティマ朝期まで）, 2 vols., al-Qāhira, 2000 など。

7　これについての代表的な研究をあげると，A. S. Tritton, *The Caliphs and Their Non-Muslim Subjects*, London, 1930, A. Fattal, *Le statut légal des non-muslimans en pays d'islam*, Beirut, 1958, A. Noth, "Abgrenzungsprobleme zwischen Muslimen und Nicht-Muslimen: Die "Bedingungen ʻUmars (aš-šurūṭ al-ʻumariyya)" unter einem anderen Aspect gelesen", *Jerusalem Studies in Arabic and Islam* 1987, 290–315. なお，筆者が本章前半部の骨子を口頭発表し，ウマルの誓約研究の重要性を説いた会議(1998年1月)において，同じくパネリストであったM. コーヘンはその後，M. Cohen, "What was the Pact of ʻUmar?," *Jerusalem Studies of Arabic and Islam* 23, 1999, pp. 100–157を発表した。

8　G. Wiet, "ḲIBT", *EI*[1], 2: 991, *Ṣubḥ* 13: 378–379, *Nuwayrī* 31: 416ff, *Ta'rīkh al-Khulafā'* 553–554, Q. ʻA. Qāsim, *Ahl al-Dhimma fī Miṣr*, pp. 33–34, 155–161. 以下，本書に引用した原史料のうち，ムスリム側のものはカースィム氏によってかなり網羅されている。なお，当時のエジプト社会においては，(家内)奴隷のほうが非ムスリムより劣位におかれており，非ムスリムも奴隷を所有できた。

9　*Ittiʻāẓ* 3: 165, *Ta'rīkh al-Baṭārika* 3: 1: 31, 46, 3: 2: 63, 97, *Khiṭaṭ* 2: 160, *Sulūk* 4: 1: 486–490, *Nujūm* 15: 407, 16: 281–282 など。

10　M. Cohen, "What was the Pact of ʻUmar?" は，ウマルの誓約を伝えるムスリム側の多岐にわたる史料(法学書・ファトワー集・年代記など)を約30点網羅しており，この問題についての最重要研究である。

11　*Shurūṭ al-Naṣārā* fols. 12b–13a.

12　*Shurūṭ al-Naṣārā* の作成者とされる Abū Muḥammad ʻAbd Allāh b. Aḥmad b. Zabr al-Qāḍī (870–940年)はエジプトで没したとされるが，エジプトにおける参詣慣行の隆盛以前であったことも考慮されよう。

13　*Nuwayrī* 31: 416–417, *Sulūk* 1: 3: 911–912, *Nujūm* 8: 124, *Zetterstéen* 84–87, *al-Kharīda al-Nafīsa* 2: 398–400.

14　*Sulūk* 2: 921–928, *Ṣubḥ* 13: 378–387, *Marsūm Baʻḍ al-Mulūk al-Ṣalāḥīya fī Ilzām Ahl al-Dhimma bi-al-Shurūṭ al-Sharʻīya allatī ḥaddada-hā Amīr al-Mu'minīn Sayyid ʻUmar b. al-Khaṭṭāb* (Dār al-Kutub al-Miṣrīya, Ta'rīkh Taymūr 235（= Ta'rīkh Ṭal'at 1822), 2203。この二写本は整理上番号が別であるが，全く同じものが複製されているにすぎない。また，この写本が後代に作成された可能性も，現時点では排除できない。そして，*Shurūṭ al-Naṣārā* (Dār al-Kutub, Ta'rīkh Taymūr 2252, 同じものが Ḥadīth 2219)は，859/1455年の書写日付をもち，ウマルの発言を詳細に検討したものである。こちらについては，M. Cohen の校訂もある。Cohen, "What was the Pact of ʻUmar?", pp. 132–155.

15 *Rasā'il Ibn Nujaym* 207–211, *Qahr al-Milla* 409–410, *Iqāma* 1〜64. なお，教会建設・修復をめぐるエジプトの諸問題の歴史的整理については，N. L. Babāwī, *Mushkila Binā' wa Tarmīm al-Kanā'is bayna al-Islām wa al-Wāqi' al-Miṣrī wa al-Ḥall Qānūn Dūr al-'Ibāda al-Muwaḥḥad*, al-Qāhira, 2005 もまとめている。

16 D. S. Richards, "Dhimmi Problems in Fifteenth-Century Cairo: Reconsideration of a Court Document", in R. L. Nettler (ed.), *Studies in Muslim-Jewish Relations*, vol. 1, Oxford, 1993, pp. 127–163.

17 *al-Ghāzī b. al-Wāsiṭī* 383–457, *al-Kalimāt al-Muhimma*, *Ibn al-Naqqāsh*, *Ibn al-Durayhim*, *Fatāwā al-Subkī*, M. Perlmann, "Notes on Anti-Cristian Propaganda", D. S. Richards, "Dhimmi Problems", M. Belin, "Fetoua rélatif à la condition des Zimmis", *JA* 18/19, 1851/1852, pp. 417–516/97–140, Ibn Taymīya, *A Muslim Theologian's Response to Christianity*, T. F. Michel (tr.), New York, 1984. キリスト教徒などへ反駁した，エジプト以外のアラビア語文献へも目を広げると，*Qurṭubī*, *al-Radd 'alā al-Naṣārā*, *Hidāya*, *Asnā al-Matājir*, *al-Radd 'alā Aṣnāf al-Naṣārā*, *Maghīlī* など。「死者の街」に関連してとくに重要視されるのは，カラーファ出身の碩学カラーフィーによる *al-Ajwiba al-Fākhira* である。

18 *Ta'rīkh al-Baṭārika* 2: 3: 173.

19 L. S. Northrup, "Muslim-Christian Relations", pp. 253–261.

20 *Ta'rīkh al-Baṭārika* 3: 3: 249, *Abū al-Makārim* 2: 31, *Sulūk* 2: 950, *Khiṭaṭ* 2: 40, D. P. Little, "Coptic Conversion", pp. 558–566. L. S. B. MacCoull,"The Rite of Jar: Apostasy and Reconciliation in the Medieval Coptic Orthodox Church", in D. Wolfthal(ed.), *Peace and Negotiation: Strategies for Coexistence in the Middle Ages and Renaissance*, Turnhout, 1998, p. 153.

21 A. T. Atiya, "ḲIBT", *EI²*, 5: 93.

22 *Sulūk* 2: 1: 216–228, *Khiṭaṭ* 2: 425–433, *Nuwayrī* 30: 3, D. P. Little, "Coptic Conversion", p. 562ff.

23 Q.'A. Qāsim, *Ahl al-Dhimma fī Miṣr*, p. 58, *Akhbār al-Ayyūbīyīn* 37, *Ta'rīkh al-Baṭārika* 3: 2: 97, J. R. Zaborowski, *The Coptic Martydom of John of Phanijōit*, Leiden, 2005, K. J. Werthmuller, *Coptic Identity and Ayyubid Politics in Egypt 1218–1250*, Cairo, 2010. *Abū al-Makārim* からも，すでに厳しい時代の予兆が窺える。

24 Wiet, "ḲIBT", 4: 992, 996, D. P. Little, "Coptic Conversion", p. 569.

25 *Kanz* 7: 39ff., *Sulūk* 1: 2: 535, 2: 1: 220–227, *Khiṭaṭ* 2: 31–32, *Ibn Abī al-Faḍā'il* 475–479.

26 *Abū al-Makārim* 1: 141–142, *Sinaksār A*, *Sinaksār B*.

27 R. W. Bulliet, *Conversion to Islam in the Medieval Period,* London, 1979, pp. 92–103, J. Bloom, "The Mosque of the Qarafa in Cairo", *Muqarnas* 4, 1987, pp. 9–13, D. P. Little,"Coptic Conversion", Lev, "Persecutions and Convertion to Islam", pp. 73–76. ファーティマ朝期のキリスト教徒復帰については，*Abū al-Makārim* 1: 91, 136 などを参照。なお，Atiya, "ḲIBT" は根拠不明のまま，コプトからの改宗者がエジプト・ムスリムの 92%にのぼると記した。

28　*Sulūk* 2: 921ff., D. P. Little, “Coptic Conversion”, pp. 567ff.

29　*Nujūm* 11: 128, 141–142, *Inbā’ al-Ghumr* 1: 435, *Ḍaw’* 5: 102–103, Q. ‘A. Qāsim, *Ahl al-Dhimma fī Miṣr*, p. 175, D. S. Richards, “Dhimmi Problems”, p. 378.

30　D. S. Richards, “Dhimmi Problems”, pp. 377–378, *Sulūk* 2: 3: 921.

31　*Sulūk* 2: 481, 486, D. P. Little,“Coptic Converts”, p. 280. なお，ナシュウ（ナシュワー）はコプト側の史料に，女性や子供，尼僧，主教を侮辱したため，主教のバラカ（神の恩寵）によって罰せられたと記述される。*Ta’rīkh al-Baṭārika* 3: 3: 135。ナシュウに関連して例えば，A. Levanoni, “ The al-Nashw Episode: A Case Study of “Moral Economy”, *Mamluk Studies Review* 9/1, 2005, pp. 207–220 など。

32　*Nujūm* 8: 79–80, 15: 480–481, *al-Dalīl al-Shāfī* 1: 550, *Khiṭaṭ* 2: 62, Q. ‘A. Qāsim, *Ahl al-Dhimma fī Miṣr*, p. 176 など。

33　*Ta’rīkh al-Baṭārika* 2: 2: 205.

34　*Sulūk* 2: 1: 216–228, *Khiṭaṭ* 2: 425–433, *Nuwayrī* 30: 3.

35　*Sulūk* 2: 921 ff., D. P. Little, “Coptic Conversion” p. 567ff.　なお，事件の規模や被害程度については，依然として検証が続いている。

36　D. P. Little,“Coptic Converts” pp. 278–280, *A‘yān* 1: 374, 2: 134, 3: 123, *Wāfī* 4: 235, *Sulūk* 2: 334, *Kanz* 9: 395, *al-Durar al-Kāmina* 2: 200, 3: 43. 784/1383 年には，暴力を伴わぬスルターンによる書記の強制改宗例（*Sulūk* 3: 1: 480）。

37　その原因について Lev は，カリフが自らを無謬のアッラーに導かれたイマームと認識し，宗教サークルの意見に拘束されないシーア派のファーティマ朝と，自らはマムルーク出身でイスラームの法や知識に疎くなりがちであり，法学者や民衆の顔色を始終うかがう必要があったマムルーク朝スルターンとの違いをあげた。しかし，この問題はなお検討を要しよう。Y. Lev, *State and Society in Fatimid Egypt*, Leiden, 1991, pp. 194ff.

38　T. El-Leithy の指摘による。T. El-Leithy, *Coptic Culture and Conversion in Medieval Cairo*, introduction.

39　G. Frantz-Murphy, “Conversion in Early Islamic Egypt: The Economic Factor”, in Y. Rāġib（ed.）, *Documents de l’Islam médiéval: nouvelles perspectives de recherches*, Cairo, 1991, pp. 11–17, *Ibn al-Ukhuwwa* 45, *Ibn Bassām* 475, *Ta’rīkh al-Baṭārika* 2: 2: 196.

40　森本公誠『初期イスラム時代エジプト税制史の研究』岩波書店，1975 年，は全体に詳しいが，とくに第 3 章，および，Q. ‘A. Qāsim, *Ahl al-Dhimma fī Miṣr*, p. 71, D. C. Dennett, *Conversion and Poll Tax in Early Islam*, Cambridge, 1950, T. El-Leithy, *Coptic Culture and Conversion in Medieval Cairo,* A. A. Maḥmūd, *al-Jizya fī Miṣr*（*1713–1856*）, al-Qāhira, 2009, *Iqd B* 1: 148, *Sulūk* 4: 1: 247.

41　*Nuwayrī* 30: 320–321, *Ishāra ilā man nāla al-Wizāra* 93, *Sulūk* 3: 2: 820, 5: 1: 494, D. P. Little,“Coptic Converts”, p. 270.

42　*Sulūk* 2: 921ff..

43　*Sulūk* 4: 1: 416, 4: 2: 884, *Inbā’ al-Ghumr* 8: 139–140, Q. ‘A. Qāsim, *Ahl al-Dhimma fī Miṣr*, pp. 173–174 による。

44　Q. ‘A. Qāsim, *Ahl al-Dhimma fī Miṣr*, p. 173.

45 J. S. Trimingham は，（スーフィーの）シャイフやファキール達が非ムスリムに対してイスラームを推奨し，新改宗者に対してはそれが心に浸透するようミッション的な役割を果たしたとする。J. S. Trimingham, *The Sufi Orders in Islam*, Oxford, 1971, pp. 232–233.

46 *Tanqīḥ* 102.

47 *Sa'īd b. Ḥasan* 353–355, ［大稔 2006］pp. 54–55.

48 *Ibn Jubayr* 25.

49 *Sulūk* 3: 1: 372–373, 3: 2: 493, 917, 4: 2: 884, *Inbā' al-Ghumr* 1: 308, 2: 126. なお，アイユーブ朝期の改宗をめぐる殉教者 John of Phanijōit については，J. R. Zaborowski, *The Coptic Martyrdom of John of Phanijōit* に詳しい。

50 *Sulūk* 2: 3: 900ff. ［大稔 2001a］，［大稔 2003］，T. El-Leithy, *Coptic Culture and Conversion in Medieval Cairo*，第 2 章.

51 L. S. B. MacCoull, "The Rite of the Jar: Apostacy and Reconciliation in the Medieval Coptic Orthodox Church", pp. 145–162, O. H. E. Khs-, Burmester, *The Egyption or Coptic Church: A Detailed Description of Her Liturgical Services and the Rites and Ceremonies Observed in the Administration of Her Sacraments*, Cairo, 1967.

52 *Inbā' al-Ghumr* 1: 308.

53 近年，この辺りのさらに詳細な事情が研究によって明らかになりつつある。T. El-Leithy, *Coptic Culture and Conversion in Medieval Cairo*, 第 3 章，J. R. Zabarowski, *The Coptic Martyrdom of John of Phanijōit*. cf.）Q. 'A. Qāsim, *Ahl al-Dhimma*, pp. 193–196.

54 *Abū al-Makārim* 1: 123.

55 *Abū al-Makārim* 1: 112, 131, 140 など。

56 O. H. E. Khs-, Burmester, "The Canons of Christodulos, Patrarch of Alexandria (A. D. 1047–1077)", *Le Muséon* 45, 1932, pp. 76–77 (Arabic).

57 *Abū al-Makārim* 2: 108.

58 *Shābushtī* 284, 298, *Abū al-Makārim* 1: 98, 2: 61, 77–78, 86, *Ta'rīkh al-Baṭārika* 2: 2: 113, 205, *Ibn Abī al-Faḍā'il* 666–673.

59 *Vita of Anbā' Barṣawmā C* 188, *Ta'rīkh al-Baṭārika* 2: 2: 205, *Ibn Abī al-Faḍā'il* 666–673. バルサウマーについては，B. Voile, "Barsūm le Nu: un saint copte au Caire à l'époque mamelouke", in D. Aigle (ed.), *Saints orientaux*, Paris, 1995, pp. 151–168, Anon., *Ta'rīkh Ḥayāt al-Qiddīs al-'Aẓīm Anbā Barsawm al-'Uryān*, Cairo, n.d. など。

60 *Khazal*, *al-Diyārāt al-Isfahānī*, *Shābushtī* など。なお，後者の校訂者による解説（pp. 27–28）では，これ以外のムスリムによる修道院の書が 5 点あげられている。

61 *al-Ṭabaqāt al-Kubrā* 2: 140.

62 *Abū al-Makārim* 2: 2, 45–46, *Ta'rīkh al-Baṭārika* 1: 3: 10, *Itti'āẓ* 1: 225, Y. Lev, *State and Society in Fatimid Egypt*, p. 185.

63 *al-Risāla al-Miṣrīya* 23–24, C. H. Becker, "Miṣr", *EI*[2], 7: 149.

64 *Ta'rīkh al-Baṭārika* 2: 2: 100, H. Halm, *The Fatimids and Their Traditions of Learning*, London, 1997, p. 34.

65 *Nujūm* 7: 109, 8: 52, 12: 13, *Ibn al-Furāt* 9: 1: 95, 199, 235, 9: 2: 295, *Badā'i'* 1: 2: 430, 3: 113, *Sulūk* 2: 1: 171.

66 *Sulūk* 4: 1: 302–304, 313–314, 317–318, *Nujūm* 14: 26–30. cf.）Q. 'A. Qāsim, *Ahl al-Dhimma fī Miṣr*, p. 147.

67 *Khiṭaṭ* 2: 26–27, 31–32, 392, *Muṣabbiḥī* 70–71, *Anṭākī* 196, *Itti'āẓ* 2: 132, *Sulūk* 1: 941–943, P. Sanders, *Ritual, Politics, and the City in Fatimid Cairo*, New York, 1994, pp. 100–103, B. Langner, *Untersuchungen zur historischen Volkskunde Ägyptens nach mamlukischen Quellen*, Berlin, 1983, B. Shoshan, *Popular Culture in Medieval Cairo*, Cambridge, 1993.

68 *Abū al-Makārim* 2: 137, [Ohtoshi 2003].

69 *Ta'rīkh al-Baṭārika* 2: 3: 179–180, 273–274, *Abū al-Makārim* 1: 118. ただし，永く続いたこの慣行も，アイユーブ朝期の 1169–70 年には，行なわれなくなったという。

70 C. Mayeur-Jouen, *Al-Sayyid al-Badawī: un grand saint de l'islam égyptien*, Cairo, 1994, H. Hallenberg, *Ibrāhīm al-Dasūqī（1255–1296）: A Saint Invented*, Helsinki, 2005 など。

71 *al-Majmū' al-Ṣafawī* 1: 203.

72 今日のエジプトにおけるキリスト教徒の巡礼とその場所については，G. Viaud, *Les pèlerinages coptes en Égypte*, Cairo, 1979, O. Meinardus, *Christian Egypt Ancient and Modern*, Cairo, 1977, idem, *Coptic Saints and Pilgrimages*, Cairo, 2002, Y. N. Youssef,"Pilgrimage Sites and Patronal Cults in Coptic Egypt", in G. Jones（ed.）, *Saints of Europe: Studies towards a Survey of Cults and Culture*, 2004, pp. 174–184 などに詳しい。

73 *al-Majmū' al-Ṣafawī* 1: 200–203.

74 *Abū al-Makārim* 2: 42, 83. O. H. E. Khs-. Burmester, "On the Date and Authorship of the Arabic Synaxarium of the Coptic Church", *Journal of Theological Studies* 39, 1938, pp. 249–253, R-G. Coquin, "Synaxarion,Copto-Arabic: Editions of the Synaxarion", in *The Coptic Encyclopedia*, A. S. Atiya（ed.）, New York, 1991, vol. 7, pp. 2171–2173, D. Thomas, & A. Mallett（eds.）, *Christian-Muslim Relations: A Bibliographical History*, vol. 5, 2013, pp. 92–100 など。なお，シナクサールについては , *Le synaxaire arabe jacobite*, R. Basset（ed.）, 6 vols., Paris, 1904–19(24), *al-Sinaksār*, 2 vols., al-Qāhira, 1978, その他の刊本があるが，元々の写本間と刊本間の双方に異同もあり，単独で使用に足る刊本は存在しない。写本で補う必要もあろう。また，コプトにおけるスィナクサールの成立には，上の研究でも述べられているように，この点で先行したとされる他の東方教会からの影響も無関係ではないであろう。

75 *al-Majmū' al-Ṣafawī*, 1: 206.

76 *Ta'rīkh al-Baṭārika* 2: 3: 265ff, *Abū al-Makārim* 1: 134.

77 *Abū al-Makārim* 1: 4, 7, 10–12, 18, 20–21 など，*Ta'rīkh al-Baṭārika* 3: 3: 133ff., *Ibn Abī al-Faḍā'il* 288, 422. なお，ガブリヤール 2 世（1145 年没）は教会への死者の埋葬を禁じたとされるが，これは例外的な事例であろう。*Ta'rīkh al-Baṭārika* 3: 1: 28.

78 *Ta'rīkh al-Baṭārika* 2: 3: 207, 232. 本書にとりわけ関連の深い 10～16 世紀（第 56 代

総主教ハーイル3世から97代ガブリヤール8世まで)について主な埋葬場所を列記すると，アブー・マカール(修道院，下エジプト，ワーディー・ナルトーン，56〜59・66・68〜73代)，マハッラ・ダーニヤール(下エジプト，ガルビーヤ地方，61代)，ムアッラカ教会(フスタート，62代)，ダムルー（教会，下エジプトのサハー地方，63・65代)，ダラジュの聖童貞女教会(フスタート，64・74・88・92・93代)，アレクサンドリアの聖マルクス教会(67代)，アッ＝シャマア修道院(ギザ地方，75代)，アブー・サイファイン教会(フスタート，76・77・95代)，アン＝ヌストール修道院(カイロ南郊，78・79，81代)，シャフラーン修道院(カイロ南郊，80・82・84代)，アル＝ハバシュ（カイロ南郊，83・85・86代)，アル＝ハンダク(聖ルワイス)修道院(87・89〜91代)，聖童貞女教会(カイロ・ズワイラ街区，94代)，アッ＝スルヤーン修道院(ワーディー・ナトルーン，97代)となっていた。

79 *Abū al-Makārim* 2: 53–54, *Jiwār al-Akhyār* fol. 32a, *Khiṭaṭ* 2: 460.

80 *Ta'rīkh al-Baṭārika* 2: 2: 210では，オールドカイロ南方のバニー・ワーイル運河沿いのダラジュ教会に埋葬されたとだけ述べている。また，1088年，主教ヤアクーブはやはりal-Ḥabashに埋葬されていた。*Ta'rīkh al-Baṭārika* 2: 3: 220.

81 *Ta'rīkh al-Baṭārika* 3: 1: 7. なお，アルフン(Arkhun)とは，コプト社会における非聖職者の有力者を指した。A. al-Maqārī, *Mu'jam al-Muṣtalaḥāt al-Kanīsa*, 3 vols., al-Qāhira, 2001–2003, vol. 1, p. 82.

82 *al-Majmū 'al-Ṣafawī* 1: 210–211.

83 *Abū al-Makārim* 1: 9, 2: 54, *Wulāt* 215, *Intiṣār* 4: 121, *Khiṭaṭ* 2: 460.

84 *Ta'rīkh al-Baṭārika* 2: 1: 50.

85 *Abū al-Makārim* 1: 60, 65, 77–78.

86 *Abū al-Makārim* 2: 66. なお，この修道院は，のちにモーセ・モスクへと転用されたとも記されている。

87 *Abū al-Makārim* 2: 103.

88 *Ta'rīkh al-Baṭārika* 2: 3: 226–228.

89 *Ta'rīkh al-Baṭārika* 2: 3: 196.

90 S. D. Goitein, *A Mediterranean Society*, 5 vols, Berkley, 1967–93.

91 *Ta'rīkh al-Baṭārika* 2: 3: 229. なお，人名の読みはal-Balbā'īの可能性もある。

92 *Ta'rīkh al-Baṭārika* 2: 3: 249.

93 *Sulūk* 1: 1: 138, 2: 1: 17, 39, 121, 172, 2: 3: 693, 3: 1: 188, 3: 2: 293, 825など。

94 Q. 'A. Qāsim, *Ahl al-Dhimma fī Miṣr*, p. 74.

95 *Abū al-Makārim* 2: 122.

96 *Abū al-Makārim* 2: 125.

97 *Ta'rīkh al-Baṭārika* 2: 3: 209ff., 3: 1: 3.

98 *Abū al-Makārim* 1: 44.

99 筆者は以前，マムルーク朝期を中心にアラビア語聖人伝が急増することになった背景として，コプトにおける列聖制度の確立(および，それを示すスィナクサールの成立)を想定した。これは現今のコプト教会において，列聖手続きには多くの奇蹟譚の集積が必要であることからの推察でもあった[大稔 2012]。しかしむしろ，

改めてここで強調すべきは，「アラビア語で」詠まれ，書かれたという点であろう。わかりやすい言葉で信徒の模範，心の支柱となるべき聖人たちの生き方を示し，信徒に寄り添いつつ改宗をとどまらせようとする方策が，教会によってさまざまに模索されたのではなかろうか。cf.）T. El-Leithy, *Coptic, Culture and Conversion in Medieval Cairo*, J. R. Zaborowski, *The Coptic Martyrdom of John of Phanijōit, Vie de Saint Jean, Vita of Anbā Bīsintāwus*（*Pisentius*）.

100 *al-Majmū' al-Ṣafawī* 1: 194–195.

101 M. Girgis, "The Financial Resources of Coptic Priests in Nineteenth-century Egypt", in N. Hanna（ed.）*Money, Land and Trade: An Economic History of the Muslim Mediterranean*, London, 2002, pp. 223–243.

102 *Abū al-Makārim* 2: 82. なお，キリスト教徒の場合も，神をアッラーと表現していた。

103 *Abū al-Makārim* 2: 108.

104 *Vita of Anbā' Barṣawmā B* fols. 18b–71b. ほかにも，例えば聖アントゥーニー（Anbā Marqus al-Anṭūnī）の聖人伝は 34 ないし 35 の奇蹟に番号を付して収録していた。M. N. Swanson, "'Our Father Abba Mark': Marqus al-Anṭūnī and the Construction of Sainthood in Fourteenth-Century Egypt", in *Eastern Crossroads: Essays on Medieval Christian Legacy*, J. P. Monferrer-Sala（ed.）, Piscataway, 2007, pp. 217–218, G. Gabra, "New Research from the Library of the Monastery of St. Paul", in *The Cave of Church of Paul the Hermit at the Monastery of St. Paul, Egypt*, W. Lyster（ed.）, New Heaven & London, 2008, pp. 94–105 など。

105 *Ta'rīkh al-Baṭārika* 2: 1: 223, 225, 293, 2: 2: 225, 2: 3: 362–363.

106 *Shābushtī* 311. ここで注意を喚起したいのは，これがムスリムの著者による記述であり，キリスト教徒の奇蹟の誇示やキリスト教徒側からの宗教的プロパガンダの要素は，この記事には稀薄なことである。関連していえば，キリスト教徒側はこの慣行について記録を遺していない。また，ムスリムの読者であれば，豚の使用自体に嫌悪感を抱いた可能性が高い。

107 *Masālik al-Abṣār* 1: 451.

108 *Ta'rīkh al-Baṭārika* 2: 1: 50–51, 2: 2: 193ff., 154–155, 214, 2: 3: 288, 293–295, *Abū al-Makārim* 1: 100, 2: 115, 136 など。

109 *Ta'rīkh al-Baṭārika* 2: 2: 193ff. なお，この類話はムスリム聖者の逸話にもみられるものである。*Shābushtī* 313–314, *Abū al-Makārim* 2: 92–93, 114.

110 *Shābushtī* 312, *Ta'rīkh al-Baṭārika* 2: 3: 247.

111 *Ta'rīkh al-Baṭārika* 2: 1: 52ff., 2: 2: 186ff., 2: 3: 256, 270, 291, 293, *Abū al-Makārim* 1: 61, 2: 110.

112 *Abū al-Makārim* 2: 108–109（ファーティマ朝期）.

113 *Ta'rīkh al-Baṭārika* 2: 3: 182, 187, 226, 285–286, 289–291, 302, *Abū al-Makārim* 1: 51–52, 56, 2: 74, 107.

114 *Ta'rīkh al-Baṭārika* 2: 2: 225.

115 *Ta'rīkh al-Baṭārika* 2: 2: 156.

116　*Jewish Cemeteries* 10.

117　*Jewish Cemeteries* 11–13.

118　S. D. Goitein, *A Mediterranean Society*, vol. 5, p. 162.

119　S. D. Goitein, *A Mediterranean Society*, vol. 5, pp. 5–45, 128–187.

120　ただし，20 世紀半ばには聖墓の参詣（ズィヤーラ）が存在していたことは明らかとする。

121　アブー・ハスィーラ崇敬とその参詣については，S. S. Yūsuf, *al-Muʻtaqadāt al-Shaʻbīya ḥawla al-Aḍriḥa al-Yahūdīya: Dirāsa ʻan Mawlid Yaʻqūb Abī Ḥaṣīra bi-Muḥāfaẓa al-Buḥayra*, al-Qāhira, 1997 が詳しい。その他に，N. J. Sarrāj, *al-Maʻābid al-Yahūdīya wa Dawr-hā fī Ḥayāt al-Yahūd bi-Miṣr*, al-Qāhira, n.d. など。

122　L. Nemoy, *Karaite Anthology*, New Haven, 1952, pp. 115–116.

123　*Khiṭaṭ* 2: 464–465. また，同じシナゴーグへの言及と思われるのが，ベンヤミンの旅行記の記述である。*Binyāmīn* 175. J. Kraemer, "A Jewis Cult of the Saints in Fatimid Egypt", in M. Barrucand（ed.）, *L'Égypte fatimide: son art et son histoire*, Paris, 1999, pp. 579–601.

124　以下，S. D. Goitein, *A Mediterranean Society*, vol. 5, 20–21.

125　J. M. Meri によると，同シナゴーグはマムルーク朝期にも栄えたものの，最終的にはスルターン・ガウリー期の 1498 年に破壊が命じられたという。J. W. Meri, *The Cult of Saints among Muslims and Jews in Medieval Syria*, Oxford, 2002, p. 223.

126　*Murshid* fol. 55b, *Miṣbāḥ* fol. 210. cf.）*Kawākib* 32, *Miṣbāḥ* fol. 18, *Tuḥfa* 132.

127　*Miṣbāḥ* fol. 272, *Kawākib* 181.

128　Q. ʻA. Qāsim, *Ahl al-Dhimma fī Miṣr*, p. 153 による（*Wathāʼiq Sānt Kātrīn* no. 286）.

129　*Aḥkām Ahl al-Dhimma* 1: 200, 206, 244–245, Q. ʻA. Qāsim, *Ahl al-Dhimma fī Miṣr*, p. 31.

130　参詣書例 : *Miṣbāḥ* fol. 18, *Tuḥfa* 132, *Shuʻaybī* fol. 17b. 年代記姦通例 : *Nuwayrī* 30: 296–299, Q. ʻA. Qasim, *Ahl al-Dhimma fī Miṣr*, p. 152.

131　*Kawākib* 252. なお，死の直前における改宗は，本人のみの「一代限りの改宗」（本文 pp. 275–276）を意図した可能性がある。

132　*Kawākib* 285.

133　*Kawākib* 224–225.

134　*Kawākib* 259, *Tuḥfa* 357.

135　*Murshid* fol. 126a, *Kawākib* 256, *Tuḥfa* 355, ブハーリー（牧野信也訳）『ハディース』中公文庫，2001 年，第 2 巻，p. 66，および，*Murshid* fol. 237a, *Kawākib* 311.

136　*Murshid* fol. 11a, *Kawākib* 16, cf.）*Iḥyāʼ al-ʻUlūm al-Dīn* 15: 2919, *Turkmānī* 1: 221, *Ziyāra* 60, 69, 75, *MF* 27: 10, 64, 107, *Ṣārim* 336, *Tajrīd* 31.

137　第 1 章，*Kawākib* 32.

138　*Kawākib* 116, *Miṣbāḥ* fol. 120, *Tuḥfa* 247. しかし，修道士の強制改宗例もあるため，修道士がムスリムのふりをしていたり，この人物が改宗ムスリムである可能性も僅かに残されている。cf.）*Taʼrīkh al-Baṭārika* 2: 2: 205.

139　*Kawākib* 40, 124, *Tuḥfa* 253, *al-Ṭabaqāt al-Kubrā* 2: 142, *Ibn Abī al-Mufaḍḍal* 666,

Ta'rīkh al-Baṭārika 3: 3: 135.「裸者」の宗教間比較については，他の機会を予定している。

140　*Madkhal* 1: 278–281.

141　*Madkhal* 2: 46–60, 322.

142　M. 'Afīfī, *al-Aqbāṭ fī Miṣr*, pp. 224–247.

143　*Ibn Jubayr* 211, *Ibn Baṭṭūta* 249. ハラウィーの記す預言者イルヤース修道院 Dayr Ilyās al-Nabī も註記しておく。*Harawī* 9–10.

144　オールド・カイロ，カウム・グラーブ Kawm Ghurāb 地区の故サイイド・アラファ氏らによる証言(1998年9月17日聞き取り)。

145　*Ta'rīkh al-Baṭārika* 2: 2: 181, 201.

146　*Abū al-Makārim* 2: 52. なお，ムスリム側の参詣書にもこれに対応する記述がみられる。*Kawākib* 155には「ナイル河岸から Maḥall al-Shuhadā' にかけてのその地区は，コプトが旧くから神の恩寵を受けてきた場所で，アムル・イブン・アル＝アースがエジプトを征服した時，力でそこを奪い，このウンマ(イスラーム)の義人(ṣulaḥā')を埋葬した」とある。

147　*Shu'aybī* fols. 146b–147a.

148　*Balawī* 330–331, *Wulāt* 231. cf.) *Murshid* fol. 225 , *Sa'īd b. Baṭrīq* 2: 70.

149　*Sulūk* 3: 1115, 4: 748, *Khiṭaṭ* 2: 429, *Nujūm* 15: 424–425, *Ḥawādith* 1: 90, *Badā'i'* 2: 282–283, *Tibr* 311–312, *Abū al-Makārim* 2: 75, 99–100, *Sulūk* 1: 941–943.

150　*Ibn Riḍwān A & B*, *al-Risāla al-Miṣrīya*, *Muṣṭafā 'Ālī*, *Muqaddasī* などを参照。イブン・ジュバイルはエジプト通過中に受けた役人から受けた対応に激怒し，ついに「マグリブの地以外にイスラームはない」とまで断言するほどであった。*Ibn Jubayr* 13, 38, 55–56. ちなみに，コプトとムスリムの考えたエジプトの地理的範囲は全く一致していた。

151　*Wulāt*, *Ibn Zūlāq*, *Ibn Ẓahīra*, *Ḥusn al-Muḥāḍara*.

152　[Ohtoshi 2001] pp. 23–34, al-Idrīsī の *Ahrām*, al-Suyūṭī の *Tuḥfa al-Kirām*, M. Cook, "Pharaonic History in Medieval Egypt", *Studia Islamica* 57, 1983, pp. 67–103, U. Haarmann, "Regional Sentiment in Medieval Islamic Egypt", *BSOAS* 43–1, 1980, pp. 55–66.

153　*Ahrām* 55ff, [Ohtoshi 2001] pp. 23–34.

154　B. Anderson, *Imagined Communities*, London, 1991 (revised), p. 44. E. J. Hobsbawm の「プロト・ナショナリズム」や，A. D. Smith の「エトニー」論もこれに関連して再考されるべきであろう。E. J. Hobsbawm, *Nations and Nationalism since 1780: Programme, Myth, Reality*, Cambridge, 1990, Ch. 2, A. D. Smith, *The Ethnic Origins of Nations*, Oxford, 1986, pp. 21–46.

155　U. Haarmann, "Regional Sentiment in Medieval Islamic Egypt", p. 55.

156　『ムカッタム』誌については，Abū al-'Araja, *al-Muqaṭṭam: Jarīda al-Iḥtilāl al-Biriṭānī fī Miṣr*, al-Qāhira, 1997 が詳しい。

157　T. El-Leithy, *Coptic Culture and Conversion in Medieval Cairo* など。

1　*Ibn al-Kalbī*. また，ジャーヒリーヤ詩の内容は，イスラーム勃興前の墓参の慣行をある程度反映していたと思われる。M. M. Bravmann, *The Spiritual Background of Early Islam*, Leiden, 1972, pp. 288–295, J. I. Smith & Y. Y. Haddad, *The Islamic Understanding of Death and Resurrection*, New York, 1981, pp. 147–155, I. Goldziher, *Muhammedanische Studien*, vol. 1, pp. 219–263. L. Halevi, *Rites for the Dead*, Cairo, 2007.

2　M. Krause, "Das Weiterleben ägypticher Vorstellungen und Bräuche im koptischen Totenwesen", in *Das römisch-byzantinische Ägypten: Atken des internationalen Symposions 26–30 September 1978 in Trier*, Mainz, 1983, pp. 85–92.

3　P. Marvel, *Lieux saints et pèlerinages d'Orient*, Paris, 1985, pp. 311–327, A. Papaconstantinou, *Le culte des saints en Égypt: des Byzantins aux Abbassides*, Paris, 2001, E. D. Hunt, *Holy Land Pilgrimage in the Later Roman Empire AD 312–460*, Oxford, 1982, D. Frankfurter (ed.), *Pilgrimage & Holy Space in Late Antique Egypt*, Leiden, 1998, I. Shahīd, "Arab Christian Pilgrimages in the Proto-Byzantine Period (V–VII Centuries)", in Frankfurter (ed.), *Pilgrimage & Holy Space*, pp. 373–389.

4　P. Grossmann, "The Pilgrimage Center of Abû Mînâ", in Frankfurter (ed.), *Pilgrimage & Holy Space*, pp. 281–302, S. Davis, "Pilgrimage and the Cult of Saint Thecla in Late Antique Egypt", in Frankfurter (ed.), *Pilgrimage & Holy Space*, pp. 303–339.

5　*Kulaynī* 4: 559–589.

6　*Ibn Bābwayh* 2: 344–383, *Ṭūsī* 6: 765–809.

7　*Majlisī* vols. 101–102, S. A. Arjomand, *The Shadow of God and the Hidden Imam*, Chicago, 1984 の第6章など。

8　守川知子『シーア派聖地参詣の研究』京都大学学術出版会，2007年，pp. 17–31.

9　*Ibn Qawlawayh*.

10　*Ibn Qawlawayh* 121, 147–149.

11　M. M. Shams al-Din, *The Rising of al-Husayn*, pp. 25–33.

12　Y. Nakash, "An Attempt to Trace the Origin of the Rituals of 'Āshūrā' ", *Die Welt des Islams* 33, 1993, pp. 161–182. この時期の確定はまだ検討の余地を残す。

13　*Maqātil al-Ṭalibīyīn* 597–599, *Ṭabarī* 9: 185–186. なお，フサイン殺害については，他に *Luhūf*, *Maqtal al-Khuwārizmī*, *Maqtal al-'Āmidī* など。

14　*Ibn Qawlawayh* 325–326.

15　Y. Nakash, "The Visitation of the Shrines of the Imams and the Shi'i Mujtahids in the Early Twentieth Century", *Studia Islamica* 81, pp. 153–164, *Ṭūsī* 6: 765–809, *Ṭarā'if*, *Kaf'amī*, *Aḥsā'ī*.

16　*Kāmil* 9: 578, *Muntaẓam* 8: 150–151，清水和裕「ムスアブ・ブン・アッズバイル墓参詣」『オリエント』38–2, 1995年，pp. 55–72.

17　*Ibn Bannā'* 3: 15, 18–19, 27, 5: 428.

18　*Ta'rīkh Baghdād* 1: 120–128.

19 *Ibn al-Sāʿī, Ibn Baṭṭūṭa* 240.

20 *Ibn al-Sāʿī* 64–65.

21 *Ibn al-Sāʿī* 91.

22 *Ibn al-Sāʿī* 68, 102–103.

23 *Ibn al-Sāʿī* 98. その他のナズルに関する例としては，105–106 など。

24 *Ibn al-Sāʿī* 106, 114, 127.

25 *Ibn al-Sāʿī* 98, 146.

26 *Ibn al-Sāʿī* 147–148.

27 *Ibn al-Sāʿī* 84, 110, 146, 150.

28 マグリブについては，*Ibu Qunfudh* や *Tādilī* など，そしてクルディスターンやモスル近郊を対象とした *Minya* も類似の機能を有した聖者伝記集。その他に，加賀谷寛「19 世紀初頭インド・イスラムの聖者崇拝批判」『オリエント』24–1，1981 年，pp. 151–164 などを参照。

29 *Ta'rīkh-i Mullāzāde* 10–15. なお，この点については，川本正知氏の御指摘によって再確認させていただいた。ここに記して感謝したい。川本正知「中央アジアにおける聖者崇拝の実態」帯谷知可・北川誠一・相馬秀廣編『朝倉世界地理講座　大地と人間の物語 5 中央アジア』朝倉書店，2012 年，pp. 119–120.

30 *Ibn Baṭṭūṭa* 394–395.

31 *Shīrāzī*.

32 *Shafūnī*（おそらく *al-Jawhar al-Maknūn fī Faḍā'il Ziyāra Jabal Qāsiyūn*, Ms. Berlin 6086/7 と同じもの），*Ibn al-Ḥawrānī, 'Adawī, Harawī*. 12〜16 世紀のダマスクスにおける墓地と聖廟についての検討については，A. Moazz, "Cimetières et mausolées à Damas du XIIe au début du XVIe siècle: le cas du quartier de Suwayqat Ṣārūǧā", in J. L. Bacqué-Grammont & A. Tibet（eds.），*Cimetières et traditions funéraires dans le monde islamique*, 2 vols., Ankara, 1996, vol. 1, pp. 80–98.

33 *Radd 'alā al-Ikhnā'ī* 15ff, *Jawāb* 35ff.

34 これについては，*Ḥaḍrāwī, Tuḥfa al-Zuwwār, Ithāra al-Targhīb, Jawhar al-Munaẓẓam, Fākihī, Qashshāshī, Muthīr al-Gharām* などを参照。

35 *Murshid* fols. 64a–b.

36 例えば，*Ḥawādith* 4: 758, *Sulūk* 1: 2: 589–590, *Manhal* 7: 263 など。

37 J. L. Bacqué-Grammout & A. Tibet, *Cimetières et traditions funéraires dans le monde islamique*, A. Ḥilmī, *Ziyāret-i Evliyā'*, Istanbul, 1909, E. Elden & N. Vatin, *L'épitaphe ottomane muslmane 16e-20e siècles*, Paris, 2007, G. Veinstein（ed.），*Les Ottomans et la mort: performances et mutations*, Leiden, 1996 など。

38 ゲルナー，E.（宮治美江子他訳）『イスラム社会』紀伊國屋書店，1991 年。

39 比較的近年にマリのトンブクトゥーで書かれた参詣書である *Arawānī* の存在などに明らかである。

付論 2　参詣書写本群の成立

1 Y. Rāġib, "Essai d'inventaire chronologique".

2 *Murshid* fols. 170b, 172b–173a, 177b, 200a, 202b–203a.

3 とりわけ，イブン・ハーリカーンからの引用は数も多く，重視されていた。なお，『ムルシド』で「近年の有力なウラマーのある者」として紹介されているダミーリーとは，745/1344 年生まれで 808/1405 年没のカマール・アッディーン・ムハンマド・アッ＝ダミーリーであろう。*Murshid* fol. 62a.

4 *Kawākib* 141.

5 例えば，Ayasofya 写本 fol. 108b.『ムルシド』の長版はムハンマド・ブン・アフマドとイブン・ビント・アッ＝ズバイルの 2 説をあげ，短版は前者のみをあげていた。

6 *Mundhirī* 2: 362–363, 434, 475, *Takmila Ikmāl al-Ikmāl*, 226–230, *Ta'rīkh al-Islām* 174–175, 245–246, 292–293（Ḥawādith wa Wafayāt 611–620 A.H.）, *Wāfī* 16: 272–273.

7 *Kawākib* 309.

8 *Khiṭaṭ* 2: 461.

9 Ayasofya 写本 fols. 227a–b. なお，この人物は先のイブン・ウスマーンの弟の家系の人物であった可能性があるが，先の Muḥīy al-Dīn の兄弟である可能性も完全に排除はできない。

10 *Murshid* fol. 161a には「イブン・ウスマーンいわく」とあるが，短版にはみられない箇所である。

付論 3　参詣の書と死者の街からみたスーフィズム

1 本章では，歴史的用語として筆者の側から使用する場合はタサウウフを用い，「スーフィズム」の表現を用いている他者の研究を紹介する場合は，そのままスーフィズムとした。また，欧米のいわゆるスーフィズム研究に関わる場合にも，スーフィズムと表記する。近年には，分析概念としての「スーフィズム」のアラビア語訳としても，「タサウウフ」の語が逆輸入され機能している。

2 東長靖「神秘主義イスラームの現在」『思想』941，2002 年，p. 133，および，C. Taylor, *In the Vincinity of the Righteous*, p. 14.

3 *Murshid* における書き加えについては，付論 2 を参照。

4 *Murshid* fol. 222b.

5 ここでは，参詣書が名前を明示して被葬者に数えたものを総計している。なお，一つの墓に諸説あったり，参詣書著者は誤謬だと考えていたものも，それぞれカウントに加えている。

6 ここでは，時代的推移の観察も論点となるため，明らかに後代からの挿入と判断できる *Murshid* fols. 90a–b は省いて算じた。

7 わかるだけでⒽ 316, 322, 330, 340, 357, 362, 380, 564, 587 年。以下，この項では煩雑になるので，単独ではヒジュラ暦中心に示す。

8 判明分だけでⒽ 362, 500 年より前，636, 682 年を確認できた。

9 *Miṣbāḥ* fol. 208.

10 わかるものだけでⒽ 250, 322, 340, 350, 362, 500 年より後 ,（600），（632），646, 662, 670, 672, 682, 683, 709 年など。

11 例えば，*Kawākib* 228, 284 など。

12 Ⓗ 290〜313の間，355, 362, 500年より後，(600), 620, 635, 682, 682, 683, (683), 687, (687), (695), (697), (747), 772, 772, (778), 788, (788), (788), (794), 809, 816, 882 年などであった。

13 *Miṣbāḥ* fol. 263.

14 *Iṣṭilāḥ al-Ṣūfīya*(Ibn al-'Arabī), *Iṣṭilāḥāt al-Ṣūfīya*(al-Qāshānī), *Maqāmāt al-Ṣūfīya*, *'Awārif al-Ma'ārif*, *Kalābādī*, *Qūt al-Qulūb* など。

15 例えば，R. al-'Ajam, *Mawsū'a Muṣṭalaḥāt al-Imām al-Ghazālī*, Bayrūt, 2000, A. F. Abī Khuzām, *Mu'jam al-Muṣṭalaḥāt al-Ṣūfīya*, Bayrūt, 1993 など。

16 例えば，Gril (ed. & tr.), *La Risāla de Ṣafī al-Dīn*, É. Geoffroy, *Le soufisme en Égypte et en Syrie*, Damas, 1995, A. Popovic & G. Veinstein (eds.), *Les voies d'Allah*, 1996, G. T. Elmore, *Islamic Sainthood in the Fullness of Time*, Leiden, 1999.

17 *Murshid* fols. 115a–116b, 133a–b, 160a–b, 205a–206a, 212a–b, *Miṣbāḥ* fols. 101, 102, 206, 211, 238, *Kawākib* 66, 128, 181, 236, *Tuḥfa* 256 など。

18 *Murshid* fols. 113b, 213a–b, *Kawākib* 312, 315, 316, *Tuḥfa* 18, 215, 177 など。

19 付論 4 参照。*Ḥaqīqa* fols.190, 197, 279. cf.)［Ohtoshi 1998］,［大稔 1999a］p. 14, および，Th. E. Homerin, *From Arab Poet to Muslim Saint*, p. 82.

20 *Miṣbāḥ* fols. 90–91, *Kawākib* 155, *Tuḥfa* 274, 294.

21 *Kawākib* 187, 229, 298, 314, 315, *Tuḥfa* 190–192, 193, 195, 196, 262, 300, 336, 373, 381, 383, 394 など。なお，siyāḥa と tajrīd については，W. C. Chittick, *Faith and Practice of Islam*, Albany, 1992, p. 200, Gril (ed. & tr.), *La Risāla de Ṣafī al-Dīn* の序文，pp. 41–42, 51–52 などを参照。

22 *Murshid* fol. 111a, 205b, 188a, 190b–195a, *Miṣbāḥ* fol. 266, *Kawākib* 87, 102, 139, 186, 291, 315–316, *Tuḥfa* 230, 262, 299, 395–397.

23 *Kawākib* 91, 224, 236, 298, 310, 316–317, *Tuḥfa* 299–300, 311, 332, 401.

24 *Kawākib* 225, 239, 289.

25 *Kawākib* 181, 182, 197, 209, 236, 253, 291, 289, 298, 313, 317, *Tuḥfa* 190–192, 234, 237–238, 296.

26 *Miṣbāḥ* fol. 101, *Kawākib* 181, 312–313, 315, 317, *Tuḥfa* 305, 396–397, 399–400.

27 ここでは，被葬者に対して付せられた呼称で，(al-)zāhid(a)/zuhhād(zāhidāt), (al-)zuhd, azhad, mutazahhid(ūn)のヴァリエーションを含むものである。'A. A. Mutawallī, *Adab al-Zuhd fī al-'Aṣr al-'Abbāsī*, al-Qāhira, 1984, L. Kinberg, "What is Meant by Zuhd", *Studia Islamica* 61, 1985. cf.) *Asad b. Mūsā*, *'Abd Allāh b. al-Mubārak*, *Aḥmad b. 'Amr*.

28 Ⓗ 191, 245, 264, 270, 316, 320, 330, 340, 352, 353, 362, 369, 373, 388, 528, 540, 564 年が確認された。

29 Ⓗ 236, 316, 320, 322, 330 後, 354, 432, 531, 653, 660, 682 年が確認された。

30 Ⓗ 175, 191, 240, 245, 280, 290, 310, 312（生存），320, 324, 331, 335, 340 年過ぎ，350, 353, 369, 373, 422, 431, 454, 475, 525, 528, 558, 652, 653, 665, 670, 679, 683 年が確認された。

31　Ⓗ 132, 212, 260, 314, 323, 324, 327, 331, 335, 340 過ぎ，422, 454, 525, 528, 531, 540 年より後，558, 578, 598, 603, 639, 652, 653, 665, 687, 690, 705, 712, 714, 719, 800, 826, 846 年であった。

32　*Murshid* のワリー中にⒽ 330, 522, 540, 588 年没がおり，*Kawākib* にⒽ 340, 600, 672, 773 年没がいた。

33　第 2 章(3)生ける聖者の生成例，U. Marzolph, "UḲALĀ' AL-MADJĀNĪN, *EI*[2] A.T. Welch, "MADJNŪN", *EI*[2], M. Dols, *Majnūn*, pp. 366–422, 東長靖「マジュズーブ」大塚和夫他編『岩波 イスラーム辞典』p. 909.

34　*Murshid* fols. 97b, 102a, *Kawākib* 163. 他に *Kawākib* 43, 74, 102, 186, 195, 315, *Tuḥfa* 15, 18, 161, 186, 208, 280, 395.

35　なお，*Tuḥfa* はⒽ 772, 805, 826, 835, 847 年没など比較的後代の事例をあげていた。

36　i'tiqād は現代のアラビア語研究書で「聖者」への"崇敬"やカルトの意の専門用語としても用いられており，混同には注意が必要である。

37　ムウタカドについては，C. Petry, *The Civilian Elite of Cairo in the Later Middle Ages*, Princeton, 1981, pp. 70–71, 267–269 を参照。

38　Ⓗ 635, 676, 681, 683, 707, 737, 773, 775, 794, 830, 835, 837, 847 年没。p. 464 に関しては，後代の挿入とみなして除外した。

39　A. Sabra, *Poverty and Charity,* Chap. 2.

40　*Kawākib* 297, 312, 314 など。

41　*Shu'aybī* fol. 210a.

42　枚挙に暇がないが，例えば *Ibn al-Mulaqqin* 96, 458, 501, *Badā'i'* 5: 42–43 など。

43　*Zetterstéen* 190–191, 227–228, *Nujūm* 10: 45. 後に 1342 年には，このハーンカーが暴徒と化した民衆に襲われ，スーフィーらも防戦し切れずに略奪を受けるほどであった。ハーンカー一般については，S. L. Mostafa, *Madrasa, Ḫānqāh, und Mausoleum*, L. Fernandes, *The Evolution of a Sufi Institution*,［大稔 1994a］，および，'A. M. Rizq, *Khānqāwāt al-Ṣūfīya fī Miṣr fī 'Aṣrayn al-Ayyūbī wa al-Mamlūkī*, 2 vols., al-Qāhira, 1997, Th. E. Homerin,"Saving Muslim Souls: The Khanqah and the Sufi Duty in Mamluk Lands", *Mamluk Studies Review* 3, 1999, pp. 59–83, D. P. Little, "The Nature of Khānqāhs, Ribāṭs, and Zāwiyas under the Mamluks", in *Islamic Studies Presented to Charles J. Adams*, Leiden, 1991, pp. 91–105 などを参照。

44　*Madkhal* 3: 220, M. Winter, *Society and Religion*, p. 213.

45　A. Sabra, "Illiterate Sufis and Learned Artisans: The Circle of 'Abd al-Wahhab al-Sha 'rani", in *Le développement du soufisme en Égypte à l'époque mamelouke,* (eds.) R. McGregor & A. Sabra, Cairo, 2006, pp. 153–168.

46　*Walā'im* 56–57.

47　*Murshid* fols, 132b–133a, 166a, 212a, 237a など。*Miṣbāḥ* fols. 186, 214, 167 など。

48　*Kawākib* 312, *Tuḥfa* 393.

49　*Kawākib* 228, 284, 297 など。

50　*Kawākib* 216, 268, 319–320.

51　*Tuḥfa* 50, 106, 175, 194, 206–207 など。なお，知的系譜に対する関心は，シュア

イビーの参詣書においてさらに高まりをみせている。cf.）*Shu'aybī* fols.5b, 9b, 207b など。

52 *Tuḥfa* 82, 123. cf.）*Shu'aybī* fol. 220a.

53 *Tuḥfa* 26–27, 82, 123, 157–159, 194, 207, 299, 326, 362, 371, 375, 397, 399–401 などを参照。

54 *Tuḥfa* 375, 399–400.

55 Ḥ. al-Sandūbī, *Ta'rīkh al-Iḥtifāl bi-al-Mawlid al-Nabawī*, al-Qāhira, 1948, F. A. Muṣṭafā, *al-Mawlid*, al-Qāhira, 1981, pp. 69–93, N. J. G. Kaptein, *Muhammad's Birthday Festival*, Leiden, 1993, pp. 7–29.

56 *Madkhal* 2: 2–32.

57 *Badā'i'* 2: 390. cf.）*Nujūm* 16: 283, *Badā'i'* 3: 108.

58 *Ḥawādith* 4: 758, *Sulūk* 3: 2: 576, *Inbā' al-Ghumr* 2: 284-285, *Nujūm* 11: 315, S. 'Āshūr, *al-Mujtama' al-Miṣrī*, M.M. al-Waqqād, *al-Ṭabaqāt al-Sha'bīya fī al-Qāhira al-Mamulūkīya*, al-Qāhira, 1999, A. Ṣ. Manṣūr, *al-Taṣawwuf wa al-Ḥayāt al-Dīnīya fī al-Mamlūkīya*, 3 vols., al-Qāhira, 2002.

59 *Sulūk* 2: 1: 50, *Nujūm* 8: 230（708 年の事例）.

60 *Miṣbāḥ* fols. 63, 90-91, *Kawākib* 74, 90, 155, 180, *Tuḥfa* 178–179, 218, 274, 294.

61 *Murshid* fols. 201b–202a, *Tuḥfa* 50, *Ḍaw'* 7: 67, S. M. A. M. al-Ḥusaynī, *Jamhara al-Awliyā' wa A'lām Ahl al-Taṣawwuf*, al-Qahira, 1968, 2: 260.

62 例えば，J. P. Berkey, *Popular Preaching and Religious Authority in the Medieval Islamic Near East*, Seattle, 2001, p. 36.

63 *Kawākib* 117, 313, 307; *Tuḥfa* 388 など。

64 cf.）*Murshid* fols. 214b–216b, 219b, *Kawākib* 286 など。

65 *Murshid* fols. 113b, 193b–195a, *Miṣbāḥ* fol. 124, *Kawākib* 130, al-Shaykh Bahā' al-Dīn al-Majdhūb の例については *al-Ṭabaqāt al-Kubrā* 2: 127, 'Abd al-Malik の例については *Ṣafī al-Dīn* 68 を参照。

66 *Kawākib* 298 にはワジ名と al-Jabal（山）としか記されていないが，同内容を記した *Nuzha al-Anām* p. 67 はその箇所に「ムカッタム山の」と補っていた。

67 このリバートは *Intiṣār* 4: 48 にもみえる。D. Behrens-Abouseif は「リバートの語は，ワクフにおいて，宗教複合施設に併設されたモスクに使用される」とした。D. Behrens-Abouseif , "The Takiyyat Ibrahim al-Kulshani in Cairo", pp 43–56.

68 *Tuḥfa* 179–180.

69 *Tuḥfa* 187.

70 L. Fernandes, *The Evolution of a Sufi Institution*, p. 13, N. Rabbat, "RIBĀṬ", EI^2.

71 *Murshid* fol. 237a.

72 *Miṣbāḥ* fols.100, 214.

73 *Kawākib* 189, 225, 312 など。

74 *Tuḥfa* 123. また，Abū al-Su'ūd の事例も参照。

75 *Kawākib* 312ff., *Tuḥfa* 393ff.

76 *Shu'aybī* fol. 229a. なお，カラーファに現存する Zāwiya Zayn al-Dīn については，

C. Taylor, *In the Vincinity of the Righteous*, p. 33, D. Behrens-Abouseif, *Islamic Architecture in Cairo*, pp. 111–112.

77 *Tuḥfa* 174–175.

78 *Miṣbāḥ* fol. 37. *Kawākib* 110, 319. なお，ハーンカーの綴りは史料の記述のままにしておいた。

79 *Khiṭaṭ* 2: 415–427.

80 ワクフ文書に基づくハーンカー運営の実態については，ʻA. Ibrahim 氏の諸研究を参照。［大稔 1994a］［大稔 1996］pp. 1–13.

81 *Ḥaqīqa* fols. 197, 279. cf.）Th. E. Homerin, *From Arab Poet to Muslim Saint*, p. 82, および，［Ohtoshi 1998］など。

82 *Intiṣār* 5: 43, *Khiṭaṭ* 2: 426 を参照。

83 *Ibn ʻAṭā' Allāh* 111. ただし，これが事実かどうかは，記述された事件の年代に問題があるため，再考の余地が残る。cf.）D. Gril（ed. & tr.）, *La Risāla de Ṣafī al-Dīn* の序文を参照。

84 *Miṣbāḥ al-Ẓalām* 99, 105, 108.

85 *Kawākib* 312ff., *Tuḥfa* 393ff.

86 この辺りの記述は *Ṣafī al-Dīn* からの引用とされているが，校訂にはみえない貴重な部分である。また，ザーウィヤの主と一切関係ない後継者は稀であったからこそ，この話が逸話として遺ったのであろう。しかし，ここで故シャイフの未亡人と婚姻していたのは，やはり同族経営の実態であろう。そして，前述のように，ザーウィヤの呼称がその主の交替によって変更されることを示す事例でもある。

87 この部分も *Ṣafī al-Dīn* からの引用と記されているが，校訂にはみえない。この後の引用部は pp. 79–80 にある。

88 cf.）*Ṣafī al-Dīn* 93–94, *Ibn al-Mulaqqin* 406–407, *al-Ṭabaqāt al-Kubrā* 1: 162–164.

89 これはオスマン朝期に大勢力を誇ったワファーイーヤの基礎となった。ワファーイーヤについては，R. McGregor, *Sanctity and Mysticism in Medieval Egypt* を参照。

90 *Kawākib* 233–236, 237–240, 297–300 など。

91 *Sulūk* 2: 1: 216–218, 2:565, *Khiṭaṭ* 2: 425–433, *Nuwayrī* 30: 3,［Ohtoshi 2001］, U. Haarmann, “Regional Sentiment in Medieval Islamic Egypt”, *BSOAS* 43–01, 1980, pp. 62–64, *Wāfī* 2: 133, *Ibn al-Furāt* 8: 60, *Khiṭaṭ* 1: 123, 2: 147, 177.

92 列挙については，*Kawākib* 4。また，シュアイビーはワラーヤの人々（ahl al-walāya, スーフィーも含む）とウラマー，ファキーフなどを列挙していた（*Shuʻaybī* fol. 258a）。スーフィーでありかつファキーフ，カーディーであった例として *Murshid* 498, 601, *Kawākib* 108, 127, 215, *Tuḥfa* 158, 256, 325, 384 など。なお，本稿の対象期間とほぼ同時期のモロッコ地方の伝記集を調べた V. Cornell は，モロッコの「聖者（その中にスーフィーも含まれる）」の約 22％がファキーフであったと記す。V. Cornell, *Realm of the Saint*, pp. 105–106.

93 第 2 章を参照。また，次の口頭発表も行なった。「12～15 世紀・カイロにおける聖墓参詣と死者の街（カラーファ）」（於史学会第 89 回大会，発表要旨は『史学雑誌』第 100 編・第 12 号，1991 年，p. 105,「中東イスラーム世界の『聖者伝』と奇

蹟譚」（於史学会第 92 回大会，発表要旨は『史学雑誌』第 103 編・第 12 号，1994 年，pp. 106–107），および[大稔 1994b]。

94　M. アルヴァックス（小関藤一郎訳）『集合的記憶』行路社，1989 年，pp. 199–207.

付論 4　オスマン朝期の死者の街とその参詣

1　*'Alī Mubārak* 5: 51–54, *Aḥmad Shalabī* 154–155, *Zubda Ikhtiṣār* 112.

2　*Qal'āwī* 44–45.

3　*Qal'āwī* 29, 31, 34, 38, 48, 54, *Jabartī* 3: 130–136.

4　*al-Jamzūrī* 53–54, *Muḥammad al-Zā'ir.*

5　*al-Ḥādī al-Aẓ'ān, Muṣṭafā 'Ālī, Kabrīt, Ibn Malīḥ, al-Muḥibbī al-Dimashqī, Khiyārī, E. Çelebī, 'Ayyāshī, Ḥaqīqa, Warthīlānī, Kittānī, Ṣarghīnī* を参照。

6　*Kabrīt* 85–90.

7　M. Winter, *Egyptian Society under Ottoman Rule 1517–1798*, London, 1992, pp. 119–123, 169–175, etc, 長谷部史彦「尖塔の上のドゥアー」『イスラム世界』42，1993 年，pp. 47–63，茂木明石「18 世紀後半カイロにおけるシャイフ・アルアズハル位をめぐる対立とシャーフィイー廟」『日本中東学会年報』25–1，2009 年，pp. 113–139 など。

8　H. A. Badr, "Styles of Tombs and Mausoleums in Ottoman Cairo", in J. L. Bacqué-Grammont & A. Tibet (eds.), *Cimetières et traditions funéraires dans le monde islamique*, 2 vols., Ankara 1996, vol. 1, pp. 349–385.

9　Y. Rāġib, "Essai d'inventaire chronologique", al-Maktaba al-Azharīya, *Fihris al-Kutub al-Mawjūda bi-al-Maktaba al-Azharīya*,vol. 5, p. 529, C. Brockelmann, *Geschichte der Arabischen Litteratur*, Leiden, 1942, vol. 2, p. 449, *Supplement*, vol. 2, p. 470.

10　al-Ziriklī, *al-A'lām*, Bayrūt, 1992, vol. 6, p. 159, Dār al-Kutub al-Miṣrīya, *Fihris al-Kutub al-'Arabīya al-Mawjūda bi-al-Dār li-Ghāya Sana 1921*, 2 vols., al-Qāhira, 1924.

11　主要作品の書名を記すと，(1) *Kitāb al-Ma'ānī al-Daqīqa al-Wafiya fi-mā yalzamu Nuqabā' al-Sāda al-Ṣūfiya* (Dār al-Kutub Taṣawwuf Taymūr 160), (2) *Kitāb al-Jawhar al-Farīd wa al-'Iqd al-Mufīd (Waḥīd) fī Tarjama Ahl al-Tawḥīd*, (Dār al-Kutub Taṣawwuf 237, 250, Majāmī' 229), (3) *Maḥāsin al-Akhbār fī Faḍl al-Ṣalāt 'alā al-Nabī al-Mukhtār wa Maḥāsin al-Sāda al-Akhyār*, (4) *Fatḥ al-'Ālam wa al-Ghayb bi-Sharḥ Wird b. Shu'ayb*, 別名 *al-Fawā'id al-Bahīya bi-Sharḥ Wird al-Sāda al-Shu'aybīya*. 近年，このうち *al-Ma'ānī al-Daqīqa, Mafātīḥ al-Ghuyūb.* の校訂が出た。

12　*Ma'ānī* fols. 122, 152.

13　*al-Jawhar,* Majāmī' 229 (1040 A.H.), *al-Jawhar,* Taṣawwuf 237 (1063 A.H.), *al-Jawhar,* Taṣawwuf 250 (1128 A.H.).

14　*Shu'aybī* fol. 208a. なお，近現代のスーフィー教団関連の史料・研究書について調べてゆく過程で，同時期に活躍した著名なアフマディーヤ系教団の一つに al-Shu'aybīya al-Aḥmadīya があり，しかも，その祖が Shams al-Dīn Muḥammad b. Shu'ayb al-Shu'aybī (1630 年頃没)であるという J.S. Trimingham のリスト(典拠不明)に行きあたった。F. de Jong は同教団の祖に別人(Ibrāhīm al-Shu'aybī, d.1796

approx.）をあてるが，バクリー（1870～1932）の *Kitāb al-Ṭuruq al-Ṣūfīya bi-al-Diyār al-Miṣrīya* 中の記述の方が正しいとみなし，*Shu'aybī* 写本にみえるアフマディーヤ教団との関わりなども含めて判断するならば，これが *Shu'aybī* の著者シュアイビーと何らかの関連をもつとも推測される。J. S. Trimingham, *The Sufi Orders in Islam*, p. 274, F. de Jong, *Ṭuruq and Ṭuruq-linked Institutions in Nineteenth Century Egypt*, Leiden, 1978, p. 15, note 42. cf.）F. de Jong, *Ṭuruq*, pp. 36, 68, 69, 182, 213. cf.）Muḥammad Tawfīq al-Bakrī, "Kitāb al-Ṭuruq al-Ṣūfīya bi-al-Diyār al-Miṣrīya",（ed.）A. al-Taftāzānī, *Majalla Kullīya al-Ādāb, Jāmi'a al-Qāhira* 25, 1963, p. 78, F. Muṣṭafā, *al-Binā' al-Ijtimā'ī li-al-Ṭarīqa al-Shādhilīya*, p. 324, S. M. A. M. al-Ḥusaynī, *Jamhara al-Awliyā'*, vol. 2, p. 276, *Jabartī*, 4: 190. なお，A. al-Taftāzānī は al-Shu'aybīya al-Aḥmadīya をアフマディー教団中の５つの al-Bayt al-Ṣaghīr（小バイト）の１つに数えている。Muḥammad Tawfīq al-Bakrī, "Kitāb al-Ṭuruq al-Ṣūfīya", p. 73.

15　同書中，ムハッディスとは，預言者ムハンマドにまつわるハディースを明白な系譜によって伝えている者のことを示す用法が一般的である。

16　*Shu'aybī* fols. 72b–73a.

17　参詣書の著者として知られる２人の「イブン・ジャッバース」のうち，最初の Abū al-Ḥasan 'Alī b. Aḥmad b. Muḥammad b. al-'Ālī Jawshānk と考えると，この年代（1161～1240）になる。しかし，もう１人の Sharaf al-Dīn Abū 'Abd Allāh Muḥammad b. 'Alī b. al-Jabbās と考えるならば，1235年生まれとなり，シュアイビーのいう「最古の」は誤りとなる。内容からするとむしろ後者の可能性が強いため，依然再考の余地を残す。cf.）Y. Rāġib, "Essai d'inventaire chronologique", pp. 270–275.

18　*Shu'aybī* fol. 67a.

19　*Shu'aybī* fol. 2b.

20　*Shu'aybī* fol. 256b–257a. その内訳は，「ウラマーとハディースの徒であるハーフィズ 119人，有力者（akābir），ハディースを求める者 500人，ワラーヤで知られる者（スーフィー）100人，それ以外 500人の法学者と教師，100人のライースとそれに従うフィクフの徒 500人，クルアーン詠みのイマーム 70人，キラーアで知られる 100人」となっている。

21　*Shu'aybī* fol. 237a.

22　*Shu'aybī* fol. 258a.

23　*Shu'aybī* fols. 139a–140b, 146b, 218a, *Ḥaqīqa* fol. 188 など。

24　*Shu'aybī* fols. 133a, 134a–b, 223b, 224a–b.

25　*Shu'aybī* fols. 79a, 140b, 224a. cf.）F. Sa'd, *Qarāqūsh wa Nawādir-hu*, Bayrūt, 1990, I. Sha'lān, *al-Nawādir al-Sha'abīya al-Miṣrīya*, al-Qāhira, 1993.

26　*Shu'aybī* fols. 146b–147a.

27　*Shu'aybī* fols. 53a, 83a–b, 146b–147a, 228a.

28　*Shu'aybī* fol. 153b.

29　*Shu'aybī* fols. 146b–147a, 153a, 296a–b.

30　*Shu'aybī* fols. 296a–b.

31　*Shu'aybī* fol. 234a.

32　*Shu'aybī* fols. 233b–244a.

33　*Shu'aybī* fol. 143a. cf.）*Aḥmad Shalabī* 112.

34　*Shu'aybī* fols. 93a–b.

35　*Shu'aybī* fols. 139b, 229a–b など。

36　*Shu'aybī* fols. 5a, 9a, 163a–b, 197b, 222a など。

37　*Muṣṭafā 'Ālī*, *Ḥaqīqa*, *Khiyārī*, *E. Çelebī* を参照。

38　*Shu'aybī* fol. 162a.

39　*Shu'aybī* fols. 35a–36b.

40　*Shu'aybī* fols. 27a–b, 128b, 184a, 187b.

41　*Shu'aybī* fols. 128b, 184a, 187b.

42　*Shu'aybī* fol. 68b.

43　*Shu'aybī* fols. 46b–47a など。

44　*Shu'aybī* fol. 69b. これも，おそらく再引用であろう。

45　*Shu'aybī* fol. 32a, *Ḥaqīqa* fol. 201.

46　*Shu'aybī* fol. 80b. ちなみにシュアイビーのこの記事は他からの引用であるが，それによると住人はスーフィー達であったという。

47　*Ḥaqīqa* fols. 199, 201.

48　*Shu'aybī* fol. 207a.

49　*Shu'aybī* fols. 214b, 217b.

50　*Ḥaqīqa* fols. 197, 279. cf.）Th. E. Homerin, *From Arab Poet to Muslim Saint*, p. 82.

51　各々，治癒譚（fol. 10bff.），地面収縮（fols. 2a ff.），水上歩行と空中浮遊（fol. 165a），変質の術（fol. 226a），創出譚（fol. 9a），渇水譚（fol. 18a），透視（fols. 2a ff.），異類譚（fols. 65a, 137a, 163a 他），不在の探知（fols. 19a–b），改宗譚（fol. 258b），改悛譚（fol. 258b），食物譚（fols. 9a, 67b），金銭譚（fols. 18b–19a），護身（fol. 132a），死後の奇蹟（fol. 274b），夢での預言者ムハンマド（fol. 222a）や天国の美女フール・アル＝アイン（fols. 128a, 167b, 172b–173a）との交流，学識（fols. 2a ff.），芳香（fol. 67b），粗衣（fol. 258a），世間からの隔絶（fol. 173b）など。これらカラーマの範疇分類とその問題点に関しては，第5章を参照。

52　*Sukkarī* および，H. Qāsim, *al-Mazārāt al-Miṣrīya* を参照。かつて，イブン・アッ＝ザイヤートの参詣書名が『流星たち』*Kawākib al-Sayyāra* であったのに対し，スッカリーの参詣書名が『（一つの）流星』*al-Kawkab al-Sayyār* と単数形になっている謙遜ぶりも，内容・分量からいって当然のこととはいえ，象徴的である。しかも，スッカリーの題名はこの後にイブン・ウスマーンの書名の一部 *ilā Qubūr al-Abrār* をつないでいた。

53　*Qaṭf*, *al-Kawākib al-Sā'ira*, *'Alī Mubārak* を参照。

54　*Ujuhūrī*, *al-Qal'āwī*, *Shablanjī*, *Jamzūrī*, *Mushkī*, *al-Durar al-Munīf* を参照。

主な既出論文との対照表

本書は［大稔 1994b］をもとにして，その後に発表した論考を加味して構成した論集である。［大稔 1994b］以外に加えた主たる論考は，以下の通りである。

序　章　［大稔 1993］，［大稔 1995a］，［大稔 1995b］，［大稔 1999c］，［大稔 2007a］
第 1 章　［大稔 1993］，［大稔 1998b］，［Ohtoshi 1993］
第 2 章　［大稔 1993］，［大稔 1999b］，［大稔 2007b］，［大稔 2009］，［Ohtoshi 2010］
第 3 章　［大稔 1994a］，［大稔 1996］，［大稔 2003］，［大稔 2008］，［Ohtoshi 2006a］
第 4 章　［大稔 1994a］，［Ohtoshi 2006a］
第 5 章　［大稔 1993］，［大稔 1995b］，［大稔 1998a］
第 6 章　［大稔 1998b］，［大稔 1999b］，［大稔 2001a］，［大稔 2001b］，［大稔 2006］，［大稔 2012］，［大稔 2014］，［Ohtoshi 2001］，［Ohtoshi 2003］
付論 1　［大稔 1999c］
付論 2　［大稔 2010］
付論 3　［大稔 2004］，［大稔 2008］，［Ohtoshi 2006b］
付論 4　［大稔 1999a］，［Ohtoshi 1998］